한자 원리와
개념으로 풀이한 **논어** 상

한자 한자 읽는 동양고전 ❶

한자 원리와 개념으로 풀이한 **논어** – 상

2022년 8월 30일 초판 1쇄 인쇄
2022년 9월 05일 초판 1쇄 발행

편저자 | 임헌규
펴낸이 | 김태화
펴낸곳 | **파라아카데미 (파라북스)**
기획 · 편집 | 전지영
디자인 | 김현제

등록번호 | 제313-2004-000003호
등록일자 | 2004년 1월 7일
주소 | 서울 특별시 마포구 와우산로 29가길 83 (서교동)
전화 | 02) 322-5353   팩스 | 070) 4103-5353

ISBN 979-11-88509-58-4 (03140)
      979-11-88509-59-1 (04140) (전 2권)

한자 원리와
개념으로 풀이한 논어 상

제1~10편

임헌규 편저

파라아카데미

I

공자孔子는 추인陬人(읍재邑宰) 숙양흘叔梁紇(당시 66세)과 안징재顔徵在(15세)가 야합野合으로 노魯나라 창평향昌平鄕 추읍陬邑에서 태어났다(기원전 551년, 이름은 구丘고, 자字는 중니仲尼). 공자의 아버지 숙량흘이 세상을 떠나자(공자 3세), 어머니는 공씨 가문에서 나와 노나라 수도인 곡부曲阜 궐리闕里로 이주했다. 그래서 공자는 홀어머니 슬하에서 어렵게 유년시절을 보냈지만, "아이들과 놀이할 때면, 항상 제기祭器를 진설하고, 예禮를 행하는 모습이었다."〈사기〉는 기록이 전하듯, 재주가 뛰어난 예의 바른 소년이었다. 그런데 그 어머니마저도 공자 나이 17세에 세상을 등지고 말았다.

공자의 학문여정은 두 시기(하학과 상달)를 나누어 볼 수 있는데, 먼저 하학의 시기(지우학~불혹)이다. 공자는 15세부터 학문에 뜻을 두고(지우학志于學)고 서른에 자립하여(이립而立), 마흔에 "사물의 당연한 바에 의심할 것이 전혀 없으면, 앎이 밝아져서 지킴에 종사할 필요가 없는 불혹不惑의 경지에 도달했다. 이 시기(지우학~이립~불혹)의 공자에게 실제로 일어났던 주요한 사건들을 살펴보면 다음과 같다.

- 17~19세. 어머니 상喪을 마치고 조상의 모국인 송나라로 가서 그 예禮를 배우고 견관씨幵官氏와 결혼했다.
- 20~21세. 송나라에서 돌아와, 아들(이름은 리鯉, 자는 백어伯魚)을 낳으니, 소공이 잉어를 하사하자 영광스럽게 생각하다. 계손씨의 위리委吏(창고관리), 사직사司職吏(가축관리)를 지냈다('태묘문례太廟問禮'도 이 과정에서 있었을

4

것이다).

- 27세. 담郯 군주가 노나라를 방문하니, 가르침을 청해 고대관직의 유래
  를 배우다.
- 29세. 사양자師襄子에게 거문고를 배우다.
- 30세. 제경공齊景公과 안영晏嬰이 노나라에 방문했을 때 만나 '목공穆公이
  패자가 될 수 있는 이유'에 대해 답하다. 계씨의 가신을 사임하고 사학私
  學을 열다. 대부(맹의자와 남궁경숙南宮敬叔)들도 사사하다(정자산鄭子産에게
  배우다).
- 34세. 남궁경숙과 함께 주周나라에 가서 노자에게 예를 묻고(노례노담
  問禮老聃), 장홍에게 악에 관한 자문(방악장홍訪樂萇弘)하고, 그리고 주나라
  의 사당(관주명당觀周明堂)과 동상의 격언을 보다.
- 35세. 노나라로 귀국하다. 팔일무八佾舞사건이 발생하고, 소공이 삼환
  과의 전쟁에서 패해 제나라로 망명하자, 공자 역시 제나라로 가다. 태산
  을 지나다가 '가혹한 정치는 호랑이보다 사납다苛政猛於虎也'는 현실을 경
  험하다(태산문정泰山問政). 제경공이 정치에 대해 묻고 공자를 등용하고자
  했지만, 안영의 반대로 무산되다. 순임금의 음악을 들고聞韶, 석 달 동안
  고기 맛을 잊다.
- 37~51세. 노나라에 귀국하여, 벼슬하지 않으면서 행단을 이끌면서(행
  단강학杏壇講學) 교학상장하다. 『시』·『서』를 편수하였다(퇴수시서退修詩書).
  47세 때 양화의 관직제의를 완곡히 거절하다.

다음은 상달의 시기로 지천명知天命, 이순耳順, 그리고 존재와 당위가
일치(종심소욕불유구從心所欲矩不踰矩)한 완성의 단계이다. 이때 주요 사건들
을 살펴보자.

- 51(정공 9년)~55세. 중도재中都宰로 관직 시작.
- 52세. 소사공小司空, 대사구大司寇, 행섭상사行攝相事(협곡회맹).

- 54세. 예타삼도禮墮三都(후·비·성읍)정책 시행(주례에 의한 정치질서 회복, 공실公室강화).
- 55세. 사직하고 노나라를 떠나 이후 14년간 주유열국(위衛·조曹·송宋·정鄭·진陳·채蔡·초礎 등 7국) 시작.
- 56세. 위나라로 가서, 영공과 부인 남자를 만나다.
- 57(?)세. 광 땅에서 포위되어 경계하다(광인해위匡人解圍).
- 60세. 송나라를 지나면서 환퇴桓魋의 위협을 받고(송인벌목宋人伐木), 정나라로 가다 상갓집 개(喪家之狗)와 같은 형상이라는 말을 듣다(미복송과微服宋過).
- 63세. 진陳·채蔡사이에서 곤액厄을 당하다(재진절량在陳絶糧).
- 67세. 부인사망
- 68세. 계강자의 청으로 주유열국을 멈추고 노나라로 귀국. 교학과 고대 문헌정리. 아들(리鯉) 사망.
- 71세. 안회顔回 사망. 노의 군주가 기린을 포획하니, 『춘추』 집필 중단.
- 72세. 자로子路 전사.
- 73세(기원전 479년, 애공 156년) 사망. 제자들은 3년 복상했으며, 자공은 홀로 묘를 지켰다.

당시 가장 한미한 가정환경에서 태어나, 끊임없이 호학정신으로 마침내 성인의 경지에 올랐던 공자의 삶이 보여주는 것은 무엇인가? 그것은 바로 원형회복原型回復을 통한 인간의 자기완성이다. 학문을 좋아하여 성인이 되고자 하는 인간은 언제나 '현재 사실로서의 인간'과 '미래 완성된 이상'의 사이에서 삶을 영위한다. 인간의 이상이 동경의 대상이 되려면 어떤 내용을 지니고 일정한 경지에 도달해야 하며, 그 내용과 경지가 이미 주어져 있다는 측면에서 보면 인간의 이상은 언제나 과거의 형태를 갖지 않을 수 없다. 인간의 미래적 자기완성은 과거의 본래 자기의 회복일 수밖에 없다. 유교가 미래 도래해야할 지선의 공동체를 과거 당우唐

虞시대 정치를 회복하는 데 있다고 말한 것 또한 바로 이 이유에서이다. 과거 성인의 후예였지만, 당시 가장 한미한 환경에서 태어났던 공자가 끊임없는 호학을 통해 마침내 성인의 경지에 도달하여 죽음을 맞이한 것은 과거 조상의 원형회복을 보여주고 있다고 하겠다. 플라톤 이래 "철학이란 영원한 향수를 가슴에 품고 고향을 찾아가는 것이다."라고 하듯이, 지혜사랑으로 철학의 원의는 진선미眞善美의 통일자인 지혜에 대한 에로스적 희구, 즉 "완전한 정신을 향한(이루기 위한) 불안전한 정신의 자기초월적 귀향편력이다."〈신오현〉. 공자의 삶은 바로 이러한 철학적 생명의 전형을 보여주는 것이라 하겠다.

II

『한서』「예문지」에 따르면, "『논어』란 공자께서 제자 및 당시 사람들에게 응답하신 것과 공자께 직접 들은 말들을 그 당시 제자들이 각자 기록한 것으로, 공자께서 돌아가시자 문인들이 모아서 편찬하였기에 붙여진 명칭이다." 이에 대해서는 정현鄭玄이 다음과 같이 상세하게 잘 풀이해 주고 있다.

> 중궁·자유·자하 등이 찬했다. '논論'이란 륜綸·륜輪·리理·차次·찬撰이다. 이 책으로 세상일을 경륜經綸할 수 있기에 륜綸(經綸世務)이라 하며, (그 작용이) 원만하게 두루 통하여 무궁하기에 륜輪(圓轉無窮)이라 하며, 온갖 이치를 온축하기에 리理(蘊含萬理)라 하며, 편장에 순서가 있기에 차次(編章有序)라 하며, 서로 현인들이 모여 찬정했기에 찬撰(群賢集定)이라 한다. 답술을 '어語'라 하는데, 이 책에 기록한 것은 모두 공자께서 제자 및 당시 사람들에게 응답한 말씀이므로 어語라 했다. - 『논어주소』「서해書解」

유가 경전 가운데『논어』는 성인 공자의 가르침敎이 직접 드러난 유일한 원 자료이며, 불교의 표현을 빌리면 '경장經藏'에 해당한다. 학습學習의 기쁨으로 시작(『논어』 1.1)[※]하여 군자의 앎知命, 知禮, 知言.(20.3)으로 종결되는『논어』는 배우기를 좋아하고好學, 인仁(59장/498장, 109회)을 실천할 군자의 양성에 주력했던 공자의 언행록이다. 그래서 주자는 "『논어』의 주제는 인仁이며, 하나같이 예를 회복하여 인으로 돌아가는 것復禮歸仁을 말하면서, 모두가 본성의 인을 조존操存 · 함양하는 요령을 제시했다."(『어맹강령語孟綱領』)고 평가했다. 요컨대 공자에 따르면, "인仁은 인간의 본성이기 때문에, 인간 마음은 인을 지향하여志於仁, 인을 어기지 않고不違仁, 인을 자기의 임무로 삼아以仁爲任 종신토록 실현해야 한다."고 말한다. 그렇다면 공자는 왜 이렇게 인을 강조한 것일까?

인류의 기축基軸시대에서는 이른바 '4대 성인聖人'이 출현하고, 그들의 언행을 정리한 고전이 형성되어, 문명사적인 패러다임의 변동이 있었다. 그리스적 사유에서는 소크라테스와 그 계승자들이 출현하여 관습적 신화神話로부터 대화를 통한 정신의 자각을 추구하는 철학驚異感시대가 개막되었다. 히브리적 사유에서는 예수가 출현하여 율법에 의한 정죄를 기본으로 하는 구약으로부터 사랑과 구원을 약속하는 신약의 시대로 이행했다. 인도 또한 부타가 출현하여 브라만교의 업業에 의한 윤회로부터 깨달음을 통한 해탈의 자유를 추구했다. 여기에는 전통적 관습과 신화에 대한 맹신으로부터 비판적 반성으로(태도변경), 외재적인 경배의 대상神으로부터 인간 내면에 대한 자각으로(초점 이동), 형식적 · 타율적 · 기복적 율법으로부터 자율적 실천의 윤리학으로 이행이 있었다. 이러한 변화의 근저에는 인간의 자기 자각(애지자, 보디샤트바, 크리스찬)에 의한 새로운 인간관의 형성이 있었다.

※ 이하『논어』의 표기는 별도로 하지 않고 편과 장만 표기한다.

공자로부터 비롯된 유교의 패러다임 전환은 우선 태도의 측면에서 전통적인 형식위주의 예禮에 대한 반성적 물음을 제기하고, 형이상학의 측면에서 우주의 궁극자를 화복禍福의 주재자上帝가 아니라, 도덕의 근원으로 재정립했다. 덕德은 본래 궁극자인 천天과 유일하게 교섭하는 천자天子의 외적 행적行을 의미했지만, 점차 그런 치적을 가져온 인간의 내면 상태心에로 관심이 바뀌었다. 공자는 무릇 인간이란 금수와 구별되는 덕仁을 지니고 태어났다는 자각五十而知天命을 바탕으로 인간에 근본人本한 자율적 윤리관을 모색했다. "인간이 도를 넓히는 것이지, 도가 사람을 넓히는 것이 아니다人能弘道, 非道弘人."(15.28)는 공자의 선언은 바로 그런 관심의 결과였다.

그런데 인간은 그 자신의 본성을 정립해야만, 그 본성에 따르는 사람을 영위할 수 있다. 공자는 본능에 의해 추동되는 생물학적 신체生가 아니라, 그 신체生를 주재心하여 인간다운 특성을 발현하는 데에 (금수와 구별되는) 인간의 본성이 있다고 생각했다. 공자는 성性개념을 제기하고, 또한 군자君子의 필수 요건으로 명(天)命의 인식을 요구했다. 공자의 성性과 명命 개념을 발전시킨 『중용』에서는 천명과 성을 동일시하면서天命之謂性, 인간 본성에 따르는 길이 바로 인간의 길이라고 했다率性之謂道. 그리고 『맹자』는 측은지심惻隱之心을 단서로 인간 본성이 인仁하다는 것을 증명했다. 인仁이 깊이 가련하게 여기는 마음惻隱之心으로 드러난다는 것은 곧 인간은 잔殘(歹+戔: 죽은 시체를 조각 조각내는 것) · 인忍(心+刃: 칼날로 마음을 찌름)한 금수와 구별되는 고유본성을 지니고 있음을 나타낸다. 무릇 인간이란 다른 사람에게 동정同情 · 불인不忍 · 불안不安 · 측은惻隱 · 친애親愛하는 고유의 마음을 지닌 존재라는 것이다. 이렇게 잔인한 금수生와 구별되는 인간 본성性의 개념이 정립됨에 따라 이제 신체적 본능(욕망)에서 자기부정을 통한 본성의 의지를 추동하는 인간의 전형으로서 군자(신분→인간됨의 추구) 개념이 확립된다.

그리고 정치는 힘에 의한 강제적 · 타율적 형벌政刑에서 자발적 · 자율적 교화를 목표로 하고, 또한 인간과 국가(사회)는 생존본능에 의한 만인에 의한 만인의 투쟁으로부터 친친親親(仁)·존현尊賢(義)에 의한 공존의 질서를 표방하게 된다. 이렇게 공자가 추구한 것은 인문이념의 정립이었고, 그 인문이념은 바로 인간을 본능과 욕망에 의해 추동되는 자연적 존재로부터 당위의 윤리적 차원으로, 필연의 사실을 목적적 가치의 영역으로 인도·승화하고자 하는 것이었다.

III

필자는 학부 때에 박사과정 선배들의 지도로 『소학』·『노자』 등을 읽었고, 그 후 대학원에 진학하여 한국학대학원의 정규과정(노상복, 심경호 선생님 등)과 민족문화추진위원회(현 고전번역원)에서 틈틈이 고전을 익혔다. 그리고 마침내 유도회 부설 한문연구원에서 권우 홍찬유 선생님 등으로부터 3년간 사서삼경을 체계적으로 배우고, 이후 한서대부설 동양고전연구소를 운영하시던 일평 조남권 선생님으로부터 여러 경서들에 대한 가르침을 받았다.

그런데 수년간 한학을 배우고 익혔음에도 불구하고, 필자는 학생들에게 가르칠 때나 논문을 쓰고 번역을 할 때에나, 그 언제나 부족함을 느꼈다. 그런 가운데 필자는 한국연구재단으로부터 저술지원사업의 프로젝트(『3대 주석과 함께 읽는 논어』)를 수주했다. 이 과제를 수행하면서 필자는 『논어』의 고주·주자의 신주·다산의 고금주를 면밀히 번역·대조·분석하고, 그에 대한 약 20~30여 편의 논문을 썼다. 그러니까 필자는 어쩌면 학자로서 전성기인 50대를 『논어』 한 권을 연구하는 데에 거의 바쳤다고 하겠다.

『논어』에 관한 과제를 수년간 수행하면서 필자는 이전의 한학을 배울 때 권우 홍찬유 선생님께서 항상 "한 글자 한 글자 정확히 새기면서, 있는 글자 빼지 말고, 없는 글자 넣지 말라!"고 호통 치셨던 기억이 떠올랐다. 요컨대 동양고전을 배우려면 뜻글자인 한자와 개념부터 체계적으로 익히고, 나아가 그 정신을 밝혀 체득해 나아가야 한다는 지론이었을 것이다.

이미 시중에는 필자가 펴낸 것을 포함하여 『논어』에 관한 수많은 번역 및 해설서가 있다. 그렇지만 필자가 보기에 여전히 불만족스러운 것은 기존의 『논어』에 관한 책들이 원문에 대한 정확한 번역, 개념에 대한 명확한 해설, 그리고 주석서에 대한 체계적인 인식이 결여된 것이 허다하기 때문이다. 이 책은 바로 이런 점에 착안하여 기획되었다. 즉 『논어』를 구성하고 있는 모든 한자의 형성원리와 용례를 한 글자도 빠짐없이 새기면서 정확히 해석하고, 그 철학적 개념의 형성과 정립, 그리고 시대적 전개과정을 명확하게 이해하고, 역사상 출현했던 여러 주석들 가운데 가장 좋은 것을 선별하여 그 의미를 종합적으로 유추하도록 하는 것이다.

아무쪼록 필자의 이러한 시도가 동양고전으로서의 『논어』를 직접 읽어 보고, 개념들에 대한 정확한 인식을 통해 그 지혜를 터득하고자 하는 이들에게 조금이나마 도움이 되었으면 하는 마음 간절하다.

2022년 8월 1일
청덕동에서 임헌규 합장

1. 이 책은 한문 교육을 거의 받지 않거나 해설서만 막연하게 읽은 초학자들이 한자로 구성된 『논어』를 한 글자도 빠짐없이 직접 읽어 나가면서, 기본 개념에서부터 공자가 제시한 최상의 학문 이념에 이르기까지 전반을 가장 안전하게 터득할 수 있도록 기획되었다.

2. 이 책은 다음과 같이 구성되었다.

   ① 원문: 음과 토를 모두 제시했다.

   ② 번역: 논어 원전에 충실하게 한 자도 빠짐없이 직역하는 것을 원칙으로 삼았으며, 원문에 대한 가장 전형적인 해석을 (논란이 많은 구절은 다른 해석도 함께) 제시하고, 초학자도 쉽게 읽을 수 있도록 번역과 함께 한자원문을 병기했다.

   ③ 원문 해설: (편자가 지금까지 살펴본 여러 주소들 중) 본문을 가장 잘 이해할 수 있도록 이끌어 주는 정통적인 해설 혹은 여러 주석들을 종합한 편자의 의견을 제시했다.

   ④ 개념 해설: 원문에 제시된 중요한 철학적 개념과 용어들을 공자 이전 및 『논어』에서의 용례, 그리고 후대 주석가들의 정의에 이르기까지 각 사항별로 다소 달리하며 제시하되, 혹은 간략하게 혹은 심화시켜 해설했다. 이 책의 성과 가운데 가장 주목해 주기를 바라는 부분이다.

3. 한자 풀이

   ① 『논어』에 제시된 모든 한자(인명과 지명 제외)의 형성원리와 그 용례를 자전에서 찾아 기본적으로 알아야 할 용례를 살피되, 특히 사서삼경四書三經에 나타난 것들을 중심으로 정리 · 제시하고자 노력했다.

   ② 원문의 이해와 해석에서 핵심이 되는 한자어는 반복해서 그 원리와 용례를 해설하되, 가급적 다른 한자 자전의 상반되는 풀이도 심화시켜 제시했다.

③『논어』에 대한 최상의 주석가인 주자朱子와 다산茶山의 주석에서 원문의 한자를 해설한 것은 모두 인용하여 제시했다. 그리고 현대 자전에서 찾아 반복해서 해설하되, 사안에 맞게 정리·심화시켜 풀이했다.

④ 한자는 상형에서 시작하였으나 시간의 변화에 따라 뜻이 변화하거나 다른 한자와 결합하여(형성, 회의, 지사) 뜻이 다양해지고, 문장 내에서도 위치나 문맥에 따라 다양하게 쓰였기에 그 뜻을 알기 어려운 경우가 많다. 따라서 이 책의 의도인 '한 자 한 자' 읽기에 부응하여 '한자 해설'에서 가장 적확한 뜻에 밑줄을 그어 표시해 정확한 의미를 인지하도록 하였다.

※ 편자는 오랜 한문 학습 경험상(특히 하영삼 교수의 『한자어원사전』을 접하면서), 한자는 반드시 그 형성원리字源를 먼저 이해하고, 이후에 그 용례를 살펴야 한다고 생각한다. 물론 형성원리는 후대 학자들의 편의적 설명으로 절대적인 것은 아니지만(필자가 여러 한자사전들을 비교·고찰한 결과, 그 형성원리에 일치된 의견을 드러낸 경우는 많지 않았다), 글자에 대한 기본적인 이해에 많은 도움을 준다는 사실이다.

※ 이 책은 편자가 이전에 펴낸 『3대 주석과 함께 읽는 논어』1~3(모시는 사람들, 2020)의 보완편이라 할 수 있다. 이전의 책은 한당의 훈고학을 대표하는 고주, 신주로서 송대 주자의 집주, 그리고 이전 및 당대의 주석을 종합한 한국의 다산 정약용의 고금주를 제시·해설하고, 그에 대한 필자의 논문(20여 편)으로 구성되어 있었다. 그에 비해 이 책은 초학자들을 위한 『논어』의 자구와 개념, 그리고 한자 해설에 주력한 것이다. 주자朱子가 『논어』에 대한 체계적이고 발전적인 주석서(『논어집해』, 『논어요의論語要義』, 『논어정의論語精義』, 『논어집주』와 『논어혹문』)를 간행했으면서, 논어의 자구의 훈고를 취합한 『논어훈몽구의論語訓蒙口義』를 편찬하여 동몽들의 습독의 교재로 삼았듯이, 이 책 또한 그런 의도에서 편집된 것이다.

제자들이 논찬할 때에 『논어』를 이 책의 큰 명칭
大名으로 삼고, '학이學而' 이하를 각 편의 작은
제목小目으로 삼았다. 그 편 안에 게재된 것들은
각기 이전에 들었던 것을 기록하고, 생각이 나서
언급한 것들이다. 의례義例를 만들지는 않았지
만, 혹 유사한 것들을 서로 이어지게 했다. 〈형병〉

이는 책의 머리편이다. 그러므로 기록된 것인 근
본에 힘쓰라는 뜻이 많으니, 곧 도에 들어가는
문이고, 덕을 쌓는 기초이다. 매우는 자가 우선
힘쓸 것이다. 모두 16장이다. 〈주자〉

1.1 子曰 學而時習之면 不亦說乎아 有朋이 自遠方來면 不亦樂乎아
자 왈 학 이 시 습 지　　불 역 열 호　　유 붕　　자 원 방 래　　불 역 락 호

人不知而不慍이면 不亦君子乎아
인 부 지 이 불 온　　불 역 군 자 호

공자께서 말씀하셨다. "배우고學而 때때로時 익히면習 또한亦 기쁘지說 아니한가不乎? 벗이有朋 멀리서自遠 바야흐로方 찾아오면來 또한亦 즐겁지樂 아니한가不乎? 남人이 알아주지 않아도不知而 성내지 않으면不慍 또한亦 군자가君子 아닌가不乎?"

『논어』를 시작하는 첫 구절로서 군자의 기쁨과 즐거움, 그 자격에 대해 말했다.

첫째, 학습의 기쁨이다. 인간은 경이로운 세계를 탐구하고 알고 싶어 한다. 학문Science, Wissenschaft은 경이로운 세계에 대한 자각적인 탐구와 이론화이다. 모든 것을 아는 신神과 우매하여 체계적인 인식이 불가능한 동물의 중간 존재로서 '인간人間'만이 경이로운 세계를 탐구하고 배우고 익히는 것을 좋아한다. 그래서 서양 최고의 명저 아리스토텔레스의『형이상학』역시 "인간은 선천적으로 배우는 것을 좋아한다."는 유명한 구절로 시작한다.

둘째, 벗과의 교류의 즐거움이다. 붕朋이란 동류의 새鵬에서 유래했는데, 위대한 선생님으로부터 동문수학한 동지를 말한다. 뜻과 이상을 같이하는 벗이 먼 길을 마다하지 않고 찾아와서, 함께 학문과 이상사회의 구현할 방법을 논한다면 또한 즐겁지 아니한가?

마지막으로 군자君子의 자격을 말했다. 군자란 성인이 되기 위해 학문을 좋아하면서 끊임없이 위해 노력하는 인간을 말한다. 따라서 자기완성의 성인을 목표로 하는 군자는 다른 사람에 의한 칭찬과 명예는 이차적인 것으로 간주하고, 오직 위기지학爲己之學에 정진한다.

- **子**자는 포대기에 싸여있는 아이를 그려 남아를 지칭했으며, 학문을 이룬 스승, 작위公侯伯子, 2인칭 대명사로 쓰인다. 공자를 '子(宀+了)'로 전해 내려오는 전통을 현재—의 시점에서 완성(了 : 溫故)하여 새로운 시대를 알아知新 가르쳐 주는 스승師으로 여겼기 때문일 것이다. **형병**(邢昺, 932~1010) : '子'는 덕德 있는 남자의 통칭이다. 경서經書와 전주傳注에 '子曰자왈'이라 칭한 것은 모두 공자를 지칭한다. 공자는 성덕聖德이 드러나서 후세의 모범이 되었으므로 굳이 씨氏를 말하지 않아도 사람들이 모두 알 수 있기 때문이다. 그 밖에 스승의 학설을 전수한 후인이 선사先師의 말을 칭한 경우는 '子'를 씨氏 위에 씌웠으니, 이는 그가 자기의 스승임을 밝힌 것이다.
- **曰**왈은 입口에 가로획—을 더하여 말이 나오는 모습의 지사문자이다.
- **學**학은 臼(절구 구: 양 손)＋爻(본받을 효)＋宀(덮을 멱)＋子(아들 자)의 회의자로, 미몽의 자식을 깨우치도록 학교에 보내 (성현을) 본받게斅 하다, 혹은 집안에서 두 손으로 새끼 매듭爻 지우는 법을 아이子가 모방한다는 뜻이다. 『설문해자說文解字』(이하 『설문』으로 칭함)에서는 깨달음覺悟이라 했다. 논어에 나타난 학學의 대상에는 의식주를 위한 기술, 인간의 도리, 선왕의 경전, 도道 혹은 인간의 본성 등이 있다. 학은 '학문學問', 혹은 "널리 배우고, 깊이 묻고, 신중히 생각하고, 밝게 분별하며, 돈독하게 행하는博學之 審問之 愼思之 明辨之 篤行之"(『중용』 11장) 총체적인 활동으로 이해할 수 있다. **형병** : 『백호통』에서 말하길, '학學은 깨달음覺이다. 알지 못했던 것을 깨닫는 것이다.'고 했다. 경업經業을 외고 익혀 폐퇴됨이 없게 하는 것이다. **주자**(朱子, 1130~1200)[※] : 學이란 본받

[※] 주자는 성리학의 집대성자로 역사상 『논어』에 대한 가장 정치最精한 주석서인 『논어집주』와 『논어혹문』을 편찬했다. 이에 대한 상세한 논의로는 다음을 참조. 임헌규, 『주자의 사서학과 다산 정약용의 비판』, 파라북스, 2020.

는다效는 뜻이다. 사람의 본성은 모두 선하되, 그 깨달음은 선후가 있다. 늦게 깨닫는 자는 반드시 먼저 깨달은 자가 하는 바를 본받아야 비로소 선을 밝히고 그 애초의 본성을 회복할 수 있다. **다산**(茶山 정약용, 1762~1836)※ : 學이란 가르침을 받는 것이다.

- **時**시는 日(날 일)＋寺(절 사←之)의 형성자로 태양日이 일정한 규칙에 따라 움직이며 머무르는 것을 나타낸다. 때, 계절, 역법, 시간, 세월 등 뜻이다.

- **習**습은 羽(깃 우)＋日(날 일)의 회의자로 어린 새가 날개羽를 퍼드덕거려 스스로(自→白) 나는 연습을 한다는 뜻이다. **주자**: 習이란 새가 번번이 나는 것이니, 배움을 그치지 않는 것은 마치 새가 번번이 나는 것과 같다. **정자**(程子, 1033~1107): 習이란 거듭 익히는 것이다. **다산**: 習이란 학업을 익히는 것이며, 시습時習이란 적당한 때에 익히는 것以時習之이다.

- **而**이는 본래 수염들 본뜬 글자이지만, 가차되어 접속사로 쓰였다.

- **之**지는 발足이 땅에 닿는 모습으로 어느 지점에 나아가 도착함으로 '가다'의 뜻이다. 이후 대명사로 가차되어 관형격이나 주격의 문법소로 쓰였다.

- **不**불은 땅속에 뿌리 내린 씨앗의 상형자로 아직 싹을 틔우지 못한 상태라는 의미에서 아니다, 못하다, 없다 뜻이다. 『설문』에서는 하늘에 올라가 내려오지 않는 것에서 부정의 뜻이 나왔다고 한다.

- **亦**역은 본래 팔을 벌린 사람大의 양 겨드랑이 부분에 두 점이 찍힌 모습으로, '역시'라는 뜻으로 가차되었다.

- **說**(열, 설, 세)은 言(말씀 언)＋兌(기쁠 태)의 회의자로 누군가에게 웃으며 말하는 모습, 어려운 내용을 말로 잘 풀어내는 것說明이다. 기쁘다悅는

※ 다산 정약용丁若鏞은 한국 실학의 집대성자로『논어』에 관한 가장 방대한最博 주석의 하나인『논어고금주』를 편찬했다. 이에 대한 상세한 논의로는 다음을 참조. 임헌규,『3대 주석과 함께 읽는 논어』1~3, 모시는 사람들, 2020.

뜻일 때는 '열', 그리고 유세遊說하다는 뜻으로 쓰일 때는 '세'로 읽는다. 언설, 언론, 가르침, 학설學百家之說, 의견王不聞夫管與之說乎, 변명, 맹세하는 말與子成說, 도리原始反終 故知死生之說, 말하다, 이야기하다口吃不能道說, 하다, 왈가왈부하다, 알리다, 고함使人說于子胥, 풀어 밝히다博學而詳說之, 타이르다女之耽兮 不可說也, 가르치다, 문체의 한 가지(사물에 대한 이치를 풀어 밝히고 자기의 의견을 진술하는 형식의 글), 기쁘다我心不說, 기쁨, 즐거워하다. 따르다我心則說 등의 의미이다. **주자**: 說은 기쁜 마음喜悅이다. **다산**: 說은 마음이 쾌快한 것이다.

- **乎**호는 악기를 나타내는 지사문자로 소리를 내어 부르다가 원뜻이나, 일찍부터 어감을 조절해 주는 어조사로 쓰였다.
- **有**유는 又(또 우: 손)＋月(육달 월: 肉)의 회의자로, 손又으로 고기肉를 쥔 모습을 그려 소유하다, 존재하다는 뜻이다. 여기서는 발어사로 쓰였다.
- **朋**붕은 붕鵬(동류의 새)에서 유래했는데, 중심의 새가 날면 다른 새들이 따르는데서 유래하여, 큰 스승에게 동문수학한 동지를 뜻한다. 같은 의미의 '우友(扌＋又: 손을 맞잡다)' 자가 있다. 붕우란 동문수학하여 손을 맞잡고 뜻을 같이하는 동지이다. 공자는 "익자삼우益者三友"라 하여 '곧은 벗友直', '성실한 벗友諒', '보고 들은 바가 많은 벗友多聞'이 유익하다(『논어』 16.4)고 말했다. **주자**: 붕朋은 같은 무리同類이다. **다산**: 붕朋이란 도를 같이하는 자이다.
- **自**자는 코鼻의 상형으로, 코는 얼굴에서 가장 두드러진 부위이기 때문에 자기, 자신의 뜻이 나왔다.
- **遠**원은 辶(쉬엄쉬엄 갈 착)＋袁(옷 길 원)의 회의자로 옷깃이 늘어져 있듯이 길이 매우 '멀다'라는 뜻을 표현했다. 오래되다, 심원하다의 뜻이다.
- **方**방은 본래 쟁기를 말했지만 땅을 나타내게 되었다. 나라, 지방, 방향, 방정, 정직, 입방, 그리고 네모꼴의 종이에 처방을 내렸다고 해서 방법이라는 뜻도 생겨났다. 여기서는 바야흐로라는 뜻이다立春方來.
- **來**래는 본래 보리麥의 뿌리와 줄기를 그렸는데, 옛사람들은 곡식은 하

늘이 내려주는 것으로 생각하여 '오다'라는 뜻이 되었다.

- 樂락(악)은 나무木 받침대 위에 북과 방울 등 악기를 말하며, 악기를 연주하면 즐겁다. 즐겁다(락), 음악音樂, 좋아한다(요: 仁者樂山 知者樂水) 등으로 쓰인다. **정자**: 기쁨說은 마음에 있고, 즐거움樂은 퍼지는 것을 위주로 하니 밖에 있는 것이다. **다산**: 樂은 심히 기쁜 것深喜이다.

- 人인은 두 사람이 등을 서로 맞대고 있는 모습으로 사람 혹은 다른 사람을 뜻한다. 『설문』에서는 '천지의 성정 중에 가장 귀한 존재가 인人이다.'고 했다.

- 知지는 矢(화살 시)＋口(입 구)의 회의자로 많은 것을 알아 화살처럼 빠르게 입을 통해 표현한다는 뜻이다. 인정하다知我者其天乎, 깨닫다而終不自知, 변별하다以寒暑日月晝夜知之, 기억함父母之年 不可不知也, 듣다不知其以匱之也, 보아서 앎文侯不悅 知於顔色, 다스리다子産其將知政矣, 알리다風流御史報人知, 지식淮南太史公者 其多知與, 지자智者擇不處仁 焉得知, 지능草木有生而無知, 짝樂子之無知, 슬기好學近乎知 등으로 쓰인다.

- 慍온은 心(마음 심)＋囚(가둘 수)＋皿(그릇 명)의 회의자로 마음을 가두어 '성내다'는 뜻이다. **주자**: 慍은 노여운 뜻을 품은 것이다. **다산**: 慍은 마음에 쌓여 맺는 것이다.

- 君子군자라는 용어는 공자에 의해 결정적인 의미 전환을 겪으면서 유교가 추구하는 이상적 인격의 전형으로 정립되었다. 본래 '군君' 자는 '尹(벼슬 윤)'과 '口(입 구)' 자로 구성되어 있다. 그리고 '윤尹'(다스리다, 바로잡다, 벼슬이름)은 ' ㅣ곤＋又차'로 구성되어 있는데, 'ㅣ'은 신성한 지팡이 神杖로 성직자가 손에 잡는 물건을, 그리고 '又'는 손을 나타낸다. 따라서 군君이란 신장을 손에 잡은 성직자로서 의례를 행하거나 정사를 관장하는 사람을 뜻한다. 그래서 군자란 귀족 일반을 지칭하는 용어로 사용되었다. 그런데 공자는 최상의 완성된 인격을 갖춘 성인보다 아래 단계에서, 일상에서 호학好學을 통해 인仁을 실천하려고 끊임없이 노력하는 사람을 군자로 칭했다. 논어의 모든 언명들은 군자의 교

육을 위해 시설된 것이라 하겠다. **주자**: 군자는 덕을 이룬 자의 명칭이다. **다산**: 군자는 덕이 있는 이를 지칭한다. 정현의 『예기』「옥조玉藻」편의 주에 이르기를 '군자는 대부大夫와 사士이다'라고 했고,「소의少儀」편의 주에 '군자는 경卿과 대부大夫이다'고 했다. 군자라고 말하는 것은 대군大君의 아들이니, 임금을 천자天子라고 이르는 것과 같다. 옛날에는 오직 덕 있는 자만이 벼슬자리를 얻을 수 있었기 때문에, 후세에는 비록 벼슬자리가 없더라도 모든 덕 있는 자를 군자라 칭했다.

1.2 有子曰 其爲人也孝弟요 而好犯上者鮮矣니 不好犯上이요
유자왈 기위인야효제 이호범상자선의 불호범상

而好作亂者未之有也니라 君子는 務本이니 本立而道生하나니
이호작난자미지유야 군자 무본 본립이도생

孝弟也者는 其爲仁之本與인저
효제야자 기위인지본여

유자有子가 말하였다. "그其 사람됨이爲人也 (부모에게) 효도孝하고 (형장에게) 공경弟하면서 윗사람上을 범犯하기 좋아好하는 자者는 드물다鮮矣. 윗사람上을 범犯하기를 좋아好하지 않으면서不 난亂을 일으키기作를 좋아好하는 자者, 그런 자之는 아직 있지 않다未有. 군자君子는 근본本에 힘쓰니務, 근본本이 정립되면立而 도道가 (자연히) 생겨난다生. 효제란 것孝弟也者은, 아마도其 '인을 실천함爲仁'의 근본之本일 것이리라與! (인의 근본仁之本이 될爲 것이리라與!)"

효제는 화순의 덕順德이다. 그러므로 윗사람을 범하는 것을 좋아하지 않으니, 어찌 또 이치를 거스르고 법도를 어지럽히는 일이 있겠는가? 덕에는 근본이 있으니 근본이 서면 그 도는 충만하고 커진다. 집에서 효제를 행한 후에 인애仁愛를 사물에 미치는 것이니, 이른바 '부모에게 친히 하고 백성에게 인자하다親親而仁民'는 것이다. 그러므로 인을 행하는 것은 효제를 근본으로

삼는다. 성性으로 논하자면 인仁이 효제의 근본이 된다. 대개 인仁이란 바로 성性이고 효제란 바로 작용用이다. 성性 중에는 다만 인의예지의 네 가지만 있을 뿐이니, 어찌 일찍이 효제가 들어올 수 있겠는가? 그러나 인은 사랑을 위주로 하고主於愛, 사랑은 부모를 사랑하는 것보다 큰 것이 없다. 그러므로 '효제라는 것은 인을 행하는 근본일 것이다'라고 말한 것이다. 〈정자程子〉

한자 해설

- 其기는 원래는 箕(키 기)를 나타내었으나, '그'라는 의미로 가차되었다. 윗부분을 줄여 亓(그 기)로 쓰기도 한다.

- 爲위는 爪(손톱 조)+象(코끼리 상)의 회의자로 손으로 코끼리를 부려 일(토목공사 등)을 시키는 것을 말했다. 하다, 만들다, 베풀다, 간주하다, 치다, 다스리다, 자리를 펴다, 취하다, 소행, 하여금, 이 혹은 그, 곧 등의 뜻이 있다. 거성으로 쓰일 때는 돕다, 위하다, 때문에, 보답, 장차 등으로 쓰인다.

- 也야는 어조사로 '~이다'나 '~구나', 또한, 역시 등을 뜻한다.

- 孝효는 老(늙을 노)+子(아들 자)의 회의자로, 자식子이 늙은 부모老를 업은 형상으로 효 개념을 그렸다. **주자**: 부모를 잘 모시는 것이 효孝이다.

- 弟제는 활을 들고 노는 '아우'를 본뜬 상형자이다. 悌(공경할 제)는 心(마음 심)+弟(아우 제)의 형성자로 동생弟이 형에 대해 가져야 하는 마음心으로 공경을 뜻한다. 『설문』에서는 제悌란 심心을 따르며, 제弟가 성부를 나타내는 형성자로서 형과 연장자를 경애한다敬愛兄長는 의미이다. 경전에는 본래 弟로 되어있고 悌는 후대에 나타났다. **주자**: 형과 어른을 잘 섬기는 것이 제弟이다.

- 好호는 女(여자)+子(자식)로 구성되어, 자식을 안은 어미를 나타내어 선호하다, 좋다, 훌륭하다는 의미이다.

- 犯범은 犬(개 견)+卩(병부절: 무릎을 꿇고 있는 사람)의 형성자로 개에게 공격당한 사람이 쓰러져 있는 모습, 혹은 무릎을 꿇고 있는 죄인으로 굴복시켜 침범한다, 잘못을 저지르다는 뜻이다.

- 上상은 하늘을 뜻하기 위해 만든 지사문자로 본래 二(두 이) 자와 같은 모습이었지만, 二 자와의 혼동을 피하고자 현재의 자형이 되었다. 위, 상등, 먼저(변), 황제, 임금, 존귀한, 오르다 등으로 쓰인다. **주자**: '윗사람을 범한다犯上'는 것은 위에 있는 사람에게 무례하고 거스르는 것을 말한다.
- 者자는 耂(늙을 로)+白(흰 백)의 회의자로 어른耂이 아랫사람에게 낮추어 말한다白는 뜻으로, 말하는 대상을 가리켜 사람, 놈을 뜻한다.
- 作작은 人(사람 인)+乍(잠깐 사 → 작)의 회의자로 시작하다, 짓다, 만들다, 작품作品 등의 뜻이다.
- 未미는 나무木에 가지가 더해진 형상으로 가지와 잎이 무성함을 말한다. 무성한 가지는 햇빛을 가리므로 어둡다는 뜻이 나왔고, '아니다'는 부정사로 가차되었다.
- 鮮선은 부드러운 양고기羊처럼 맛있는 물고기魚는 싱싱하다는 뜻이다. 신선한 고기는 빛깔이 곱고 그런 고기는 흔하지 않은 음식이기 때문에 '드물다'는 뜻이다. **주자**: 鮮은 적다少는 뜻이다.
- 亂난은 위아래의 손(爪, 又)으로 가운데에 뒤죽박죽 엉켜있는 실무더기를 푸는 모습인데, 엉킨 실은 혼란을, 엉킨 실을 푼다는 의미에서는 정리하다, 다스리다는 상반되는 뜻이 나왔다. 어지럽다, 어지럽히다, 다스리다, 무도하다, 난리, 반란, 재앙, 버릇없는 행동을 의미한다. **다산**: 작란作亂은 시역弑逆·모역으로 난리를 일으키는 것을 말한다. 춘추시대에 난을 일으키는 자가 많아 당시 군주가 우려하였으나 막을 방도를 알지 못했으니, 유자가 이 말을 하였다.
- 務무는 力(힘 력)+矛(창 모)+攵(칠 복)의 형성자로 힘力을 다해 창矛으로 찌르는 모습攵에서 강하다, 힘쓰다 그리고 일이라는 뜻이 나왔다. **주자**: 務는 오로지 힘쓰는 것이다.
- 本본은 나무木의 뿌리를 나타낸다. 근본根本, 일의 주체나 대 종족, 본적本籍, 국가, 농업이라는 뜻도 나왔다. **주자**: 본本은 뿌리根와 같다.

- 道도는 『설문』에서 "辶(갈 착=行止)+首(사람의 맨 위에 있는 머리로서 가는 목적)로 구성된 회의자로 향하여 가는 길(방법)이자 목적"이라고 할 수 있다. 그래서 길, 방법, 말하다, 다스리다(행정구역의 명칭), 이끌다(=導) 등의 뜻을 나타낸다. **다산**: 도란 말미암아 가는 길이다道者 人所由行也.
- 仁인이란 『설문』에 따르면 "친애親愛한다는 의미로 두 사람(人+二)에서 유래했다(仁 親愛也 由'人' 由二 會意)"고 한다. 즉 인간이란 (잔인한 금수와 구별되는) 서로 친애하는 공동체적 존재라는 것을 함축한다. 즉 인간이란 모름지기 인(仁=人+二)해야 한다는 공자의 주장은 곧 "인간이란 정치적—사회적 존재homo politicus—socius이며, 다양한 사회적—관계적 상황에서 마땅히 해야 할 도리를 다해야 한다"는 것을 의미한다. 『논어』 가운데 '인仁'은 총105회 나타나며, 전체 499절 가운데 58곳에서 인을 논하고 있다. 인간의 보편적 덕이다. **주자**: 仁이란 사랑의 이치이고 마음의 덕이다仁者 愛之理 心之德也. 위인爲仁은 행인行仁이라고 말하는 것과 같다. **다산**: 인이란 두 사람이(仁=二人) 서로 관여하는 것이다仁者 二人相與也. 어버이를 섬겨 효를 하는 것이 인仁이 되니, 부모와 자식이 두 사람二人이다. 형을 섬겨 공경하는 것이 인이 되니, 형과 동생이 두 사람이다. 임금을 섬김에 충으로 하는 것이 인이 되니, 임금과 신하가 두 사람이다. 백성을 기르되 자애로 하는 것이 인이 되니, 목민관과 백성이 두 사람이다. 부부와 붕우에 이르기 까지 모든 두 사람 사이에서 그 도를 다하는 것이 모두 인仁이다. 그런데 효제가 그 인의 근본이 된다孝悌爲之根.
- 生생은 '나오다'는 뜻으로, 풀과 나무가 흙에서 솟아나오는 것을 본뜬 모양生進也 象草木生土에서 형성되었다. 땅속에 잠재되어 있던 것이 현실화한다는 의미이다.
- 與여는 与(어조사 여)+舁(마주들 여)의 형성자로 상아와 같은 소중한 물건을 서로 '함께' 들어올리다舁는 뜻에서 유래하였다. 더불어 목적을 함께 하는 무리, 허여하다, 같아하다, 참여하다, 어조사, 주다 등으로 쓰

인다. **주자**: 與는 의문사이니 겸손히 물러나 감히 단정정적으로 말하지 않는 것이다. **다산**: 與란 의문사이다. 그 이치가 의심의 여지가 없어 與라고 하고, 당시 사람들이 믿지 않는 것을 기롱하였다. 이 말은 풍자를 함의하는 듯하다.

1.3 子曰 巧言令色이 鮮矣仁이니라
자 왈 교 언 영 색 　 선 의 인

공자께서 말씀하셨다. "말을 (듣기 좋게) 교묘巧하게 하고 얼굴빛色을 보기 좋게 꾸미는令 사람은 인仁이 드물다鮮矣."

교언巧言은 언어를 좋게 함이고 영색令色은 안색을 좋게 꾸밈이니, 모두 남으로 하여금 자기를 열복하게 하고자 함이니 능히 인을 지님이 적다. 〈포함〉

성문聖門의 학은 인의 추구求仁를 요령要領으로 한다. 거기서 해야 할 것을 말하면 필시 효제를 우선으로 하고, 하지 말아야 할 것을 논하면 교언영색을 심한 것으로 여긴다. 말씀을 기록한 자가 이 둘을 끌어내어 첫 장 두어 이처럼 순서를 잡은 것은 배우는 자로 하여금 인이 급한 일임을 알게 하고, 마땅히 힘써야 할 일과 경계할 만한 일을 알게 하려 함이다. 〈주자〉

한자 해설
- 巧교는 工(장인 공: 황토를 다지는 절굿공이)+丂(공교할 교)의 형성자로 <u>훌륭한 솜씨</u>를 말한다. 기교技巧, 영민하다, 마침 맞다 등의 뜻이 나왔다. **주자**: 巧는 좋게 한다好는 뜻이다.
- 言언은 입口과 거기서 나오는 음파가 더해져 말言이라는 뜻이 되었다. 혹은 辛(매울 신)+口(구) 회의자로 맹세盟誓, 삼가 말하다의 뜻이다.
- 令령은 일을 시키기 위하여 부른 사람人들이 무릎을 꿇고(卩: 병부 절) 복종한다는 뜻으로 명령하다는 의미이다. 나아가 깨끗하다, <u>훌륭함을</u>

뜻한다. 명명命名하다, 좋다, 훌륭하다, 영부인令夫人, 영존令尊 등으로도 쓰인다. **주자:** 令은 잘한다善는 뜻이다.

- 色색은 人(사람 인)+卩(병부 절)의 회의자로 마음과 안색은 일치한다는 데서 <u>안색, 빛깔</u> 등을 뜻한다.
- 矣의는 矢(화살 시)+厶(마늘 모)의 형성자로 날아가서 일정한 곳에 멈춘다는 뜻으로, 말끝에 써서 단정 혹은 과거를 나타낸다.

1.4

曾子曰 吾日三省吾身하노니 爲人謀而不忠乎아
증자왈 오일삼성오신　위인모이불충호

與朋友交而不信乎아 傳不習乎아니라
여붕우교이불신호　전불습호

증자曾子가 말했다. "나吾는 날마다日 세三 가지 사항에 대해 반성省한다. 남人을 위爲하여 일을 꾀하면서謀而 불충不忠하지는 않았는가乎? 벗朋友과 더불어與 사귀면서交而 불신不信스럽지는 않았는가乎? (스승에게) 전傳해 받은 것을 (나 자신에게) 익히지 않은 것不習은 없었는가乎?"

증자의 삼성 三省

먼저, 다른 사람과 일을 도모할 때 충심(忠=中+心)을 다했는가 하는 것이다. 마음을 치우치거나 기울지 않고, 지나침과 모자람이 없이 정립하여中者 不偏不倚無過不及之名 최선을 다해 다른 사람과 함께 일을 도모하였는지를 반성하는 것이다.

둘째, 벗과 신실信하게 교제했는가이다. 여기서 '신信'이란 도덕적인 선함을 지니고서 성실하게 실천하는 것을 말한다. 따라서 벗과 사귈 때는 착한 인간본성仁義禮智으로 성실하게 교류해야 한다는 것이다. 그래서 증자는 '벗을 통해 자신의 인을 보완하라以友輔仁.'(12.24)고 말했다.

셋째, 스승 등으로부터 전수받은 것을 제대로 익혔는지를 성찰한다.

여기서 익힌다는 것은 새가 날기 위해 많을 노력을 기울이는 것習=鳥數飛을 가리키는데, 전수받은 것을 자기의 것으로 만들기 위해 노력하는 것을 말한다.

한자 해설

주자: 자신을 다하는 것을 '충'이라 하고盡己之謂忠, 신실함으로 하는 것을 '신'이라 한다以實之謂信. '전傳'은 스승에게서 받은 것을 말하고, '습習'은 자신에게 익숙해지도록 하는 것을 말한다. 충忠은 마음의 관점에서 말한 것이고, 신信은 일의 관점에서 말한 것이다. 자신을 다하는 마음으로 숨기지 않은 것이 이른바 충이니, 안에서부터 나온 것으로 말한 것이다. 일을 신실하게 하여 어기지 않은 것이 이른바 신이니, 밖으로 드러난 것으로써 말한 것이다. 그러나 충하면서 신하지 않은 경우가 없고, 신하면서 충에서 나오지 않은 경우가 없는 것은 표리관계임을 말해준다. 꾀함에 충忠하지 않으면 남을 속이는 것이고, 말함에 신실하지 않으면 친구를 속이는 것이고, 전해 받은 것을 익히지 않으면 스승을 속이는 것이다. 삼성三省은 본래 성인의 일은 아니다. 그러나 이는 증자가 만년에 덕에 나아간 공부進德工夫이다.

- **吾**오는 口(입 구)+五(다섯 오)의 형성자로 입口으로 부르는 1인칭 대명사로, 나 혹은 우리를 말한다.
- **日**일은 해를 그린 것으로 '날(하루)'이나 '태양', '낮'이라는 뜻이 있다.
- **三**삼은 세 손가락을 옆으로 펴거나 나무젓가락 셋을 옆으로 뉘어 놓은 모양으로 숫자 3을 나타내며, 천지인天地人을 상징하는 길한 숫자로 쓰인다. 삼三은 양수一와 음수二의 통합으로 횟수의 많음, 혹은 완전수를 상징한다. 따라서 본문의 삼三은 3차례가 아니라, '끊임없이'라고 해석할 수 있다.
- **省**성은 작은少 것까지 자세히 본다目는 의미로 살피다, 스스로를 깊이 반성反省 혹은 성찰省察하다는 뜻이다. 행정 단위를 나타내기도 한다.
- **身**신은 『설문』에서는 사람의 몸을 그린 상형자로 사람의 주체나 자기

자신을 뜻, 그리고 자신이 몸소 직접 하는 것을 말하기도 한다. 신身으로 구성된 한자들을 모두 몸과 관련된 의미를 가진다.

- 謀모는 言(말씀 언)+某(아무 모)의 형성자로 어려운 일을 깊이 의논言하여 도모하는 것으로 계략을 세우다, 깊이 생각하다 등의 뜻이다.
- 忠충은 心(마음 신)+中(가운데 중)의 형성자로 마음心을 치우치지 않고不偏, 기울지도 않으며不倚, 지나치거나 모자람이 없도록 공평무사하게 견지하는 것을 말한다.
- 信신자는 『설문』에서 人(사람 인)+言(말씀 언: 맹서盟誓)의 회의자로 '사람의 본심에서 나온 말은 거짓이 없기誠實無欺에 믿을 수 있다'는 의미라고 했다. 맹자는 "가치상 추구할 만한 것을 일러 선善이라 하고, 선을 자기 안에 지니고 있는 것을 일러 신信이라고 한다"고 말했는데, 여기서 '信'이란 선한 본성仁義禮智을 신실하게 행하는 것을 말한다.
- 傳전은 人(사람인)+專(오로지할 전)의 형성자로 베짜기와 같은 전문적인 기술專을 다른 사람人에게 전해준다는 뜻이다. 전하다, 전달하다, 전설, 전기, 전통 등의 뜻이 되었다. 유교에서는 성인의 창작을 경이라 하고, 현인의 저술을 전이라고 한다聖人制作曰經, 賢人著述曰傳. 씨줄인 경經은 시공을 초월한 보편적인 진리를 담고 있다는 뜻이며, 전傳은 경을 주석하여 전한다는 의미를 내포하고 있다.

1.5 子曰 道千乘之國하되 敬事而信하며 節用而愛人하며 使民以時니라
자 왈 도 천 승 지 국　　경 사 이 신　　절 용 이 애 인　　사 민 이 시

공자께서 말씀하셨다. "천승의 나라千乘之國(제후국)를 이끌되道(=導, 治), 일을 경건하게 시행하여敬事而 (백성들의) 신뢰를 받고信之, 재용用을 절제節하여 사람을 사랑하며愛人, (공사工事를 일으켜) 백성民을 사역使할 때에는 (반드시 농사를 방해하지도 농시를 빼앗지도 않는) 시기時(절기)에 맞게以 하여야 한다."

국정을 담당하는 먼저, 자는 경건한敬 마음으로 국사를 처리하여 백성들로부터 신뢰를 받아야 한다. 경敬이란 마음을 하나에 집중하여 혼란스럽게 하지 않은 것主一無適을 말한다. 그런데 하나一는 유교의 궁극 근원인 하늘(天=一+大)을 지시한다. 기독교에서 궁극자인 하나님을 사랑으로 묘사한다면, 유교는 중中으로 묘사하고 있다. 따라서 마음을 하나에 집중하여 혼란스럽게 하지 않는 중한 마음 즉 마음을 치우치거나 기울지 않게 써서, 지남침과 모자람이 없게 국사를 처리하여 백성들로부터 신뢰를 얻어야 한다는 것이다.

다음으로 백성들로부터 거두어들인 세금을 절약하여 사용하고, 백성들에게 이익이 돌아가도록 함으로써 궁극적으로는 백성들을 사랑하라고 말하고 있다.

마지막으로 백성들을 국역國役에 동원할 때는 백성들이 생업에 종사해야할 시기와 그렇지 않을 때를 잘 분간하여 지혜롭게 대처하라는 것이다. 요컨대 공자는 정치가가 하늘을 섬기듯이 경건한 마음으로 국사를 처리하여 백성들의 신뢰를 얻고, 국가의 재화는 알맞게 절약하여 집행하여 백성들을 사랑하며, 나아가 백성들에게 의무를 부가할 때에는 백성들의 상황을 잘 살펴 지혜롭게 해야 한다고 말한다.

한자 해설

- 道도는 길, 방법, 말하다, 다스리다 등의 뜻이다. **주자**: 道는 다스리다 治也이다. **다산**: 道는 이끌다導이다.
- 千천은 사람의 수를 나타내기 위해 만든 글자로 일천, 밭두둑, 초목이 무성한 모양, 반드시, 여러 번, 수효數爻가 많다는 의미이다.
- 乘승은 갑골문에서 大(큰 대)+木(나무 목)으로 나무木 위에 발을 크게 벌리고 올라선 사람(大)을 그려 타다, 오르다, 기대다, 편승하다는 뜻이 나왔다. 또한 승乘이란 고대의 병거兵車이다. 병거 한 대는 4필의 말이 이끌고, 갑사甲士 3명이 타고, 보졸步卒 72명이 따랐다. **주자**: 천승千乘은 제후의 나라로 그 영지에서 병거 천 대를 낼 수 있다.

- 國국은 口(에워싸다)+或(口+戈: 창을 들고 성을 지키는 모습)의 형성자로, '성으로 둘러싸인 곳을 무기로 지키는 곳'이라는 의미에서 출발하여 '나라'라는 의미가 되었다.

- 敬경은 갑골문에서는 苟(진실로 구)로 썼으나, 금문에는 손에 몽둥이를 든 모습인 攵(칠 복)자가 더해져 오늘날의 모습이 되었다. 苟는 머리에 양羊이 그려진 꿇어앉은 사람을 그렸는데, 절대자(양) 앞에 꿇어앉아 '진실하고 경건한 마음'으로 빌거나 복종하는 모습을 나타낸다.『주역』「곤괘·문헌」에서는 "군자는 경건함으로써 안을 바르게 한다君子敬以直內."라고 하였다. 성리학에서는 경을 '마음을 한 곳에 집중하면서 산란하게 하지 않는 것主一無適' 혹은 '항상 깨어있음常惺惺'이라고 하였다. 마음을 경건하게 유지하는 것居敬은 이치를 궁구하는 것窮理과 함께 성리학적 공부의 요체가 된다. **주자**: 경敬이란 마음을 하나로 집중하여 다른 곳으로 가지 않는 것主一無適을 말한다. **다산**: 경사敬事는 그 시종始終을 생각하고 그 유폐流弊를 헤아리는 것을 말한다.

- 事사는 손又으로 장식이 달린 붓을 잡은 모습이나 역사나 문서의 기록하는 모습으로 일事有終始, 관직無功受事, 국가대사, 직업, 공업工業(흐功흐事), 섬기다事君之道, 일삼다事商賈 爲技藝, 변고事變, 재능룢起之裂 其事也, 다스리다勞力事民而不責焉, 힘쓰다先事後得, 부리다無所事得, 벌管絃三兩事, 전고典故로 쓰인다.

- 節절은 竹(대 죽)+卽(곧 즉)으로 구성된 형성자로, 원래의 뜻은 대나무인데 이로부터 관절關節, 골절骨節, 근절筋節 등과 같은 말이 나왔다. 대나무는 마디마디 지어진 단계와 등급이 있다는 뜻에서 절도節度, 절제節制라는 의미가 있어 예절禮節이란 바로 이것을 말한다. **다산**: 절節이란 한계限이다. 대나무에 마디節가 있어 넘을 수 없는 것과 같은 것이다.

- 用용은 가운데 卜(점 복)과 나머지 뼈骨를 그려 점卜 칠 때 쓰던 뼈로, 시행施行의 의미를 그려 사용使用, 응용應用, 작용作用을 나타낸다. 인재를 천거薦擧하여 들어서 쓴다는 의미에서 등용登用으로도 쓰인다.

- 愛애는 ⺥(손톱 조)+冖(덮을 멱)+心(마음 심)+夂(천천히 걸을 쇠)의 회의자이다. 금문에서는 旡(목맬 기)+心의 회의자로 사람의 가슴에 심장이 들어가 있는 모습으로 사랑하다를 표현했다. 사랑, 인정, 자애, 소중히 여기다慈親之愛其子也, 그리워하다戀愛, 즐기다愛讀, 친밀하게 대하다汎愛衆而親仁, 가엾게 여기다愛憐, 사모하다愛親者 不敢惡於人, 탐욕, 물욕 등으로 쓰인다.
- 使사는 人(사람 인)+吏(史의 변형)으로 붓을 든 사관史官으로 대표되는 관리吏에게 일을 맡겨 시키는 것을 말한다. 상성으로는 부리다, 거성으로 사신 혹은 사신가다 등으로 쓰인다.
- 民민은 ① 자식을 낳아 기르는 모母 혹은 여女 자의 상하에 점을 더하여 많은 사람들이란 뜻을 나타내는 지사문자, ② 포로나 노예의 반항능력을 줄이기 위해 한 쪽 눈에 자해를 가한 모습으로 노예라는 뜻에서, 피지배층 일반으로 그 의미가 확대되었다는 설이 있다. 한때 ②의 뜻이 상당한 설득력을 지니고 인정되었지만 民은 도망 다니는 백성을 뜻하는 岷망(亡+民), 그리고 눈먼 사람을 뜻하는 盲맹(亡+目)과는 구별될 수도 있다는 점에서 ①의 설명이 더 유력할 수도 있을 것이다.
- 以이는 상형문자로 쟁기를 본뜬 글자로, 사람이 연장을 사용하여 밭을 갈 수 있다는 것에서 ~로써, 까닭을 뜻한다. **주자**: (使民以時에서) '시時'는 농사의 틈이 있을 때를 말한다. **다산**: (使民以時란) 백성들의 농사를 방해하지도 농시를 빼앗지도 않는 것이다.

1.6 子曰 弟子入則孝하고 出則弟하며 謹而信하며 汎愛衆하되
자 왈 제 자 입 즉 효　　출 즉 제　　근 이 신　　범 애 중

而親仁이니 行有餘力이어든 則以學文이니라
이 친 인　　행 유 여 력　　즉 이 학 문

공자께서 말씀하셨다. "젊은이弟子들아! 들어가서는入則 효孝하고 나가서는出則 공손弟해라. (행실은) 삼가 조심하여謹而 (말은) 신실信하게

하고, 널리汎 뭇사람들을 사랑하고愛衆而, 어진仁 사람과 친親해야 한다. (이러한 것들을) 실천行하고, 여력餘力이 있으면有則 (시서육예의) 글을 以文 배워야學 한다."

공자는 젊은이(제자)들에게 우선 효제를 실천하라고 말했다. 유교에서의 이념 규정적으로 말하면, 인간은 인仁을 실현하는 존재이며, 그 방법은 효제에서 시작한다. 여기서 '효'는 수직적으로 윗사람을 섬기는 것을 대표하는 덕목이라면, 제는 수평적인 우애 및 연장자 혹은 어른을 섬기는 덕목을 대표한다. 따라서 효제孝悌란 인간관계의 수직적-수평적 질서를 총망라하는 핵심 원리다. 그 나머지 구절은 효제에 대한 해설이라고 할 수 있다. 공자는 우선 효제와 같은 인간적인 도리의 실천에 진력하고, 그 다음에 문文을 익여 지식을 함양하라고 했다.

한자 해설

- 入입은 사람人이 입구로 들어가는 모습으로 들다, 간여하다는 뜻이다.
- 出출은 반지하의 움집과 발止과 집에서 나가는 동작을 그려, 나가다, 발생하다. 태어나다, 출토하다, 출판하다는 의미가 생겼다.
- 則즉(칙)는 원래 鼎(솥 정)+刀(칼 도)의 회의자(후에 정鼎이 패貝로 바뀜)로 청동기 시대 법칙을 솥鼎에 칼刀로 새겨 놓은 데에서 유래했다. 법칙은 곧바로 시행되어야 하기에 '즉시' 혹은 '바로'라는 뜻도 생겼다.
- 謹근은 言(말씀 언)+堇(노란 진흙 근)의 형성자로 말言은 제사謹처럼 항상 <u>정성스럽고 신중하고 삼가야 함</u>을 뜻한다. **주자:** 謹은 행동에 떳떳함 (常: 법도)이 있는 것이고, 신信이란 말에 실상實이 있는 것이다.
- 悌제란 心+弟의 형성자로서 형과 연장자를 <u>경애한다</u>敬愛兄長는 의미이다. 본래 弟제로 되어있었으나, 心을 추가하여 悌로 나타났다. 弟는 가죽 끈을 위에서 아래로 감아내린 모양을 나타낸 상형문자로, 차례를 따른다는 뜻이 되고, 형兄의 뒤에 태어난 사람을 말한다.
- 汎범은 水(물 수)+凡(무릇 범)의 형성자로 돛(凡=帆)단배가 물水 위에 뜬

모습이다. '물에 뜨다'가 원의미로 떠다닌다는 뜻이다. **주자**: 汎은 넓다_廣는 뜻이다. **다산**: 汎은 가라앉지 않는 것_{不沈着}이다.『설문』에 '汎은 떠있는 모양_{浮貌}'고 했으니, 풍파_{風波}가 이는 대로 떠다니는 것이다.

- 衆_중은 血(피 혈)+노예(人+人+人+日 : 뙤약볕 아래 노동하는 사람들)의 회의자로 대중_{大衆} 혹은 많은 사람들을 의미한다. **주자**: 衆은 뭇사람을 말한다.

- 親_친은 見(볼 견)+辛(매울 신)의 형성자로 나무_木 위에 올라가_立 멀리 떠나는 자식을 바라보는_見 부모마음, 나무_木가 서도록_立 지켜보듯이_見 자식을 돌보는 부모마음, 그리고 서로 붙어 자라는 가시나무_辛처럼 서로 친근하게 보살펴준다_見는 뜻이다. **주자**: 親은 가까이 하는 것이며, 인_仁은 어진 사람을 말한다. **다산**: 親은 밀접하고 가까운 것_{密近}이다.

- 行_행은 사거리를 그린 상형자로 길은 사람들이 오고가는 곳이기에 가다, 운행하다, 떠나다, 실행하다, 가능하다, 행위, 품행 등의 뜻이다.

- 餘_여는 食(밥 식)+余(나 여)의 형성자로 객사(_{余=舍})에서 손님을 위해 남겨둔 음식_食으로, 남겨 두다, 남다, 여유의 뜻이다.

- 力_력은 쟁기를 그린 상형자로, 쟁기를 끄는 힘을 의미하고, 여기에서 능력, 위력_{威力}, 제압_{制壓}하다는 뜻이 나왔다. **주자**: 여력_{餘力}이란 틈나는 날을 말한다.

- 文_문은 갑골문에서 사람의 가슴에 새겨놓은 문신_{文身}을 의미했다.『설문』에서는 "획을 교차하다는 뜻으로 교차한 무늬를 형상했다_{錯劃也 象交文}"고 했다. 그리고 문자로 쓰인 것을 문장_{文章}이나 문학작품이라고 말하게 되었다. 글월_{以能誦詩書屬文}, 글자, 문치_{文治}·문사_{文事}, 글을 짓다_{帝親文其卑}, 무늬·문채_{文彩}, 현상_{觀乎天文}, 문물(예악과 제도 등 문화적 산물), 법령의 조문, 아름답다, 선善하다_{禮滅而進 以進爲文}, 어지럽다_{=紊亂}, 화미_{華美}하다_{君子質而已矣 何以文矣}, 주 문왕, 꾸미다_{文之以禮樂}, 가리다_{小人之過也 必文}, 노력하다_{文莫吾猶人也}. **주자**: 以는 쓰는 것이고, 文은 시서육예의 글_{詩書六藝之文}을 말한다. **다산**: 文은 옛사람이 남긴 글이다. **형병**:『시』·『서』·『예』·『악』·『역』·『춘추』등 육경이 그것이다.

1.7 子夏曰賢賢하되 易色하며 事父母하되 能竭其力하며 事君하되
　　　자 하 왈 현 현　　 역 색　　 사 부 모　　 능 갈 기 력　　 사 군

能致其身하며 與朋友交하되 言而有信이면 雖曰未學이라도
능 치 기 신　　 여 붕 우 교　　 언 이 유 신　　 수 왈 미 학

吾必謂之學矣라하리라
오 필 위 지 학 의

자하子夏가 말하였다. "어진 이賢를 어진 이賢로 대하되 색色을 좋아하
는 마음과 바꾸고易, 부모父母를 섬김事에 능能히 그其 힘力을 다하고竭,
임금君을 섬김事에 능能히 그其 몸身을 바치고致, 벗朋友과 더불어與 사귐
交에 말에言而 신의信가 있으면, 비록雖 아직 배우지 않았다未學고 말하
더라도曰, 나吾는 반드시必 그之를 배웠다學고 평가謂할 것이다."

　　　네 가지는 모두 인륜의 큰 것이니, 행함에 반드시 그 성의를 다해야 할 것
이니, 배움은 이와 같은 것을 구하는 것일 뿐이다. 그러므로 자하는 '능히
이처럼 할 수 있는 사람이 있다면, 진실로 타고난 바탕이 아름다운 자가
아니라면, 필시 배움에 힘씀이 지극한 사람일 것이니, 비록 혹 일찍이 배
우지 않았다고 하더라도 나는 반드시 이미 배운 자라고 말하겠다.'고 한 것
이다. 〈주자〉

한자 해설

• 賢현은 臤(어질 현: 신하臣가 일을 능히 잘 해낸다又)+貝(조개 패)의 회의자로
어질고 현명하여 재물까지 나누어 주다(구휼救恤)는 뜻이다. 어질다, 현
명하다, 어진 사람, 어려운 사람을 구제하는 일, 남을 높여 이르는 말
등으로 쓰인다.

• 易역은 日(陽)+月(陰)의 회의자로 음양의 변화를 나타낸다. 易은 ① 변
역變易(음과 양이 유행한다), ② 교역交易(음양이 대대한다), ③ 불역不易(변역 및
교역의 이치는 불변한다), ④ 간이簡易(쉽게 배워 응용할 수 있다)의 뜻을 지닌다
易四義. **다산**: 역색易色은 현자賢者로써 미색美色과 바꾸는 것이다.

• 能능은 원래는 곰熊(厶: 머리, 月: 몸, 匕: 다리)을 나타내었다. 곰의 힘과 용

맹에서 능력能力, 재능才能, 가능可能의 뜻이 나왔다.

- 竭갈은 立(설 립)+曷(어찌 갈: 바라다)의 형성자로 목이 말라 입을 벌리고 선사람立을 말하며 마르다, 다하다, 사라지다 등의 뜻이다.

- 致치는 攵(칠 복)+至(이를 지)의 형성자로 도달하게至 보내는 것攴으로 드리다, 봉헌하다, 초치招致하다 등의 뜻이다. **주자**: 致는 맡긴다委는 뜻이니, 그 몸을 맡긴다는 것은 자신의 몸을 자신의 것으로 여기지 않는다는 말이다. **다산**: 치신致身은 임금에게 몸을 바치고 자신을 돌보지 않는 것을 이른다.

- 身신은 『설문』에서 사람을 몸을 그린 상형자라 했는데 자신, 몸소 등의 뜻이 나왔다.

- 雖수는 虫(벌레 충)+唯(오직 유)의 형성자이지만 비록이란 양보의 뜻으로로 가차되었다.

- 必필은 弋(주살 익)+八(여덟 팔)의 회의자로 땅을 나눌 때 말뚝을 세워 경계를 분명한 데에서 '반드시'라는 뜻이 나왔다. 반드시, 기필, 신뢰, 고집하다 등의 뜻이다.

1.8 子曰君子不重則不威니 學則不固니라
자 왈 군 자 부 중 즉 불 위　　학 즉 불 고

主忠信하며 無友不如己者요 過則勿憚改니라
주 충 신　　무 우 불 여 기 자　　과 즉 물 탄 개

공자께서 말씀하셨다. "군자君子가 중重흑하지 못하면不則 위威엄이 없으니不, 배워도學則 견고固하지 못하다不. 충忠성스러움과 신信실함을 주主로 하고, 자기보다 못한 사람不如己者을 벗友하지 말고無, 허물이 있으면過則 고치기改를 꺼리지憚 말아야勿 한다."

군자의 도는 위엄과 중후함을 바탕으로 하고, 배움으로써 완성시키는 것이다. 배움의 도리는 반드시 충성스러움과 신실함을 주로 삼고, 나보다 나은 이로써 보완하는 것이다. 그러나 혹 허물을 고침에 인색하면 마침내 덕에 들어갈 수 없고, 현명한 자도 반드시 선한 도리로써 즐겁게 충고하지는 않을 것이다. 그러므로 허물이 있으면 고치기를 꺼려하지 말라는 말씀으로 끝을 맺으셨다. 〈유초遊酢, 1053~1123〉

한자 해설

- 重중은 東(동녘 동: 끈으로 사방을 동여맨 보따리)＋人(사람 인)의 회의자로 등에 짐을 지고 있는 사람으로 무겁다 혹은 소중하다는 뜻이다. **주자**: 重은 중후厚重이다.

- 威위는 女(여자 여)＋戌(개 술: 도끼날이 달린 고대의 무기)의 회의자로 도끼 앞에 겁에 질린 여자, 혹은 '시어머니'를 상징하여 위엄이나 권위의 뜻으로 지녔다. **주자**: 威는 위엄威嚴이다.

- 固고는 囗(에운담 위: 성벽)＋古(옛 고)의 회의자로 성벽이 오래도록 견고하다는 의미에서 '굳다'를 뜻하게 되었다. 완고頑固 혹은 고집固執이라는 부정적인 의미도 지닌다. **주자**: 固는 견고堅固함이다.

- 主주는 王(임금 왕)＋丶(점 주)의 상형자로 긴 촛대 위에 심지를 말한다. 핵심이라는 뜻에서 주인, 주류, 가장 중요한 것, 주장, 주의 등의 뜻이 나왔다. **다산**: 主는 빈賓의 상대어이다. 居不主奧(거불주오, 거처함에 아랫목을 차지하지 않는다: 『예기』「곡례」)의 主처럼 읽어야 한다. 마음을 세우고 몸을 실행할 때 충성스러움과 신실함을 주로 삼는다는 말이다. **정현**: '主는 친親하는 것이다(형병은 말했다. 무릇 친하고 가까이 하는 것은 모두 모름지기 충신忠信이 있는 자에게 그렇게 한다고 하였다).'고 하였는데, 논박하여 말하면, 그릇되었다. 主는 고수守하는 것이고, 종주宗로 한다는 것이다.

- 無무는 커다란 수풀이 불火에 타서 없어진 모양을 나타내는 회의자로 '없다'는 뜻이다.

- 爭쟁은 爪(손톱 조)＋又(또 우)＋亅(갈고리 궐)의 회의자로 무언가를 놓고 서로 다툰다, 경쟁하다라는 뜻이다.

38

- 友우는 도움을 상징하는 오른손又 두 개가 같은 방향으로 나란히 놓인 모양으로,『주례』에서는 '같은 스승을 모시는 관계가 붕朋이고, 뜻을 같이하는 관계가 우友'라 했다.
- 如여는 女(여자 여)+口(입 구)의 회의자로 부권사회에서 여자가 남자의 말에 순종하는 것을 표현했지만, 지금은 주로 '~와 같다'라는 뜻으로 가차되어 쓰인다.
- 過과는 辵(지나갈 착)+咼(입이 비뚤어질 외)의 형성자로 바른 길을 지나쳤다는 뜻으로, 도를 넘치다, 과오, 잘못, 재앙 등의 뜻이다.
- 己기는 사람이 몸을 구부린 모습을 나타내며, 단독으로 쓰일 때는 여전히 '나 자신'이라는 뜻을 가지게 된다.
- 勿물은 갑골문에 刀(칼 도)로 내리치는 모습에서 '~하지 말라'와 같은 금지를 뜻을 나타내고 있다. **주자**: 勿은 금지사이다.
- 憚탄은 心(마음 심)+單(홑 단)의 형성자로 전쟁單=戰에 대한 두려운 마음心으로 꺼리다, 두려워하다 뜻이다. **주자**: 憚은 두려워하고 어려워한다畏難는 뜻이다. **다산**:『설문』에서 '憚은 꺼리다忌는 뜻이고, 어렵게 여기다難는 뜻이다'고 하였다. 그런데 사람이 허물을 고치는 일에 또한 어찌 두려워하는 바가 있겠는가? 고치는 것을 꺼려하면 고치려는 마음이 인색할 것이기에 '허물을 고치는 데 인색하지 말라'고 한 것이다.
- 改개는 己(자기 기)+攴(칠 복)의 회의자로 자기를 채찍질하여 잘못을 바로잡다, 고치다, 바꾸다는 뜻이다.

1.9 曾子曰 愼終追遠이면 民德이 歸厚矣리라
　　　증 자 왈 신 종 추 원　　　민 덕　귀 후 의

증자曾子가 말하였다. "(어버이의) 끝마침終(=喪事)에 (그 예를 다하여) 삼가고愼, (제사에 정성을 다하여) 멀리遠 추모하면追, 백성民의 덕德이 후厚한 데로 되돌아갈歸 것이다."

대개 임종은 사람들이 소홀하기 쉬운 것이지만 능히 신중히 할 수 있고, 돌아가신 지 오래된 분은 사람들이 잊기 쉽지만 능히 추모할 수 있으면 후한 도리이다. 그러므로 이것을 자발적으로 행하면 자신의 덕이 두터워지고, 아래 백성도 교화되어 그 덕 또한 두터움으로 돌아간다. 〈주자〉

- 愼신은 心(마음 심)+眞(참 진)의 회의자로 신에게 바칠 음식眞을 성스럽게 준비하는 마음心으로 신중하고 삼가야 함을 말한다.

- 終종은 糸(가는 실 사)+冬(겨울 동)의 형성자이다. 冬은 새끼줄 양 끝에 매듭을 묶어 줄이 풀리지 않게 일을 마무리했다는 의미인데, 糸로 끝을 맺어 '임무를 마쳤다'는 뜻을 강조했다. **주자**: '신종愼終'이란 상사에서 그 예를 다하는 것이다.

- 追추는 辶(쉬엄쉬엄 갈 착)+阜(언덕 부)의 회의자로 언덕을 향해 올라가는 모습으로 따르다, 추적하다, 추모追慕하다 등의 뜻이다. **주자**: '추원追遠'이란 제사에 그 정성을 다하는 것이다. **다산**: 종終은 어버이의 마지막이고, 원遠은 어버이가 떠나신 것이다. 신愼이란 예절에 차질이 있을까 예방하는 것이니 상례喪禮를 말하고, 추追란 미루어 나가는 것과 같으니 제례祭禮를 말한다.

- 德덕은 彳(조금걸을 척)+直(곧을 직)의 회의자로 길을 갈彳 때 곁눈질 않고 똑바로直 보다는 의미이다. 이후 마음心이 더해져 '똑바른直 마음心'이라는 도덕성을 강조하게 되었으며, 도덕의 지향점이 덕德임을 형상적으로 보여준다. 그리고 덕德자는 주로 '득得'으로 설명되어 왔다. 즉 "덕德은 득得인데, 사물(혹은 일)에서 마땅함을 얻은 것을 말한다." 혹은 "예악을 모두 얻은 것을 일러 덕이라고 하는데, 덕이란 얻은 것이다."는 것이다. 그렇다면 문제는 '얻음得'을 어떻게 볼 것인가? 선천적인 생득生得으로 볼 것인가, 아니면, 후천적인 터득으로 볼 것인가? 하는 것이다. 『설문』에 따르면, "득得이란 행하여 얻는 바가 있음行有所得"으로 후자를 의미하는 듯하다. 다른 한편으로『신자감新字鑑』에서는

"덕德이란 자기에게 갖추어진 것으로 외부로부터 충족을 기다릴 필요가 없는 것"이라 하여, 만물이 지니고 태어난 고유본성(혹은 잠재력)으로 정의했다. 글자의 유래에서 살펴본다면, 덕德 자의 본래 '彳(=行)' 자가 의미를 형성한다. 그래서 덕德은 갑골문甲骨文에서 천자天子의 순행巡行·순시巡視·은혜恩惠·전렵田獵·원정征伐 등과 정치적·군사적 행위를 의미하다가,『서경』에서 약 20회 내외,『시경』에서는 약 90회 내외로 나타나면서 점차 가치 정향적 행위를 의미하게 되며, 후대에는 점차 가치를 지향하는 행위를 가능하게 하는 '내면의 상태'에 주목하면서 '심心' 자가 부가되었다.

- 歸귀는 𠂤(언덕 부)+止(발 지: 돌아오다)+帚(비 추: 집안에 쌓인 먼지를 쓸어내는 모습)의 회의자로 출정했던 군대師가 돌아오고, 시집갔던 딸婦이 친정집으로 돌아옴止을 말한다. 돌아가다薄言還歸, 돌려보내다久暇而不歸, 시집가다之子于歸, 의지하여 따르다民歸之 由水之就下, 결과天下同歸而殊途, 자수하다, 편들다, 모이다, 몸을 의탁할 곳則仁人以爲己歸矣.

- 厚후는 厂(기슭 엄)+𠳆(후)의 형성자로 산이 두텁게 겹쳐 있음 혹은 흙을 쌓아 올리거나 제사 음식을 수북이 담는다는 뜻에서 융숭한 마음이라는 뜻이다. 주자: 백성의 덕이 두터움으로 돌아간다民德歸厚는 것은 아래 백성下民이 교화되어 그 덕 또한 두터움으로 돌아간다는 말이다.

1.10 子禽問於子貢曰 夫子至於是邦也하사 必聞其政하시나니
자금문어자공왈 부자지어시방야 필문기정
求之與아 抑與之與아 子貢曰 夫子는 溫良恭儉讓以得之시니
구지여 억여지여 자공왈부자 온량공검양이득지
夫子之求之也는 其諸異乎人之求之與인저
부자지구지야 기저이호인지구지여

자금子禽이 자공에게於子貢 질문問했다. "공자夫子께서는 이是 나라에於邦 이르시면도, 반드시必 그其 (나라의) 정치政에 관해 자문 받으시는데

聞, (선생님께서) 그것을之 구求하신 것입니까與, 아니면抑 (그 임금이) 그것을之 들려주시는 것與 입니까與?" 자공子貢이 말했다曰. 공자夫子께서는 "온溫화, 양良순, 공恭손, 검儉약, 겸양謙함으로써 그것을之 체득得하셨으니, 공자께서夫子之 그것을之 구求하시는 것은 아마도其諸 다른 사람이人之 구求하는 것과乎 차이異가 날 것이다."

공자께서는 일찍이 구하지 않으셨지만, 다만 그 덕과 모습이 이와 같아 당시 임금이 존경하고 신뢰하여 스스로 와서 정치에 대해 물었을 따름이니, 다른 사람들이 반드시 구한 다음에 얻은 것과 같지 않다는 말이다. 〈주자〉

한자 해설

주자: '온溫'은 화목하고 후한 것和厚이다. '양良'은 편하고 곧은 것易直이다. '검儉'은 절제節制함이다. '양讓'은 겸손謙遜함이다. 다섯 가지는 공자의 성대한 덕의 찬란한 빛이 사람들과 접할 때 드러난 것이다.

다산: 온溫은 화평하다和는 말이고, 양良은 좋다善는 뜻이며, 공恭은 교만驕하다의 반대어이고, 검儉은 사치侈의 반대어이다. 양이득지讓以得之는 비록 물러나 사양하였지만退讓 끝내 또한 들을 수 있었다는 말이다.

• 問문은 口(입구)+門(문 문)의 형성자로 입口으로 묻는 것으로 살피다, 힐문하다, 심문하다, 논란을 벌이다, 판결하다, 추구하다는 뜻이다.

• 於어는 『설문』에서 烏(까마귀 오)의 생략형이라고 했는데, 오호嗚呼의 감탄사로 가차되었고, 이후 처소격 조사가 되었다.

• 夫부는 大(큰 대)＋一(한 일)로 사람의 정면 모습에 비녀를 상징하는 가록 획一을 더하여 비녀 꽂은 성인 남성, 정장을 한 남성을 그렸는데, 지아비, 사나이, 역부役夫 부역賦役, 선생, 100묘의 논밭, 저, 발어사, 감탄사 등으로 쓰인다. 부자夫子는 남자에 대한 존칭, 공자에 대한 존칭, 지아비를 뜻한다.

• 是시는 日(해 일)+正(바를 정)의 회의자로 '태양日은 올바른 주기로 움직인다正'는 의미에서 '옳다'라는 뜻이 나왔으며, '이것'이나 '무릇'으로 가

차되었다.

- 邦방은 丰(예쁠 봉)+邑(고을 읍)의 회의자로 갑골문에서는 田(밭 전→邑)자 위로 풀이 올라오는 모습으로 '터전을 잡은 곳'으로 '나라'나 '수도'를 뜻하게 되었다. 한 고조 유방劉邦을 피휘하여 國(나라 국)으로 바뀌었다.
- 政정은 攴(칠 복)+正(바를 정)의 형성자로 회초리(攴: 합법적 물리력, 공권력)로 쳐가며 바르게正 되게 하는(바로잡음) 것, 즉 공권력을 행사하여 정의正義를 구현하는 것이 정치이며 정사임을 나타낸다. 정사夫子至於是邦也 必問其政, 정권天下有道 則政不在大夫, 정책政寬則民慢, 금령道之以政, 직책棄政而役, 사무, 정사를 행하는 사람均五政, 바루다寬以政之, 정벌하다臨衛政殷
- 求구는 본래 '털 가죽옷'을 말했다裘. 동물의 가죽으로 만든 털옷은 비쌌기 때문에 구하다, 탐하다, 청하다 등의 뜻이 되었다.
- 抑억은 手(손 수)+卬(나 앙=印)의 형성자로 손으로 사람을 누른 모습으로 누르다, 억울하다, 막다, 수그리다, 강요하다, 대저(그렇다면, 그렇지 않다면, 이에) 등의 뜻이 있다. **주자: 抑은 반어사이다.**
- 溫온은 水(물 수)+囚(가둘 수)+皿(그릇 혹은 덮개 명)의 회의자이다. 수증기가 올라오는 큰 대야에서 몸을 씻고 있는 사람으로, 후에 그릇에 물을 가두어 열을 가한다는 의미에서 따뜻하다는 의미이다.
- 良량은 곡류穀類 중에서 특히 좋은 것만을 골라내는 기구器具의 상형象形으로 선량하다, 아름답다, 좋다, 타고나다, 길하다, 남편 등의 뜻을 지닌다.
- 恭공은 心(마음 심)+共(함께 공)의 형성자로 양손으로 물건을 받드는 마음으로 함께 하는 마음, 즉 겸허謙虛하고 공손恭遜한 마음을 말한다.
- 儉검은 人(사람 인)+僉(모두 첨: 조사하다)의 회의자로 사람에 대하여 엄하게 하여, 낭비를 없이 하다는 뜻이다.
- 讓양은 言(말씀 언) 자와 襄(도울 양: 상喪을 당해 슬픔에 잠겨있는 사람)의 회의자로 힘든 일을 겪는 사람에게 양보해 준다는 의미이다.

- 得득은 彳(조금 걸을 척)+貝(조개 패)+寸(마디 촌)에서 조개 화폐貝를 손寸으로 줍는 모양으로 얻다, 가능하다, 괜찮다 등의 뜻이다.
- 異이는 田(밭 전)+共(함께 공)의 상형자로 얼굴에 가면을 쓴 채 양손을 벌리고 기이한 행동을 하는 것으로 다르다, 괴이하다, 특별하다의 의미이다.

1.11 子曰 父在에 觀其志요 父沒에 觀其行이니
자 왈 부 재 관 기 지 부 몰 관 기 행

三年을 無改於父之道라야 可謂孝矣니라
삼 년 무 개 어 부 지 도 가 위 효 의

공자께서 말씀하셨다. "어버이父께서 살아 계실在 적에는 그其 뜻志을 살피고觀, 어버이父께서 돌아가시면沒 그其의 행行적을 살핀다. 삼년三年간 어버이의 도에서於父之道 고침改이 없어야無 효孝자라고 평가謂 할 만하다可."

만일 아버지의 도가 타당하다면 비록 종신토록 고침이 없는 것도 괜찮지만, 그 도가 타당하지 않다면 어찌 3년을 기다리겠는가? 그러나 3년간 고침이 없는 것은 효자의 마음에 차마 못하는 것이 있기 때문이다. 〈윤돈尹焞, 1071~1142〉

한자 해설
- 父부는 손에 막대기를 들고 있는 모습을 그린 것으로 지도자, 어른, 집안의 어른인 아버지, 친족의 어른, 관장官長, 만물을 화육하는 근본, 창시자, 남자에 대한 미칭 등으로 쓰인다. **다산**: (父之道의) 도는 정령을 베풀고 조치하는 것政令施措을 말한다.
- 在재는 풀이 자라는 모습을 그린 재才에 토土가 더해져, 새싹이 움트고才 있는 곳土이 바로 대지이며, 그 대지 위로 생명이 탄생하고 존재함을 나타낸다. 존재存在, 실재實在의 뜻이 있고, 시간, 장소, 정황, 범위

등을 나타내는 문법소로 쓰인다.

- 觀관은 雚(황새 관)+見(볼 견)의 회의자로 나무 위에 올라가 있는 황새처럼 넓게 보다라는 뜻이다. 이외에도 용모나 모양이라는 뜻도 있다. 관찰觀察, 관점觀點 혹은 관념觀念을 뜻한다.
- 志지는 心(마음 심)+之(갈 지)의 회의자로서, 마음이 가는 것心之所之謂이라는 의미에서의 지향志向과 의지, 의미(뜻)를 말한다. 이후 之가 士(선비 사)로 바뀌어 선비士의 굳은 마음心 곧 의지意志를 강조하여 주재主宰라는 의미도 가진다.
- 沒몰은 水(물 수)+殳(몽둥이 수)의 회의자로 물에 빠진 사람이 허우적대며 손을 내밀은 모습에서 죽다, 없어지다는 뜻을 갖게 되었다.
- 行행은 사거리를 그린 상형자이다. 길은 여러 사람이 오고가는 곳이기에 가다, 운행하다, 떠나다, 실행하다, 가능하다, 행위, 품행 등의 뜻.
- 可가는 곡괭이와 口(입 구) 자가 결합한 회의자로, 힘든 농사일을 하며 흥얼거리는 농요農謠를 말했다. 흥얼거리면 고된 일도 쉽게 이루어졌기에 가능可能하다, 긍정肯定, 옳다, 마땅하다는 뜻이 나왔다.
- 謂위는 言(말씀 언)+胃(밥통 위)의 형성자로 이르다나 일컫다는 뜻으로 만든 글자이다. 논평하다나 알리다, 생각하다, 힘쓰다는 뜻도 있다.

1.12 有子曰 禮之用이 和爲貴하니 先王之道斯爲美라 小大由之니라
유 자 왈 예 지 용   화 위 귀   선 왕 지 도 사 위 미   소 대 유 지
有所不行하니 知和而和요 不以禮節之면 亦不可行也니라.
유 소 불 행   지 화 이 화   불 이 예 절 지   역 불 가 행 야

유자有子가 말했다. "예의 시행禮之用에는 조화和를 귀중하게 여긴다爲貴. 선왕의 도先王之道는 이斯를 아름답게 여겨爲美, 작고 큰 일小大 모두 이것으로 말미암았다由之. 그러나 행하지 말아야 할 것所不行이 있으니有, 조화가 귀중하다는 것만을 알아知和而 오직 조화和롭게 하려고만 하고, 예로써以禮 절제하지 않으면不節, 이 역시亦 행해서는 안 될 것이다不可行也."

예禮

유교는 예禮를 통해 질서를 유지해야 한다고 주장한다. 예란 무엇인가? 『중용』 20장에서는 "친척과 친함의 연쇄와 어진 이를 높이는 차등에서 예가 발생한다親親之殺 尊賢之等 禮所生"라고 하여, 혈연적인 친소親疏나 어진 이를 높이는 것에 따른 사회적인 존비尊卑의 차등이 예의 근원이라고 말하고 있다. 이처럼 예란 친소와 존현에 따라 인간의 감정이 자연스럽게 구별되는 것을 제도화·형식화한 것이라고 하겠다. 이러한 예의 원칙이 친소·존비 등 위계를 구분하는 것이지만, 그 원칙을 적용할 때에는 상호 조화를 귀중하게 여겨야 한다. 중국 고대 이상적인 정치를 펼친 선왕들은 예를 적용할 때에 조화를 중시함으로써 훌륭한 정치를 이끌었다는 것이다. 반면에 예의 적용에 조화가 귀중하다고 해서 예의 본래 정신인 구별을 망각하고, 무차별적으로 획일시 한다면 사회가 유지될 수 없다는 것이다.

한자 해설

- 禮예는 示(보일 시)+豊(풍성할 풍)의 회의자로 풍성한 음식豊으로 경건하게 제사示 지내던 것에서 예도禮度, 예절禮節 등의 의미가 나왔다.
- 和화는 口(입 구)+禾(벼 화)의 회의자. 본래는 龢(화할 화←龠: 피리 약)로 피리 소리 곧 악기소리의 어울림을 표현했다. 조화롭다, 화합하다, 화목하다, 강화를 맺다는 뜻이다. **주자:** 禮란 천리의 절도·문식이고 인사의 의식·준칙이다. 和란 종용從容하여 박절하지 않다는 뜻이다. 대개 예의 본체는 비록 엄하나, 자연의 이치에서 나온다. 그러므로 그 작용은 반드시 종용하고 박절하지 않아야, 이에 귀하게 여길 만한 것이 된다. **다산:** 禮는 엄격함을 주主로 하면서 조화로써 시행하는 것은 악樂이 조화를 주로 하면서여 유탕함을 경계하는 것과 같다.
- 用용은 卜(점 복)+中(가운데 중)의 형성자 혹은 화살을 그릇에 넣는 모습의 상형자로 물건을 쓰다, 일이 진행되다, 부리다, 베풀다, 등용하다, 행하다, 작용, 비용 등으로 쓰인다.

- 貴귀는 臼(절구 구)+土(흙 토)+貝(조개 패)의 회의자로 양손으로 흙을 감싸고 있는 모습인데, '귀하다'나 '귀중하다'라는 뜻을 표현했으나, 후에 조개貝와 같은 귀한 물건을 나타내 '가격이 높다'는 뜻이 생겼다.
- 王왕은 지사문자로 천지인三를 두루 꿰뚫어(丨: 뚫을 곤) 다스리는 지배자, 나아가 하늘과 땅을 계승하여 인간에게 베푸는 천자를 말하다.
- 美미는 羊(양 양)+大(큰 대)의 회의자로서 살진 큰 양이 맛있다 혹은 희생양으로 가치가 있다, 양가죽으로 된 옷을 입을 사람, 양을 잡는 재주를 가진 사람 등의 뜻에서 훌륭하다, 좋다, 유용하다, 찬미하다 등의 의미가 파생되었다. 선善과 의義 등과 어원을 같이한다.
- 節절은 竹(대 죽)+卽(곧 즉)의 형성자로 대나무가 원래 뜻인데, 대나무는 마디마디 지어진 단계와 등급이 있다는 뜻에서 절도節度, 절제節制라는 뜻이 나왔다. **주자:** 예란 천리의 절도와 문식으로, 사람이 마땅히 따라야 할 의식과 준칙이다禮者 天理之節文 人事之儀則也. 여기서 절節은 등급(신분)에 따른 제한을 말하며 문文이란 의례와 복식의 치장을 말한다. **면재 황씨:** 예컨대 천자의 복장은 12장이고, 상공의 복장은 9장인 것처럼 각각 등급이 있으니, 이것이 절節이다. 예컨대 산이나 용, 꽃이나 벌레 등으로 장식을 삼으니, 이것이 문文이다. 관례나 혼례 같은 것인 인사人事인데, 관례의 경우는 삼가고 읍하고 사양하고 오르고 내리는 일이 있으니 이것이 의儀이다. 천자의 경우 관례는 마땅히 어떻게 해야 하는가, 제후는 어떻게 해야 하는가 등은 각각 기준이 되는 모습이 있으니 이것이 칙則이다.

1.13 有子曰 信近於義면 言可復也며 恭近於禮면 遠恥辱也며
유 자 왈 신 근 어 의   언 가 복 야   공 근 어 례   원 치 욕 야

因不失其親이면 亦可宗也니라
인 불 실 기 친   역 가 종 야

유자有子가 말했다. "약속信이 의(사리의 마땅함)에於義 가까우면近, 말을 실천할 수 있다可復也. 공손함恭이 예에於禮 가까우면近 치욕恥辱을 멀리할 수 있다恥辱. (내가) 의탁한 사람因(=依: 혹은 이런 것들로 인해因=承上之辭)이 그 친할 만한 사람其親을 잃지 않으면不失 또한亦 종주로 삼을 수 있다可宗也."

약속을 하되 마땅함에 합치한다면 그 말은 반드시 실천할 수 있다는 말이다. 공경함을 이루되 그것이 절도에 맞으면 능히 치욕을 멀리할 수 있다는 말이다. (내가) 의탁하는 자所依者가 친할 만한 사람을 잃지 않으면, 또한 그를 높여 주인으로 삼을 수 있다는 말이다. 이는 사람이 언행·교제에서 모두 마땅히 처음에 삼가고 그 끝을 고려해야 한다는 것이니, 그렇지 않으면 과거의 방식을 따라 구차하던 대로 하여, 장차 자신의 실수를 후회하지 않을 수 없게 된다는 말이다. 〈주자〉

한자 해설

주자: 신信은 약속約信이다. 의義란 일의 마땅함事之宜이다. 복復은 말을 실천하는 것踐言이다. 공恭은 공경함을 이룸致敬이다. 예禮는 등급과 문채節文이다. 인因은 의탁依한다는 뜻이다. 宗은 주인主과 같다.

다산: 하안이 말하길, '복復은 복覆과 같다. 의義가 반드시 신信이 되지는 않으며, 신信이 반드시 의義가 되지는 않는다. 그러나 그 말은 반복(징험)할 수 있기 때문에 의義에 가깝'고 하였다. 공손함이 예에 맞지 않으면 예가 아니다, 그러나 그것이 치욕을 멀리할 수 있기 때문에 예에 가깝다고 한 것이다.'고 했다. 인因은 위의 말을 이어받는 말이고, 부실기친不失其親은 친족에게 신임을 얻는다는 말이다(『중용』에서 말했다. 윗사람에게 신임을 얻는 데 도가 있다). 종宗은 높인다尊는 말이다. 사람이 신뢰가 되고 공손하며, 따라서 이를 토대로 또 그 부모와 형제에게 친화를 잃지 않으면, 그 사람이 비록 성현에는 이르지 못하더라도 또한 높여서 받들 만하다는 말이다.

- 義의는 羊(양 양)+我(나 아: 손手+창戈)의 회의자이다. 톱날이 있는 칼을 손으로 잡고我 희생물羊을 잡아 신神들이 흠향할 수 있도록 알맞게 잘 다듬어 놓은 것으로, 알맞다, 적당하다, 마땅하다는 의미를 지닌다. 그리고 '양을 잡아서 고기를 나눈 것分'이란 의미에서 확대되어 분배分配한 것이 '이치에 알맞음義理'이라는 뜻으로 발전했다. 또한 이렇게 분배적 정의를 나타내는 의義는 '공公'과 같은 의미를 지니면서 '공평한 분배公公'를 의미한다. 나아가『설문』에 의하면, '의義는 자기의 위엄威嚴있는 거동으로 아양我羊을 따른다.' 즉 의義(羊+我)에서 '我'는 자기 자신을, '羊'은 선善이나 미美를 상징한다는 점에서 '인간 자신의 선하고 착한 본성에서 나온 위엄 있는 행동거지威儀 혹은 '정의正義의 구현으로서의 의식과 형벌'이라는 의미를 지닌다.
- 復복은 彳(조금 걸을 척)+复(갈 복: 성城에 되돌아감)의 회의자로 원래 '돌아오다'는 뜻이었는데, 후에 회복하다 혹은 실천하다는 뜻이 파생되었다. 그리고 '다시'라는 뜻이 나왔는데, 이때에는 부활復活에서처럼 '부'로 읽는다.
- 恥치는 心(마음 심)+耳(귀 이)의 형성자로 사람이 수치심을 느끼게 되면 얼굴이나 귀가 빨갛게 달아오르게 되는 것에 착안했다.
- 因인은 囗(에운담 위)+大(큰 대)의 회의자로 침대에 누워있는 사람을 그린 것으로 본래 의미는 '자리'였지만, '인하다'나 '말미암다'와 같이 어떠한 원인과 이유를 뜻하게 되었다.
- 宗종은 宀(집 면)+示(보일 시)의 회의자로 조상의 위패를 모신 제단示이 설치된 집宀 즉 종묘宗廟를 말하며, 이로부터 동일 종족이나 가족, 종갓집, 으뜸, 정통, 종주宗主를 뜻한다. 『설문』: 宗은 조상의 사당을 존숭尊崇하는 것이다. 宀(집 면)과 示(보일 시)에서 유래하였다.

子曰 君子食無求飽하며 居無求安하며 敏於事而愼於言이요
자 왈 군 자 식 무 구 포   거 무 구 안   민 어 사 이 신 어 언

就有道而正焉이면 可謂好學也已니라
취 유 도 이 정 언   가 위 호 학 야 이

공자께서 말씀하셨다. "군자君子는 먹음食에 배부르기飽를 추구하지 않고無求, 기거함居에 편안함安을 추구하지 않고無求, 일에於事는 민첩하고敏而 말에於는 삼가 조심愼하며, 도가 있는 사람에게有道 나아가就而 바로 잡으면正焉, 학문을 좋아한다好學고 할 수 있다可謂也已."

군자君子

군자라는 용어는 공자에 의해 결정적인 의미전환을 겪었다. 공자는 군자라는 말을 기존처럼 신분이 아니라 도덕으로 자기완성을 향해 노력하는 사람으로 규정하였다. 군자는 신체적인 욕망을 추구하는 것이 아니라, 인간 본성의 덕을 구현하려고 노력한다. 도덕적적 실천에서는 민첩하지만, 말에서는 혹 행위가 말에 미치지 못할까 조심한다.

여기서 주의할 것은 군자란 도덕적 완성을 이룬 사람聖人이 아니라, 미완성의 가능성이라는 점이다. 그렇기 때문에 군자는 항상 바른 길을 가는 사람을 스승 삼아 따르면서, 자기반성을 통해 자신을 바로 잡고자 노력한다. 바로 이렇게 노력하는 사람이라면 학문을 좋아한다好學고 칭송을 받을 자격이 있다는 것이다. 주자이전의 고주는 군자를 학자學者와 동의어로 보았다. 여기에 말한 도道에 대해서는 다음 지적이 참고할 만하다.

운봉 호씨호병문胡炳文, 1250~1333가 말했다. "「학이」편에서 '도道'를 말한 것은 세 번이다. 앞의 도 자는 포괄적이고, 이번의 도 한 글자는 절실하다. 어버이의 도란 어버이가 말미암는 것이고, 선왕의 도란 선왕이 말미암는 것이다. 그러므로 『집주』는 다만 이 장에서만 그것을 '사람들이 함께 말미

암는 것'이라고 해석했으니, 도는 길과 같다道猶路. 그러나 사람이 말미암
는 것은 길이 아니라고 하는 것은 타당하지 않지만, 사람들이 함께 말미암
는 것이니 큰 길大路이라고 하는 것만 못하다. -『논어집주대전』

그리고 주자는 다음과 같이 말했다.

도는 곧 이치이다道卽理也. 사람들이 함께 말미암는 것이기 때문에 에서 도
라고 말하고以人所共由 則謂之道, 그것이 각각 조리를 지닌다는 점에서 말하
면 이치라고 말한다以其各有條理而言 則謂之理. -『논어집주대전』

한자 해설

주자 : 편안함과 배부름을 추구하지 않는 것은 뜻이 (다른 곳에) 있어 생
각이 미칠 겨를이 없는 것이다. 일에 민첩한 것敏於事은 그 부족한 것
에 힘쓰는 것이고, 말에 신중한 것謹於言은 그 남음이 있는 것을 감히
다하지 않는 것이다. 그러면서도 오히려 감히 스스로 옳다고 하지 않
고 반드시 도가 있는 사람에게 나아가 그 옳고 그름을 바로 잡으면 학
문을 좋아한다고 말할 수 있다. 무릇 도라고 말하는 것은 모두 사물이
마땅히 그래야만 하는 이치事物當然之理이고, 사람들이 함께 말미암는
것人之所共由者이다.

다산 : 공안국孔安國, ?~?: 전한시대 고문학자이 말하길, "유도有道는 도덕이
있는 사람이다. 정正은 그 옳고 그름을 묻는 것을 말한다."고 하였다.
살펴건대, 먹음食과 기거함居은 모두 소체小體를 기르는 것이니, 먼저
이것을 말한 것은 자기를 이기는 것克己이 먼저 있어야 한다는 것을
밝혔다.

• 食식은 음식을 담는 식기의 상형자로 밥, 음식, 생활, 먹다, 먹이(사),
양육하다 등으로 쓰인다.

• 求구는 털 가죽옷을 표현한 상형자이다. 동물의 가죽으로 만든 털옷은
구하기 어려웠기 때문에 구하다, 탐하다, 청하다 뜻으로 쓰였다.

- 飽포는 食(밥 식)+包(쌀 포)의 회의자로 음식食을 배불리包 먹었음을 말한다.
- 安안은 宀(집 면)+女(여자 여)의 회의자로 여자가 집에 앉아있는 모습으로 편안하다는 뜻이다.
- 敏민은 每(매양 매←母)+攵(칠 복←又)의 회의자인데, 갑골문에서 민敏(每+又)은 여자를 낚아채는 약탈혼을 표현한 것이라 한다. 혹은 자식을 가르치는 어머니의 회초리를 나타내어 매를 맞아가며 지혜와 지식을 받던 모습에서 영민英敏하다, 민첩敏捷하다, 지혜롭다는 뜻이 나왔다.
- 就취는 京(서울 경)+尤(더욱 우)의 회의자로 '더욱'이라는 뜻을 가진 우尤에 '높다'를 뜻하는 경이 결합하여 더욱 높아지다, 나아가다, 이루다는 뜻이 되었다.
- 正정은 一(한 일)+止(머무를 지)의 회의자로 절대적 표준인 하늘—에 나아가 합일하여 머무르는 것이 '바르다'는 뜻이다. 다른 한편 성곽口에 정벌하러 가는止 모양으로 정벌은 정당하기에 '정의' 혹은 바르다는 뜻이 나왔다고 한다. 바르다(치우치지 않다, 단정하다, 반듯하다, 곧다, 정확하다), 올바르다(정직하다, 공정하다), 바로잡다(도리나 원칙에 어긋난 것을 바로잡다), 결정하다, 다스리다, 관장하다, 정실(정처, 본처, 적장자), 주主가 되는 것, 바로, 막, 정사(=政), 상법常法, 군대 편제의 단위三領爲一正, 정벌하다天子失義 諸侯力正, 노역勞役.

1.15 子貢曰 貧而無諂하며 富而無驕하되 何如하니잇고
　　　자공왈 빈이무첨　　　부이무교　　　하여

子曰 可也나 未若貧而樂하며 富而好禮者也니라
자왈 가야　　미약빈이락하며　부이호례자야

子貢曰 詩云如切如磋하며 如琢如磨라하니 其斯之謂與인저
자공왈 시운여절여차　　　여탁여마　　　기사지위여

子曰 賜也는 始可與言詩已矣로다 告諸往而知來者은
자왈 사야　　시가여언시이의　　　고저왕이지래자

자공子貢이 (물어) 말했다. "가난하면서貧而 아첨함이 없고無諂, 부유하면서도富而 교만함이 없으면無驕, 어떻습니까何如?" 공자께서 말씀하셨다. "괜찮지만可也, 가난하면서도貧而 즐거워하고樂, 부유하면서도富而 예를 좋아하는 사람好禮者也만 같지 못하다未若." 자공이 말했다. "『詩』에서 말하길云, '자르면如切 다듬고如磋, 쪼면如琢 갈아야 한다如磨'고 했는데, 아마도 이其를 말하는 듯합니다斯之謂與.可與言." 공자께서 말씀하셨다. "자공아賜也, 비로소始 더불어與 시詩에 대해 논의할 수 있겠다言已矣. 지난 것을諸往 말해주니告而 올 것을來 아는 자知來者로구나!"

절차탁마切磋琢磨

고주(형병)에서는 절차탁마를 각각 뼈骨·상아象·옥玉·돌石을 다스리는 것에 배당하면서, 이는 무공이 신하들의 규간을 듣고 학문이 이루어졌음을 말한다고 해석하였다. 그래서 뒤의 지난 것往과 올 것來을 각각 '부이낙도 부이호례'와 '절차탁마'를 가리킨다고 해석한 것이다. 그런데 주자는 "절차切磋는 뼈와 뿔骨角을 가공할 때에 이미 자르면 다시 다듬고, 탁마琢磨는 옥과 돌을 다듬을 때 이미 쪼았으면 다시 가는 것이라고 말하며, 가공한 것이 이미 정밀하지만 더욱 정밀하기를 구한다는 말이다."라고 해석하여 절차탁마切磋琢磨를 학문의 진보과정으로 해석하였다. 그래서 여기서 "지난 것往이란 공자께서 이미 말한 것이고 올 것來이란 공자께서 아직 말하지 않은 것이다."라고 해석하였다. 이렇게 절차탁마切磋琢磨를 학문의 완성을 말한 것이냐道其學而成也, 아니면 더 정밀한 데에로 나아가는 학문의 진보과정으로 보느냐 하는 것이 이 구절에 대한 고주와 주자의 차이점이다. 다산은 절차탁마를 학문의 진보과정으로 본 주자의 해석이 탁월한 견해라고 말하여 주자의 해석이 옳다고 말했다.

뼈骨를 다스리는 것을 절切이라 하고, 상아象를 다스리는 것을 차磋라 하고, 옥玉을 다스리는 것을 탁琢이라 하고, 돌石을 다스리는 것을 마磨라 하는데,

그 학문이 이루어졌음을 말한 것이다. 신하들의 규간規諫을 듣고 스스로 수양한 것이 마치 옥과 돌이 쪼아지고 갈아진 것과 같다고 한 말이다. 〈형병〉

뼈와 뿔骨角을 가공하는 자는 이미 자르면 다시 다듬고 '자르면如切如磋, 쪼면 갈아야 한다如切', 옥과 돌玉石을 다듬는 자는 이미 '쪼았으면 다시 가니如琢如磨', 가공한 것이 이미 정밀하지만 더욱 정밀하기를 구한다는 말이다. 〈주자〉

절切은 나누는 것割이고, 탁琢은 깎는 것斲이니, 이는 거칠게 가공하는 것이다. 차磋와 마磨는 매끄럽게 하는 것이니, 그 가공이 정밀하다. 아첨함이 없음과 교만함이 없음은 악을 제거한 상태이니, 그 가공이 거칠고, 즐거워하는 것과 예를 좋아함은 선을 생하는 것이니, 그 가공이 정밀하다. 〈다산〉

한자 해설

- 貧빈은 分(나눌 분)+貝(조개 패)의 형성자로 재화를 배분하여 빈곤함을 말한다.
- 諂빈은 言(말씀 언)+舀(함→첨)의 형성자로 함닉하게 하는 말을, 즉 아첨하다, 비위를 맞추다, 사특하다는 의미이다. 첨諂은 言(말씀 언)+'빠질 함(→陷)'의 형성자로 말로 빠지게 하는 아첨을 나타낸다. 주자: 諂은 비굴卑屈함이다.
- 富부는 宀(집)+畐(가득할 복: 항아리에 술이나 물건이 가득 차 있는 모습)의 회의자로 집안에 재물이 가득하다는 뜻에서 부유함을 의미한다.
- 驕교는 馬(말 마)+喬(높을 교)의 형성자로 교만하다, 경시하다, 오만하다, 길들여지지 않다, 굳세다, 제멋대로 하다, 키가 여섯 자 되는 말 등으로 쓰인다. 주자: 驕는 뽐내고 멋대로 하는 것矜肆이다.
- 詩시는 言(말씀 언)+寺(절 사)의 형성자로, 원래는 言과 之(갈 지)로 구성되어 말을이 가는 대로之 표현하는 문학 장르였지만, 이후 言과 寺로 변하면서 말을 담아 가공하고 손질한 것寺으로 변화되었다.

- 切절은 刀(칼 도)+七(칼집, 뼈마디, 물건을 베는 모양)의 형성자로 물건(뼈)을 자르는 모양으로 칼로 뼈마디를 자르다가 원뜻이다. 밀접하다, 절박하다, 간절하다, 격렬하다는 뜻이 나왔다.
- 磋차는 石(돌 석)+差(어긋날 차)의 형성자로 갈다, 연마하다, 연구하다, 의논하다, 토의하다, 절충하다, 삭은 뼈(차) 등으로 쓰인다.
- 琢탁은 玉(옥 옥)+豖(옥을 끌로 새길 때 나는 소리: 촉→탁)의 형성자로 옥을 끌로 가는 것豖으로 (옥을) 다듬다, 연마하다(硏磨 · 練磨), (부리로) 쪼다 등의 의미다.
- 磨마는 石(돌 석)+麻(삼 마)의 회의자로 삼을 쪄낸 후에 말렸다가 돌로 두드려 실을 얻은 것을 나타내어 돌을 문지르다는 뜻이다.
- 告고는 牛(소 우)+口(입 구)의 형성자로 소牛를 제물로 바쳐 놓고 신에게 소원을 말한다는口 뜻으로 알리다, 아뢰다 뜻이 나왔다.
- 往왕은 彳(걸을 척)+主(주인 주)의 회의자로 갑골문에서는 王(임금 왕) 자 위로 止(발 지)자가 그려져 '가다'라는 뜻을 표현한 것이다. 여기에 彳 자가 더해지면서 다시 과거에 있어난 일, 왕왕往往의 뜻이 나왔다. **주자**: 往이란 공자께서 이미 말한 것이고 내來란 공자께서 아직 말하지 않은 것이다.

1.16 子曰 不患人之不己知요 患不知人也니라
자 왈 불 환 인 지 불 기 지   환 부 지 인 야

공자께서 말씀하셨다. "(군자는 자기에게 있는 것을 구하니) 남이 자기를 알아주지 않음人之不己知을 걱정하지 말고不患, 남을 알지 못하는 것人之不知人을 걱정하라患也.

『논어』에는 이러한 말이 세 번 나오는데, '남이 나를 알아주지 않음을 문제로 삼지 말고, 내가 능하지 못함을 문제 삼으라(14.32)', '나를 알아주지 않

음을 걱정하지 말고 알아줄 만하게 되기를 구하라(4.14)' 등이다. 성인의 말씀은 비록 비슷한 것 같지만 그 뜻은 모두 다르다. '능하지 못함을 문제삼으라'는 말은 내가 도에 능하지 못한 바가 있음을 문제 삼으라는 말이다. '알아줄 만하게 되기를 구하라'는 말은 마땅히 스스로 알아줄 만한 실질을 얻은 연후에는 남들이 저절로 알아준다는 말이다. 비록 그렇기는 하지만 또한 눈에 띄는 행동을 해서 남이 꼭 알아주기를 다투라는 것은 아니다. 〈주자〉

한자 해설

• 患환은 串(꿸 관)+心(마음 심)의 회의자로 꼬챙이가 심장까지 관통하는 모습을 표현하여 걱정거리, 병, 재앙 등의 의미가 나왔다. 무릇 사람의 마음은 남을 알아보는 데에는 소홀하면서, 남이 자기를 알아주지 않는 것은 걱정한다.

『춘추좌씨전』에서 말하길, "배운 이후에 정치에 입문한다."고 했다. 그러므로 『위정』앞 편(「학이」)의 다음이 되었다. 이 편에서 논급한 효孝·경敬·신信·용勇은 위정爲政의 덕德이고, 성현聖賢과 군자君子는 정치하는 사람이다. 그러므로 위정爲政을 장章의 머리에 씌우고 마침내 이 편의 명칭으로 삼았다. 〈형병〉

모두 24장이다. 〈주자〉

2.1

子曰 爲政以德이 譬如北辰이 居其所어든 而衆星이 共之니라
자 왈 위 정 이 덕   비 여 북 신   거 기 소   이 중 성   공 지

공자께서 말씀하셨다. "정치政를 덕으로以德 하는 것爲은 비유譬하면 북극성北辰이 마땅히 있어야 할 곳에 (움직이지 않고) 있으면居其所 뭇별들而衆星이 그것之으로 향共(=向)하는 것과 같다如."

덕치德治

덕치德治는 유교가 주창하는 정치이념으로, '인간 본성의 덕으로 다스리는 정치'라고 풀이할 수 있다. '덕'이란 자연적으로 얻어 지니고 태어난 것德得也을 말한다. 물이 차고湛, 불이 뜨거운熱 기운을 지니듯이, 모름지기 인간이란 인의예지仁義禮智라고 하는 본성의 덕을 지니고 태어났다는 말이다. 따라서 여기서 '덕으로 정치를 한다'는 것은 위정자가 인간 본성의 덕인 인의예지로써 다스리는 것을 말한다. 덕치는 또한 인정仁政이라고 하는데, 인이 사덕四德을 대표하기 때문이다.

덕치는 인간 본성의 덕을 자각한 성왕聖王(先覺者)이 솔선수범으로 자신의 본성을 남김없이 실현함으로써明明德 아직 인간다운 본성의 덕을 자각하지 못한 일반 백성들後覺者이 그 본성의 덕을 자각하여 자립적–자발적으로 인간다운 삶을 영위하도록 교화敎化하는 것親民을 목적으로 한다. 요컨대 모든 인간은 천명으로 본성의 덕을 지니고 태어났으며天命之謂性, 그 덕을 자각했을 때 비로소 진정한 인간, 즉 군자가 될 수 있는 근거를 확보한다. 인간 본성을 자각하고知天命 그에 따라 길을 갈 때率性之謂道 명실상부한 인간다운 인간이 된다正名. 그리고 이 인간의 본성에 부합하는 길을 가도록 가르쳐주는修道之謂敎 수단이 바로 성인이 제정한 예악형정禮樂刑政이라고 할 수 있다. 그리고 예악형정이 올바로 시행될 때 비로소 왕도王道가 완비되고 치도治道가 형성되어, 모든 인간들은 인간다운 문화적 삶을 영위할 수 있다. 다음의 주자의 말을 참조하자.

'덕德'자는 '심心'에 따르는데, 덕이란 마음에 얻은 것이기 때문이다. '정치를 덕으로 한다.'는 것은 덕을 가지고 정치를 하는 것이 아니라, 스스로 이 덕이 있으면 사람들이 저절로 귀향하여 우러른다는 것이니, 곧 여러 별이 북신을 향하는 것과 같다. 북신은 하늘의 회전축이니 곧 하늘 중심의 움직이지 않는 축이다. 하늘은 움직이지만, 축은 움직이지 않는다. 덕과 정치는 두 가지 일이 아니다. 다만 덕으로써 근본을 삼으면 백성이 돌아오게 할 수 있다. 정치를 덕으로 한다는 것은 형벌刑罰과 호령號令을 사용하지 않는다는 말이 아니라, 다만 덕으로써 솔선수범한다는 것일 뿐이다. - 『논어집주대전』

한자 해설

주자: '정政'이란 말은 바로 잡음正이니, 사람의 바르지 못함을 바로 잡는 것이다. '덕德'이란 얻는다得는 말이니, 도道를 행하여 마음에 얻음이 있다는 뜻이다. '북신北辰'은 북극이니 하늘의 축이다. 마땅히 있어야 할 장소에 있다居其所는 것은 움직이지 않는 것不動이다. 공共은 향함向이니, 뭇별들이 사방에서 둘러싸서 돌되 그곳을 중심으로 귀향歸向한다는 말이다. 정치를 덕으로 하면 무위無爲하지만 천하가 그에게 귀속하니, 그 형상이 이와 같다. 덕과 정치는 두 가지 일이 아니다. 다만 덕으로써 근본을 삼으면 백성이 돌아오게 할 수 있다.

다산: 정政이란 바르게 하는 것正이다. 호령號令을 내고 시행하여 백관을 바르게 함으로써 만백성을 바르게 하는 것이다. 덕德이란 바른 마음直心이니(글자의 뜻이 그렇다), 자신이 먼저 효제孝弟함으로써 천하 사람들이 인仁을 하도록 이끄는 것이다. 공자께서 말씀하시길, '이끌기를 덕으로 하면, 부끄러워함도 있고 또한 감화된다.'고 하였다. 북신北辰은 북극北極이니, 하늘의 추樞이다. 성점星點이 없기 때문에 신辰이라 한다. 거기所居其所는 북극의 한 점이 바로 자오선子午線에 해당됨을 말한 것이니, 그 실상은 남극과 북극의 자리이다. 공共이란 동同이니, 북신北辰이 제자리에 있으면서 천추天樞를 선회하면 뭇별들이 북신을 따

라 회전하여 북신과 같이 운행하므로 '공지共之'라고 했다(『예기』「왕제」에 '뭇사람과 더불어 이것을 함께 한다與衆共之'고 했다). 정政이란 윗사람이 백성을 바로 잡는 것이다. 자기를 바르게 한 이후에 남이 바르게 되는 것이니, 교화에 따라서 같이 전회하므로(백성이 선으로 옮겨간다) 북신으로 비유했다.

- 德덕은 본래 彳(조금걸을 척)+直(곧을 직)으로 구성되어, 본래 길을 갈彳 때 똑바로直 본다는 의미이며, 후대에 마음心이 더해져, 바른直 마음心이라는 도덕성을 강조하게 되었다. 고주는 덕德을 '만물이 얻어 지니고 태어난 것物得以生謂之德', 주자는 '얻음得으로 도를 행함에 마음에 터득되는 것行道而得於心也'으로, 그리고 다산은 '곧은 마음德＝直心으로 위정자가 먼저 효제하여 천하 사람들이 인을 하도록 이끄는 것'이라고 정의했다.

- 譬비는 言(말씀 언)+辟(임금 벽→비)의 형성자로 비유하다, 설명하다, 깨우치다, 인도하다, 깨닫다, 유비, 비유컨대 등으로 쓰인다.

- 辰신(진)은 乙(새 을)+匕(숟가락 비)+二(두 이)+厂(벼랑 한)의 회의자로, 지금껏 자라지 못하던乙 초목이 음력 3월이 되면 양기가 돌아匕 자라고, 또 방성房星이 하늘二에 나타난다는 뜻이다. 별, 해와 달과 별의 총칭, 때, 새벽, 아름답고 착하다, 임금, 십이지의 총칭 혹은 십이지의 다섯 번째로 방위(동남동, 오전 7~9시, 음력 3월, 용龍의 상징).

- 衆중은 目(눈 목←日)+사람을 셋(人+人+人: 많은 사람들)의 회의자로 태양 밑에서 땀을 흘리며 일을 하는 사람들을 말한다. 많음衆少成多, 많은 사람衆怒如水火 不可爲謀, 많은 사람의 마음失衆則失國, 땅坤爲衆 등으로 쓰인다.

- 星성은 日(날 일)+生(날 생)의 형성자로 별(晶: 밝을 정)을 나타낸다.

- 共공은 口(입 구)+廾(받들 공)의 형성자로 어떤 물체口를 두 손으로廾 함께 받쳐 든 모습이다.

子曰 詩三百에 一言以蔽之하니 曰思無邪니라
자 왈 시 삼 백　일 언 이 폐 지　왈 사 무 사

공자께서 말씀하셨다. "시詩 삼백三百 편을 한마디 말로써—言以 포괄하
여蔽之(=蓋) 말하면曰, 생각思에 사특함이 없게 하는 것無邪이다."

　시詩는 言(말씀 언)+寺(절 사)의 형성자로, 말言을 담아 가공하고 손질한
것寺이란 의미이다.

　삼경三經의 하나인 『시경詩經』은 305편(제목만 남아 있는 6편을 더하면 311편)
으로 구성되어 있는데, 삼백 편이라고 말한 대략적인 큰 수만을 든 것이
다. 『시경』은 중국 최초의 시가총집으로 서주초기(B.C. 10세기)부터 춘추중
기(B.C. 6세기)까지 민간이나 귀족들이 창작하였거나 궁중의 의식이나 제
사에서 연주된 시를 모은 중국의 최초의 시가총집이다. 현재 전하는 305
편의 시는 공자가 교화의 목적에 부합하도록 다듬은 것으로 3천여 수 가
운데서 십 분의 일을 추린 것이라 한다. 각 시편의 작가는 확실하게 누
구인지 알 수가 없고 계층도 각기 다르다. 시편의 제목은 시구 가운데 한
단어를 골라 매겼다.

　『시경』은 유럽 최초의 대표적인 문학작품인 호머Homeros의 서사시 『일
리아드Iliad』와 『오디세이Odyssey』보다 약간 빠르다. 또한 중국인에게 『시
경』이 있다면 유대인에게는 『시편Psalmser』이 있다. 유대인의 시편 150편
은 BC 10세기경부터 기원전 BC 2세기경까지 약 800년에 걸쳐서 쓰였
는데, 그리스의 영향을 받기 훨씬 전이라서 순수한 유대인의 사상이 담
겨 있다.

　시詩는 민중(風: 1~160편) 및 귀족(雅: 161~265)의 노래와 덕이 높은 이를
칭송(頌: 266~305)한 글을 응축하여 노래로 만든 것이다. 그런데 시는 읊
조리는 사이에 사람의 정서가 감발되고, 궁극적으로 인간 마음의 변혁
을 초래한다. 그래서 공자는 『시경』의 구절들은 인간의 성정性情을 바로
잡아 사악한 생각이 일어나지 않게 한다고 말했다. 또한 공자는 시를 통

해 인간의 감정을 조절함으로써 도덕실천의 기초를 형성하여 미풍양속을 고양한다고 생각하여, "시는 감흥을 불러일으키며, 볼 수 있게 하고, 어울리게 하고, 원망할 수 있게 하며, 가까이로는 부모를 섬길 수 있게 하고, 멀리로는 임금을 섬길 수 있게 한다子曰 …詩可以興 可以觀 可以群 可以怨 邇之事父 遠之事君"(17.9)고 했다. 나아가 공자는 시를 배움으로 타인과 소통할 수 있다고 생각하고, "사람으로서 시를 배우지 않으면, 마치 담장을 맞대고 서 있는 것과 같다子謂伯魚曰 女爲周南召南矣乎 人而不爲周南召南 其猶正牆面而立也與."(17.10)고 말했다. 이렇게 시를 배우는 것은 인간의 인격형성의 첫 단계로서 "배움의 초기에 선을 좋아하고, 악을 미워하는 마음을 흥기시켜 스스로 그만 두지 못하는 것을 여기에서 터득하게 된다."

한자 해설

주자:『시경』은 삼백십일 편이니, 삼백 편이라 말한 것은 큰 수만 거론한 것이다. 폐蔽는 덮는다蓋와 같다. 생각에 사특함이 없다思無邪는『시경』「노송」경편의 말이다. 무릇『시경』의 말이 선한 것은 사람의 선한 마음을 감발感發할 수 있고, 악한 것은 사람의 음일淫逸한 뜻을 징창懲創할 수 있다. 시의 쓰임은 사람들에게 본성과 감정의 올바름을 얻게 하는 것으로 귀결될 따름이다. 그러나 시의 말은 은미 · 완곡하며, 또한 혹 각각의 시는 하나의 일에 기인하여 발현된 것이어서, 그 전체를 직접 가리키는 것을 구한다면 이처럼 분명하고 완전한 것은 없다. 그러므로 공자께서는 시 삼백 편은 오로지 이 한마디 말이 충분히 그 뜻을 전부 개괄할 수 있다고 말씀하셨으니, 사람들에게 보여주신 뜻이 또한 깊고 간절하다.

다산:『시』는 311편인데, 그 여섯 편은 생시笙詩이고, 그 다섯 편은 상송商頌이다. 생시笙詩는 본래 망실되었고 상송은 전대前代의 시이기 때문에 편수에 포함되어 있지 않으니『시』는 오직 삼백 편이다(성호선생이 말했다). 한유韓愈, 768~824가 말하길, '폐蔽는 단정하다斷와 같다.'(『논어필

해」고 하였다. 시 삼백 편은 모두 현인이 지은 것으로 그 뜻이 바르기 때문에 '생각에 사악함이 없다思無邪'는 한 구절로 단정斷할 수 있다.

- 三삼은 숫자 3으로, 양수-와 음수二의 통합, 횟수의 많음, 혹은 <u>완전 수</u>를 상징한다.
- 百백은 숫자 <u>1백</u>으로, 많다는 뜻이다. 百은 白(흰 백)에 지사부호인 가로 획-을 첨가하여 1백이라는 숫자를 나타내며, 많은 것의 개략 수나 매우 많음, 그리고 일체나 완전을 뜻했다.
- 蔽폐는 艹(풀 초)+敝(해질 폐)의 형성자로 풀艹로 덮어 감추다는 뜻이다. **주자**: 蔽는 덮는다盖와 같다. **한유**: 蔽는 단정하다斷와 같다.
- 邪사는 邑(阝:고을 읍)+牙(어금니 아)의 형성자로 간사奸邪하다, <u>사악邪惡 하다</u>는 뜻이다. **정자**: 생각에 사특함이 없는 것은 성실함誠이다.

2.3 子曰道之以政하고 齊之以刑이면 民免而無恥니라
　　　자 왈 도 지 이 정　　제 지 이 형　　민 면 이 무 치

道之以德하고 齊之以禮면 有恥且格이니라
도 지 이 덕　　제 지 이 례　유 치 차 격

공자께서 말씀하셨다. "이끌기道之를(=導)를 정(법제금령)으로써以政 하고, 가지런히 하기齊之를 형벌로써以刑 하면, 백성民들은 면하되免而 부끄러움이 없다無恥. 이끌기道之를 덕으로써以德 하고, 가지런히 하기齊之를 예(제도와 품절)로써以禮 하면, 부끄러움이 있고有恥 또한且 (선에) 이를 것格(=至, 바르게 될 것正)이다."

정형政刑**과 덕례**德禮

　유교는 예에 의한 통치禮治를 주장하는데, 여기서는 예치를 강제적인 법치法治와 구별하고 있다. 법치가 법제·금령을 통해 물리적 강제로 통치하는 것이라면, 예치는 백성들의 자발적 동의에 의해 자율적으로 다스리는 것을 목표로 한다. 법제와 금령에 의해 강제적으로 다스리면, 백

성들은 형벌이 두려워 법망을 피해갈 방법만 모색할 뿐이다. 게다가 설사 법을 위반하여 제재를 받으면, '운이 없었다.' 혹은 '왜 나만'이라고 항변할 뿐 인간적인 도리를 몰라서 전혀 부끄러워할 줄 모른다.

인간이 자각적·자율적·목적적 존재라고 한다면, 자신의 자유의지에 의해 자율적으로 스스로가 제정한 도덕법칙에 따라 행위할 줄 알아야 한다. 유교에서는 도덕법칙의 근거가 인간에게 인의예지의 덕으로 내재되어 있어, 이를 자각하여 자율적으로 따를 때에 지극히 선한 공동체가 된다고 말한다. 그래서 위정자가 덕으로써 백성들을 인도하고, 백성들은 자율적으로 예를 따른다면 인간다운 도리를 알게 되어, 부끄러워할 줄도 알고 선에 도달한다고 말한다. 다음의 주자의 언명을 참조하자.

덕례德禮가 있으면 정형政刑은 그 가운데 포함되어 있으니, 정형政刑이란 전적으로 좋지 않은 것이라고 말할 수는 없다. 다만 정형만을 써서는 안 된다는 것뿐이다. 성인의 뜻에 오직 당시에 정형만을 써서 백성을 다스릴 뿐, 덕례는 쓰지 않는다고 여기셨기 때문에 이런 말씀을 하신 것이다. 성인께서 천하를 다스릴 적에, 어찌 일찍이 정형을 폐했겠는가? 〈주자〉

한자 해설

주자: '도道'는 인도引導한다는 뜻이니 먼저 하는 것先之을 말한다. '정政'은 법제금령法制禁令을 말한다. '제齊'는 가지런하게 하는 것—之이다. 이끄는 데도 따르지 않는 자는 형벌로써 가지런하게 만든다. '면하되 부끄러움이 없다免而無恥'는 것은 구차하게 형벌을 면하지만, 부끄러워함이 없다는 말이니, 대개 비록 감히 악을 행하지는 못한다고 할지라도, 악을 행하려는 마음은 일찍이 없어지지 않는 것이다.

다산: 도道는 인도導한다는 뜻이다. 옛 성왕이 백성이 선을 하도록 인도하여 백성의 스승이 되었으니, 이른바 요순이 인仁으로써 천하를 통솔했다는 것이 바로 그것이다. 여기의 정政이란 법제法制이니 백성을 바로 잡는 수단이다. 제齊는 위가 평평하게 가지런한 것이다(『설문』에서 '제

齊란 벼와 보리가 이삭이 패어 위가 평평하게 고른 것이다라 하였다). 형刑으로써 악한 것을 벌하고, 예로써 넘치는 것을 막는 것이 마치 사물物에 울뚝불뚝 고르지 않음이 있을 때 잘라서 가지런하게 하는 것과 같다.

- 道도는 辶(갈 착)+首(머리 수)의 회의자로 향하여 가는 길(방법)이자 목적이다. 길, 방법, 말하다, 다스리다, 이끌다 등으로 쓰인다.

- 政정은 攴(칠 복)+正(바를 정)의 형성자로, 물리력을 행사하여攴 바로 잡는 것正을 말한다. 정사, 정권, 정책, 금령, 직책, 바루다, 정벌하다 등의 의미이다.

- 齊제는 곡물穀物의 이삭이 가지런히 돋은 모양을 본뜬 상형자로 가지런하다, 단정하다, 질서 정연하다, 다스리다, 재계齋戒하다, 공손하다 등으로 쓰인다.

- 刑형은 刀(칼 도)+幵(평평할 견)의 형성자이다. 본래 井(우물 정: 죄수를 압송하거나 가두어 두던 나무 우리)+刀의 결합으로 사람人이 감옥井에 갇힌 모습으로 형벌의 의미의 그렸다. 혹은 형틀幵과법 칼刂을 나타내는 형성자로 형벌을 뜻한다. 형벌折獄致刑, 형법, 형벌을 주다利用刑人, 죽이다刑人之父子也, 법天地之刑, 본받다刑于寡妻, 이루어지다敎之不刑, 다스리다刑下如影, 모양刑范正, 국그릇啜土刑 등으로 쓰인다.

- 民민은 눈을 바늘로 찌른 모양을 본뜬 상형자이다. 아직 자각하지 못해 주체로서 서지 못하기 때문에 선자자의 교화를 받아親民 새롭게 태어나야 하는 사람을 뜻한다. 백성民者國之本也, 인민, 민중, 어둡다苗民弗用靈 등으로 쓰인다.

- 免면은 갑골문에 투구를 쓴 모습으로, 전장에서 투구 덕에 목숨을 건졌다는 의미에서 '(죽음을) 면했다'는 뜻을 갖게 되었다. 혹은 아기를 낳은 사람의 사타구니 모양으로 여자가 아이를 낳다, 벗어나다 뜻이다.

- 恥치는 心(마음 심)+耳(귀 이)의 회의자로 사람이 부끄러움을 느끼면 귀가 달아오르는 것을 나타낸다. 부끄러워하다其心愧恥 若撻于市, 도에 어긋남을 부끄러워하는 마음人不可以無恥, 수치 등을 나타낸다.

주자: 예禮는 제도制度와 품절品節을 말한다. '격格'은 이른다㬵는 뜻이다. 몸소 행하여 솔선하면 백성들이 진실로 보고 느껴서 흥기하지만, 그 흥기하는 것이 얕고 깊음과 두껍고 엷음이 가지런하지 않음이 있으면, 또한 예로써 가지런하게 하니, 백성들이 불선不善을 부끄러워하고 또한 선에 도달함이 있다는 말이다. 일설에 따르면 '격格'은 바로 잡는 것㬵이니, 『서경』에서 말하기를 '그 그릇된 마음을 바로 잡는다格其非心'고 했다. 말하건대, 정政이란 다스림의 도구이다. 형刑이란 다스림을 보조하는 법규이다. 덕과 예는 다스림을 내는 근본이고, 덕 또한 예의 근본이다. 이들은 서로 시작과 끝이 되니, 비록 어느 한쪽을 폐할 수는 없다. 그러나 정형政刑은 백성으로 하여금 죄에서 멀어지게 할 수 있을 뿐이지만, 덕과 예의 공효는 백성으로 하여금 나날이 자신도 모르게 선으로 옮겨가게 함이 있다. 그러므로 백성을 다스리는 자는 단지 정치의 말단에 의존해서는 안 되고, 또한 마땅히 그 근본을 깊이 캐야 한다.

다산: 덕德은 효제孝悌이다. 『상서』에 '공경히 오교를 펴 나가라敬敷五教'고 한 것은 바로 '이끌기를 덕으로써 한다道之以德'이다. 제후는 모두 제후의 예를 통용하고, 대부는 모두 대부의 예를 통용하고 사서인士庶人 역시 그렇게 하는 것이 곧 이른바 '가지런히 하기를 예로써 한다齊之以禮'이다. 격格은 격假자와 통용하여 쓰는데, 감화感化를 말한다. 『서경』에서 말하길, '상하에 감통한다格于上下'(「요전」)고 하였고, 또 '감통하면 그들을 천거하여 쓴다格則承之庸之'(「고요모」)고 하였다. 『시경』에 '신의 감통을 헤아릴 수 없다神之格思 不可度思'(「대아」 억편)고 하였으니, 모두 감통의 뜻이다(갈기첨이 이르길, '격格은 곧 감격感格의 의미이다.'고 했다).

• 德덕은 彳(조금 걸을 척)＋直(곧을 직)＋心(마음 심)의 회의자로 '곧은 마음으로 길을 걷는 사람'이람 의미이다.

• 禮예는 示(보일 시: 신적 존재)＋豊(풍성할 풍: 제기에 담긴 제물)의 형성자로 경건하게 신을 모시던 제사행위로서 제의祭儀, cult, rite를 의미한다. 예의

不議禮, 예법禮賢者, 의식凶荒殺禮, 예물無禮不相見也, 음식 대접饗禮乃歸, 귀천·상하의 구별天秩有禮, 예의의 총칭禮樂射御書數, 예를 적은 경서 등의 의미로 쓰인다.

• 格격은 木(나무 목)＋各(각각 각: 도달하다)의 형성자로 똑바로 자란 높은 나무, 혹은 나무 가지를 다듬다는 뜻으로 바로잡다格君心之非, 겨루다格虜, 치다格鬪, 궁구하다致知在格物, 오다神知格思, 이르다格于上下, 감동하여 통하다格于皇天, 법칙格式, 품등品等(合格), 인품人格, 격자格子(閣子窓格), 시렁書格, 잘못을 고치다有恥且格, 재다格高五嶽, 체포하다捕格謀反者, 격主格, 가지有枝格如角, 버티다毋格其言 등으로 쓰인다.

2.4

子曰 吾十有五而志于學하고 三十而立하고
자 왈 오 십 유 오 이 지 우 학　　삼 십 이 립

四十而不惑하고 五十而知天命하고 六十而耳順하고
사 십 이 불 혹　　오 십 이 지 천 명　　육 십 이 이 순

七十而從心所欲하여 不踰矩호라
칠 십 이 종 심 소 욕　　불 유 구

공자께서 말씀하셨다. "나吾는 열다섯에十有五而 학문에 뜻志于學을 두었고, 서른에三十而 자립立했으며, 마흔四十而에 의혹되지 않았고不惑, 쉰에五十而 천명을 알았으며知天命, 예순에六十而 귀가 순해졌으며耳順, 일흔에七十而 마음이 하고자 하는 바를 좇아도從心所欲 법도를 넘지 않았다不踰矩."

공자의 학문성취 과정

공자가 말하는 진정한 최상의 학문이란 인간의 자기완성(성인)을 지향하는 것이다. 공자는 열다섯에 성인을 되는 데에 뜻을 두고, 서른에 의지를 세웠고, 마흔에 진리에 밝아져 더 이상 미혹됨이 없게 되었다. 쉰에 천명을 알았다고 말하였는데, 여기서 천명이란 곧 인간의 본성을 말한다天命之謂性. 인간의 본성을 인식할 때 비로소 인간의 자기완성의 가

능성이 열린다. 예순에 '귀가 순해졌다耳順'고 하는 것은 외적 대상이 감
각기관에 도달하면 그 사물의 이치에 통달했음을 나타낸다. 일흔에 '마
음이 하고자 하는 바를 좇아도 법도를 넘지 않았다從心所欲不踰矩'는 것은
곧 '존재와 당위가 완전히 일치하는 경지'로서 학문의 완성인 성인에 도
달하였다는 것을 지시한다. 주자의 좀 더 상세한 해설을 살펴보자.

> 주자가 말했다. '지학志學'은 또한 행위를 필요로 하지만 앎을 중시하였고,
> '삼십이립三十而立'은 또한 앎에 근본한 것이지만 행위를 중시하였다. '지우
> 학志于學'은 앎의 시작이고, '불혹不惑'과 '지천명知天命' '이순耳順'은 앎의 지
> 극함이며, '삼십이립'은 행위의 시작이며, '종심소욕불유구從心所欲不踰矩'는
> 행위의 지극함이니 이처럼 나누어 보아야 한다. 불혹은 일事의 측면에서
> 아는 것이고, 지천명은 이치理의 측면에서 아는 것이고, 이순은 일과 이치
> 에 모두 통하여 귀로 들으면 순하지 않는 것이 없는 것이다. 지금 배우는
> 자가 앎을 다하려면 반드시 순서와 절목이 있어야 한다. 〈주자〉

지천명知天命

공자는 쉰이 되어 비로소 일생일대의 최대 깨달음을 얻는데, 바로 바
로 천명을 안 것이다五十而知天命. 그렇다면 知天命이란 무엇인가? 여기
서 결정적으로 중요한 '命'이란 말에는 두 가지 뜻이 있는데, 하나는 운
명運命(생사·화복·영욕·요수 혹은 사회적 지위: 왕, 대통령: 窮達之分, 氣數, 定命: 외
재적인 제약과 한계)이며, 다른 하나는 사명使命(자각적·주체적·자율적으로 실현
해야 할 성명性命: 天命之謂性: 자기완성과 실현)이다. 다음의 주석들을 살펴보자.

> 천명의 종시終始를 아신 것이다. 명命이란 하늘에서 받은 운명으로 궁곤窮
> 困하느냐 현달顯達하느냐 하는 천분天分(窮達之分)을 말하는데, 궁곤과 현달
> 에는 때가 있으니 때를 기다려 움직여야 한다. 〈형병〉

천명이란 천도가 유행하여 사물에 부여된 것(곧 性)으로 곧 사물이 마땅히 그러해야 하는 까닭이다. 불혹은 일의 측면에서 아는 것이고, 지천명은 이치의 측면에서 아는 것이다. 〈주자〉

지천명知天命은 상제의 법칙에 순응하여 궁함과 통함에 흔들리지 않는 것을 말한다. 지천명이란 천덕天德에 통달한 경지이다. 〈다산〉

그렇다면 공자의 '지천명'이란 진정 무엇인가? "지천명은 이치와 도리를 최대한 탐구하고 본성(사명)을 남김없이 실현하는 것이다知天命 窮理盡性也."라고 했던 바, 곧 이치와 도리를 최대한 탐구하고 본성(사명)을 남김없이 실현함으로써, 천명에 다가가는 것이다窮理盡性以至於命.(『주역』 「설괘전」) 요컨대 천명(하늘의 명령)이란 아무런 이유 없이 아무렇게나 주어지는 것이 아니라, 이치와 도리를 최대한 탐구하여 그 도리와 사명使命을 최대한 완수함으로 다가가는 자에게 주어진다고 하겠다. 사주四住를 보고, 길일吉日을 찾고, 굿을 하고, 점을 치면서 오로지 기복에만 열중하여 그 지위만을 향유하려는 탐욕스럽지만, 나약한 운명론자들과, 이치와 도리를 탐구하여窮理 자신에게 주어진 책무와 사명을 온전히 실현하려고 최선을 다하고 난 이후에, 천명을 기다리는 숭고하고 씩씩한 사명론자를 비교해 보자. "천명이란 영원하지 않고, 오직 주어진 사명德을 실현하는 자에게 주어지며, 그 천명을 유지하는 방법(조건) 또한 사명(덕)을 실현하는 데에 달려 있다天命靡常.(『서경』)."고 하겠다. 이것이 바로 유교의 천명관이라고 하겠다.

한자 해설

주자: 옛날에는 15세에 태학大學에 들어갔다. 마음이 가는 바를 일어 뜻志이라 한다. 여기서 이른바 '학學'이란 곧 태학의 도이다. 태학의 도에 뜻을 두면 모든 생각이 여기에만 있어 학문하기를 싫어하지 않는다. 스스로 정립함이 있으면 지킴이 굳건하여 뜻을 일삼음이 없다. 사물의 당연함에 의심할

것이 전혀 없으면, 앎이 밝아져 지킴을 일삼음이 없다. 천명天命은 곧 천도天道가 흘러 움직여 사물에 부여된 것이니, 곧 사물이 마땅히 그러한 까닭이다. 이것을 알면 앎이 그 정밀함을 지극히 다한 것이니, 의혹되지 않는 것不惑은 더 이상 말할 필요도 없다. 소리가 들어오면 마음이 통하여 어긋나거나 거스를 것이 없는 것聲入心通 無所違逆은 앎의 지극함이니, 생각하지 않아도 얻는다. 종從은 따르는 것隨順이다. 구矩는 법도가 되는 곱자法度之器로서 네모를 그리는 자이다. 공자께서 마음이 하고자 하는 바를 쫓아도 자연히 법도를 넘지 않았으니 편안히 행하고 애쓰지 않아도 법도에 맞은 것이다.

다산: 지志는 마음에 정해진 방향이 있음心有定向을 말하고, 입立은 몸을 편안히 해서 움직이지 않는 것安身不動을 말한다. 불혹不惑은 이치를 봄이 명확하여 미혹되는 바가 없음을 말한다. 지천명知天命은 상제의 법칙에 순응하여 궁함과 통함이 둘이 아니라는 것을 말한다. 이순耳順은 말이 귀에 거슬리지 않는 것言不逆耳을 말하니(귀에 거슬리면 마음에 거슬린다), 화순和順함이 마음 가운데에 쌓이면 비록 이치가 아닌 말도 귀에 거슬리는 바가 없다. 도심道心이 주재가 되고 인심人心이 도심의 명령을 들으면, 마음이 하고자 하는 바를 쫓아도 도심이 하고자 하는 바를 쫓는 것이 되기 때문에 법도를 넘지 않는다. 만약 보통사람이 마음이 하고자 하는 바를 쫓으면 인심이 하고자 하는 바를 쫓는 것이 되기 때문에 악에 빠진다. 구矩는 정방正方형을 만드는 기구이다(상하사방이 고르게 균일하고 방정하게 하는 것이다). '벼슬할 만하면 벼슬하고, 그만둘 만하면 그만두고, 오래 머물 만하면 오래 머물고, 빨리 떠날 만하면 빨리 떠나는 것이 이른바 '마음이 하고자 하는 바를 쫓아도 법도를 넘지 않는다.'는 것이다.

- 吾오는 口(입 구)＋五(다섯 오)의 형성자로 1인칭의 나와 우리를 말한다.
- 十십은 새끼 매듭을 묶어 열을 나타낸 부호이다.
- 五오는 갑골문에서는 두 획이 교차된 ×자 모양으로 다섯을 나타내는 부호 지사문자이나, 이후 아래위로 가로획을 더하여 다섯을 나타내었

다. 오방五方, 오제五帝, 오행五行의 비유로도 쓰인다.

- 志지는 心(마음 심)+之(갈 지)의 형성자로志意也 從心 之聲, 志是意念 心情 形聲字로서 지향 혹은 의미를 뜻한다. 이후 之가 士(선비 사)로 바뀌어 선비士의 굳은 마음心 곧 의지意志를 강조하여 주재主宰라는 의미도 지닌다. **주자:** 志란 마음이 향하는 가는 바心之所之를 말한다. **다산:** 志는 마음에 정해진 방향이 있음心有定向을 말하고, 립立은 몸을 편안히 해서 움직이지 않는 것安身不動을 말한다

- 于우는 亏(어조사 우)자의 약자로 무언가가 굽은 모습으로 '향하다'나 '동작하다'라는 뜻이었다. 장소, 비교 등을 나타내는 조사로 가차되어 쓰였다. 어조사(~에서, ~부터, ~까지, ~에게), 향하여 가다, 동작을 하다, 행하다 등으로 쓰인다.

- 立립은 一(한 일)+大(큰 대)의 회의자로 땅 위에 팔을 벌리고 선 사람의 모습에서 '서다'의 의미이다.

- 四사는 막대기 4르 개를 그린 지사문자이지만, 三(석 삼)과 혼동되어 '숨쉬다'라는 뜻으로 쓰였던 四(→呬: 쉴 희)를 가차하여 썼다.

- 惑혹은 心(마음 심)+或(혹시 혹)의 형성자로 의혹되는 마음을 말한다.

- 知지는 矢(화살 시)+口(입 구)의 회의자로 화살矢이 과녁에 적중하듯 사물과 사태에 대해 정확하게 알아 빠르게 말口하는 능력이 있음을 말한다.

- 天천은 '천天'자는 본래 갑골문에서 머리가 돌출된― 사람人의 형상으로 '위대偉大한 사람'이란 뜻에서 출발하여, 그 사람이 사후 거주지인 하늘(大+―=天), 그리고 그 하늘에 거주하는 신神을 상징했다. 돌출된 머리를 형상했다는 점에서 천天은 고원高遠·광대廣大·존대尊大를, 그리고 존경尊敬·외경畏敬의 대상으로 의미가 확장되었다.『설문』의 주석에서는 "천天은 정수리顚를 말하면, 지극히 높고 필적할 만한 것이 없다至高無對. '일―'과 '대大'의 형성자로 사람이 머리 위에 이고 있는 장소이다人所戴."고 하였다.『논어』에서 '천' 자는 (天命과 天道는 포함하되, '天下와 天子'를 제외하면) 도합 22회 출현하며, 이 가운데 공자의 말

로 기록된 것은 10문장(16회)에 불과하다. 공자는 천을 만물의 근원이자 사시를 운행하는 주재천이자, 덕의 근원德生德於予으로 정립했다.

고주: 천天이란 궁달지분(운명)의 부여자로서 원형일신지도元亨日新之道이다. 만물은 천에 의지하여 태어나고, 사시四時를 운행한다. **주자**: 천이란 곧 이치이니天即理也, 그 존귀함은 상대가 될 것이 없다. 다만 마땅히 이치를 따를 뿐이다. **다산**: 천은 상제를 말한다天謂上帝. 도를 굽혀 아첨하면 하늘에게 죄를 얻게 되는데, 하늘을 진노케 하면, 중신衆神의 복마저도 받을 수 없기 때문에 기도할 곳도 없다고 말했다.

- 命명은 口(입 구)+令(우두머리 령)의 형성자로 령令에 구를 더해 분화했다. 갑골문에서 령令은 목탁을 흔들면서 명령을 하달하였기 때문에 목탁의 형상 'ᐱ'과 꿇어앉아 명령을 듣는 사람의 형상 'ㄗ'을 합했다. 『설문』에 의하면, 명命은 '口'와 '령令'을 합하여 만든 글자로 '시키다'는 뜻이다(使也. 從口 從令). 명命과 령令 두 글자 모두 상하 위계를 전제로 명령과 복종의 뜻을 지니며 '거역할 수 없다'는 함의를 지닌다. 모자를 쓰고 앉은 모습의 우두머리令의 입口에서 나오는 명령命令을, 그리고 하늘의 명령이 목숨이라는 뜻에서 목숨을 뜻한다. 목숨不幸短命, 명하다乃命義和, 명령后以施命誥四方, 운명各定性命, 도리維天之命, 이름을 짓다因命曰胥山, 임명하다官之命, 고하다, 의물儀物, 생계, 서명誓命(爲命), 이름.

- 耳이는 귀를 그린 상형자로 신의 말씀을 들을 수 있는 있는 총명聰明함을 상징한다. 적이나 야수의 접근을 감지할 수 있는 청각의 소유자가 우두머리가 되었다.

- 順순은 頁(머리 혈)+川(내 천)의 형성자로 물의 흐름川처럼 순조롭게 머리頁를 조아림을 말해 순응順應하다는 뜻이다.

- 從종은 彳(조금 걸을 척)+止(발 지)+从(좇을 종)의 회의자로 뒷사람이 앞사람을 '좇아가다'를 뜻한다.

- 心심은 상형자로 갑골문에서 심장의 실재모습을 그렸다. 『설문』에서는 심장을 음양오행 중 토土에 해당하는 장기라고 한다. 간肝을 금金, 비

脾를 목木, 신腎을 수水, 폐肺를 화火, 심心을 토土에 귀속시켰다. 고대 중국인들은 생각思이나 상상想이 머리가 아닌 심장에서 나온다고 생각했다. 그래서 심心자로 구성된 한자들은 대부분 사상, 감정, 심리활동과 관련되어 있으며, 사람의 성품도 마음에서 결정된다고 생각했다.

- 欲욕은 谷(골짜기)+欠(하품, 모자라다)의 회의자인데, 곡谷은 비어있음, 흠欠은 구멍窟이다. 다산: 무릇 비고 구멍이 있는 것은 항상 다른 사람을 취하여 채우려하는데, 사람 마음이 원욕願欲하는 형상이 이와 같다. 여기서의 욕欲은 사욕私慾이다.

- 踰유는 足(발 족)+兪(점점 유)의 형성자로 발足로 뛰어넘어 가다兪, 초과하다는 의미다.

- 矩구는 矢(화살 시)+巨(클 거)의 형성자로 직각이나 네모꼴을 그리는 곱자를 말한다. 주자: 矩는 법도가 되는 곱자法度之器로서 네모를 그리는 자이다. 다산: 矩는 정방正方형을 만드는 기구이다.

2.5

孟懿子問孝한대 子曰 無違니라 樊遲御러니 子告之曰 孟孫이
맹 의 자 문 효   자 왈 무 위   번 지 어   자 고 지 왈 맹 손
問孝於我어늘 我對曰 無違라호라 樊遲曰 何謂也잇고
문 효 어 아   아 대 왈 무 위   번 지 왈 하 위 야
子曰 生事之以禮하며 死葬之以禮하며 祭之以禮니라
자 왈 생 사 지 이 례   사 장 지 이 례   제 지 이 례

맹의자孟懿子가 효孝에 대해 물으니問, 공자께서 말씀하셨다. "어김이 없는 것無違이다." 번지樊遲가 수레를 몰御 때에, 공자께서 말씀하셨다. "맹손孟孫이 나에게於我 효를 묻기問孝에, 내我가 대답我對하여 '어김이 없는 것無違이다.'라고 말했다." 번지樊遲가 말했다曰. "무엇何을 일러謂也 말씀하신 것입니까?" 공자께서 말씀하셨다. "(부모님이) 살아生 계실 때에 섬기기를事之 예로써以禮 하고, 돌아가셨을死 때는 장사지내기葬之를 예로써以禮 하고, 제사지내기祭之를 예로써以禮 한다."

살아계실 때 섬기고, (돌아가시면) 장사 지내고, 제사 지내는 일은 부모를
섬기는 처음과 끝이 갖춰진 것이다. 예는 곧 이치의 절도와 문식이다禮卽理
之節文也. 사람이 부모를 섬김에 처음부터 끝까지 한결같이 예로써 하고 구
차하지 않으면, 그 부모를 존중함이 지극한 것이다. 〈주자〉

한자 해설

- 孝효는 老(늙을 노: 人+毛+匕= 희어진 긴 머리에 등이 굽은 사람이 지팡이를 들고 하
는 모양)+子(아들 자)의 회의자로 늙은 부모를 자식이 업고 있는 형상, 자
식이 늙은이(어버이)를 받든다는 뜻이다. 효도孝者 畜也, 뜻을 올바로 이
어받는 일, 친상親喪에 복을 입다 등으로 쓰였다. 부모의 자식에 대한
사랑을 뜻하는 자慈자가 불쌍히 여겨 껴안고자 마음에서 나온 것과 대
비하여 이해할 수 있다. 효에 관한 최초 기록은 『서경』「순전舜典」에 나
오는 '삼가 오전을 아름답게 하라愼徽五典.'는 구절을 들 수 있다. 여기
서 오전五典은 후의 오륜 혹은 오상의 근거가 된다(父親, 母慈, 子孝, 兄友,
弟恭 등). 유자는 '효제란 인을 행하는 근본이 된다.'고 하였고, 맹자 또
한 '요순의 도는 효제일 따름이다.'고 했듯이, 효는 유교의 모든 실천
덕목의 근간이 된다. 동서고금을 막론하고 '효란 모든 행위의 근본이
다孝者百行之本也'라고 했다. 그래서 서양의 소크라테스 또한 '효도하
지 않은 사람은 최소한의 인간적인 도리도 할 줄 모르는 사람이라는
점에서 사귀지 말라.'고 했다고 전해진다. 여기서 공자가 '효란 어김
이 없는 것이다無違'는 말은 부모의 명령에 무조건 복종하는 것이 아
니라, 이치(주자) 혹은 예(다산)를 어기지 말아야 한다는 뜻이다. **다산**:
황간이 말하길, '효를 행하는 자는 매사에 순종하고 어기거나 거스름
이 없어야 한다는 말이다.'고 했다. 논박하여 말하면, 그릇되었다. 부
모를 섬길 때는 기간幾諫한다는 뜻이 있는데, 어찌 매사에 모두 어김
이 없는 뜻만 쫓을 수 있겠는가? 번지가 묻고, 공자께서 대답하신 것
이 밝고도 명백한데, 오히려 이설이 있어 다시 일어나니, 또한 곤란하
지 않겠는가?

- 違위는 辵(갈 착)+韋(에워쌀 위)의 형성자로 성을 지키다韋가 떠나다辵는 뜻에서 벗어나다, <u>위반違反하다</u>는 뜻이다. **주자**: 無違란 이치에 위배되지 않는 것을 말한다. **다산**: 無違란 (효를 행하는 도리인) 예禮를 어겨서는 안 된다는 말이다.

- 御어는 원래 실幺로 만든 채찍을 들고 앉은 사람卩의 모습에서 길에서 <u>마차를 모는 모습</u>으로 바뀌었다. **주자**: 御는 공자를 위해 수레를 몰았다는 것이다.

- 事사는 손又에 붓聿을 잡고 관리가 문서를 기록하는 모습으로 통상 일 혹은 직무事有終始를 말하는데, 왕조시대의 관료가 직무를 보는 것은 곧 임금을 <u>섬기는 것</u>이었으므로 '섬기다事君以忠'는 뜻이 나왔다.

- 死사는 歹(뼈 부서질 알)+匕(비수 비←化: 죽은 사람을 거꾸로 놓은 둔 모양, 사람의 죽음 곧 변화를 뜻함)의 회의자로, 사람이 생명력을 다하고 뼈만 남은 상태로 변한 <u>죽음</u>을 말한다. 생生이 땅 속에서 잠재되어 있던 것이 현실로 나타나는 것이라면, 사死는 사람이 정기를 다하여 천지로부터 부여받은 혼백과 형체가 분리되어 다시 땅속의 잠재적인 장소로 되돌아감歸을 의미한다. 이는 죽음학 혹은 생사학으로 번역되는 'thanatology'가 '어둠dark' 혹은 '구름이 잔뜩 낀 어두운 하늘cloudy'을 뜻하는 thanatoy라는 말에 학문 혹은 연구를 의미하는 접미사 logia가 합해져서 이루어졌다는 측면에서 주로 어두운幽冥 측면으로 조명된 그리스적 전통과 상당한 대비를 이룬다.

- 葬장은 死(죽을 사)+茻(잡초 우거질 망)의 회의자로 풀숲茻에 시체死를 내버린 '숲장'의 장례풍속을 그려 <u>장사葬事</u>를 의미한다.

- 祭제는 月(육달 월)+又(또 우)+示(보일 시)의 회의자로 고기月를 손又에 들고 제단示에 올리는 것을 말하다(祭者 薦其時也 薦其敬也 薦其美也 非享味也). <u>제사</u> 지내다祭百神, 사람과 신이 서로 접함而守其祭祀, 미루어 헤아리다祭者察也 言人事至於神也, 신에게 보답함旣祭 反命於國, 나라 이름 등으로 쓰인다.

2.6 孟武伯이 問孝한대 子曰 父母는 唯其疾之憂시니라
맹 무 백　문 효　　자 왈 부 모　유 기 질 지 우

맹무백孟武伯이 효孝를 묻자問, 공자께서 말씀하셨다.“ 부모父母는 오로
지唯 그其가 병이 날까疾之 (늘) 근심憂한다.”

이 구절은『효경』을 시작하는 개종명의開宗明義 장에서 공자가 “무릇 효
란 덕의 근본이요, 가르침의 시작이다. 사람의 신체와 발부는 부모님께
받은 것이니, 훼상시키지 않는 것이 효의 시작이다身體髮膚受之父母, 不敢
毀傷, 孝之始也.”이란 말과 연관되는 듯하다.

한자 해설

- 父부는 손에 막대기를 들고 있는 모습으로 지도자, 어른을 뜻했었지
  만, 후에 집안의 어른인 ‘아버지’를 뜻하게 되었다. 아버지, 친족의 어
  른, 관장官長, 만물을 화육하는 근본, 창시자, 남자에 대한 미칭 등으
  로 쓰인다.
- 母모는 손을 모으고 앉은 여인의 유방을 의미하는 두 점이 더해져 어
  머니를 형상했다.
- 唯유는 口(입 구)+隹(새 추)의 형성자로 새隹의 울음소리ㅁ를 뜻했으니,
  이후 의미 없는 발어사로 쓰였고, 아무 의견 없이 소리만 낸다고 해서
  ‘승낙하다’의 뜻이 나왔다.
- 疾질은 疒(병들 녁)+矢(화살 시)의 회의자로, 사람이 화살에 맞아 누워있
  다는 뜻으로 앓다, 질병 일반, 미워하다, 빠르다疾走, 근심하다君子疾沒
  世而名不稱焉 등으로 쓰인다.
- 憂우는 頁(머리 혈)+心(마음 심)+夂(뒤쳐져서올 치)의 회의자로 기우제를 지
  내는 제사장의 마음으로 근심樂以忘憂, 근심하다仁者不憂, 고통君子憂,
  질병某有負薪之憂, 친상親喪. 앓다文王在胎 母不憂, 고생하다小人道憂也,
  가엾게 여기다民有厄喪 敎相憂恤也, 두려워하다余何憂於龍焉 등으로 쓰
  인다.

2.7

子游問孝한대 子曰 今之孝者는 是謂能養이니 至於犬馬하여도
자유문효　　자왈금지효자　시위능양　　　지어견마

皆能有養이니 不敬이면 何以別乎리오
개능유양　　불경　　하이별호

자유子游가 효孝에 대해 질문問하자, 공자께서 말씀하셨다. "오늘날의今
之 효라는 것者, 그것은是 능能히 공양養(＝飲食供奉, 奉養)하는 것을 말謂한
다. (그런데) 개와 말에於犬馬 있어서도至 모두皆 능能히 양육함이 있다有養.
(사람이 부모를) 공경하지 않는다면不敬, 무엇으로何以 구별하겠는가別乎?"

　　진정한 '효도'란 단순히 음식 등으로 부양하는 것으로는 부족하며, 진
정 부모를 공경하는 마음이 있어야 한다. 오륜五倫의 첫 번째 항목인 '부
자유친父子有親'은 문자 그대로 부자간에 상호 자립立하도록 돌보아見 주
는 것이다. 부모와 자식의 상호 돌봄은 '부모의 자식에 대한 사랑父慈, 자
식의 부모에 대한 효도子孝'라는 덕목으로 표현된다. 공자의 '공경함敬이
있어야 진정한 효도가 될 수 있다.'라는 언명은 후에 맹자에 의해 효란
인간의 본성에서 발현되는 선천적인 것良知良能이라는 논리로 귀결된다.

　　"지어견마至於犬馬 개능유양皆能有養"이란 구절을 두고, 그 주체가 사람
인가 견마인가에 대해 다른 해석들이 있지만, 전체적으로 귀결되는 뜻
은 '부모를 공봉供奉 혹은 공양供養하는데, 공경하는 마음이 없다면 진정
한 효라고 할 수 없다'는 말이라고 하겠다.

한자 해설

주자 : 양養은 음식으로 이바지하여 받듦飲食供奉을 말한다. 개와 말도 사
　　람에 힘입어 먹으니 또한 부양하는 것과 같다. 사람이 개와 말을 기르
　　는 경우에도 모두 능히 부양함이 있지만, 만약 능히 그 부모를 부양하
　　면서 공경이 지극하지 않다면 곧 개와 말을 부양하는 것과 무엇이 다
　　르겠는가? 라는 말씀이니, 불경의 죄를 심하게 말씀하신 것으로 깊이
　　경계하신 것이다.

다산: 양養은 좌우의 여러 면에서 봉양함을 말한다.(음식을 말하는 것이 아니다) 포함은 말하길, '개는 지켜주고, 말은 수고로움을 대신하니, 모두 사람을 봉양하는 것이다(형병이 말했다. 개와 말도 모두 능히 사람을 봉양하지만, 다만 기른 짐승은 무지無知하므로 공경하는 마음을 일으킬 수 없다)'고 하였다. 봉양하되 공경하지 않으면, 자연히 개나 말과 구별될 수 없다.

- 能능은 곰熊을 그린 상형자이다. 곰은 여러 탁월한 능력을 갖추었다고 생각했기 때문에 <u>능력</u>, 재능, 가능 등으로 쓰였다.

- 養양은 食(밥 식)+羊(양 양)의 형성자로 양羊을 먹이듯食 <u>정성껏 봉양하</u>는 모습을 나타낸다.

- 敬경은 苟(진실로 구)+攴(칠 복)의 회의자로 참되게 하다는 뜻으로 <u>공경</u>王者敬日, 훈계하다旣敬旣戒, 정중하다敬順昊天, 삼가다夙夜敬止, 사의謝意遣生送敬 등으로 쓰인다.

- 別별은 뼈를 나타내는 글자(骨骨의 옛 글자)와 刀(칼 도)의 회의자로, 칼刀로 뼈를 갈라내는 모습에서 분리分離, 구분區分, <u>구별區別</u>의 의미가 나왔다. 후에 분류分類, 특별特別 의미가 부가되었다.

2.8 子夏問孝한대 子曰 色難이니 有事어든 弟子服其勞하고
　　　자 하 문 효　　자 왈 색 난　　유 사　　제 자 복 기 로

有酒食어든 先生饌이 曾是以爲孝乎아
유 주 사　　선 생 찬　증 시 이 위 효 호

자하子夏가 효孝를 묻자問, 공자께서 말씀하셨다. "얼굴빛色을 (온화하게 하는 것이) 어렵다難. 일이 있으면有事 아우나 동생弟子(=卑幼)이 그 수고로움其勞을 대신하고服(짊어지고), 술과 음식이 있으면有酒食 부형先生(=父兄, 尊長)께 (먼저) 마시고 드시게饌(=飮食之, 陳設) 하였는데, 일찍이曾(=嘗, 곧) 이것만으로是以 효라고 했겠는가爲孝乎?"

대개 효자로 깊은 사랑이 있는 자는 반드시 온화한 기운和氣이 있고, 온화한 기운이 있는 자는 반드시 유순한 얼굴빛이 있고, 유순한 얼굴빛이 있는 자는 필시 공손한 몸가짐婉容이 있다. 그러므로 부모를 섬길 때는 오로지 얼굴빛을 취함이 어려울 따름이며, 힘든 일을 대신하고 봉양하는 것만으로 효라고 하기 에는 충분하지 않다. 〈주자〉

한자 해설

주자: '색난色難'은 부모를 섬길 때 오로지 얼굴빛을 취함이 어렵다는 것을 말한다. 사食는 밥飯이고, 선생先生은 부형父兄이다. 찬饌은 마시고 먹는 것이다. 증曾은 일찍이뿔와 같다.

다산: 색난色難은 어버이를 섬길 때 능히 얼굴빛을 유순하게 취하는 것이 어렵다는 말이다. 제자弟子는 낮거나 어린 이를 지칭하고, 선생先生은 존귀하거나 연세가 많은 이를 지칭한다. 복服은 몸소 짊어짐이니, 마치 소가 멍에를 지는 것과 같다(『예기』 「고공기」에 '두 멍에 사이를 형임衡任이라 한다'고 하였다). 찬饌은 진열陳列이다. 증曾은 말을 느리게 하는 것이다.(『설문』)

- 難난은 佳(새 추)＋堇(노란 진흙 근)의 형성자로 날개가 묶여 고통스러워하는 새에서 '(날기) 어렵다'는 뜻이 나왔다.

- 服복은 月(달 월←舟)＋卩(병부 절)＋又(또 우)의 회의자인데, 무릎을 꿇은 사람卩을 이끌어又 배舟에 태우는 모습으로 복종시키다, 짊어지다, 의복 등으로 쓰인다.

- 勞로는 火(불 화)＋宀(덮을 멱)＋力(힘 력)의 회의자로 밤에도 불을 밝힌 채 열심히 일하다任士之所勞, 노동勞動, 애쓰다犧牲不勞 則牛馬育, 근심하다勞萬民, 수고先勞後祿, 공로事功日勞 治功日力, 위로하다以勞王爵, 돕다神所勞矣 등으로 쓰인다.

- 酒주는 水(물 수)＋酉(닭 유: 술병)의 회의자로 술병酉에 물水을 더해 술을 뜻한다. 고대에는 酒와 酉의 구별이 없었지만, 酉유가 십이지十二支의 열째인 '닭'을 뜻하게 되면서, 酒가 '술'이라는 뜻으로 쓰이게 되었다.

- 饌찬은 食(밥 식)+巽(공손할 손)의 형성자로 음식食을 골라巽 진설하거나 준비하다, 먹고 마시다, 음식, 반찬 등의 뜻이다. **주자**: 饌은 마시고 먹는 것이다. **다산**:『의례』의 여러 편에 무릇 饌이라고 말한 것은 진열의 뜻이다.
- 曾증은 甑(시루 증)이 원래 글자로 김이 솟아나는 시루로 중첩하다, 더하다는 뜻인데, 이후 '일찍'이라는 뜻으로 가차되었다.
- 是시는 日(날 일)+正(바를 정)의 회의자로 '바로 이때'를 말하였다. 이후 옳다, 바르다, 치우치지 않다, 정확하다는 뜻이 나왔다.

2.9 子曰 吾與回로 言終日에 不違如愚러니 退而省其私한대
자 왈 오 여 회   언 종 일   불 위 여 우   퇴 이 성 기 사

亦足以發하나니 回也不愚로다
역 족 이 발   회 야 불 우

공자께서 말씀하셨다. "내가 안회와 함께吾與回 종일終日토록 말을 해도, 거스르지 않는 것不違이 마치 어리석은 자 같았다如愚. 물러간 뒤退而 그 사사로움其私을 살피니省 역시亦 (내가 말한 이치를) 충분히 발휘해내니足以發, 안회回也는 어리석지 않구나不愚!"

나는 스승께 들으니, 다음과 같이 말씀하셨다. '안자는 침잠沈潛·순수하여 성인의 체단體段을 이미 갖추어 공자의 말을 들을 때 묵묵히 깨달아 마음에 녹아들고 닿는 곳마다 환하게 깨달아 자연히 조리가 있었다. 그러므로 종일토록 말을 해도 단지 거스르지 않는 것만 보이니, 마치 어리석은 사람과 같을 뿐이었다. 그러나 물러나 그 홀로 있음을 살펴보면 평상시 동정動靜·어묵語默 사이의 모든 것이 공자의 도를 충분히 발휘하여 (실천하여) 드러내고, 드넓게 따르면서 의심하지 않았다. 그러했기에 안연이 어리석지 않은 것을 아셨다. 〈주자〉

- 違위는 辵(갈 착)+韋(에워쌀 위)의 형성자로 성을 지키다韋가 떠나다辵, 벗어나다, 어긋나다는 뜻이다. **주자:** 불위不違란 뜻이 서로 배치되지 않아, 들으면 받아들여서 묻거나 논란함이 없음이다.

- 與여는 与(어조사 여)+舁(마주들 여)의 형성자로 상아와 같은 소중한 물건을 서로 함께 들어 올리다舁는 뜻에서 유래하였다.

- 愚우는 心(마음 심)+禺(긴 꼬리 원숭이 우)의 형성자로 원숭이禺처럼 단순한 생각心을 하는 존재라는 의미에서 '어리석음'을 나타냈고, 자신을 낮추는 겸양어로 쓰인다.

- 退퇴는 辵(갈 착)+艮(어긋날 간)의 회의자로 앞으로 나아가는 걸음걸이辵와 배치되는艮 '물러섬'을 말한다. 퇴각退却, 후퇴後退, 몰아내다 등의 뜻이다. **다산:** '퇴이성退而省'이란 안자가 물러간 뒤에 공자께서 그를 살펴보신 것이다.

- 私사는 禾(벼 화)+厶(사사 사)의 형성자로, '곡물禾을 자신厶의 것으로 만들다'는 뜻으로 사사로움을 그렸고, 이로부터 이기적인, 비공개적인, 자신을 낮추어 부르는 말 등으로 쓰였다. 厶는 『한비자』에는 '창힐이 글자를 만들 때 스스로 테두리를 지우는 것을 厶라고 했고, 사사로움에 반대되는 것을 공公이다.'고 했다. 『설문』에서는 테두리가 지어진 모습을 그렸다. 공公은 八(여덟 팔)+厶로 구성되어 사사로움厶을 없애고 우리와 남, 안과 밖의 경계를 허문다八는 뜻이다. **주자:** 私는 한가롭게 혼자 거처하는 것燕居獨處이지, 나아가 뵙고 청하여 질문드릴 때가 아니라는 것을 말한다. **다산:** 태재순太宰純, 1680~1747이 말하길, '私란 공公의 반대이다. 공문의 제자들이 나아가 공자를 알현하는 것이 공公이고, 그 밖에 벗과 서로 관여하는 것을 私라 한다.'

- 發발은 弓(활 궁)+癹(짓밟을 발)의 형성자로 활弓을 쏘아 멀리 나아가게 하다, 발현하다는 뜻이다. 출발出發, 발사發射 등으로 쓰인다. 반대어인 폐廢는 쏠 활을 창고广 속에 넣어두고 사장死藏함을 말한다. **주자:**

發은 말한 이치를 (실천에 옮겨) 발휘한다는 것을 말한다. **다산**: 發이란 꽃이 꽃망울을 머금고 나서 꽃잎을 드러내는 것과 같다. 『역경』에 '장 후를 머금고 있는 것이 정貞이 될 만하나, 때가 되면 發해야 한다'고 했다(공자의 말씀은 꽃망울을 맺고 있는 것처럼 간략하고 엄정하며, 안자는 꽃잎을 토 하는 것과 같이 공자의 뜻을 발현했다).

2.10 子曰 視其所以하며 觀其所由하며 察其所安이면
자 왈 시 기 소 이 　　관 기 소 유 　　찰 기 소 안

人焉廋哉리오 人焉廋哉리오
인 언 수 재 　　인 언 수 재

공자께서 말씀하셨다. "그其 사람이 (선·악을) 행위以=爲하는(기인하는: 因) 바를 보고視, 그其 행위의 동기由=從(경유하는: 經)를 관찰觀하고, 그其 (마음이) 즐겨하는安=樂(귀착지: 止而不遷)를 세밀히 살핀察다면, 사람人이 어찌焉 숨길 수 있겠는가廋哉? 사람人이 어찌焉 숨길 수 있겠는가廋哉?"

공자는 사람의 됨됨이를 살필 때 우선 그 사람의 행위, 그가 선을 행하 는지 악을 행하는지를 살피라고 말한다. 선을 행하는 사람이면 선인이 고, 악을 행하는 사람이라면 악인이다. 단순히 행위를 넘어서, 좀 더 세 밀하게 그 사람을 관찰하고자 한다면, 그런 행위를 하게 만든 동기를 살 펴야 한다. 궁극적으로 그 사람을 평가하려면, 그 사람이 진정 그런 동 기와 의지를 지니고 그 행위를 하는 것을 편안해 하고 정말 좋아하는지 를 살펴야 한다. 『맹자』에 다음과 같은 구절이 나온다.

맹자가 말했다. "사람을 살피기는 눈동자보다 더 좋은 것이 없다. 눈동자 는 그 사람의 악을 숨기지 못한다. 마음이 올바르면 눈동자가 맑고, 마음 이 올바르지 않으면 눈동자가 어둡다. 그 말을 듣고 그 눈동자를 보면 사 람이 어찌 그 본 마음을 숨길 수 있겠는가. **–『맹자』「이루」상편 15**

이 구절에 대해 주자는 사람에 중점을 두고 사람의 행위·동기·즐겨하는 바의 순서대로 살피면, 그 사람의 됨됨이를 좀 더 소상하게 알 수 있다고 말했다. 이에 비해 다산은 사람이 하는 '일'에 중점을 두고, 일의 기인起因, 경과, 그리고 그 귀착처를 살펴보면 그 사람의 실정을 알 수 있다고 했다. 각각의 장점과 특징을 갖는다.

한자 해설

- 視시는 見(볼 견)+示(보일 시)의 형성자로 <u>보다</u>는 뜻이다.
- 觀관은 見(볼 견)+雚(황새 관)의 형성자로 <u>관찰</u>觀察, <u>관점</u>觀點 혹은 관념觀念을 뜻한다.
- 察찰은 宀(집 면)+祭(제사 제)의 회의자로 집안宀에서 제사祭를 물품을 <u>자세히 살피</u>다는 뜻이다. **주자**: 觀은 視에 비해 상세한 것이고, 찰察 또한 더 상세히 보는 것이다. **다산**: 시視는 (보면서도) 혹 무심하지만, 관觀은 반드시 의지가 있으며, 찰察은 더욱 상세·정밀하게 보는 것이다.
- 以이는 갑골문에 수저와 같은 모양이 그려져 있는데, 밭을 가는 도구이거나 탯줄을 뜻하는 것으로 추측한다. '<u>~로써</u>'나 '<u>~에 따라</u>', '<u>~부터</u>'라는 뜻으로만 쓰이고 있다. **주자**: 以는 <u>행함</u>爲이니, 선을 행하는 자는 군자이고, 악을 행하는 자는 소인이다. **다산**: 以는 <u>인因</u>함이다.
- 由유는 卣(술통 유)와 같은 글자로 주둥이에서 술이 나오는 모습을 그린 상형자로, '<u>~로부터</u>' 혹은 <u>말미암다</u>因 등으로 쓰였다. 이후 '~에 근거하여' '~을 따라서'의 뜻이다. **주자**: 由는 따라 나온다從이다. 하는 일事이 비록 선하더라도 의도가 유래하는 곳이 아직 선하지 않음이 있으면, 또한 군자가 될 수 없다. **다산**: 由는 경유經이다.
- 焉언은 본래 황색의 새(언조焉鳥)를 그렸으나, 이후 '<u>어찌</u>'라는 의문 부사로 가차되었다. **주자**: 焉은 어찌何이다.
- 廋수는 广(엄 호)+叟(노인 수)의 형성자로 <u>숨기다</u>, 숨다, 찾다, 구하다, 세다, 헤아리다, 모롱이, 산모롱이 등의 의미이다. **주자**: 廋는 숨기다匿는 뜻이다.

- 哉재는 口(입 구)+戈(어조사 재)의 회의자로 주로 '어조사'로 쓰인다.
- 安안은 宀(宅)+女(여자 녀)의 회의자로 내자內子인 여자가 집안에 있다, 곧 마땅히 있어야 할 곳에 거처함을 말한다. 인간이 머물러야 할 곳은 인간의 본성인 인仁이기 때문에, 맹자는 인仁은 사람의 편안한 집이다仁人之安宅라고 말했다. **주자**: 安은 즐겨하는 바所樂이다. **다산**: 安은 머무르며 옮겨가지 않는 것止而不遷也이다. 무릇 사람을 관찰하는 법에는 매번 한 가지 일을 할 때마다 그 시작에 원인이 되는 것은 어떤 연고인지, 중간에 경유하는 것이 어떤 길(방법)인지, 마지막에 머무르는 바가 어떤 곳인지를 관찰하면 사람이 그 실정을 숨길 수 없다.

2.11 子曰 溫故而知新이면 可以爲師矣니라
자 왈 온 고 이 지 신　　가 이 위 사 의

공자께서 말씀하였다. "옛것故을 찾아 실마리를 풀어내고溫(=尋繹) 새것을 알면而知新, 스승師이 될 수 있다可以爲矣."

스승師

사師는 阜(언덕 부)+帀(두를 잡)의 회의자로 언덕을 빙 두른 모습으로 군대조직(약 2,500명의 병력)을 말했다. 후에 '스승'이라는 뜻을 갖게 되었는데, 가르침을 얻기 위해 스승의 주변을 제자들이 빙 둘러 앉아있는 것에 비유됐기 때문이다. 스승, 군사, 군대, 벼슬, 뭇사람, 신령전문적인 기예를 닦은 사람, 악관樂官, 악공樂工, 육십사괘의 하나, 모범模範으로 삼다 등의 의미이다.

'온고溫故'란 일차적으로 고전이론을 상고하여 풀어 엮어 내는 것이다. 고전이론이란 시詩·서書·역易·춘추春秋·예기禮記·악樂의 문장에 대한 탐구이다. 공자는 이러한 탐구를 통하여 마침내 일이관지하여 면면히 전승되어 내려오는 유교의 도통道統을 찾아서 풀어내고, 그 도통을 계승하여 새로운 역사를 창조할 수 있어야 비로소 스승이라고 할 수 있다고 했다.

> 사도師道는 매우 넓으니, 단순히 온고溫故라는 하나의 일만으로 스승이 된다고 허여할 수 없다. 〈다산〉

> 옛것을 익히지 않는다면 이는 본디 공부가 끊어진 것이다. 만약 아무 얻는 것이 없다면, 비록 옛것을 익히더라도 또한 남의 스승의 되기에는 부족하다. 그러니 옛것을 익히고 새 것을 알아야 한다. 옛것을 익히고 새 것을 아는 것은 쉬운 일이 아니다. 새 것은 다만 옛것 속의 도리이니, 아주 익혀서 완숙하게 되면 차차 드러난다. 스승이 되는 것에 대해 겨우 '가可하다'고 말씀하신 것은 이 수준에 이르지 않으면 스승이 되기에 부족하다고 밝힌 것이지, 능히 이렇게 할 수 있으면 스승이 되고도 남는다고 여기신 것은 아니다. 〈주자〉

한자 해설

- 溫온은 水(물 수)＋囚(가둘 수)＋皿(그릇 혹은 덮개 명)의 회의자로 그릇에 물을 넣고 열을 가한다는 뜻으로 따뜻하다溫風始至, 온화구溫而厲, 원만溫其如玉, 두텁다飮食則溫淳, 배움溫故而知新, 온천湯井溫谷, 강 이름 등으로 쓰인다. **하안**: 溫은 거듭 연구하는 것(燖: 찾다. 캐묻다. 탐구하다. 연구하다. 그리고 첨가하다. 거듭하다)이다. **주자**: 溫은 심역燖繹(거듭해서 행함 혹은 거듭 복습復習함. 사리事理를 연구硏究하고 찾아서 살피는 것)이다. **다산**: 하안이 말하길, "溫은 거듭 연구하다燖이다"고 했다. 형병은 "『예기』「중용」에 온고이지신溫故而知新이라 하였는데, 정현의 주에서는 溫은 심온燖溫(고기 등을 물에 넣어 데워서 삶다)의 溫과 같이 읽는데, 옛날 배운 것이 익숙해진 이후에 때때로 익히는 것時習을 溫이라 한다."고 했다.
- 故고는 攴(칠 복)＋古(옛 고)의 회의자로 아주 <u>오래전에 어떠한 일의 원인이나 이유로서 연고, 사유, 도리, 사리, 친숙한 벗, 관례, 고의로 한</u>

일, 옛날, 옛일, 죽은 사람, 거짓, 끝, 훈고, 주해, 고로, 까닭에 등으로 쓰인다. **주자**: 故란 예전에 들은 것이다.

- 新신은 斤(도끼 근)+木(나무 목)+辛(매울 신)의 형성자로 본래 나무를 잘라 땔감을 만든다는 뜻이었지만 후에 나무를 자르고 다듬어 '새로운 물건을 만든다'라는 뜻으로 확대되어 '새로운'이라는 뜻을 갖게 되었다. **주자**: 新이란 지금 얻은 것이다. 배움에 있어 능히 예전에 들은 것을 때때로 익히고 매번 새로이 얻은 것이 있다면, 배운 것이 나에게 있어 그 응용이 끝이 없기 때문에 다른 사람의 스승이 될 수 있다는 말이다.

2.12 子曰 君子는 不器니라
자 왈 군 자 불 기

공자께서 말씀하셨다. "군자君子는 그릇이 아니다不器."

군자는 말하기를, 위대한 덕성은 하나의 관직에 구애되지 않고, 위대한 도는 하나의 그릇에 구애되지 않으며, 위대한 신의는 하나의 약속에 구애되지 않으며, 위대한 계절은 하나의 절기에 구애됨이 없다. 이 네 가지를 살필 줄 아는 자라야 참으로 학문의 근본에 뜻을 둔다고 할 수 있다君子曰 大德不官 大道不器 大信不約 大時不齊. 察此四者 可以有志於本矣. ―『예기』「학기學記」

한자 해설

- 不불은 『설문』에 새가 하늘을 날아오르는 모습을 그려, 하늘에 올라가 내려오지 '않음'의 부정의 뜻이 나왔다고 한다. 한편 꽃대와 꽃받침이 갖추어졌으나 제대로 여물지 않은 씨방을 그린 것으로 해석하기도 한다. 씨방이 여물지 않으면 씨가 만들어지지 않고, 씨가 만들어지지 않으면 곡식을 자라게 할 수 없기 때문에 '부정'의 의미가 만들어졌다.
- 器기는 犬(개 견)자와 네 개의 口(입 구) 자가 결합한 회의자인데, 개고기를 그릇에 담은 것 혹은 개가 귀한 그릇을 지키는 것을 나타낸다. 여

러 기물器物, 신체적 기관, 관직이나 작위의 등급, 사람의 자질, 형이
상의 도道에 대비되는 형이하의 사물形而下者謂之器을 나타낸다. 주자:
그릇器이란 각각 해당하는 용도에는 적합하지만, 서로 통용할 수 없
다. 덕을 이룬 선비는 체단體를 갖추지 않음이 없다. 그런 까닭에 작용
用이 두루 미치지 않음이 없어 비단 하나의 재주와 하나의 기예에 국
한되지 않는다.

2.13 子貢이 問君子한대 子曰 先行其言이요 而後從之니라
자 공 　문 군 자 　　자 왈 선 행 기 언 　　이 후 종 지

자공子貢이 군자君子에 대해 묻자問, 공자께서 말씀하셨다. "자기가 말
할 것其言을 먼저 실행先行하고서 뒤에而後 말로 행동을 따른다從之."

군자君子라는 용어는 공자에 의해 결정적인 의미 전환을 겪으면서 유
교가 추구하는 이상적 인격의 전형으로 정립되었다. 그런데 '군자君子'라
는 말은 '인仁'이 59절에 출현 것보다 더 많은 85절에서 걸쳐 107번 내외
로 나타났다. '군君'은 '존귀尊貴'를 뜻하며, 군주가 앉아 있는 모양을 나타
낸다. 독음은 벼슬이름으로 다스린다는 의미를 지니는 '윤尹'자에서 비롯
되었으며, '입口'으로 명령을 하달하여 백성을 통치한다는 의미에서 尹
과 口가 만나서 형성된 회의문자이다.

군자君子 또한 정치적 의미가 부여된 君의 연장선상에서 생각할 수 있
다. 공자 이전 문헌에서 사용된 용례를 보면, 군자(君, 人君, 君者, 人主 등과
거의 비슷한 의미로)는 최고 통치자인 천자로부터 '정치하는 귀족 계급 일반'
을 지칭하는 지위 또는 신분을 나타내다가 점차적으로 그 군자가 갖추어
야 할 덕목을 말하기도 하였다. 어쨌든 공자이전에 '군자'라는 용어는 '점
차 도덕적 품성을 지칭하는 용어로 사용되기도 하였지만, 어느 경우든
지위 혹은 신분의 의미를 다분히 내포하고 있었다.'

군자는 덕을 이룬 선비이다(成德之士, 君子成德之名). 덕을 이룬 선비는 체단體를 갖추지 않음이 없다. 그런 까닭에 작용用이 두루 미치지 않음이 없어 비단 하나의 재주와 하나의 기예에 국한되지 않는다. 군자가 군자인 까닭은 그 인仁 때문이다. 만약 부귀를 탐하고 빈천을 싫어한다면, 이는 스스로 그 인에서 떠나서 군자의 실상이 없는 것이니, 어디에서 그 이름을 이루겠는가? 〈주자〉

한자 해설

- 先선은 牛(소 우)+儿(어진사람 인)의 회의자라 하지만, 牛 자가 아닌 止(발 지)+儿의 결합으로 발이 앞서 나가는 모습을 표현했다.
- 後후는 彳(조금 걸을 척)+幺(작을 요)+夊(뒤져서올 치)의 회의자로 족쇄를 찬 노예가 길을 가는 모습으로 뒤떨어지다, 뒤지다는 뜻이다.
- 言언은 갑골문에 口(입 구)자 위로 나팔과 같은 모양으로 나타나는데, 나팔을 부는 모습 혹은 단순히 말소리가 퍼져나가는 모습을 표현(말하다)한 것이다. 말씀, 견해, 언론 등으로 쓰인다.
- 從종은 彳(조금 걸을 척)+止(발 지)+从(좇을 종)의 회의자로 뒷사람이 앞사람을 '좇아가다'를 뜻했다. 따르다, 세로, 남북, 자취. 종(친족 간의 관계), 버금 등의 의미로 쓰인다.

2.14 子曰君子는 周而不比하고 小人은 比而不周니라
자 왈 군 자   주 이 불 비   소 인   비 이 불 주

공자께서 말씀하셨다. "군자君子는 두루 친하지만周而, 편당比(=偏黨) 짓지는 않는다不. 소인小人은 편당 짓지만比而, 두루周 친하지 않는다不."

군자와 소인

유교에서는 인의예지라고 하는 본성의 덕을 정립하여 자기완성을 기하려는 사람을 군자(대인)라 하고, 이와 반대로 세속의 이익에 골몰하는 사람을 '소인'이라고 규정했다.

군자란 인간의 보편적 본성의 실현에 추구하면서 의로움을 준거로 행위하는 사람이며, 소인이란 외적 명성과 이익을 기준으로 행동하는 사람을 말한다. 인간의 보편적 본성인 인仁의 실현을 추구하는 군자는 인류애를 바탕으로 두루 친하지만, 자신의 이익을 위하여 파당을 짓지는 않는다. 외적 명성과 재화의 취득에 골몰하는 소인은 자신의 이익을 위하여 뭉치지만, 인류애를 기반을 둔 보편적 사랑이 결여하여 두루 친하지는 않다고 한다. 『논어』의 다른 편에서 다음과 같이 말했다.

> 군자는 조화를 이루지만 남과 똑같이 하지는 않지만, 소인은 다른 사람과 똑같이 되려고 하지만 조화를 이루지는 않는다子曰 君子 和而不同 小人 同而不和. - 『논어』13.23

> 군자는 형이상의 인의예지에 통달하지만, 소인은 형이하의 이익에 통달한다君子上達 小人下達. - 『논어』14.24

> 군자는 세 가지 두려워하는 것이 있는데, 천명天命(인의예지의 본성)을 두려워하고, 대인大人을 두려워하고, 성인聖人의 말씀을 두려워한다. 소인小人은 천명을 알지 못하여 두려워하지 않으니, 대인에게 버릇없이 굴고, 성인의 말씀을 업신여긴다 孔子曰 君子 有三畏 畏天命 畏大人 畏聖人之言 小人不知天命 而不畏也 狎大人 侮聖人之言. - 『논어』6.8

군자와 소인의 행동이 다른 것은 음과 양, 낮과 밤이 매번 상반되는 것과 같다. 그러나 그 나누어지는 까닭을 궁구하면 공公과 사私 사이의 터럭만큼 차이에 있을 따름이다. 그러므로 성인께서 주周와 비比, 화和와 동同, 교驕와 태泰 등으로 항상 대비하여 거론하고 함께 말씀하셨으니, 배우는 자에게 둘 사이를 살펴서 그 취하고 버리는 기미를 자세히 헤아리게 하고자 한 것이다. 〈주자〉

군자는 덕을 함께하는 사람에게 일찍이 마음으로 친밀하지 않은 적이 없고, 세력으로 상호 결속하지 않는다. 소인은 세력과 이익이 있는 쪽과 교제하여 세력을 병합하여 당黨을 만들지 않은 적이 없고, 마음과 의리로써 상호 굳건히 하지 않는다. 이것이 군자와 소인의 차이이다. 〈다산〉

한자 해설

- 周주는 갑골문에 田(밭 전)에 점을 찍어놓은 모습으로 밭의 둘레를 표현했는데, 口(입 구)가 더해져 '주周나라'를 나타내고, 두루, 빈틈없고 치밀하다, 둘레, 구율救恤하다, 나라이름 등으로 쓰인다. 본문에서 '주周'는 두루 보편적으로 널리 미친다고 할 수 있다. 보편적으로 널리 미친다는 것은 또한 어느 하나의 미물도 빠뜨리지 않고 조밀하게 모든 것을 포용한다고 할 수 있다. 널리 두루 미친다는 외연을 강조할 수도 있고, 어느 하나라도 빠뜨리지 않고 조밀한 포용성을 강조할 수도 있다. 공적인 군자의 인한 마음은 보편적으로 두루 미치면서 어느 한 사람이라도 빠뜨리지 않는 포용성을 지니고 있다. 모든 것에 두루 미치고, 모든 것을 포용하려고 하는 군자의 친함은 마음으로, 의리로 결속된다. 이에 비해 자신들의 사적인 이익을 위해 모이는 소인들은 세력으로 규합하여 힘으로 합병하여 자신들의 목적을 달성하려고 한다.

- 比비는 두 사람이 나란히 오른쪽을 향해 서 있어 상형자이다. **주자**: 周는 널리 두루 미치는 것普遍이고, 比는 편을 지어 모이는 것偏黨이니, 모두 남과 친하고 두텁다는 뜻이다. 다만 두루 친한 것周은 공公이고, 편을 지어 모이는 것比은 사私일 따름이다. **다산**: 周는 주밀密이고(『설문』), 比는 병합並이니, 모두 친근함親暱의 명칭이다. 그러나 주밀周密은 마음으로 말한 것이고, 비병比並은 힘으로 말한 것이다.

2.15 子曰 學而不思則罔하고 思而不學則殆니라
자 왈 학 이 불 사 즉 망　　사 이 불 학 즉 태

공자께서 말씀하였다. "배우되學而 (그 도리를) 사유하지 않으면不思則 어두워罔 터득되는 것이 없고, 사유하되思而 배우지 않으면不學則 (도리에 따른 일을 익히지 않기 때문에) 위태로워진다殆."

학문學과 사유思

유교에서 말하는 학문學問이란 "널리 배우고, 자세히 묻고, 신중하게 사려하고, 밝게 분별하여, 돈독하게 실천하는 행위博學之 審問之 愼思之 明辨之 篤行之."(『중용』 11장)의 총체인데, 여기서 배움과 사유는 이 다섯 가지 가운데 대표적인 두 가지를 들어서 한 말이라고 할 수 있다. 이 다섯 가지 가운데 하나라도 결여되면 진정한 학문이 될 수 없다.

주자는 '학學'이란 글자는 효效(본받다)자에 그 의미가 있다學之爲言效也고 말하면서, 먼저 선한 본성을 깨달은 사람先覺者을 후학자가 본받는다는 의미라고 하였다. 객관적으로 전해내려는 오는 지식 혹은 선현의 위대한 삶을 단지 머리로만 배우고 주체적으로 생각하지 않는다면, 자신의 것으로 체득되지 않는다. 그리고 주관적인 생각만 하고 객관적인 지식을 배우지 않거나 선현들의 지혜를 본받지 않는다면, 주관주의에 빠져 위험할 수 있다. 객관적인 지식의 학습과 주체적인 사유를 병진할 때 올바른 학문이 형성된다. 또한 주자는 '망罔'이란 그물질을 했으나網 얻는 것이 없음亡이니, 곧 기만欺瞞당한 것을 말한다. 이학자理學者로서 주자는 배움을 통해 일事의 도리理를 깨달아 익히는 것을 중요시 한다. 그래서 배움學을 그 일을 배우는 것이라고 했고, 사유思란 마음으로 그 일의 도리를 궁구하여 얻는 것이라고 했다. 그리고 한갓 사변만 일삼고 그 실제적인 일을 익히지 않으면 위태롭다고 하였다.

다른 한편 다산은 배움學이란 전승된 옛 전적을 상고하여 선왕의 도를 징험하는 것을 목표로 하는 것이며, 사유思란 마음으로 연구하여 터득하는 것이라 하였다. 그래서 다산은 한갓 옛 전적을 배우기만 하고 마음으로 연구하지 않으면 이단으로부터 기만당할 수 있고, 옛 전적을 상고하지 않고 가벼이 자신만 믿으면 위태로워질 수 있다고 해석하고 있다.

한자 해설
- 學학은 臼(절구 구)+宀(집 면)+爻(효 효)+子(아들 자)의 회의자로 배우다學而時習之 不亦說乎, 학문爲學日益, 爲道日損, 학자碩學, 학교國有學, 학파, 가르침易有京氏之學 등으로 쓰인다.
- 罔망은 网(그물 망)+亡(망할 망)의 형성자이다. 단순히 '그물'이라는 뜻 외에도 '속이다'나 '어둡다'와 같이 그물에 걸려든 상황과 연관된 뜻이 있다. 그물질하다, 엮다, 감추다, 미혹되다, 없다, 바르지 않다, 아니하다 등의 뜻이다. **다산**: 罔이란 글자 형성이 网망과 亡망으로 구성되어 있으니, 罔이란 亡이다(육서六書 중 해성諧聲이다). 홀연히 망실하는 것을 일러 망이라고 한다忽然亡失謂之罔. 罔은 속임을 당함受欺이다.
- 思사는 田(밭 전)+心(마음 심)의 회의자로 마음에 밭을 갈 듯이 깊게 생각한다는 뜻이다. 생각, 심정, 정서, 의사, 의지, 사상, 뜻, 마음 등의 의미이다. '학學'은 전적에서 징험함 말하고, '사思'는 자신의 마음에 연구함을 말한다. **다산**: 思는 미루어 궁구하는 것이다.
- 殆태는 歹(뼈 부서질 알→ 죽음死)+台(별 태: 이르다)의 회의자로 '거의 죽음에 이르다' 즉 '위태롭다'라는 뜻이다.

2.16 子曰 攻乎異端이면 斯害也已니라
자 왈 공 호 이 단　　사 해 야 이

공자께서 말씀하셨다. "이단에乎異端 오로지 몰두하여 연구하면攻, 이斯는 해로울 뿐이다害也已."

이단異端이란 성인의 도가 아니면서 따로 하나의 단서를 이루는 것이니,

가령 양주楊朱나 묵적墨翟이 그것이다. 이단은 천하를 이끌어 부모가 없고 임금도 없는無父無君 지경에 이르게 하니, 전공하여 정밀해지려 하면 해됨이 심하다.〈주자〉

- 攻공은 工(장인 공)+攵(칠 복)의 회의자로 땅을 세차게 내리치는 도구工로 치다, 공격하다, 다듬다, 책망하다, 견고하다, 치료하다, 짓다 등으로 쓰인다. **범조우**: 攻은 오로지 그것만 다루는 것專治이다. 그래서 나무, 돌, 쇠, 옥 등을 전문적으로 다루는 작업治木石金玉之工을 일러 功이라 한다.

- 異이는 田(밭 전)+共(함께 공)의 상형자로 얼굴에 기이한 가면을 쓰고 기이한 행동을 하는 것으로 다르다, 기이하다, 괴이하다, 특별하다의 의미이다.

- 端단은 立(설 립)+耑(시초 단)가 결합한 형성자로 시초나 끝 혹은 단정하다는 뜻으로 쓰인다. **다산**: 端이란 실마리緖이다. 이단異端은 선왕의 통서統緖를 잇지 아니하는 것을 두고 말한다.

- 害해는 宀(집 면)+丰(예쁠 봉: 흉기)+口(입 구)의 회의자인데, 집안에 어지러운 말다툼이 일어나고 있음을 뜻하는 글자로 본래의 의미는 '상해를 입히다'이다.

2.17 子曰 由아 誨女知之乎인저 知之爲知之요
　　자왈유　회여지지호　　지지위지지
不知爲不知가 是知也니라
　부지위부지　　　시지야

공자께서 말씀하셨다. "유由야, 너女에게 안다는 것知之이 무엇인지 가르쳐 주겠다誨女知之乎! 아는 것知之을 안다知之고 하고爲, 모르는 것不知을 모른다고 하는 것爲不知, 이것是이 아는 것이다知也."

앎의 도리

진정한 앎이란 자신의 알지 못하고 있다고 하는 무지의 자각無知之知에서 출발한다. 소크라테스─플라톤에서 유래한 이른바 '철학philosophy'이란 단순한 지식의 소유가 아니라 지혜사랑愛知을 말한다. 지혜사랑은 알지 못함 혹은 지혜의 결여를 자각하는 데서 출발하여 끊임없는 자기계발, 즉 '완전한 정신을 향한, 불안전한 정신의 자기초월적 귀향편력歸鄕遍歷'이라고 할 수 있다. 성경聖經에서도 다음과 같이 말했다.

> 내 형제들아 무엇보다도 맹세하지 말지니, 오직 그런 것은 그렇다고 말하고, 그렇지 않은 것은 그렇지 않다고 말하라. 그렇게 하지 않으면 너희가 정죄를 받을 것이다. ─ 야고보서, 5.12

서양 고대철학이 '무지의 자각에서 진정한 앎이 시작한다'는 격률에서 출발했듯이, 동양의 삼교(유, 불, 도) 또한 무엇보다도 겸손과 비움을 그 생명으로 한다고 할 수 있다. 이런 점에서 실증과학이 실험과 관찰을 통해 새로운 지식을 축적하는 것이라고 한다면, 철학은 아집과 고집 등을 덜어내는 부정성否定性의 학문이라고 할 수 있다.

한자 해설

- 誨회는 言(말씀 언)＋每(매양 매←비녀를 꽂은 여성으로 어머니)의 형성자로 어머니의 말씀으로 가르침을 뜻한다. 『시경』「탕아」편에 "가르칠 수도 깨우칠 수도 없는 것은 저 부녀자와 내시일세匪敎匪誨 時惟婦寺"라는 구절이 보인다. 가르치다, 인도하다, 보이다, 유인하다, 회개하다, 간언諫言하는 말 등으로 쓰인다.

- 知지는 口(입 구)＋矢(화살 시)의 형성자로 화살矢이 과녁을 꿰뚫듯 상황을 날카롭게 판단하고 의중을 정확하게 꿰뚫어 말口할 수 있는 능력이 지식에서 나오는 것을 그렸다. 『설문』에서는 '지知'에 대해, 그 뜻은 '사詞'이고 글자의 모양은 구口와 시矢로 이루어졌다고 풀이하였다. 인정

하다知我者其天乎, 깨닫다而終不自知, 변별하다以寒暑日月晝夜知之, 기억
함父母之年 不可不知也, 듣다不知其以匿之也, 보아서 앎文侯不悅 知於顏色,
다스리다子產其將知政矣, 알리다風流御史報人知, 지식淮南太史公者 其多知
與, 지자智者擇不處仁 焉得知, 지능草木有生而無知, 짝樂子之無知, 슬기好學
近乎知 등으로 쓰인다.

2.18 子張이 學干祿한대 子曰 多聞闕疑요 愼言其餘則寡尤며
　　자 장　 학 간 록　　자 왈 다 문 궐 의　　신 언 기 여 즉 과 우

多見闕殆요 愼行其餘則寡悔니 言寡尤하며
다 견 궐 태　 신 행 기 여 즉 과 회　　언 과 우

行寡悔면 祿在其中矣니라
행 과 회　 녹 재 기 중 의

자장子張이 녹봉을 구하는 방법干祿에 대해 배우고자學 하니, 공자께서
말씀하셨다. "많이 듣되多聞 의심스러운 것은 빼고闕疑, 그 나머지其餘는
신중히 말하면愼言則 허물이 적을 것이다寡尤. 많이 보되多見 위태로운
것은 빼고闕殆, 그 나머지其餘는 신중히 행동하면愼行則 후회할 것이 적
을 것寡悔이다. 말言에서 허물어 적고寡尤 행동行에서 후회할 것이 적으
면寡悔, 봉록祿은 그 가운데其中 있게 될 것이다在矣!"

　세속적으로 관리가 되어 녹록을 얻는 방법에 대해 배우고자 하는 제자
에게 공자는 견문을 넓히고 정밀히 선택하여 의심스런 것은 빼고 언행을
조심하면 봉록은 저절로 얻을 수 있다고 말했다. 여기서 공자의 대답은
곧 학문, 즉 "널리 배우고, 자세히 묻고, 신중하게 사려하고, 밝게 분별
하여, 돈독하게 실천하면 봉록은 그 결과로 얻을 수 있다"는 말로 해석
된다.
　무엇을 자기 것으로 만드는 데에는 두 가지 방법이 있고 말한다. 하나
는 그 무엇을 취득하는 것이고, 다른 하나는 그 무엇을 취득하는 방법을

터득하는 것이다. 전자가 소유라고 한다면 후자는 학문이라고 할 수 있는데, 공자는 후자를 제시해 주고 있다. 이 구절은 인구에 자주 회자되는『탈무드』의 다음 언명에 대한 공자적인 대답이라고 할 수 있다. "물고기 한 마리를 주면 하루를 살게 해줄 수 있지만, 물고기 잡는 방법을 가르쳐주면 평생토록 살 수 있게 해 줄 수 있다."

한자 해설

- 干간은 방패를 쥔 모양을 그린 상형자로 干을 들고 돌진하므로 침범하다의 뜻이다. 방패干戈, 범하다干犯, 연루되다不干我事, 추구하다干進, 물가江干, 건조하다干柴, 텅 비다外強中干, 친족 관계干弟兄, 헛되이干打雷不下雨, 근간(=幹). **주자**: 干은 구하는 것이다.
- 聞문은 門(문 문)+耳(귀 이)의 회의자로 문밖에서 나는 소리를 듣는다는 의미에서 듣다나 소식을 뜻한다. **다산**: 듣는다聞는 것은 스승과 친구에게서 얻은 것을 말하고, 본다見는 것은 서적에서 얻는 것을 말한다.
- 闕궐은 門(문 문)+欮(그 궐)의 형성자로 모자라다, 비다空의 뜻이다. **다산**: 闕은 비워 놓는다空는 것이다(문門에 문짝이 없어, 가운데가 텅 비어闕然 길이 되어 있는 것을 궐闕이라 한다).
- 祿록은 示(보일 시)+彔(마무 깎을 록)의 형성자로 제사를 지냄으로써 신이 나에게 복을 내려준다祿는 의미였지만, 후에 관리의 '봉급'을 뜻하게 되었다. **주자**: 祿은 벼슬하는 자가 받는 봉급이다.
- 多다는 肉(고기 육) 자를 겹쳐 그린 것이다. 고기가 쌓여있는 모습에서 '많다'라는 뜻이 나왔다.
- 疑의는 匕(비수 비)+矢+疋(발 소)의 회의자이만, 본래 지팡이를 짚고 고개를 돌린 사람을 나타내어 머뭇거리거나 주저하는 모습으로 '헷갈리다'나 '의심하다'의 뜻이 파생되었다.
- 愼신은 心(마음 심)+眞(참 진: 신에게 바칠 음식을 정성스럽게 준비했다)의 회의자로 삼가 조심하여 신에게 제물을 바친다는 의미이다.
- 餘여는 食(밥 식)+余(나 여)의 형성자로 '음식이 남다'에서 '여분'이나 '남

다'라는 뜻으로 쓰인다.

- 尤우는 끝을 一일로 고정固定시키고 반대反對 쪽을 잡고 구부리는 모양으로, 뻗어나가지 못하고 가로막혀 어떻게 할 수 없음, 허물과 원망, '탓하다'는 뜻이 나왔다. 더욱, 오히려, 허물, 원한, 탓하다, 원망하다, 힐책하다 등으로 쓰인다.
- 寡과는 宀(집 면)+夏(여름 하)의 상형자로 남편 없이 집안에 홀로 앉아있는 노인(과부寡婦)을 나타낸다. '환과고독鰥寡孤獨'에서는 나이 들어 남편이 없는 과부寡婦, 임금이 자신을 낮추어 부르는 과인寡人(寡德之人) 등으로 쓰인다.
- 悔회는 心(마음 심)과 每(매양 매)의 회의자로 어머니의 은혜에 보답하지 못한 것에 대한 후회를 표현한 글자이다.

2.19 哀公이 問曰 何爲則民服이니잇고
애 공　　문 왈 하 위 즉 민 복

孔子對曰 擧直錯諸枉則民服하고 擧枉錯諸直則民不服이니이다
공 자 대 왈 거 직 조 저 왕 즉 민 복　　거 왕 조 저 직 즉 민 불 복

애공哀公이 질문問하여 말했다曰. "어떻게 하면何爲則 백성民들이 복종服하겠습니까?" 공자께서 대답하셨다. "곧은 이를 천거擧直하여 쓰고 여러 굽은 이들諸(=衆)枉들을(굽은 이들의 자리에諸=之於) 버려두면錯則(=사치捨置: 혹은 조치措置) 백성들民이 복종服할 것입니다. 굽은 이를 천거擧枉하여 쓰고 여러 곧은 이를 버려두면錯諸直則(여러 곧은 이의 자리에 조치하면) 백성民들이 복종하지 않을 것不服입니다."

곧은 자를 좋아하고 굽은 자를 미워하는 것은 천하의 지극한 정이니, 이것에 따르면 복종하고 거스르면 떠나는 것은 필연의 이치이다. 그러나 혹 도로써 비춰 보지 않으면 정직한 것을 굽은 것이라 여기고, 굽은 것을 곧은 것이라고 여기는 경우가 많다. 이 때문에 군자는 경건함에 기거함居敬을 크게

여기고 이치탐구窮理를 귀하게 여기는 것이다. 〈**사량좌**謝良佐, 1050~1103〉

- 服복은 月(달 월←舟)＋卩(병부 절)＋又(또 우)의 회의자로 무릎을 꿇은 사람卩을 이끌어又 배舟에 태우는 모습으로 '복종시키다'는 뜻이었지만, 후에 '의복'이라는 뜻이 파생되었다. 의복被服, 옷을 입다非先王之法服不敢服, 일용품正都禮與其服, 따르다服從, 두려워하다鳥力勝日而服於雛, 항복하다敵已服矣, 뜻을 굽히다服約, 합당함五刑有服, 약을 먹다今更服丸藥, 직책無替厥服, 생각하다服念, 행하다服行, 차다服劍, 쓰다放牛于桃林之野 示天下弗服, 수레를 끄는 말兩服上襄 兩驂雁行, 일共武之服, 구역弼成五服, 다스리다服之無斁, 전동象弭魚服 등으로 쓰인다. **다산**: 服은 마음으로 복종하는 것心伏이다.

- 擧거는 手(손 수)＋舁(마주들 여)의 형성자로 손手으로 드는舁 것, 등용을 말한다. **다산**: 擧는 들어 올리는 것擡이다.

- 錯착(조)는 金(쇠 금)＋昔(옛 석)의 형성자로 본래 금속이나 도자기 겉면에 재료를 끼워 장식한다象嵌는 뜻이었다. 후에 '어긋나다'나 '어지럽다'라는 뜻을 갖게 되었다. 섞이다魍魎錯薪, 어지러워지다殷旣錯天命, 갈마들다譬如四時之錯行, 무늬約軧錯衡, 숫돌錫貢磬錯, 금도금, 무늬를 놓다錯臂左袵, 그대로 둠刑逐罰, 간직하다措, 시행하다禮義有所錯, 버리다(조)는 뜻으로 쓰인다. **주자**: 錯는 버리고 쓰지 않는다捨置는 뜻이다. **다산**: 錯는 안치安置하는 것이다. 錯이란 기물을 땅에 자리를 정해 갖다놓는 것으로 둔다置로 풀이하면 괜찮지만, 그만 두게 한다(廢置: 폐하여 내버린다)는 것은 어디에 근거한 것인가?

- 對대는 丵(풀무성할 착)＋寸(마디 촌)의 회의자이다. 丵은 갑골문에 여러 개의 초가 꽂힌 긴 촛대를 들고 있는 모습으로 불을 밝혀 누군가를 마주한다는 의미에서 대하다는 뜻을 갖게 되었다.

- 直직은 目(눈 목)＋十(열 십)＋乚(숨을 은)의 회의자로 열개의 눈으로 숨어 있는乚 것을 바르게 볼 수 있다는 뜻을 합하여 바르다, 곧다는 뜻을 지

98

니게 되었다. 갑골문에 目눈 위에 세로획이 곧게 그려진 모습으로, 세로획은 곧은 시선을 상징한다. '똑바로 보다'가 원래 뜻이고, 이로부터 곧다, 정직正直하다, 합리적이다, 직접, 있는 그대로 등의 뜻이 나왔다. **다산**: 直은 올바른 사람正人을 말한다.

- 諸제는 言(말씀 언)+者(놈 자)의 형성자로 글자의 조합과는 관계없이 '이'나 '저'와 같은 대명사나 '~에'나 '~에서'와 같은 어조사로 쓰이고 있다. 처소격으로 지우之于 혹은 지어之於의 줄임말로 쓰일 때는 '저'로 읽는다. **주자**: 諸는 많다衆는 뜻이다. **다산**: 諸는 어조사이다.
- 枉왕은 木(나무 목)+王(임금 왕←㞷의 생략형: 대, 버들 따위의 굽은 것)의 형성자로 나무의 굽음에서 왜곡이란 의미이다. **다산**: 枉은 어질지 않은 사람不賢者을 말한다.

2.20 季康子問使民敬忠以勸하되 如之何니잇고
계 강 자 문 사 민 경 충 이 권　　여 지 하

子曰 臨之以莊則敬하고 孝慈則忠하고 擧善而敎不能則勸이니라
자 왈 임 지 이 장 즉 경　　효 자 즉 충　　거 선 이 교 불 능 즉 권

계강자季康子가 물었다問. "백성으로 하여금使民 공경敬과 충성으로忠以 권면勸하려면 어떻게 해야 합니까如之何?" 공자께서 말씀하셨다. "백성들에게 장엄莊하게 임하면臨之則 공경敬할 것이며, (부모에게) 효도孝하고 (뭇 사람에게) 자애를 베풀면慈 충성忠할 것이며, 선한 이를 천거하여擧善而 (선할) 능력 없는 자不能를 가르치면敎則 권면勸될 것입니다."

한자 해설
- 使사는 人(사람인)+吏(관리 사)의 회의자로, 관리吏에게 일을 맡겨 시키는 것, 부리다로 쓰인다.
- 勸권은 藿(황새 관)+力(힘 력)의 형성자로 남에게 무언가를 권유하거나 권장하다, 가르치다, 인도하다, 돕다, 권고, 권면 등으로 쓰인다. **다산**:

勸은 백성들이 자연히 흥기하여 도덕과 기예德藝에 나아가도록 하는 것을 말한다.

- 臨임은 臣(신하 신)＋品(물건 품)의 회의자로 허리를 굽혀 아래의 세 개의 술잔을 살피는 사람을 나타내어, 높은 곳에서 아래를 살피다, 감시監視하다, 임전하다는 뜻이다.

- 莊장은 艸(풀 초)＋壯(씩씩할 장)의 형성자로 풀이 씩씩하게 자라난다는 뜻으로 '장중하다'나 영토, 별장과 같은 뜻으로 쓰인다. **주자**: 莊은 용모容貌가 단정하고 엄숙한 것端嚴을 말한다. **다산**: 莊을 엄嚴으로 풀이하지만, 단정하고 장중한 것端莊은 엄하고 사나운 것嚴猛과는 다르다.

- 敬경은 苟(진실로 구)＋攵(칠 복)의 회의자로 '진실하도록 하다'라는 뜻이다.

- 慈자는 心(마음 심)＋茲(이 자)의 형성자인데, '茲'란 실타래가 드리워진 모습을 그린 것으로 '무성하다'라는 뜻을 갖고 있다. 이렇게 무성함을 뜻하는 茲자에 心자가 더해진 慈자는 '무성한 마음'이라는 뜻으로 모든 것을 포용하면서도 만인에게 베푸는 사랑을 말한다. 어머니의 비유로도 쓰인다慈堂.

- 忠충은『설문』에서 "공경함이다忠敬也, 심心자를 따르며, 중中이 성부를 이룬다從心 中聲"고 하였다. 단옥재段玉裁의 주注에서는 '중中'이란 '외부外와 구별되는 말이며, 치우침偏과도 구별되며, 또한 마땅함에 부합合宜하는 말이다.'라고 했다. 이러한 전거들은 충忠이 중中과 결부하여 중정中正, 사사로움이 없음無私의 함의를 지닌다는 사실을 알려준다. 그리고 충은 갖추고 있는 '중中'이 마음 가운데에서 발동하며 중정무사中正無私하다는 함의를 지니고, 나아가 자신의 최선을 다함盡心竭己이라는 의미로 확장되었다. **주자**: 忠이란 자신의 최선을 다함을 말한다.

- 善선은『설문』에 "길吉한 것이다. 두 개의 언言言자과 양羊이 합쳐진 것으로 의義 및 미美와 뜻이 같다."고 했다. 즉 선善에서 두 개의 언言言자는 말을 뜻에게 서약하고 서로 논쟁한다는 의미이고, 양羊은 죄인을 심판할 때 쓰던 양으로 서로 논쟁하는 두 사람 사이에서 각각의

주장에 대해 시비곡직是非曲直을 신神을 대신하여 심판하는 것으로부터 길상吉祥함과 훌륭함을 의미했다. 어쨌든 선이란 길상한 것으로 의롭고義 아름다운 것美이라는 의미를 함께 지닌다. 그리고 여기서 양羊은 양의 머리를 쓴 절대자羊人爲美를 상징한다고 할 수 있다. 착하다, 선행善行, 좋은 일, 선하다, 훌륭하다, 좋아하다, 능력 있다 등의 의미로 쓰인다. 착하다善一善言 見一善行, 좋다(아름답다, 훌륭하다, 상서롭다, 상쾌하다, 긴밀하다, 솜씨가 좋다), 좋아하다施民所善, 잘하다惟截截善諞言, 알맞게(교묘하게, 가락 맞게, 크게, 자주)하다. 좋은求善賈而沽諸, 많다(풍성하다: 善歲), 닦다善刀, 선인禁姦擧善, 선행積善之家, 좋다고 하다, 착하게 하다, 다스리다窮則獨善其身, 성공善敗, 소중히 여기다善日者王 善時者霸. **다산**: 善은 어질고 능력 있음賢能이다.

2.21 或謂孔子曰 子는 奚不爲政이시니잇고
혹 위 공 자 왈 자   해 불 위 정

子曰 書云 孝乎인저 惟孝하며 友于兄弟하여
자 왈 서 운 효 호   유 효   우 우 형 제

施於有政이라하니 是亦爲政이니 奚其爲爲政이리오
시 어 유 정   시 역 위 정   해 기 위 위 정

어떤 사람或이 공자孔子께 일컬어謂 말하였다曰. "선생님子께서는 어찌하여奚 정치政를 하지 않으십니까不爲?" 공자께서 말씀하였다. "『서書』에서 효孝에 관한 말하길云乎, '오직 효도하고惟孝, 형제간에于兄弟 우애友하여 정치에於有政 베푼施다.'고 하였으니, 이是 또한亦 정치를 하는 것爲政이다. 어찌奚 (반드시) 그 (벼슬하여 실제 행정을) 하는 것其爲만을 정치한다爲政고 하겠는가?"

가족윤리와 정치

공자는 일차적이고 가장 친근한 가족의 윤리에서 요구되는 어버이와

의 친함(親親: 孝)과 형을 공경함(從兄: 弟)이 점차 확장되어 사회-국가(事君敬長: 임금을 섬기고 웃어른을 공경함), 심지어 만물에 이르기까지 두로 달통하는 윤리적 덕목이라고 말한다. 그래서 유가는 정치철학에서 군주를 백성의 부모로, 백성을 군주의 자식으로 자주 비유·묘사하였다. 그렇다면 유가에서는 가족, 국가, 천하, 그리고 심지어 만물마저도 모두가 하나의 가족이거나 그 연장이며, 가족 윤리인 효제가 천하 만물 모두에 누루 통용된다고 말할 수 있다.

> '국國'과 '가家' 두 자는 언제나 함께 '국가國家'라 일컬어지며 나누어 지지 않는다. 제가齊家를 했으면 이제 한 걸음 나아가 치국治國을 말할 수 있다. 대개 제가齊家는 만물을 완성시키는 시작이요, 대중을 다스리는 발단이 되는 것이다. 그러므로 치국治國-평천하平天下라는 것은 모두 다 제가齊家를 확대한 것이다. - **『중국철학의 인간학적 이해』**※

유교의 원리에 따르면, 국가는 가족의 확장형이다. 그래서 맹자는 인륜의 극치로서 성인의 대명사인 요순의 도道 역시 '효제'에 지나지 않는다고 주장하였다孟子曰 堯舜之道 孝弟而已矣(『맹자』「고자」하편 2). 따라서 집안에서 효제를 잘 하는 것이 바로 정치를 시행하는 것이다. 실제로 벼슬하여 행정을 베푸는 것은 오직 명命에 달려 있을 뿐이라고 하겠다.

한자 해설
• 或혹은 戈(창 과)+口(입 구→성벽)+一(한 일: 경계선)의 회의자로 창을 들고 성城을 지킨다는 뜻이지만, 혹 모를 적의 침입을 대비한다는 의미가 확대되면서 '혹시'나 '만약'이라는 뜻으로 가차되었다.
• 奚해는 爪(손톱 조)+幺(작을 요)+大(큰 대)의 회의자인데, 가차되어 '어찌'

※『중국철학의 인간학적 이해』, 陳효夫(정인재 역), 민지사, 1986, 310~311쪽.

라는 의문사로 쓰인다.

- 政정은 攵(칠 복)+正(바를 정)의 형성자로 회초리(攵: 합법적 물리력, 공권력)로 쳐가며 바르게正 되게 하는(바로잡음) 것, 즉 공권력을 행사하여 정의正義를 구현하는 것이 정치이며, 정사임을 나타낸다. 정사夫子至於是邦也 必聞其政, 정권天下有道 則政不在大夫, 정책政寬則民慢, 금령道之以政, 직책棄政而役, 사무, 정사를 행하는 사람均五政, 바루다寬以政之, 정벌하다臨衛政殷. **다산:** 위정爲政이란 한 나라의 정사를 전담하여 주재하는 것專主一國之政을 말하고, 유정有政은 여러 관원들이 분담하는 정치를 말한다.

- 書서는 聿(붓 율)+曰(가로 왈)의 회의자로 손에 붓을 쥐고 있는 모습에 '말씀'을 뜻하는 曰 자가 더해져 말을 글로 적어낸다는 뜻이다. 서사書寫하다, 기록하다, 글, 서체書體, 서적書籍, 그리고 『서경』이란 책의 이름으로 쓰인다.

- 孝효는 耂(늙을 노)+子(아들 자)의 회의자로 아들이 노인을 등에 업고 있는 것을 나타낸다. 어른을 모시고 함께하는 것이 효孝의 근본이라는 것을 나타낸다.

- 友우는 갑골문에 又(또 우)자가 나란히 그려져 있는데, 친한 벗과 손을 맞잡고 있는 모습을 표현한 것이다. **주자:** 형제간에 잘하는 것善兄弟을 우애友라 한다.

- 兄형은 儿(어진사람 인)+口(입 구)의 회의자로 하늘을 향해 입을 크게 벌리고 제사를 주관하는 사람으로, 형이나 맏이라는 뜻이다.

- 施시(이)는 㫃(=旗: 깃발 기)+也(어조사 야)의 형성자로 깃발을 중심으로 사람을 모아놓고 정령을 공포하는 것에서 시행施行하다, 주다, 보시普施, 베풀다 등의 뜻이 나왔다. 연장하다(이급삼왕施及三王), 흩뿌리다(운행우이雲行雨施), 미치다 혹은 만연하다(갈지담혜葛之覃兮 이우중곡施于中谷)고 할 때는 '이'로 읽는다. **다산:** 施이는 뻗어나가는 것이다.

2.22 子曰 人而無信이면 不知其可也케라 大車無輗하며 小車無軏이면
　　　 자 왈 인 이 무 신　　　부 지 기 가 야　　　대 거 무 예　　　소 거 무 월

其何以行之哉리오
기 하 이 행 지 재

공자께서 말씀하셨다. "사람으로서人而 신의가 없으면無信 그其가 행세
할 수 있을지可 알지 못하겠다不知也. 큰 수레大車에 (소와 연결하는 끌
채의 멍에를 고정시키는) 비녀장이 없고無輗, 작은 수레에 (말과 연결하
는 끌채의 멍에를 고정시키는) 비녀장이 없으면無軏, 그 수레其를 무엇으
로何以 끌고 갈 것인가行之哉?"

수레와 소는 본래 두 가지 사물二物로서 그 본체는 각각 별개의 것으로 서
로 연접 연결되지 않는다. 오직 예輗와 월軏로 단단하게 묶어 연결한 뒤에
야 수레와 소가 일체가 되어 소가 가면 수레 또한 가니 신의에 비유한 것
이다. 나와 다른 사람은 본래 두 사람이지만 신의로 단단히 결속되지 않으
면 또한 갈 수 없다. 〈다산〉

한자 해설
주자: 큰 수레大車는 평지에서 짐을 싣는 수레이고, 예輗는 수레 채轅의
끝에 가로지른 나무이니, 멍에를 묶어서 소에게 매는 것이다. 작은 수
레小車에는 밭에서 쓰는 쟁기田車, 군사용 수레兵車, 사람을 태우는 수
레乘車 등이 있고, 월軏은 수레 채轅 끝의 위로 굽은 것으로 채 끝에 멍
에衡를 걸어 말에 매는 것이다.

다산: 대거大車는 소가 끄는 수레牛車이다. 소거小車는 네 필의 말이 끄는
수레駟馬車이다. 예輗는 끌채 끝에 가로 댄 나무로 멍에를 묶는 것이
다. 월軏은 끌채 끝에 위로 고부라진 멍에 걸이이다.

• 人인은 갑골문에서 서 있는 사람의 측면 모습을 그렸다. 『설문』에서는
'천지의 성정 중에 가장 귀한 존재가 인人이다.'고 했다. <u>사람 그 자체</u>,
혹은 다양한 인칭을 구성한다.

• 信신은 "가치상 추구할 만한 것을 일러 선(좋음)이라고 하고, 이러한 선

을 자기 안에 지니고 있는 것을 일러 신信이라고 한다"(『맹자』)라고 했듯이, 신信이란 도덕적으로 선한 본성仁義禮智을 지니고 그 본성을 실현하기 위해 신실하게 노력하는 것을 말한다.

- 輗예는 車(수레 거)+兒(아이 아)의 형성자로 큰 수레를 끄는 끌채(멍에를 매는 부분)의 끝 쐐기(물건들의 사이를 벌리는 데 쓰는 물건), 수레의 이름, 장애가 되다 등으로 쓰인다.

- 軏월은 車(수레 거)+兀(우뚝할 올: 儿에 가로획一을 더해 서 있는 사람의 머리 부분을 나타낸다)의 형성자로 작은 수레를 끄는 끌채의 비녀장(멍에를 매는 끝부분), 수레의 쐐기(수레의 끌채 맨 끝의 가로 댄 나무를 고정하는 쐐기)로 쓰인다.

2.23 子張이 問十世를 可知也잇가
자 장 문 십 세 가 지 야

子曰 殷因於夏禮하니 所損益을 可知也며 周因於殷禮하니
자 왈 은 인 어 하 례 소 손 익 가 지 야 주 인 어 은 례

所損益을 可知也니 其或繼周者면 雖百世라도 可知也니라
소 손 익 가 지 야 기 혹 계 주 자 수 백 세 가 지 야

자장子張이 물었다問. "(앞으로) 열 왕조의 일十世을 알 수 있겠습니까可知也?" 공자께서 말씀하셨다. "은殷나라는 하나라의 예를於夏禮 인습因하였으니, 덜고 더한 것所損益을 알 수 있다可知也. 즉周나라는 은나라의 예를於殷禮 인습因하였으니 덜고 더한 바所損益를 알 수 있다可知也. 그것其이 혹或 주나라를 계승한 나라繼周者라면, 비록雖 백 왕조百世 뒤의 일이라도 알 수 있을 것이다可知也."

하나라의 예는 아직 완전히 선하지 않았기未盡善 때문에 은나라는 비록 그것을 인습했지만, 덜고 더한 것이 있었다. 은나라의 예도 오히려 아직 완전히 선하지 않기 때문에 주나라가 비록 그것을 인습했지만, 또한 덜고 더한 것이 있었다. 전장典章과 법도法度는 주나라에 이르러 크게 갖추어 졌

으니, 진선진미盡善盡美하여 덜고 더할 것이 없다. 왕자王者가 일어나 반드시 주나라 예를 한결같이 따른다면 비록 백세가 지나도 변하지 않을 것이다. 그러므로 '그 혹 주나라를 잇는다면 비록 백세라도 알 수 있다.'고 하였다. 만약 왕자가 일어나지 않아, (전장과 법도가) 난잡하고 망작妄作하여 전혀 일정한 준칙이 없다면 그 변질을 알 수 없을 것이다. 〈다산〉

- 世세는 10을 상징하는 세 가닥의 줄을 이어놓은 모습으로 30─卅년을 뜻한다. 세상世, 세계世界, 왕조의 의미로 확장되었다. **주자**: 왕이 성을 바꾸고 천명을 받는 것易姓受命을 일세─世라고 한다.
- 夏하는 頁(머리 혈)+夂(뒤쳐져올 치)의 회의자로 금문에서는 크게 키워 그린 얼굴(頁: 제사장)에 두 팔과 두 발夂이 그려진 사람(율동)의 모습, 즉 분장을 한 제사장이 기우제祈雨祭를 지내는 모습을 나타냈다. 춤이 원래 뜻이고, 기우제는 신을 즐겁게 하기 위해 성대盛大한 춤이 필요하기에 '성대하다', 그리고 '중국인이 자기 민족을 부르는 이름'이 되었다. 또 기우제는 주로 여름에 지내기 때문에 '여름'을 뜻하게 되었다. 여름, 한족의 자칭(중국), 우왕이 세운 왕조이름, 나라이름, 우임금의 음악을 뜻한다.
- 殷은 중국고대 하나라 다음의 왕조이다. 수도首都의 이름에 따라 상商나라라고 했다. 사료가 발견된 역사상 최초의 왕조王朝이다. 갑골로 점을 쳐서 그 결과에 따라 정치를 시행한 청동기 문화를 이룩했다. 은殷자는 身자를 뒤집어 놓은 왼쪽 변에 殳(창 수)의 회의자로, 몸을 돌려가면 창殳을 들고 춤을 추는 것을 것으로 성대한 음악을 상징했다. 성대한 음악, 크다, 많다, 부유하다, 가운데에 있다, 은나라, 근심하다, 천둥소리, 적흑색 등의 뜻이 있다.
- 禮예는 示(보일 시)+豊(풍성할 풍)의 형성자로 옥과 북 등을 동원해豊 경건하게 신을 모시던 제사示 행위를 말한 것으로부터 예도禮度, 예절禮節 등의 의미가 나왔다. **다산**: 예란 제례祭禮이다. 시示는 신神이고, 곡

曲이란 대 그릇竹器이며, 두豆란 나무 그릇木器이다. 신시의 곁神示之傍에 변두籩豆·궤조簋俎를 진설한 것이 제례가 아닌가? 그러므로 「요전」에서 말하길, "길례吉禮를 오례五禮의 으뜸으로 삼고, 흉凶·빈賓·군軍·가嘉를 차명하여 禮라 말한 것은 그 승강升降·배읍拜揖·사양辭讓·진퇴進退의 절차가 제례와 같기 때문이다." 禮란 한 왕조의 전장典章과 법도法道이다.

- 周주는 은나라를 멸하고 일어난 중국 고대왕조로서 기원전 770년경에 만족蠻族의 침입을 피避하여 호경鎬京에서 동처東遷하여 낙읍洛邑을 수도하였는데, 천도 이전을 서주西周, 이후를 동주東周라 한다.

- 因인은 囗(에운담 위)+大(큰 대)의 회의자로 본래 침대에 누워있는 사람을 그린 것으로 본래 의미는 '자리'였다. 후에 '인하다'나 '말미암다'와 같이 어떠한 원인과 이유를 뜻하게 되었다. **다산**: 因은 근거하고仍也 계승하는 것襲也이다.

- 損손은 手(손 수)+員(수효 원)의 형성자로 손手으로 들어내어 줄이는 것을 말한다.

- 益익은 水(물 수)+皿(그릇 명)의 회의자로 물이 그릇에서 넘치는 모습(溢: 넘칠 일)으로 더하다는 뜻이다.

- 繼계는 糸(가는 실 사)+𢇍(이을 계: 여러 개의 실타래가 이어져 있는 모습)의 형성자로 '잇다'는 뜻이다. 칼刀로 실糸을 끊는 모습을 그린 斷(끊을 단)의 반대이다.

2.24 子曰 非其鬼而祭之諂也요 見義不爲無勇也니라
자 왈 비 기 귀 이 제 지 첨 야   견 의 불 위 무 용 야

공자께서 말씀하셨다. "그 마땅히 제사 지낼 귀신其鬼이 아닌데도非而 제사를 지내는 것祭之은 아첨하여 극하는 것諂也이다. 의로움을 보고도見義 행하지 않는 것不爲은 용기가 없는 것이다無勇也."

마땅히 제사 지내지 말아야 하는데도 제사 지내는 것은 아부하려는 것일 뿐이고, 마땅히 해야 하는데도 하지 않는 것은 나약함 때문임을 알 수 있다. 하나는 지나친 것過이고, 하나는 미치지 못하는 것不及이다.

공자께서 번지에서 알려주시길, "사람의 의로움에 힘쓰고, 귀신을 공경하되 멀리하라"(6.22)고 하였으니, 무릇 진실로 귀신에 대해서는 멀리해야 할 것임을 알고, 의로움에 대해서는 힘써야 할 것임을 안다면, 아마도 마땅히 제사지내지 말아야 할 것을 제사지내거나 마땅히 해야 할 바를 하지 않는 데 이르지는 않게 될 것이다. 〈**임제 오씨**오징吳澄, 1249~1333〉

한자 해설

- 鬼귀는 무시무시한 머리를 한 사람의 형상으로 죽은 사람의 혼魂을 뜻한다. 재앙이나 역병을 상징하는 부정적인 의미, 두려워하고 무서워해야 할 위대한 존재를 의미한다. **정현:** 인신人神은 귀鬼라고 한다. **주자:** '비기귀非其鬼'란 그가 마땅히 제사 지낼 귀신이 아니라는 것을 말한다.

- 祭제는 月(고기 육)+又(또 우)+示(보일 시)의 회의자로 신에게 바치는 고기에 술을 손으로 뿌려 깨끗이 하고 있는 모양으로 제사祭祀를 말한다.

- 諂첨은 言(말씀 언)+名(함→첨)의 형성자로 말을로 빠지게 하는 아첨을 나타낸다. 아첨하다, 비위를 맞추다, 사특하다는 의미이다. **주자:** 諂은 아부하여 구하는 것求媚이다.

- 義의는 '양羊'과 '아我(手+戈)'자의 회의자로 톱날이 있는 칼我로 희생물羊을 잡아 신神들이 흠향할 수 있도록 알맞게 잘 다듬어 놓은 것으로, 알맞다, 적당하다, 마땅하다는 의미를 지닌다. 그리고 '양을 잡아서 고기를 나눈 것分'이란 의미에서 확대되어, '분배分配한 것이 이치에 알맞음(의리義理)'이라는 뜻으로 발전했다. 또한 이렇게 분배적 정의를 나타내는 의義는 '공公'과 같은 의미를 지니면서 '공평한 분배(공분公分)'라는 의미가 포함되었다.

- 勇용은 甬(길 용: 고리가 달린 종)+力(힘 력)의 회의자로 무거운 쇠종을 들 수 있는 정도의 힘과 용기, 결단력을 뜻한다.

앞편은 정치爲政을 논했다. 정치를 하는 데 가장 좋은 것은 예악禮樂보다 더 좋은 것이 없다. 예禮로써 윗사람을 편안하게 하고 백성을 다스리며, 악樂으로 풍속을 변역시키니, 예악을 얻으면 편안하고, 예악을 잃으면 위태로워진다. 그러므로 이편은 예악의 득실은 논하였다.〈형병〉

모두 26장이다. 앞편 끝의 2장과 통하며, 모두 예악의 일을 논하였다.〈주자〉

3.1

孔子謂季氏하시되 八佾로 舞於庭하니 是可忍也온 孰不可忍也리오
공 자 위 계 씨　　　팔 일　무 어 정　　　시 가 인 야　　숙 불 가 인 야

공자孔子께서 계씨季氏를 평評하셨다. "팔일八佾로 (그의) 뜰에서於庭 춤
추게舞 하니, 이런 (참람한) 일是을 차마 하니可忍也(감히 하니: 敢忍), 무슨
일孰인들 차마 하지 않겠는가不可忍也(감히 하지 않겠는가)?"

계씨는 대부로 천자의 예악을 참용하니, 공자께서 "그가 이런 일을 오히려
차마 한다면 무슨 일이든 차마 하지 못하겠는가?"라고 말했다. 〈주자〉

악무樂舞의 숫자는 위에서 아래로 두 줄씩 감해 내려올 따름이다. 따라서
두 줄 사이에는 털끝만큼도 참람되게 어긋나서는 안 된다. 공자께서 정치
를 행하면 먼저 예악을 바로 잡았을 것이니, 계씨의 죄는 죽임을 면치 못
할 것이다. 〈범조우范祖禹, 1041~1089〉

한자 해설

- 佾일은 人(사람 인)+育(떨릴 홀)의 형성자로 춤의 열을 말한다. **주자**: 佾은
  춤의 열舞列이다. 천자의 춤은 8열이고, 제후는 6열, 대부는 4열, 사士
  는 2열이다. 매 열마다 사람 수는 그 열의 수와 같다. 어떤 사람은 매
  열마다 8명이라고 하는데, 누가 옳은지 상세하지 않다. **다산**: 8인이 열
  이 되니, 8인 × 8열은 64인이다.
- 舞무는 舛(어그러질 천)+無(없을 무)의 상형자이다. 갑골문에 무희가 양
  손에 깃털 모양의 장식을 들고 춤을 추는 모습의 無 자였는데, 후에
  '無' 자가 '없다'라는 뜻으로 가차되면서 舛 자를 더한 현재 자형이 되
  었다.
- 庭정은 广(집 엄)+廷(조정 정)의 회의자이다. 정廷은 계단을 올라가야 할
  정도의 큰 집을 말했는데, 여기에 广가 더해진 큰 집에나 있을 법한
  '뜰'이나 '마당'을 의미했다. 집 앞의 뜰, 법정, 심판하는 기구나 장소
  등을 말한다.

- 忍인은 心(마음 심)+刃(칼날 인)의 회의자로 '칼날의 아픔을 견디는 마음'이라는 뜻으로 참다, 인내하다, 견디다 등으로 쓰인다. **쌍봉 요씨**(饒魯, 생몰연대 미상): 忍에는 '감히 하다敢忍'와 '용인容忍'이라는 두 가지 의미가 있는데, 여기서는 감히 하다는 의미가 더 좋다.
- 孰숙은 원래 亯(누릴 향)+丮(잡을 극)의 회의자로 '삶은 고기(→熟)'를 뜻했지만, 이후 '무엇' 혹은 '누구'로 가차되었다.

3.2 三家者以雍徹이러니
삼 가 자 이 옹 철

子曰 維辟公이어늘 天子穆穆을 奚取於三家之堂고
자 왈 상 유 벽 공　　천 자 목 목　　해 취 어 삼 가 지 당

삼가三家者가 (천자의 노래인 『시경』「주송」의) '옹'편으로以雍 철상徹하니, 공자께서 말씀하셨다. "'제후들維辟公이 제사를 도우相니, 천자天子의 모습이 그윽하고 또 그윽하도다穆穆!'라는 시를, 어찌奚 삼가의 당에서於三家之堂 취取한단 말인가?"

『시경』「주송, 옹」편은 주나라 무왕이 혁명을 완성하고, 제후들을 불러놓고 문왕에게 제사 지내고 철상徹床할 때, 연주한 노래로 다음과 같다.

유래옹옹有來雍雍	즐거운 화기를 가득 안고 종묘에 찾아와
지지숙숙至止肅肅	삼가고 공경함에 이르러 멈추도다.
상유벽공相維辟公	제사를 돕는 이들은 제후들이요,
천자목목天子穆穆	천자의 덕이 그윽하고 그윽하도다.

한자 해설
- 雍옹은 隹(새 추)+邕(화할 옹)의 형성자로 새隹의 울음소리가 온화하다邕는 의미이다. 화하다, 화목하다, 기뻐하다, 돕다, 보우하다. 땅의 이름 등으로 쓰인다.

- 徹철은 彳(조금 걸을 척)+育(기를 육)+攵(칠 복)의 형성자인데, 본래 鬲(솥 력)+又(또 우)로 식기 도구를 치우는 모습이었다. 후에 手(손 수)를 더해 撤(거둘 철), 彳(조금 걸을 척)을 더해 철거撤去, 철수撤收를 의미한다. **다산:** 徹은 제사를 마치고 제기를 거두는 것이다.

- 相상은 木(나무 목)+目(눈 목)의 회의자로 재목을 고르기 위해 나무木를 살펴본다目는 뜻이며, 나무와 눈이 '서로' 마주본다는 데서 상대, 모양, 서로, 바탕, 도움, 보조자補助者, 시중드는 사람, 담당자, 정승政丞, 모양, 형상形相, 자세히 보다, 돕다, 다스리다, 이끌다, 점치다, 생각하다, 빌다, 기원하다 등의 뜻이다. **주자:** 相은 돕다助이다.

- 辟벽(피)은 辛(매울 신)+㠯(볼기 돈)의 회의자로 피하다(피＝避), 물러나다, 임금(벽), 다스리다, 비유하다(비) 등으로 쓰인다.

- 公공은 八(여덟 팔)+厶(사사 사: 팔을 안으로 굽힌 모습)의 회의자로 사사로움厶을 깨뜨리는 것八을 나타내며(공적公的, 공공公共, 공평公平, 공개公開), 공적인 것을 집행하는 작위이름(임금, 제후)이다. **주자:** 벽공辟公은 제후다.

- 穆목은 禾(벼 화)+㒫(고운무늬 목)의 형성자로 본래 벼를 뜻했지만, 후에 나중에 목㒫의 뜻을 취하여 아름답다, 그리고 목睦과 통하여 화목하다, 온화하다는 뜻이 되었다. **주자:** '목목穆穆'은 깊고 원대하다는 뜻이니, 천자의 모습이다. 이는 옹시의 가사雍詩之辭이다.

- 取취은 耳(귀 이)+又(또 우)의 회의자로 손으로 귀를 잡은 모습이다. 전투를 치른 후에 죽인 사람의 수만큼 포상을 받았던 바, 귀를 잘라 '얻었다'라는 뜻이 나왔다. 귀를 베다, 가지다, 빼앗다, 채택하다의 뜻이다.

- 堂당은 土(흙 토)+尚(오히려 상: 올라가는 모습)의 회의자로 흙을 다진 기단 뒤에 높게 세운 집을 뜻했다.

3.3 子曰 人而不仁이면 如禮에 何며 人而不仁이면 如樂에 何오
자 왈 인 이 불 인　여 례　하　인 이 불 인　여 악　하

공자께서 말씀하셨다. "사람이 되어人而 인하지 못하다면不仁, 예인들如禮 무엇何 하겠는가? 사람이 되어人而 인하지 못하면不仁, 악인들如樂 무엇何 하겠는가?"

인仁

  유학儒學은 '유儒'에 관한 학문이라고 간단히 정의할 수 있다. 유儒란 '사람에게 필수적인 것(人+需＝須), 즉 '금수禽獸와 구별되는, 인간다운 인간이 되기 위해 필수적으로 갖추어야 요건을 의미한다. 그렇다면 '유교' 혹은 '유학'이란 '사람다운 사람이 되기 위하여 필수적으로 갖추어야 요건을 가르치고 배우는 인문주의humanism라고 정의될 수 있다.

  유교는 금수와 구별되는 인간다움을 인仁이라고 명칭하고, 맹자는 인간이 측은지심惻隱之心을 지니고 있다는 사실을 통해 증명했다. 곧 인간은 측은지심을 지닌다는 점에서 잔인殘忍한 금수와 구별된다는 것이다.

  모름지기 인仁을 실천할 때 비로소 명실상부한 인간이 된다는 것을 주장한 최초의 인물이 바로 공자이다. 『논어』 가운데 '인仁'이란 낱말은 총 105회 나타나며, 전제 499절 가운데 58곳에서 이 개념을 논한다. 인간의 보편 덕인 인仁에 대해 『설문』에서는 '친애親愛한다는 의미로 두 사람(人+二)에서 유래한 회의자이다'라 하는데, 이는 곧 인간이란 서로 친애하는 공동체적 존재라는 것을 함축한다. 즉 인간이란 모름지기 인(仁＝人+二)해야 한다는 공자의 주장은 곧 인간이란 정치적·사회적 존재homo politicus—socius이며, 다양한 사회적·관계적 상황에서 마땅히 해야 할 도리를 다할 때 자기완성을 이룬다는 것을 뜻한다.

  주자가 말했다. 사람이 불인不仁하다면 당연히 예악禮樂과 아무런 상관이 없고, 예악 또한 나에게 작용하지 않는다. 예악은 모름지기 중화하고 온후한 사람이 행할 수 있는 것이며, 불인한 사람은 온통 한 덩이 사사로운 의지뿐이니, 예악을 어떻게 할 수 없다. ─『논어집주대전』

바로 이런 이유에서 주자는 정자의 언명에 대해 다음과 같이 보완한다.

> 정자의 설은 진실로 좋다. 다만 약간 소략하여 인仁에 대해 보지 못한 것
> 이 있다. 인은 본심의 온전한 덕이다仁者本心之全德. 사람이 만약 본연의 양
> 심을 보전하여 잃어버리지 않는다면, 행하는 것이 자연히 질서가 있고 조
> 화롭게 된다. 만약 이 마음을 한 번 놓아버리게 되면, 단지 인욕과 사심이
> 만들어져 나올 뿐이니, 어찌 질서와 조화가 있을 수 있겠는가? 인은 단지
> 정당한 도리일 뿐이니, 정당한 도리가 마음속에 있다고 해야 비로소 인仁
> 자가 온전히 설명할 것이다. ─『논어집주대전』

주자에 따르면 인이란 인간 마음이 지니고 태어난 온전한 덕이고, 사
랑이라는 감정을 가능하게 하는 이치이다仁者 心之全德而愛之理. 그런데
인의 선천적 내재성을 강조하는 주자와 대립되는 의견을 가진 다산은 인
의 실천적 성격을 강조한다. 여컨대 인仁이란 두 사람二人으로 사람이 관
계적·인륜적 상황에서 자신의 할 도리를 온전히 다했을 때에 성립하는
명칭이라는 것이다. 주자가 인에 대한 형이상학적 정초에 주력했다면,
다산은 인의 외적 실현에 강조점을 두고 있다. 이 문제는 많은 논의를 필
요로 한다고 할 수 있다. 그런데 사서四書의 인仁에 대한 수많은 언명 가
운데, 어떤 구절은 인의 선천성을 주장하고 있다면, 다른 어떤 구절들은
인의 실천성을 강조하는 것도 있다고 생각된다.

한자 해설

다산: 인仁이란 인륜의 완성된 덕이다仁者人倫之成德. 인이 근본이 되고,
  예악은 인으로 말미암아 발생한다仁爲之本而禮樂由之以生. 불인不仁하다
  면 예악의 근본이 없는 것이다. 여如는 어찌奈이다. 인이란 충효의 완
  성된 이름이다仁者忠孝之成名. 예란 인을 실천함으로써 생겨나고, 악은
  인을 즐김으로써 생겨나니, 인이 실질이 되고 예악이 문채가 된다仁爲
  之實而禮樂爲之文也. 예를 들면 계씨와 같은 자는 몸소 불인不仁을 밟으

면서도 오히려 예를 행하고 악을 연주하여 그 문채를 이루고자 하였으니, 될 수 있겠는가? 여차하如此何라는 것은 어떻게 할 수 없다는 것이니, 불인한 자는 예악에 있어서 비록 인습하여 취하려고 해도 어떻게 할 수 없다는 말이다.

- 仁인은 二(두 이)+人(사람 인)의 형성자로 두 사람 사이의 관계를 상징한다. 인仁의 자형에 대한 가장 이른 자료는 전국시대 중산국中山國에서 발견된 네모꼴 병에 새겨진 명문인데 사람이 앉아 있는 모습과 어떤 부호(二 곧 人人의 생략형)로 구성되어 있으며, 곧 <u>사람人과 사람 사이의 마음, 즉 사람이 사람을 대할 때의 마음을 인仁</u>이라고 했다. 사람의 마음이란 바로 다른 사람을 걱정하고 위하는 마음이다. 그래서 맹자는 측은지심은 인의 단서라고 했다. 인이란『설문』에 따르면 "친애한다는 의미로 두 사람(人+二)에서 유래했다仁 親愛也 由'人' 由二 會意." 곧 인간이란 (잔인한 금수와 구별되는) '서로 친애하는 공동체적 존재'라는 것이다. **정자:** 인이란 천하의 바른 이치이니, 바른 이치를 잃어버리면, 질서가 없어 조화롭지 않게 된다.

- 禮예는 示(보일 시; 신적 존재)+豊(풍성할 풍; 제기에 담긴 제물)의 형성자로 경건하게 신을 모시던 제사행위로서 <u>제의</u>祭儀, cult, rite, 예절 등을 의미한다.

- 樂악(락)은 나무木 받침대 위에 북과 방울丝 등 악기를 나타내는 상형자로 <u>음악</u>禮樂射御書數, 연주하다比音而樂之, 악기太師抱樂, 즐기다可在樂生, 즐겁다有朋自遠方來不亦樂乎, 즐거움回也不改其樂, 즐겁게 하다樂爾妻孥, 풍년樂歲粒米狼戾, 편안하다而民康樂, 좋아하다知者樂水 仁者樂山, 바라다皆得其所樂 등으로 쓰인다.

3.4 林放이 問禮之本한대 子曰 大哉라 問이여 禮與其奢也론 寧儉이오
임방 문예지본 자왈 대재 문 예여기사야 영검

喪이 與其易也론 寧戚이니라
상 여기이야 영척

임방林放이 예의 근본禮之本을 물으니問, 공자께서 말씀하셨다. "훌륭하구나大哉! 질문問이여! 예禮는 그 사치하기보다與其奢也는 차라리寧 검박儉한 것이 낫고, 상례喪는 그 익숙히 처리하는 것與其易也보다는 차라리寧 슬퍼戚하는 것이 더 낫다."

예禮

『논어』 전체에 '禮' 자는 46장에 걸쳐 70여 회 등장한다. 『시』(9회)·『서』(18회)에 비해 예의 원리·제도·정신·내용·본질·형식·문채 및 다른 덕목과의 관계 등 상대적으로 광범위한 주제와 연관하여 풍부한 함의(禮法, 禮制, 禮節, 禮義, 禮儀, 『禮』 등)를 지니고 출현한다. 『시』·『서』의 예는 주로 왕과 대부의 제사 등과 연관되며, 그 주체는 왕·제후·대부 등과 같은 일부 귀족에 한정된 신분적 행위의례였다. 주제는 고대 성왕이 예를 지킨 위용과 예법의 제정과 준수방법, 천명(덕)과 화복의 관계, 그리고 예의에 대한 찬미 등이었다. 왕과 귀족들은 예법을 통해 정당성을 인정받는 동시에 그 권위를 나타냈다.

『논어』에는 예의 준수와 위용에 대한 단순한 묘사가 아니라, 예와 연관된 여러 문제에 대한 이차적·반성적 토론(예의 근본, 知禮者, 예와 여타 덕목과의 관계, 예의 실천과 그 공효 등)이 다수를 차지한다. 『설문』에서 "예는 이행이다禮履也. 그러므로 신을 섬겨 복이 이르도록 하는 것이다所以事神致福也. 시示와 풍豊에서 유래했다."고 풀이했다.

예禮는 중용中을 얻는 것이 귀중하다. 사치함과 익숙하게 처리함奢易은 문식이 지나친 것過이고, 검소하고 슬퍼하기만 하는 것儉戚은 미치지 못하면서不及 질박한 것이니, 이 두 가지는 모두 예에 합치하지 않는다. 그러나

모든 사물의 이치는 반드시 먼저 바탕質이 있고 난 뒤에 문식이 있으니, 바탕이 곧 예의 근본이다. 〈주자〉

예는 본래 어떻게 하여 만들어졌는가? 백성은 욕망이 있어 예로써 절제하지 않으면 사치해져 법도를 잃는 까닭에 사치와 검박의 중용을 저울질하여權於奢儉之中 예를 만들었다. 사악하고 음일한 사람은 아침에 (부모 등이) 죽더라도 저녁에 잊어버리니, 화이와 슬픔의 중용을 저울질하여權於易戚之中 상례를 만들었다(불초한 자가 노력하여 도달하도록 한 것이다). 지나치게 검박하거나 지나치게 슬퍼함은 비록 중용에는 맞지 않지만, 예를 제정한 본뜻이 검박함과 슬퍼함에 있지 사치함과 익숙히 처리하는 데에 있지 않다. 그러므로 말하길, '중용을 얻으면 대선大善이지만, 만일 중용을 얻지 못한다면 차라리 검박하고, 차라니 슬퍼하라'고 했다. 〈다산〉

한자 해설

면재 황씨황간黃榦, 1152~1221 : 본本에 대한 설에는 두 가지 있는데, 그 하나는 인의예지는 마음에 뿌리를 두고 있으니, 성性이란 예의 근본이다는 것이 그것이다. 그러므로 중中이 천하의 대본이라고 한다. 또 하나는 예의 본禮之本은 예의 시초禮之初이다. 무릇 사물에는 본말이 있어 처음이 본이 되고 마지막이 말이 되니, 이른바 예의 시작은 먹고 마시는 데에서 시작된다는 그것이라는 설이다.

쌍봉 요씨요노饒魯 : 본本에는 두 가지가 있으며, 그 말末도 각각 같지 않다. 본근本根(뿌리·줄기)의 본本에서는 그 말末이 가지·잎枝葉이 된다. 가지·잎은 뿌리·줄기에서 나오지만, 역시 뿌리·줄기를 무성하게 할 수 있으니, 서로 있어야 하는 것이지 없어서는 안 된다. 본시本始(본래 처음)의 본本은 말末로 흘러가면 반드시 예를 잃게 되니, 검박함에서 시작하여 말단에는 반드시 사치하게 되니, 그러므로 말하길, 차라리 말단(의 폐해보다)는 (처음의 것이) 낫다고 하신 것이다. 공자께서는 말류의 폐단 때문에 부득이하게 본(처음)으로 되돌아가라고 하신 것이다.

- 禮예는 示(보일 시)+豊(풍성할 풍)의 형성자로, 예도不議禮, 예의禮儀, 예법禮賢者, 경례敬禮, 예식凶荒殺禮, 예물無禮不相見也, 음식 대접饗禮乃歸, 귀천·상하의 구별天秩有禮, 예의의 총칭禮樂射御書數, 예를 적은 경서 등으로 쓰인다.

- 本본은 나무의 뿌리를 가리킨 지사문자로 나무를 지탱하는 것이 뿌리이듯이 사물을 구성하는 가장 원초적인 바탕이라는 의미에서 '근본'을 뜻한다. 근본, 뿌리, 원래, 본래, 본디, 본원, 시초, 본성, 주主가 되는 것, 바탕, 자기 자신, 조상, 부모, 임금, 조국, 본, 관향 등. **다산**: 本이란 (예를) 제작한 본뜻本意을 말한다.

- 大대는 양팔을 벌리고 있는 사람을 나타내는 상형문자로 '크다'는 뜻을 표현한다. 과하다는 의미에서 '심하다'라는 뜻도 파생되어 있다. 위대偉大하다, 중요하다, 그리고 상대를 높일 때도 쓴다.

- 問문은 門(문 문)+口(입 구)의 회의자이다. 양쪽으로 여닫는 문을 그린 門에 口를 더하여 남의 집을 방문해 질문하는 모습을 표현했다. '알리다', '소식'과 같은 뜻도 있다新聞.

- 奢사는 大(큰 대)+者(놈 자: 많은 것을 모으다 혹은 삶을 자煮의 본자)의 형성자로 분에 넘치게 크게 떠벌리다, 사치하다의 뜻이다. 혹은 물건을 필요보다 많이大 삶는다者←煮의 의미로 사치奢侈하다, 낭비하다 뜻이다.

- 寧녕은 宀(집 면)+心(마음 심)+皿(그릇 명)+丁(못 정)의 회의자로 탁자 위에 그릇이 놓여 있어 풍족하다, 심리적으로도 매우 안정적이다는 뜻이다. 편안하다, 문안하다, 편안, 차라리, 어찌 등으로 쓰인다.

- 儉검은 人(사람 인)+僉(모두 첨: 조사하다)의 형성자로 사람에 대하여 엄하게 하다, 낭비를 없이 하다는 뜻이다.

- 喪상은 㐅(숨을 망→亡)과 哭(없어질 악)의 형성자로 사람이 죽어 없어지다는 뜻인데, 물건을 잃다는 뜻이 되었다. 혹은 곡哭+망亡의 형성자로 망인亡人을 위해 곡哭하는 모습으로 죽다, 잃다, 상실하다의 의미이다. **다산**: 禮는 길·흉을 통칭한다. 喪은 오로지 흉례凶禮만 지칭한다.

- 易이는 껍질이 빛나는 도마뱀의 모양이라는 설과 햇볕이 구름 사이로 비치는 모양이라는 설 등이 있다. 도마뱀은 아주 쉽게 옮겨 다니므로 바뀌다, 쉽다는 뜻으로 되고 햇볕도 흐렸다 개였다 바뀌며 어디나 비치므로 쉽다는 뜻이다. 쉽다, 편안하다, 평탄하다, 다스리다 등의 뜻이 있다. **주자**: 易는 다스린다治는 뜻인데, '논밭의 밭두둑을 다스린다 易其田疇'(『맹자』「고자」 상편 23)고 했다. **다산**: 易는 상례喪禮에서 절문節文에만 익숙하고, 애통哀痛·참달慘怛한 실질이 없음을 말한다.

- 戚척은 戉(창 무)+未(아저씨 숙: 콩)의 회의자로 갑골문에 도끼를 뜻하는 戉자 주위로 핏방울이 그려져 있는데, 본래 '분개하다'는 뜻이었지만, 핏방울이 未자로 대체되면서 친척이나 겨레라는 뜻으로 바뀌게 되었다. 친근, 친밀, 친척親戚, 가까운 겨레를 나타낸다. 慼(근심할 척)은 心(마음 심)+戚(겨레 척)의 형성자로 같은 핏줄을 이어받은 민족戚을 서로 걱정하는 마음心을 나타낸다. **주자**: 戚은 오로지 슬픔하기만 하여 문식文이 부족한 것이다.

3.5 子曰 夷狄之有君이 不如諸夏之亡也니라
자 왈 이 적 지 유 군 　 불 여 제 하 지 무 야

고주: 공자께서 말씀하셨다. "오랑캐에게夷狄之 군주가 있다有君 하여도, 중국에諸夏之 (군주가) 없는 것는만 못하다不如也."

주자: 공자께서 말씀하셨다. "오랑캐에게도夷狄之 군주가 있는 것有君이 중국에諸夏之 (군주가 있다고 해도 제 역할을 하지) 못하는 것는과 같지 않다不如也."(심지어 오랑캐에게도 군주가 있어 상하구분의 예가 있지만, 문명국이라고 자복하는 중국에는 오히려 이러한 예가 없다.)

다산: 공자께서 말씀하셨다. "오랑캐의 도를 행하면서 군주의 지위를 보존하는 것夷狄之有君은 중국의 법을 쓰다가 군주의 자리를 잃는 것諸夏之亡만 못하다不如也."

이적夷狄에는 비록 군장君長이 있지만 예의가 없고, 중국에는 비록 우연히 임금이 없고, 주공과 소공이 공화정을 할 때처럼 예의가 폐지되지 않았다. 그러므로 이적에게 임금이 있어도 중국에 임금이 없는 것만 못하다고 말하였다. 〈형병〉

이적夷狄에게도 임금과 어른이 있으니, 제하諸夏가 참란하여 오히려 위아래의 구분이 없는 것과 같지 않다. 〈정자〉

이적夷狄은 오랑캐의 도를 쓰는 것을 말하고, 제하諸夏는 중국의 법을 쓰는 것을 말한다. 임금이 임금답지 못하고, 신하가 신하답지 못하면, 이 또한 오랑캐일 뿐이다. 오랑캐의 도를 편안히 여기면서 구차하게 임금의 지위를 보존하는 것은, 선왕의 법을 따르면서 중국의 예를 닦다가 임금의 지위를 보전하지 못하는 것만 못하다. 〈다산〉

한자 해설

- 夷이는 大(큰 대)＋弓(활 궁)으로 큰 활을 지닌 동쪽 이민족을 가리킨다. 중국인들은 자신을 중심에 놓여 동서남북에 기거하는 이민족을 각각 동이東夷, 서융西戎, 남만南蠻, 북적北狄이라고 하였는데, 본문의 이적夷狄은 이러한 이민족을 총칭한다. 큰 활을 사용한 이夷는 가장 강력하게 저항했기 때문에 평정하다, 제거하다 등의 뜻이 생겼다. <u>오랑캐</u>, 평평하다大道甚夷, 유쾌하다云胡不夷, 깎다(평평하게 닦다), 진열하다, 오만하다不由禮則夷固僻違, 걸터앉다(혹은 쭈그리고 앉다: 夷俟), 상하다, 크다降福孔夷.

- 狄적은 犭(=犬: 개사슴 록)＋亦(역의 생략형→적) 혹은 犬(개 견)＋大(큰 대)의 형성자였지만, 大가 火(불 화)로 바뀌어 개를 키우고 사는 북방 이민족 혹은 빠른 속도로 오고감을 말했다. <u>오랑캐</u>, 북방 오랑캐, 악공, 낮은 관리, 꿩의 깃, 뛰는 모양, 사악하다, 덜어내다, 제거하다, 멀다 등의 뜻이다.

- 夏하는 頁(머리 혈)+夊(천천히 걸을 쇠)의 회의자로 본래 중국 한족漢族의 원류인 화하족華夏族을 뜻했던 글자였다. 하夏나라는 기원전 2,070~1,600년경 우禹가 세운 중국의 고대 왕조의 시초로 보기 때문에 중국이나 중국인이라는 뜻으로 쓰인다. **후재 풍씨**: 제하諸夏는 제후諸侯를 칭한다. 하夏는 크다大는 뜻이다. 중국을 하夏라고 하는 것은 크게 여기는 것大之이다. **포함**공안국: 제하는 중국이다.

- 亡망은 刀(칼 도)와 점으로 이루어져 칼刀의 날이 있는 면을 가리켰는데, 칼의 날은 베거나 깎아낼 수 있다는 뜻에서 없다, 없어지다, 도망逃亡하다, 망하다, 잃다, 죽다 등의 뜻이 나왔다. **오역**吳棫, 1100~1154: 고대에는 無(없을 무) 자와 통용되었다.

3.6 季氏旅於泰山이러니 子謂冉有曰 女弗能救與아
　　　계 씨 려 어 태 산　　　　자 위 염 유 왈　여 불 능 구 여

對曰 不能이로소이다 子曰 鳴呼라 曾謂泰山이 不如林放乎아
대 왈 불 능　　　　　자 왈 오 호　　증 위 태 산　　불 여 임 방 호

계씨季氏가 태산에서於泰山 려旅 제사를 지내자, 공자께서 염유冉有에게 일러謂 말씀하셨다. "네女가 능能히 (계씨가 참람한 죄에 빠진 것을) 구제救할 수 없겠느냐弗與?" (염유가) 대답하여 말했다對曰. "구제할 수 없습니다不能." 공자께서 말씀하였다. "오호嗚呼라! 일찍曾이 태산泰山(의 신)이 임방林放만 못하다不如고 여겼는가謂乎!"

한자 해설

- 旅려는 㫃(나부낄 언)+从(좇을 종)의 형성자인데, 깃발 아래로 사람이 모여 있다는 뜻으로 부대(군인 500명을 '一旅'), 그리고 '객지살이'를 뜻했기 때문에 '여행'이나 '나그네'라는 뜻했다. 또한 하늘이나 산천에 지내는 제사이름을 말한다. 나그네, 군대, 무리, 제사祭祀 이름, 벌여놓다, 진열하다의 뜻이다. **주자**: 旅는 제사 이름이다. **다산**: 旅는 진설하여 고

하는 것陳告이니, 지금의 고유제告由祭와 같다.

- 泰태는 水+廾(두 손 마주잡을 공)+大(큰 대)의 형성자로서 물가에서 손을 씻고 있는 사람을 표현했지만, '크다'나 '편안하다', '안정되다'로 가차되었다. 크다, 통하다, 편안하다(느긋하고 태연하다), 교만하다, 너그럽다, 지나치다 등의 뜻이다. 태괘(건하곤상)로 음양이 조화되어 만사가 형통하고 편안을 누리는 모양을 나타내기도 한다. 오행사상의 영향으로 중국은 오악五嶽을 들고 있다. 동악은 태산泰山(山東省), 서악은 화산華山(陝西省), 남악은 형산衡山(山西省), 북악에 항산恒山(河北省), 중악은 숭산嵩山(湖南省)이다. 주자: 태산은 산 이름으로 노나라 땅에 있다. 『예기』에 제후는 봉지 내의 산천에서 제사한다고 했는데, (대부인) 계씨가 제사지낸 것은 참람한 짓이다.

- 救구는 攴(칠 복)+求(구할 구)의 형성자로 위기에 빠진 누군가를 구한다는 뜻이다. 구원하다, 건지다, 돕다, 고치다, 치료하다, 막다, 못하게 하다, 금지하다 등의 뜻이다. 주자: 救는 계씨가 참람한 죄에 빠지는 것을 구해내는 것을 말한다. 오호嗚呼는 탄식하는 말이다.

- 曾증은 甑(시루 증: 김이 솟아나는 시루로 그릇을 포개 놓은 것: 중첩하다)이 본글 자이지만 '일찍'이라는 뜻으로 가차되었다.

3.7 子曰 君子無所爭이나 必也射乎인저 揖讓而升하여 下而飮하나니
자 왈 군 자 무 소 쟁   필 야 사 호   읍 양 이 승   하 이 음

其爭也君子니라
기 쟁 야 군 자

공자께서 말씀하셨다. "군자君子는 다투는 바가 없지만無所爭也, (다투는 바가 있다면) 필시必也 활쏘기 일 것이다射乎. 읍하여 양보하며揖讓而 올라갔다가升, 내려와서(이기지 못하면: 다산)下而 (벌주를, 봉양주를) 마시니飮, 그 다툼其爭也이 군자君子답도다!"

122

전통적으로 이 구절과 연관하여 황간, 형병, 그리고 청대 양장거梁章鉅 등은 '음양이승하揖讓而升下, 이음而飮'으로 읽었다. 그런데 정현, 주자, 다산 등은 '음양이승揖讓而升, 하이음下而飮'으로 읽었다. 전자의 해석에 따르면, 당堂에서 활을 쏘면서 오르고 내릴 때 모두 읍揖하고 서로 술을 마신다는 뜻이다. 이에 대해 다산은 전자의 해석대로 하면 문장이 될 수 없을 뿐만 아니라, 또한 그런 뜻이라면 '승강升降'이라고 해야 하지, 승하升下로 쓰고 그런 뜻으로 쓰인 사례가 없다고 말한다.

한자 해설

주자: 읍양이승揖讓而升이란 대사례大射禮에 짝을 지어 나아가 세 번 읍한 후에 당堂에 오르는 것이다. 하이음下而飮은 활쏘기를 마치고 읍하고 내려와 모든 짝이 다 내려오기를 기다렸다가, 이긴 자가 읍하면 진 자가 올라가 술잔을 잡고 서서 마시는 것이다.

다산: 사례射禮에서 이기지 못하는 자는 술을 마시는데, 이것이 '하이음下而飮(져서는 술을 마신다)'고 한다. 다투다爭란 사양하다讓의 반대말이다. 이제 올라가되 그 계단에 먼저 오르기를 사양하고, 마시되 그 술잔을 사양하는 것이 군자다운 다툼이다.

- 爭쟁은 爪(손톱 조)+又(또 우)의 회의자로 치며 싸운다는 뜻이다.
- 射사는 身(몸 신→弓)+寸(마디 촌)의 형성자인데, 본래 활과 화살(활을 쏘는 모양)이 그려 활쏘기를 말하고, 투호投壺를 뜻하기도 한다.
- 揖읍은 手(손 수)+咠(잠소할 집)의 형성자로 인사하는 예의 하나로서 두 손을 맞잡아 얼굴 앞으로 들어 올리고 허리를 앞으로 공손恭遜히 구부렸다가 몸을 펴면서 손을 내리는 절을 말한다. 사양辭讓과 양보讓步를 뜻한다.
- 讓양은 言(말씀 언)+襄(도울 양: 상喪을 당해 슬픔에 잠겨있는 사람)의 형성자로 아픔을 겪고 있는 사람襄에게 말言로 도와주다, <u>양보하다</u>, <u>사양하다</u>는 뜻이다.
- 升승은 구기로 물건을 떠올리는 모양을 나타내는 상형자이다. 10승升

은 1말과이다. '올리다'는 뜻도 나왔다.

- 下하는 아래를 뜻하기 위해 만든 지사문자이다. 내려가다, 새끼를 낳다. 순서상 혹은 시간상 뒤, 질이 낮다 등의 뜻이다. **다산**: 下는 이기지 못한 것不勝을 말한다.
- 飮음은 食(밥 식←酉)＋欠(하품 흠)의 회의자로 식기(酉: 술병)에 담긴 것을 먹고 마시는 모습을 나타낸다.

3.8 子夏問曰 巧笑倩兮며 美目盼兮여 素以爲絢兮라하니 何謂也잇고
자 하 문 왈 교 소 천 혜　미 목 변 혜　소 이 위 현 혜　　하 위 야

子曰 繪事後素니라 曰 禮後乎인저
자 왈 회 사 후 소　　왈 예 후 호

子曰 起予者는 商也로다 始可與言詩已矣로다
자 왈 기 여 자　상 야　시 가 여 언 시 이 의

자하子夏가 물어問 말했다曰. "'어여쁘게 웃는巧笑 보조개여倩兮, 아름다운 눈동자美目에 흑백이 선명함이여盼兮! 소이위현혜素以爲絢兮(흰 바탕素에 채색으로以絢으로 꾸민다爲: 絢＝采色 畫之飾)'고 하였는데, 무엇을 일러 말하는 것何謂也입니까?" 공자께서 말씀하셨다. "그림 그리는 일繪事(＝繪畫之事)은 흰 바탕素(＝粉地 畫之質)을 마련한 뒤後에 하는 것이다." (자하가) 말했다曰. "예禮는 뒤라는 것이군요後乎." 공자께서 말씀하셨다. "나의 말을 감발하는 자起予者는 상이로다商也! 비로소始 더불어與 시詩를 말할 수 있겠구나可言已矣!"

　소이위현혜素以爲絢兮는 그림을 그리는 바탕을 마련한 뒤에, 거기에 더하여 화려하게 채색한다고 해석할 수도 있고(주자, 다산), 흰색으로써以 화려하게 채색한다爲絢고 할 수도 있다(정현). 주자와 다산의 해석을 따르면 먼저 바탕을 마련하고, 후에 문채로써 꾸민다는 질·문을 선후에 의한 본말론에 입각한다. 정현에 의하면 오히려 채색이 혹은 예가 본질적인

것이며, 그 완성의 의미를 지닌다.

요컨대 주자와 다산에 따르면, 그림 그리는 데에서 바탕을 먼저 이룬 뒤에 채색을 하듯이, 인간 또한 인간의 근본(충신忠信)을 닦은 뒤에 예로써 문채를 이루어야 한다는 것이 이 구절의 핵심 의미라는 것이다. 아마도 다산 당시에도 정현의 해석을 지지하면서, 주자의 해석이 그릇되었다고 비판한 사람들이 있었을 것이다. 그러나 다산은 이러한 정현의 해석이 잘못되었음을 실제 그림 그리는 것에 근거를 두고 논증하면서, 주자의 해석을 지지했다.

한자 해설

- 巧교는 工(장인 공)+丂(공교할 교: 책략, 재주)의 회의자로 기술이나 기능이 뛰어남을 말한다. 훌륭한 솜씨, 기교技巧 등의 의미이다.
- 笑소는 竹(대 죽)+夭(어릴 요)의 형성자로 팔을 휘저으며 장난치는 아이夭의 눈웃음 짓는 모습竹을 말한다.
- 倩천은 人(사람 인)+靑(푸를 청)의 형성자로 웃음 띤 예쁜 모습을 말한다. 천반倩盼은 아름다운 모습을 형언한 것이다. **주자**: 倩은 예쁜 보조개好口輔이다. **다산**: 倩은 아름다워 좋은 것이다(『설문』에서 말했다. 초목이 파릇하게 성한 것과 같다).
- 盼반은 目(눈 목)+分(나눌 분)의 형성자로 눈目의 검은자위와 흰자위가 분명하고分 또렷하여 예쁜 모습을 그렸다. 이후 중시하다, 기대하다의 뜻이 나왔다. **주자**: 盼은 눈의 검은자위와 흰자위가 분명한 것이다. **다산**: 盼은 눈의 흑백이 분명한 것이다(『옥편』).
- 素소는 아직 물들이지 않은 흰 명주 실로, 희다, 시초, 바탕의 뜻이 나왔다. 素는 그림을 그리는 바탕, 흰색을 뜻하는 것으로 해석할 수 있다. **정현**: 素는 흰색으로 채색하는 것이다. 후에 칠하는 것은 쉽게 물들기 때문이다. **주자**: 素는 색칠할 곳으로 그림의 바탕이다.
- 絢현는 糸(실 사)+旬(열흘 순)의 형성자로 비단糸의 무늬가 다채롭고 화려한 모습(현란絢爛)을 말한다. **주자**: 絢은 채색采色으로 그림을 꾸미는

것이다.

- 繪회는 糸(실 사)+會(모일 회)이 형성자로 오색五色의 실絲을 합쳐會 수놓는 것, 색채色彩를 배합配合한 그림, 비단糸에 놓은 채색 수를 말한다. **주자**: 회사繪事는 그림을 그리는 일이다. 후소後素는 흰 바탕보다 뒤에 한다는 이다.

- 起기는 走(달릴 주)+己(몸 기→己:몸을 웅크리고 있는 태아)의 회의자로 아이가 첫걸음을 떼기 위해 몸을 일으켜 세운다는 뜻이다. 시작, 일어서다, 출발점 등을 말한다. **주자**: 起는 분발시키는 것이니, 기여起予는 능히 나의 의지를 일으켜 분발시킨다는 말이다. **다산**: 起는 흥興과 같으니, 그 말이 사람을 흥기시키기에 충분하다는 것을 말한다.

3.9 子曰夏禮를 吾能言之나 杞不足徵也며 殷禮를 吾能言之나
　　　　자 왈 하 례　오 능 언 지　기 부 족 징 야　은 례　오 능 언 지
　　　宋不足徵也는 文獻이 不足故也니 足則吾能徵之矣로리라
　　　송 부 족 징 야　문 헌　부 족 고 야　족 즉 오 능 징 지 의

공자께서 말씀하셨다. "하나라의 예夏禮는 내吾가 능能히 말할 수 있으나言之, (그 후손인) 기杞나라는 징험徵(=證)하기에 부족하다不足也. 은나라의 예殷禮는 내吾가 능能히 말할 수 있으나言之, (그 후손인) 송宋나라는 징험徵(=證)하기에 부족하다不足也. 전적文(=典籍)과 어진 이獻(=賢)가 부족不足하기 때문이니故也, 전적文과 어진 이獻만 충분히 있다면足則 나吾는 능能히 징험할 수 있다徵之矣."

- 夏하나라는 기원전 2,070~1,600년경 우禹가 세운 중국의 최초의 고대 왕조이다. 杞기는 木(나무 목)+己(몸 기)의 형성자로 산 버들을 말한다. 주나라의 무왕周武王이 하우夏禹의 자손을 봉하여 우임금의 제사를 받들게 했던 나라이기 때문에 '기우杞憂'라는 고사가 생겼다. **주자**:

杞나라는 하夏나라의 후손이다.

- 徵징은 彳(조금 걸을 척)+王(임금 왕)+攵(칠 복)의 회의자로 전쟁에 필요한 인력을 왕명으로 징집한다는 뜻이다. 징집되는 사람들의 신분을 확인해야 했기에 증명하다는 뜻도 나왔다. 『설문』에서는 은밀한微 곳에 숨어 사는 사람王을 불러내다는 뜻이라 하였다. 부르다, 구하다, 징험微驗의 뜻이다. **정현, 포함**: 徵은 이룬다成이다. **주자**: 徵은 실증證이다.

- 宋송은 宀(집 면)+木(나무 목)의 회의자로 집을 의미했다. 성姓을 의미하기도 하고, 중국(中國) 주대周代의 제후국으로 은의 멸망 뒤, 주왕紂王의 서형庶兄 미자계微子啓로 하여금 그 유민을 거두게 하기 위하여 봉한 나라를 말한다. **주자**: 宋나라는 은殷나라의 후손이다.

- 文문은 갑골문에서는 사람의 가슴에 어떤 무늬를 새겨놓은 문신文身을 의미했다. 문자文字란 일정한 필획을 서로 아로새겨 어떤 형태들을 그려낸 것이기에, 문文에 문자라는 의미가 담기게 되었다. 글월以能誦詩書屬文, 글자, 문치文治·문사文事, 글을 짓다帝親文其卑, 무늬·문채文彩, 현상觀乎天文, 문물(예악과 제도 등 문화적 산물), 법령의 조문, 아름답다·선善하다禮滅而進 以進爲文, 어지럽다=紊亂, 화미華美하다君子質而已矣 何以文矣, 주 문왕, 꾸미다文之以禮樂, 가리다小人之過也 必文, 노력하다文莫吾猶人也. **주자**: 文은 전적典籍이다.

- 獻헌은 鬳(솥 권)+犬(개 견)의 회의자로 자가 결합한 모습이다. 호랑이虎 무늬가 새겨진 신성한 솥鬳과 犬자가 결합한 獻자는 솥에 제물을 넣어 바치다, 봉헌하다의 뜻이다. 또한 어진 사람이나 역사적으로 가치가 있는 문헌文獻을 의미한다. **주자**: 獻은 어진 사람賢이다.

3.10 子曰 禘自旣灌而往者는 吾不欲觀之矣로라
자 왈 체 자 기 관 이 왕 자   오 불 욕 관 지 의

공자께서 말씀하셨다. "(노나라의 체 제사는 예에 어긋난 것이기에 본

래 보지 않으려 했을 뿐만 아니라) 체禘 제사에서 이미旣 울림주를 부어 강신한灌 이후부터는自而往者 (점차 해이해져 예를 잃은 가운데 또 예를 잃어버렸기에) 나吾는 보고觀之 싶지 않다不欲矣."

- 禘체는 示(보일 시)+帝(임금 제)의 형성자로 (고대 제왕이 지내는) 큰 제사, 종묘의 제사(천자가 정월에 남교南郊에서 하늘에 지내는 제사)를 말한다. 주자: 조백순趙伯循이 말하길, '禘는 왕의 큰 제사이다. 왕이 이미 시조의 사당을 세우고, 또한 그 시조가 태어나게 한 임금을 추존推尊하여 시조의 사당에서 제사하고, 시조로써 배향하였다. 성왕成王은 주공이 큰 공로가 있었기에 노나라에 중한 제사重祭를 내려 주었다.'고 했다. 다산: 禘는 종묘의 시제時祭의 이름이다(『예기』「제의」에서 말하길, 봄에는 체제이고 가을에는 상제이다: 春禘秋嘗). 본래 왕의 예인데, 노나라가 참람하게 이것을 사용하였다.

- 灌관은 水(물 수)+雚(황새 관)의 형성자로 물을 대다, 따르다, 흘러들다, 강신제降神祭를 지내다, 주조하다, 내의 이름을 말한다. 주자: 灌은 제사를 시작할 때, 울창주鬱鬯之酒를 따라서 땅에 부어 강신降神하게 하는 것이다. 노나라의 군신君臣은 이때 만해도 성의誠意가 아직 흩어지지 않아 그래도 볼만 한 것이 있었지만, 이후로는 점차 해이해져 볼만 한 것이 없었다. 다산: 灌은 관裸(강신제할 관)과 통하니(육서六書의 해서楷書이다), 제사의 행사에 희생을 맞이하여 울창주鬱鬯酒를 따라서 땅에 부어 강신을 구하는 것이다. 체제의 예식은 이미 관灌했으면 당에 올라 『시경』「청묘」편을 노래하고, 주간朱干과 옥척玉戚으로 대무大武의 춤을 추는데, 이것은 천자의 가무이다. 관灌한 이후에 이러한 참란함이 이에 나타났기에, 공자께서 보고 싶어 하지 않으셨다.

3.11 或問禘之說한대 子曰 不知也로라
혹 문 체 지 설   자 왈 부 지 야

知其說者之於天下也에 其如示諸斯乎인저하시고 指其掌하시다
지 기 설 자 지 어 천 하 야   기 여 시 저 사 호   지 기 장

어떤 이或가 체 제사의 학설禘之說을 묻자問 공자께서 말씀하셨다. "알지 못하겠다不知也. 그 학설을 아는 자는知其說者 천하에 대해之於天下也 여기서諸斯 보는 것과 같을 것이다其如示乎." 하시고는 그 손바닥其掌을 가리키셨다指.

선왕의 근본에 보답하고 조상을 추모하는報本追遠 뜻은 체 제사보다 더 깊은 것은 없다. 지극히 어질고 효성스럽고 참되고 경건한 사람이 아니라면, 체 제사에 참여할 수 없다. 어떤 사람이 도달할 수 있는 것이 아니며, 왕이 아니면 체 제사를 지낼 수 없다는 법 또한 노나라가 마땅히 피해야 할 것이기 때문에 알지 못한다고 대답하신 것이다. 〈주자〉

한자 해설

- 說설(열, 세)은 言(말씀 언)+兌(기쁠 태)의 회의자로 언설, 가르침, 학설學百家之說, 의견, 도리, 말하다, 풀어 밝히다, 즐거워하다, 등으로 쓰인다.
- 示시는 제사를 지낼 제단祭壇을 그린 상형자로 제사를 지내면 길흉이 나타난다, 보인다는 뜻이다.
- 斯사는 其(그 기)+斤(도끼 근)의 회의자이지만, '이것'이라는 뜻으로 가차되었다.
- 指지는 手(손 수)+旨(맛있을 지)의 형성자로 손가락手으로 가리키다, 손가락질하다, 지시하다, 가리켜 보이다, 아름답다, 곱다, 마음, 뜻 등의 의미이다.
- 掌장은 手(손 수)+尙(오히려 상)의 형성자로 손을 위로 향하게 한 윗부분 곧 손바닥을 말한다. **주자**: 지기장指其掌은 공자께서 이와 같이 말씀하시고 스스로 그 손바닥을 가리키셨음을 제자가 기록한 것인데, 명백하고도 쉬움을 말한 것이다.

3.12 祭如在하시며 祭神如神在러시다 子曰吾不與祭면 如不祭니라
제 여 재   제 신 여 신 재   자 왈 오 불 여 제   여 부 제

선조께 제사祭할 때는 선조께서 살아 계시듯이如在 하고, 밖의 신에게
제사祭神 지낼 때는 밖의 신이 계신 듯如神在이 한다. 공자께서 말씀하
셨다. "내吾가 제사祭에 참여하지 않았으면不與, (정성을 다하지 못했기
때문에) 제사하지 않은 것不祭과 같다如."

- 祭제는 示(보일 시)＋肉(고기 육)＋又(또 우)의 회의자로, 제단示 위로 고기
  肉를 손又으로 얹는 모습으로, '제사를 지낸다' 그리고 제사가 끝나면
  음식을 함께 나눠 먹기도 하기에 '잔치'라는 뜻도 파생되었다. 제사,
  제사를 지내다, 서로 접하다, 보답하다, 제주祭酒 등을 의미한다.

- 神신은 示(보일 시)＋申(아홉째 지지 신)의 형성자로 번개(申→電)와 신示을
  말했다. 번개는 사악한 사람을 경계하고, 신의 조화가 생길 어떤 변화
  를 알려주는 계시로 생각되어 자연계에 존재하는 각종 신을 나타내었
  다. 귀신鬼神, 평범하지 않는 것, 신비神秘, 신성神聖, 정신精神 등의 용
  어가 나왔다. 여기서 결정적으로 중요한 것은 시示자이다. 시示란 하
  늘이 상象을 드리워 길흉을 나타내어 사람에게 보여주는 것이다. 이二
  에서 나왔다(二는 고문에서 上자이다). 세 개로 드리워진 것(三垂＝小)은 해,
  달, 그리고 별이다. 천문天文을 살펴 시時의 변화를 살피니, 示는 귀신
  의 일神事이다. 대체로 示를 부수로 하는 글자는 모두 示에서 유래하
  는데, 신神은 지극히 절신하다(『설문』「示」 "示 天垂象 見吉凶 所以示人也 從二
  (二 古文上字) 日月星也 觀乎天文以察時變 示神事也."). 주자는 귀신이란 천지
  의 공용이자 조화의 자취(鬼神 天地之功用而造化之迹也: 정자), 혹은 이기二
  氣로써 말하면 귀鬼라는 것은 음의 신령스러움이고 신神은 양의 신령
  스러움이며, 일기一氣로써 말하면 지극하면서 펼쳐지는 것은 신神이
  고 돌이켜 되돌아오는 것을 귀鬼라고 한다(以二氣言 則鬼者陰之靈也 神者陽

之靈也 以一氣言 則至而伸者爲神 反而歸者爲鬼)고 정의했다(『중용』 16장 1). **주자**: 祭는 선조에 대한 제사祭先祖이고, 제신祭神은 외신에 대한 제사祭外神이다. 선조에 대한 제사는 효성스러움이 위주이고, 신에 제사는 경건함이 위주이다. **다산**: 공안국이 말하길, '제여재祭如在는 죽은 사람 섬기기를 산 사람 섬기듯이 한다는 말이고, 제신祭神은 모든 신에게 제사함을 말한다.'고 했다.

• **在**재는 土(흙 토)+才(재주 재)의 회의자이다. 새싹을 그린 재才에 토土가 대지 위로 생명이 탄생하고 존재함을 나타낸다. <u>있다</u>, <u>존재하다</u>, 찾다, 곳, 장소, 겨우, 가까스로, ~에, 처소 등의 의미이다.

• **與**여는 与(어조사 여)+舁(마주 들 여)의 형성자로 '함께' 들어 올리다舁는 뜻으로 더불어, 목적을 함께 하는 무리, 허여하다, 돕다, 협조하다, 위하여, 참여하다, 어조사, 주다 등으로 쓰인다. **다산**: 與는 돕는다助와 같으니, 여제與祭는 가묘家廟에서 제사를 돕는 것을 말한다.

3.13 王孫賈問曰 與其媚於奧론 寧媚於竈라하니 何謂也잇고
왕 손 가 문 왈 여 기 미 어 오 영 미 어 조   하 위 야
子曰 不然하다 獲罪於天이면 無所禱也니라
자 왈 불 연   획 죄 어 천   무 소 도 야

왕손가王孫賈가 물어 말했다問曰. "그其 아랫목 귀신에게於奧 아첨媚하는 것보다與 오히려寧 부엌 귀신(권신)에게於竈 아첨媚하는 것이 낫다고 하니, 무엇을 일러 말하는 것입니까何謂?" 공자께서 말씀하셨다. "그렇지 않다不然. 하늘에於天 죄를 얻으면獲罪, 빌 곳所禱도 없느니라無也!"

천天

유교에서 모든 존재의 궁극 근원과 기원은 '천天(一+大)'으로 하나의 큰 존재, 혹은 우주 그 자체로서 그 자체 내에 하늘과 땅二, 그리고 사람人까지 전부 포섭하는 개념이다. '천天' 자는 갑골문에서 머리가 돌출된 사

람의 형상을 나타내는 것으로 출발하여 점차 그 의미가 확장되어, "머리를 형상화하는 것이라는 점에서 '높음高'의 의미를 지니고, 그 다음에 '넓음廣과 큼大'의 의미를 지니고, 점차 가치론적인 의미가 첨가되어 존경과 외경의 대상으로 확장되어 갔다. 그리고 학자들은 전통적인 문헌에 나타난 천 개념을 물질천, 자연천, 주재천, 운명천, 의리천, 조생천造生天, 재행천載行天, 계시천啓示天, 심판천審判天 등으로 세분하여 논의하기도 한다. 그런데 사서四書에서는 인간의 본성性과 궁극자인 천天을 연계시켜 인간의 이념과 당위적인 인간의 길(도덕)을 정립했다는 점에 주목해야 한다.

성리학자로서 주자는 '천즉리天卽理'를 주장하여, 리理는 절대絶對 혹은 무대無對이기 때문에 그 존귀함에서 그 어느 것도 상대가 될 것이 없으니, 아랫목 귀신이나 부엌귀신에 비할 수 있는 것이 아니라고 한다. 주자가 말하기를 "공자께서 '그렇지 않다.'라고 말씀하신 것은 아랫목에 아부하는 것이나, 부엌에 아부하는 것이나 다 잘못이라는 말씀이다. 천하에는 다만 하나의 정당한 도리가 있을 뿐이니, 이치理에 따라서 행하면 그것이 곧 하늘이다. 만약 조금이라도 이치를 어기면 그것이 곧 하늘에 죄를 얻는 것이니. 기도하여 그 죄를 면할 수는 없다." (『논어집주대전』)

다산은 천은 상제를 말한다天謂上帝고 해석하면서, 도를 굽혀 아첨하면 하늘에게 죄를 얻게 되는데, 하늘을 진노케 하면, 여러 귀신들이 복을 받을 수 없기 때문에 기도할 곳도 없다고 주석했다. 주자가 이치로서 천天은 소리, 색깔, 냄새, 영향, 운동 등이 없는 순수 형이상자로 파악하면서, 이존무대理尊無對의 입장을 피력하고 있다. 하지만 다산은 천을 고경古經의 용어대로 상제上帝로 규정하면서, '하늘을 진노케 하면'이라고 표현함으로써 인격신의 의미를 드러내고 있다고 하겠다.

한자 해설
• 媚미는 女(여자 여)+眉(눈썹 미)의 형성자로 큰 눈썹眉을 가진 여인女으로 눈을 흘기며 유혹. <u>아첨하다</u>, 예쁘다, 요염하다, 요괴妖怪 등의 의

미이다. **주자**: 媚는 친하여 따르는 것親順이나.

- 奧오는 집을 뜻하는 면과 불을 땔 때마다의 뜻을 나타내는 권(釆+廾)으로 이루어진 형성자로 집안에서 불을 때는 곳, 즉 서남西南쪽 구석을 말하는데, 전轉하여 깊숙한 곳을 말한다. 혹은 宀(집 면)+釆(올 래)+廾(두 손으로 받들 공)의 형성자로 곡식(釆=粂)을 들고 두 손으로 받들고廾 신에게 제사 드리는 집안宀의 깊고 은밀한 곳, 즉 서남쪽 모퉁이를 지칭한다. 깊다, 그윽하다, 쌓다, 속, 깊숙한 안쪽, 구석, <u>아랫목</u> 등을 의미한다.

- 竈조는 穴(구멍 혈)+黽(맹꽁이 맹)의 회의자로 아궁이를 나타내어 부엌, <u>부엌귀신</u>, 조왕신竈王神을 말한다. **주자**: 방의 서남쪽 귀퉁이를 오奧(아랫목)라 하며, 조竈(부엌)는 오사五祀의 하나로 여름에 제사 지내는 것이다. 무릇 오사를 지낼 때는 모두 먼저 신주를 설치하고 그곳에서 제사를 지낸다. 당시 속어에 '아랫목이 항상 존귀함이 있으나 제사의 주인은 아니고, 부엌은 비록 비천하지만 당시 실제적인 일을 관장한다.'고 했으니, 임금에게 스스로 연을 맺는 것은 권신에게 아부하는 것만 못하다는 것을 비유했다. **다산**: 奧는 방 서남쪽 모퉁이인데(『이아』), 주부主婦가 거쳐하는 곳이다. 조竈는 찬돌爨突이니(『설문』) 불을 때어 밥을 하는 여인이 있는 곳이다. 또 노부老婦를 오奧라 하고(『예기』) 하월夏月의 제사를 조竈라 하였다(『예기』「월령」). 속담에 '오奧에 아첨하기보다는, 조竈에 아첨하는 것이 낫다'고 한 것은 외형적으로는 제사하는 신의 이름을 차용하여 음식을 하는 권한이 불을 때어 밥하는 여인에게 있지 주부에게 있지 않으니, 차라리 아랫사람에게 아첨하여 밥을 얻어먹는 것이 낫다는 것을 비유한 것이다.

- 獲획은 犬(개 견)+蒦(자 확)의 회의자이다. 개犬가 풀숲의 새를 손으로 잡는 모습蒦으로 <u>얻다</u>, 붙잡다는 뜻이다.

- 禱도는 示(보일 시)+壽(목숨 수)의 형성자로 <u>빌다</u>, 기원하다, <u>기도하다</u>, 소망하다, 바라다, 원하다는 뜻이다.

3.14 子曰周監於二代하니 郁郁乎文哉라 吾從周호리라
자 왈 주 감 어 이 대　　 욱 욱 호 문 재　　 오 종 주

공자께서 말씀하셨다. "주周나라는 두 나라(하·은)를於二代 비추어 살펴監
(=鑒, 視), (미오美惡를 알아, 폐단이 있는 것은 덜어버리고, 미비한 것은 보
태었으니), 찬란하도다郁郁乎, 문화여文哉! 나吾는 주나라를 따르겠다從周."

3대의 예가 주나라에 이르러 크게 갖추어졌으니, 공자께서 그 문화를 찬
미하고 따랐다. 〈윤돈〉

* 監감은 皿(그릇 명)+臥(누울 와)의 회의자로 큰 눈으로 그릇을 내려다보
는 모습으로 '물 혹은 거울에 비추어보다'에서 거울로 삼다, 살피다,
경계하다, 독찰하다, 감옥監獄, 감찰監察, 거울 등의 의미이다. **주자:**
監은 보다視이다. 2대는 하나라와 상나라이다. 주나라가 2대의 예를
살펴, 덜고 더했다는 말이다. **다산:** 監은 감鑒 자와 통하니, 비추고 살
펴보아 그 아름다움과 추악함을 아는 것이다.
* 郁욱은 有(있을 유)+邑(고을 읍)의 형성자로 땅邑이름을 의미했으나, 전
의되어 성盛하다, 울창하다, 향기롭다, 화려하다, 찬란하다, 아름답
다, 그윽하다, 산앵두나무 등의 의미이다. **주자:** 郁郁은 문화가 성대
한 모습이다.

3.15 子入大廟하사 每事를 問하신대 或曰孰謂鄹人之子를 知禮乎오
자 사 태 묘　 매 사 문　　 혹 왈 숙 위 추 인 지 자　 지 례 호

入大廟하여 每事를 問이온여 子聞之하시고 曰是禮也니라
입 태 묘　 매 사 문　 자 문 지　　 왈 시 례 야

공자子께서 (주공의) 태묘大廟에 들어가入 매사每事를 물으니, 어떤 사
람或이 말했다曰. "누가 추 땅 출신의 사람鄹人之子이 예를 안다知禮고 했

느가?謂鄹人之子知禮乎 태묘大廟에 들어가入 매사每事를 물더라問." 공자
자가 들으시고聞之 말씀하셨다曰. "이것是이 예이니라禮也."

예란 경건함일 따름이다禮者 敬而已矣. 비록 안다고 할지라도 또 묻는 것은
삼감의 극치이니, 경건함이 그보다 더 큰 것이 없다. 예를 알지 못한다고
말하는 이가, 어찌 공자를 알 수 있겠는가? 〈윤돈尹焞, 1071~1142〉

한자 해설

- 廟묘는 广(집 엄)+朝(아침 조)의 회의자로 아침朝마다 찾아가 조상신께
  문안을 드리고자 만든 건축물广로 묘당(廟堂: 종묘와 명당), 빈궁殯宮, 빈
  소殯所, 위패位牌, 정전正殿, 절, 사찰寺刹 등의 의미다. **주자:** 태묘大廟
  는 노나라 주공의 사당이다魯周公廟.
- 每매는 한결같은 어머니母의 마음이라는 의미에서 늘이나 항상, 그리
  고 매번이라는 뜻이다.
- 鄹추는 나라이름(=추鄒), 춘추시대 산동성 노나라의 읍으로 공자의 고
  향(=鄹)을 말한다. 여기서 추인지자鄹人之子는 공자를 말한다. **주자:**
  鄹는 노나라의 읍명으로 공자의 아버지 숙량흘叔梁紇이 그 읍의 대부
  였다. 공자는 어려서부터 예를 잘 안다고 명성이 났기 때문에, 어떤
  사람이 이를 근거로 기롱한 것이다. 공자께서 '이것이 바로 예이다'고
  말씀하신 것은 경건하고 삼감이 지극한 것이 곧 예가 된다는 말이다.

3.16 子曰 射不主皮는 爲力不同科니 古之道也니라
자 왈 사 부 주 피 위 역 부 동 과 고 지 도 야

공자께서 말씀하셨다. "활쏘기射에 가죽과녁皮 뚫기를 주로 하지 않는
것不主은 (그 뜻을 풀이하면) 힘力의 등급이 같지 않기不同科 때문爲이
니, 옛날의 도이다古之道也."

옛날에는 활쏘기로 덕을 살폈다. 다만 명중하는 것을 주로 하고 가죽과녁 뚫는 것을 주로 하지 않았으니, 대저 사람의 힘이 강약이 있고 동등하지 않기 때문이었다. 주나라가 쇠하고 예가 폐해져 열국이 군사력을 다툼에 다시 가죽과녁 뚫기를 숭상하였기 때문에 공자께서 탄식하신 것이다. 〈주자〉

- 射사는 弓(활 궁→身)＋寸(마디 촌)의 형성자로 활을 쏘는 모습을 그렸다. **주자:** 옛날에는 활쏘기로 덕을 살폈다. **다산:** 射는 예사禮射를 말하니, 빈사賓射(제후가 천자에게 조회하면서 활쏘기 하는 행사)와 연사燕射(왕이 군신들과 활쏘기 하면서 연회를 즐기는 행사)가 바로 그것이다.

- 皮피는 동물의 가죽을 손으로 벗겨내는 모습을 그린 상형자이다. **주자:** 皮는 가죽革이다. 과녁을 베로 만들고 그 가운데에 가죽을 붙여 표적的을 삼은 것으로 이른바 곡鵠이다. **다산:** 皮는 정곡正鵠이니, 주피主皮는 정곡에 적중함을 주로 한다는 말이다.

- 主주는 王(임금 왕)＋ ╲ (점 주)의 상형자로 본래 촛대를 그린 것이지만, '주인'이라는 뜻으로 쓰인다.

- 力역은 본래 밭갈이용 의 상형자로 힘이나 '힘쓰다'라는 뜻으로 쓰인다. **다산:** 力은 재력オ力을 말한다.

- 科과는 禾(벼 화)＋斗(말 두: 곡식을 담는 바가지를 그린 구기나 용량의 단위)의 회의자로 벼의 품종이나 등급, 과목, 과정, 품등, 그루, 법, 조문, 과거, 배우의 동작, 구멍, 웅덩이 등을 뜻한다. **주자:** 科는 등급等이다. **다산:** 科는 한량量이며 정도程이다(과科라는 글자는 벼가 말 한에 들어 있는 형상이니, 그 용량을 수용함에 한도가 있다). 『예기』「유행」에 이르기를, '무거운 솥을 끌어당길 때 그 힘의 정도를 헤아리지 않는다.'고 하였으니, 부동과不同科는 힘에는 각각 한량이 있다는 말이다.

3.17 子貢이 欲去告朔之餼羊한대
자공 욕거곡삭지희양

子曰賜也아 爾愛其羊가 我愛其禮하노라
자왈사야 이애기양 아애기례

(노나라가 시삭을 행하지 않자) 자공子貢이 (천자가 반포한 달력에 근거하여) 초하룻를 알리는 예에 바치는 희생양告朔之餼羊을 없애려 하자,欲去 공자께서 말씀하셨다. "사야賜也! 너爾는 그 양其羊을 애석愛하게 여기느냐, 나我는 그 예禮를 애석愛하게 여긴다!"

초하루를 알리는 예告朔之禮는 옛날 천자가 항상 늦겨울(섣달)에 이듬해 12개월의 달력을 제후에게 반포하면, 제후는 받아서 조묘祖廟에 보관하고, 매월 초하루에 양 한 마리로 사당에 아뢰면서 그 달력을 청하여 시행했다. 노나라는 문공 때부터 시삭視朔을 행하지 않았지만, 유사有司가 아직도 이 양을 바치고 있었던 까닭에 자공이 그것을 없애고자 한 것이다. 자공은 아마도 실상이 없이 공연히 낭비하는 일을 애석해 했던 것이다. 그러나 예는 비록 폐지되었으나 희생양을 바치는 것이 존속한다면, 오히려 예를 기억하여 다시 회복할 수 있다. 그러나 만일 그 양마저 없애버린다면 그 예가 마침내 없어질 것이므로, 공자께서 그것을 아까워하셨다. 〈주자〉

한자 해설
- 告고(곡)는 牛(소 우)+口(입 구)의 회의자로 신에게 제사를 지냄을 알린다는 의미에서 알리다나 고하다(고), 알리다, 하소연, 뵙고 청하다(곡), 국문하다(국) 등으로 쓰인다.
- 朔삭은 月(달 월)+逆(거스를 역)의 회의자로 사라졌던 달이 반대로 다시 나타나는 초하루, 시작, 새벽 등의 뜻이다. 다산: 곡삭告朔은 천자의 사신이 와서 정삭正朔을 알려주는 것이다.
- 餼희는 食(먹을 식)+氣(기운 기)의 형성자로 살아있는 희생, 봉록, 쌀, 식량, 양식을 의미한다. 희양餼羊이란 곡삭告의 예告朔之禮에 사용할 희생양으로 예절과 의식을 상징한다. 주자: 餼는 살아 있는 희생이다. 다

산: 나는 제사에 쓰는 희생을 일러 희양이라고 한 것祭犧之曰餼羊은 어느 경전에 나타나 있는지 묻고자 한다. 내가 고경古經을 살피건대, 무릇 먹는 음식물食物으로 빈격을 예대禮待할 때 쓰는 것을 두고 희餼라 하였다. 나는 희양餼羊이란 빈객을 대접하는 양이다고 생각한다.

- 羊양은 상형자이다. 뛰어난 고기맛과 유용한 털로 인해 길상吉祥, 선善, 의義, 미美의 표상으로 제사에 쓰이는 희생犧牲이었다.

- 愛애는 ⺥(손톱 조)+冖(덮을 멱)+心(마음 심)+夂(천천히 걸을 쇠)의 회의자 혹은 旡(목맬 기)+心의 회의자로 사람의 가슴에 심장이 들어가 있는 모습으로 사랑, 자애, 인정, 가엾게 여기다, 그리워하다, 소중히 하다, 친밀하게 대하다, 아끼다, 아깝게 여기다 등의 의미이다. **주자**: 愛는 애석惜하게 여기는 것이다.

3.18 子曰 事君盡禮를 人이 *以爲諂也*라하나다
자 왈 사 군 진 례   인   이 위 첨 야

공자께서 말씀하셨다. "임금을 섬김事君에 예를 다하니盡禮, 사람人들은 아첨諂한다고 하는구나以爲諂也!"

사군진례事君盡禮의 주체가 누구인가에 대해 논란이 있다. 고주와 다산은 "만약 임금 섬김에 예를 다하는 자가 있다면"이라고 해석했고, 황조순黃祖舜 − 정자程子 − 주자는 '공자'라 했다. 후자의 해석은, 분명 공자가 당시 노나라의 실권자인 계씨 편에 서지 않고 왕에게 예를 다했을 것이며, 또한 「향당」편을 보면 공자께서 조정에서 사군진례하는 모습을 묘사하고 있다는 점에서 상당한 설득력이 있다. 그러나 스스로 지자智者가 아니라 항상 호학好學할 따름이며, 궁행군자躬行君子로서는 항상 부족하다고 겸손했던 공자가 스스로 '사군진례'한다고 자임했다고 판단하기에는 다소 무리가 있지 않을까 한다.

그러나 사군진례의 주체가 누구인가 하는 것에 관심을 기울이지 않아도 그 의미가 통할 수 있다. '예禮'란 명령에 의해 강제되는 것이 아니라, 그 의미를 자각한 자율적 주체가 자발적으로 실천하는 것이다. 그렇기 때문에 최선을 다해 예를 행하는 사람은 마땅히 행해야 하는 것이기 때문에 무조건적 혹은 정언적으로 그렇게 행한다. 그런데 처세적 관점에서 사람의 행위에 대해 왈가왈부하는 일반인들은 군자의 도덕적 행위를 조건적 혹은 가언적(if~ then~)으로 해석하여 오히려 아첨한다고 비난하는 경향이 많다. 공자의 언명은 바로 이런 경향을 지적한 것이다.

한자 해설
• 事사는 손又에 장식이 달린 붓聿을 잡은 모습으로 관직, 사업, 업무를 통칭하는 일事有終始, 관직無功受事, 국가대사, 직업, 공업工業(흐功흐事), 섬기다事君之道, 일삼다事商賈 爲技藝, 변고事變, 재능昊起之裂 其事也, 다스리다勞力事民而不責焉, 힘쓰다先事後得, 부리다無所事得, 벌管絃三兩事, 전고典故
• 君군은 口(입 구)+尹(다스릴 윤)의 형성자로 명령을 내리는 다스리는 자라는 뜻으로 임금과 통치자의 의미를 나타낸다.
• 盡진은 聿(붓 율)+皿(그릇 명)의 회의자로 손에 붓 혹은 솔聿을 들고 그릇皿을 씻는 모습으로 다하다, 완수하다, 극치에 달하다, 최고에 달하다, 다 없어지다, 사망하다, 전부 등의 뜻이다.
• 諂첨은 言(말씀 언)+'臽(함정 함 → 첨)'의 형성자로 함정에 빠지게 하는 말로 아첨하다, 아양을 떨다, 비위를 맞추다, 사특하다 등의 의미이다.

3.19 定公이 問君使臣하며 臣事君하되 如之何잇고
　　　정 공　문 군 사 신　　신 사 군　　여 지 하

孔子對曰 君使臣以禮하며 臣事君以忠이니이다
공 자 대 왈　군 사 신 이 례　　신 사 군 이 충

정공定公이 물었다問. "임금君이 신하를 부리고使臣, 신하臣가 임금을 섬김事君에 어떻게 해야 합니까如之何?" 공자께서 대답하여 말씀하셨다對曰. "임금君은 신하臣를 예로써以禮 부려야使 하고, 신하臣는 임금君을 충으로以忠 섬겨야事 합니다."

부모와 자식은 자연적으로 형성된 천륜天倫(혹은 천합天合)이며, 임금과 신하는 의리로써 맺어진 인위적 관계(의합義合: 조건적)이다. 따라서 부모의 사랑과 자식의 효도는 어느 일방이 의무를 이행하지 않는다고 할지라도 해체할 수 있는 것이 아니지만, 임금이 예로써 신하를 대하고 신하가 충성으로 임금을 섬기는 군신 관계는 의리로 합해진 인위적 관계이기 때문에 상호간의 의리가 맞지 않으면 관계를 허물 수 있다.

물었다. 충忠은 다만 진실한 마음實心으로 인륜에서 모두 마땅히 충忠해야 하는 것인데, 하필이면 오직 임금을 섬기는 데에서만 충해야 합니까? 주자가 답했다. 부자, 형제, 부부의 경우는 사람들이 모두 자연적으로 사랑하고 공경해야 함을 알지만, 군신 관계는 의리에 의해 합해지는 것이므로 사람들이 쉽게 여기에서 구차해 진다. 충忠을 말한 것은 부족한 곳을 취해서 말한 것이다. – 『논어집주대전』

한자 해설
- 臣신은 고개를 숙인 사람의 눈을 그린 상형자로 포로로 잡힌 노예들을 말했지만, 왕을 섬기는 모든 사람을 통칭하는 용어로 신하, 백성, 하인, 포로, 어떤 것에 종속됨, 신하의 자칭, 자기의 겸칭 등으로 쓰인다.
- 使사는 人(사람인)+吏(관리 리→사)의 형성자로 윗사람이 아래 관리官吏에게 일을 시킨다는 뜻으로 하여금, 가령, 설사, 심부름꾼, 벼슬의 이름, 사신使臣, 부리다, 시키다, 따르다, 순종하다, (사신으로) 보내다, (사신으로) 가다 등의 의미이다.
- 忠충은 心(마음 심)+中(가운데 중)의 형성자로 공평무사한中 마음心으로

자신을 정립하는 것을 말한다. 본문에서 말한 신하에게 요구되는 '충忠'이란 무엇인가 하는 것에 대해 다음과 같은 대화가 도움을 준다.

3.20 子曰 關雎는 樂而不淫하고 哀而不傷이니라
　　　　자 왈 관 저 　낙 이 불 음 　　애 이 불 상

공자께서 말씀하셨다. "「관저關雎」편은 즐겁되樂而 음란하지 않고不淫, 슬프되哀而 상심하지 않는다不傷."

『시경』「관저」의 시는 후비后妃의 덕이 군자와 짝할 만함을 노래한 것이다. 짝을 구하여 얻지 못하면 자나깨나 엎치락뒤치락하는 근심이 없을 수 없으며, 구하여 얻으면 마땅히 비파, 거문고, 쇠북, 과 북琴瑟鐘鼓의 (어우러져 내는) 즐거움이 있다는 말이다. 대개 그 근심이 깊더라도 조화에 해를 입히지 않고, 그 즐거움이 비록 성대하더라도 그 올바름을 잃지 않는다. 그러므로 공자께서 이와 같이 칭찬하셔서 배우는 사람이 그 가사를 완미하고 그 음악을 음미하여 성정性情의 바름을 알도록 하신 것이다. 〈주자〉

한자 해설
• 關관은 門(문 문)+糸(실 사)+丱(쌍쌍투 관)의 회의자인데, 문門에 긴 막대기 두 개가 걸려있는 형상으로 문을 열쇠로 잠갔다는 뜻을 표현했다. 열쇠와 빗장이 絲자와 丱(쌍쌍투 관)자로 표현되면서 지금의 關자가 만들어지게 되었다. 관계하다, 닫다, 가두다, 감금하다, 주다, 받다, 관문關門, 세관稅關, 기관機關, 빗장, (시위를) 당기다(완) 등의 의미이다. 關關은 새들이 지저기는 소리로, 화목하고 편안한 모양을 나타낸다.
• 雎저는 隹(새 추)+且(또 차)의 형성자로 물수리(수릿과의 새)를 말한다. 주자: 「관저關雎」는 「주남 · 국풍」으로 『시경』의 머리편이다. 다산: 「관저」는 「관저」의 3편(관저關雎, 갈담葛覃, 권이卷耳)을 말한다.

- 淫음은 水(물 수)+坙(가까이할 음)의 회의자로 '물을 가까이하다'라는 뜻인데, 물이 욕정에 비유하게 되면서 탐하다, 음란하다와 같이 욕정, 음란하다, 미혹시키다, 사치하다, 지나치다, 장마, 방종하다 등의 뜻이다. 주자: 淫은 즐거움이 지나쳐 그 올바름을 잃은 것이다.
- 哀애는 口(입 구)+衣(옷 의)의 회의자로 장례를 치를 때 입는 상복喪服을 나타내어, 장례를 치르며 슬픔에 겨워 울고 있는 사람이라는 의미에서 슬프다나 가엾다, 불쌍히 여기다, 가련하다, 민망히 여기다 등의 의미이다.
- 傷상은 人(사람 인)+昜(볕 양)+矢(화살 시)의 회의자로 본래 화살에 맞아 다친 사람으로 상해, 손해, 슬픔, 비애의 뜻이다. 주자: 傷은 슬픔이 지나쳐 조화에 해를 입힌 것이다. 다산: 금슬종고琴瑟鐘鼓는 그 공경함을 잊지 않으니 곧 즐거우면서 음란하지 않는 것樂而不淫이다. 저 높은 산마루에 오르려 하지만 내 말이 병들어 오르지 못하지만, 길이 상심하거나 그리워하지는 않겠다는 것은 곧 슬퍼하지만 상심하지 않겠다哀而不傷는 것이다.

3.21 哀公이 問社於宰我하신대 宰我 對曰 夏后氏는 以松이오
　　　　애공　문사어재아　　　재아 대왈 하후씨　　이송

殷人은 以栢이오 周人은 以栗이니 曰 使民戰栗이니이다
은인　이백　　주인　이율　　왈 사민전율

子聞之하시고 曰 成事라 不說하며 遂事라 不諫하며 旣往이라 不咎로다
자문지　　　왈 성사 불설　　수사 불간　　기왕　　불구

애공哀公이 재아에게於宰我 사社에 대해 물으니問, 재아宰我가 대답했다對曰. "하후씨夏后氏는 소나무로以松 하고, 은나라 사람殷人은 잣나무로以栢 했습니다. 주나라 사람은 밤나무로 以栗 했으니, 말하자면 백성民들을 두려워 떨도록戰栗 하려는使 것이었습니다." 공자子께서 들으시고聞之 말씀하셨다曰. "이미 이루어진 일成事은 다시 설명하지 않으며不說, 형

세가 이미 어찌할 수 없는 일遂事은 간언하지 않고不諫, 이미 지나간 일旣
往이라 탓하지 않겠다不咎."

옛날에는 각 왕조마다 그 땅에 적합한 나무로 그 '사社'의 이름을 붙였지,
그 나무에서 의미를 취한 것이 아니다. 재아는 알지 못하면서 망령되이 대
답했기 때문에, 공자께서 책망하셨다. 〈윤돈〉

한자 해설
• 社사는 示(보일 시)+土(흙 토)의 회의자로 토지土 신에게 제사示하기 위
해 모인 사람으로 토지신, 땅귀신, 단체, 모임, 사창社倉, 사학, 행정단
위, 어머니를 의미한다. 주자: 3대의 사社는 같지 않는 것은 옛날에 사
社를 세울 때 각각 (토질에) 마땅한 나무를 심어, 신주神主로 삼았기 때
문이다.
• 后후는 여성이 아이를 낳는 모습으로 곁, 딸림, 아랫사람, 뒤떨어지다,
뒤로 미루다, 임금, 왕후王后, 후비后妃, 신령神靈 등의 의미이다.
• 松송은 木(나무 목)+公(공변될 공)의 형성자로 소나무, 더벅머리, 성姓, 긴
장이 풀리다, 풀다, 놓다, 따르다 등의 의미이다. 정절과 장수를 상징
한다.
• 栢백은 木(나무 목)+白(흰 백)의 형성자로 측백, 측백나무, 잣, 잣나무를
말하는데 많은 모양, 단단하다, 견실하다, 잘 여물다, 두려워하다, 벌
벌 떨다 등의 의미기 있다.
• 戰전은 單(홑 단: 사냥도구)+戈(창 과)의 형성자로 무기들을 나열하여 '서
로 다툰다'는 뜻인데 전쟁에 임하면 두렵기 때문에, 두려워하다(전율戰
慄)는 의미가 나왔다. 싸움, 전쟁, 전투, 시합, 전쟁하다, 떨다, 두려워
서 떨다, 동요하다, 흔들리다 등의 의미이다. 주자: 전율戰慄은 두려워
하는 모습恐懼貌이다. 다산: 육서가六書家에 원래 해성諧聲이 있는데,
옛사람들은 사물을 명명할 때 이 해성으로 그 뜻을 쓰는 경우가 많았
다. 공자께서 '인仁이란 인人이다'고 하고, 또한 '정政이란 정正이다'고

하셨으니, 재아가 '율栗은 전율戰栗이다'고 한 것 역시 해성의 법에 의한 것이다. 그러나 율栗(밤)이란 과일은 옥처럼 견밀하기 때문에 사람이 견밀한 자를 율이라고 하는데, 『서경』「우서」의 '관이율寬而栗'이 바로 그것이다. 경건·근엄하면 그 마음이 정제·단속되기 때문에, 재율齊栗이라 한다. 재율이 지나치면 전율이라고 하는데, 이는 이것은 육서 중에 가차법假借法이다.

- 遂수는 辵(갈 착)+豕(돼지 축)+八(여덟 팔)의 회의자로 돼지豕가 풀숲을 가르며八 달아나는辶 모습에서 마침내 탈출에 성공했다(잡았다)는 의미에서 드디어, 마침내, 두루, 널리, 도랑, 이루다, 생장하다, 끝나다, 가다, 떠나가다, 따르다, 순응하다 등의 뜻이다. **주자**: 수사遂事란 일은 비록 이루어지지 않았으나, 형세는 마지 못하는 것을 말한다. **다산**: 遂란 제 마음대로 이루는 것이다擅成之也.

- 旣기는 旡(목멜 기)+皀(고소할 급: 식기)의 회의자로 식기 앞에 고개를 돌린 채 입을 벌린 사람인데 이미 식사를 끝났다는 의미에서 '이미'나 '이전에'라는 뜻이다.

- 咎구은 人(사람 인)+各(각각 각)의 형성자로 사람 이르는各 재앙. 허물, 저지른 잘못, 죄과, 근심거리, 미움, 꾸짖다 등의 의미이다.

3.22 子曰 管仲之器小哉라 或曰 管仲은 儉乎잇가
자왈 관 중 지 기 소 재 혹 왈 관 중 검 호

曰 管氏有三歸하며 官事를 不攝하니 焉得儉이리오 然則管仲은
왈 관 씨 유 삼 귀 관 사 불 섭 언 득 검 연 즉 관 중

知禮乎잇가 曰 邦君이야 樹塞門이어늘 管氏亦樹塞門하며 邦君이야
지 례 호 왈 방 군 수 색 문 관 씨 역 수 색 문 방 군

爲兩君之好에 有反坫이어늘 管氏亦有反坫하니 管氏而知禮면
위 양 군 지 호 유 반 점 관 씨 역 유 반 점 관 씨 이 지 례

孰不知禮리오
숙 부 지 례

공자께서 말씀하셨다. "관중은 그릇管仲之器이 작구나小哉!" 어떤或 사람이 (물어) 말했다曰. "(그렇다면) 관중管仲은 검소한 것입니까儉乎?" (공자께서) 대답하셨다曰. "관씨는 세 누대三歸(=三臺)를 두었고有(三歸=娶三姓女: 세 성씨의 여자를 아내로 삼았고), (가신의) 담당하는 일官事을 겸직시키지 않았으니不攝, 어찌焉 검소하다고 하겠는가得儉?" (혹자가 물었다.) "그렇다면然則 관중管仲은 예를 아는 것입니까知禮乎?" (공자께서) 대답하셨다曰. "나라의 임금邦君이어야 병풍을 세워樹 문을 가리거늘塞門, 관씨管氏 또한亦 병풍樹으로 문을 가렸다塞門. 나라의 임금邦君이어야 두 나라 임금의 우호의 회합爲兩國之好에 반점反坫(술잔을 돌려놓는 받침대)를 두는데有, 관씨管氏 또한亦 반점反坫을 두었으니有, 관씨가管氏而 예를 안다면知禮 누가孰 예를 모르겠는가不知禮?"

공자께서 '관중의 그릇이 작다.'고 기롱한 것은 그 뜻이 깊다. 어떤 사람은 그것을 알지 못하여 관중이 검소한 것 같다고 여겼기 때문에 관중의 사치를 지적하야 검소하지 않음을 밝혔다. 어떤 사람은 또한 관중이 예를 아는 것 같다고 여겼기 때문에 관중의 참람함을 지적하여 예를 알지 못함을 밝혔다. 비록 그릇이 작은 까닭을 거듭 명확히 말하지는 않았지만, 그가 그릇이 작은 까닭 또한 여기서 살필 수 있다. 그런 까닭에 정자는 '사치하면서도 예를 범했으니 그 그릇이 작음을 알 수 있다. 대개 그릇이 크면 스스로 예를 알아서 이러한 잘못이 없다'고 했다. 이 말을 마땅히 깊이 음미해야 한다. 〈주자〉

한자 해설

주자: 병풍屛을 일러 수樹라 한다. 색塞은 가리는 것蔽이다. 문에 병풍을 설치하여 안과 밖을 가린다. 호는 우호적인 회동好會이다. 점坫은 두 기둥 사이에 있는데 잔을 주고받으며 술을 마신 뒤 그 위에 잔을 뒤집어 놓는 곳이니, 모두 제후의 예인데 관중이 그것을 참람하게 행했으니 예를 모른 것이다.

다산: 다른 사람을 대신하여 그 일을 겸하여 총괄하는 것을 섭攝이라 한다. 수樹는 병풍屛이다(『이아』). 색塞은 가리는 것蔽이다. 호好는 이웃나라가 서로 만나 사이좋게 지내는 것修好이다. 반점反坫은 술잔을 되돌려 놓는 자리로 쓰는 기구인데 흙으로 만들어 두 기둥 사이에 놓는다.

• 器기는 여러 기물口을 개犬가 지키는 형상으로 기물을 나타내지만, 또한 사람의 관직과 도량을 나타낸다. 그릇, 접시, 도구, 기관, 그릇으로 여기다, 존중하다 등의 의미이다. **주자**: 그릇이 작다器小는 것은 관중이 성현의 큰 배움의 길大學之道를 알지 못하여 국량이 편협하고 규모規模가 비협卑狹한 까닭에 능히 자신을 닦고 덕을 쌓지 못하여 주군을 왕도로 나아가게 하지 못했다는 것을 말한다. **다산**: 그릇이 작다器小는 것은 수용하는 것이 크지 않다는 것을 말한다.

• 歸귀는 阜(언덕 부)+止(발 지)+帚(비 추)의 회의자로 집안에 쌓인 먼지를 쓸어내는 모습을 표현하여 시집을 가다, 돌아가다, 돌아오다, 돌려보내다, 따르다, 의탁하다, 맡기다, 위임하다, 맞다, 적합하다, 모이다, 합치다, 선물하다, 몸을 의탁할 곳 등의 의미이다. **주자**: 삼귀三歸는 대의 명칭臺名이다. **다산**: 삼귀三歸는 세 성씨의 여인에게 장가간 것이니, 부인이 시집가는 것을 귀歸라 한다.

• 官관은 宀(집 면)+阜(언덕 부)의 회의자로 높은 곳에 지어진 집으로 벼슬, 벼슬자리, 관청, 기관, 일, 직무, 임금, 아버지, 시아버지, 관능, 본받다, 직무로서 담당하다, 벼슬을 주다, 임관하다, 섬기다, 벼슬살이하다 등의 뜻이다.

• 攝섭은 手(손 수)+聶(소근 거릴 섭)의 회의자로 잘 들리지 않아 손으로 끌어당긴다는 뜻에서 다스리다, 잡다, 가지다, 걷다, 돕다, 거느리다, 겸하다兼, 성내다, 빌리다, 추포追捕하다, 대신하다, 끼다, 당기다, 잡아매다, 두려워하다 등으로 쓰인다.

• 邦방은 丰(예쁠 봉)+邑(고을 읍←田)의 회의자로 본래 田(밭 전)자 위로 풀이 올라오는 모습(밭에 농작물이 무성히 자람)에서 터전을 잡은 곳으로 나

라, 서울, 수도, 제후의 봉도, 천하, 형, 여시輿地를 주다는 뜻이다.

- 樹수는 木(나무 목)+尌(세울 주: 묘목을 심는 모습)의 형성자로 손으로 묘목을 심는 모습으로 나무, 초목, 근본, 담장, (수목을) 심다, (담을) 세우다, 막다 등의 의미이다.

- 塞색은 宀(집 면)+4개의 工(장인 공)+廾(두 손으로 받들 공)+土(흙 토)의 형성자로 침입을 막고자 흙土으로 성을 쌓아 놓은 변방 혹은 막다(색)는 뜻이다. 차다, 채우다, 성채, 변방(새), 요새, 보루 등의 의미도 있다.

- 坫점은 土(흙)+占(점칠 점)의 형성자로 경계, 한계, 잔대盞臺(술잔을 받치는 데 쓰는 그릇)를 의미한다. 대臺로서, 낭묘廊廟 안에 두 기둥 사이에 흙으로 쌓은 대臺(반점反坫, 숭점崇坫), 실내의 토대로서 음식물을 올려놓는 대 혹은 선비가 관례 등 의식을 행할 때 쓰는 대, 사방을 바라볼 수 있게 쌓은 대를 말한다.

3.23 子語魯大師樂曰 樂은 其可知也니 始作에 翕如也하여
자 어 노 태 사 악 왈 악 기 가 지 야 시 작 흡 여 야

從之에 純如也하며 皦如也하며 繹如也하여 以成이니라
종 지 순 여 야 교 여 야 역 여 야 이 성

공자子께서 노魯나라의 악관大師에게 음악樂에 대해 알려주셨다語. "음악樂이란 그其 알 만한 것이다可知也. 시작始作할 때는 모으는 듯하며翕如也, 펼침從之에(放: 뒤따름에隨) 화해하는 듯하며純如也, 분명한 듯하며皦如也, (실처럼) 서로 이어져 끊어지지 않듯 함으로써繹如也以 한 악장을 이룬다成."

당시 음악이 폐해지고 결함이 있었기에 공자께서 음악을 가르치신 것이다. 〈주자〉

5음6율五音六律이 갖추어지지 않으면 음악이라고 할 수 없다. 흡翕는 음악이 합쳐짐을 말한다. 5음이 합쳐지면 맑고 탁하고 높고 낮음淸濁高下이 마치 오미五味가 서로 어울려 조화를 이룬 것과 같기 때문에 조화로운 듯하다(순여純如)고 하였다. 합하여 조화를 이루면 서로 질서를 어지럽히지 않으려하기에 밝은 듯하다(교여皦如)라고 냈다. 그러나 어찌 궁宮은 스스로 궁이 되고 상商이 스스로 상이 되겠는가? 서로 어긋나지 않고 서로 연속되는 것이 마치 구슬을 꿴 것과 같아야하기에 이어져 끊어지지 않는 듯(역여繹如) 완성된다고 말했다. 〈사량좌〉

한자 해설

주자: 흡翕은 합하는 것이다. 종從은 풀리는 것放이다. 순純은 조화로운 것이다. 교皦는 밝다明는 것이다. 역繹은 서로 이어져 끊어지지 않는 것이다. 성成은 음악이 한 번 끝남이다.

다산: 작作은 일어나는 것起이다. 종從은 따르는 것隨이다. 성成은 음악을 마치는 것이다樂之終也. 팔음八音이 고루 화합하는 것을 흡翕이라 하고, 고루 화합하여 혼연히 하나가 되는 것을 순純이라 하고(잡됨이 없는 것이다無雜), 음절이 명백한 것을 교皦라 하고, 연결되어 이어짐이 실과 같은 것을 역繹이라 한다(『설문』에서 '역繹이란 실타래를 뽑듯이 이어지는 것이다 抽絲'고 말했다). 처음 일으킬 때는 그 음이 느린緩 까닭에 모으는 듯翕如 할 따름이고, 뒤따름에 그 소리가 점점 빨라지니漸促 혼연히 하나 되는 것 같고純如, 명백한 것 같고皦如, 이어지는 것처럼 완성하는 것繹如 以成이니, 음악을 형상화하여 말한 것이다.

• 語어는 言(말씀 언)+吾(나 오)의 회의자로 말씀, 말, 이야기, 소리, 기뻐하는 모양, 알리다, 고하다, 의논하다, 대답하다, 깨우치다, 가르치다, 설명하다는 뜻이다. **주자:** 語는 알려줌告이다.

• 師사는 𠂤(언덕 부)+帀(두를 잡)의 회의자로 언덕을 빙 두른 모습으로 군대조직(약 2,500명의 병력)을 말했으나, 후에 가르침을 얻기 위해 스승의 주변을 제자들이 빙 둘러 앉아있는 것에 비유되었다. 스승, 군사, 군

대, 벼슬, 뭇사람, 신령전문적인 기예를 닦은 사람, 악관樂官, 악공樂工, 64괘의 하나, 모범模範으로 삼다 등의 의미이다. **주자**: 태사大師는 악관樂官의 명칭이라. **다산**: 태사大師는 모든 악사의 어른으로 하대부가 하는 것이다

- 樂악은 음악, 노래, 풍류, 연주하다는 뜻이다.
- 翕흡은 羽(깃 우)+合(합할 합)의 형성자로 깃을 오므려 합치는合 것으로 합하다, 일다, 한꺼번에 일어나다, 성하다, 거두다, 모으다, 당기다 등의 의미이다.
- 純순은 糸(가는실 사)+屯(진칠 둔: 艸+一파랗게 올라오는 초목)의 회의자로 새싹屯처럼 아무것도 더하지 않는 순수한 비단 실인 생사糸, 순수하다, 순박하다, 진실하다, 묶다, 싸다, 검은 비단(치) 등을 의미한다.
- 皦교는 日(날 일)+敫(노래할 교)의 형성자로 밝게 빛나는 모양이다. 敫는 白(흰 백)+放(놓을 방)의 회의자로 밝은 빛이 멀리까지 비치는 것이다. 밝다, 흰 돌이나 옥玉을 의미한다.
- 繹역은 糸(실 사)+睪(엿볼 역)의 형성자로 엉킨 실糸을 풀다, 풀리다, 풀어내다, 끌어내다, 당기다, 다스리다, 연달아 하다, 늘어놓다, 찾다, 실 뽑다, 실마리, 제사의 이름 등의 의미이다.
- 成성은 戊(창 모)+丁(못 정)의 회의자로 무기戊로써 성을 단단하게丁 지켜 적을 굴복시켜 일을 마무리 지어 이루다, 갖추어지다, 익다, 성숙하다, 다스리다, 평정하다, 고르게 하다, 균평하게 하다, 끝나다, 크다 등의 의미이다.

3.24 儀封人이 請見曰 君子之至於斯也에 吾未嘗不得見也로라
의 봉 인   청 현 왈   군 자 지 지 어 사 야   오 미 상 부 득 견 야

從者見之한대 出曰 二三子는 何患於喪乎리요
종 자 현 지   출 왈   이 삼 자   하 환 어 상 호

天下之無道也久矣라 天將以夫子로 爲木鐸이시리라
천 하 지 무 도 야 구 의   천 장 이 부 자   위 목 탁

(위나라) 의儀땅에서 경계를 맡은 관인封人이 뵙기見를 청請하며 말했다曰. "군자께서君子之 이곳에於斯 이르시면至, 제吾가 일찍이嘗 뵙지 않은 적이 없습니다未不得見也." 수행하던 제자從者들이 뵙게 했더니見之, 나와서 말하였다出曰. "여러분二三子들은 어찌何 하여 공자께서 벼슬을 잃은 것을於喪 걱정합니까患乎? 천하에 도가 없어진지天下之無道也 오래되었으니久矣, 하늘天은 장차將 선생님을以夫子 (오래되지 않아 정교를 펼칠) 목탁으로 삼으실 것입니다爲木鐸."

혼란이 극에 달하면 마땅히 다스려지듯이亂極當治, 하늘이 필시 장차 부자로 하여금 지위를 얻어 가르침을 베풀게 할 것이니, 오랫동안 지위를 잃지 않게 할 것이다는 말이다. 봉인이 부자를 한번 알현하고 곧바로 이같이 말했으니, 보고 느끼는 사이에 얻은 것이 깊다. 어떤 사람은 말하길, '목탁이란 도로를 순행하는 것이니, 하늘이 공자로 하여금 벼슬을 잃고 사방을 주류周流하며 그 가르침을 행하게 할 것은 비유하자면 목탁이 도로를 순회하는 것과 같다는 말이다.'고 했다. 〈주자〉

한자 해설

- 儀의는 人(사람 인)+義(옳을 의)의 회의자로 의로운 사람이 갖춘 행동이나 본보기를 뜻한다. 여기서는 지명地名이다.
- 封봉은 圭(홀 규)+寸(마디 촌)의 회의자로 손으로 흙더미를 쌓고 나무를 심는 것을 말한다. 흙더미 위에 나무를 심어 국경으로 구분했기에 후에 '봉하다'를 뜻하게 되었다. 봉하다, 매장하다는 뜻이다. **주자**: '봉인封人'은 국경을 담당하는 관리인데, 대개 현자이지만 낮은 지위에 은거한 자인 듯하다. **다산**: 봉인封人은 사직의 제단을 관장하는 관원이다.
- 請청은 言(말씀 언)+靑(푸를 청: 맑은 우물과 푸른 새싹)의 형성자로 깨끗하게 말하다, 말을 정중하게 하다, 청하다, 요구하다, 바라다, (병이 낫게) 빌다. 부르다, 초청하다, 청탁하다, 묻다, 알현하다, 청컨대, 바라건대, 받다, 수령하다 등의 뜻이다.

- 見견은 눈目을 크게 뜬 사람儿으로 보다, 만나다, 드러내다의 뜻이다. 나타나다라고 쓰일 때는 '현'이라고 읽는다. **주자**: '개득견지皆得見之(이곳에 이르면 모두 뵈었다)'는 것은 봉인이 평소에 현자에게 거절당한 적이 없음을 말하여, 스스로 뵙기를 구한 것이다. '뵙게 하다見之'란 사자를 통하여 뵙게 한 것을 말한다.

- 喪상은 亾(숨을 망→亡)+哭(떨어져 없어질 악)의 형성자로 사람이 죽어 없어지다는 뜻이며, 물건을 잃다는 의미도 나왔다. **주자**: 喪은 지위를 잃고 나라를 떠남이다. **다산**: 옛날에는 벼슬자리를 잃고 나라를 떠날 때는 모든 것을 상례喪禮에 적용시켰다. 하환호상何患乎喪 역시 벼슬자리를 잃고 나라를 떠나는 것을 말한다.

- 將장은 月(육달 월)+寸(마디 촌)+爿(나무 조각 장)의 형성자로 어린아이 혹은 노인의 손을 이끌면서 걸음을 돕는 일을 나타내었는데, 후에 장牂과 결부되어 군대를 이끄는 장군의 뜻이 나왔다. 그리고 이끌기 때문에 미래 시제로 장차將次라는 뜻이 나왔다. 장수, 장차, 문득, 청컨대, 무릇, 대저, 만일, 또한, 한편, 거의, 대부분 등의 뜻이다.

- 鐸탁은 金(쇠 금)+睪(엿볼 역)의 형성자로 방울, 풍경風磬, 교령을 선포할 때 흔드는 큰방울을 말한다. 목탁木鐸이란 주로 세상을 깨우쳐 주는 역할을 비유하는 말이다. 『예기』「명당위明堂位」에서는 '조정에서 목탁을 치는 것이 천자의 정치다振木鐸於朝, 天子之政也'라고 하였으며, 『서경』「윤정胤征」편에서는 '명령을 전하는 벼슬아치는 목탁을 가지고 길을 다닌다道人以木鐸徇於路'고 했다. **주자**: 목탁은 쇠로 된 입(방울의 겉 테두리)에 나무 혀를 넣은 방울金口木舌인데, 정교政敎를 베풀 때에 흔들어서 대중을 경계하는 것이다. **다산**: 공안국이 말하길, '목탁木鐸은 정치와 교화를 시행할 때 흔드는 것이다(형병이 말하길, '목탁은 방울鈴이다. 그 혀를 만드는 재료는 쇠와 나무의 다름이 있어, 무사武事에는 금탁金鐸을 흔들고, 문사文事에는 木鐸을 흔들었다.'고 했다)'고 했다.

3.25 子謂韶하시되 盡美矣요 又盡善也라하시고 謂武하시되
자 위 소　　진 미 의　우 진 선 야　　　위 무

盡美矣요 未盡善也라하시다
진 미 의　미 진 선 야

공자子께서 순임금의 음악韶을 평評하여, "지극히 아름답고盡美矣, 또한
又 지극히 선하였다盡善也."고 하셨다. 무왕의 음악武을 평評하시면서,
"지극히 아름답지만盡美矣, 지극히 선하지는 않다未盡善也."고 하셨다.

순임금은 요임금을 이어 훌륭한 정치를 이루었고紹堯致治, 무왕은 주紂를
벌하여 백성을 구하였으니 그 공은 한가지이다. 그러므로 그 음악은 모두
아름다움을 다했다. 그러나 순임금의 덕은 본성을 그대로 실현한 것性之이
고, 또한 읍손揖遜함으로 천하를 얻었고, 무왕의 덕은 본성을 회복한 것反
之이고, 또한 정벌하고 죽임으로써 천하를 얻었다. 그러므로 그 실질은 같
지 않다. 〈주자〉

순임금은 요임금을 이어서紹 우임금에게 전수하면서 처음부터 끝까지 아
무런 결함이 없었기 때문에 그 음악이 아름다움을 다하고 선함을 다하였
다. 무왕은 천하를 얻었지만 5년 후에 붕어하고, 은나라 사람의 완악함을
아직 복종시키지 못하였으며, 예악이 아직 일어나지 않았기 때문에 무왕
의 음악은 아름다움은 다하였지만 아직 선함을 다하지는 못했다. 악은 공
을 이룬 것을 형상화한 것象成인 까닭에 소韶는 9성九成이지만 무武는 6성
六成인데, 이것이 이른바 아직 선함을 다하지 못한 것이다. 〈다산〉

한자 해설

주자: 韶는 순임금의 음악舜樂이고, 무武는 무왕의 음악이다. 아름다움美
이란 소리와 용모습의 성대함이고, 선善이란 아름다움의 열매이다.

다산: 선善은 선세善世·선속善俗의 선善(좋다)으로 읽어야 한다. 미美는 일
의 시작이 화려하고 성대함을 말한다. 선善은 일을 끝마치는 것이 온
전하고 좋은 것을 이른다.

- 韶소는 音(소리 음)+召(부를 소)의 형성자로 순임금 때의 음악을 말한다. 풍류風流의 이름, 아름답다, 예쁘다, 잇다의 뜻이다. **주자**: 韶는 순임금의 음악舜樂이다.

- 善선이란 서로 논쟁하는 두 사람 사이에서 각각의 주장에 대해 시비곡직是非曲直을 신神을 대신하여 심판하는 것으로부터 길상吉祥함과 훌륭함을 의미했다.

- 武무는 戈(창 과)+止(발 지)의 회의자로 무사가 창을 들고 움직이는 모습으로 호반虎班, 무인, 무사, 군대 위용, 병법, 무예, 무술, 병장기, 발자취 반보(석 자), 무왕, 무왕의 음악, 굳세다, 부리다, 지휘하다, 계승하다의 의미이다.

- 美미는 羊(양 양)+大(큰 대)의 회의자로서, 살진 큰 양이 맛있다 혹은 희생 양으로 가치가 있다, 양가죽으로 된 옷을 입은 사람, 양을 잡는 재주를 가진 사람 등의 뜻에서 훌륭하다, 좋다, 유용하다, 찬미하다 등의 의미가 파생되었다. 선善과 의義 등과 어원을 같이 한다.

3.26 子曰 居上不寬하며 爲禮不敬하며 臨喪不哀면 吾何以觀之哉리오
　　자 왈 거 상 불 관　　위 례 불 경　　임 상 불 애　　오 하 이 관 지 재

공자께서 말씀하셨다. "윗자리에 있으면서居上 너그럽지 않고不寬, 예를 행하면서爲禮 경건하지 못하고不敬, 상례에 임하면서臨喪 슬퍼하지 않는다면不哀, 내弄가 (다른) 무엇으로써何以 그 사람(의 행실의 득실)을 살펴보겠는가觀之哉?

윗자리에 있는 것은 사람을 사랑하는 것을 주로하기 때문에主於愛人故 관대함으로 근본을 삼는다. 예를 행하는 것은 경건함敬을 근본으로 한다. 상喪에 임하는 것은 슬픔을 근본으로 한다. 이미 그 근본이 없다면, 무엇으로 그 행한 것의 득실을 살펴보겠는가? 〈주자〉

다산: 윗자리에 있다居上는 것은 인군人君, 목자牧者가 되는 것을 말한다. 예를 행한다는 것은 다른 사람과 더불어 길흉의 모든 예를 행하는 것을 말한다. 상에 임한다臨喪하는 것은 조문하여 곡하는 것을 말한다. 내가 무엇으로써 보겠는가吾何以觀란 아무것도 볼 만한 것이 없음을 말한다.

• 寬관은 宀(집 면)+莧(산양 환)의 형성자로 본래 넓은 방을 뜻했지만 사람의 심성이나 배포를 넓음에 비유하게 되면서 '너그럽다, 도량이 크다, 관대하다, 용서하다, 느슨하다, 늦추다, 넓다, 광활하다, 크다, 물러나다, 멀어지다, 위로하다 등의 뜻이 되었다.

• 敬경은 갑골문에서는 苟(진실로)로 썼으나, 후에 손에 몽둥이를 든 모습인 攵(칠 복)자가 더해졌다. 苟는 머리에 羊이 그려진 꿇어앉은 사람을 그렸는데, 절대자(양)에게 꿇어앉아 '진실하고 경건한 마음'으로 빌거나 복종하는 모습을 나타낸다.

• 臨임은 臣(신하 신)+人(사람 인)+品(물건 품)의 형성자로 눈臣으로 물품品을 살피는 사람人을 그려 높은 곳에서 아래에 임하다, 내려다보다, 다스리다, 대하다, 뵙다, 비추다, 비추어 밝히다, 접근하다, 공격하다, 곡하다, 괘卦의 이름 등으로 쓰인다.

이 편은 인仁을 밝힌 것이다. 인은 선행善行의 총칭이다. 군자는 몸소 인을 실천하니, 반드시 예악禮樂을 행할 수 있다. 그러므로 이편을 앞편의 다음이 되었다. 〈형병〉

모두 26장이다. 〈주자〉

4.1 子曰 里仁이 爲美하니 擇不處仁이면 焉得知리오
자 왈 이 인 위 미 택 불 처 인 언 득 지

주자: 공자께서 말씀하셨다. "마을里(풍속)이 인후仁해야(里有仁厚之俗) 아름답다爲美. (인후仁厚한 마을을) 선택擇하여 인후한 마을에 거처하지 않는다면處仁, 어찌焉 지혜롭다 하겠는가得知?"

다산: 공자께서 말씀하셨다. "(사람의 본성의) 거처(里=人所居)는 인仁함이 아름답다爲美. 선택擇하되 인仁에 거처하지 않는다면不處, 어찌焉 지혜롭다 하겠는가得知焉?"

마을에는 인후의 풍속仁厚之俗이 있는 것이 아름다움 것이 되니, 마을을 선택하되 이런 인후한 곳에 기거하지 않는다면 그 옳고 그름을 분별하는 본마음是非之本心을 잃게 되어 지혜롭게 될 수 없다.〈주자〉

사람이 거처할 곳은 오직 인만을 아름답게 여기니惟仁爲美, 『맹자』의 이른 바 '인이란 사람의 편안한 집이다仁者人之安宅也(「공손추」 상편)'는 '거처할 곳을 선택하되 인仁에 기처하지 않으면, 어찌 지혜롭다 하겠는가?'라고 말한 것이다.〈다산〉

한자 해설

- 里리(이)는 田(밭 전)+土(흙 토)의 회의자로 밭과 흙은 농사를 지을 수 있는 곳이기에 사람들이 모여 사는 곳(마을)이라는 뜻이 나왔다. 1리里는 25가구, 400m의 거리를 말했다. 마을, 고향, 이웃, 인근, 리(거리를 재는 단위), 리(행정 구역 단위), 속, 안쪽 등의 의미한다. **다산:** 里란 사람이 거처하는 곳人所居이다.

- 美미는 羊(양 양)+大(큰 대)의 회의자로 큰 양이 유용하며, 유용한 것이 아름답다, 선하다, 훌륭하다, 찬미하다. 좋게 여기다의 뜻이다. 아름답다(모양이 예쁘다, 경치가 아름답다, 소질이 훌륭하다, 예술성이 강하다, 순박하고 선량하다), 아름다운 품덕品德(君子成人之美), 아름답게 하다夫明王不美宮室,

비옥하다必壞美地, 무성하다夫牛山之木嘗美, 큰 업적美見乎天下, 맛있다膾炙與羊棗孰美, 잘하다彼將惡始而美終, 찬미하다美齊侯之功也, 풍년들다歲適美, 자라다故薺以冬美, 즐거움天下皆美之爲美 斯惡已.

- 擇택은 手(손 수)＋睪(엿볼 역: 죄수를 눈으로 감시한다)의 회의자로 잡혀 온 죄수가 죄를 지었는지 판가름하다는 뜻에서 가리다, 구별하다, 선택하다 등의 뜻이다.
- 焉언은 본래 황색의 새焉鳥를 말했지만, '어찌'로 가차되었다.

4.2 子曰 不仁者는 不可以久處約이며 不可以長處樂이니
자 왈 불 인 자 불 가 이 구 처 약 불 가 이 장 처 락

仁者는 安仁하고 知者는 利仁이니라
인 자 안 인 지 자 이 인

공자께서 말씀하셨다. "어질지 못한 사람不仁者은 곤궁約도 오랫 참지 못하고不可以處, 안락樂도 오래長 누리지 못한다不可以處. 어진 사람仁者은 인에 편안하고安仁, 지혜로운 사람知者은 인을 이롭게 여긴다利仁."

유교에 따르면, 인간은 그 본성인 인을 체득하여 구현할 때 가장 자연스럽고 편안하다仁者 人之安宅. 그래서 공자는 어진 사람은 인간의 본성인 인을 자신의 본향과 같이 편안하게 여긴다仁者 安仁고 말한다. 그리고 학문과 경험을 통해 인간의 온전한 덕이 인이라는 것을 깨달아 아는 지혜로운 사람은 비록 아직 몸소 인을 완전히 체득하여 편안하게 행하지는 못했지만, 최소한 인을 행하면 궁극적인 이로움이 된다는 사실을 알고 있다. 따라서 지혜로운 사람은 인을 이롭게 여겨知者 利仁, 인을 실천하고자 한다고 말했다.

'불인자不仁者'란 인을 추구하지 않고, 세속의 이익을 추구하는 사람으로 곧 소인小人이다. 소인들은 탐욕에 이끌리어 이로움을 추구하기 때문에, 가난을 편안히 여기거나 도를 즐기는安貧樂道 삶을 영위할 수 없다.

그래서 "어질지 못한 사람은 곤궁함에 오래 처하지 못하고, 즐거움에도 오래 처하지 못한다."고 말했다.

한자 해설

- 仁인은 亻(사람 인)+二(두 이)의 형성자로 두 사람이 친애한다는 뜻이다. **다산**: 인이란 인륜의 완성된 덕이다仁者 人倫之成德也. 인이란 효제충신을 총괄하는 명칭이다仁者孝悌忠信之總名. 어버이를 섬기는 효, 어른을 섬기는 공경, 임금을 섬기는 충, 벗과 믿음으로 사귀는 것을 인仁이라 한다.

- 約약은 糸(가는 실 사)+勺(구기 작→약)의 형성자로 실타래를 묶어 맺다, 약속하다, 묶다, 다발을 짓다, 검소하게 하다, 줄이다, 오그라들다, 아끼다, 멈추다, 말리다, 쇠하다, 갖추다, 유약하다, 약속, 조약條約, 검약儉約, 검소, 고생, 빈곤貧困, 대략 등의 의미이다. **주자**: 約은 곤궁困窮함이다. **다산**: 約은 얽어매는 것纏束이다.(『설문』) 궁벽한 곳에 처하여 피곤하고 두려워하는 것이 마치 얽어맨 것과 같다고 하여 약約이라 하였다. 낙樂은 편안하고 부유한 것이다.

- 知지는 口(입 구)+矢(화살 시)의 형성자로 화살矢이 과녁을 꿰뚫듯 상황을 날카롭게 판단하고 의중을 정확하게 꿰뚫어 말口할 수 있는 능력이 지식에서 나오는 것을 그렸다.

- 利리(이)는 禾(벼 화)+刂(=刀: 칼 도)'가 결합한 회의자이다. 첫째, 칼 도(刀=刂) 자를 기본으로 생각하는 견해에 따르면, 병기구兵器 혹은 농기구銛의 날이 지니는 예리銳利함이라는 의미다. 둘째, 리利는 '칼로 벼를 베다', 즉 '수확收穫'이란 뜻하는 글자이기에, 벼를 베어 수확하는 측면에서 보면 결실을 이루어 자기완성을 이루었다利者 萬物之遂, 혹은 인신引伸하여 '순조롭게 조화를 이루었다'는 의미를 지닌다. 결실을 이룬 벼를 수확하는 것은 곧 씨를 뿌리고 가꾸는 노고를 아끼지 않았던 농부의 편에서 보자면 결과적인 '이익'이 된다. **주자**: 利는 탐貪과 같으니, 대개 깊이 알고 돈독하게 좋아하여 반드시 얻고자 함이다.

4.3 子曰 惟仁者아 能好人하며 能惡人이니라
자왈 유인자 능호인 능오인

공자께서 말씀하셨다. "오직惟 인자仁者만이 능能히 (공정하게) 남을 좋아好人할 수 있고, 능能히 남을 미워惡人할 수 있다."

선을 좋아하고 악을 미워함은 천하의 공통된 감정이다. 그러나 사람이 매번 그 바름을 잃는 것은 마음에 얽매인 것이 있어 스스로 극복하지 못하기 때문이다. 오직 인자만이 사심이 없기 때문에 능히 제대로 좋아하고 미워할 수 있다. 〈유초〉

한자 해설

- 惟유는 心(마음 심)+隹(새 추 → 유)의 형성자로 마음에 묻다, 생각하다의 뜻이나, 음을 빌어 발어사로 쓰인다. 생각하다, 사려하다, 늘어세우다, 마땅하다, 들어맞다, 오직, 오로지, 홀로, 생각건대, 예, 대답 등의 의미이다. **주자**: 惟는 '홀로獨'라는 뜻이다.
- 好호는 女(여자 여)+子(아들 자)의 회의자로 엄마가 아이를 바라보는 모습으로 좋다, 훌륭하다, 사이좋다, 아름답다, 즐기다, 좋아하다, 사랑하다, 가상히 여기다, 편들다, 반기다(반가워하거나 반갑게 맞다), 기뻐하다, 끝마치다, 끝나다, 동의하다, 우의友誼, 정분情分, 교분交分, 즐겨, 기꺼이, 곧잘, 쉽게, 심히, 매우 등의 의미이다.

4.4 子曰 苟志於仁矣면 無惡也니라
자왈 구지어인의 무악야

공자께서 말씀하셨다. "진실로苟 인에於仁 뜻을 두면志矣, 악을 행하는 일은 없다無惡也."

인이란 효제충신을 총괄하는 명칭이다(仁者孝悌忠信之總名: 어버이를 섬기는 효, 어른을 섬기는 공경, 임금을 섬기는 충, 벗과 믿음으로 사귀는 것을 인仁이라 한

다). 진실로 그 뜻이 참되고 바르게 인仁에 있으면, 이에 악이 없다. 〈다산〉

- 苟구는 피정복민이 꿇어앉은 모습으로, 참되게 빌다, 구차하다, 진실로 苟日新, 만약苟志於仁, 잠시苟免於咎, 바라건대苟無饑渴, 탐하다不苟於利로 쓰인다. 주자 : 苟는 진실함誠이고, 지志는 마음이 가는 곳心之所之也이다.
- 惡악은 心(마음 심)+亞(버금 아 → 악: 무덤 혹은 곱사등이의 모양)으로 보기 흉하다, 나쁘다 뜻이다. 또한 '亞+心=惡'으로 싫어하는 마음(증오憎惡 혹은 수오羞惡)으로 쓰인다. 다산: 과오過와 악惡은 다르다. 인仁에 뜻을 두고 있는 자가 아직 인仁을 완성하는 데에 미치지 못하여, 과오가 없을 수는 없다. 그러나 그 뜻이 이미 확립되었으며, 필시 악행은 없다.

4.5 子曰 富與貴는 是人之所欲也나 不以其道로 得之어든
자 왈 부 여 귀　시 인 지 소 욕 야　불 이 기 도　득 지
不處也하며 貧與賤이 是人之所惡也나 不以其道로 得之라도
불 처 야　빈 여 천　시 인 지 소 오 야　불 이 기 도　득 지
不去也니라 君子去仁이면 惡乎成名이리오 君子無終食之間을
불 거 야　군 자 거 인　오 호 성 명　군 자 무 종 식 지 간
違仁이니 造次에 必於是하며 顚沛에 必於是니라
위 인　조 차　필 어 시　전 패　필 어 시

공자께서 말씀하셨다. "부와 귀富與貴 그것是은 사람이 욕망하는 것人之所欲也이지만, 정당한 도로써以其道 (부귀) 얻은 것이 아니라면不得之 처하지 아니한다不處也. 빈과 천貧與賤 그것是은 사람이 싫어하는 것人之所惡也, 정당한 도로써以其道 얻은 것이 아니라고 할지라도不以其道得之 떠나지 아니한다不去也. 군자君子가 인을 버리고去仁 어디서惡乎 명성을 이룩겠는가成名? 군자君子는 한 끼의 밥을 먹는 동안終食之間에도 인을 어기지 않고無違仁, 위급할 때造次에도 반드시 인을 의거하고必於是, 엎어질 때顚沛에도 반드시 인에 의거하여야 한다必於是."

군자가 군자인 까닭은 그 인仁 때문이다. 만약 부귀를 탐하고 빈천을 싫어한다면, 이는 스스로 그 인에서 떠나서 군자의 실상이 없는 것이니, 어디에서 그 이름을 이루겠는가? 〈주자〉

인仁이란 사람과 사람의 관계에서 그 도를 다하는 것이다仁者 人與人之盡其道也. 자식이 어버이를 섬긴 연후에 효의 명칭이 있고, 젊은이가 어른을 섬긴 연유에 공경의 명칭이 있고, 신하가 임금을 섬긴 연후에 충의 명칭이 있고, 목민관이 백성을 양육한 연후에 자애로움의 명칭이 있으니, 인을 떠나서 무엇으로써 명성을 이루겠는가? 〈다산〉

한자 해설

주자 : '그 도로써 얻은 것이 아니다不以其道得之'는 것은 마땅히 얻지 말아야 할 것인데도 얻었다는 것을 말한다. '종식終食'이란 한 끼 밥 먹는 경각이며, 조차造次는 급박 구차할 때이며, 전패顚沛는 엎어지고 넘어지거나 떠내려갈 때이다. 대개 군자가 인仁에서 떠나지 않음이 이와 같으니, 단순히 부귀빈천을 취하느냐 버리느냐 하는 경우만은 아니다.

다산 : '얻는다得'는 것은 일을 이룬다는 뜻이니, 빈천을 버리는 것 또한 일을 이루는 것이다. '위違'는 이반(離: 어그러지고 거슬린다乖㭋는 뜻이다)이고, 조차造次는 발사茇舍(풀뿌리로 만든 집)이니, 갑자기 풀로 지어 야숙野宿하는 것이다. 전패顚沛는 목발木拔(나무가 뽑히는 것)과 같으니, 비록 황급하고 넘어지는 순간에도 인仁을 이반하지 않음을 말한다.

• 貴귀는 臼(절구 구)+土(흙 토)+貝(조개 패)의 회의자로 양손으로 흙을 감싸는 모습을 그려 귀하다, (신분이) 높다, 귀중하다, 비싸다, 값이 높다, 높은 지위나 권세, 존칭의 접두어 등으로 쓰인다.

• 賤천은 貝(조개 패)+戔(쌓일 잔)의 회의자로 돈이 적다, 값이 싸다는 뜻으로 인간으로서의 가치가 매우 떨어진다는 뜻이다. 천하다, 천히 여기다, 경멸하다, 경시하다, 업신여기다, 비열하다, 야비하다, 낮다, 싸다, 헐하다 등으로 쓰인다.

- 去거는 土(흙 토)+厶(사사 사)의 회의자로 사람이 문밖으로 나가는 모습으로 가다, 버리다, 덜다, 덜어 없애다, 거두어들이다, 풀다, 과거 등의 의미이다.

- 違위는 辶(쉬엄쉬엄 갈 착)+韋(가죽 위: 성위를 엇갈리게 순회巡廻하는 발의 모습)의 회의자로 (길이) 엇갈리다, 어긋나다, 어기다, 위반하다, 피하다, 멀리하다, 원망하다, 간사하다 등의 의미이다.

- 造조는 辶(쉬엄쉬엄 갈 착)+告(알릴 고)의 형성자인데 본래 宀(집 면) 자 안에 舟(배 주)와 告가 그려져 있어 배를 만드는 모습製造을 표현했다. 짓다, 만들다, 세우다, 만나다, 당하다, 알리다, 때, 시대, 처음, 갑자기 등의 뜻이다.

- 次차는 二(두 이: 침이 튀는 모습)+欠(하품 흠)의 회의자로 남을 나무란다(마음대로, 비방하다)는 뜻이었다. 후에 순서상 두 번째二, 버금가다, 다음 등으로 가차되었다. 조차造次란 얼마 되지 않는 짧은 동안이란 뜻이다.

- 顚전은 頁(머리 혈)+眞(참 진)의 형성자로 머리 위의 정수리를 말한다. 엎드러지다, 뒤집히다, 거꾸로 하다, 미혹하다, 넘어지다, 미치다, 머리, 정수리(머리의 최상부), 꼭대기, 근본 등의 뜻이다.

- 沛패는 水(물 수)+市(조자 시→패: 초목이 무성한 모양)의 형성자로 쏟아지다, 내리다, 내려 주다, 물리치다, 넘어지다, 쓰러지다, 늪, 습지, 깃발. 성대한 모양, 몹시 성내는 모양, 비 오는 모양을 의미한다.

4.6 子曰 我未見好仁者와 惡不仁者케라 好仁者는 無以尙之요
자왈 아 미 견 호 인 자 오 불 인 자   호 인 자 무 이 상 지

惡不仁者는 其爲仁矣 不使不仁者로 加乎其身이니라
오 불 인 자 기 위 인 의 불 사 불 인 자 가 호 기 신

有能一日에 用其力於仁矣乎아 我未見力不足者케라
유 능 일 일 용 기 력 어 인 의 호 아 미 견 역 부 족 자

蓋有之矣어늘 我未之見也로다
개 유 지 의 아 미 지 견 아

공자께서 말씀하셨다. "나我는 아직 인仁을 좋아하는 사람好者과 불인不仁을 미워하는 사람惡者을 보지 못하였다未見. 인仁을 좋아하는 사람好者은 인이 (단적인 최상으로) 더 보탤 것尙之(加) 없는 것으로 여긴다無以. 불인不仁을 미워하는 사람惡者은 그其가 인을 행함爲仁矣에 불인한 것不仁者이 그 자신에게乎其身 가해지지 못하게 한다不使加. 능히 하루라도一日 인에於仁 그 힘其力을 쓰는 사람이 있는가有用矣乎? 나吾는 힘이 부족한 사람力不足者을 보지 못했다未見. 아마도蓋 있을 수도 있겠지만有之矣, 나我는 아직 (힘이 부족한) 그런 사람을 보지 못했다未之見也."

인의 덕을 이룬 그런 사람을 비록 만나기는 어렵지만, 배우는 자가 진실로 절실하게 노력한다면 또한 이르지 못할 이유가 없다는 것을 말했다. 다만 노력했으나 도달하지 못하는 그런 사람을 지금 또한 아직 만나지 못하셨으니, 이것이 공자께서 반복하여 탄식하고 애석해 하신 까닭이다.〈주자〉

한자 해설

* 尙상은 八(여덟 팔)+向(향할 향: 집과 창문)의 회의자로 위로 무언가가 퍼져 나가는 모습, 혹은 향向은 상上(높음)을 의미하기 때문에 숭상崇尙 혹은 상현尙賢 등의 의미가 나왔다. 오히려, 더욱이, 또한, 아직, 풍습, 숭상하다, 높이다, 주관하다, 더하다 등의 뜻이다. **다산**: 尙은 상上과 통하니 '무이상지無以尙之'란 그 품격이 가장 높은 것太上을 말한다.

* 加가는 力(힘 력: 농기구)+口(입 구)의 회의자로 본래 노고를 격려한다는 뜻이었지만, 생산물이 증대되는 것에 빗대어 더하다, 높이다, 가입하다, 입히다, 미치다, 덮다, 헐뜯다, 더하기, 덧셈 등으로 쓰인다. **다산**: 加는 시행하다施(베풀다)는 것과 같으니, 불인한 일이 자기에게 시행되지 못하게 한다는 것을 말한다.

* 蓋개는 艹(풀 초)+盍(덮을 합)의 상형자, 뚜껑 있는 보관함으로 '덮다'나 '합하다'는 뜻이었지만, '모두'나 '대략'으로 가차되었다. 덮다, 하늘, 대략, 그래서, 어찌(합), 땅이름 등으로 쓰인다. **주자**: 蓋는 의문사이다.

子曰 人之過也各於其黨이니 觀過에 斯知仁矣니라
자 왈 인 지 과 야 각 어 기 당　　　관 과　　사 지 인 의

공자께서 말씀하셨다. "사람의 허물人之過也에는 그 부류에於其黨 따라
제 각각各이니, 그 허물過의 종류를 살피면觀, 이斯에 인仁한지를 알 수
있다知."

사람의 허물은 그 부류에 따라 제 각각이다. 군자는 늘 후해서 실수하고,
소인은 늘 각박해서 실수한다. 군자는 지나치게 사랑하고, 소인은 지나치
게 모질다. 〈정자〉

한자 해설

• 過과는 辶(쉬엄쉬엄 갈 착)+咼(입이 삐뚤어질 와→과)의 형성자로 바른 길을
지나쳤다는 뜻이다. 지나다, 들르다, 왕래하다, 초과하다, 지나치다,
넘다, 허물, 잘못, 재앙 등으로 쓰인다. **다산**: 過는 허물愆이다(죄악에 이
르지는 않았다).

• 各각은 口(입 구)+夂(뒤쳐져 올 치)의 회의자로 갑골문에 夂자가 입구 쪽
을 향해 그려져 있어 '도착하다'가 원뜻이었지만, 후에 따로 도착하다
는 뜻에서 '각각'이나 '따로'라는 말이 나왔다. 각각, 각자, 제각기, 따
로따로, 여러, 모두, 다르다, 각각이다 등의 의미이다.

• 黨당은 黑(검을 흑)+尙(숭상할 상)의 형성자로 집 아궁이에 불을 지펴 연
기가 집안을 가득 메우고 있다는 뜻이었지만, 주周나라 때 500가구를
'일당一黨'으로 묶는 호적제도가 도입된 이후부터는 '무리'나 '일가'라는
뜻으로 쓰이게 되었다. 무리, 마을, 일가, 장소, 거듭, 빈번히, 돕다, 치
우치다, 편들다 등의 의미이다. **주자**: 黨은 부류이다(각각 그 유형으로 한
편이 된다). **다산**: 黨은 편偏(치우침)이다(그 부류에 의해 각각 한편一偏이 된다).

子曰 朝聞道면 夕死라도 可矣니라
자 왈 조 문 도　석 사　가 의

공자께서 말씀하셨다. "아침에 도를 들으면聞道, 저녁夕에 죽어도死 괜찮
을 것이다可矣."

조문도朝聞道

　주자 이전의 고주에서는 "공자께서 죽음에 거의 이르렀을 때에, 세상
에 도가 행해지지 않는 것을 한탄한 것이다."라고 주석했다. 그런데 "도
란 만물이 지니고 태어난 마땅히 그래야만 하는 이치事物當然之理이다."
로 정의한 주자는 "도를 듣는다聞道"는 것은 사람됨의 존재 근거를 알게
되는 것이라고 해석했다. 즉 주자에 따르면, 사람됨의 근거를 알 때 비
로소 그 근거에 말미암은 사람답게 사는 법(사람의 길)을 알 수 있다. 사람
답게 사는 법을 알 때 비로소 자각적으로 사람다운 삶 즉 사람의 길을 갈
수 있다. 사람이 자신의 삶을 길을 자각하여, 그 길을 갈 때 비로소 사람
의 존재와 당위가 일치한다. 그렇기 때문에 도를 깨달아 도에 따른 삶을
영위하면 삶은 순조롭고 죽음 또한 편안해지기 때문에 공자께서 이런 말
을 했다고 주자는 해석하였다.

　　주자가 말했다. 대개 이 두 구절을 뒤집어 말한다면, 사람이 일생 도를 들
　　지 못한다면 비록 오래 산다고 해도 무엇 하겠는가? 사람으로서 도를 들으
　　면 삶도 헛되지 않고 그 죽음도 헛되지 않다. 만약 도를 들지 못했다면, 삶
　　도 잘못된 것이고 그 죽음도 잘못된 것이다. ─ 『논어집주대전』

한자 해설
- 朝조는 艹(풀 초)+日(해 일)+月(달 월)의 회의자로 초목 사이로 떠오르는
　해와 아직 채 가시지 않은 달을 그려 '이른 아침'을 말했다.
- 道도는 辶(쉬엄쉬엄 갈 착)+首(머리 수)의 회의자다. 도道는 한 줄로 통하
　는 큰 길, 사람을 목적지에 인도하는 것도 길이지만 또 도덕적인 근거

도 길이라고 할 수 있다. **주자**: 道란 사물이 마땅히 그러해야 하는 이치이니, 진실로 도를 듣는다면 삶은 순조롭고 죽음은 편안하여生順死安 다시 한을 남김이 없을 것이다. 아침과 저녁은 그 시간이 매우 가까움을 강조한 말이다. **다산**: 천명을 성이라 하고, 성에 따르는 것을 道라고 한다.

- 死사는 歹(살을 바른 뼈)+匕(죽은 사람을 거꾸로 놓은 둔 모양, 사람의 죽음 곧 변화를 뜻함)으로 사람이 혼백과 형체가 분리되어 땅속에 뼈만 남은 것으로 죽음을 나타낸다.

4.9 子曰 士志於道而恥惡衣惡食者는 未足與議也니라
자 왈 사 지 어 도 이 치 악 의 악 식 자   미 족 여 의 야

공자께서 말씀하셨다. "선비士가 도에於道 뜻을 두었다고 하면서도志於而, (남보다) 조잡한 옷과 조잡한 음식惡衣惡食者을 부끄럽게恥 여긴다면, 아직 더불어 (도를) 의논與議하기에 부족하다未足也."

- 士사는 상형문자로 도끼처럼 생긴 도구 혹은 단정히 않은 법관의 모습으로 선비(학식이 있으나 벼슬하지 않은 사람士民其擦, 지식인의 통 칭智能之士), 남자(성인남자, 남자의 미칭), 벼슬이름(제후가 두었던 대부 다음의 자리: 諸侯之上大夫卿 下大夫 上士 中士 下士 凡吾等), 관리殷士膚敏, 병사, 일雖執鞭之士, 일삼다勿士行枚, 벼슬하다, 전문적 학식을 지닌 사람 등으로 쓰인다. **다산**: 벼슬하는 사람仕者을 사士라 한다(곧 이른바 사농공가士農工賈이다). 도를 업으로 하는 자業道者는 장차 벼슬하려고 하는 것이기 때문에, 비록 벼슬하지 않더라도 또한 사士라고 말한다.
- 志지는 心(마음 심)+之(갈 지)의 회의자로 마음이 가는 것心之所之之謂이라는 의미에서의 지향과 의미意味를 말한다. 이후 지之가 사士로 바뀌

면서 선비士의 굳은 마음心 곧 의지意志를 강조하여 주재主宰라는 의미
이다. **다산**: 도에 뜻을 두는 것志於道은 장차 마음과 본성을 다스리고
자 하는 것이다. 대체가 우려하지 않고(심성은 대체大體이다), 소체가 아
름다움만 추구하는데(구체口體는 소체小體이다) 어찌 (도를) 의논할 만하겠
는가?

* 議의는 言(말씀 언)+義(옳을 의)의 형성자로 올바름을 의논하다, 토의하
다, 책잡다, 가리다, 분간하다, 의견, 주장, 의논, 문체의 이름 등으로
쓰인다. **다산**: 議란 도를 논하는 것을 말한다.

4.10 **子曰 君子之於天下也에 無適也하며 無莫也하여 義之與比니라**
자 왈 군 자 지 어 천 하 야   무 적 야   무 막 야   의 지 여 비

공자께서 말씀하셨다. "군자君子之는 천하의 일에 응대함에於天下也 오
로지 주장適하는 것도 없고無也, 오로지 하지 말아야莫 하는 것도 없고無
也, 의로움만義之 더불어 따를 뿐이다與比."

의義

義의는 羊양과 我아(手+戈)의 조합으로, 톱날이 있는 칼我로 희생물羊을
잡아 신神들이 흠향할 수 있도록 알맞게 잘 다듬어 놓은 것이다. '알맞다'
'적당하다' '마땅하다'는 의미를 지닌다. 그리고 '양을 잡아서 고기를 나눈
것分'이라는 의미로 확대되어 '분배分配한 것이 이치에 알맞음', '이치에
알맞음(의리義理)'이라는 뜻으로 발전했다. 또한 이렇게 분배적 정의를 나
타내는 의義는 '공公'과 같은 의미를 지니면서 '공평한 분배(공분公分)'라는
의미를 띠게 되었다. 나아가 『설문』에 보면, "의義는 자기의 위엄 있는 거
동으로 아양我羊을 따른다."고 되어 있다. 즉 의義(羊+我)에서 '아我'는 자
기 자신을, '양羊'은 선善이나 미美를 상징한다는 점에서 "인간 자신의 선
하고 착한 본성에서 나온 위엄 있는 행동거지(위의威儀)" 혹은 '정의正義의

구현하는 의식과 형벌'이라는 의미를 지닌다.

유교에서 인간 본성으로 제시한 사덕四德 가운데 인간됨의 도리로서 인은 도덕 행위의 근거가 되며(居仁: 仁 人之安宅), 의는 인간의 도덕 행위의 동기로서 실현해야할 길이 되며(由義: 義 人之正路也), 예禮는 도덕 행위의 표준(원리)이며, 지智란 도덕행위의 근거·동기·표준을 자각하는 것(충분조건)이다. 그런데 도덕의 동기라는 관점에서 볼 때, '리利'개념과 상관되는 것은 '의義'라고 할 수 있다. 그래서 공자는 인의예지 중에서 행위의 동기가 되는 '의義'를 도에 달통하는 방법이다行義以達其道,(16.11)고 말하면서, 행위의 동기를 의義에 두느냐, 아니면 이利에 두느냐에 따라 군자와 소인을 구분하고 있다. 그래서 공자는 "군자는 의義에 밝지만, 소인은 리利에 밝다子曰 君子 喩於矣 小人 喩於利."(4.16)고 말했다.

한자 해설

- **適**적은 辵(쉬엄쉬엄갈 착)+啇(밑동 적)의 형성자로 어떤 곳으로 가다(향하여 가다子適衛), 따르다(순종하다處分適兄意), 시집가다少喪父母適人, 맞다(부합하다適我願兮), 조절하다聖人必先適欲, 때마침, 가령. 한 가지 일에만 열중하다(無適: 일설에는 가까이하다) 등으로 쓰인다.

- **莫**막은 茻(잡풀 우거질 망)+日(날 일)의 회의자로 풀숲 사이로 해가 그려져 있어 날이 저물었다는 것을 표현했지만, 인신하여 없다, ~하지 말라로 쓰인다.

- **比**비는 두 사람이 우측을 향해 나란히 서 있는 모습으로 '친하다'나 '친숙하다'는 뜻이지만, 두 사람을 서로 비교한다는 의미에서 '견주다'로 쓰인다. **형병**: 적適은 후厚함이고, 막莫은 박薄함이고, 비比는 친親함이다(군자는 천하 사람들에게서 부후하거나 궁박한 사람을 가림이 없고, 단지 의로움이 있는 사람과 더불어 서로 친함을 말한다). **주자**: 적適은 오로지 주장함專主이다. 막莫은 옳게 여기지 않음不肯이고, 비比는 따르다從이다. **다산**: 比는 비교較이다. 오직 의義만을 계교計較하여, 의로우면 행하고 의롭지 않으면 떠난다. 막莫이란 하지 말아야 한다不可이다.

4.11 子曰 君子는 懷德하고 小人은 懷土하며
자 왈 군 자 회 덕 소 인 회 토

君子는 懷刑하고 小人은 懷惠니라
군 자 회 형 소 인 회 혜

공자께서 말씀하셨다. "군자君子는 덕을 마음에 품고懷德, 소인小人은 땅을 마음에 품는다懷土, 군자君子는 형벌을 마음에 품고懷刑, 소인小人은 혜택을 마음에 품는다懷惠."

군자는 도를 알기 때문에 덕을 마음에 품고, 소인은 음식을 소중하게 여기기 때문에 땅을 마음에 품는다. 군자는 몸을 경건하게하기 때문에 형벌을 마음에 품고, 소인은 재물을 아끼기 때문에 은혜를 마음에 품는다. 〈다산〉

군자와 소인의 취향이 다른 것은 공公과 사私의 차이일 뿐이다. 〈주자〉

한자 해설

주자: 懷는 생각함思念이다. 회덕懷德은 자기가 본래 지닌 선을 보존하는 것이고, 회토懷土는 자신이 머무는 것의 편안함에 빠지는 것이다. 회형懷刑은 법을 두려워하는 것이고, 회혜懷惠는 이익을 탐하는 것이다.

다산: 懷란 심중에 간직하는 것이다(곧 사념하여 잊지 않는다는 뜻이다). 덕德, 토지土, 형벌刑, 은혜惠는 모두 위의 군주로부터 나오는 것이다. 군주가 몸소 먼저 효제를 실천하는 것을 덕德이라고 말하고, 논밭전지를 나누어 주는 것을 토지土라 하고, 추방追放하고 가두어 죽이는 것을 일러 형벌刑이라 하고, 진작하여 도와주고振救 주휼賙恤하는 것을 은혜惠라 말한다.

• 懷회는 心(마음 심)＋褱(품을 회: 衣＋目; 눈물을 가슴에 묻다)의 회의자로 가슴속에 품은 생각을 의미한다.

• 刑형은 刀(칼 도)＋幵(평평할 견: 죄수를 압송하거나 가두어 두던 나무 우리)의 회의자로 형벌, 법法, 모양, 제어하다, 모범이 되다, 준거하여 따르다, 본받다, 다스리다 등의 의미이다.

4.12 子曰 放於利而行이면 多怨이니라
자 왈 방 어 리 이 행 　다 원

공자께서 말씀하셨다. "이익에 의거하여放於利而 행行하면, (반드시 남에게 해가 되기 때문에) 원망怨을 많이多 받는다."

리利

『설문』과 그 주에서는 '리利'를 다음과 같이 설명했다.

'리利'는 가래銛를 뜻하며, 도刀(刂) 자에 따른다. 화和가 있은 다음에 리利가 있는데, 화성和省에 따른다.『역』「문언전」에 말하기를, 리利란 의義의 조화이다義之和也. 번역하여 말하면, '리利는 예리함銳으로 칼 도刀에 따른다. 화순和順·협조協調한 연후에 리利가 있으니, 화성和省에 따른 것이다.『역』에서 말하는 이익利益이란 바로 의義의 화협和協에서 유래하는 것이다.

利리는 기본적으로 '刂(=刀: 칼)'에서 유래했기 때문에, 병장기(농기구) 칼날의 예리銳利함(利刃, 利口, 利足)을 의미한다. 또한 '리利'는 이로움利益을 뜻하는데 진정한 이로움이란 조화和에 따른 결과(和→利)이다. 그런데 화和(順協調)란 상호 마땅히 해야 할 도의義를 다할 때에 뒤따르는 결과라는 점에서, 리利란 의義의 조화調和라고 하였다. 또한 리利(禾+刂: 칼로 벼를 베다)란 결실結實과 수확收穫을 의미하는데, 결실은 만물의 완성利者萬物之遂이라는 점에서 '순조롭게 조화를 이룸'을, 그리고 수확이라는 점에서 결과적 이익이다.

『논어』의 '리利' 자가 예리銳利함이란 뜻으로 쓰인 경우에는 대개 견해가 동일하여 이견이 없다. 그런데 '이익利益'의 뜻으로 쓰인 '리利'에 대해 고주는 재리財利(↔인의仁義), 그리고 제9편 「자한」에서 리利에 대해서는『주역』「문언」의 말을 인용해 "리利란 의義의 조화利者義之和이며, 군자가 만물로 하여금 각각 마땅함을 얻어 의義에 부합하게 함으로써 하늘의 리利를 본받는 것을 말한다."(9.1)고 주석했다. 그런데 주자는 "리利란 인정이 욕망하는 것(利者人情之所欲↔義者天理之所宜 : 의란 천리의 마땅함이다)"으로 정의하고, "리利를 헤아리면 의義를 해친다計利則害義."고 하였다. 또 다산은 "리利란 칼로 벼를 취함(利者刀取禾↔義者善我 : 의란 나를 선하게 하는 것이다)"으로, "인심이 추종하는 것(利者人心之所趨↔義者道心之所嚮 : 의란 도심이 지향하는 것이다)"으로 정의하면서, "리利를 자주 말하면 의義를 몸소 실천하지 못하고 오히려 해치기기 때문에 공자께서 드물게 말씀하셨다."고 했다.

한자 해설

• 放방은 攴(칠 복)+方(모 방)의 회의자로 몽둥이로 내쳐서 보낸다, 추방하다, 내놓다, 방자하다, 준하다, 기준으로 삼다, 의지하다, 서로 닮다 등의 의미이다.

• 多다는 肉(고기 육)자를 겹쳐 그린 것으로 고기가 쌓여있는 모습에서 '많다'는 뜻이 나왔다.

• 怨원은 夗(누워 뒹굴 원)+心(마음 심)의 회의자로, 분하고 원통하여 바닥을 뒹굴 정도夗의 심정心이라는 뜻이다.

4.13 子曰 能以禮讓이면 爲國乎에 何有며
　　　자 왈 능 이 례 양　　　위 국 호　　하 유

不能以禮讓으로 爲國이면 如禮에 何리오
불 능 이 례 양　　　위 국　　여 례　　하

공자께서 말씀하셨다. "能능히 예양(=예의 실질實質↔禮文)으로以禮讓 나라를 다스릴 수 있다면爲國乎, 무슨 어려움이 있겠는가何有? 예양으로以禮讓 나라를 다스릴 수 없다면不爲國, (문채만 남이 있는) 예로써如禮 무엇何을 할 수 있겠는가?"

예양禮讓※

讓양은 言(말씀 언)＋襄(도울 양)의 회의자이다. 또한 襄양은 衣(옷 의)＋口(입 구)의 회의자로 상喪을 당해 슬픔에 잠겨있는 사람을 말하며, 따라서 아픔을 겪고 있는 사람襄을 말言로 도와주다, 양보하다, 사양辭讓하다, 겸손하다, 넘겨주다, 꾸짖다는 뜻이다.

물었다. "양讓이란 예의 실질입니다. 양讓의 단서는 본심의 참다움에서 발현되기 때문에, 양讓함이 예의 실질이 아닙니까?" 주자가 답했다. "그렇다. 옥백을 교차하는 것도 본래 예의 문채이고, 손을 높이 들어 모으고 무릎 꿇어 앉으며 오르내리고 구부리고 우러러 보는 것도 예의 문채일 뿐이니, 모두 가식적으로 할 수 있다. 오직 양讓함이야 말로 예의 실질이니, 이것은 가식적으로 할 수 없는 것이다. 이미 실질이 있으면 자연히 남의 마음을 감동시킬 수 있다. 만약 다툼을 좋아하는 마음으로 예의 문채의 말절만으로 남을 감동시키려 한다면, 어찌 그를 감화시킬 수 있겠는가? 선왕들께서 예양禮讓을 행하신 것은 바로 소박하고 진실하게 쓰려 하긴 것이다. 만약 예양으로써 나라를 다르실 수 없다면, 예는 헛된 문식이 될 따름이니, 예인들 다 무엇 하겠는가?" - 『논어집주대전』

讓이란 예의 실질禮之實이다. '하유何有'는 어렵지 않음不難을 말한다. 예의 실질이 있어 그것으로 나라를 다스린다면 무슨 어려움이 있겠는가? 예의 실질이 없다면, 비록 예의 문채가 갖추어져 있다고 하더라도 예를 어떻게 할 수 없는데, 하물며 나라를 다스림에 있어서야? 〈주자〉

※ 기존에 발행된 대부분의 『논어』 해설서에서 '예양禮讓'을 '예절과 사양(겸양)'이라고 번역하고 있다. 그런데 예양이라는 예의 실질(禮之實)은 예문禮文(예의 문채)의 상대 개념으로 이해해야 한다.

나라의 임금이 찬탈하고, 대부가 참월한 것이 능히 예양禮讓으로써 나라를 다스리지 못하는 것이다. 이와 같은 사람은 예를 행하고자 하여도 장차 예로써 무엇을 하겠는가? 예를 쓸 수 없음을 말한 것이다. 〈다산〉

4.14 子曰 不患無位요 患所以立하며 不患莫己知요 求爲可知也니라
자 왈 불 환 무 위   환 소 이 립   불 환 막 기 지   구 위 가 지 야

공자께서 말씀하셨다. "지위가 없음無位을 근심하지 말고不患, (지위에) 설 수 있는 까닭(조건, 자격, 방법)所以立을 근심患하라. 나를 알아주지 않음莫己知을 근심하지 말고不患, 알아줄 만한 실질爲可知을 추구하라求也."

군자는 그 자신에게 있는 것을 구할 따름이다. 〈정자〉

한자 해설

- 患환은 心(마음 심)+串(꿸 천)의 회의자로 꼬챙이가 심장까지 관통하는 모습으로 마음을 짓누르는 근심, 걱정, 질병疾病, 재앙, 염려하다, 미워하다, 앓다, 병에 걸리다는 의미이다.
- 位위는 人(사람 인)+立(설 립)의 회의자로 어전에서 좌우에 많은 줄지어 서있는 사람으로 지위, 직위, 제위帝位, 왕위王位, 방위方位, 자리 잡다, 도달하다의 뜻이다. **주자**: 소이립所以立'은 그 지위에 설 수 있는 조건(이유)을 말한다. '가지可知'는 알아줄 만한 실질을 말한다. **다산**: 位란 조정의 백관들이 서는 자리이다(『설문』에서는 '중정中庭의 좌우에 늘어선 것을 위位라 한다.'고 했다). 벼슬하지 않는 자는 지위가 없다. 소이립所以立은 임금을 광정하고 백성을 양육하는 기술匡君牧民之術을 말한다.

4.15 子曰 參乎아 吾道는 一以貫之니라 曾子曰 唯라 子出커시늘
자왈 삼호 오도 일이관지 증자왈유 자출

門人이 問曰 何謂也잇고 曾子曰 夫子之道는 忠恕而已矣니라
문인 문왈 하위야 증자왈 부자지도 충서이이의

공자께서 말씀하셨다. "삼아參乎! 나의 도吾道는 하나로써 꿰뚫는다—以
貫之." 증자曾子가 말했다日. "그렇습니다唯." 공자께서 나가시자子出, 문
하의 사람門人들이 물어 말하였다問日. "무엇을 일러 말씀하신 것입니까
何謂也?" 증자曾子가 말했다日. "큰 선생님의 도夫子之道는 충서忠恕일 따
름입니다而已矣."

일관지도: 忠恕충서

忠충은 일종의 정치적인 외재적 규범이었지만, "마음 가운데 진실한
본마음을 헤아리는 것이 충이다考中度衷 忠也", 혹은 "진실한 속마음으로
외부에 응대하는 것이 충이다中能應外 忠也."(『국어』)라고 풀이되어 있다.
『설문』에서는 "충은 공경함이다忠敬也. 심心 자를 따르며, 중中이 성부를
이룬다從心 中聲"고 하였다. 단옥재段玉裁의 주注에서는 '중中'이란 '외부外
와 구별되는 말이며, 치우침偏과도 구별되며, 또한 마땅함에 부합合宜하
는 말이다.'라고 되어있다. 이러한 전거들은 충忠이 중中과 결부하여 중
정中正, 사사로움이 없음無私의 함의를 지닌다는 사실을 알려준다. 그리
고 충은 갖추고 있는 '중中'이 마음 가운데에서 발동하며 중정무사中正無
私하다는 함의를 지니고, 나아가 자신의 최선을 다함盡心竭己이라는 의
미로 확장되었다.

恕서는 心(마음 심)+如(같을 여)의 회의자로 같은 마음, 마음을 같이함으
로 동정심同情心, 그리고 평정심을 유지하며 너그러운 마음을 갖는다는
의미에서 '용서하다'나 '인자하다'라는 뜻이 나왔다. 『설문』에서는 "서恕는
어진 것이다. 마음이란 뜻을 지니고 여가 소리를 나타낸다恕 仁也, 從心,
如聲)"고 했다. 그리고 『이아爾雅』에서는 "如, 미루어 나아가는 것이다往

174

也”라고 풀이한다. 따라서 ‘서恕’란 ‘마음心+미루어 나아감如(=往)’로 ‘자기의 마음을 미루어 다른 사람에게 나아가는 것’이다.”라고 하였다.

증자는 공자의 일관지도一貫之道를 충서忠恕라 했다. 여기서 충忠을 中+心으로 보면, 마음을 중中의 상태에 두어 주체의 중심을 잡는 자기정립을 말한다. 마음을 중의 상태에 둔다는 것은 마음을 “치우치지 않고不偏, 기울지도 않으며不倚, 지나치거나 모자람이 없도록 정립하는 것을 말한다. 그리고 이 ‘충’을 외적 타자에게 미루어 나아가서, 타자 또한 주체로서 인정하는 것이 바로 서(恕=如心: 같은 마음)이다. 자타는 상관개념이라는 점에서 ‘서恕’는 자기정립의 ‘충’이 없다면 불가능하며, 자기정립의 ‘충’은 ‘서’가 없다면 전혀 무의미한 유아론적인 주체에 지나지 않는다고 할 수 있다. 충서에 대한 대표적인 주석을 살펴보자.

충忠은 중심中心을 다함이다. 서恕는 자기를 헤아려 상대를 재는 것忖己度物이다. 공자의 도는 충서忠恕라는 하나의 이치로서 천하만사의 이치를 통괄하였을 뿐이니, 다시 다른 법이 없다. 그러므로 ‘뿐이다而己矣’고 하셨다고 하였는데, 살피건대 이 소疏는 본지本旨를 올바르게 터득한 것으로 바꿀 수 없다. 〈형병〉

자신을 다하는 것을 충忠이라 하고盡己之謂忠, 자신을 미루어 나아가는 것을 서恕라 한다推己之謂恕. 어떤 사람이 말하길, 마음을 중에 두는 것이 충이고中心爲忠, 마음을 같이 하는 것이 서이다如心爲恕고 하니, 또한 의미가 통한다. 〈주자〉

도는 사람의 도人道이다. 나의 도吾道라고 말한 것은 몸소 맡고 있다는 것이다. 하나一란 서恕이다. 관貫은 뚫다穿이다. 서를 충으로 행하기行恕以忠 때문에 공자께서 오로지 서恕만 말씀하셨고, 증자는 충서忠恕를 이어서 말하였다. 『주례』의 소疏에서, 마음을 중에 두는 것이 충이고中心爲忠, 마음을 같이 하는 것이 서이다如心爲恕고 하였다. 대개 마음을 중에 두고 사람을 섬기는 것을 일러 충이라 한다中心事人謂之忠. 다른 사람의 마음을 내 마음처럼 헤아리는 것을 서라고 한다忖他心如我心謂之恕也. 〈다산〉

- 貫관은 貝(조개 패)+毌(꿰뚫을 관)의 상형자로 조개 화폐貝를 꿰어 놓은毌 모습으로 꿰다, 연속되다, 일관一貫되다, 뚫다, 통과하다, 조리, 당기다(만) 등의 의미이다. **형병**: 貫은 통괄統이다. **주자**: 貫은 통한다通이다. **다산**: 貫은 뚫다穿이다. (『설문』에서 '꿰는 형상으로 물건을 꿰뚫는다毌象穿物'고 했고, 『역』에서는 '물고기를 꿴다貫魚'고, 『좌전』에서는 '돈을 가득 꿴다貫盈'고 했다.)
- 唯유는 口(입 구)+隹(새 추)의 회의자로 본래 새들이 서로 지저귄다는 의미에서 '응답하다'는 뜻이었지만, 어조사나 '오직', '다만'이라는 뜻이 가차되었다. 오직, 다만, 예(공손하게 대답하는 말), 생각하다, 누구 등으로 쓰인다. **주자**: 唯는 응답함이 빠르고 의심이 없음이다. **다산**: 唯는 응대함이다.

4.16 子曰君子는 喩於義하고 小人은 喩於利니라
자 왈 군 자 유 어 의 소 인 유 어 리

공자께서 말씀하셨다. "군자는 의(천리의 마땅함)를 밝게 알고, 소인은 리(인정의 욕망)를 밝게 안다."

의義와 리利

『논어』에서 義(20회 내외)와 利(11회 내외)는 상대적으로 많이 나오지 않는다. 『설문』에서 "義란 자기 자신의 위엄(엄숙·장중) 있는 행동거지己之威儀이다. 義의 본뜻은 예용이 각각 그 마땅함을 얻었음을 말하고謂禮容各得其宜, 예용이 마땅함을 얻으면 선하다禮容得宜則善矣. 또한 아我와 양羊에서 유래했는데, 위의威儀는 자기로부터 나오기 때문에 아我를 따랐다. 양羊에서 유래한 것은 모두 선善·미美와 같은 뜻이다."고 했다. 그리고 '리利'는『설문』에서 "利는 가래鎘를 뜻하며, 도刀(刂) 자에 따른다. 화和가 있은 다음에 리利가 있는데, 화성和省에 따른다."고 하였다.『논어』에서 공자는 의義·리利를 도덕의 동기로 정립하면서, 이를 기준으로 군자와 소인을 나누었다. 이는 유교에서 인간을 평가하는 가장 중요한 기준이다.

동중서董仲舒는 '인仁이란 인人이며仁者人也, 의義란 아我이다義者我也'고 했는데, 인仁은 반드시 남에게 미치며仁必及人, 의義는 반드시 중中에 말미암아 단제斷制한다義必由中斷制는 말이다. 예법禮法에 마땅함에 부합하는 것이 의가 된다合宜爲義. 리利란 재리財利(↔仁義), 혹은 옳은 일을 했을 때 마땅히 귀속되는 조화로움이라는 것利者義之和也이다. 〈고주〉

의義는 천리天理의 마땅한 것이고, 리利는 인정이 욕망하는 것이다. 천리의 마땅한 것은 공公이고, 인정이 욕망하는 것은 공私이다. 도모할 것을 모도하고 취할 것을 취하는 것은 의義이다. 교묘한 속임수 같은 그릇된 방법으로 도모하지 말아야 할 것을 도모하고 취하지 말아야 할 것을 취하는 것은 리利이다. 조금이라도 사심이 있어 천리의 당연함을 실천하지 못하는 것도 모두 리利이다. 〈주자〉

선을 행하고 악을 제거하는 것을 의라고 한다爲善去惡曰義. 일의 마땅함으로 제어하여 나를 선하게 하는 것이다制其宜以善我. 맹자는 수오지심을 의의 단시로 삼았으니羞惡之心 義之端, 의義란 본래 악을 버리고 선을 행하는 것을 말하는 것으로 마땅히 힘써야 할 일은 악을 버리는 것보다 더 급한 것이 없다. 군자는 선인이고, 소인은 악인이다. 의란 도심이 지향하는 것道心之所嚮이고(의란 나를 선하게 하는 것이다義者善我也), 리利란 인심이 추종하는 것人心之所趨이다(리利란 칼로 벼를 취하는 것이다利者刀取禾). 〈다산〉

- 喩는 口(입 구)+俞(점점 유: 배舟가 물≪ 위를 향해하는 모습: 나아가다)의 형성
자로 깨우치다, 깨닫다, 깨우쳐 주다, 비유하다, 유쾌하다, 기뻐하는
모양으로 쓰인다. **주자:** 喩는 밝게 안다曉(=깨닫다)와 같다. **다산:** 喩는
'깨닫다'는 뜻이니, 마음이 깨우치면 입이 긍정한다心悟則口俞. 그러므
로 글자가 口와 俞를 따랐다.

4.17 子曰 見賢思齊焉하며 見不賢而內自省也니라
자 왈 견 현 사 제 언   견 불 현 이 내 자 성 야

공자께서 말씀하셨다. "어진 사람을 보면見賢 그와 같아지기齊를 생각하고
思焉, 어질지 못한 사람不賢을 보면見而 안으로內 자기를 반성한다自省也."

같아지기를 생각함思齊은 자신도 그 선이 있기를 바란다는 것이며, 안으로
자신을 반성함內自省은 자기 역시 그런 악이 있는지 두려워함이다. 〈주자〉

- 賢현은 臤(어질 현: 신하가 일을 능히 잘 해낸다)+貝(조개 패)의 회의자로 어질
고 현명하여 재물까지 나누어 주다(구휼救恤)는 뜻으로 존경하다, 착하
다, 선량하다, 어진 사람, 어려운 사람을 구제하는 일, 남을 높여 이르
는 말 등으로 쓰인다.
- 齊제는 곡물穀物의 이삭이 가지런히 돋은 모양을 본뜬 상형자로 가지
런하다, 단정하다, 질서 정연하다, 다스리다, 제나라, 재계齊戒하다,
공손하다, 엄숙하다, 삼가다, 상복, 제사에 쓰이는 곡식, 자르다 등의
의미이다. **다산:** 齊란 위가 평평하게 곧은 것上平을 말한다(『설문』에서 말
했다. 벼이삭의 위쪽이 평평한 것을 齊라고 한다). 태재순太宰純이 말하길, '사제
思齊란, 비유하자면 키가 작은 사람이 키 큰 사람과 함께 나란히 서기
를 원해 발꿈치를 치켜들어 똑같게 하려고 하는 것과 같다.'고 하였다.

4.18 子曰 事父母하되 幾諫이니 見志不從하고 又敬不違하며
자 왈 사 부 모 　 　 기 간 　 　 견 지 부 종 　 　 우 경 불 위

勞而不怨이니라
노 이 불 원

공자께서 말씀하셨다. "부모를 섬길 때事父母에는 은미幾하게 간언諫하고, (부모님이 나의) 뜻志을 따르지 않음不從을 보더라도見, 또한又 공경敬하며 (부모의 뜻을) 어기지 않으며不違, 수고로워도勞而 원망하지는 말아야 한다不怨."

어버이께 허물이 있으면, 기운을 누그러뜨리고 안색을 온화하게 하고, 소리를 부드럽게 하여 간한다. 간하였지만 받아들이지 않더라도, 도리어 공경하고 효하되 기뻐하시면 다시 간한다. 기뻐하시지 않더라도, 향당과 고을에 죄를 얻기 보다는 차라리 열심히 간한다. 어버이께서 노하시고 기뻐하시지 않아 매로 때려 피가 흘러도, 감히 미워하거나 원망하지 않고 더욱 공경하고 효도한다. ─『예기』「내칙」

한자 해설

주자 : 기幾는 은미隱微함이다. 미간微諫이란 (『예기』「내칙內則」의) 이른바 "부모에게 과오가 있으면 기운을 낮추고 낯빛을 환하게 하며, 목소리를 부드럽게 하여 간언한다."는 것이다.

다산 : 기간幾諫이란 감히 직접 간언하지 않고, 단지 은미한 뜻으로 풍자하여 깨우치는 것이다. '見'은 현現으로 읽어 노정路·시사示다. 자신의 뜻이 어버이의 명령에 따르지 않는다는 것을 은미하게 드러낸다. 또한 모름지기 공경하고 어버이의 명령을 어기지 않고, 어버이께서 스스로 깨달으시기를 기다린다. 이와 같이 하면 수고롭지만, 비록 수고롭다고 해 원망하지 않는다.

• 幾기는 戈(창 과: 베틀)＋人(사람 인)＋幺(작을 요)의 회의자로 옷감을 짜는 베틀을 그린 것이지만, 후에 옷감을 짜기 위해서는 날실을 수없이 조작한다는 의미에서 '몇'이나 '얼마', '자주'와 같이 '수'와 관계된 뜻으로 가차

되었다. 혹은 베틀에 앉아 실糸로 베를 짜는 사람(人→戈)을 그려 세밀함을 나타냈다. 은미, 조짐, 기틀, 살피다, 거의, 때, 얼마, 바라다 등의 뜻이 있다. 기간幾諫이란 부드러운 안색과 목소리로 은근하게 간함이다.

- 諫간은 言(말씀 언)+柬(범하다, 가리다)의 형성자로 웃어른의 면전面前을 무릅쓰고 범하여 말하다, 혹은 말을 가려서 간언하는 것을 뜻한다.
- 見견은 目(눈 목)+儿(어진사람 인)의 회의자로 눈으로 보다, 보이다'와 같은 의미도 있다. 보다, 보이다, 당하다, 견해見解, 뵙다(현), 나타나다, 소개하다, 만나다, 현재, 지금의 뜻이다.
- 勞로는 火(불 화)+冖(덮을 멱)+力(힘 력), 혹은 熒(등불 형)+力의 회의자로 밤에도 불을 밝히고 열심히 일하다, 힘들이다, 고단하다, 수고롭다, 위로하다, 노고勞苦, 공로功勞 등으로 쓰인다.

4.19 子曰 父母在어시든 不遠遊하며 遊必有方이니라
자왈 부 모 재　　불 원 유　　유 필 유 방

공자께서 말씀하셨다. "부모父母님께서 살아 계시면在, 멀리遠 (다른 지방에 오랜 시간 동안) 노닐지 아니하며不遠游, 나가면游 반드시必 일정한 행방이 있어야 한다有方."

한자 해설

- 遊유는 辵(쉬엄쉬엄 갈 착)+斿(깃발 유: 깃발 아래 아이가 놀이하는 모습)의 회의자로 길을 떠나 놀다, 유람하다, 여행하다, 배우다, 공부하다, 유세하다, 놀이, 유원지 등의 의미이다. **다산**: (원유遠游의) 유遊는 유학遊學(고향을 떠나 공부함)·유환遊宦(고향을 떠나 벼슬함) 따위를 말한다. 뒤의 (遊必有方의) 유遊는 가까운 데에서 노는 것을 말한다.
- 方방은 소가 끄는 쟁기를 그린 상형자로 일정한 방향으로 나아가고, 밭이 사각형이었기 때문에 방위, 방향, 국가, 장소, 방법, 방술, 처방,

약방문, 법, 규정, 쪽, 상대방, 둘레, 바야흐로, 장차, 본뜨다, 모방하다, 바르다, 견주다, 대등하다, 나란히 하다 등으로 쓰인다. 다산: 方은 장소이다.

4.20 子曰 三年을 無改於父之道라야 可謂孝矣니라
자 왈 삼 년 무 개 어 부 지 도 가 위 효 의

공자께서 말씀하셨다. "3년간 아버지의 (하시던) 도(방식)에서 고침이 없어야 효자라고 할 수 있다."

이 장은 『논어』 「학이」 1.11과 같으며, 여기서 거듭 나왔다.

4.21 子曰 父母之年은 不可不知也니 一則以喜오 一則以懼니라
자 왈 부 모 지 년 불 가 부 지 야 일 즉 이 희 일 즉 이 구

공자께서 말씀하셨다. "부모님의父母之 연세年는 알지知 않을 수 없으니 不可不知也, 한편으로一則는 기쁘기 때문이고, 한편으로는一則 두렵기 때문이다以懼."

항상 부모님의 연세를 기억하면, 부모가 그만큼 연수壽를 누리신 것은 이미 기쁘지만, 또한 그 노쇠하심은 두려워서 하루하루를 아끼는 정성愛日之誠은 저절로 어찌할 수 없이 생겨난다. 〈주자〉

[한자 해설]
• 年년은 禾(벼 화)+人(사람 인)의 형성자로 볏단을 등에 지고 가는 사람으로 수확을 마쳐, 한해가 마무리 되었다는 뜻이다. 해, 나이, 때, 시대, 새해, 연령, 잘 익은 오곡, 익다 등의 의미이다.
• 知지는 口(입 구)+矢(화살 시)의 회의자로 많이 알고 있으면 화살矢처럼

말口이 빨리 나간다 혹은 화살이 꿰뚫듯이 마음속에 확실히 결정한 일로 알다, 알리다, 지식 등을 의미한다. **주자**: 知는 기억記憶한다와 같다. **다산**: 知는 인식認이다.

- **喜**희는 壴(악기이름 주: 지지대 위에 올려놓은 북)+口(입 구)의 회의자로 북을 치고 노래를 부르며 즐거워한다, 기쁘다, 임신하다, 빛나다, 흥성하다, 경사 등의 의미이다.

- **懼**구는 心(마음 심)+瞿(놀랄 구: 새의 큰 두 눈)의 회의자로 두려워하다, 걱정하다, 염려하다, 위협하다, 조심하다 등의 의미이다.

4.22 子曰 古者에 言之不出은 恥躬之不逮也니라
자 왈 고 자　언 지 불 출　치 궁 지 불 체 야

공자께서 말씀하셨다. "옛날古者에 말을言之 내지 않은 것不出은 몸이躬之 (말에) 미치지(逮=及) 못함不을 부끄러워했기恥 때문이다."

군자는 말에 있어 부득이한 이후에 말을 하였는데, 말하기가 어려운 것이 아니라 실천이 어렵기 때문이다. 사람들은 오직 스스로 실천하지 않기 때문에 쉽게 말한다. 말하는 것이 그가 행하는 것과 같고, 행동하는 것이 그가 말하는 것과 같다면 그 입에서 나오는 것이 결코 쉽지 않다. 〈범조우〉

한자 해설

- **古**고는 十(열 십)+口(입 구)의 회의자로 시간상 여러十 대에 걸쳐 입口으로 전해온다는 뜻으로 옛날, 오랜 이야기 등라고 했다. **주자**: '고자古者(옛날)'라고 말하여 오늘날에는 그렇지 않음을 나타내셨다.

- **恥**치는 心(마음 심)+耳(귀 이)의 회의자로 얼굴이나 귀가 빨갛게 달아오르게 되는 것으로 부끄러워하다, 부끄럽게 여기다, 욕보이다, 창피를 주다, 부끄럼, 남에게 당한 부끄러움, 욕, 치욕 등의 의미이다.

- **躬**궁은 뜻을 나타내는 身(몸 신)과 음을 나타내는 弓(활 궁)의 형성자로

몸, 자기 자신, 몸소, 굽히다, 곤궁하다 등의 뜻이 다.

- 逮체는 辶(쉬엄쉬엄 갈 착)+隶(미칠 이: 동물의 꼬리를 붙잡고 있는 모습)의 회의 자로 누군가를 추격하여 붙잡는다, 체포하다, 도달하다의 뜻이다. **주자**: 逮는 미침及이다. 행동이 말에 미치지 못하는 것은 매우 부끄러워할 만한 일이다. 옛날에는 그 말을 꺼내지 않은 것은 바로 이 때문이다.

4.23 子曰 以約失之者鮮矣니라
자 왈 이 약 실 지 자 선 의

공자께서 말씀하셨다. "(스스로) 단속함으로써以約 잘못된 경우는失之者 드물다鮮矣."

조심스럽게 몸을 단속하여 감히 방자放肆하지 않음을 약約이라 한다. 약約 하면서 과실過失을 범하는 자는 드물다. 〈다산〉

한자 해설

- 約약은 糸(가는실 멱)+勺(구기 작)의 형성자로 실타래를 묶어 놓은 모습으로 약속하다, 묶다, 다발을 짓다, 검소하게 하다, 검약, 검소, 대략, 대강, 장식 등의 의미이다. **주자**: 約은 가까운 것에서 착실하게 수렴收斂한다는 뜻이 있으니, 단순히 간략함이 아니다. 이 約자는 다만 모든 일을 스스로 단속한다는 뜻일 뿐이다. 이 約자는 명사이다. **다산**: 約은 (새끼줄 등으로) 동여 묶는 것纏束이다.(『설문』)
- 失실은 手(손 수)에 옆에 획이 하나 그어져 손에서 무언가가 떨어지는 모습을 표현하여 잃다, 잃어버리다, 달아나다, 도망치다, 잘못하다, 그르치다, 어긋나다, 잘못, 허물, 놓다 등의 의미이다.
- 鮮선은 魚(물고기 어)+羊(양 양)의 회의자로 신선한 생선과 양고기를 말하며 빛나다, 선명하다, 새롭다, 적다, 드물다, 날것(익히지 않은 것), 물고기의 이름 등으로 쓰인다.

4.24 子曰君子는 欲訥於言而敏於行이니라
자 왈 군 자 　 욕 눌 어 언 이 민 어 행

공자께서 말씀하셨다. "군자君子는 말에서於言는 어눌하고자 하고欲訥
而, 행동에서於行는 민첩敏하고자 한다."

말은 내뱉기 쉽기 때문에 어눌하고자 하고, 힘써 행하는 것은 어렵기 때문
에 민첩하고자 한다. 〈사량좌〉

한자 해설
• 訥눌은 言(말씀 언)＋內(안 내)의 회의자로 말言이 입 안內에 있어 나오지
않음을 나타내어 말을 더듬거리다, 꾸밈없이 바른말하다, 말을 잘 하
지 않다 등으로 쓰인다. **포함**: 訥은 더디고 둔한 것遲鈍이다.

4.25 子曰德不孤라 必有隣이니라
자 왈 덕 불 고 　 필 유 린

공자께서 말씀하셨다. "덕德은 외롭지 않으니不孤, 반드시必 이웃이 있다
有隣."

군자는 경으로 안을 바르게 하고, 의로써 밖을 방정히 한다. 경과 의가 서면
덕은 외롭지 않다君子敬以直內 義以方外 敬義立而德不孤. ─『**역경**』「**곤괘, 문언전**」

덕은 고립되지 않고, 반드시 같은 부류類로써 응한다. 그러므로 덕이 있는
사람은 반드시 그와 같은 부류가 있어 따르니, 마치 거처함에 그 이웃이
있는 것과 같다. 〈주자〉

한자 해설
• 德덕은 彳(조금 걸을 척)＋直(곧을 직)＋心(마음 심)의 회의자로 곧은 마음으
로 길을 걷는 사는 사람이라는 뜻이다. 크다, (덕으로) 여기다, (덕을)

184

베풀다, 고맙게 생각하다, 은덕恩德, 도덕, 복, 행복, 은혜, 선행, 행위, 능력, 작용, 어진 이, 현자, 정의, 목성(木星: 별의 이름), 건괘乾卦의 상 등으로 쓰인다.

- 孤고는 子(아들 자)＋瓜(오이 과: 열매가 덩그러니 매달려있는 모습)의 회의자로 홀로달린 오이瓜처럼 혼자 남은 아이子, 고아, 떨어지다, 멀다, (불쌍히 여겨) 돌보다, 저버리다, 작다, 고루하고 무지하다, 어리석다, 늙어 자식이 없는 사람, 나, 왕후의 겸칭 등으로 쓰인다. **다산**: 외로이 홀로 서있는 것을 고라 한다子然獨立曰孤.

- 鄰린(＝隣)은 阜(언덕 부)＋粦(도깨비불 린)의 형성자로 이웃, 이웃한 사람, 보필輔弼, 행정구획(5가구＝1린) 등으로 쓰인다. **주자**: 鄰은 친親과 같다.

4.26 子遊曰 事君數이면 斯辱矣요 朋友數이면 斯疏矣니라
자 유 왈 사 군 삭　　　사 욕 의　　　붕 우 삭　　　사 소 의

자유子遊가 말했다曰. "(의로써 맺어진義合) 임금을 섬길 때事君에 번거롭게 자주數 간언하면, 이斯에 치욕을 당하게 되고辱矣, 붕우朋友 간에도 번거롭게 자주數 충고하면, 이斯에 소원해진다疏矣."

임금을 섬길 때에는 간언한 것이 행해지지 않으면 마땅히 떠나야 한다. 벗을 인도할 때에는 선함이 받아들여지지 않으면 마땅히 그만두어야 한다. 번거롭고 귀찮게 하는 데에 이르면 말하는 자는 가벼워지고 듣는 자는 싫증낸다. 그런 까닭에 잘 되기를 바랐다고 도리어 치욕을 당하고, 친하고자 하였으나 도리어 소원해진다. 〈호인〉

한자 해설
- **數**수(삭)는 婁(끌 누, 셀 수, 자주할 삭, 촘촘할 촘: 겹치다)＋攵(칠 복: 막대기)의 회의자로 막대기를 겹쳐 셈을 세다(수: 셈, 산법, 역법, 정세, 꾀, 책략, 수단, 헤아리다, 생각하다), **자주**(삭: 자주, 여러 번 되풀이하다, 빨리 하다, 황급하다), **촘촘하**

다(촉) 등으로 쓰인다. **정자**: 數은 번거롭게 자주하는 것煩數이다. **다산**: 數은 빈번煩·재촉促·촘촘密하다는 뜻이다. 나아가 만나는 것이 때가 없고, 언어가 간결하지 못하고, 구함에 만족함이 없으면 모두 數數이니, 반드시 하나의 일만 가리키지는 않는다.

- 辱욕은 辰(별 신: 농기구)+寸(마디 촌: 손)의 회의자로 밭일하는 모습으로 일이 '고되다'는 뜻에서 욕되다, 수치스럽다, 모욕을 당하다, 욕보이다, 치욕恥辱, 수치羞恥 등의 의미이다. **다산**: 辱은 더럽히다汚·부끄럽다恥·굴복하다屈이다. 의로써 합한 것은 경敬이 아니면, 오래가지 못한다.

- 疏소는 疋(발 소: 흐르다, 물에 떠내려가는 아이)+充(깃발 류)의 회의자로 길을 가는 데 막힘이 없다, 순조롭다, 소통하다, 트이다, 드물다, 성기다, 깔다, 멀어지다, 새기다, 상소上訴, 빗질, 주석註釋, 채소菜蔬 등의 뜻이다.

제5편

공야장
公冶長

이 편의 대지大指는 현인과 군자의 인仁·지知 및 강剛·직直을 밝혔다. 앞편에 인자의 마을仁者之里을 선택하여 기거하였기 때문에 배워서 군자가 되었으니, 곧 뒷글에서 말한 "노나라에 군자가 없었다면, 이 사람이 어디에서 이런 덕을 취했겠는가?"라고 말한 것이 바로 그것이다. 그러므로 이 편이 〈리인里仁〉의 다음 편이 되었다.

〈형병〉

이 편은 모두 고금 인물들의 현부·득실을 논했으니, 대개 사물에 나아가 이치를 탐구하는格物窮理 한 단서이다. 모두 27장이다. 호인胡寅 (1098~1156)은 혹 자공의 문도들이 기록한 것이 많을 것이라고 말했다. 〈주자〉

5.1 子謂公冶長하시되 可妻也로다 雖在縲絏之中이나
　　자 위 공 야 장　　　가 처 야　　　수 재 누 설 지 중

非其罪也라하시고 以其子로 妻之하시다 子謂南容하시되 邦有道에
비 기 죄 야　　　이 기 자　 처 지　　　자 위 남 용　　　방 유 도

不廢하며 邦無道에 免於刑戮이라하시고 以其兄之子로 妻之하시다
불 폐　　 방 무 도　 면 어 형 륙　　　　이 기 형 지 자　 처 지

공자子께서 공야장公冶長을 평가謂하여, "사위妻로 삼을 만하다可也. 비록雖 검은 포승줄에 묶여(감옥에)縲絏之中 있었지만在, 그의 죄其罪가 아니었다非也." 하시고, 그 자신의 딸로以其子 아내 삼게 하셨다妻之. 공자子께서 남용南容을 평가謂하여, "나라에 도가 있으면有道(＝治朝) 버려지지 않았고不廢(見用 : 등용되고), 나라邦에 도가 없으면無道 형륙을於刑戮 면免할 것이다."고 하시고, 그 형의 딸로以其兄之子 아내 삼게 하였다妻之.

공야장의 사람됨은 살필 자료가 없지만, 공자께서 그를 사위 삼을 만하다고 칭했으니, 그에게는 필시 취할 만한 것이 있었을 것이다. 대저 죄가 있고 없음은 자기 자신에게 있을 따름이니, 어찌 밖에서 이른 것으로 영욕榮辱을 평가하겠는가? 남용이 언행言行에 삼갔기 때문에 치조治朝에는 등용되고, 난세에는 화禍를 면했다. 〈주자〉

한자 해설

- 冶야는 冫(어름 빙)＋台(클 태: 느슨해지다)의 형성자로 금속 녹여 물건을 만든다는 뜻이다. 풀무, 용광로, 대장간, 대장장이, 불리다, 단련하다, 꾸미다, 장식하다의 의미이다.

- 妻처는 女(여자 여)＋又(또 우)＋一(가로 획)의 회의자로 여자가 머리칼을 만지는 모습으로 성인식, 아내, 시집보내다媵, 아내로 삼다, 간음하다의 뜻이다. **주자**: 妻는 그의 아내가 되게 하는 것爲之妻이다. **형병**: 딸을 남에게 시집보내하는 것을 일러 처妻라 한다.

- 縲루는 糸(실 사)＋累(별이름 류)의 형성자로 실, 올, 명주, 줄기, 가닥, 갈피, 실마리를 찾다, 검은 동아줄黑索을 말한다.

- 絏설는 糸(실 사)+世(대 세)의 형성자로 고삐(코뚜레, 굴레에 잡아매는 줄), 줄 등을 의미한다. 루설縲絏은 죄인을 묶는 검은 새끼줄로 묶다는 뜻이다. 주자: 縲는 검은 새끼줄黑索, 설絏은 묶다攣이다. 옛날 옥중에서는 검은 새끼줄로 죄인을 묶어 구속하였다.
- 罪죄는 网(그물 망)+非(아닐 비)의 회의자로 비행非을 저지른 사람을 잡는다网는 뜻으로 죄, 죄인, 재앙, 그물, 탓하다, 떠넘기다, 죄를 주다의 뜻이다.
- 廢폐는 广(집 엄)+發(쏠 발)의 회의자로 집안에 낡거나 망가진 것을 버린다는 뜻으로 폐하다, 못 쓰게 되다, 그치다, 멈추다, 부서지다, 쇠퇴하다, 고질병 등의 의미다. 주자: 불폐不廢는 반드시 등용됨必見用也을 말한다.
- 免면은 갑골문에 사람의 머리에 투구를 쓴 모습으로 전장에서 투구 덕에 목숨을 건졌다는 의미에서 '(죽음을) 면했다'는 뜻이다. 혹은 아기를 낳는 여자의 사타구니를 그려 아이를 낳는 것으로 '벗어나다'는 뜻으로 용서하여 놓아주다, 허가하다, 해직하다, 내치다, 해산解産하다 등의 의미이다.
- 刑형은 刀(칼 도)+井(우물 정: 죄수를 압송하거나 가두던 우리→幵)의 형성자로 죄수에게 벌을 내리다, 형벌, 토벌, 상해, 죽이다, 사형, 형법 등의 뜻이다.
- 戮륙은 戈(창 과)+翏(높이 날 료→륙)의 형성자로 창戈으로 사람을 죽이다, 육시戮屍하다, 욕되다, 형벌, 죽음 등의 의미이다.

5.2 子謂子賤하시되 君子哉라 若人이여 魯無君子者면 斯焉取斯리오
자 위 자 천　　　군 자 재　 약 인　　　노 무 군 자 자　　 사 언 취 사

공자子께서 자천子賤에 대해 평하셨다謂. "군자로다君子哉, 이 사람이여若人! 노魯나라에 군자가 없었다면無君子者, 이 사람斯이 어떻게焉 이런 덕斯을 취取했겠는가?"

자천은 대개 현인을 존중하면서 벗을 취하여 그 덕을 이룬 사람이었다. 그러므로 공자께서 이미 자천의 현명함을 찬탄하시고, 또한 '노나라에 군자가 없었다면, 이 사람이 어디에서 취하여 이런 덕을 이루었겠느냐?' 라고 말씀함으로써 노나라에 현자가 많음을 드러내셨다. 〈주자〉

한자 해설

- 魯로는 주나라 무왕武王의 아우인 주공 단旦을 시조로 곡부曲阜에 봉한 제후국으로 공자의 모국으로 노둔하다, 미련하다, 노나라, 성姓의 하나로 쓰인다.
- 斯사는 其(그 기)+斤(도끼 근)의 회의자로 본래 대나무로 만든 바구니였지만, '이것'이라 뜻으로 가차되었다.
- 取취는 耳(귀 이)+又(또 우)의 회의자로 전쟁에서 적을 잡은 증거로 귀를 잘라내어 가져 왔다는 데서 '취하다'는 뜻이 나왔다.

5.3 子貢이 問曰賜也는 何如하니잇고 子曰 女는 器也니라
자공 문왈사야 하여 자왈 여 기야

曰何器也잇고 曰瑚璉也니라
왈 하기야 왈호련야

자공子貢이 물어 말했다. "저賜也는 어떻습니까何如?" 공자께서 말씀하셨다. "너女는 (쓸모가 있는) 그릇이다器也." (자공이 물어) 말하였다曰. "어떤何 그릇입니까何器也?" (공자께서) 말씀하였다.曰 "(비록 불기不器의 군자에는 이르지 못했지만, 제사에 쓰이는 귀중하고 화미한 그릇인) 호瑚(제기)·련璉(제기)이다."

공자가 자공을 일러 '그릇器'이라고 평가한 것에 대해 고주와 주자는 "군자는 그릇이 아니다君子不器"라는 구절과 연관하여 해석했다. 즉 자공은 아직 어디에나 통용되는 군자의 경지에 도달하지 못한 인물이라는 것이다. 이에 대해 다산은 이 구절을 '군자불기'와 연관하여 해석하지 않

고, 뒤의 언명과 연관 지어 자공은 하은주 삼대三代의 학에 정통했기 때문에 하은의 가장 귀한 그릇인 호련瑚璉에 비유했다고 해석했다.

그런데 자공은 분명 군자의 최고 경지에는 도달하지는 못했다고 할지라도, 어느 정도 군자의 체단體段은 갖추고 있었다. 따라서 여기서 '그릇'이라는 말은 '쓰임이 있는 인재'를 말하고, 그리고 호련이란 가장 귀중한 제기祭器라는 점에서 공자는 자공을 가장 중요한 직책을 수행할 수 있는 귀한 인재로 평가하고 있다.

한자 해설

주자 : 그릇器이란 쓸모 있는 기성의 인재이다. 하대에는 호瑚, 상대에는 련璉, 주대에는 보궤簠簋라 하였다. 모두 종묘에서 기장黍稷을 담는 그릇으로 옥으로 장식하였으니, 그릇 가운데 귀중하고 화미華美한 것이다. 자공이 비록 불기不器(쓰임이 어느 곳에 한정되지 않는 군자의 특징: 君子不器)의 경지에는 이르지 못했지만, 그릇 가운데서는 귀한 것이리라.

다산 : 호련瑚璉은 종묘의 제사에서 기장黍稷을 담는 그릇이다. 하대에는 연璉이라 하고, 은대에는 호瑚라 하고, 주대에는 보궤簠簋라 하였다. 자공의 학은 삼대三代를 관통하였기에 하와 상의 옛 그릇으로 그에게 허여한 것이다."

• 器기는 여러 기물(또는 네 개의 입구)을 개犬가 지키는 형상에서 그릇, 도구, (생물체의) 기관, 관직, 사람의 자질, 형이상의 도形而上者謂之道에 대비되는 형이하의 사물形而下者謂之器을 나타낸다.

• 瑚호는 玉(구슬 옥)+胡(턱밑 살 호)의 형성자 산호珊瑚, 호련瑚璉(오곡을 담아 신에게 바칠 때 쓰던 제기)를 말한다.

• 璉련은 玉(그슬 옥)+連(잇닿을 련)의 형성자로 호련瑚璉, 종묘 제기, 잇다 등의 의미이다.

5.4 或曰雍也는 仁而不佞이로다 子曰 焉用佞이리오 禦人以口給하여
혹 왈 옹 야   인 이 불 녕   자 왈 언 용 녕   어 인 이 구 급

屢憎於人하나니 不知其仁이어니와 焉用佞이리오
누 증 어 인   부 지 기 인   언 용 녕

어떤 사람或이 말했다曰. "옹은雍也 인하지만仁而 말재주가 없습니다不
佞." 공자께서 말씀하셨다. "말재주佞를 어디에 쓰겠는가焉用? (말재주가
있는 사람은) 다른 사람에게 응답禦人할 때 말을 (진실함이 없이) 입으
로만 변론하여以口給 자주屢 다른 사람의 미움을 산다憎於人. 그其(중궁)
가 인仁한지는 알지 못하겠지만不知, 말재주佞를 어디에 쓰겠는가焉用?"

주자: 인의 도仁道는 지극히 커서 본체를 온전히 하여全體 잠시도 쉼이 없
는不息 자가 아니면 仁을 감당하기에 부족하다. 안자顏子와 같은 아성
亞聖조차도 3개월 후에 인을 떠나지 않을 수 없었다(6.7). 더욱이 중궁
이 비록 현명하였지만 안자에 미치지 못하였으니, 성인께서 진실로
가볍게 仁하다고 허여하지 않으신 것이다.

호운봉: 내가 주자의 뜻을 완상해보건대, 인도지대仁道至大라는 것은 仁
을 설명한 것이고, 전체이불식자全體而不息者란 인한 사람仁者을 설명
한 것이다. 그렇기에 '자者'를 붙인 것이다. 대개 인仁이란 단지 사람의
본심일 따름이니, 인자仁者에게 있어서 귀중한 것은 이 마음의 분체가
터럭만큼의 어그러짐이나 모자람도 없고, 한순간의 끊어짐도 없는 것
이다.

다산: 仁이란 인륜의 지선을 명칭한 것이다仁者 人倫至善之名. 그러나 나
는 인을 하고자 하면 이에 인이 이른다. 힘써 서恕로서 행하면 인을 구
함이 이보다 가까운 것이 없다. 인이 어찌 고원한 행실이겠는가? 특히
제자들이 배움을 받을 때에는 무릇 앞에 나타났지만, 지선至善의 명칭
을 가볍게 허여할 필요가 없었기 때문에 매번 알지 못하겠다不知고 말

한 것이다. 만일 인의 도가 지극히 커서仁道至大 안자顔子가 아니라면 도달할 수 없는 것이라고 말한다면, 아마도 본뜻이 아닌 듯하다.

- 仁인은 두 사람(二+人)이 친밀함을 뜻하는 회의자로 어질다博愛之謂仁(한유韓愈), 인심, 인의, 어진 이汎愛衆而親仁, 사람井有仁焉, 사람의 마음仁者 人心也(맹자孟子), 모든 덕의 총칭渾然與物同體 義禮智信 皆仁也(「식인편識仁篇」), 동정, 불쌍히 여김人皆有所不忍 達之於其所忍 仁也, 과실의 씨杏仁, 벗에 대한 경칭仁兄으로 쓰인다.

- 佞녕(佞)은 女(여자 녀)+㚘(여자 녀→녕)의 형성자로 아첨하다, (말을) 잘하다, 미혹하다, 말재주, 아첨하는 사람 등으로 쓰인다. **주자**: 佞은 말재주ㅁㅈ也이다. **다산**: 佞은 부인婦人들처럼 말을 빠르고 민첩하게 하는 것이다(서현이 말하길. '여자의 신의는 녕佞에 가깝다.'고 했다).

- 禦어는 示(보일 시)+御(어거할 어: 신을 맞이하다)의 형성자로 막다, 금지하다, 멈추다, 항거하다, 제사 지내다, 필적匹敵하다, 방어防禦하다의 뜻이다. **주자**: 禦는 맞이함當이니, 응답應答과 같다.

- 給급은 糸(실 사)+合(합할 합)의 회의자로 다른 실을 계속 이어주어 넉넉하다古者上求薄 而民用給, 더하다且何地以給之, 공급함恐不能給也, 갖추어지다外內齊給, 주다給錢五萬 以助其裝, 미치다豫而後給, 빠르다言論給捷, 급여給與, 말미. 휴가, 구변이 좋음 등의 의미이다. **주자**: 給은 변론辯이다. **다산**: 給은 계속 공급하는 것繼供이니, 구급口給은 말이 연속해서 넘쳐 나와 다함이 없는 것을 말한다.

- 屢루는 尸(주검 시)+婁(별이름 루: 끌다, 중첩)의 형성자로 사람이 나란히 겹쳐있는 모습으로 여러, 자주, 수효가 많은, 언제나, 여러 번 되풀이하여, 빨리, 창窓, 번거롭다, 번잡하다, 빠르다 등의 뜻이다.

- 憎증은 心(마음 심)+曾(일찍 증: 음식을 찌는 조리 도구)의 회의자로 시루의 김처럼 마음의 분노가 표출되는 모습으로 증오하다, 가증스럽다, 미움 등의 의미이다. **다산**: 공안국이 말하길 "누증累憎은 자주 남의 증오의 대상이 되는 것이다."고 했다.

5.5 子使漆雕開로 仕하신대 對曰 吾斯之未能信이로이다 子說하시다
자 사 칠 조 개　사　　　대 왈　오 사 지 미 능 신　　　　자 열

공자子께서 칠조개漆雕開를 벼슬시키려使仕 하시니, (칠조개가) 대답하여 말했다對曰. "저斯는 아직未 그것에斯之 자신信할 수 없습니다未能." 공자子께서는 기뻐說하셨다.

칠조개의 재질이 벼슬할 만하면서도, 그 그릇이 작은 성취에 안주하지 않았으니, 공자께서 기뻐하셨다. 〈사량좌〉

한자 해설

• 仕사는 人(사람 인)+士(선비 사)의 회의자인데 학식을 갖춘 사람을 뜻하는 士자에 人자를 더한 것으로 임금을 모시던 관리로서 벼슬退而致仕, 사환仕宦, 벼슬하다孔子不仕而退, 섬기다仕于家曰僕 등의 의미이다.

• 信신은 人(사람 인)+言(말씀 언)의 회의자로, 맹자가 "가치상 추구할 만한 것을 일러 선(善: 좋음)이라고 하고, 이러한 선을 자기 안에 지니고 있는 것을 일러 신信이라고 한다."라고 말한 것처럼, '신信'이란 도덕적인 선한 본성仁義禮智을 지니고 그 본성을 신실하게 행하는 사람을 의미한다.

• 說열(설, 세)은 言(말씀 언)+兌(기쁠 태)의 회의자가 기쁘게 말하는 것으로 언설, 가르침, 학설學百家之說, 의견王不聞夫管與之說乎, 맹세하는 말與子成說, 도리原始反終 故知死生之說, 말하다, 이야기하다口吃不能道說, 하다. 고함使人說于子胥, 풀어 밝히다博學而詳說之, 타이르다女之耽兮 不可說也, 문체의 한 가지(사물에 대한 이치를 풀어 밝히고 자기의 의견을 진술하는 형식의 글), 기쁘다我心不說, 기쁨, 즐거워하다, 따르다我心則說 등의 의미이다.

5.6 子曰 道不行이라 乘桴하야 浮于海하리니 從我者는 其由與인저
자 왈 도 불 행　　승 부　　부 우 해　　　종 아 자　　기 유 여

子路聞之하고 喜한대 子曰 由也는 好勇이 過我나 無所取材로다
자 로 문 지　　희　　자 왈 유 야　호 용　 과 아　무 소 취 재

공자께서 말씀하셨다. "도道가 행해지지 않으니不行, (만일) 뗏목을 타고乘桴 바다를 떠다닌다면浮于海, 나를 따를 자從我者는 아마도其 자로일 것이다由與." 자로子路가 이 말을 듣고聞之 기뻐喜했다. 공자께서 말씀하셨다. "자로는由也 용기를 좋아함好勇이 나를 능가하지만過我, 헤아려材(=裁) 취하는 바所取가 없구나無!"

부해지탄(浮海之歎 바다로 떠나겠다는 탄식)은 천하에 현명한 군주가 없음에 안타까워한 것이다. 자로는 의義에 용감했기 때문에, 자신을 따를 것이라고 말씀하신 것이니, 모두 가설일 뿐이다. 그러나 자로는 실제로 그럴 것이라 생각하여, 공자께서 자기를 인정한 것을 기뻐했다. 그러므로 공자께서 자로의 용기는 찬미하면서도, 자로가 사리를 헤아려 분별裁度하여 의에 적합하지 맞추지 못함을 기롱하셨다. 〈정자〉

한자 해설

- 乘승은 갑골문에 큰大 나무木 위에 발을 벌리고 올라선 사람으로 타다乘肥馬, 기회를 틈탐乘亂不祥, 편승, 셈하다乘其財用之出入, 곱셈乘法을 뜻한다.

- 桴부는 木(나무 목)+孚(미쁠 부)의 형성자로 마룻대(용마루 밑에 서까래가 걸리게 된 도리), 북채, 떼, 뗏목, 덮어 가리다 등의 의미이다. **주자**: 桴는 뗏목筏이다. **다산**: 마융이 말하길, '桴는 대나무를 묶어놓은 뗏목으로, 큰 것을 벌筏이라 하고, 작은 것은 桴라 한다(『이아』에서 '방舫은 부泭이다'고 했고, 곽말은 '수중水中의 뗏목이다'고 했다)'라고 했다.

- 海해는 水(물 수)+每(매양 매: 비녀를 한 어머니)의 회의자로 '어머니의 물'이라는 뜻으로 바다, 많이 모인 곳, 물산이 풍부한 모양, 큰 못 등으로 쓰인다.

• 材재는 木(나무 목)+才(재주 재: 땅 위로 올라오는 새싹, 잘라낸 나무)의 회의자로 재목, 재료, 재능, 성질, 자질, 바탕, 재화, 헤아리다, 사용하다, 쓰다 등의 의미이다. 재裁는 衣(옷 의) + '戈(칼)+才(자를 재)의 회의자로 치수에 맞게 옷감을 자르기 위해 재단하다, 분별하다, 식별하다, 결단하다는 뜻이다. **주자**: 材는 재裁로 같은데, 옛 글자에서 차용했다. 재탁裁度은 헤아려 단정하다는 뜻이다. **다산**: 材는 재財(재물, 녹, 마르다, 처리하다)와 통하고(『맹자』「진심」상편에 이르길, '재질을 달성하는 경우가 있다有達財者'고 했다), 재財는 재裁와 통한다(『주역』「태패泰卦」에서 '천지의 도를 재성한다財成天地之道'고 했다). 취재取材란 사리의 당연하고 부당한 바를 헤아려 분별하는 것을 말한다.

5.7 孟武伯이 問子路는 仁乎잇가 子曰 不知也로라 又問한대
맹 무 백   문 자 로   인 호   자 왈 부 지 야   우 문

子曰 由也는 千乘之國에 可使治其賦也어니와 不知其仁也케라
자 왈 유 야   천 승 지 국   가 사 치 기 부 야   부 지 기 인 야

求也는 何如하니잇고 子曰 求也는 千室之邑과 百乘之家에
구 야   하 여   자 왈 구 야   천 실 지 읍   백 승 지 가

可使爲之宰也어니와 不知其仁也케라 赤也는 何如하니잇고
가 사 위 지 재 야   부 지 기 인 야   적 야   하 여

子曰 赤也는 束帶立於朝하여 可使與賓客言也어니와
자 왈 적 야   속 대 립 어 조   가 사 여 빈 객 언 야

不知其仁也케라
부 지 기 인 야

맹무백孟武伯이 물었다問. "자로子路는 인합니까仁乎?" 공자께서 말씀하셨다. "알지 못하겠습니다不知也." 또 물으니又問, 공자께서 말씀하셨다. "자로는由也 천승의 나라千乘之國에서 그 군사其賦를 다스리게使治 할 만하지만可也, 그其가 인仁한지는 알지 못하겠습니다不知也." "구는求也 어떻습니까何如?" 공자께서 말씀하셨다. "구求也는 천실의 읍也이나 백승의 가百乘之家에 재宰가 되도록使爲之宰 할 수 있지만可也, 그其가 인仁

196

한지는 알지 못하겠습니다不知也." "적은赤也 어떻습니까何如?" 공자께서 말씀하셨다. "적은赤也 관복을 입고束帶 조정에 서서立於朝 국빈과 더불어與賓客 논의할 만하지만可使言也, 그其가 인仁한지는 알지 못하겠습니다不知也."

대개 인仁이라는 글자는, 말하기만 하면 전체로써 말하는 것이다. 만약 한 가지 일에서 인을 다할 수 있다면, 이는 곧 그 전체가 인인 것이다. 만약 전체에 어그러짐이 있다면, 한 가지 일에서도 필시 인을 다할 수 없다. 인仁이라는 글자를 말하기만 하면, 모든 허다한 일에서 이치에 합당하지 않음이 없고, 사사로움이 없게 되는 것이다. 그래서 세 선생은 당연히 인仁이라는 글자를 얻을 수가 없는 것이니, 성인께서는 단지 그 재주만 칭찬한 것이다. 〈주자〉

한자 해설

• 賦부는 貝(조개 패)+武(굳셀 무)의 형성자로 무력武을 위한 세금貝을 말한다. 구실, 조세有賦有稅, 부역賦役: 以任地事而令貢賦, 공물, 공사貢士, 펴다明命使賦, 주다賦醫藥, 받다氣以成形 而理亦賦焉, 매기다賦於民 食人二鷄子, 읊다人有所極 同心賦些, 시가를 짓다橫槊賦詩, 한문체의 한 가지(글귀 끝에 운을 달고 흔히 대를 맞춤), 6의義의 하나(느낀 대로 읊은 것) 등의 의미이다. **주자**: 賦는 군대兵이다. 옛날에 전답의 세금田賦으로 군사를 냈었기 때문에 군대兵를 賦라고 했다. **다산**: 賦는 『주례』의 이른바 "구부九賦로써 재화를 징수한다以九賦財賄者也"고 할 때의 賦이고, 전답의 세금田賦으로 군사를 낸다고 하였다.

• 束속은 木(나무 목)+口(에워쌀 위)의 회의자로 나무木를 에워싸서口 동여매다束薪, 손이나 몸을 묶다束縛以刑罰, 여럿을 한데 모으다布於布 束於帛, 띠를 매다束帶, 삼가다束身自修, 채소 따위의 한 묶음生芻一束, 포脯 10조각의 한 묶음束脩之肉, 화살 50본의 한 묶음束矢其搜, 약속하다定要束耳의 의미이다.

- 帶대는 허리띠를 차고 있는 모습이다. 『설문』에서는 남자는 가죽으로, 여자는 실로 띠를 만들었다고 했다. 속대束帶란 관을 쓰고 띠를 매는 것으로, 관(예)복을 입는 것을 말한다.

- 治치는 水(물 수)＋台(클 태)로서 물水의 넘침에 의한 피해를 잘 수습한다는 뜻인데, 농경사회에서는 강이나 하천의 물을 잘 다스려 백성들을 먹여 살린다는 의미에서 '다스리다'라는 뜻이 나왔다. 성치의 본령이란 위정자가 스스로 올바르면서 또한 일을 바르게 처리하고, 교육이나 훈육을 통하여 백성들을 훌륭한 사람으로 양성하는 데에 있다政事治人고 할 것이다.

- 宰재는 宀(집 면)＋辛(매울 신: 노예의 몸에 문신을 새기던 도구)의 회의자로 노예들을 관리하던 벼슬아치乃命宰祝, 재상宰相, 가신家臣, 다스리다宰割天下, 도살하다損膳省宰, 무덤 등의 의미이다. **주자**: 천실千室은 큰 읍大邑이고, 백승百乘은 경대부의 집안이다. 宰는 읍장과 가신의 통칭이다. **다산**: 읍邑은 공읍公邑이다. 가家는 경대부의 가인데, 그 전답의 세금을 따져 병거 백승을 낸다. 읍재와 가재의 재宰는 모두 일을 주제主制한다는 말이다.

- 賓빈은 宀(집 면)＋止(발 지)＋貝(조개 패)의 회의자로 선물을 들고 방문하는 손님相敬如賓, 국빈, 체류함鴻雁來賓, 존경하다以禮禮賓之, 인도하다賓者以告, 따르다其不賓也久矣, 어울리다諸侯賓服, 사위賓東面答拜 등으로 쓰인다.

5.8 子謂子貢曰 女與回也로 孰愈오 對曰 賜也는 何敢望回리잇고
자 위 자 공 왈 여 여 회 야　숙 유　대 왈 사 야　하 감 망 회

回也는 聞一以知十하고 賜也는 聞一以知二하노이다
회 야　문 일 이 지 십　사 야　문 일 이 지 이

子曰 弗如也니라 吾與女弗如也하노라
자 왈 불 여 야　오 여 여 불 여 야

198

공자子께서 자공子貢에게 일러謂 말하셨다日. "너와 안회女與回也 중에 누가孰 더 훌륭愈한가?" (자공이) 대답하여 말했다對日. "제가賜也 어찌 감히何敢 안회回를 바라望겠습니까? 안회는回也 하나를 들으면聞一以 열을 알고知十, 저는賜也 하나를 들으면聞一以 둘을 압니다知二." 공자께서 말씀하셨다. "같지 못하니弗如也, 나吾는 네女가 (안회만) 못하다는 것弗如을 허여한다與也(나와 너吾與女 모두 안회만 못하다弗如也)."

자공이 사람들을 비교하니, 공자께서는 이미 그럴 겨를이 없다고 말씀하신 적이 있다.(14.29) 또한 여기서 안회와 비교하여 누가 더 나은지를 자공에게 물어서, 그 스스로 어떻게 생각하는지를 보려고 하셨다. 공자께서는 자공이 스스로를 명확히 알고 있고, 또한 스스로 굽히는 것을 어렵게 여기지 않았기 때문에, 이미 그렇다고 하시고 거듭 인정하셨다. 〈호인〉

한자 해설

- 愈여는 心(마음 심)+兪(점점 유: 조그만 배와 도구)의 형성자로 보다 우수함女與回也孰愈, 병이 나음今病小愈, 더욱더政事愈蹙, 근심하다憂心愈愈, 즐기다心至愈 등의 의미이다. **주자:** 愈는 낫다勝는 뜻이다.
- 望망은 月(달 월)+壬(아홉 천간 임)+亡(망할 망)의 형성자로 달을 바라보는 모습을 표현했다. 기대하다希望, 멀리 내다보다出沒望平原, 마주 대하다兩山相望如門, 우러러보다良人者所仰望而終身也, 그리워하다洵有情兮 而無望兮, 나무라다責望, 조망窮目極望, 덕망人望, 명성名望, 보름朔望, 제사 이름祭望 등의 의미이다.
- 一일은 갑골문에서부터 가로획을 하나 그려 하나의 개념을 나타내었다. 일一은 단순한 숫자의 개념을 넘어 인식의 일식체계로서 분화시킬 수 없는 카오스이자 분리될 수 없는 전체이다. 그래서 일一은 하나이자 모두를 뜻하고, 만물을 낳은 도이자 우주 만물 전체를 뜻한다. 즉 '일一'이란 모든 것의 근원(시발지이자 귀착처)으로 실체·본위이며, 모든 名相과 사물·사태가 일치를 이룬 것(명실상부: 적합 혹은 적중), 우주에서

모든 존재가 각자의 위치와 공능을 균등하게 부여받고 발휘된 결과가 상호 조화와 균형을 이루는 것(공평과 균형) 등을 의미한다.

- 二이는 나무막대기를 나열한 상형자 혹은 두 개의 손가락을 펴거나 나무젓가락 두개를 옆으로 뉘어 놓은 지사문자이다. 둘一生二, 같다, 버금二位, 두 마음有死無二, 거듭連二勝, 둘로 나누다市無二價, 의심하다叵共而不二 등의 뜻이다.

- 十십은 새끼 매듭을 묶어 열이라는 숫자는 나타내던 부호, 혹은 동서一 남북ㅣ 사방 및 중앙을 <u>모두</u> 갖추었다는 뜻이다. 열十年尚猶有臭, 열 번人十能之 己千之, 열 곱절利不十者 不易業, 완전하다花柳功勳已十成, 전부大王還兵疾歸 尙得十半 등의 뜻이다. **주자**: 一는 수數의 시작이고 十은 수의 끝이다. 二는 一의 상대이다. 안자顏子는 총명·예지로 조명하여(明睿所照: 맑은 거울이 여기에 있어 만물이 다가오면 전부 비추는 것), 시작에서 곧바로 끝을 통찰했다卽始而見終. 자공子貢은 추론하고 헤아려서 알았으니(推測而知는 조그만 불火을 가지고 무엇인가를 쫓아가면서 비추는 것), 이 것에 근거하여 저것을 알았다.

- 與여는 与(어조사 여)+舁(마주들 여)의 형성자로 코끼리 상아를 서로 붙잡고 건네주는 모습으로 더불어, 목적을 함께 하는 무리, <u>허여하다</u>, 같아하다, 참여하다, 어조사, 주다 등으로 쓰인다. **주자**: 與는 허여許이다. **다산**: 포함이 말하길, "이미 자공이 (안회만) 못하다고 하고, 다시 나와 너 모두 (안회만) 못하다고 한 것吾與女俱不與者은 대개 자공을 위로하고자 한 것이다."

5.9 宰予晝寢이어늘 子曰朽木은 不可雕也며 糞土之墻은
　　재 여 주 침　　　자 왈 후 목　　불 가 조 야　　분 토 지 장
不可杇也니 於予與에 何誅리오 子曰 始吾가 於人也에
불 가 오 야　어 여 여　　하 주　　　자 왈 시 오　　어 인 야

聽其言而信其行이러니 今吾於人也에 聽其言而觀其行하노니
청 기 언 이 신 기 행　　　금 오 어 인 야　　　청 기 언 이 관 기 행

於予與에 改是와라
어 여 여　　개 시

재여宰予가 낮잠晝寢을 자니, 공자께서 말씀하였다. "썩은 나무朽木에는 조각雕할 수 없고不可也, 거름흙으로 쌓은 담장糞土之牆은 흙손질朽할 수 없느니不可也, 재여에게於予與 무엇을 꾸짖겠는가? 공자께서 말씀하셨다." "처음始에 나듬는 사람들에게서於人也 그 말其言을 들으면聽而 그가 행할 것其行으로 믿었지만信, 지금今 나듬는 사람에게서於人也 그 말其言을 들으면聽而 그 행실其行을 살핀다觀. 재여로 인해於予與 이것是을 고치게改 되었다."

재여宰予의 의지와 기운志氣이 혼미하고 게을러서 가르칠 수 없게 되었다는 말이다. 〈주자〉

썩은 나무는 조각할 수 없고, 거름흙으로 쌓은 담장은 흙손질할 수 없으며, 게으른 사람은 꾸짖을 수 없다. 게으른 사람은 은공을 베풀 곳이 없다는 것을 밝혔다. 〈다산〉

한자 해설

주자: 주침晝寢은 낮에 잠자는 것當晝而寐을 말하고, 후朽는 썩었다腐이고, 조雕는 그림을 조각하는 것刻畵이고, 오杇는 흙손鏝(만)이다. 여與는 어조사이고, 주誅는 꾸짖음責이니, 꾸짖기에도 부족하다는 것이니, 깊이 책망한 것이다.

다산: 침寢은 누워 있다臥는 뜻이다(『설문』). 후朽는 썩었다腐이고, 조雕는 그림을 조각하는 것刻畵이다. 장牆은 담장墉이다(『이아』). '이것을 고쳤다改是'는 이전의 방법을 고쳤다는 말이다.

• 晝주는 日(해 일)+一(한 일)+聿(붓 율: 손에 붓을 쥐고 있는 모습)의 회의자로 글공부하기 좋은 시간인 낮이나 정오를 뜻한다.

- 寢침은 宀(집 면)+爿(나뭇조각 장)+帚(비 추)의 회의자로 침대 주변을 정돈하는 모습으로 잠을 자다寢苦枕塊, 침대, 앓아 눕다成子高寢疾, 쉬다漢典寢而不著, 능침, 사당執爵于太寢, 안방庶人祭於寢 등의 의미이다. **주자:** 주침晝寢은 낮에 잠자는 것當晝而寐을 말한다.

- 朽후는 木(나무 목)+丂(공교로울 교)의 형성자로 나무木가 썩다荼蓼朽止, 쇠하다年朽齒落, 썩은 냄새先覺焦朽 등을 뜻한다.

- 雕조는 佳(새 추)+周(두루 주→조)의 형성자로 독수리禿, 새기다=彫, 조각하다, (옥을) 다듬다, 시들다, 쇠하다, 부화하다의 뜻이다.

- 糞분은 米(쌀 미)+異(다를 이)의 회의자로 밥米을 먹고 다르게異 나오는 똥今者臣竊嘗大王之糞, 더러운 것을 치움古謂除穢曰糞 今人直謂穢曰糞, 쓸다堂上不糞 則郊草不瞻曠藝, 땅을 걸게 하다却走馬以糞의 뜻이다.

- 墻장은 土(흙 토)+嗇(아낄 색: 논과 벼)의 회의자가 수확한 곡식을 보관하기 위해 흙으로 만든 울타리로 담장을 말한다.

- 杇오는 木(나무 목)+亐(어조사 우)의 형성자로 흙손(벽을 바르는 연모), 칠하다, (벽에 흙을) 바르다, 칠하다 뜻이다. 오만杇墁이란 담이나 벽에 흙을 바른다는 뜻이다.

- 誅주는 言(말씀 언)+朱(붉을 주)의 형성자로 베다將義兵 行天誅, 없애다寧誅鋤草茅以力耕乎, 토벌하다天命誅之, 족살하다誅不避親戚何, 주구誅求, 꾸짖다誅以馭其過, 책하다는 뜻이다.

- 始시는 女(여자 여)+台(아이를 가져 기뻐할 태 =怡)의 형성자로 뱃속에 아기가 생기는 일이 시초라는 데서 비로소, 시작萬物資始, 처음君子愼始, 근본天地者 生之始, 일으키다君子念始之者, 바야흐로 등으로 쓰인다.

- 聽청은 耳(귀 이)+悳(덕 덕)+壬(좋을 정)의 형성자로 듣다, 시청하다, 말을 들어서 단정하다(聽訟吾猶人也: 곧은 마음悳으로 발돋움하여壬 귀耳기울여 듣고 청을 들어준다), 용납王勿聽其事, 기다리다以聽天命, 맡기다其議民欲徙寬大地者聽之, 살피다王何不聽乎, 다스리다不可以不聽也의 뜻이다.

- 改개는 己(자기 기)+攵(칠 복)의 회의자로 자신을 채찍질하는 것을 나타

내어 새롭게 고치다改革, 바로잡다過則勿憚改, 바꾸다歲寒無改色, 따로
敵予又改爲今, 고쳐지다前圖未改의 뜻이다.

5.10 子曰吾未見剛者케라 或이 對曰 申棖이니이다
자 왈 오 미 견 강 자   혹   대 왈 신 정

子曰棖也는 慾이어니 焉得剛이리오
자 왈 정 야   욕   언 득 강

공자께서 말씀하셨다. "나吾는 아직 강한 사람剛者을 보지 못했다未見."
어떤或 사람이 대답하여 말했다或. "신정申棖입니다." 공자께서 말씀하
셨다. "신정은棖也 욕심慾이 많지, 어찌焉 강할 수 있겠는가得剛?"

신정의 욕심에 대해서는 알 수 없지만, 아마도 그 사람됨이 성미가 급하여
성을 잘 내고 스스로 잘난 체하는 하는 자悻悻子好者가 아니었겠는가? 그러
므로 어떤 사람은 강剛한 것이 아닌가 하고 생각했을 것이다. 그러나 그 사
람은 그것이 욕심이 된다는 것을 알지 못했다. 〈사량좌〉

한자 해설
- 剛강은 刀(칼 도)＋岡(산등성이 강)의 회의자로 칼刂로도 찢기지 않는 그
  물罔 혹은 위험해도 산岡처럼 버티고 굴하지 않는다는 뜻이다. 의지가
  굳세다吾未見剛者, 힘차고 튼튼하다旅力方剛, 굳다剛性, 성하다王之春秋
  方剛, 바야흐로剛爲浮名事事乖, 기수奇數의 날外事以剛日, 양陽(剛柔相推),
  임금得中而應乎剛 등으로 쓰인다. 주자: 剛은 굳세어서 굽히지 않는다
  堅强不屈는 뜻으로 사람이 잘 하기에 가장 어려운 것이다. 그러므로 공
  자께서는 강한 사람을 아직 보지 못했다고 탄식하셨다.
- 慾욕은 欲(하고자 할 욕)＋心(마음 심)의 회의자로 텅 빈 계곡처럼 끝없이欲
  바라는 마음心, 욕심을 뜻한다. 주자: 심心 자가 없는 욕欲자는 허虛하
  고, 심心자가 있는 욕慾자는 실實하지만, 두 글자는 서로 통한다. 욕慾
  은 기욕嗜慾(좋아하고 즐기려는 욕심)이 많은 것이니, 기욕이 많으면 강剛할

수 없다. **다산**: 『역경』 「손괘, 대상」에서 말하길, "분노를 징계하여 사욕을 막는다懲忿窒慾"고 하였다. 이는 「곤괘」가 허虛해져서 욕심이 많아지면 「손괘」가 되니(삼三이 상上으로 간다), 여기에는 강剛으로써 그 욕심을 막는다는 것을 말한다. 「곤괘」는 순수한 유柔의 괘인데, 그 상象이 욕심이 많은 것이 되어 버렸으니, 욕심이 있는 자는 강剛할 수 없다.

5.11 子貢曰 我不欲人之加諸我也를 吾亦欲無加諸人하노이다
자 공 왈 아 불 욕 인 지 가 저 아 야   오 역 욕 무 가 저 인

子曰 賜也아 非爾所及也니라
자 왈 사 야   비 이 소 급 야

자공子貢이 말했다曰. "저我는 남이人之 나에게諸我 가加하기를 원하지 않는 것不欲也을, 저吾 또한亦 (그런 것으로) 남에게諸人 가加함이 없고자無 합니다欲." 공자께서 말씀하셨다. "사야賜也, 네爾가 미칠 수 있는 것所及이 아니다非也."

'내가 남이 나에게 가加하지 원하지 않는 것을, 나 또한 남에게 가함이 없고자 하는 것은 인仁이다. 자기에게 베풀기를 원하지 않는 것을 또한 남에게 베풀지 않은 것은 서恕이다. 서恕라면 자공도 혹 노력할 수 있겠으나, 인仁은 미칠 바가 아니다.'고 했다. 〈정자〉

한자 해설

주자: 없음無은 자연히 그러한 것이고, 하지 말라勿는 것은 (의도적으로) 금지하라는 것을 일컬으니, 이것이 인仁과 서恕의 구별되는 까닭이다.

다산: 인이란 인륜의 완성된 덕이며仁者人倫之成德, 서恕란 인을 이루는 방법이다恕者所以成仁之方法. (인과 서의 관계는) 익으면 인仁이 되고 아직 익지 않으면 서恕가 되는, 예를 들면 죽순이 대나무가 되고 연꽃 봉오리가 연꽃이 되는 것과 같은 그런 것이 아니다.

- 加가는 力(힘 력: 농기구)+口(입 구)의 회의자로 농사일에 힘쓰는 사람들의 노고를 격려한다는 뜻이었는데, 후에 농사일을 통해 생산물이 증대되는 것에 빗대게 되면서 더 보태어 많게 하다旣富矣 又何加焉, 더 심해지다馬蘭躍踔而日加, 뽐내다不敢以富貴加於父兄, 수량·분량을 더하다加減乘除, 들다加入, 살다夫子加齊之卿相, 베풀다老有加惠, 입다加之衣服, 업신여기다, 치다宵加於鄁 등으로 쓰인다. **다산**: 加는 베풂施(퍼짐, 행함, 전함)과 같다(자기에게 베풀기를 원하지 않는 것을 남에게 베풀지 말라). 『맹자』「양혜왕」 상편에서 말했다. "이 마음을 들어서 저기에 베푼다." 마융이 "加는 능멸陵이다"고 했는데, 논박하여 말하면, 그릇되었다. 능멸한다는 것은 윗사람이 아랫사람을 누르는 것을 말한다.
- 爾이는 본래 아름답게 빛나는 꽃의 상형자이지만, 가차되어 상대자를 부르는 말棄爾幼志, 귀인貴人에 대한 2인칭天保定爾, 천한 자에 대한 2인칭爾汝, 그爾爲爾 我爲我 등의 의미이다.
- 及급은 人(사람 인)+又(또 우)의 회의자로 사람人의 뒤에 손又이 닿음을 나타내며, 앞지른 사람을 따라 붙는 뜻으로 사물이 미침을 나타낸다.

5.12 子貢이 曰 夫子之文章은 可得而聞也어니와
자 공　알 부 자 지 문 장　　가 득 이 문 야
夫子之言性與天道는 不可得而聞也니라
부 자 지 언 성 여 천 도　　불 가 득 이 문 야

자공子貢이 말했다曰. "선생님의夫子之 문장文章는 알아들을 수得而聞 있었지만可也, 선생님께서夫子 성과 천도性與天道를 말씀言하신 것은 알아들을 수得而聞 없었다不可也."

현재 시중에 나와 있는 대부분의 해설서에 "가득이문야可得而聞也"를 "들 수 있었다"라고 번역하고, 뒤에 나오는 "不可得而聞也"를 기계적으로 "들을 수 없었다."라고 옮기고 있다. 그러나 이는 잘못된 번역이다.

분명히 앞에 '공자지언孔子之言(공자께서 말씀하신)'이란 표현이 있으며, 나아가 중요한 '득得'자 있기 때문에, 뒤의 구절인 "夫子之言性與天道, 不可得而聞也"은 "공자께서 말씀하신 성과 천도는, 요해해서 알아들 수 없었다."라고 해석해야 한다. "말씀하셨는데, 들을 수 없었다."는 해석이 어떻게 나오는가? 요컨대 "공자는 성과 천도에 대해 (비록 드물게라도) 말씀하셨는데, 자공이 "(형이상적인 것이기에 난해하기 때문에) 이해하여 알아들을 수는 없었다."는 말이다. 고주와 정자-주자, 그리고 다산은 모두 이렇게 (알아들을 수 없었다) 해석하였다.

문장文章, 성性과 천도天道

문장文章에 관한 고주는 공자의 술작述作 · 위의威儀 · 예법禮法의 문채文彩 · 형질形質이 드러난 것(章=明)이라 했고, 주자는 공자의 덕이 밖으로 드러난 것이니, 위의威儀와 문사文辭가 그것이라고 했다. 그리고 다산은 "공자께서 평소 하신 말씀은 『시』·『서』그리고 예를 집행하는 것이었다."(『술이』)는 말을 근거로 문장文章을 『시』·『서』·『예』·『악』의 학설을 말한다고 설명하였다. 각각 일장일단이 있다. 어쨌든 문장文章에 관해서는 다음의 세주를 참조하자.

신안 진씨진력陳櫟, 1137~1203가 말했다. 요임금의 문장文章을 주자는 예약법도禮樂法度로 해석했는데, 이 장의 해석과 다르다. 요임금은 현달하여 임금의 자리에 있었기 때문에 그 문장은 천하를 다스리는 데에 드러났다. 공자는 궁하여 아래에 있었기 때문에 문장이 단지 몸에 드러났을 뿐이다. 문장이 천하에 있으므로 예약법도라고 했고, 공자의 몸에 있으므로 위의문사威儀文辭라고 했다.

서산 진씨진덕수陳德秀, 1178~1235가 말했다. 문장文章 두 글자의 뜻을 보면, 오색五色이 교차해 문文을 이루고, 흑백이 합해 장章을 이루니, 문文이란 찬

연粲然히 문채가 있는 것이고, 장章이란 아름답게 무늬가 있는 것이다. 문장은 가히 들을 수 있으니, 공자께서 평소에 몸소 사람들을 가르치심에 무릇 위의문사威儀文辭가 자연히 문文을 이루고 장章을 이룬 것이 모두 이것이다. ─『논어집주대전』

그리고 성性과 천天道에 대해서, 고주는 성性이란 사람이 부여받아 태어난 것人之所受以生也이고, 천도天道란 우주의 원기元氣가 두루 미쳐 만물이 나날이 새로워지는 도元亨日新之道라고 설명한다. 그리고 주자는 성性은 사람이 부여받은 천리人之所受之天理이고, 천도天道는 천리자연의 본체天理自然之本體이니, 기실은 하나의 이치一理이다고 하여 이理의 철학에 의해 설명하였다. 마지막으로 다산은『중용』에 나오는 "천명을 일러 성이라고 한다天命之謂性"고 할 때의 성과 명을 말한다고 설명하고 있다. 다산은 성기호설性嗜好說을 주장하여 성性과 천도天道를 주자처럼 동일시하여 일리一理라고 주장하지 않는다. 고주와 주자, 그리고 다산은 각자의 방식으로 성과 천도를 설명한다.

『논어』에서 성性에 관한 언명은 "性相近也 習相遠也"(17.2)에 1회 더 나온다. 그리고 천도天道에 관한 언급도 "天何言哉 四時行焉 百物生焉, 天何言哉"(17.19)에 1회 더 나올 뿐이다. 성性과 천도는 형상을 넘어서는 존재形而上者로서 일반인이 이해하여 체득하는 것은 쉽지 않다. 그래서 공자 또한 쉰이 되어서야 천명을 알았다고 말했던 것이다. 자공은 비록 공자의 제자 가운데 뛰어난 제자였지만, 천도 및 천명의 본성에 대해서는 아직 이해하거나 체득할 단계에 도달하지는 못했었다.(2.12 및 5.3 참조)

한자 해설
- 文문은 본래 몸에 새긴 '문신'을 표현한 상형자이나, 후에 문서나 서적과 같이 글을 새겨 넣은 것과 관련된 뜻으로 쓰였다. 글월의 총칭屬文, 글자象形指事 文也, 會意諧聲轉注 字也, 책行有餘力 則以學文, 어구不以文害

辭, 산문文起八代之衰, 무늬五色成文而不亂, 빛깔赤水之東 爰有文貝, 결文理密察 足以有別也, 조리鄕飮示之以地文, 외면의 꾸밈文質彬彬, 법도有不享則修文, 예악제도文王旣沒 文不在玆乎, 우아하다多言則文而類, 선미善美(以進爲文), 어지럽다咸秩無文, 문왕文王, 꾸미다取是而文之也, 정돈하다文之以禮樂, 문신하다東方曰夷 被髮文身 등의 뜻이다.

- 章장은 본래 辛(매울 신) 아래로 둥그런 표식이 그려져 있었는데, 도구로 표식을 새겼다는 뜻이다. 혹은 소리音를 한 묶음+씩 끊어 기록한 글월을 뜻한다. 문채維其有章矣, 악곡·시문詩文의 한 단락讀樂章, 문장下筆成章, 조목約法三章耳, 규정政令者氣之章, 표징變前之大章, 밝다章民之別, 나타나다反論自章, 성하다其氣章, 크다帝座章而光, 구별上下有章, 형태合而成章, 기旗(以爲旗章), 문체의 이름, 은殷의 관이름章甫 등으로 쓰인다.

- 性성에 대해『설문』에서는 "性은 心자에 의미 중심으로 두고 生자에 따라 발음하는데, 사람의 양기陽氣로서 性은 선하다人之陽氣性善也. 從心 生聲."라고 해석한다. 이렇게 '性(心+生)' 개념이 사유능력이나 도덕적 판단능력을 의미하는 '心'과 태어나면서부터 지니게 되는 자연적 욕구 혹은 본능을 의미하는 '生'의 결합에서 어느 쪽에 비중을 두느냐에 따라 그 의미가 달리 해석될 수 있기 때문에 이른바 '인성론 논쟁'이 제기될 수밖에 없었다. 성품이나 천성天命之謂性, 성질是豈水之性哉, 생명莫保其性, 살다民樂其性, 모습不待脂粉芳澤而性可說者, 오행觀性以歷, 만유의 원인, 남녀·자웅의 구별異性 등으로 쓰인다.

- 天천은 갑골문에서 머리가 돌출된 사람의 형상을 나타내는 것으로 출발하여 점차 그 의미가 확장되어, "머리를 형상화하는 것이라는 점에서 높음高과 그 다음에 넓음廣과 큼大의 의미를 지니고, 점차 가치론적인 의미가 첨가되어 존경과 외경의 대상으로 확장되어 갔다. 물질천, 자연천, 주재천, 운명천, 의리천, 조생천造生天, 재행천載行天, 계시천啓示天, 심판천審判天 등으로 세분되지만, 사서四書에서는 인간의 본성

性과 궁극자인 천天을 연계시켜 인간의 이념과 당위적인 인간의 길(도덕)을 정립하였다.

- 道도는 辵(갈 착＝行止)＋首(머리 수: 사람의 맨 위의 머리로서 가야 할 목적)의 회의문자로서 형이상의 본체形而上者謂之道로서 천지-만물의 궁극 근원道生之으로 만물이 마땅히 따라야 할 길(방법, 운행원리)을 제시하며, 목적 자체로서 만물에게 덕을 부여였으며, 만물은 그 부여된 덕을 구현함德畜之으로써 도의 운행에 동참할 수 있다.

5.13 子路는 有聞이오 未之能行하여서 唯恐有聞하더라
자　로　　유　문　　　미　지　능　행　　　　유　공　유　문

자로子路는 (이전에) 들은 것이 있으나有聞, 아직 그것未之을 능能히 실행行하지 못했으면, 오직惟 (다시 다른) 들음이 있을까有聞 저어했다恐.

자로는 선을 들으면 반드시 실천하는 데 용감했다. 문인들은 스스로 (자로에) 미치지 못한다고 여겼기 때문에 이 내용을 기록하였다. 자로와 같다면 그 용기를 발휘할 줄 안다고 할만하다. 〈범조우〉

한자 해설
- 恐공은 巩(굳을 공: 흙을 다지는 도구인 달구를 들고 땅을 내리치는 모습)＋心(마음 심)의 회의자로 마치 달구로 심장을 내리쳐 놀라거나 공포에 떠는 것으로 두려워하다小恐惴惴, 삼가다行必恐, 염려하다何恃而不恐, 으르다今弟兄恐王, 아마 추측컨대秦城恐不可得 등의 의미이다.

5.14 子貢이 問曰 孔文子를 何以謂之文也잇고
자　공　　문　왈　공　문　자　　하　이　위　지　문　야
子曰 敏而好學하며 不恥下問이라 是以謂之文也니라
자　왈　민　이　호　학　　　불　치　하　문　　　시　이　위　지　문　야 자공子貢이 물어 말했다問曰. "공문자孔文子는 어찌하여何以 문文이라고 시호하였습니까謂之也?" 공자께서 말씀하셨다. "명민하면서敏而도 배우기를 좋아하고好學, 아랫사람에게 묻는 것下問을 부끄럽게 여기지 않았다不恥. 이런 까닭是以에 문文이라고 시호하였다謂之也."

주자: 무릇 사람은 성품이 명민하면 배우기를 좋아하지 않는 자가 많고, 지위가 높으면 아랫사람에게 묻는 것을 수치로 여기는 자가 많다. 따라서 시법諡法에 배우기를 부지런히 하고 묻기를 좋아하는 것勸學好問을 문文이라고 한다고 했으니, 대개 또한 사람이 어려워하는 일인 것이다, 공어孔圉가 문文이라는 시호를 얻은 것은 이 때문이다.

- 下하는 원래 가로획 두 개로 어떤 기준점보다 '아래'에 있는 것을 나타내어 아래, 낮은 곳天下, 허리 아래쪽의 몸下體, 아랫사람上下階級, 뒷부분下午, 백성, 신하上之化下, 임금의 거처閣下, 내리다 등으로 쓰인다. 다산: 공안국이 말하길, '하문下問이란 무릇(凡) 자기 아래에 있는 사람에게 묻는 것을 말한다.'고 하였다(여기서 '범凡'이란 나이와 벼슬, 그리고 덕을 통칭하여 말했다).

- 文문은 『설문』에서 "획을 교차하다는 뜻으로 교차한 무늬를 형상했다錯劃也 象交文"고 했다. 글월以能誦詩書屬文, 글자, 문치文治·문사文事, 글을 짓다帝親文其卑, 무늬·문채文彩, 현상觀乎天文, 문물(예악과 제도 등 문화적 산물), 법령의 조문, 아름답다·선善하다禮滅而進 以進爲文 등으로 쓰인다.

5.15 子謂子産하시되 有君子之道가 四焉이니 其行己也恭하며
자 위 자 산   유 군 자 지 도   사 언   기 행 기 야 공
其事上也敬하며 其養民也惠하며 其使民也義니라
기 사 상 야 경   기 양 민 야 혜   기 사 민 야 의

공자子께서 자산子産을 평評하셨다. "군자의 도君子之道를 네 가지를 지녔으니有四焉, 그其 스스로의 행동行己也에는 공손恭했고, 그其 윗사람을 섬김事上也에는 공경敬했고, 그其 백성을 부양養民함에는 은혜惠로웠고, 그其 백성을 부림使民也에는 의義로웠다."

조심스런 마음으로 받드는 것小心供奉을 공恭이라고 하고(『석명』), 향하는 대상에게 경계하고 삼가는 것所嚮警謹을 경敬이라고 한다. 자순하여 베풀기를 좋아하는 것慈順好施을 일러 혜惠라 하고, 재제가 합당함을 얻는 것裁制得宜을 일러 의義라 한다. 이 넷을 잘 할 수 있으면, 덕을 온전히 갖춘 사람이다. 〈다산〉

한자 해설
- 四사는 막대기 4개三를 그린 지사문자이지만, 三(석 삼)과 혼동되어 '숨쉬다'라는 뜻으로 쓰였던 四(→呬: 쉴 희)를 가차하여 썼다. 넉, 넷, 네 번, 사방, 악보의 기호, 사마駟馬 등의 의미이다.
- 恭공은 心(마음 심)+共(함께 공)의 형성자로 본래 龔(공손할 공: 용을 양손으로 떠받드는 모습)이었지만, 현재 자형으로 간략하게 되었다. 공손하다貌曰恭, 공경하다仁者之思也恭, 직분을 다하다允恭克謹, 받들다今予惟恭行天之罰 등의 의미이다. 주자: 恭은 겸손謙遜이다. 다산: 공기恭己는 경신敬身과 같으니, 지극히 공순한 용모로 단정히 앉아 있는 것을 이른다. 『상서』「홍범洪範」에 '용모는 공손해야 한다貌曰恭'고 했다.
- 敬은 苟(진실로 구)+攴(칠 복)의 회의자로 진실하도록 하다, 예의를 갖추도록 하다, 공경王者敬日, 훈계하다旣敬旣戒, 정중하다敬順昊天, 삼가다夙夜敬止, 사의謝意를 표하는 일遣生送敬 등의 의미이다.
- 養양은 食(밥 식)+羊(양 양)의 형성자로 양에게 먹이는 주는 모습으로 성장시키다養育, 튼튼하게 하다我善養吾浩然之氣, 젖먹이다父能生之 不能養之, 오래 살게 하다吾聞庖丁之言 得養生, 가르치다立太傅少傅 以養之, 다스리다養心莫善於寡欲, 양육雨露之養, 부양하다常爲弟子都養, 풍우風雨(各得其養以成), 봉양하다不顧父母之養 등으로 쓰인다.

- 惠혜는 心(마음 심)+專(오로지 전: 실을 푸는 모습)의 회의자로 선하고 어진 마음을 베풀고 언행을 삼가하는(=叀(전)) 것으로 은혜小人懷惠, 혜택以王命施惠, 사랑하다惠此中國, 순종하다終溫且惠, 아름답다惠色出喬樹, 꾸미다五彩惠之, 슬기롭다觀君所言 將不早惠乎 등으로 쓰인다. **주자**: 惠는 사랑하고 이롭게 해줌愛利이다.
- 義의는 羊(양 양)+我(나 아)의 회의자로, 창끝(권위)에 양머리(상서로움: 吉)를 매달아 놓은 모습, 양을 바쳐 신에게 비는 의식으로 옳다, 의롭다, 바르다 뜻이다. 혹은 나我의 마음 씀을 양羊처럼 착하고 의리 있게 가진다는 뜻이다. 옳다行而宜之 之謂義, <u>의롭다</u>春秋無義戰, 군신간의 도덕君臣有義, 사람이 지킬 준칙仁義禮智信, 직분背恩忘義, 혈연 관계가 없는 사람들과 맺는 일義合, 結義兄弟, 실물의 대용물義齒, 국가·공공을 위한 마음씨義捐金, 뜻字義, 의협以公子之高義 爲能急人之困, 문체의 한 가지冠義 등으로 쓰인다. **주자**: 백성을 부림에 의로웠다使民義는 것은 예컨대 도시와 시골에는 (각각의 기준에 따른) 법규가 있고都鄙有章, 상하 간에는 (신분에 따른) 복장의 제한이 있고上下有服, 밭에는 두둑과 도랑이 있게 하고田有封洫, 민가에는 오가의 조직이 있게 한 것廬井有伍 따위를 말한다.

5.16 子曰晏平仲은善與人交로다久而敬之온여
자 왈 안 평 중　선 여 인 교　　　구 이 경 지

공자께서 말씀하셨다. "안평중晏平仲은 사람들과與人 교제交하기를 잘善 하니, 오래 되어도久而 남을 공경하는 구나敬之(남人이 그를 공경하는구나敬之: 황간)!"

사람들은 사귐이 오래되면 공경함이 쇠해지는데, 오래되어도 능히 공경하는 것이 잘 교제하는 방법이 된다.〈정자〉

- 平평은 저울, 평지에서 쓰는 농기구, 나무를 평평하게 깎는 손도끼 등을 그린 상형자이다. 그런데 『설문』에서는 亏(亐)와 八(여덟 팔)로 이루어진 악기亐에서 소리가 퍼져八 나오듯, 평탄하게 잘 나오는 것을 말한다고 했다. 평평平, 균분均分, 공평公平 등으로 쓰인다. **다산**: 주생렬이 말하길, "안평중룐平仲은 제나라 대부이다. 안은 성이고, 평은 시호이며, 이름은 영이다(형병이 말하길, '시법諡法에 다스리되 허물이 없는 것을 평平이라 한다.'고 했다)고 했다.

- 交교는 양다리를 꼬고 앉은 사람으로 엇갈리다, 교차하다, 교류交流하다, 상대에게 주다, 만나다, 복잡하게 얽히다, 친구, 성교 등의 비유로 쓰였다.

5.17 子曰 臧文仲이 居蔡하되 山節藻梲하니 何如其知也리오
자 왈 장 문 중   거 채   산 절 조 절   하 여 기 지 야

공자께서 말씀하셨다. "장문중臧文仲은 큰 거북蔡을 보관하고居, (그 집의) 두공에 산山 모양을 조각節하고, 동자기둥梲에는 마름藻을 새겼으니, 어찌何如 그其를 지혜롭다 하겠는가知也?(그其가 (예를) 안다고 하겠는가知也)?"

(대부의) 가家에 큰 보귀寶龜를 소장한 것은 참람한 짓이다. 사당에 천자의 장식을 사용한 것 역시 참람한 짓이다(각기 하나의 일이 된다). 참람하면 예를 알지 못한 것이니, 예를 알지 못하는데 안다고 이름이 났기 때문에 공자께서 의심하신 것이다. 〈다산〉

당시 장문중을 지혜롭다 여겼는데, 공자께서는 그가 '인간의 도리에 힘쓰지 않고不務民義 이처럼 귀신에게 아첨하고 모독했으니, 어찌 지혜롭다고 하겠는가.'라고 말한 것이다. 〈주자〉

주자 : 장문중藏文仲은 노魯나라 대부 장손氏藏孫氏로 이름은 진辰이다. 거居는 보관하다藏이다. 채蔡는 큰 거북大龜이다. 절節은 기둥머리의 두 공柱頭斗栱이다. 조藻는 수초의 이름水草名이다. 절梲은 대들보 위의 짧은 동자기둥梁上短柱이다. 대개 거북을 보관하는 하는 방을 만들면서 기둥머리 두공에는 산을 새기고刻山於節, 대들보 위의 동자기둥에는 수초를 그려놓은 것畫藻於梲이다.

다산 : 거居는 보관하다藏이다. 채蔡는 국군國君의 수귀守龜(점치는 큰 거북)인데, 채蔡땅에서 나왔으므로 이렇게 이름을 붙였다. 거북의 길이는 1자2치이다. 점치는 큰 거북을 소장하는 것은 참람한 짓이다. 절節은 두공栿이고, 여기에 산山 모양을 그려 조각하였다. 절梲은 들보 위의 기둥이니, 여기에 마름 풀 무늬를 그린 것이다(포함이 말했다).' 먼저 여하如何라고 말한 것은 의심한 것이다.

- 居거는 尸(주검 시)+古(옛 고)의 회의자로 사람이 의자에 앉아있는 모습으로 살다上古穴居而野處, 사는 곳各長于厥居, 앉다居, 吾語女, 처하다居上克明, 차지하다恒十居七八, 평소居則曰不知也, 벼슬길에 나서지 않다士錦帶. 살게 하다度地而居民, 무덤歸于其居, 다스리다士居國家, 앉은 채로則居可知矣, 지나다居數日 등을 의미한다.

- 蔡채는 艹(풀 초)+祭(제사 제)의 형성자로 천자天子가 길흉을 점복占卜하던 큰 거북인데 채蔡지방의 특산물이다. 성姓의 하나, 풀, 거북, 법, 나라이름, 먼지, 쇠약해지다, 흐트러지다, 내치다 등으로 쓰인다. '거채居蔡'란 1척2치의 채나라 특산품인 큰 거북을 집에 둔 것을 말한다.

- 節절은 竹(대 죽)+卽(곧 즉)의 형성자로 대나무의 마디를 뜻한다. 대나무는 마디에 근거하여 지어진 단계와 등급이 있기에 마디, 단락, 절개(지조), 법도, 예절, 등급, 알맞다, 절기, 부절符節, 두공斗栱(기둥 위에 대는 나무), 높고 험한 모양節彼南山, 박자, 조절, 억제하다의 뜻이다. '산절山節'은 기둥머리 두공에 산을 조각한 것을 말한다.

- 藻조는 艹(풀 초)+澡(씻을 조)의 형성자로 마름(바늘꽃과에 속하는 한해살이의 수초), 좀(은화식물에 딸린 수초를 통칭), 무늬, 꾸밈, 깔개, 방석, 옥 받침, 그리다 등으로 쓰인다.
- 梲절, 예)는 木(나무 목)+兌(빛날 태)의 형성자로 벗다(탈), 동자기둥(양상단주梁上短柱: 절), 지팡이(탈: 梲杖), 소략하다(탈 = 脫), 날카롭다(= 銳예)의 뜻이다.

5.18 **①** 子張이 問曰 令尹子文이 三仕爲令尹하되 無喜色하며 三已之하되
자장 문왈 영윤자문 삼사위영윤 무희색 삼이지

無慍色하여 舊令尹之政을 必以告新令尹하니 何如하니잇고
무온색 구영윤지정 필이고신영윤 하여

子曰 忠矣니라 曰 仁矣乎잇가 曰 未知케라 焉得仁이리오
자왈 충의 왈 인의호 왈 미지 언득인

자장子張이 물어 말했다問曰. "영윤令尹 자문子文은 세 차례三 영윤令尹의 벼슬을 하여도仕爲 기쁜 기색喜色이 없었고無, 세 번三 그만두어도已之 노여운 기색慍色이 없었습니다無. 옛 영윤의舊令尹之 정사政를 새 영윤新令尹에게 반드시必 일러주었으니以告, 어떠합니까何如?" 공자께서 말씀하셨다. "충하구나忠矣!" (다시 자장이 물어) 말했다. "인합니까仁矣乎?" 공자께서 말씀하셨다. "알지 못하겠지만未知, 어찌焉 인하다고 하겠는가得仁?"

영윤자문의 사람됨은 기쁨과 노여움을 드러내지 않았고, 남과 나의 간극이 없어, 그 나라가 있음을 알았지만 그 자신이 있음을 알지 못했으니, 그 충忠함이 성대하다. 그런 까닭에 자장은 그가 어쩌면 인仁하다고 여긴 것이다. 그러나 영윤자문은 세 번 벼슬하고 세 번 그만두면서 신임 영윤에게 일러준 그 모두 것이 천리天理에서 나와 인욕의 사사로움人欲之私이 없었는지는 알 수 없다. 이런 까닭에 공자께서는 단지 그가 충忠하다는 것만 인정하시고, 그가 인仁하다는 것은 아직 인정하지 않으셨다. 〈주자〉

- 令령은 모자를 쓰고 앉은 모습으로 우두머리가 내리는 명령命令, 행정기관의 장, 명명命名, 좋다, 훌륭하다, 영존令尊 등을 나타낸다.

- 尹윤은 又(또 우)+丨(뚫을 곤)의 회의자로 손에 지팡이를 들고 명령을 내리는 사람으로 다스리다, 성姓, 광택, 미쁨, 포육脯肉, 무늬, 벼슬, 다스리다, 바로잡다 등으로 쓰인다.

- 仕사는 人(사람 인)+士(선비 사)의 형성자로 선비士가 성장하여 할 일, 벼슬을 나타낸다. 벼슬살이退而致仕, 섬기다仕于家曰僕, 살피다弗問弗仕 勿罔君子 등으로 쓰인다.

- 己이는 본래 다 자란 태아를 그린 것이었지만, '이미'나 '벌써'라는 뜻이 있는 것도 뱃속의 아이가 다 자라 이미 출산이 임박했다는 뜻이다. 혹은 巳를 거꾸로 한 자형으로 양기陽氣가 나서 음기가 숨는다는 데서 '그침'을 뜻한다고 한다. 그치다雞鳴不已, 이미漢皆已得楚乎, 물러나다드러나다已之, 매우不然則已慤, 반드시已然諾, 어조사 등으로 쓰인다. **다산**: 己는 그만두다슴이다.

- 政정은 攵(칠 복)+正(바를 정)의 형성자로 합법적 공권력攵 정의正를 구현하는 것이 정치이며, 정사임을 나타낸다. 정사夫子至於是邦也 必問其政, 정권天下有道 則政不在大夫, 정책政寬則民慢, 금령道之以政, 직책棄政而役, 사무, 정사를 행하는 사람均五政, 바루다寬以政之, 정벌하다臨衛政殷 등으로 쓰인다.

- 舊구는 萑(풀 많을 추)+臼(절구 구)의 상형자로 본래 수리부엉이를 뜻하는 상형자였지만, 久(오랠 구)와 해성諧聲으로 '오래되다'는 뜻으로 가차되었다. 옛, 오래, 늙은이, 친구, 구의舊誼, 묵은 사례, 오랜 집안, 평소, 부엉이, 오래되다, 묵다 등으로 쓰인다.

- 新신은 辛(매울 신)+木(나무 목)+斤(도끼 근)의 회의자가 나무를 도끼로 잘라 땔감이나 새로운 물건을 만든다는 뜻으로 새로운, 새롭게 다시, 처음, 새로운 일, 새해, 신년, 나라이름, 새롭게 고치다, 친親하게 지내

다 등으로 쓰인다.

- 忠충은 中(가운데 중)+心(마음 심)의 형성자로 알맹이가 가득 차서中 빈틈 없는 마음心을 뜻한다. 충직한 정성其忠至矣, 임금을 섬기는 도道事君以忠, 정성을 다하다忠恕而已矣 등의 뜻이다. **다산**: 마음을 알맞게 하여 사람을 섬기는 것을 충이라 한다中心事人曰忠.

5.18
❷
崔子弒齊君이어늘 陳文子有馬十乘이러니 棄而違之하고
최 자 시 제 군　　　진 문 자 유 마 십 승　　　기 이 위 지

至於他邦하여 則曰 猶吾大夫崔子也라하고 違之하며 之一邦하여
지 어 타 방　　　즉 왈 유 오 대 부 최 자 야　　　위 지　　　지 일 방

則又曰 猶吾大夫崔子也라하고 違之하니 何如하니잇고
즉 우 왈 유 오 대 부 최 자 야　　　위 지　　　하 여

子曰 淸矣니라 曰 仁矣乎잇가 曰 未知케라 焉得仁이리오
자 왈 청 의　　　왈 인 의 호　　　왈 미 지　　　언 득 인

(자장이 또 물었다) "최자崔子가 제나라 군주齊君를 시해弒하자, 진문자陳文子는 지니고 있던有 10승의 말十乘을 버리고棄而 제나라를 떠나違之 다른 나라에於他邦 이르러至 말하길則, 우리 대부吾大夫 최자崔子와 같구나猶!하고 떠났습니다違之. (또) 한 나라에 가서之一邦則 또한 말하길又曰, 우리 대부吾大夫 최자崔子와 같구나猶!하고 떠났습니다違之. 어떻습니까何如?" 공자께서 말씀하셨다. "청하구나淸矣!" (자장이 물어) 말했다曰. "인합니까仁矣乎?" (공자께서) 말씀하셨다曰. "알지 못하겠지만未知, 어찌焉 인하다고 하겠는가焉得仁?"

인仁이란 마음의 덕이고 하늘의 이치이다仁者心之德而天之理也. 지성至誠과 진성盡性으로 전체를 꿰뚫어, 마치 천지의 일원의 기天地一元之氣가 모든 만물을 화육하고, 유행流行하여 잠시도 쉬지 않는 것처럼 하지 않는다면, 인仁하다고 명칭하기에 부족하다. 〈주자〉

인이란 지선의 완성된 명칭仁者至善之成名으로 행사 이후에 부여되는 이름이데, 저 두 사람은 지선至善의 자취를 드러낸 것이 없기 때문에 인하다는 할 수 없다. 〈다산〉

한자 해설

주자: 십승十乘은 말 40필이다. 위違는 떠나다去이다. 문자는 몸을 깨끗이 하고 난지를 떠났으니潔身去亂 '청淸'하다고 할 수 있다. 그러나 그 마음이 과연 의리의 당연義理之當然을 알아 초탈하여脫然 얽매인 바가 없었는지, 아니면 사사로운 이해 때문에 부득이 그렇게 하여 오히려 원망과 후회를 면치 못했는지를 알 수 없다. 그래서 공자는 그가 청淸함만을 인정하고, 그가 인仁한지는 인정하지 않으셨다.

다산: 자신을 깨끗이 하여 더러움이 없는 것을 청이라 한다潔身無汚曰淸. 인이란 지선의 완성된 명칭仁者至善之成名이니, 반드시 임금과 신하 및 부모와 자식 사이에 그 인륜의 사랑을 다하거나 혹은 천하의 백성이 그 덕택을 입은 이후에 바야흐로 인仁이 된다. 이것이 그에게 인仁을 허여하기 어려운 까닭이다.

• 弑시는 弋(주살 익)+殺(죽일 살)의 형성자로 낮은 사람이 윗사람을 죽이는 것(시해弑害)을 말한다. 윗사람을 죽임臣弑其君 子弑其父, 살해하다君臣未嘗相弑也로 쓰인다.

• 違위는 辶(쉬엄쉬엄 갈 착)+韋(가죽 위: 엇갈린 발의 모습)의 회의자로 엇갈리다, 어긋나다, 어긋나게 가다는 뜻이다. 어기다靜言庸違, 다르다江海事多違, 과실故光武鑑前事之違, 떠나다, 떨어지다中心有違, 떠나 버리다違穀七里, 피하다未能違難, 달아나다凡諸侯之大夫違 등의 뜻이다. **다산:** 違는 나라를 떠나는 것을 말한다去國之名.

• 淸청은 水(물 수)+靑(푸를 청)의 회의자로 물이 푸를 정도로 맑다視容淸明, 청산淸算, 다스려지다舌之淸世, 온화하다養之以淸, 거른 술淸酒, 음료 등으로 쓰인다.

5.19 季文子三思而後에 行하더니 子聞之하시고 曰 再斯可矣니라
계 문 자 삼 사 이 후　행　　　자 문 지　　　왈 재 사 가 의

계문자季文子는 세 번 생각한 뒤三思而後에 행동行을 하였다고 하니, 공자子께서 이 말을 들으시고聞之 말씀하셨다曰. "두再 번만 생각했어도, 이에斯 괜찮았을 것이다可矣."

두 번 생각함에 이르면 이미 깊이 살핀 것이다. 세 번 생각하면 사사로운 뜻이 일어나 오히려 미혹된다. 그러므로 공자께서 기롱한 것이다. 〈정자〉

군자는 힘써 이치를 궁구하면서務窮理도 과단果斷하는 것을 귀하게 여기고, 헛되이 많이 생각하는 것을 숭상하지는 않는다. 〈주자〉

세 번 생각한다三思之는 심사숙고한다는 것이다(세 번이란 말에 국한될 필요가 없다). 사람들은 오직 생각하지 않기 때문에 항상 죄악을 범한다. 세 번 생각하는 것은 쉽지 않고, 두 번만 생각해도 괜찮을 것이다. 〈다산〉

한자 해설

• 思사는 田(두뇌골을 상징)+心(마음 심)의 회의자로, 본래 囟(정수리 신)+心으로 구성된 恖(생각할 사), 즉 머리囟와 마음心으로 생각한다는 의미이다. 사유하다仁者之思也恭, 바라다思皇多士, 사모하다寤寐思服, 사랑하다子惠思我, 쓸쓸해하다皆士思秋, 어조사, 발어의 조사思樂泮水, 도덕이 순일하게 갖추어지다欽明文思, 시호諡號, 수염이 많다于思于思 등으로 쓰인다.

• 斯사는 其(그 기)+斤(도끼 근)의 회의자로 '잘라 버리다' 뜻이었지만, 음흡이 此차와 통하여 지시대명사로 가차되었다. **주자**: 斯는 어조사이다.

• 再재는 물고기의 입과 꼬리 부분에 획을 그어 물고기가 반복적으로 왔다 갔다 하는 것을 나타내어 '다시'라는 뜻을 갖게 되었다. 혹은 나무 토막을 쌓아놓은 (構의 오른쪽 모양에서 아랫부분) 위에 하나씩― 더

엎어 놓는다는 데에서 다시, 두 번, 재차, 거듭 등의 의미를 지니게 되었다.

5.20 子曰 甯武子邦有道則知하고 邦無道則愚하니
자왈 영무자방유도즉지 방무도즉우

其知는 可及也어니와 其愚는 不可及也니라
기 지 가 급 야 기 우 불 가 급 야

공자께서 말씀하셨다. "영무자甯武子는 나라邦에 도가 있을 때는有道則 지혜로知웠고, 나라에 도가 없을 때邦無道則는 어리석었다愚. 그其 지혜로知웠던 것은 (혹 사람들이) 미칠 수 있지만可及也, 그其 어리석음愚은 미칠 수 없느니라不可及也."

영무자甯武子는 위衛나라 대부로 이름은 유兪이다. 『춘추전春秋傳』을 살펴보면, 무자가 위나라에서 벼슬한 것은 문성공文成公 때에 해당한다. 문공이 도가 있어, 무자가 드러낼 만한 일이 없었으니, 이것이 그 지혜는 (다른 사람이) 미칠 수 있는 것이다. 성공은 무도無道하여 나라를 잃을 처지에 이르니, 무자는 그 사이에서 잘 주선周旋하여 마음을 다하고 힘을 다해 어렵고 험한 것을 피하지 않았다. 무릇 무자가 처신한 바는 모두 지교가 있는 선비智巧之士라면 깊이 회피하고 하려고 하지 않을 것이었지만, 끝내 자기의 몸을 보전하고 그 임금을 건져냈으니, 이것이 그 어리석음은 (다른 사람이) 미칠 수 없다는 것이다. 〈주자〉

도가 있다有道는 것은 나라가 잘 다스려지는 것國治을 말하고, 도가 없다無道는 것은 나라가 어지러운 것國亂을 말한다. 자취를 거두고 몸을 보전하는 것을 지혜로움知라 하고(지혜는 해害를 멀리할 수 있게 한다), 자신을 잊고 환난을 무릅쓰는 것을 어리석음愚이라 한다(자신을 도모하는데 공을 들이지 않음不

220

工於謀身). 나라에 도가 있을 때 지혜로운 것 역시 사람들이 어렵게 여기는 것이지만, 오히려 할 수는 있는 것이다. 나라에 도가 없을 때 어리석은 것은 충애忠愛가 지극하지 않으면, 억지로 할 수는 없는 것이다. 그러므로 그 어리석음은 미칠 수 없다고 하였다. 〈다산〉

• 知지는 입口으로 표현됨이 화살矢처럼 빠름을 나타내는 회의자로 인정하다知我者 其天乎, 깨닫다而終不自知, 변별하다以寒署日月晝夜知之, 기억함父母之年 不可不知也, 듣다不知其以爲之也, 보아서 앎文侯不悅 知於顔色, 다스리다子産其將知政矣, 알리다風流御史報人知, 지식淮南太史公者 其多知與, 지자智者(擇不處仁 焉得知), 지능草木有生而無知, 짝樂子之無知, <u>슬기</u>好學近乎知 등으로 쓰인다.

• 愚우는 禺(원숭이 옹)+心(마음 심)의 회의자로 원숭이처럼 머리가 나쁘고 어리석다, 우직하다, 고지식하다, 나(자기의 겸칭), 어리석은 마음 등으로 쓰인다.

5.21 子在陳하사 曰歸與歸與인저 吾黨之小子狂簡하여 斐然成章이오
자 재 진　　 왈 귀 여 귀 여　　 오 당 지 소 자 광 간　　 비 연 성 장
不知所以裁之로다
부 지 소 이 재 지

공자子께서 진나라에 계실 때在陳, 말씀하셨다曰. "돌아가야겠구나歸與, 돌아가야겠어歸與! 나의 제자吾黨之小子들이 광간狂簡하여, 화려하게斐然 문장을 이룩지만成章, 마름질할 바所以裁之를 알지 못하는구나不知!"

이것은 공자께서 사방을 두루 다니시면서周流四方 도가 행해지지 않자 되돌아갈 것을 생각한 탄식思歸之歎이다.〈주자〉

공자문하 여러 제자들의 학문을 비단에 놓은 수錦繡에 비유하면 장章과 채색은 이미 이루어졌지만, 다만 아직 마름질을 하지 않아 옷을 만들지 못한 것과 같다. 그러므로 공자께서 되돌아가서 가르침을 마무리하여 덕을 이루게 하고자 하였다. 〈다산〉

한자 해설

- 歸귀는 阜(언덕 부)+止(발 지)+帚(비 추)의 회의자로 시집간 여자가 집안일을 한다는 의미로, 돌아가다는 뜻이 되었다. 돌아가다使者歸則必拜送于門外, 돌려보내다歸馬于華山之陽, 시집가다婦人謂嫁日歸, 보내다歸孔子豚, 편들다天下歸仁焉, 몸을 의탁하다歸依, 죽다謂死人爲歸人, 맡기다歸任 등으로 쓰인다.

- 黨당은 黑(검을 흑)+尙(숭상할 상)의 형성자로 모여서 나쁜 것黑을 숭상尙하는 무리, 친족其黨也食之, 편들다不偏不黨 王道蕩蕩, 아첨하다比而不黨, 돕다羣而不黨, 마을鄕黨, 장소, 정당 등의 의미이다. **주자**: 오당소자吾黨小子는 노나라에 있는 문인들을 가리킨다. **다산**: 500가구가 黨이 된다.

- 狂광은 犬(개 견)+王(임금 왕)의 회의자로 본래 광견병에 걸린 개로 미쳐 폭주한다는 뜻이다. 미치다, 사납다, 경망하다, 황급하다, 거만하다, 어리석다, 떠돌다, 광병狂病, 광인狂人, 진취적인 사람 등으로 쓰인다. 여기서는 이상이 높고 진취적이라는 뜻이다. **다산**: 광狂은 조급躁하고 거리낌 없음肆이니, 배우는 자가 진취에 용감한 모양勇於進就之貌이다.

- 簡간은 竹(대 죽)+間(사이 간)의 형성자로 대竹로 책인데, 좁은 대쪽에 줄여 썼기 때문에 '간략하다' 뜻으로 쓰였다. 죽간竹簡, 서책請肄簡諒, 편지, 홀笏, 줄이다簡珠玉, 간단함謙愿儉簡 事多簡仍, 적다, 생략하다 등으로 쓰인다. **주자**: 광간狂簡은 뜻은 웅대하지만 일에는 소략한 것이다. **다산**: 간簡은 소략略·생략省하는 것이니, 배우는 자가 하지 않는 것이 있는 모양이다(뜻은 견狷과 서로 유사하다).

- 斐비는 文(무늬 문)+非(아닐 비)의 형성자로 문채文彩나다, 화려하다는 뜻이다. 비연斐然은 문채가 찬연히 빛난다는 뜻이다. **주자**: 斐는 문채 나

222

는 모습文貌이다. **다산:** 斐는 비단의 무늬 모양이다.

- 章장은 『설문』에서 音(소리 음)＋十(열 십: 숫자의 끝)의 회의자로 음악音이 끝났다樂章는 의미이다. 단락이, 장절章節, 법규法規, 조리條理, 문채 文彩 등을 말한다. 성장成章이란 아름답게 문양과 문채를 이룸을 뜻한 다. **주자:** 성장成章은 문리文理가 성취되어 볼만한 것이 있음을 말한 다. **다산:** 章은 무늬를 짜서 수를 이룬 것織文之成數이니, 예를 들면 산 무늬·용무늬·마름무늬·불꽃무늬 등으로 7장·9장 등으로 칭하는 것이 그것이다.

- 裁재는 衣(옷 의)＋戈(칼)＋才(자를 재)의 회의자로 치수에 맞게 옷감을 자 르기 위해 <u>재단하다</u>, 분별하다, 식별하다, 결단하다는 뜻이다. **주자:** 裁는 잘라서 바르게 함割正이다. **다산:** 裁는 옷을 마름질 하는 것製衣 이다.(『설문』)

5.22 子曰 伯夷叔齊는 不念舊惡이라 怨是用希니라
자 왈 백 이 숙 제　 불 념 구 악　　원 시 용 희

공자께서 말씀하셨다. "백이伯夷·숙제叔齊는 묵은 악舊惡을 마음에 담 아두지 않아서不念, 원망怨이 이 때문是用에 드물었다希."

백이伯夷 숙제叔齊는 고죽군孤竹君의 두 아들이다. 맹자는 그들을 '악인의 조정에서 서지 않고, 악인과 더불어 말하지 않고, 동네사람들과 더불어 서 있을 때에 갓이 바르지 않으면 돌아보지 않고 떠나서, 마치 (그들의 바르 지 못함이) 자기를 더럽힐까 염려하듯이 하였다.'고 칭하였다. 백이·숙제 의 절개가 이와 같으니, 당연히 아무것도 포용하지 않는 듯하다. 그러나 그들이 싫어한 사람이 회개하면 곧바로 싫어함을 그쳤기 때문에, 다른 사 람들 또한 그들을 심하게 원망하지는 않았다. 〈주자〉

- 念념은 今(이제 금)+心의 회의자로 머릿속 생각이 밖으로 나오지 못하는 모습으로 생각, (마음에) 두다, 기억하다, 암송하다, 삼가다, 어여삐 여기다, 귀여워하다로 쓰인다.
- 舊구는 萑(부엉이 환)+臼(절구 구)의 형성자로 원래는 부엉이를 의미했지만, 久(오랠 구)와 음이 같아 장구長久하다는 의미이다.
- 怨원은 夗(누워 뒹굴 원)+心의 형성자로 너무도 분하고 원통하여 바닥을 뒹굴 정도夗의 심정心이라 뜻이다.
- 用용은 卜(점 복)+中(가운데 중)의 형성자로 물건을 속에 넣는다는 뜻에서 꿰뚫고 나가다, 물건을 쓰다, 일이 진행되다, 베풀다, 등용하다, 행하다, 작용, 용도, 효용, 비용, ~써 등으로 쓰인다.
- 希희는 巾(수건 건)+爻(효 효)의 회의자로 천巾에 새긴 자수爻를 말하는데, 가격이 비쌌기 때문에 가지고 싶은 마음으로 바라다, 혹은 성기게 爻 짠 베巾로서 '드문드문하다'의 뜻이다. 바라다, 동경하다, 희망하다, 사모하다, 드물다, 성기다, 적다, 칡베(치)로 쓰인다. **다산:** 불념구악不念舊惡이란 부모자식과 형제 사이에 묵은 악을 마음에 담아두지 않는 것이다. 希는 미미함微(=기희幾希)이다.

5.23 子曰孰謂微生高直고 或이 乞醯焉이어늘 乞諸其隣而與之온여
자 왈 숙 위 미 생 고 직   혹   걸 혜 언   걸 저 기 린 이 여 지

공자께서 말씀하셨다. "누가孰 미생고微生高를 곧다直고 말하는가謂? 어떤或 사람이 식초醯를 빌리러 오니乞焉 그 이웃집에서諸其隣 빌려다가乞而 주었는데與之!"

옳으면 옳다고 하고 그르면 그르다고 하며, 있으면 있다고 하고 없으면 없다고 하는 것이 곧음이다. 성인께서는 사람이 하나의 작은 것을 받고 주는

것을 보면 천사만종(千駟萬鍾: 많은 재물과 봉록)을 어떻게 할 것인지를 미루어 알 수 있기 때문에, 작은 일로써 단정하여 사람들에게 삼가지 않을 수 없는 까닭을 가르치셨다. 〈범조우〉

한자 해설

- 直직은 目(눈 목)+十(열 십)+乚(숨을 은)의 회의자로 열十 개의 눈目으로 숨어 있는乚 것을 바르게, 곧게 볼 수 있다는 뜻이다. 굽은 데가 없다 其直如矢, 굽히지 않다骨直以立, 바름爰得我直, 공정하다王道正直, 꾸미지 않다尤簡直, 바른 길友直, 바로잡다正直是與, 향하다直東序, 대적하다直秦之銳士, 숙직하다候其上直, 다만直不百步耳, 즉시直使送之, 세로有神人直目, 직면하다直夜潰圍 등으로 쓰인다.
- 乞걸은 구름이나 공기의 흐름(气: 기운 기)을 나타내는 글자였지만, 한 획을 줄여 지금의 자형이 되었다. 기구하다. 빌다. 구걸求乞하다는 뜻이다. 구걸하다行乞於市, 구하다以病上書乞身 등으로 쓰였다.
- 醯혜는 酉(닭 유)+流(깃발 류)+皿(그릇 명)의 회의자로, 그릇皿에 담아 술처럼 발효시켜酉 새롭게 태어난 초醯를 말한다. 식혜食醯, 식초食醯, 술, 육장肉醬, (맛이) 시다 등으로 쓰인다. 다산: 醯는 식초醋이다(『석명』에서 말했다. 젓갈醢에 즙이 많은 것을 혜醯라고 한다).
- 鄰(=隣)린은 阜(언덕 부)+舜(도깨비불 린)의 형성자로 이웃집, 이웃 지역, 이어짐, 같은 부류德不孤 必有隣, 친근한 사이倍其隣者恥乎, 도움. 보필輔弼, 마을武義動於南隣 등으로 쓰인다.

5.24 子曰 巧言令色足恭을 左丘明이 恥之러니 丘亦恥之하노라
자 왈 교 언 영 색 주 공 좌 구 명 치 지 구 역 치 지
匿怨而友其人을 左丘明이 恥之러니 丘亦恥之하노라
익 원 이 우 기 인 좌 구 명 치 지 구 역 치 지

공자께서 말씀하셨다. "말을 솜씨 있게 잘 꾸미고巧言, 낯빛을 좋게 잘

꾀미고令色, 지나치게(주足=過) 공손함恭(공손함을 이루는 것: 足=成)을 좌구
명左丘明이 부끄러운 것으로 여겼는데恥之, 나丘 또한亦 부끄러운 것으로
여긴다恥之. 원망을 숨기고匿怨而 그 사람과其人 벗友하는 것을 좌구명左
丘明이 부끄러운 것으로 여겼는데恥之, 나丘 또한亦 부끄러운 것으로 여긴
다恥之."

공자께서 스스로 '나丘 역시 부끄러움으로 여긴다.'고 말씀하셨으니, 대개
'은근히 노팽에 비유한다竊比老彭'(7.1)는 뜻과 같다. 또한 그것으로 하여 배
우는 자들에게 경계하셨으니, 이를 살펴 마음을 곧게 세우게 하신 것이다.

〈사량좌〉

한자 해설
- 足주(족)은 무릎에서 발끝까지를 본뜬 상형자이다. '주'로 발음할 때는
  지나치다, 복도다, 보태다以晝足夜의 뜻이다. 발, 그릇 따위에서 발처
  럼 생긴 것鼎折足, 뿌리木以根爲足也, 산기슭吾得歸骨山足, 충족하다學然
  後知不足, 감당하다恐不足任使, 분수를 알다知足不辱, 충분하게 하다足食
  足兵, 지나치다巧言令色足恭, 북돋우다苗足本, 더하다以晝足夜 등으로 쓰
  인다. 주자: 足는 지남침過이다. 足이란 본래 그와 같이 하는 것이 마
  땅하지만, 내가 부족하다고 생각하여 추가하여 지나치게 하는 까닭에
  足라고 한다. 만약 본래 그와 같이 하는 것이 마땅하다면 그 자체로
  만족하는 것이니, 여기서 말하는 足가 아니다. 다산: 형병이 말하길,
  足은 이루다成이다(장將과 수樹의 반절음이다).' 교언영색巧言令色함으로써
  그 공손함을 이루어 남에게 아첨하는 것을 말한다.
- 匿익은 匚(상자 방)+若(같을 약)의 형성자로 상자匚 속에 숨기다는 뜻이
  다. 숨다逃匿其家, 감추다乃匿其家 竊出上書, 덮어 가리다文不可匿, 나타
  내지 않다匿怨而友其人, 숨은 죄匿匿傷上成, 사특하다, 은닉隱匿 등으로
  쓰인다. 다산: 익원匿怨은 마음속으로는 서로 원망하면서도 겉으로는
  거짓으로 친한 것이다.

226

5.25 顔淵季路侍러니 子曰 盍各言爾志리오
안 연 계 로 시　　　자 왈 합 각 언 이 지

子路曰 願車馬와 衣輕裘를 與朋友共하여 敝之而無憾하노이다
자 로 왈 원 거 마　 의 경 구　 여 붕 우 공　　 폐 지 이 무 감

顔淵曰 願無伐善하며 無施勞하노이다 子路曰 願聞 子之志하노이다
안 연 왈 원 무 벌 선　　　 무 시 로　　　 자 로 왈 원 문 자 지 지

子曰 老者를 安之하며 朋友를 信之하며 少者를 懷之니라
자 왈 노 자　 안 지　　 붕 우　 신 지　　 소 자　 회 지

안회顔淵와 자로季路가 (공자를) 모시고侍 있었다. 공자께서 말씀하셨다. "어찌盍 각자 자신의 뜻爾志을 말을 하지 않는가?" 자로子路가 말했다曰. "원컨대 거마와車馬 가벼운 갖옷衣輕裘을 벗들과與朋友 함께共 하고, 해져도敝之而 유감이 없고자無憾 합니다." 안연顔淵이 말했다曰. "원컨대願 유능함善(=有能)을 자랑함이 없고無伐, 공로勞를 과장施함이 없고자無 합니다." 자로子路가 말했다曰. "원컨대願 선생님의 뜻子之志을 듣고자聞 합니다." 공자께서 말씀하셨다. "늙은이老者를 편안安之하게 해드리고, 벗朋友을 미덥게信之 해주고, 젊은이少者들을 보듬어주고懷之 싶다."

공자께서는 인에 편안했고安仁, 안연은 인을 어기지 않았으며不違仁, 자로는 인을 구했다求仁. 자로와 안연 그리고 공자의 뜻은 모두 남과 함께 하는 것與物共者也이다. 다만 크고 작음의 차이뿐이다. 자로는 의에 용감한 자勇於義者이다. 그 뜻을 보면, 어찌 권세나 이익으로 그를 얽어맬 수 있겠는가? 그러니 기수에서 목욕하겠다(浴沂 : 증점의 희망)는 것에 버금간다.

안자顔子는 (잘 하는 것有能을) 사사로이 자기 것으로 여기지 않았기不自私己 때문에 선을 자랑하지 않았고, (자신이) 남과 동류하는 것을 알았기知同於人 때문에 공로를 과시하지 않았다. 그 뜻이 크다고 할 수 있지만, 아직도 (힘쓰지 않고 자연스러운 것이 아니어서) 의지가 있음을 면하지는 못하였다未免於有意.

공자의 경우는, 비유하자면 천지의 화공天地之化工이 만물에게 부여할 뿐付與萬物而已, 수고롭지 않는 것과 같으니, 이것이 성인聖人께서 하시는 바이

다. 먼저 두 사람의 말을 살펴본 다음에 성인의 말씀을 살펴보면, 천지의 기상天地氣象임이 분명하다. 무릇 『논어』를 단지 문자로만 이해할 것이 아니라, 모름지기 성현의 기상을 인식 · 체득해야 한다. 〈정자〉

한자 해설

- 侍시는 人(사람 인)＋寺(절 사)의 회의자로 높은 분을 모시다, 받들다, 시중들다, 대기하다, 수행하다, 시중드는 사람으로 쓰인다.
- 各각은 夂(뒤져서 올 치)＋口(입 구)의 회의자로 각각의 사람들이 입구에 도착한 모습, 혹은 도달한 사람들의 말口이 각각 다르다는 의미이다. 각각, 각자, 제각기, 따로따로, 여러, 서로, 모두, 다르다, 각각이다 등으로 쓰인다.
- 盍합은 접시에 뚜껑을 덮은 모양을 본뜬 상형자이나 '하불何不→합', '어찌 ~하지 않는가?'로 가차되었다. 덮다, 합하다, 모이다, 어찌 아니하다, 한단鶍鳴 등으로 쓰인다.
- 願원은 原(근원 원)＋頁(머리 혈)의 회의자로 머리頁에서 물이 흘러나오듯이 생각이 떠올라 오는 것을 말한다. 원하다, 바라다, 기원하다, 사모하다, 삼가다, 질박하다, 바라건대 등으로 쓰인다.
- 車거는 마차를, 마馬는 말을 그린 상형자이다.
- 衣의는 '윗옷'을 그린 상형자이다. 고대에는 상의는 衣로, 하의는 裳(치마 상)이라 했는데 합하여 의상衣裳이라 했다. 옷, 웃옷, 살갗, 표피, 싸는 것, 덮는 것, (옷을) 입다着服, 입히다, 행하다, 의지하다 등으로 쓰인다.
- 輕경은 車(수레 차)＋巠(물줄기 경)의 회의자로 수레가 가볍게 지나가다는 뜻에서 중량이 가볍다, 가벼이 여기다, 업신여기다, 천하다, 빠르다, 성姓의 하나로 쓰인다.
- 裘구는 衣(옷 의)＋求(구할 구)의 형성자로 짐승의 털가죽求으로 만든 갖옷(짐승의 털가죽으로 안을 댄 옷), 갖바치, 갖옷을 입다, 구求하다는 뜻이다.
- 共공은 제기를 공손히 함께 들고 가는 모습에서 공손하다, 정중하다,

함께 등으로 쓰인다.

- 敝폐는 攵(등글월 문)+尚(해진 옷 폐)의 형성자로 해지다, 해어지다, 깨지다, 부서지다, 닳아 없어지다, 해치다, 괴롭히다, 폐해弊害 등으로 쓰인다.

- 憾감은 心(마음 심)+感(느낄 감)의 형성자로 섭섭하다, 한恨하다, 원한, 유감, 한을 품은 사람, 근심하다(담), 불안하다 등으로 쓰인다.

- 伐벌은 人+戈(창 과)의 회의자로 본래 '목을 베다'였다는데, 후에 '치다'나 '정벌하다'는 뜻이 되었다. 인신하여 전공戰功을 자랑하는 의미에서 뽐내다, 자랑하다 뜻이 나왔다.

- 善선은 『설문』에서 "선善이란 길吉한 것이다. 두 개의 언言言자과 양羊이 합쳐진 것으로 의義 및 미美와 뜻이 같다善吉也 從言言 從羊 此與義美同意."고 했다. 좋음隱惡而揚善, 선又盡其善, 높다求善賈而沽諸, 교묘히故善戰者服上刑, 많이女子善懷, 크게覆背善詈, 자주慶氏之馬善驚, 친절히齊善待之, 좋아하다善善及子孫, 길吉하다善必先知之, 좋게 여기다王如善之, 아끼다善日者王 善時者霸, 다스리다有善邇而遠至 등으로 쓰인다.

- 施시는 㫃(깃발 언)+也(어조사 야)의 형성자로 깃발의 흔들거림에서 베풀다, 시행施行하다의 의미가 나왔다. 연장하다施及三王 할 때는 '이'로 읽는다.

- 勞노는 力(힘 력)+熒(들불 형)의 형성자로 등불火 아래 사람衣이 밤새워 일하다任士之所勞, 노동, 애쓰다犧牲不勞 則牛馬育, 근심하다勞萬民, 수고先勞後祿, 공적事功曰勞 治功曰力, 위로하다以勞王爵, 돕다神所勞矣 등의 의미이다.

- 老로는 머리카락이 길고 허리가 굽은 노인이 지팡이를 짚고 서 있는 모양을 그린 상형자로 늙다, 쇠약하다, 공경하다, 노련하다는 뜻이다.

- 少소는 작은 파편 4개가 튀는 모양을 그린 상형자, 혹은 小(작을 소)+丿(삐침 별)의 회의자로 작은 물체의 일부분一部分이 떨어져 나가 적어진다는 뜻이다. 적다, 줄다, 적어지다, 부족하다고 생각하다, 젊다, 비난

하다, 헐뜯다, 경멸하다, 젊은이, 어린이, 버금, 잠깐 등으로 쓰인다.

주자 : '합盍'은 어찌 아니何不이다. '의衣'는 착복하다服之이다. '구裘'는 가죽 옷皮服이다. '폐敝'는 해짐壞, '감憾'은 한스러움恨이다. 벌伐은 자랑함誇이고, 선善은 잘하는 것有能이며, 시施 또한 과장하여 부풀린다는 뜻張大之意이다. 노勞는 공로가 있음인데, 『역』에서 말한바 공로가 있어도 자랑하지 않는다勞而不伐 가 그것이다. 어떤 사람이 말했다. 노勞는 힘든 일勞事이다. 힘든 일은 내가 원하는 것이 아니기에非己所欲, 또한 남에게 베풀려 하지 않는다고 했는데, 또한 통한다.

다산 : 의衣는 조복朝服 · 제복祭服 등과 같은 것을 말한다. 공안국이 말하길, '자기의 착함을 스스로 자랑하지 않고(형병이 말했다. 공을 자랑하는 것誇功을 일러 벌伐이라 한다), 수고로운 일을 남에게 베풀지 않는다.'고 하였다.

5.26 子曰 己矣乎라 吾未見能見其過而內自訟者也케라
자 왈 이 의 호   오 미 견 능 견 기 과 이 내 자 송 자 야

공자께서 말씀하셨다. "그만두어야己(=終)겠구나矣乎! 나는吾 아직 능能히 그 자신의 허물其過을 보고서見, 안으로 스스로를 송사에 붙여 바로잡는 사람內自訟者을 보지 못했다未見也."

사람이 허물이 있으면서 스스로 아는 자가 드물며, 허물을 알고 능히 안으로 자신을 탓할 줄 아는 자는 더욱 드물다. 능히 안으로 자신을 탓할 줄 알면 그 뉘우침과 깨달음이 깊고 절실하여 능히 고칠 수 있음이 틀림없다. 공자께서 끝내 만나지 못할까 염려하여 스스로 탄식하셨으니, 배우는 자들을 경책하심이 깊다. 〈주자〉

한자 해설

주자 : '이의호己矣乎'란 그런 사람을 끝내 만나지 못할까 염려하여 탄식하는 것이다. '내자송內自訟'은 입으로 말하지는 않았지만, 마음으로 자

신의 허물을 탓하는 것心自訟이다.

다산 : 訟이란 공정公庭에서 대변對辯하는 것이다. 천명天命과 인욕人欲이 마음속에서 서로 싸울 때 자기의 사욕을 이기는 것은 송사를 이기는 것과 같다克己如克訟. 그러나 사람이 능히 스스로 자기의 허물을 볼 수 있고, 천명과 인욕이 마음속에서 대변對辯하면, 반드시 그 시비를 가릴 수 있을 것이며, 허물을 고치는 방법을 알 수 있을 것이다. 포함이 말하길, '송訟이란 책망責하는 것이다.'고 말했는데, 논박하여 말하면, 그릇되었다. 송괘訟卦는 천명天命이 위에 있고, 감坎괘의 허물이 안에 있으니, 『역易』을 잘 아는 자가 이 기상을 보면 천명과 인욕이 서로 적과 원수가 된 것을 알 것이니, 이것을 일러 내자송內自訟이라 한다.

- 己이는 巳를 거꾸로 한 자형으로 양기陽氣가 나서 음기가 숨는다는 데에서 그치다鷄鳴不已, 이미漢皆已得楚乎, 물리치다三己之, 매우不然則已慤, 조금 있다가已而有娠, 낫다疾乃遂已, 반드시已然諾, 어조사 등으로 쓰인다.

- 過과는 辶(쉬엄쉬엄 갈 착)+咼(입이 삐뚤어질 괘)의 형성자로 바른 길을 지나쳤다는 데서 지나다, 지나치는 일, 도를 넘다過誤, 방문하다越禹來過衛將軍, 떠나다過小善不克, 허물, 실수不貳過, 고의가 아닌 범죄宥過無大, 그르치다過則勿憚改 등으로 쓰인다.

- 內내는 冂(멀 경: 가옥의 내부)+入(들 입)의 가옥의 내부를 그린 것, 집에 들어가는 일, 어느 범위範圍 안으로 들어감, ~의 뜻, 안쪽을 뜻한다.

- 訟송은 言(말씀 언)+公(공변될 공)의 회의자로 언사를 공적으로 다투어 공평하게 판결한다는 의미이다. 송사하다. 죄를 다투다分爭辨訟, 시비곡직을 가리다, 억울함을 하소연하다, 송사必也使無訟乎, 논쟁하다分徒而訟, 꾸짖다吾未見能見其過而內自訟者也, 다스려 바로잡다使尹氏與聃啓訟周公于晋, 송괘(감하건상坎下乾上), 법정何以速我訟 등으로 쓰인다.

5.27 子曰 十室之邑에 必有忠信이 如丘者焉이어니와
자 왈 십 실 지 읍 필 유 충 신 여 구 자 언

不如丘之好學也니라
불 여 구 지 호 학 야

공자께서 말씀하셨다. "십여 가구 정도의十室之 작은 마을邑에도 반드시
必 나만큼如丘 충신하는 사람忠信如丘者은 있겠지만有焉, 나만큼 배우기
를 좋아하지는如丘之好學 못할 것이다不如."

읍邑은 사람들이 모여 사는 곳인데, 5가家가 린鄰이고, 2린은 10실室이니,
그것이 작다는 말이다. 작은 읍을 거론한 것은 나의 충과 신이 범상함을 넘
어서지 않아, 곳곳에 그런 사람이 있다는 말이다. 충신忠信은 자질質이며,
호학好學은 문식文이다. 단순히 자질만으로는 군자가 될 수는 없다. 〈다산〉

한자 해설
- 邑읍은 囗(에워쌀 위)+巴(꼬리 파)의 회의자로 성안에 사람들이 모여 살고
  있는 것으로 고을, 마을, 도읍, 나라, 봉지, 행정 구역 단위, (도읍을)
  닦다, 영유하다 등으로 쓰인다. 춘추시대에는 30가家를 읍邑이라 했다.
- 室실은 宀(집 면)+至(이를 지)의 회의자로 사람이 도착하여至 사는 집宀
  이란 의미이다. 집, 건물, 방, 거실, 사는 곳, 아내, 가족, 몸, 신체, 가
  재家財, 굴窟, 칼집, 장가들다, 시집보내다 등으로 쓰인다. **주자**: 십실
  十室는 작은 마을小邑이다. **다산**: 읍邑은 사람들이 모여 사는 곳인데, 5
  가家가 린鄰이고, 2린은 10실室이니, 그것이 작다는 말이다. 작은 읍
  을 거론한 것은 나의 충과 신이 범상함을 넘어서지 않아, 곳곳에 그런
  사람이 있다는 말이다.
- 忠충은 中(가운데 중)+心의 회의자로 중심이 서 있는 마음으로 어느 한
  쪽에도 치우치지 않는 혹은 마음속에서 우러나오는 참된 마음이라는
  뜻이다. 충성, 공평, 정성, 공변되다, 정성스럽다 등으로 쓰인다.
- 信신은 사람人의 말言은 심중에서 나오는 것으로 믿을 수 있음을 뜻하

는 회의자이다. 믿음朋友有信, 미쁘다信實, 신표印信, 편지以爲登科之信, 심부름꾼信使, 진실로, 참됨, 맡기다歸帆但信風, 밝히다信罪之有無 등으로 쓰인다. 징험하다其中有信, 오음의 궁宮, 오행의 토土, 펴다往者屈也 來者信也 등으로 쓰인다.

이 편 또한 현인賢人·군자君子 및 인仁·지知·중용中庸의 덕德을 논했는데, 대체로 앞 편(공야장)과 서로 유사하다. 그러므로 공야장에 뒤따랐다. 〈형병〉

모두 28장이다. 편 앞의 제14장 이전까지는 대의가 앞편(공야장)과 같다. 〈주자〉

6.1 子曰 雍也는 可使南面이로다 仲弓이 問子桑伯子한대
자왈 옹야 가사남면 중궁 문자상백자

子曰 可也簡이니라 仲弓曰 居敬而行簡하여 以臨其民이면
자왈 가야 간 중궁왈 거경이행간 이임기민

不亦可乎잇가 居簡而行簡이면 無乃大簡乎잇가
불역가호 거간이행간 무내태간호

子曰 雍之言이 然하다
자왈 옹지언 연

공자께서 말씀하셨다. "옹은雍也 남면南面하게 할 만하다可使." 중궁仲弓이 자상백자子桑伯子에 대해 물으니問, 공자께서 말씀하셨다. "(남면하게) 할 만하니可也, 간략簡하다." 중궁仲弓이 말했다曰. "경에 기거하면서居敬而 간략하게 행하여簡以行 그 백성其民에게 임臨하면, 또한亦 괜찮지 않겠습니까不可乎? 간략함에 기거하면서居簡而 행동도 간략하다면行簡, 곧 너무 간략하지乃太簡 않을까요無乎?" 공자께서 말씀하셨다. "옹의 말雍之言이 옳다然."

경에 기거하면서 마음 가운데 다른 어떤 (산란散亂스러운) 것도 없기居敬而 無物 때문에 행하는 것이 자연히 간략해진다. 그러나 간략함에 기거하면서 먼저 간략함에 마음을 둔다면居簡則先有心於簡 '간략함簡'이란 한 글자가 더 많은 것多一簡字이기에 '너무 간략하다太簡'고 하는 것이다. 〈정자〉

경敬은 향하는 바에서 삼가는 것謹於所嚮을 말하고 (향하는 바가 없으면 경하는 바가 없다), 간簡은 세부적인 절목에서 소략함略於細節을 말한다. 경에 머물면서居敬 사안을 생각함이 주도면밀하면, 그 행하는 바가 비록 간략할 지라도 빠뜨리는 것이 없을 것이다. 간략함에 머물면서居簡 사안을 생각함이 소략하다면, 그 행하는 바가 비록 간략할 지라도 끝내 틀림없이 어지러울 것이다. 〈다산〉

- 可가는 곡괭이와 口(입 구)의 회의자로 곡괭이질을 하며 흥얼거린다는 의미에서 '노래하다'라는 뜻이었지만, 후에 '옳다'나 '허락하다'라는 뜻으로 가차되었다. 혹은 막혔던 말口이 튀어나온다는 데에서 유래했다고도 한다. 괜찮음子曰可也, 인정하다大夫辭之不可, 정도나 ~쯤飮可五六斗, 오랑캐 임금可汗 등의 의미이다. **주자**: 可란 겨우 괜찮지만僅可, 미진한 바가 있다는 말이다.

- 南面남면은 임금이 남쪽을 향하여 신하와 대면한 데서 유래한 말로 임금의 자리에 오르거나 임금이 되어 나라를 다스린다는 말이다. **주자**: 南面이란 임금이 정사를 듣는 자리人君聽治之位이다. 중궁仲弓이 너그럽고 넉넉하고 간결하고 중후하여寬洪簡重 임금의 도량이 있다는 말이다. **다산**: 남면南面·북면北面은 임금과 신하간의 정해진 명칭이다.

- 敬경은 苟(진실로 구)+攵(칠 복)의 회의자로 '진실하도록 하다'는 뜻이다. 『주역』「곤괘·문헌」에서는 "군자는 경건함으로써 안을 바르게 한다君子敬以直內."라고 하였다. 성리학에서는 경을 '마음을 한 곳에 집중하면서 산란하게 하지 않는 것主一無適' 혹은 '항상 깨어있음常惺惺'이라고 하였다. 마음을 경건하게 유지하는 것居敬은 이치를 궁구하는 것窮理과 함께 성리학적 공부의 요체가 된다.

- 乃내는 '이에'나 '곧', '비로소'라는 뜻을 가진 글자로 위의 글을 받아 밑의 글을 일으키는 조사로 쓰이기도 한다.

- 太태는 大(큰 대)에 점을 찍어 더 크다는 것을 나타낸 지사문자이다. 간혹 '매우 심하다'와 같은 부정적으로 쓰이기도 하지만, 긍정적인 의미 또한 많다.

- 簡간은 竹(대 죽)+間(사이 간)의 형성자이다. 대나무를 잘라 만든 죽간竹簡을 엮어 이어붙이면 편篇이 되지만, 묶지 않는다면 간簡이 된다. 간簡은 간략한 편지書簡를 뜻하다가 후에 '간략하다'라는 말이 되었다. 주자는 번거롭지 않다不煩로, 고주古注는 관략寬略(관대하고 소략함)으로,

다산은 세부적인 절목에서 소략함略於細節으로 해석했다.

- 然연은 犬(개 견)+肉(고기 육)+火(불 화)의 회의자로 개고기를 불에 구워 먹는 것은 '당연하다'는 뜻이다. 혹은 개는 가죽을 벗기지 않고 껍질째 불에 그슬려 익혀 먹기에 '까맣게 타다燃'는 뜻이었지만, 후에 '그러하다'라는 으로 가차되었다. 그러하다, 틀림이 없다, 명백하다, 듯하다, 허락하다, 동의하다, 불타다, 불태우다, 그런데, 드디어, 그러하면, 그리하여, 그렇다면, 그러면, 연후에, 그렇기는 하지만 등으로 쓰인다.

6.2 哀公이 問弟子孰爲好學이니잇고 孔子對曰 有顔回者好學하야
애공 문제자숙위호학 공자대왈유안회자호학

不遷怒하며 不貳過하더니 不幸短命死矣라 今也則亡하니
불천노 불이과 불행단명사의 금야즉무

未聞好學者也케이다
미문호학자야

애공哀公이 물었다問. "제자弟子 중에 누가孰 배우기를 좋아好學 합니까爲?" 공자孔子께서 대답하여 말씀하셨다對曰. "안회라는 제자가 있어有顔回者 배우기를 좋아好學했는데 노여움을 옮기지 않았고不遷怒, 과오를 되풀이하지 않았습니다不貳過. 불행不幸히 단명短命하여 죽었으니死矣, 이제는今也則 (호학하는 자가) 없다亡. (그러니) 배우기를 좋아하는 자好學者를 들어보지 못했습니다未聞也."

안자의 노여움은 대상에 있었지, 자기에게 있지 않았기在物不在己 때문에 옮기지 않았다. 불선不善이 있으면 일찍이 알지 않음이 없었고, 알았으면 다시 (불선을) 행하지 않았기에 잘못을 되풀이하지 않았다. 〈정자〉

송대 호원(胡瑗, 993~1059)은 태학에서 「안자가 좋아한 것은 어떤 학문인지 논하라顔子所好何學論」라고 하였다. 이에 정이천(程伊川, 1033~1107)은 역

238

사에 남을 명답을 제시했다. (『二程全書』 『伊川文集』 卷43, 「顔子所好何學論」)

　　어떤 사람이 물었다. "시詩와 서書, 그리고 육예六藝는 70명의 제자가 익혀
통달하지 못한 이가 없었지만, 공자께서는 유독 안자만 학문을 좋아한다
고 칭찬하셨다. 안자가 좋아한 학문은 과연 어떤 학문이었는가?"
　　정자가 답했다. "배워서 성인에 이르는 도였다學以至聖人之道也. 그 학문의
도는 어떤 것인가? 말한다. 천지가 정기를 쌓아 만물을 낳음에, 오행五行의
정수를 받아서 사람이 되니, 그 본체는 참되고 고요하다眞而靜. 그 본체가
아직 발하지 않을 때에는 오성五性이 갖추어져 있으니, 인 · 의 · 예 · 지 ·
신이라 한다. 형체가 이미 생긴 이후에 외물이 그 형체에 접촉하면 마음이
움직인다. 그 마음이 움직이면 칠정七情이 생기니, 희 · 노 · 애 · 구 · 애 ·
오 · 욕이 그것이다. 감정情이 이미 타올라 더욱 방탕해지면 본성이 끊겨버
린다. 그러므로 깨달은 이는 감정을 단속하여 중中에 합치고, 그 마음을 바
로 잡고, 그 본성을 양성할 뿐이다. 그러나 반드시 먼저 마음에서 밝게 가
야할 곳을 안 연후에, 힘써 행하여 지극함을 구해야 한다. 안자의 경우는
예禮가 아니면 보지도 듣지도 말하지도 움직이지도 않고, 노여움을 옮기지
않고 잘못을 되풀이하지 않은 것은 호학이 독실한 것이고 배움이 그 도를
얻은 것이다. 그러나 그가 성인의 경지에 도달하지 못한 것은 지키기만 하
고 변화하지는 못했기 때문이다. 몇 년 만 더 살았다면 머지않아 변화되었
을 것이다. 지금 사람들은 이에 성인은 본래 태어나면서 아시는 분이니 배
워서 도달할 수 있는 것이 아니며, 배움은 다만 글을 외우고 문장을 짓는
일記誦文辭일 뿐이라고 여기니, 이 또한 안자의 배움과 다른 것이다."

한자 해설
주자: 천遷은 옮긴다移이고, 이貳는 반복하다復는 뜻이다. 갑甲에게 노한
것을 을乙에게 옮기지 않고, 이전에 잘못한 것을 이후에 반복하지 않
음이다. 안자는 극기의 공부克己之功가 이와 같은 경지에 이르렀으니,
참으로 학문을 좋아했다好學고 하겠다. 단명短命이라고 한 것은 안자

가 서른둘에 죽었다는 것이다. 이미 '이제는 없다今也則亡'고 말하고, 다시 '아직 학문을 좋아하는 이가 있다는 것을 듣지 못한다'고 말한 것은, 아마도 깊이 안연을 애석하게 여기고, 또한 배우기를 참으로 좋아하는 자를 얻기가 어렵다는 것을 보여주신 것이다.

다산: 천遷은 옮김移이다. 간난과 신고貧窮때문에 (하늘을) 원망하거나 (사람을) 탓하지 않았으니, 이것이 불천노不遷怒이다. 공자께서 말씀하시길, 한 대그릇의 밥을 먹고 한 표주박의 물을 마시면, 사람들이 그 근심을 견디지 못하지만, 안회는 그 즐거움을 고치지 않았다. 이貳는 갈림 길岐이고 휴대하다携이다. 잘못이 있으면 용감하게 고쳐서, 갈림길에서 더 이상 휴대하지 않는 것이 불이과不貳過이다(마음에 미련을 남기지 않는 것이 불이不貳이다). 공자께서 말씀하시길, 불선不善이 있으면 일찍이 알지 않은 적이 없고, 알았으면 일찍이 다시 행한 적이 없었다. 사람이 장수하고 요절하는 것은 그 명命이 하늘에 달려 있으므로 연수年壽를 명이라 한다. 태재순이 말하길, '망亡은 글자 그대로 읽어야 한다. 지금에는 세상에 살지 않는다는 것이다.'라고 했다.

• 學학은 子(아이 자)+臼(깍지 구: 양 손)+爻(본받을 효)+冖(덮을 멱=몽蒙)의 회의자로 미몽冖(=蒙)의 자식子이 <u>배운다</u>, 모방하다, 본받다效의 뜻이다. 『설문』에서는 각오覺悟라 하여, 배워서 깨친다는 뜻이라고 한다. 요컨대 학이란 어떤 무엇을 무엇에게서 배워서 깨달아 알고, 본받아 체득하여 자기 것으로 만드는 종합적인 활동, 즉 자신에게 가리어져 있어蒙 알지 못했던 세계를 조명하여 알아서識, 깨닫고覺, 본받는效 활동을 의미한다.

• 遷천은 辶(쉬엄쉬엄 갈 착)+䙴(옮길 천)의 회의자로 길을 떠나 <u>옮기다</u>, <u>옮겨가다</u>, 내쫓다, 추방하다, 벼슬이 바뀌다, 바꾸다, 변경하다, 오르다, 올라가다, 따르다, 천도遷都, 벼랑으로 쓰인다.

• 怒노는 心(마음 심)+奴(종 노: 함부로 울컥 치밀어 오르다)의 형성자로 함부로 치밀어 오르는 마음이다. 奴는 女(여자 녀)+又(손 수)의 회의자로 여자

를 잡아 일을 시키는 모습으로 종, 노비奴婢, 노력奴役 등의 뜻이다. 성
내다非怒王 則疾不可治, 화不遷怒 不貳過, 힘쓰다怒而飛, 꾸짖다不可敎而后
怒之, 기세가 오름而令水益湍怒, 기세急繕其怒, 가시其怒靑黑色 등으로 쓰
인다.

- 貳이는 뜻을 나타내는 貝(조개 패: 眼標)에 음을 나타내는 글자 弍(이: 물
건을 세는 말)의 형성자인데, 본래 두 개의 물건을 나타내었으나, 다시
하다는 뜻이 되었다. 一일 · 二이 · 三삼을 弌일 · 弍이 · 弎삼이라고도
썼다. 두, 둘, 버금, 두 마음, 거듭하다, 의심하다, 어기다, 변하다, 배
신하다 등으로 쓰인다.

- 過과는 辶(지나갈 착)+咼(입이 비뚤어질 괘)의 형성자로, 바른 길을 지나쳤
다는 지나가다→통과하다→도를 넘치다→과오過誤 등의 뜻이 나왔
다. 다산: 貳이라는 글자는 횡설橫說이지 수설竪說이 아니다. 나누어 휴
대하는 것分攜을 일러 貳라 하고, 양쪽에 속하는 것兩屬을 일러 貳라
고 하지, 중첩되고 누적되는 것을 貳라고 하는 것을 듣지 못했다. 이
전의 잘못을 다시 범하지 않는 것을 이과貳過라고 할 수 있겠는가? 인
심은 오직 위태롭고, 도심은 오직 미미하니, 이미 잘못을 고치려 하
고, 또한 고침이 없고자 하는 마음이 인심과 도심에 양쪽으로 나누어
져 있으니, 이를 일어 이과貳過라 한다. 일도양단一刀兩斷으로 베어 버
리는데 인색하지 말아야 하듯이, 다시 한 터럭의 찌꺼기라도 가슴 가
운에 남아 붙어 있기 않게 한 연후에 드디어 불이과不貳過라고 할 수
있다.

- 幸행은 夭(일찍 죽을 요)+屰(거스를 역)의 회의자로 일찍 죽는 것을 면하여
좋다, 다행하다는 뜻이다. 혹은 양손을 묶는 수갑과 벽에 고정하는 쇠
사슬로 죄를 지은 사람을 잡은 것(천만다행)이라는 뜻이라고 한다. 다행
하다与也幸, 행복幸福, 사랑하다以色幸者多矣, 잠자리 시중을 들다, 은총
軍亦有天幸, 즐기다其後幸酒, 바라다幸富貴, 요행하다民無幸生, 기뻐하다
獨自歡幸, 임금의 행차設壇場望幸, 다행하게도幸來會飮 등으로 쓰인다.

• 短단은 矢(화살 시)+豆(콩 두: 투호 통)의 회의자로 투호 놀이로 활로 쏘는 것보다 사정거리가 짧았기 때문에 짧다, 작다, 오래되지 않다, 적다, 부족하다, 뒤떨어지다, 어리석다, 천박하다, 힐뜯다, 모자라다, 허물, 결점, 요철夭折, 짧음 등으로 쓰인다.

• 命명은 口(입 구)+令(우두머리 령)의 형성자인데, 갑골문에서는 목탁(△)'과 꿇어앉아 명령을 듣는 사람卩의 형상이며, 『설문』에서는 "口입와 令령의 형성자로 '시키다'는 뜻이다使也. 從口 從令"고 했다. 명命과 령令 두 글자 모두 상하 위계를 전제로 명령과 복종의 뜻을 지니며 '거역할 수 없다'는 함의를 지닌다. 모자를 쓰고 앉은 모습의 우두머리令의 입 口에서 나오는 명령命令을, 그리고 하늘의 명령이 목숨이라는 뜻에서 목숨을 뜻한다. 목숨, 수명, 생명見危授命, 운수, 운명今又遇難於此 命也, 명령子從父之命, 명령을 내림乃命羲和, 이름 붙이다命日和氏之璧, 말我於辭命則不能也, 사명, 소명, 도. 자연의 이법維天之命, 표적射命中, 문체의 하나 등으로 쓰인다.

• 亡망(무)은 갑골문에 칼날 부분에 획이 하나 그어져 있는데, 칼날이 부러졌다, 전쟁에서 패배했다, 멸망하다, 도망하다, 죽었다 의미이다. 망하다, 멸망시키다, 도망하다, 없애다, 죽다, 잊다, 업신여기다, 경멸하다, 죽은, 없다(무), 가난하다 등으로 쓰인다. **다산**: 형병이 말하길, '무亡는 없다無이다. 지금 학문을 좋아하는 자가 없다는 말이다.'고 했다. 태재순이 말하길, '형병의 설과 같다면 이 구절은 아래 구절과 말뜻이 중복된다.'고 했다. 살펴보건대, 이미 지금은 학문을 좋아하는 자가 없다고 말해놓고, 또 아직 학문을 좋아하는 자가 있다는 것을 듣지 못했다고 하는 것은 진실로 중첩된다.

6.3 子華使於齊러니 冉子爲其母請粟한대 子曰 與之釜하라 請益한대
자 화 사 어 제　　염 자 위 기 모 청 속　　자 왈 여 지 부　　청 익

曰 與之庾하라하야시늘 冉子與之粟五秉한대 子曰 赤之適齊也에
왈 여 지 유　　　염 자 여 지 속 오 병　　자 왈 적 지 적 제 야

乘肥馬하며 衣輕裘하니 吾聞之也호니 君子는 周急이오
승 비 마　　의 경 구　　오 문 지 야　　군 자　　주 급

不繼富라호라 原思爲之宰러니 與之粟九百이어시늘 辭한대
불 계 부　　　원 사 위 지 재　　여 지 속 구 백　　사

子曰 毋하여 以與爾隣里鄕黨乎인저
자 왈 무　　　이 여 이 린 리 향 당 호

자화子華가 제나라에於齊 심부름使을 갔었을 때, 염자冉子가 자화의 어머니其母를 위해爲 곡식粟을 청請하자, 공자께서 말씀하셨다. "부釜(6두4승)를 드려라與之." 더益 주기를 청請하니, 말씀하셨다曰. "유庾(16두)를 드려라與之." 염유冉子가 그에게 5秉(16곡斛)을 드렸다. 공자께서 말씀하셨다. "적이赤之 제齊나라에 갈適 때, 살찐 말肥馬이 끄는 수레를 타고乘 가벼운 갖옷輕裘을 입었다衣(적은 부유하였다). 내吾가 들으니聞之也, 군자君子는 궁박急한 이를 구제周(=周救)하지만, 부유富한 사람이 남음이 있는 데에도 계속하여 보태繼(=繼有餘) 않는다고 했다." 원사原思가 공자의 읍재가 되었을 때爲之宰, 곡식 900속粟九百을 주시자與之, 사양辭했다. 공자께서 말씀하셨다. "(사양하지) 마라毋! 네 이웃爾鄰里鄕黨 주어라以與."

공자께서 자화를 심부름을 시킨 것과 자화가 공자를 위해 심부름 간 것은 의리이다. 그런데도 염유가 그를 위해 (따로 곡식을) 청하니, 성인께서는 관용적이어서 곧바로 사람을 거절하지 않으셨던 까닭에 조금만 주라고 하셨으니, 주는 것이 합당하지 않다는 것을 암시하신 것이다. 더 주기를 청하자 또한 조금만 주라고 하셨으니, 더 주는 것이 합당하지 않다는 것을 암시하신 것이다. 염유가 알아듣지 못하고 마음대로 많이 주었으니, 이미 잘못이다. 그러므로 부자께서 그것을 그르다고 하신 것이다. 대개 적赤이

진실로 매우 궁핍했다면 필시 공자께서 직접 구제해 주시고, 청하기를 기다리시지 않았을 것이다. 원사가 가신이 되었을 때는 정해진 봉록이 있었지만, 원사가 그것이 많다고 사양했기 때문에 여러 이웃과 마을의 가난한 사람들에게 나눠주라고 가르쳤다. 대개 또한 (어느 경우든) 의리가 아닌 것이 없다. 〈정자〉

이 두 가지 경우에서 성인께서 재물을 (어떻게) 쓰시는지를 알아볼 수 있다. 〈장재張載〉

한자 해설

- 使사는 人(사람 인)+吏(관리 리)의 회의자로 관리吏에게 일을 맡겨 시키다, 혹은 실무를 맡은 아전吏같은 사람亻, 곧 일하는 사람이란 뜻이다. 시킴使役, 하여금, 행하다, 사신使臣(吳使使問仲尼), 심부름꾼留使女盧瓊在家, 사신으로 가다使于四方, 사신으로 보내다, 벼슬 이름少正使之數, 통제사 등으로 쓰인다. 주자: 使는 공자를 위해 심부름 간 것이다.
- 請청은 言(말씀 언)+靑(푸를 청)의 회의자로 깨끗하게 말하다, 말을 정중하게 하다 즉 청하다는 뜻이다.
- 粟속은 米(쌀 미)+襾(덮을 아) 혹은 襾(아)+桌(률 조)의 회의자로 초목草木의 열매를 본뜬 글자인데, 오곡五穀의 하나인 조 혹은 껍질을 벗기지 아니한 곡식穀食을 말한다. 조(볏과의 한해살이풀), 오곡五穀, 겉곡식穀食, 좁쌀, 과립顆粒, 식량食糧, 양식糧食, 녹祿, 녹봉祿俸, 공경하다 등으로 쓰인다. 주자: (뒤의) 粟은 가재의 봉록이다.
- 釜부는 父(아비 부)+金(쇠 금)의 회의자로 가마솥(아주 크고 우묵한 솥), 솥의 범칭, 용량 단위(≒6말 4되) 등을 의미한다. 주자·다산: 釜는 6말 4승六斗四升(약 20.5kg정도)이다.
- 庾유는 广(집 엄)+臾(잠깐 유)의 회의자로 곳집(곳간庫間으로 지은 집), 노적가리(露積~: 쌓아 둔 곡식의 더미), 열여섯 말(용량의 단위), 활의 이름, 쌓다 의미이다. 주자·다산: 庾는 16두十六斗이다.

- 秉병은 禾(벼 화)+又(또 우: 손)의 회의자로 '벼를 한줌 갖다'의 뜻인데, 후에 '잡다'의 뜻이 되었다. 잡다, 쥐다, 장악하다, 처리하다, 지키다, 간직하다, 따르다, 헐뜯다, 열여섯 섬(곡식을 세는 단위:16곡斛.1곡斛=10두斗), 볏단, 자루(끝에 달린 손잡이), 손잡이, 권력으로 쓰인다. **주자·다산**: 秉은 16곡十六斛(1곡은 10말)이다.

- 適적은 辶(쉬엄쉬엄 갈 착)+啇(밑동 적)의 형성자로 길을 골라가다, 적합한 길을 고른다, 혹은 상대방으로 향하여 나아가다, 적중하다, 적당하다, 전일하다, 저항하다, 마침, 우연히, 다만, 겨우, 맏아들, 정통, 원수, 적敵, 재앙 등으로 쓰인다.

- 肥비는 月(육달 월)+巴(병부 절→巴땅이름 파)의 회의자로 살이 찐 모습이다. 살찌다, 기름지다, 비옥하게 하다, 넉넉해지다, 거름, 비료, 지방脂肪, 기름기, 살진 말, 살진 고기 등으로 쓰인다. **주자**: 살찐 말이 끄는 수레를 타고乘肥馬 가벼운 갖옷을 입었다는 것은 그가 부유하다는 말이다.

- 周주는 口(입 구)+用(쓸 용)의 회의자로 입을 잘 써서 미치지 않은 곳이 없기 두루 미친다는 뜻이라고도 한다. 두루, 빈틈없고 치밀하다, 둘레, 구율救恤하다, 나라이름 등으로 쓰인다. **주자**: 周는 부족한 것을 보충해 주는 것補不足이다. **다산**: 周는 주賙(진휼하다, 보태어주다)와 통한다.

- 急급은 心(마음 심)자와 刍(꼴 추←及: 미칠 급, 사람을 뒤에서 붙잡는 모습)의 회의자로 사람을 붙잡고 싶은 '초조한 마음'을 뜻한다. 남을 쫓아 따라가는 조급한 마음이라는 뜻이다. 서두르다耕事方急, 형편이 지체할 겨를이 없다急務, 병세가 위태하다急病, 성급하다西門豹之性急, 곤란함裹王告急于晋, 갑자기以急變聞, 빠르다項羽急擊秦軍, 큰일鹽者食之急也, 팽팽하게 됨大絃急則小絃絶矣, 엄하게急縛其怒, 경계하다我是用急, 휴가又不請急, 죄다鷄被縛急相喧爭 등으로 쓰인다. **주자**: 急은 궁핍窮迫이다.

- 繼계는 糸(가는 실 사)+𢇍(이을 계: 여러 개의 실타래가 이어져 있는 모습)의 회의자로 실을 잇다가 원뜻이다. 이어나가다, 계속繼續하다, 지속하다, 이

어받다, 매다, 그 다음에 등으로 쓰인다. **주자**: 繼는 여유가 있는 데에도 계속해서 더 주는 것繼有餘이다.

- 里리는 田(밭 전)+土(흙 토)의 회의자로 밭과 흙이 있어 사람들이 모여 사는 마을 혹은 거리距라는 뜻이다. 1리里는 <u>25가구가 함께 모여 사는 마을</u>이다. 마을, 고향, 이웃, 인근, 리(거리를 재는 단위), 리(행정 구역 단위), 속裏, 안쪽, 내면 등의 의미이다. **주자**: 5가구는 린鄰, 25가구는 里, 12,500가구는 향鄕, 500가구가 당黨이다. 일정한 봉록常祿은 마땅히 사양하지 말 것이며, 남는다면 스스로 미루어 궁핍한 이웃을 구제하라는 말이다. 대저 린, 리, 향, 당에서는 서로 부조하는 의리가 있다.

- 毋무는 母모에 一일을 더하여 여자女子를 범하는 자를 一일로 금지함의 뜻이다. 말다, 없다, 아니다, 결심決心하지 아니하다, 발어사 등으로 쓰인다. **주자**: 毋는 금지사이다.

6.4 子謂仲弓曰 犁牛之子騂且角이면 雖欲勿用이나 山川은 其舍諸아
자 위 중 궁 왈 이 우 지 자 성 차 각　　수 욕 물 용　　산 천　기 사 저

공자子께서 중궁仲弓을 평謂하여 말씀하셨다曰. "얼룩(검은)소의犁牛之 새끼子가 붉고騂 또한且 뿔角이 (반듯하게) 자랐다면, 비록雖 쓰지用 않으려고 해도欲勿, 산천山川 (의 귀신)이 어찌 버려두겠는가其舍諸?"

중궁의 아버지는 천하고 행실이 악했기 때문에 공자께서 이렇게 비유하셨다. 아버지의 악이 그 자식의 선함을 폐할 수 없으며, 중궁과 같이 현명하면 자연히 세상에 쓰이는 것이 마땅하다는 말이다. 〈주자〉

한자 해설

주자: 리犁는 얼룩무늬雜文이고, 성騂은 붉은 색赤色이다. 주나라는 붉은 색을 숭상하여 희생도 붉은 색을 썼다. 각角이란 뿔이 반듯한 것으로 角周正 희생에 적합中犧牲하다. 용用은 제물로 쓰는 것用以祭이다. 산천

246

山川은 산천의 귀신山川之神이니, 비록 사람들이 쓰지 않더라도 귀신은 반드시 버려두지 않을 것이라는 말이다.

다산: 려黎는 검다黑이다. (려黎는 리犁와 통하니) 리우犁牛는 검은 소黑牛이다. '검은 소의 새끼犁牛之子가 털이 붉고 뿔이 자랐다면騂且角, 땅 제사祭地와 하늘 제사祭天 모두에 쓸 수 없지만, 산천의 제사에서도 버리는 것이 마땅하겠는가?'

- 犁리(려)는 『설문』에서는 牛(소 우)＋黎(검을 려)의 형성자라 했다. 검다面目犁黑, 얼룩얼룩하다, 뒤엎다, 밝게 살피다, 쟁기, 얼룩소, 밭을 갈다, 떨다, 두려워 떠는 모양 등으로 쓰인다.

- 牛우는 뿔이 달린 소의 머리 모양을 본뜬 상형자로 희생犧牲 제물祭物로 사용되었다. 소, 견우성牽牛星, 우숙牛宿, 희생, 고집스럽다, 무릅쓰다 등으로 쓰인다.

- 騂성은 馬(말 마)＋辛(매울 신)의 형성자로 붉은 말, 붉은 소, 붉은 양, 활의 조화된 모양, (얼굴을) 붉히다, (흙빛이) 붉다 등으로 쓰인다.

- 角각은 짐승의 뿔의 본뜬 상형자로 뿔, 곤충의 촉각, 모, 구석, 모퉁이, 각도, 총각, 상투, 술잔, 짐승, 뿔피리, 겨루다, 각축角逐, 다투다, 견주다, 시험하다, 닿다, 접촉하다, 뛰다, 꿩 우는 소리, 오음五音(宮商角徵羽)의 하나로 쓰인다.

- 用용은 나무 통桶을 그린 상형자로 쓰다는 뜻이다. 혹은 卜(점 복)＋中(맞을 중)을 합한 글자로 물건을 속에 넣는다는 뜻에서 꿰뚫고 나가다, 쓰다, 진행되다 등으로 쓰인다. 베풀다初九 潛龍勿用, 부리다雖楚有材 晉實用之, 등용하다魯用孔丘, 행하다焉用稼, 다스리다仁人之用國, 능력顯諸仁 藏諸用, 용도吾爲其無用而掊之, 방비時至而求用, 비용有財此有用, 재산乘其財用之出入, 연장利器用也, 써王由足用爲善, 말미암다故謀用是作, 하다何用不臧, 통하다用也者 通也, 언어文貌情用 相爲內外表裏, 쇠북 등.

- 山산은 우뚝 솟은 3개의 봉우리를 그린 상형자이다. 메(산), 산신, 무덤, 분묘, 절, 사찰, 임금의 상, (산처럼) 움직이지 아니하다 등으로 쓰

인다.

- 川천은 양쪽 언덕 사이로 물이 흐르고 있는 모양을 본뜬 상형자이다.
  내, 물귀신, 굴, 깊숙하게 패인 곳, 들판, 평원, 느릿한 모양, 사천성,
  계속해서 등으로 쓰인다.
- 舍사는 舌(혀 설)+人(사람 인)의 상형자로 집을 받치는 토대 위에 기둥과
  지붕을 나타낸다(휴식, 집, 가옥). 혹은 余(→ 餘裕)+口(위: 건물의 모양)의 형
  성자로 휴식을 위해 머무는 곳을 나타낸다. 집, 가옥, 여관, 버리다,
  포기하다, 폐하다, 내버려 두다, 개의하지 않다, 기부하다, 희사하다,
  바치다, 베풀다, 놓다, 쉬다, 휴식하다, (화살을) 쏘다 등으로 쓰인다.

6.5 子曰回也는 其心이 三月不違仁이오 其餘則日月至焉而已矣니라
자왈 회야 기심 삼월불위인 기여즉일월지언이이의

공자께서 말씀하셨다. "안회는回也 그 마음其心이 석 달三月 동안 인仁
을 떠나지 않았다不違. 그 나머지 사람들은其餘則 하루日에 한 번 혹은
한 달月에 한 번(며칠간 혹은 한 달간) (인에) 이를 뿐이다至焉而已矣.

석 달三月은 천도가 작게 (한 번) 변하는 마디天道小變之節가 되니, 그 기간이
오래됨을 말한다. 이 기간을 넘기면 성인聖人이다. 인을 어기지 않았다不違
仁 함은 터럭만큼도 사욕도 없는 것이니, 조금이라도 사욕이 있다면 불인
不仁이다. 〈정자〉

한자 해설

주자: '일월지언日月至焉'이란 혹 하루에 한번 (인에) 이르거나或日一至焉,
혹 한달에 한번 인에 이르러或月一至焉, 인의 구역에 나아갈 수는 있으
나 오래가지 못한다는 것이다.

다산: 잠시 이르렀다가 곧바로 물러나면旋退 악에서 떠남이 극히 드물 것

이다. 공자문하의 여러 제자들이 비록 안자에는 미치지 못한다고 하더라도, 불인_{不仁}함이 어찌 이와 같은 데에 이르렀는가? 소산_{簫山}이 말하길, '일월지_{日月至}, 세 글자는 마땅히 하루 동안 이르고—日至 한 달간 이르렀다—月至고 해석해야지, 하루에 한번 이르고_{日一至} 한달에 한번 이르렀다_{月一至}고 해석하면 안 된다. 일—이란 글자를 전도시키면 그 차이가 만리_{萬里}나 된다.'고 했는데, 이 말이 옳다.

- 三_삼은 나무막대기 3개를 늘어놓은 상형자로 셋, 자주, 거듭, 세 번, 재삼_{再三}, 여러 번, 몇 번이고 등으로 쓰인다.

- 違_위는 辵(갈 착)+韋(에워쌀 위)의 형성자로 성을 지키다가_韋 떠나가다_辵는 뜻이다. 어기다_{靜言庸違}, 다르다_{江海事多違}, 과실_{故光武鑑前事之違}, 떠나다_{中心有違}, 멀어지다, 떠나 버리다_{違穀七里}, 피하다_{未能違難}, 달아나다_{凡諸侯之大夫違}, 원망하다_{違世業之可懷}, 사특_{將昭德塞違}, 머뭇거리다_{中心有違} 등으로 쓰인다.

- 仁_인이란 글자는 비교적 후대에 출현하는데 고형_{古型}은 사람이 따뜻한 방석 위에 앉아 있는 형상_{祍席溫暖}으로 온화하고 따뜻한 사람의 모습이며, 처음에는 두 사람의 의미를 나타내는 문자로 쓰이다가 후에 '人二'와 '仁'으로 나누어졌거나, 혹은 독립적으로 사용되어 사람과 사람의 관계를 표시하다가, 후에 사람과의 관계에서 인간다움의 도리를 다한다는 의미로 발전했을 수도 있다. 그리고 '二'를 '上'으로 해석하여, 인_仁이란 상인_{上人}(고귀한 사람→君子)의 덕목을 의미한다고 한다. 『설문』에서는 이런 해석들을 종합하여 "인_仁이란 친애_{親愛}한다는 의미로 인人과 이二에서 유래한다."고 해설했다. **주자**: 인이란 마음의 덕이다_{仁者 心之德}. 마음이 인을 어기지 않았다_{不違仁} 함은 사욕_{私欲}이 없으면서 인의 덕을 지녔다는 것이다. **다산**: 위違는 떠나다_離와 같다. 인이란 다른 사람에 향한 사람이다_{仁者 嚮人之愛}. 자식이 어버이를 향하고_{子嚮父}, 신하가 임금을 향하고_{臣嚮君}, 목민관이 백성을 향하니_{牧嚮民}, 무릇 사람과 사람의 서로 향하여 온화하고 부드럽게 서로 사랑하는

것人與人之相嚮藹然其愛者을 일러 인이라 한다謂之仁也. 그 마음이 떠나지 않는다면 일을 행하는 것에 나타나는 데에 그치는 것이 아니라, 마음 가운데에서 실제로 그렇게 된다中心實然."

- 餘여는 食(밥 식)+余(나 여)의 형성자로 객사(余=舍)에서 손님을 위해 남겨둔 음식食이란 뜻이다.

- 日일은 태양과 주위로 퍼져나가는 빛을 함께 표현한 상형자로 시간, 날짜, 밝기, 날씨를 나타낸다. 날, 해, 낮, 날수, 기한, 햇살, 나날이, 앞서, 뒷날 등으로 쓰인다.

- 月월은 초승달을 그린 상형자이다. 일日이 시간이나 태양의 작용을 연상시킨다면, 月은 달이 차오르고 지는 '주기성'과 연관된 의미를 전달한다. 달, 세월, 광음, 달빛, 한 달, 월경月經, 경수經水, 다달이 등으로 쓰인다.

- 至지는 화살矢이 땅—에 꽂힌 모습으로 목표에 도달했다는 뜻이다. 혹은 새가 땅—을 향하여 내려앉는 모양(『설문』)의 지사문자라 한다. 이르다, 미치다, 과분하다, 지극하다, 다하다, 이루다, 지향하다, 내려 주다, 친근하다, 지극한 도, 실체, 본체, 동지, 지극히, 성대하게, 크게, 최고로, 반드시, 마침내 등으로 쓰인다.

6.6 季康子問 仲由는 可使從政也與잇가 子曰 由也는 果하니
계 강 자 문 중 유　　가 사 종 정 야 여　　　자 왈 유 야　　과
於從政乎에 何有리오 曰賜也는 可使從政也與잇가 曰賜也는
어 종 정 호　　하 유　　왈 사 야　　가 사 종 정 야 여　　왈 사 야
達하니 於從政乎에 何有리오 曰 求也는 可使從政也與잇가
달　　어 종 정 호　　하 유　　왈 구 야　　가 사 종 정 야 여
曰 求也는 藝하니 於從政乎에 何有리오
왈 구 야　　예　　어 종 정 호　　하 유

계강자季康子가 물었다問. "중유仲由(자로)는 정치에 종사하게使從政 할 만합니까可也與?" 공자께서 말씀하셨다. "중유由也는 과단果할 줄 아니,

250

정치에 종사함에於從政 무슨 어려움이 있겠습니까何乎(何有難乎)?" (계강
자가 또) 물었다曰. "사(자공)는賜也 정치에 종사하게使從政 할 만합니까
可也與?" 공자께서 말씀하셨다. "사는賜也 통달達했으니, 정치에 종사함
에於從政 무슨 어려움이 있겠습니까何有乎?" (계강자가 또) 물었다曰. "구
(염구)는求也 정치에 종사하게使從政 할 만합니까可也與?" 공자께서 말씀
하셨다. "구는求也 재능이 많으니藝 정치에 종사함에於從政 무슨 어려움
이 있겠습니까何有乎?"

계강자季康子가 세 사람의 재능이 정치에 종사할 만한가 하고 물으니, 공자
께서는 각자가 지닌 장점으로 답하셨다. 비단 이 세 사람뿐만 아니라, 사람
은 각각 장점이 있으니, 그 장점을 취한다면 모두 등용될 수 있다. 〈정자〉

한자 해설

- 從종은 彳(조금 걸을 척)+止(발 지)+从(좇을 종)의 회의자로 길을 따라 뒷사
람이 앞사람을 좇아간다는 의미이다. 따르다弗非從主人也, 나아가다從
而謝焉, 다가서다必操几杖以從之, 뒤쫓다䢔驅從兩肩兮, 부터施施從外來, 더
욱今之君子 豈徒順之 又從爲之辭, 모이다從而伐齊, 세로以能合從, 자취從迹
安起, 느긋하다從容就義難, 오래다待其從容 然後盡其聲, 시중들다噂誻四人
步從, 하인其侍御僕從, 제멋대로 하다欲不可從, 놓아주다從之純如也, 친척
관계 등으로 쓰인다.

- 政정은 攵(칠 복)+正(바를 정)의 형성자로 공권력을 바르게正 행사攵, 정
의구현을 하는 것이 정치의 본령임을 말한다. **주자**: 종정從政은 대부大
夫가 된다는 말이다. **다산**: 종정從政은 벼슬하여 정사를 행하는 것仕而
行政也을 말한다.

- 果과는 나무木에 과실이 열린 모습이다. 과실五穀百果乃登, 결과由其道者
有四等之果, 과감하다(결단성: 言必信 行必果), 실현하다未果 尋病終, 과연果
能此道矣, 만약果遇 必敗, 싸다(=裹). **주자**: 果는 결단決斷력이 있음이다.

- 達달은 辶(쉬엄쉬엄 갈 착)+羍(어린 양 달: 大+羊: 양을 모는 사람)의 회의자로

양을 몰고 다닐 정도로 '막힘이 없다'라는 것으로 **통하다**, 대범하다, 현달하다, 전하다, 두루, 이르다, 갖추다, 드러나다, 통용되다 등의 뜻이다. **주자**: 達은 사리에 통달함通事理이다.

- 藝예는 艹(풀 초)＋埶(재주 예: 무릎을 꿇고 나무를 심는 모습)＋云(이를 운←土)의 상형자인데, 본래 나무를 심고 정원을 가꾸는 모습藝에서 후에 <u>재주</u>, 기예技藝, 공예工藝, 예술藝術 등의 뜻이 나왔다. 일반적으로 소학(~15세)으로는 여섯 가지 기예六藝를 교과목으로 하였다. 육예는 예절禮, 음악樂, 활쏘기射, 말부리기御, 글쓰기書, 수학數이다. 고대의 그리스에서는 군대에 가기 전(19세)에는 시가와 체육을 교육하였다. 재주, 기예, 문예, 법도, 준칙, 학문, 아버지 사당, 경적經籍, 과녁, 끝, 극한, (땅에) 심다, 재주가 있다, 극진하다, 나누다, 분류하다 등으로 쓰인다. **주자**: 藝는 재능이 많다多才能이다.

6.7 季氏使閔子騫으로 爲費宰한대 閔子騫曰 善爲我辭焉하라
계 씨 사 민 자 건　　　위 비 재　　　민 자 건 왈 선 위 아 사 언
如有復我者인댄 則吾必在汶上矣로리라
여 유 부 아 자　　　즉 오 필 재 문 상 의

계씨季氏가 사자를 보내使, 민자건閔子騫을 비費땅의 읍재로 삼으려爲宰하니, 민자건閔子騫이 말했다曰. "나를 위해爲我 사양하는 말辭을 잘 해주시오善焉. 만일如 다시 와서 나를 부른다면有復者則, 나吾는 반드시必 문수 가汶上에 있을 것이오在矣.(제나라로 떠나겠다.)"

배우는 이가 조금이라도 내외의 구분을 할 줄 안다면, 모두 도를 즐기고 사람의 권세를 잊을 수 있는데, 하물며 민자건은 성인聖人을 얻어 귀의하였는데! 그가 계씨의 의롭지 못한 부귀를 개·돼지처럼 보았을 뿐만이 아니라, 또한 계씨를 쫓아 가신이 되는 것이 어찌 그의 마음이겠는가? 대개

어지러운 나라에 살면서 악인을 만나면 강剛하면 반드시 화禍를 입고, 유약柔하면 반드시 치욕을 당한다. 민자건이 어찌 능히 일찍 살펴서 미리 대비하지 않겠는가? 〈사량좌〉

민자건은 계씨季氏의 가신이 되고 싶지 않아, 사자使者에게 자신을 위해 잘 말해달라고 하면서, 만약 다시 와서 자기를 부르면, 마땅히 제나라로 떠나겠다고 말한 것이다. 〈주자〉

한자 해설

- 宰재는 宀(집 면)＋辛(매울 신: 칼을 쥐고 있음→主宰)의 회의자로 집안 혹은 가문宀에서 생살권을 주재主宰하는 가재家宰, 재상, 가신家臣, 우두머리, 관원, 주재자 등의 의미이다.

- 辭사는 亂(어지어울 난: 두 손으로 엉킨 실을 푸는 모습)＋辛(매울 신: 주관하다＝司)의 회의자로 형벌辛로 다스려야 할 만큼 복잡하고 뒤엉킨 다툼에 등장한 말, 혹은 뒤엉킨 실타래亂처럼 복잡한 말을 판단하고 관리한다辛는 뜻이다. 말씀, 문체의 이름, 핑계, 사직하다, 알리다, 청하다, 타이르다, 사辭讓하다 등으로 쓰인다. 다산: '선위아사善爲我辭'는 사자에게 자신에 대한 사령辭令을 잘 처리해달라고 부탁한 것이다託使者善其辭令.(위爲는 거성이다.)

- 復복(부)은 彳(걸을 척)＋夏(돌아올 복)의 회의자로 풀무를 발攵로 밟는 것에서 반복, 다시, 회복, 다시, 부활復活의 뜻이 나왔다. 돌아가다克己復禮爲仁, 둘레를 돌아서 오다反素復始, 뒤집다君弔則復殯服, 보복하다我必復楚國, 되풀이하다南容三復白圭, 실천하다言可復也, 머무르다轉而不復, 사뢰다有復於王者, 대답하다王辭而不能復, 결과를 보고하다賓退 必復命曰 賓不顧矣, 복괘(진하곤상震下坤上), 다시其時有復發者, 거듭하다無復怒 등으로 쓰인다. 주자: 復은 부扶와 우又의 반절음半切音(부)이다. 다산: 復은 왕래往來이다(『설문』). 공안국이 말하길, '이곳을 떠나 문수 가로 가겠다는 것은 북쪽의 제나라로 가고자 한다는 말이다.'고 했다. 復이 만일 입

성入聲(복)이 아니라면, '復我' 두 글자는 글월文을 이루지 못한다. 『맹자』에서 말했다. '어떤 이가 있어 왕에게 아뢰어 말하길有復於王者曰, 힘이 족히 백균을 들 수 있습니다力足以擧百鈞.'(『양혜왕』 상편 7) (復이라는 글자는) 반드시 복명復命이라고 하는 경우에만 복復이라고 읽는 것은 아니다. 여기서 '복復'은 왕래하며 서로 고한다往來相告는 뜻이다.

- 汶문은 水(물 수)+文(무늬 문)의 형성자로 강 이름으로, 내의 이름, 분명하지 않은 모양, 더럽다, 불결하다, 산의 이름(민) 등으로 쓰인다. 주자: 제나라 남쪽과 노나라 북쪽 경계 상에 있었다在齊南魯北竟上.

6.8 伯牛有疾이어늘 子問之하실새 自牖로 執其手曰 亡之러니
　　　　백 우 유 질　　　자 문 지　　　자 유　집 기 수 왈 무 지

命矣夫라 斯人也而有斯疾也할새 斯人也而有斯疾也할새
명 의 부　　사 인 야 이 유 사 질 야　　　사 인 야 이 유 사 질 야

백우伯牛가 질병疾을 앓자, 공자子께서 문병問之을 가셨는데, 남쪽 창문으로自牖 (가서) 그 손其手을 잡執으시면서 말씀하셨다曰. "(이러한 악질이) 없어야 할 것인데亡之(잃게 되었구나), 명이로구나命矣夫! 이런 사람에게斯人也而 이러한 질병斯疾이 있다니有也!, 이런 사람에게斯人也而 이러한 질병斯人也而이 있다니有也!"

백우는 덕행으로 칭송되어, 안연과 민자건에 버금갔다. 그러므로 그가 죽게 되자 공자께서 더욱 통절·애석痛惜해 하신 것이다. 〈후중량〉

한자 해설

- 疾질은 疒(병들어 기댈 녁)+矢(화살 시)의 회의자로 질병, 아픔, 흠, 결점, 불구자, 해독을 끼치는 것, 신속하게, (병을) 앓다, 걸리다, 괴롭다, 해치다, 근심하다, 나쁘다, 불길하다, 미워하다, 시기하다, 빠르다, 진력하다, 민첩하다 등으로 쓰인다. 주자: 유질有疾이라 함은 선유先儒들이

나癩병이라 하였다. **다산**: 사질斯疾은 필시 죽을 병必死之疾이다.

- 牖유는 爿(나무 조각 장: 창)+戶(문 호)+甬(길 용)의 형성자로, <u>바라지</u>(햇빛을 받기 위하여 벽에 낸 자그마한 창)를 말한다. 들창, 성姓의 하나, 인도하다天 之牖民 등으로 쓰인다. **주자**: 牖는 남쪽 창문이다. 『예禮』에 병자는 북 쪽 창문 아래에 거처하지만(『의례』 「사상례」), 임금이 문병 오시면 남쪽 창 문 아래로 옮겨서 임금이 남면南面하여 자신을 볼 수 있도록 한다(『예 기』 「상대기」 공영달의 소)고 했다.

- 執집은 幸(다행 행)+丸(알 환)의 회의자로 죄수의 손에 수갑을 채운 모습 인데, 수갑은 幸으로, 팔을 내밀은 모습은 丸이 대신하면서 지금의 자형이 되었다. 혹은 幸(다행 행)+丮(잡을 극←꿇어 앉아 두 손을 내밀고 있는 모양)의 형성자로 손에 쇠고랑을 채운다는 뜻이다. <u>잡다</u>, 가지다, 맡아 다스리다, 처리하다, 두려워하다, 사귀다, 벗, 동지로 쓰인다.

- 命명은 口(입 구)+令(명령 령)의 형성자로 입을 열어 호령하는 모양으로 '<u>시킨다使</u>'는 뜻이다使也. 從口 從令. 생명, <u>운명今又遇難於此 命也</u>, 천명天 命, 교령子從父之命, 명하다乃命義和, 이름 지음命日和氏之璧, 말我於辭命 則不能也, 하늘의 뜻, 소명召命, 자연의 이법維天之命, 표적射命中, 문체 의 하나 등으로 쓰인다. **맹자**: 이르게 하지 않아도 이르는 것이 명이다 莫之致而至者 命也.(「만장」 상편 6) **주자**: 命은 천명天命을 말한다. 이 사람 은 응당 이런 병이 있어서는 안 될 사람인데, 지금 있으니, 이는 바로 하늘이 명한 것이라는 말이다.

- 亡망(무)은 칼날 부분에 획이 하나 그어져 칼날이 부러져 적과 싸움에 서 패배했다, 멸망하다, 도망하다, 죽다는 뜻이다. <u>없다</u>는 뜻으로 쓰 일 때는 '무'로 잃는다. **다산**: 망지亡之는 실지失之라고 말하는 것과 같 으니(공안국이 말했다. 亡은 상실喪이다), 장차 나의 어진 벗을 잃게 되었다 는 것을 말한다.

子曰賢哉라 回也여 一簞食와 一瓢飲으로 在陋巷을
자왈현재 회야 일단사 일표음 재누항

人不堪其憂어늘 回也不改其樂하니 賢哉라 回也여
인불감기우 회야불개기락 현재 회야

공자께서 말씀하셨다. "어질구나賢哉, 안회여回也! 한 대그릇─簞의 밥食과 한 표주박─瓢의 물飲로 누추한 골목陋巷에서 거치하는 것在을, 사람人들은 그(단표누항) 근심其憂을 견디지 못하겠지만不堪, 안회는回也 그(본래의) 즐거움其樂을 바꾸지 않았으니不改, 어질구나賢哉, 안회여回也!"

단표누항은 즐길 만한 것이 아니다. 대개 본래부터 그가 즐거워한 것이 있었다. 기其 자를 완미玩味해야 하니, 그 자체에 깊은 의미가 있다. 또 말했다. 옛날에 주무숙周茂叔에게 수학할 적에, 매번 공자와 안자가 즐거워한 곳을 찾게 했으니每令尋仲尼顔子樂處, 즐거워한 것은 어떤 일인가所樂何事? 〈정자〉

정자의 말은 (활을) 당겨만 놓고 쏘지 않은 것이니, 대개 배우는 자가 깊이 생각해서 스스로 터득하게 하려는 것이다. 지금 또한 감히 망령되이 설명하지는 않겠다. 배우는 자는 단지 마땅히 박문약례博文約禮의 가르침에 종사하여 그만두고 싶어도 그만둘 수 없어서 그 재주를 다 하는 데欲罷不能而竭其才에 이른다면 거의 터득하는 것이 있을 것이다. 〈주자〉

한자 해설

주자: 단簞은 대그릇竹器이다. 사食는 밥飯이다. 표瓢는 표주박瓠이다. 안자의 가난함이 이와 같았지만, 거처함이 태연泰然함으로써 그 즐거움其樂을 해치지 않았다. 그러므로 공자께서 '어질구나, 안회여!'라고 두 번 말씀하셔서, 깊이 탄미하셨다.

다산: 단簞은 대광주리竹筐이고, 표瓢는 바가지瓠勺이고, 사食는 밥飯이고, 음飲은 물·간장 따위水醬之屬이다. 루陋는 좁다隘이고, 항巷은 마을 길里塗이다. 형병이 말하길, '다른 사람이 이런 형편을 보았다면, 그

근심을 견디지 못할 텐데, 안회는 도를 즐기는 뜻을 바꾸지 않았다.'고
했다.

- 賢현은 貝(조개 패)+臤(구휼할 현·간)의 형성자로 많은 재화를 갖고 남에게 잘 나누어 주다, 혹은 신하와 재산을 잘 관리乂하는 재능 많은 사람이다. 재지才智와 덕행이 있다使仁者佐賢者, 아성의 재덕賢者 亞聖之名, 어진 사람野無遺賢, 착하다必以肆奢爲賢, 낫다某賢於某若干純, 재물이 넉넉함賢 貨貝多於人也, 많다賢於千里之地, 지치다我從事獨賢, 두텁다賢於兄弟, 존경하다賢賢易色, 재물을 나누어 어려운 사람을 구제하는 일以財分人 謂之賢, 남에 대한 존칭 등으로 쓰인다.

- 簞단은 竹(대 죽)+單(홑 단)의 형성자로 대竹나 갈대로 엮은 소쿠리, (대로 만든 둥근) 밥그릇, 상자箱子, 호리병박 등으로 쓰인다.

- 瓢표는 瓜(오이 과)+票(불똥 튈 표)의 형성자로 떠다닐票 수 있는 박瓜, 표주박, 박, 구기 등을 말한다.

- 飲음은 食(먹을 식)+欠(하품 흠)의 형성자로 마시다는 뜻이다. 호흡하다, 마시게 하다, 먹이다, 머금다, 품다, 숨기다, 음식飮食, 음식물의 총칭, 음료, 마실 것, 술자리 등의 뜻이다.

- 陋루는 阜(언덕 부)+匧(더러울 루)의 형성자로 더럽다, 천하다, 못생기다, 추하다, (신분이) 낮다, 볼품없다, 작다, 왜소하다, 궁벽하다, 좁다, 협소하다, 거칠다, 숨기다 등으로 쓰인다.

- 巷항은 共(함께 공)+巳(뱀 사←邑: 고을 읍)의 형성자로 함께 모여 사는 마을을 말한다. 거리, 시가, 문밖, 복도複道, 궁궐 안의 통로나 복도, 마을, 동네, 집, 주택 등을 뜻한다.

- 堪감은 土(흙 토)+甚(심할 심)의 형성자로 봉긋하게 높은 흙(성이나 담→견디다, 이기다)이 본뜻이다. 견디다, 참아내다, 감당堪當하다, 하늘, 천도, 감실龕室 등의 의미이다.

- 憂우는 頁(머리 혈)+心(마음 심)+夂(뒤쳐져 올 치)의 형성자로 화장한 얼굴에 춤을 추는 제사장의 마음을 나타낸다. 근심樂以忘憂, 근심하다仁者

不憂, <u>고통</u>君子在憂, 질병某有負薪之憂, 친상親喪. 앓다文王在胎 母不憂, 고생하다小人道憂也, 가엾게 여기다民有厄喪 敎相憂恤也, 두려워하다余何憂 於龍焉 등으로 쓰인다.

6.10 冉求曰 非不說子之道언마는 力不足也로이다
염 구 왈 비 불 열 자 지 도   역 부 족 야

子曰 力不足者는 中道而廢하나니 今女는 畫이로다
자 왈 역 부 족 자   중 도 이 폐   금 녀   획

염구冉求가 말했다曰. "선생님의 도子之道를 좋아하지 않는 것이 아닙니다非不說만, 힘力이 부족합니다不足也." 공자께서 말씀하셨다. "힘力이 부족한 자不足者는 길을 가는 중中道而에 그만두지만廢(쓰러지지만), 지금今 너女는 스스로 한계설정畫을 하고 있다."

'중도이폐中道而廢'의 폐廢는 공부는 좋아하지만 나아갈 수 없는 사람이니, 공부를 할 수 없거나 재질이 힘쓸 수 없는 사람이다. 금여획今女畫에서 획畫은 스스로 한계를 획정하는 것是自畫이니, 스스로 나의 자질은 불민하다고 말하면서 공부하기를 기꺼워하지 않는 것이다不肯爲學. 〈주자〉

[한자 해설]
주자: 역부족力不足이란 (마음은) 나아가려 하나 나아갈 능력이 되지 않는 것欲進而不能이다. 획畫이란 나아갈 능력이 되지만 (마음이) 나아가려고 하지 않는 것能進而不欲이다. 획畫이라 말한 것은 땅에 금을 긋고 스스로 한정하는 것畫地以自限과 같아서이다.

다산: 중도中道는 (길을) 가는 도중中行이다. 폐廢는 기울어져 무너진다傾頹이다(『설문』에서 말했다. 옥이 기울어진 것을 폐廢라 한다). 획畫이란 선을 그어劃之爲線 한계로 삼는 것이다. 염자는 재능이 많은데도多藝 먼저 힘이 부족하다고 말하였으니, 이는 스스로 획을 그은 것이다.

- 說열은 言(말씀 언)+兌(기쁠 태)의 회의자로 누군가에게 기쁘게 말하는 모습으로 언설, 학설, 해설, 뜻풀이, 이야기하다. 논하다, 풀어 밝히다, 기쁘다我心不說, 기쁨達萬民之說, 즐거워하다平公說新聲, 따르다我心則說, 즐기다屬王說榮夷公 등으로 쓰인다. 원래의 말씀을 뜻할 때에는 설명說明처럼 '설'로, 기쁘다(=悅)는 뜻으로 쓰일 때는 '열'로, 유세遊說하다는 뜻으로 쓰일 때는 '세'로 읽는다.

- 廢폐는 广(집 엄)+發(쏠 발)의 회의자로 쏜 화살을 집广 안에 버린다, 혹은 망가진發 집广이란 뜻이다. 폐하다道術之廢, 엎드리다千人皆廢, 떨어지다廢於爐炭, 그만두다半塗而廢, 비축하다好廢擧, 바뀌다廢爲殘賊, 크다廢虐之主, 움직이다廢中權, 앓다老幼廢疾, 발 달리지 않은 그릇廢敦重鬲, 집이 기울다四極廢 등으로 쓰인다. **다산**: 정현이 말하길, '廢는 그만 두다罷止'라고 했다. 논박하여 말하면, 그릇되었다. 廢라는 글자는 엄广에서 유래한 것이니, 이는 본래 집이 기울어 쓰러지는 것을 뜻한다. 군자가 비록 여든이 되어 죽더라도死 또한 반도이폐半塗而廢이다. '반도이폐'란 힘이 다하고 기운이 고갈되어 몸이 스스로 무너져 죽은 것이다. 이 廢는 힘이 다하여 몸이 쓰러지는 것이다力盡身頹. 어찌 가다가 그만 두는 정행亭行을 말하겠는가? 이는 죽음에 이르러서도 그만두지 않는다는 지극한 말이니, 그 말이 측달·격렬한 것인데, 어찌 파지罷止의 뜻이겠는가?

- 畫획(화)은 聿(붓 율: 붓을 쥐고 있는 모습)+田(밭 전)+一(한 일)의 회의자로 붓을 쥐고 꽃무늬를 그리는 모습(갑골문)이다. 그림, 그리다, 분할하다, 계획하다의 뜻이다. 그림, 그리다, 꾸미다의 뜻일 때는 '화'로 읽는다. 한계를 긋다畫爲九州, 멈추다, 계책, 획 등의 뜻일 때는 '획'으로 읽는다. 획劃은 刀(칼 도)+畫(그림 화)의 형성자로 칼刀로 획을 그어 도형을 만드는 것(획분劃分하다, 계획計劃하다)을 말한다.

6.11 子謂子夏曰 女爲君子儒。 無爲小人儒하라
자 위 자 하 왈 여 위 군 자 유   무 위 소 인 유

공자子께서 자하子夏를 일러 謂말씀하셨다曰. "너女는 군자유君子儒가 되고爲, 소인유小人儒가 되지 마라無爲."

너는 장차 '선왕지도'를 밝히는 군자유가 되고, '자신의 명성'을 과시하고자 하는 소인유가 되지 마라. 〈형병〉

너는 위기지학爲己之學을 통해 의義(공公)를 지향하는 군자 유(학자)가 되고, 위인지학爲人之學을 통해 이利(사私)를 추구하는 소인 유(학자)가 되지 마라. 〈주자〉

너는 (도를 배우고 시詩·서書·예禮·악樂·전장典章·법도法度를 익히면서, 도를 지향하는) 군자 유(학도 지칭)가 되고, (도를 배우거나 시詩·서書·예禮·악樂·전장典章·법도法度를 익히지만, 자신의 명성을 지향하는) 소인 유가 되지 마라. 〈다산〉

한자 해설
형병: 사람이 '선왕의 도'를 널리 배워 그 자신을 윤택하게 하는 자를 모두 '유儒'라 한다人博學先王之道 以潤其身者 皆謂之儒.

공안국: 군자가 유儒가 되는 것은 장차 도를 밝히려는 것이고, 소인이 유儒가 되는 것은 자기의 명성을 과시하려는 것이다.

주자: 儒는 배우는 자의 호칭學者之稱이다. 정자가 말하길, '군자유는 위기爲己(자기정립의 공부)하고, 소인유는 위인爲人(다른 사람과 상대적인 공부)한다.'고 했다. 사량좌가 말하길, '군자와 소인의 구분은 의義와 이利의 차이일 뿐이다.'고 했다.

다산: 왕초당王草堂이 말하길, '여기서 대大·소小는 마땅히 도량과 규모로써 말한 것이다.'고 했다. 논박하여 말하면, 그릇되었다. 유자儒者

는 도를 배우는 사람學道之人이니, 익히는 것은 시詩·서書·예禮·악樂·전장典章·법도法度이다. 그러나 이러한 것들을 익힐 때에 그 마음이 도를 목적으로 하면 군자 유이고, 그 마음이 명성을 목적으로 하면 소인유이다. 구설舊說(형병과 공안국)은 비록 평상平常한 것 같지만, 깊이 본지本旨를 얻었다. 주자는 의義·이利와 공公·사私로써 그 같음과 다름을 구별함으로써 또한 분명하게 그 뜻을 드러냈으니, 어찌 단지 크고 작음으로만 말하는가?

• 儒유는 人(사람 인)+需(구할 수)의 회의자로 '사람에게 필수적으로 요구'되는 것, 혹은 어떤 '필요나 수요需를 해결해 줄 수 있는 덕 있는 사람人'을 뜻한다. 갑골문에서는 목욕하는 제사장, 금문에서는 기우제祈雨祭를 나타내고需 제사장의 모습을 강조하기 위해 인人자가 들어가 '유儒'가 되었다. 제사장은 그 집단에서 경험과 학식을 갖춘 지도자였기 때문에 학자나 지식인을 통칭하는 개념으로 쓰였다. 이후 그러한 사람들의 집단을 유儒, 그 학파를 유가儒家, 그 학문을 유학儒學이라 하게 되었다. 술사術士(전문가:『說文』儒柔也. 術士之稱), 교육자(『周禮』「地方大司徒」, 師儒 鄉里教以六藝者), 공자문도孔子門徒 "魯多儒士"(『장자』「田子方」), "魯有儒生 自媒能治之"(『열자』「周穆王」), "與魯諸生議"(『사기』「秦始皇紀」), 학자學者(『史記』「孔子世家」, 孔子以詩書禮樂教弟子 蓋三焉 身通六藝者七十有二人), 철학자哲學者"通天地人曰儒"(『法言』「君子」), 도덕군자(內聖外王의 추구), 대장부, 선비 등을 지칭하는 용례로 쓰였다. 즉 '유儒'란 우선 육예六藝를 가르치는 전문적인 교육자에서 출발하여, 공자가 시詩·서書·예禮·악樂을 산정刪定하여 학파를 개창한 이래, (음양가陰陽家, 묵가墨家, 명가名家, 법가法家, 도덕가道德家 등과 구별되는) 공자학파에서 시詩·서書·예禮·악樂을 익히고, 천天·지地·인人의 원리에 통달하고, 내성외왕의 이념을 구현하려고 한 선비들을 총칭한다.

6.12 子游爲武城宰러니 子曰 女得人焉爾乎아 曰有澹臺滅明者하니
자유위무성재   자왈여득인언이호   왈유담대멸명자

行不由徑하며 非公事어든 未嘗至於偃之室也하나이다
행불유경   비공사   미상지어언지실야

자유子游가 무성武城의 읍재宰가 되었다為. 공자께서 말씀하셨다. "너女는 인재人를 얻었는가得焉爾乎?" (자유가 대답하여) 말했다曰. "담대멸명이라는 자澹臺滅明者가 있는데有, 길을 갈行 때는 지름길徑을 가지 않고不由, 공적인 일公事이 아니면非 일찍이嘗 저의 집무실에於偃之室 온 적이 없습니다未至也."

정치를 할 때에는 인재를 얻는 것을 우선으로 삼기 때문에, 공자께서 '인재를 얻었는가?' 하고 물으셨다. 담대멸명과 같은 경우, 그의 두 가지 작은 일을 보면 그의 정대한 실정正大之情을 알아볼 수 있다. 후세에는 지름길로 다니지 않는 사람이 있으면 사람들은 반드시 우월하다고 여기고, 읍재의 집무실에 찾아오지 않으면 사람들은 반드시 거만하다고 여길 것이다. 공자의 문도가 아니라면, 그 누가 알아보고 취할 수 있겠는가? 〈양시〉

한자 해설

• 得득은 彳(조금 걸을 척)+貝(조개 패)+寸(마디 촌: 손)의 회의자로 조개(화폐)를 쥐고 있는 모습으로 재물을 획득했다는 뜻이다. 얻다, 손에 넣다, 만족하다, 깨닫다, 알다, 분명해지다, 적합하다, 이르다, 만나다, 탐하다, 사로잡다, 덕德, 덕행, 이득 등으로 쓰인다. **다산**: 득인得人이란 현명한 이를 승좌丞佐로 삼는 것을 말한다(승좌丞佐란 오늘날 향정鄕亭과 같은 직책이다).

• 由유는 등잔과 심지(→油: 기름 유) 혹은 술그릇의 주둥이(卣: 술통 유)에서 술이 나오는 상형자이다. 말미암다, 쓰다, 좇다, 따르다, ~부터 등으로 쓰인다.

• 徑경은 彳(조금 걸을 척)+巠(지하수 경: 베틀 사이로 날실이 지나가는 모습)의 회의자로 베틀 사이로 날실처럼 곧바로 지나가다, 가로지르다, 지름길,

논두렁길, 지름, 직경, 마침내, 곧바로, 바로, 길을 가다, 건너다, 지나가다, 빠르다, 민첩하다 등으로 쓰인다. **주자**: 徑은 좁은 지름길路之小而捷者이다. **다산**: '행불유경行不由徑'이란 관공서에 들어갈 때 정로正路를 통한다는 말이다.

- 公공은 厶(사사로울 사＝私)와 八(여덟 팔: 破)의 회의자로 사적 영역의 테두리厶를 깨뜨리는 것八이다. 공변되다何可以公論乎, 공정, 공평, 드러내다公穿軍垣 以求賈利, 공개, 공적天下爲公, 봉공, 공사, 관무夙夜在公, 관청退食自公, 임금, 천자 제후掌公墓之地, 공작, 5등작의 첫째公侯伯子男, 천자의 보필公卿大夫, 존칭어, 노인·장자의 존칭, 시호諡號·아호雅號·관작官爵 등으로 쓰인다. **주자**: '공사公事'란 향음주례·향사례·독법 따위飮射讀法之類이다. 지름길로 다니지 않았으면, 반드시 정도로 일을 처리하고動必以正, 작은 이익을 보고 빨리 하고자 하는 뜻이 없었음無見小欲速之意을 알 수 있다. 공사公事가 아니라면 읍재를 만나지 않았다면, 담대멸명이 스스로 지키는 바自守가 있어, 자기를 굽혀 남을 따르는 사사로움이 없었다無枉己徇人之私는 것을 알 수 있다. **다산**: 공사公事란 공가公家의 일이니, 목민봉공牧民奉公과 같은 것이다. 언지실偃之室이란 지금의 정당政堂(지방의 관아)과 같다.

6.13 子曰 孟之反은 不伐이로다 奔而殿하여 將入門할새
　　　자 왈 맹 지 반　　불 벌　　　분 이 전　　　장 입 문
策其馬曰 非敢後也라 馬不進也라하니라
책 기 마 왈 비 감 후 야　　마 부 진 야

공자께서 말씀하셨다. "맹지반孟之反은 (공을) 자랑하지 않았다不伐. 패주할 때奔而 군대의 맨 후미殿를 맡았는데, 장차將 성문을 들어서려入門할 때 그 말其馬을 채찍질策하며 말하길曰, '후미後를 감당하려 한 것이 아니라非敢也, 말馬이 나아가지進 않았다不也.'"

전투에서 패하고 돌아올 때에는 후미를 감당하는 것을 공功으로 삼는다. 맹지반은 패주할 때에 군대의 후미를 맡았기 때문에, 이런 말로 자신의 공로를 가렸다(揜). 〈주자〉

- 伐벌은 人(사람 인)＋戈(창 과)의 회의자로 창으로 사람의 목을 베는 모습, 혹은 사람人이 창戈을 가지고 있음을 뜻하는 형성자이다. 적을 치다征伐, 두드리다伐鼓, 죄있는 자를 치다伐罪, 베다伐木, 공적且旌君伐, 자랑하다願無伐善 無施勞, 방패蒙伐有苑, 일구다一耦之伐 등으로 쓰인다. **주자**: 伐은 공로를 자랑하는 것誇功이다. **다산**: 伐은 명명鳴(울다, 명성을 드날리다)과 같다(무릇 전쟁에서 종고鐘鼓가 있는 것을 伐이라고 하기에, 자명自鳴을 벌伐이라 한다).

- 奔분은 大(큰 대)＋卉(풀 훼)의 회의자로 사람이 팔을 좌우로 휘두르며 바쁘게 달리다, 급히 가다, 빠르다, 향해 가다, 달아나다, 도망쳐 내닫다, 패주敗走하다, 도망가다, 예를 갖추지 않고 혼인하다, 야합하다 등으로 쓰인다. **주자**: 奔은 패하여 도망가는 것敗走이다.

- 殿전은 尸(주검 시)＋共(함께 공)＋殳(몽둥이 수) 혹은 臀(볼기 둔)＋殳의 회의자로 본래 '볼기를 맞다'였지만, 후에 '큰 집'이나 '궁궐'이라는 뜻으로 가차되었다. 전각殿閣, 궁궐, 큰 집, 절, 사찰, 전하, 후군後軍, 아래 등급, 진무鎭撫하다, 평정하다, 신음하다 등으로 쓰인다. **주자**: 군대의 후미를 전殿이라 한다.

- 策책은 竹(대나무 죽)＋束(가시 자)의 회의자로 대나무로 만든 채찍을 나타내지만, 후에 말을 달려 승리하기 위해서는 계책이 필요하다는 의미에서 '꾀하다'나 '기획하다'라는 뜻이 되었다. 꾀, 계책計策, 제비, 대쪽, 책, 서적, 채찍, 점대, 산가지, 수효數爻, 지팡이, 명령서, 포상하다, 헤아리다, 기록하다, 기획하다, 독촉하다, 채찍질하다는 뜻으로 쓰인다. **주자**: 策은 채찍질鞭이다.

6.14 子曰 不有祝鮀之佞이며 而有宋朝之美면 難乎免於今之世矣니라
자 왈 불 유 축 타 지 녕　　　이 유 송 조 지 미　　난 호 면 어 금 지 세 의

공자께서 말씀하시었다. "축타의 말재주祝鮀之佞와而(＝與) 송조의 미색
宋朝之美이 있지 않으면不有, 요즘 같은 세상에서於今之世 (환난을) 면하
기 어려울 것이다難乎免.

타鮀는 위나라 대부衛大夫로 자字는 자어子魚이고 말재주口才가 있었다. 조
朝는 송나라 공자宋公子로 미색美色이 있었다. 쇠퇴한 세상에서는 아첨을
좋아하고 미색을 좋아하니, 이런 것들을 아니라면 환난을 면하기 어렵다
는 말이다. 대개 상심傷하여 하신 말씀인 듯하다. 〈주자〉

한자 해설

다산: 영佞은 부인婦人들처럼 말솜씨가 있는 것이다. '이유而有'는 '혹유或
有'라고 말한 것과 같다(하나의 '불不' 자에 양쪽의 '유有' 자에 관련되기 때문이다).
'난호면難乎免'은 앙구殃咎에 걸려들기 쉽다는 말이다.

• 祝축은 示(보일 시)+兄(맏 형)의 회의자로, 제단示 앞에 꿇어앉아 축원
兄하는 것을 말한다. 빌다, 기원하다, 축하하다, 축문하다, 저주하다
(주: 詛呪·咀呪) 등으로 쓰인다. **주자**: 祝은 종묘를 담당하는 관직宗廟之
官이다.

• 佞령은 女(여자 여)+妄(여자 녀→녕)의 형성자로 재주, 아첨하다, 말을 잘
하다, 간사하다 등의 뜻이 있다. 편녕便佞이란 듣기 좋은 말을 잘하는
것이다.

• 難난은 堇(진흙 근→난: 진)+隹(새 추)의 형성자로 진흙 속에 빠진 새가 빠
져 나오기 어렵다는 뜻이다. 어렵다, 꺼리다, 괴롭히다, 힐난하다, 나
무라다, 근심, 환난 등을 말한다.

6.15 子曰 誰能出不由戶리오마는 何莫由斯道也오
자 왈 수 능 출 불 유 호   하 막 유 사 도 야

공자께서 말씀하셨다. "누誰가 능能히 나갈出 때에 외짝 문戶으로 말미암지 않을 수 있겠는가不由마는, 어찌何 이 도斯道로 말미암지由 않는가莫也?"

사람들은 나갈 때에 반드시 문으로 말미암아야 한다는 것을 알지만, 행할 때는 반드시 도를 말미암아야 한다는 것을 알지 못하니, 도가 사람을 멀리 하는 것이 아니라 사람이 스스로 (도를) 멀리 할 뿐이다. 〈홍흥조洪興祖, 1090~1155〉

배는 물 위로 가는 본성을 지니고, 수레는 길 위로 가는 본성을 지녔다. 이 본성을 어길 때에 배는 더 이상 배가 아니며, 수레는 수레가 아니다. 정삼각형의 본성이 세 변의 길이가 같은 것이라면, 정삼각형은 그 본성에 따라 세 변의 길이가 같아야 한다. 이와 마찬가지로 인간은 인간의 본성에 따라서 살아야 한다. 공자가 볼 때, 모든 사람들은 밖으로 나갈 때는 문을 통해 나갈 줄 알지만, 인간으로서 삶을 영위하면서는 인간의 길을 가지 않는다. 공자가 말하는 인간의 본성은 인仁이다. 인한 본성으로 삶을 사는 것이 바른 길 곧 의義이다. 인한 본성을 지니고 바른길 즉 의로운 길을 가야한다는 것이 공자의 주장이다.

한자 해설
- 誰수는 言(말씀 언)+隹(새 추→수)의 형성자로, 말로 묻는 대상으로 누구, 무엇을 나타낸다. 또한 옛날, 발어사, 묻다 의미로 쓰인다.
- 戶호는 외닫이 문을 그린 상형자이다. 양문을 열고 들어가는 문이 門(문 문)이라면 戶는 집 안에 있는 작은방으로 들어가던 문을 그린 것이다. 집, 가옥, 지게, 지게문, 구멍, 공혈, 출입구, 주량, 방, 거처, 사람, 백성, 무늬 있는 모양, 지키다, 주관하다 등의 의미이다. **다산**: 옛날 집

의 구조는 서북쪽은 막고(모두 흙담), 남쪽은 창牖을 내어 햇볕을 받아들이며(벽을 뚫어 창을 내었지만, 출입할 수 없다), 오직 동쪽에만 문戶을 두어 통하여 드나들었다. 방에서 나오려면 오직 이 한 길뿐이었다.

- 莫막은 茻(잡풀 우거질 망) + 日(해 일)의 회의자로 풀숲 사이로 해가 저무는 것(暮: 저물 모)을 표현했지만, 지금은 주로 없다, 말다, ~하지 말라, 불가하다 등으로 쓰인다. **다산:** '하막何莫'이란 초조해 하는 말焦燥之辭이니, 예를 들면 길을 아는 사람이 다른 사람이 못에 빠질까 걱정하는 것과 같다.

- 道도는 『설문』에서 辵(가다 서다 할 착=行止) + 首(머리 수: 사람의 맨 위에 있는 머리로서 가는 바의 끝으로 목적)로 구성된 회의문자로 향하여 가는 길(방법)이자 목적이다. **다산:** 천명을 성이라 하고天命之謂性, 이 성에 따르는 것을 도라고 한다率性之謂道(『중용』의 글이다). (이 도는) 태어나서 죽을 때가 말미암아 가는 바所由行이다.

6.16 子曰 質勝文則野요 文勝質則史이니 文質이 彬彬然後에 君子니라
　　　자왈 질 승 문 즉 야　　문 승 질 즉 사　　　문 질　빈 빈 연 후　군 자

공자께서 말씀하셨다. "바탕質이 문채文보다 지나치면勝則 촌사람野(野人=鄙略)이고, 문文이 질質보다 지나치면勝則 문서리史(=掌文書)이다. 문채文와 바탕質이 서로 적절하게 균형을 이룬彬彬(=物相雜而適均之貌) 뒤에라야然後 군자君子라고 할 수 있다."

문文과 질質

질質(바탕)이란 사물(사람)의 타고난 소박함 그대로, 혹은 내용을 말한다. 문文(문채, 문식)이란 화려하게 꾸밈(포장) 혹은 외적 형식으로 사람으로, 말하자면 격식과 절차를 익혀 몸가짐을 예의에 맞게 세련되게 꾸미는 것을 말한다. 일반적으로 질·문의 선후 문제에 있어 우선 질(바탕, 내용)을

먼저 갖추어야 한다고 말한다. 그래서 "강하고, 굳세고, 질박하고, 어눌한 사람이 인에 가깝다子曰 剛毅木訥 近仁."(13.27)라고 말한다. 그 역으로 "교묘하게 말을 잘하고, 낯 빛깔을 잘 꾸미는 사람치고 인한 사람을 드물다子曰 巧言令色 鮮矣仁."(1.3)라고 했다. 그런데 공자는 단순히 질박함만을 추구하지 않고, 그 질박함 위에 최선·최적의 균형과 조화를 이상으로 추구한다. 그래서 "바탕과 문채가 빈빈(彬彬=斑斑)하여야 군자답다."고 말했다.

일반적으로 문文·질質은 본말관계, 즉 질質은 근본本이고, 문文은 말단末로 보아왔다. 그런데 다산은 문·질은 서로를 필요로 하며相須, 서로를 기다려(相待: 대待란 갖추어 놓고 기다리는 것을 말한다) 상호 보완적으로 함께 완성되는 관계라고 주장했다. 즉 문이 가장 성대하려고 한다면 질 또한 가장 잘 갖추어야 하며, 질이 가장 잘 갖추어지면 문 역시 성대해진다는 것이다.

한자 해설

주자: '야野'는 야인野人이니, 촌스럽고 엉성하다鄙略는 말이다. '사史'는 문서를 관장하는 사람掌文書이니 들은 것이 많고 일에 능숙多聞習事하지만, 성의가 혹 부족誠或不足하다. '빈빈彬彬은 반반班班과 같으니, 사물이 서로 섞여 적절하게 균형을 이룬 모양相雜而適均之貌이다. 학자가 마땅히 남는 것은 덜고損有餘 부족한 것은 보완하여補不足, 성덕成德에 이른다면, 빈빈해지기를 기약하지 않아도 그렇게 된다는 말이다.

다산: 질은 덕행으로 근본을 삼는 것을 말하고質謂本之以德行, 문은 예약으로 꾸미는 것을 말한다文謂飾之以禮樂.

• 文문이란 갑골문에서는 밝은 사람의 모습이고 중간은 새겨진 무늬로서 문신文身을 의미했다. 『설문』에 "획을 교차시키다는 뜻으로 교차한 무늬를 형상했다錯劃也 象交文"고 했다. 이후 뜻이 확장되어 무엇을 빛나게 하다 혹은 드러내 보이다(문채, 문식), 현상(천문), 법도(절문節文,

268

번문繁文), 결이나 길(문리文理, 물리物理), 선善이나 미美(문덕文德, 숭문崇文)를 의미하는데, 총괄하면 "어떤 것이 그것의 본성(법法, 리理)에 따라 드러남"을 의미하며, '그 본성에 따라 드러나는 것'이 빛나고 아름다우며, 선하다는 것이다.

- 質질은 貝(조개 패)+所(모탕 은: 두 자류의 도끼: 저당물)의 회의자로 담보로 맡는 저당물, 돈을 벌 수 있는 밑받침이나 바탕을 뜻한다. 꾸미지 않은 본연 그대로大圭不磨 美其質也, 순박함遺華反質, 본성太素者質之始也, 근본君子義以爲質, 실체原始要終 以爲質也, 형체此人者質壯以秋冬, 적게 하다君子多聞質而守之, 아름답다靑黃白墨 莫不質良, 슬기롭다王公之子弟之質, 바르다質明行事, 이루다虞芮質厥成, 당하다君子於其所尊弗敢質, 답하다雖質君之前, 어음聽賣買以質劑, 모탕解衣伏質, 도끼今臣之胷 不足以當椹質, 주인因以己爲質, 주춧돌以鍊銅爲柱質, 보증以順子爲質, 저당, 폐백 등으로 쓰인다.

- 勝승은 朕(나 짐← 천자가 자신을 뱃사공에 비유하여 나라를 이끌어간다)+力(힘 력)의 회의자로 나라를 이끌어가는 천자가 힘을 발휘한다. 싸움에서 이기거나 나라를 훌륭하게 만든다는 의미이다. 이기다一勝一負, 낫다勝境名山, 지나치다樂勝則流, 성하다獨勝而止耳, 곧다訟而不勝者, 견디다武王靡不勝, 모두不可勝讚 등으로 쓰인다.

- 野야는 里(마을 리)+予(나 여)의 회의자로 본래는 土(흙 토)+林(수풀 림)이 결합한 埜(들 야)이었다. 흙과 나무가 많은 들판이나 교외로 도시(읍邑)와 대칭되는 조야粗野, 야만野蠻 등의 의미로 쓰인다. 교외遠送于野, 채지采地(以歲時徵野之賦貢), 논밭沃野千里, 시골出入廛野, 지역上游霄霓之野, 촌스럽다質勝文則野, 거칠다, 비천하다, 사리에 어두움野哉由也, 길들지 않다狼子野心 등으로 쓰인다.

- 史사는 붓을 손又으로 쥔 모습으로 문서관리나 역사를 기록하는 관리를 말한다. 혹은 中(똑바름: 中正)+又(오른손)의 회의자로 기록을 맡은 사관史官은 중정·공평해야 함을 뜻한다. 사기國史以裁前記, 사관動則左

史書之 言則右史書之, 문장가宋元君將畫圖 衆史皆至, 화려함文勝質則史, 장
관 밑의 벼슬아치府六人 史十有二人 등의 의미로 쓰인다.

- 彬빈은 彡(터럭 삼)+林(수풀 림)의 회의자로 문채彡가 숲林처럼 무성하게
  문채가 빛남, 수식·무늬 등 외관과 내용이 겸비되어 훌륭하다는 뜻
  이다. 문채彡란 문文과 무武를 겸비해야 한다는 것이었기에 빈斌(빛나
  다)과 같은 뜻이었다. 『설문』에서는 빈份의 고문이라고 했다. 빈斌은 文
  (무늬 무)과 武(굳셀 무)의 회의자로 빈彬과 같은 자인데, 문무를 겸비한
  인간상을 뜻한다. 여기서 문文은 인문정신을 상징한다文心. 문文은 단
  순히 아름다움만을 지향하는 것이 아니다. 시신에 새겨진 무늬가 원
  래 영혼을 육신으로부터 분리시키고, 새로운 생명을 부여하고자 하는
  원시 무속적 행위에서 출발했고, 그런 문文은 출발부터 인간의 영혼이
  출입하는 문門이라는 기능을 담당했다. 문의 이러한 속성은 문장文章,
  문식文飾, 문심文心의 기능으로 옮겨갔다.

6.17 子曰 人之生也直하니 罔之生也는 幸而免이니라
자 왈 인 지 생 야 직   망 지 생 야   행 이 면

공자께서 말씀하셨다. "사람이 살아가는 것人之生也은 곧음直이다. 속이
면서도罔之 생존하는 것生也은 요행幸而히 면免한 것이다."

곧음直

"사람은 '곧음直'으로 살아야 한다."는 공자의 언명에서 결정적으로 중
요한 '곧음'이란 무엇인가? 주자는 다음과 같이 답한다.

마치 원천의 물이 있으면, 흘러내려 막히거나 고이지 않는 것과 같다. 예
컨대 어린아이가 우물에 빠지려고 하는 것을 보면 측은지심이 있게 되고,
하나의 부끄러워할 만한 일을 보면 곧 수오지심이 생긴다. 이것은 모두 본

270

심이 저절로 발휘되어 나온 것이다. 만약 이를 따라 행하면 곧 곧음直이고, 그렇게 하지 않으면 곧지 않은 것이다. — 『논어집주대전』

요컨대 '곧음直'이란 인간의 본성에서 우러나오는 것을 그대로 행하는 것이고, 본성과 역행되게 행하는 것이 곧지 않은 것이다. 예컨대 배船가 물위로 가는 것은 배의 곧음이고, 수레가 육로로 가는 것은 수레의 곧음이다. 배(혹은 수레)가 물위(혹은 육로)로 가지 않으면서 배(혹은 수레)로 존속할 수 있겠는가? 배가 물위로 가지 않으면서 아직 배로 존속하는 것은 요행이라 하겠다.

한자 해설

- **直**직은 본래 눈目 위에 세로획(곧은 시선→十)으로 바로 보다는 뜻이었지만, 이후 동작을 강조하는 彳(조금 걸을 척)의 변형인 乚이 더해져 현재의 자형이 되었다. 혹은 目(눈 목)+十(열 십)+乚(숨을 은)의 회의자로 열 개+의 눈目으로 숨어 있는乚 것을 바르게, 곧게 볼 수 있다는 뜻이다. 굽은 데가 없다其直如矢, 굽히지 않다骨直以立, 바름爰得我直, 공정하다王道正直, 꾸미지 않다尤簡直, 바른길友直, 바로잡다正直是與, 향하다直東序, 대적하다直秦之銳士, 숙직하다候其上直, 다만直不百步耳, 즉시直使送之, 세로有神人直目, 직면하다直夜潰圍 등으로 쓰인다.

- **人**인은 서 있는 사람의 상형자이다. 인간惟人萬物之靈, 백성勤恤人隱, 남修己以安人, 어떤 사람今有人 見君則映其一目 등으로 쓰인다.

- **生**생은 나오다는 뜻으로, 초목이 흙에서 나오는 것을 본뜬 상형자生進也 象草木生土이다. 태어나다孔子生魯昌平鄕陬邑, 나면서부터生而知之, 살다生乎今之世 反古之道, 삶生亦我所欲也, 산 사람事死如事生, 목숨 있는 것常畏生類之殄也, 기르다以生萬民, 백성蒼生更始, 생업勤以織薄曲爲生, 이루다天之生物 必因其材, 나아가다汝萬民乃不生生, 한평생一生一及, 끊이지 않는 모양生生 등으로 쓰인다. **주자**: 망지생야罔之生也에서 생생자와 앞의 (人之生也의) 생生(시생지생始生之生)자는 약간 다른 점이 있다. 뒤(망지생

야罔之生也)의 생생生生자는 생존生存이란 의미의 생생生生이다.

- 罔망은 网(그물 망)+亡(망할 망)이 형성자로 '그물로 잡다' 뜻이다. 그물結繩而爲罔罟, 그물질하다是罔民也, 맺다罔薜荔兮爲帷, 없다以謹罔極, 아니다乃罔畏畏, 어둡다學而不思則罔, 속이다可欺也 不可罔也, 재난天之降罔, **다산**: 罔은 속이는 것(기欺·무誣也)이다(『맹자』「만장」상편에 '합당한 도가 아닌 것으로는 속이기 어렵다難罔以非其道.').

- 幸행은 逆(거스를 역: 거꾸로 선 사람→거꾸로)+夭(어릴 요)의 회의자이다. 행幸은 불행의 상징인 요절夭折의 반대되는逆 것으로 다행이라는 뜻이다. 다행하다丘也幸, 사랑하다以色幸者多矣, 은총軍亦有天幸, 즐기다其後幸酒, 바라다幸富貴, 요행하다民無幸生, 기뻐하다獨自歡幸 등으로 쓰인다.

6.18 子曰 知之者 不如好之者요 好之者 不如樂之者니라
자 왈 지 지 자 불 여 호 지 자   호 지 자 불 여 낙 지 자

공자께서 말씀하셨다. "아는 자는知之者(아는 것)은 좋아하는 자好之者(좋아하는 것)만 못하고不如, 좋아하는 자好之者(좋아하는 것)는 즐거워하는 자(즐거워하는 것)樂之者만 못하다."

학문에 대해 아는 자는 독실하게 좋아하는 자만 못하고, 좋아하는 자는 깊이 즐기는 자만 못하다. 〈포함〉

오곡五穀에 비유하자면, 안다는 것은 그것이 먹을 수 있다는 것을 아는 것이고, 좋아한다는 것은 먹고 보고 맛을 들인 것이고, 즐긴다는 것은 맛을 들이고 배불리 먹은 것이다. 알면서도 좋아하지 못하는 것, 그것은 앎이 지극하지 못한 것이다. 좋아하면서도 아직 즐기는 데에 이르지 못한 것, 그것은 좋아함이 아직 지극하지 못한 것이다. 이것이 옛날 배우는 이들이 스스로 노력하며 쉬지 않았던自强不息 까닭이리라. 〈장경부〉

(그 선함을) 인식한 것聞而識其善也은 (행하여 그 맛을 기뻐하며行而悅其味也) 좋아하는 것만 못하고, 좋아하는 것은 (얻어서 그 충만함을 향유하여得而亨 其充也) 즐기는 것만 못하다. 〈다산〉

- 知지는 口(입 구)+矢(화살 시)의 형성자로, 화살矢이 과녁을 꿰뚫듯 상황의 본질을 파악하여 말口할 수 있는 능력을 말한다.
- 好호는 女(여자 여)+子(아들 자)의 회의자로 엄마가 아이를 지긋이 바라보는 모습을 그린 것이다. 좋다作此好歌, 아름답다不可謂好, 우의知子之好之, 좋을대로好爲之, 좋아하다人之好我, 심히甚快曰好快 등으로 쓰인다.
- 樂락은 악기(요령)+악기자루木의 상형자이다(『설문』). 음악禮樂射御書數, 연주하다比音而樂之, 악기太師抱樂, 즐기다可在樂生, 즐겁다有朋自遠方來不亦樂乎, 즐겁게 하다樂爾妻孥, 풍년樂歲粒米狼戾, 편안하다而民康樂, 좋아하다知者樂水 仁者樂山, 바라다皆得其所樂 등으로 쓰인다.

6.19 子曰 中人以上은 可以語上也어니와 中人以下는 不可以語上也니라
자왈 중 인 이 상   가 이 어 상 야   중 인 이 하   불 가 이 어 상 야

공자께서 말씀하셨다. "(공부와 자질, 재주와 식견으로 나누어) 중인中人 이상以上은 높은 단계의 것上을 말해줄 수 있으나可以語, 중인中人 이하以下는 높은 단계의 것上을 말해줄 수 없다不可以語."

이 구절은 마땅히 다음 구절과 같이 살펴야 한다.

나면서 도를 아는 이는 상근기요, 배워서 아는 이는 그 다음 근기이고, 경험해서 아는 이는 또 그 다음의 근기이다. 막혔으면서 배우지도 않는 이는 민으로서 하근기이다 孔子曰 生而知之者 上也 學而知之者 次也 困而學之 又其次也 困而不學 民斯爲下矣. ―『논어』16.9

여기서 '중인 이상'이라는 말은 나면서부터 도를 아는 이·배워서 아는 이·경험해서 아는 이를 말한다. 중인 이상의 사람은 도를 배워 도를 체득하여, 인간의 온전한 자기완성을 이루려고 노력하는 사람이다. 이러한 사람은 서양철학에서는 지혜를 사랑하는 사람愛智者라고 불렀다.

> 파이드로스여, 그를 지혜있는 자sophon라고 부르는 것은 내가 보기엔 너무 높이 올라간 것 같고, 그런 말은 신에나 적용하면 적절한 것 같네. 그러나 지혜를 사랑하는 자philosophon 혹은 그 비슷한 말로 부른다면, 그 자신도 차라리 동의할 것이고, 보다 더 합당할 것 같네. ─ **『파이드로스 Phaidros』** 278d

노자 또한 다음과 같이 말한 바 있다

> 최상의 선비는 도를 들으면 부지런히 실천하고, 보통의 선비가 도를 들으면 있을까 없을까 반신반의하며, 하등의 선비가 도를 들으면 크게 비웃을 것이니, 비웃지 않는다면 도가 되기에 부족할 것이다上士聞道 勤而行之 中士聞道 若存若亡 下士聞道 大笑之 不笑 不足以爲道. ─ **『노자』** 41장

또한 가이어상可以語上의 상上은 '형이상'이라 생각된다. 형이상形而上과 형이하形而下의 분계는『역경』「계사전」에 "형상을 넘어서는 것을 일러 도라고 하고形而上者 謂之道, 형상을 지니고 있는 것을 일러 만물이라고 한다形而下者 謂之器"고 말한 것에서 유래하였다. 형이상의 도란 만물의 존재근거(원리)를 말한다면, 형이하의 기란 형상을 지닌 만물을 말한다.

한자 해설
- 上상은 하늘을 뜻하는 지사문자인데, '위'를 뜻한다. 위쪽天上, 나은 쪽上品, 높은 쪽上官, 표면海上, 임금主上, 처음上篇, 존장長上, 곁大同江上樓, ～에서理論上, 오르다雲上於天, 가하다草上之風必偃, 숭상하다上賢以

崇德, 올리다毌上於面, 간절히 바라건대上愼旃哉 猶來無止, 상성上聲 등으로 쓰인다. **다산**: 왕숙이 말하길, '(可以語上也의) 上이란 상지上知의 사람이 알고 있는 것을 말한다. 두 번이나 중인中人을 거명한 것은 상향할 수도 있고, 하향할 수도 있기 때문이다.'고 했다.

• 語어는 言(말씀 언)+吾(나 오)의 형성자로 나의 말, 자신이 하는 말, 서로 주고받는 말을 뜻한다. 말僕以口語 遇遭此禍, 말씨敎其鮮卑語, 어구十歲爲詩 往往有警語, 속담語曰 脣亡則齒寒, 담화樂年反而語功, 논란하다于時言言 于時語語, 대답하다敎國子興道 諷誦 言語, 깨우치다甚矣子之難語, <u>알리다公語之故</u>, <u>가르치다言而不語</u> 등으로 쓰인다. **주자**: 語는 알려줌告이다.

6.20 樊遲問知한대 子曰 務民之義요 敬鬼神而遠之면 可謂知矣니라
　　　　번지문지　　자왈 무민지의　경귀신이원지　　가위지의
問仁한대 曰 仁者先難而後獲이면 可謂仁矣니라
　문인　　왈 인자선난이후획　　가위인의

번지가 지혜知에 대해 물으니問, 공자께서 말씀하셨다. "백성의 의로움民之義(인도의 마땅함: 人道之所宜)에 힘쓰고務, 귀신鬼神을 공경하되 멀리한다면敬而遠之, 지혜知롭다고 할 만하다可謂矣." 인仁에 대해 묻자問, 말씀하셨다曰. "인자仁者는 어려운 바難를 먼저 하고先而, 그 얻는 바獲를 나중後으로 여기니, 인仁하다고 할 수 있다.可謂仁矣"

공자가 도를 아는 사람의 작품이라고 칭송한 『시경』 「대아증민」에 다음과 같은 구절이 있다.

하늘은 뭇 백성들을 낳으시고, 사물마다 법칙이 있도록 하였다. 백성들이 떳떳함을 간직하고 이 아름다운 덕을 좋아한다天生蒸民 有物有則 民之秉彛 好是懿德.

'백성의 의로움에 힘쓴다務民之義'란 곧 하늘이 인간에게 내려준 인간 도리의 마땅한 바로서 덕의 실현을 위해 노력한다는 말이다. 또한 알 수 없는 귀신을 믿는 것은 미혹된 것이며, 믿지 않는 사람은 경건하지 못하다는 점에서 '귀신을 공경하고 멀리할 수 있다면 지혜롭다'고 공자는 말하였다.

어진 사람은 사사로움 없이 인간의 보편적인 덕을 실현하는 사람이다. '어려움을 우선하고, 얻는 것을 뒤로 한다'는 것은 곧 자기의 사사로운 이익을 헤아리지 않고 마땅히 해야 할 일을 먼저 한다는 것으로, 이런 사람은 인한 사람이 지녀야 할 마음의 단서를 갖추었다고 할 수 있다.

한자 해설

- **知**지는 口(입 구)+矢(화살 시)의 형성자로 화살矢이 과녁을 꿰뚫듯 상황의 본질을 파악하여 말口할 수 있는 능력을, 그리고 지智란 그러한 지식知이 세월(日, 月)이 지나야만 진정한 지혜로 변함을 반영한다. 인지하다知我者其天乎, 깨닫다而終不自知, 변별하다以寒署日月晝夜知之, 기억함父母之年 不可不知也, 듣다不知其以匱之也, 보다文侯不悅 知於顏色, 나타내다齊王知顏色, 알리다風流御史報人知, 지식淮南太史公者 其多知與, 지자擇不處仁 焉得知, 지능草木有生而無知, 짝樂子之無知, 병이 낫다二刺則知, 지사知事, 슬기好學近乎知 등으로 쓰인다.

- **民**민은 눈동자가 없는 눈을 바늘로 찌르는 모양을 본뜬 상형자이다. 백성民者國之本也, 인민, 민중, 어둡다苗民弗用靈 등으로 쓰인다. **주자:** 民은 사람人이다.

- **務**무는 敄(힘쓸 무: 창과 몽둥이)+力(힘 력)의 회의자로 창과 몽둥이를 휘두르기(업무) 위해 힘쓰다 뜻이다. 권면하다, 구하다, 현혹되다, 일, 업무, 공무公務, 직무職務, 업신여기다(모) 등으로 쓰인다.

- **義**의는 羊(양 양)+我(나 아: 손手+창戈)의 회의자로 인간 자신의 선하고 아름다운 본성에서 나온 위엄 있는 행동거지威儀 혹은 정의正義의 구현으로서의 의식과 형벌이라는 의미를 지닌다. 옳다行而宜之 之謂義,

의롭다春秋無義戰, 군신간의 도덕君臣有義, 사람이 지킬 준칙仁義禮智信, 직분背恩忘義, 의합結義兄弟, 실물의 대용물義齒 등으로 쓰인다. **다산:** 선을 행하고 악을 버리는 것을 의義라고 한다.(일의 마땅함으로 제어하여 나를 선하게 하는 것이다制其宜以善我)

- 敬경은 苟(진실로 구: 머리에 양羊이 그려진 꿇어앉은 사람)＋攵(칠 복)의 회의자로 진실하도록 하다, 절대자(양)에게 꿇어앉아 '진실하고 경건한 마음'으로 빌거나 복종하는 모습이다. 공경, 예禮, 삼가다(몸가짐이나 언행을 조심하다), 정중하다, (예의가) 바르다, 훈계하다, 잡도리하다 등으로 쓰인다.

- 鬼귀는 가면을 쓰고 제사를 지내는 사람의 상형자로 귀신鬼神, 혼백魂魄, 도깨비, 상상의 괴물, 별의 이름, 먼 곳, 지혜롭다, 교활하다, 귀신을 믿다 등으로 쓰인다.

- 神신은 示(보일 시)＋申(펼 신: 번개가 내리치는 모습)의 회의자이다. 신申은 본래 하늘의 신이라는 뜻이었지만, '펴다'로 가차되면서 '示'를 더하여 귀신, 평번하지 않는 것, 신비, 신성神聖, 정신精神 등의 용어가 나왔다. **주자:** 귀신이란 천지의 공용이자 조화의 자취(정자), 혹은 이기二氣로써 말하면 귀鬼라는 것은 음의 신령스러움이고 신神은 양의 신령스러움이며, 일기一氣로써 말하면 지극하면서 펼쳐지는 것은 신神이고 돌이켜 되돌아오는 것을 귀鬼라고 한다.

- 仁인은 친애親愛한다는 의미로 두 사람(人＋二)에서 유래한 회의자이다. 어질다仁心, 어진 이汎愛衆而親仁, 사람井有仁焉, 사람의 마음仁者 人心也, 모든 덕德의 총칭渾然與物同體 義禮智信 皆仁也, 불쌍히 여김人皆有所不忍 達之於其所忍 仁也, 씨桃仁, 오행에서 동東·건乾·춘春·목木에 해당하며, 벗에 대한 경칭仁兄 등으로 쓰인다.

- 難난은 佳(새 추)＋堇(노란 진흙 근)의 형성자로 진흙 속에서 날개가 묶여 고통스러워하는 새에서 '(날기) 어렵다'라는 뜻이 나왔다. 어렵다爲君難 爲臣不易, 어려워하다惟帝其難之, 고생하다瞋目而語難, 새 이름, 잎이

우거진 모양隰桑有阿 其葉有難, 구나驅儺: 遂令始難歐疫, 근심君子以儉德辟難, 고통臨難毋苟免, 원수殺主以和難, 거절하다而難任人, 꾸짖다於禽獸又何難焉 등으로 쓰인다. **다산**: 難이란 <u>어렵고 고된 것</u>艱苦이다.

- 獲획은 사냥개犬로 새雀를 잡는乂 뜻으로 '획득하다'는 뜻이다. **주자**: 獲은 얻음得을 말한다. **정자**: 어려운 바를 먼저 하는 것先難은 극기克己이고, 어려운 바로써 먼저 할 것으로 삼되 그 얻을 것을 계산하지 않는 것은 인仁이다. **다산**: 獲은 이익을 얻음得利이다. 어렵고 고된 일을 남보다 먼저하고, 이익을 얻는 일은 남보다 뒤에 하는 것은 서恕이다. 힘써 서를 행하면强恕而行, 인을 구함이 이보다 더 가까운 것은 없다.(『맹자』「진심」 상편 4)

6.21 子曰知者는 樂水하고 仁者는 樂山이니
　　　자 왈 지 자　요 수　　인 자　요 산

知者는 動하고 仁者는 靜하며 知者는 樂하고 仁者는 壽니라
지 자　동　　인 자　정　　지 자　낙　　인 자　수

공자께서 말씀하였다. 지자知者는 물을 좋아하고樂水, 인자仁者는 산을 좋아한다樂山. 지자知者는 움직이고動, 인자仁者는 고요하다靜. 지자知者는 즐겁고樂, 인자仁者는 오래 산다壽.

지자는 '재주와 슬기를 운용하여 세상을 다스리기를 마치 물이 흘러 그칠 줄 모르는 것처럼 살기 때문에' 물을 좋아하고, 인자는 '성품이 사방이 안정되어 산과 같이 움직이지 않기를 원하기 때문에' 산을 좋아한다. 지혜로운 사람은 '날마다 전진하기 때문에' 움직이고, 어진 사람은 욕심이 없기 때문에' 고요하다. 지혜로운 사람은 '스스로 노력하여 자기의 뜻을 실현하기 때문에' 즐거워하고, 어진사람은 '성정性情이 고요하기 때문에' 오래 산다. 〈포함包咸 B.C.6~65 **및 공안국**〉

지자는 사리에 통달하여 두루 흘러 막힘이 없어 물과 유사함이 있기 때문에 물을 좋아하고, 인자는 의리에 편안하면서 중후하여 옮겨가지 않아 산과 유사함이 있기 때문에 산을 좋아한다. 지자는 움직이고, 인자는 고요하다(본체로써 말한 것이다). 지자는 얽매이지 않기 때문에 즐겁고, 인자는 고요하고 일정함이 있기 때문에 오래 산다(공효로써 말한 것이다). 〈주자〉

지자는 '물처럼 이치에 따라 스스로 행하니' 물을 좋아하고, 인자는 '덕을 두텁게 품고 만물에게 은택을 베푸니' 산을 좋아하다. 지자는 '물처럼 어디에 가서도 스스로 터득하지 않음이 없으니 그 형상이' 동動적이고, 인자는 '마치 산이 다른 어떤 것과 더불어 다투는 바가 없기 때문에 그 형상이' 정靜적이다. 지자는 '사람이 해야 할 일을 가려서 인에 기거하고居仁, 이치에 따라서 스스로 행하고, 밝게 이해利害를 구분하여, 어디에 가서도 스스로 터득하지 않음이 없기 때문에' 즐겁고, 인자는 '그 몸을 움직이지 않아도 천하가 교화되는데, 그 기상이 아득히 멀고 오래되기久遠 때문에' 장수壽한다. 〈다산〉

한자 해설
- 樂요(악, 락)은 악기樂器(요령搖鈴)와 그 자루支架를 형상한 글자이다.(『설문』) 악기를 연주하면 즐겁고(낙), 또한 감정적 기호의 산물이다(좋아하다). 음악, 악기, 연주하다, 아뢰다, 즐기다(락), 즐거워하다, 편안하다, 채우다, 풍년, 좋아하다(요), 바라다 등으로 쓰인다. **주자**: 樂는 기뻐·좋아함喜好이다. **다산**: 樂(오五과 교敎의 반절음半切音)는 좋아하는 것이다樂之.
- 動동은 重(무거울 중)+力(힘 력)의 회의자로 무거운 짐을 지고 옮기기 위해 힘을 쓴다는 뜻이다. 움직이다, 옮기다, 흔들리다, 동요하다, 미혹하다, 감응하다, 벼슬하다, 사용하다, 바뀌다, 변하다, 일어나다, 살아나다, 순환하다, 겨루다, 어지럽히다, 움직임 등으로 쓰인다.
- 靜정은 靑(푸를 청: 고요함)+爭(다툴 쟁: 쇠뿔을 쥐고 다툼)의 회의자로 왁자지껄했던 싸움이 끝난 이후의 소강상태를 말한다. 혹은 '쟁爭'은 팽팽히

당겨져서 움직이지 않는 모양이며, 청靑은 깨끗하다, 편안하다의 의미로 움직이지 않고 조용함, 편안함, 자세함, 아름다움을 말한다. 움직이지 아니하다至靜而德方, 침착하다怒則手足不靜, 맑다靜其巾幕, 바르다靜女其妹, 따르다民乃靜, 온화하다樂由中出 故靜, 꾀하다靜言庸違, 쉬다, 수련하다修練之士 當須入靜 등으로 쓰인다.

- 壽수는 老(늙은 노)를 의미부로 하는 형성자(耂 혹은 士+一+工+口+寸)로 밭(疇: 밭두둑 주)을 가리키고 있는 노인을 말하며, 장수長壽, 목숨, 나이, 해, 생일, 축복의 뜻도 나왔다. 『설문』에서는 유구함久, 오래됨, 곧 장수함을 뜻한다고 했다. 예로부터 장수는 의미 있는 삶을 구현하는 것이며, 인간에게 주어지는 가장 큰 축복 중 하나로 간주되어 왔다. 『서경』「홍범」에 오복五福으로 "첫째는 장수壽하는 것이며, 둘째는 부유하고 풍족하게 사는 것이며, 셋째는 강녕으로 일생 동안 건강하게 사는 것이며, 넷째는 덕을 좋아함이며, 마지막 다섯 번째는 고종명이다五福 一曰壽 二曰 富 三曰 康寧, 四曰 攸好德, 五曰考終命"라고 했다. 여기서 고종명考終命이란 인간에게 주어진 천수天壽를 온전히 누리면서 고유한 천명, 즉 인의예지의 덕을 온전히 실현하고 일상 가운데 편안한 임종을 맞이하는 것이다.

6.22 子曰 齊一變이면 至於魯하고 魯一變이면 至於道니라
자왈 제 일 변 지 어 노 노 일 변 지 어 도

공자께서 말씀하셨다. "제齊나라가 한 번 변한다면―變, 노나라에於魯 이를죠 수 있다. 노魯나라가 한 번 변한다면―變 (선왕의) 도에於道 나아갈죠 수 있다."

공자의 시대에 제나라의 풍속은 공리功利를 급선무로 여기고, 과장과 거짓을 좋아했으니, 패도정치의 남은 습속霸政之餘習이다. 노나라는 예교禮敎를

중시하고 신의信義를 숭상했으니, 아직도 선왕의 유풍遺風이 있었다. 다만 사람은 사라지고 정치는 종식되어, 피폐와 실추가 없을 수는 없었다. 도는 선왕의 도이다. 두 나라의 정치·풍속은 아름다움과 추함의 차이가 있으니, 그들이 변화하여 도에 나아가는 데에 어려움과 쉬움의 차이가 있다는 말이다. 〈주자〉

• 變변은 絲(어지러울 련: 말이 실에 꼬여버린 모습)+ 攵(칠 복)의 회의자가 <u>어지러운 상황</u>絲을 바로 잡는다攵로 의미가 바뀌어 변하다, 고치다 뜻이다. 변경하다, 변통하다, 움직이다, 고변하다, 속이다, 어그러지다, 변화, 변고, 재난, 상喪, 죽음 등으로 쓰인다.

6.23 子曰觚不觚면 觚哉觚哉아
자 왈 고 불 고 고 재 고 재

공자께서 말씀하셨다. (여덟 모서리) 모난 그릇觚이 (여덟) 모가 나지 않았다면不觚, (여덟) 모난 그릇이겠는가觚哉? (여덟) 모난 그릇이겠는가觚哉?

고觚가 본래의 형제其形制를 잃었다면, 고觚가 아니다. 하나의 그릇을 거론하였지만, 천하 만물이 모두 그렇지 않은 것이 없다. 그러므로 임금으로서 그 임금의 도리를 잃으면 임금이 아니며, 신하로서 신하의 직분을 잃으면 허위虛位가 되고 만다. 〈정자〉

• 觚고는 角(뿔 각)+瓜(외 과)의 형성자로 오이瓜처럼 긴 뿔角로 만든 잔이다. 술잔(~盞), 모, 네모, 대쪽(댓조각), 댓조각(대를 쪼갠 조각), 법, 홀로 등으로 쓰인다. **주자**: 觚는 모난 것棱이다. 혹 주기酒器라 하고, 혹 목간木簡이라 하는데, 모두 기구에 모가 있는 것器之有棱者이다. 불고不觚란

대개 당시에 본래의 제도를 상실하여 모나게 만들지 않은 것이다. '고재고재觚哉觚哉'란 '觚가 될 수 없다'는 말이다. **다산:** 앞의 觚는 술잔酒器이고, 뒤의 觚는 여덟 모서리八棱이다. 술잔 觚가 觚라는 명칭을 얻은 것은 여덟 모서리가 있기 때문인데, 만일 모서리를 깎아 둥글게圜 만들고 아직도 그 이름을 觚라고 한다면, 이름名과 실상實이 서로 부합하지 않는다. 공자가 어떤 사람과 명칭과 실상에 대해 논의하다가, 때마침 술잔 觚가 앞에 있어 가리켜서 비유로 삼은 것이다. 살피건대, 기물器物은 모두 각각 그 이름이 있다. 궤簋, 금鉶, 변籩, 조俎 등은 모두 가차假借가 아니다. 오직 술잔으로서 觚는 觚라는 여덟 모서리로되어 있어 이 이름을 얻었기 때문에, 이름과 실제를 비유하는데 더 절실한 것은 없다.

6.24 宰我問曰仁者는 雖告之曰 井有仁焉이라도 其從之也로소이다
재 아 문 왈 인 자　　수 고 지 왈 정 유 인 언　　　기 종 지 야
子曰何爲其然也리오 君子는 可逝也언정 不可陷也며 可欺也언정
자 왈 하 위 기 연 야　 군 자　 가 서 야　　　불 가 함 야　　 가 기 야
不可罔也니라
불 가 망 야

재아宰我가 물어問 말했다曰. "인자仁者는 심지어雖 '사람仁(=人)이 우물井에 빠져있다有焉'고 알려주더라도告之, (구하기 위해 우물에) 따라 들어갑니까其從之也?" 공자께서 말씀하시었다. "어찌何 그렇게 하겠는가爲其然也? 군자君子는 가도록 할 수는 있겠지만可逝也, (우물에) 빠지게陷 할 수는 없으며不可也, 이치에 있는 것으로써 속일 수欺는 있지만可也, 이치에 없는 것으로써 현혹罔할 수는 없다不可罔也."

군자에게는 살신성인殺身成仁의 의리가 있기에 재아宰我가 의문을 품고 물었다. 지금 필시 죽을 처지에 있고, 함정陷穽과 다를 바가 없어, 거기로 달

려가 자신을 죽여서라도 인을 이룰 수 있다면, 인자仁者는 명예를 탐하여 거기에 쫓아 들어갑니까? 공자께서 대답하셨다. 그렇지 않다. 군자를 해를 피해 떠나가게 할 수는 있어도, 이익을 보고 타락하게 할 수는 없다. 이치가 있는 것으로 속일 수는 있어도, 도리에 어두운 바를 이용하여 가릴 수는 없다. 어찌 인仁이라는 명성을 탐하여, 자신을 필시 죽을 처지에 빠뜨리겠는가? 〈다산〉

한자 해설

- 雖수는 虽(도마뱀 수)+隹(새 추→수)의 형성자로 본래 도마뱀의 일종을 뜻하지만, '비록'이나 '아무리' 등으로 활용되고 있다. 비록門雖設而常關, ~라도雖曰未學 吾必謂之學矣, 만약雖無姊 媵先, 하물며雖戎狄其何有予一人, 곧雖微晉而已 天下其孰能當之, 추천吾雖之不能 去之不忍, 발어사雖敝邑之事君也, 오직雖有明君能決之 등으로 쓰인다.

- 井정은 우물의 난간을 그린 상형자이다. 우물, 우물 난간, 정자 꼴, 저자, 정전井田, 조리條理, 법도, (왕후의) 무덤, 64괘의 하나 등으로 쓰인다.

- 從종은 彳(조금 걸을 척)+止(발 지)+从(좇을 종)의 회의자로 뒷사람이 앞사람을 '좇아가다'를 뜻한다. **주자**: 從은 우물로 따라 들어가 구한다는 말이다.

- 逝서는 辵(쉬엄쉬엄 갈 착)+折(꺾을 절: 도끼로 나무를 자르는 모습)의 회의자로 길이 끊어지다, (인생이라는 길이 끊어져) 삶을 다하다, 다른 곳으로 가다는 등의 뜻이다. 가다雖不逝兮可奈何, 시간이 가다日月逝矣 歲不我延, 떠나가다龍俛耳低尾而逝, 영원히 가다逝去, 미치다行與子逝兮, 피하다翼殷不逝, 이에逝不古處, 맹세하다 등의 뜻이다. **주자**: 逝는 그로 하여금 가서 구하게 하는 것使之往救이다.

- 陷함은 阜(阝: 언덕 부)+臽(함정 함)의 회의자로 사람이 함정에 빠진 모습이다. 빠지다, 빠뜨리다, 움푹 파이다, 날조하다, 모함하다, 점령당하다, 함락陷落, 함정陷穽, 결함缺陷 등으로 쓰인다.

- 欺기는 欠(하품 흠)+其(그 기)의 형성자로 남을 속이기 위해 입을 떠벌리는 모습을 표현했다. 속이다吾誰欺, 거짓反任爲欺, 업신여기다見陵於人爲欺負, 보기 흉하다欺很 등으로 쓰인다.
- 罔망은 网(그물 망)+亡(망할 망)의 회의자로 그물에 걸려들도록 속이다, (사리에) 어둡다, 근심하다 등의 뜻이다. 그물, 포위망, 계통, 조직, 없다, 속이다, 말다, 근심하다, 넘보다, 멍하다, 엮다, 얽다, 그물질하다 등으로 쓰인다.

6.25 子曰君子博學於文이오 約之以禮면 亦可以弗畔矣夫인저
자 왈 군 자 박 학 어 문   약 지 이 례   역 가 이 불 반 의 부

공자께서 말씀하셨다. "군자君子가 글에서於文 널리 배우고博學, 예로써以禮 단속하면約之, 또한亦 어긋나지畔 않을 것이리라可以弗矣夫!"

성인께서 가르치신 것은 박문博文·약례約禮, 이 두 가지를 넘지 않는다. 박문은 도문학道問學의 일이니, 천하 사물의 이치에 대해 모두 알고자 하는 것이다. 약례는 존덕성尊德性의 일이니, 내 마음이 본래부터 지니고 있는 이치를 한순간도 보전하지 않음이 없도록 하는 것이다. 박문은 일에서 증험하는 것이고, 약례는 자신의 몸에서 체득하는 것이다. 〈주자〉

문文은 선왕이 남김 글先王之遺文이다(『좌전』의 이른바 삼분三墳·오전五典·구구九丘·팔색八索 등과 같은 것이다). 예로써 단속한다는 것은 예가 아니면, 보고·듣고·말하고·행동하지 말라는 것이다(형병이 말했다. 예로써 자신을 검약儉約하는 것이다). 〈다산〉

한자 해설
- 博박은 十(열 십: 전부)+尃(펴다 부: 손으로 실타래를 푸는 모습)의 회의자로 모든 실을 펴다, 넓다는 뜻이다. 넓다, 깊다, 많다, 크다, 넓히다, 넓게

하다, (크게) 얻다, 바꾸다, 무역하다, 넓이, 폭, 평평함, 평탄함, 노름 등으로 쓰인다. **다산**: 博은 크게 통하는 것大通이다.(『설문』)

- 約약은 糸(가는 실 멱)+勺(구기 작)의 실타래를 묶어 놓은 모습이다. 묶다約之閣閣, 맞추다今君約天下之兵, 약속大信不約, 신표掌邦國及萬民之約劑, 검약以約失之者 鮮矣, 줄이다君子約言, 축약하다凡任索約, 적다故操彌約而事彌大, 요약孟施舍守約也, 나눗셈二乘而三約之者, 곤궁不可以久處約, 유약緯約微達似察, 비천約辭行成, 인색約者有筐篋之藏, 대략約略環區宇, 분명하지 않다春秋約而不速, 부절 등으로 쓰인다. **주자**: 約은 요약함要이다. **다산**: 約은 묶어서 작게 하는 것이다(새끼로 묶는 것이다纏束之).

- 畔반(＝坢)은 田(밭 전)+半(반 반)의 형성자로 밭과 밭을 나누는 지경地境을 말한다. 밭두둑(≒坢), 땅의 경계, 물가, 배반하다背反·背叛(≒叛), 어그러지다, 피하다, 발호跋扈하다, 떨어지다 등으로 쓰인다. **주자**: 畔은 어긋남背이다. **다산**: 畔은 위배背·경계界짓는다(『설문』: 밭의 경계田界이다)는 뜻이니, 도와 위배되게 스스로 경계를 지어 구분하는 것이다(정현은 불반弗畔이란 도를 어기지 않는 것이라 했다).

6.26 子見南子하신대 子路不說이어늘 夫子矢之曰 予所否者인댄
　　　자 견 남 자　　　자 로 불 열　　　　부 자 시 지 왈 여 소 부 자

天厭之天厭之시리라
천 염 지 천 염 지

공자께子서 (음란한) 남자南子를 만나자見, 자로子路가 기뻐하지 않았다不說. 공자夫子께서 맹세하시며矢之 말씀하셨다曰. "내予가 잘못하였다면所否者, 하늘天이 (나를) 싫어하셨을 것이다厭之, 하늘天이 (나를) 싫어하셨을 것이다厭之!"

남자南子는 위령공의 부인인데 행실이 음란하였다淫行. 공자께서 위나라에 도착하자 남자가 만나기를 청하였다. 공자는 핑계를 대며 사양했지만, 어쩔

수 없이 만났다. 성인의 도는 크고 덕은 완전하시니, 반드시 해야 하는 것
과 반드시 하지 말아야 하는 것이 없다無可不可. 성인께서 악인을 만나신 것
은 진실로 '나로서는 만날 수 있는 예법이 있다면, 저쪽의 선善하지 않음이
나와 무슨 상관이 있겠는가?'라고 하신 것이다. 그러나 이것을 자로가 어찌
능히 헤아릴 수 있는 것이었겠는가? 그래서 거듭 말하여 맹세하셨으니, 자
로가 우선 이 말을 믿고 깊이 생각하여 터득하도록 바라신 것이다. 〈주자〉

한자 해설

- 矢시는 화살을 그린 상형자인데, 화살은 곧게 날아간다. 화살, 곧음其
直如矢, 베풀다矢其文德, 맹서盟誓하다, 어그러지다殺生相矢 무너뜨리다
無矢我陵. 주자: 矢는 맹세誓이다. 矢와 '서誓'는 소리가 서로 가깝다.
『반경盤庚』의 '시언矢言' 역시 격분해서 하는 말로 '맹서盟誓'에 가까운
말들이다.

- 否부는 不(아닐 부)+口(입 구)의 회의자로 '아니다否라고 말하다口'라는
뜻이다. 부정(거절)하다予所否者, 막히다信人事之否泰, 비괘(卦: 坤下乾上),
나쁘다利出否 등으로 쓰인다. 주자: 否는 예에 맞지 않고不合於禮, 그 도
로 말미암지 않은 것不由其道을 말한다. 다산: 否라는 한 글자에는 이
여덟 글자不合於禮 不由其道의 뜻을 내포할 수 없다. 자로가 기뻐하지
않은 것은 본래 하나의 '견見' 자에 불과하니, 공자께서 스스로 해명하
신 것 역시 하나의 견見 자에 불과하다. 부否란 '보지 않는다不見'이다.

- 厭염은 猒(물릴 염: 개고기를 싫증날 정도로 먹다)+厂(기슭 엄)의 형성자로 염
증을 느끼다, 싫어하다는 뜻이다. 싫어하다厭世, 미워하다無厭惡心, 물
리다原憲不厭糟糠, 족하다求索無厭, 실컷弟子厭觀之, 진압하다於是因東游
以厭之, 숨기다厭然揜其不善 등으로 쓰인다. 주자: 厭은 버리고 끊음棄絶
이다. 다산: 厭은 미워함惡과 같다.

286

6.27 子曰 中庸之爲德也 其至矣乎인저 民鮮이 久矣니라
자 왈 중 용 지 위 덕 야 기 지 의 호   민 선 구 의

공자께서 말씀하셨다. "중용의中庸 덕 됨爲德也이 아마도 지극至하도다
其至矣乎! 백성民들에게 (중용의 덕이) 적어진 지鮮가 오래久矣되었구나
(백성들 가운데 중용의 덕을 오래 지속하는 이久가 드물구나鮮)!"

중용中庸

『설문』에 "중中이란 '곤丨'과 '구口'로 구성되어 사방으로 둘러싸인 안口
의 가운데를 관통丨함을 나타내는 지사문자 혹은 씨족사회를 상징하는
'깃발旗'을 의미한다."고 했다. 나아가 '중中'은 치우침偏과 구별되면서도,
다른 것들과 알맞은 상태에 놓여 있는 것슴宜을 말한다. 결국 '중中'이란
자타 · 내외와 연관하여 상대적으로 판단 · 설정되는 것으로, 자기의 변
동에 따라 외변의 한계가 달라지고, 또한 외변의 변이에 따라 중中의 위
치도 옮겨질 수 있기 때문에 고정되거나 불변하는 어떤 것일 수는 없다.
중中은 명사로는 가운데, 안, 중등中等, 중도中道, 중매中媒, 마음心中, 장
정壯丁, 그릇 이름, 내장, 절반, 중국, 몸, 중복中服, 고르다, 중화中和, 중
기中氣 등으로 쓰인다. 동사로는 맞히다(표적에 적중하다), 바람맞다, 맞다
(부합하다, 일치하다), 응하다(해당하다), 가득 차다, 간격을 두다, 급제及第하
다 등을 의미한다.

용庸은 庚(천간 경: 탈곡기)+用(쓸 용)의 회의자로 '탈곡기를 사용한다'는
말에서 나왔다. 쓰다用(執其兩端 用其中於民:『중용』6장), 항상恒常(庸敬在兄:『맹
자』「고자」상편), 평상平常(庸德之行 庸言之謹,『중용』13장) 등의 의미를 지닌다.
따라서 '용庸'이란 자연 그대로의 본질적 모습으로 항상恒常 작용 혹은 기
능을 발휘하면서用, 만물과 감통하여 자신의 삶을 온전히 누리며 완성하
는 것이다. 그렇다면 중용이란 자신의 본성中=天命之性을 항상恒常 작용
(사용)하면서 만물과 감통하면서 온전한 자신의 삶을 얻어得 자아를 완성
하는 것이다.

치우치지 않음을 중이라고 하고不偏之謂中, 바뀌지 않음을 용이라고 한다不易之謂庸. 중은 천하의 바른 도中者天下之正道이고, 용은 천하의 정해진 이치이다庸者天下之定理다. 세상의 교화가 쇠퇴한 이래, 백성이 바른 행실에서 발흥하지 않아 중용의 덕을 적게 지니게 된 것이 오래되었다. 〈정자〉

'중中'은 지나침과 모자람이 없음을 명칭無過不及之名한 것이다. '용庸'은 평상平常이다. '지至'는 궁극極이다. '선鮮'은 적다少이다. 백성들에게 이 덕이 적어진 지가 지금 이미 오래되었다民少此德 今已久矣는 말이다. 〈주자〉

하안이 말하길, (용庸은 상常이니) '중화中和는 항상 행해야 할 덕이다.'고 했다. '민선구의民鮮久矣'는 '능히 한 달도 지키지 못한다不能期月守也'는 것을 말한다(『중용』). 〈다산〉

6.28 子貢曰 如有博施於民而能濟衆한댄 何如하니잇고 可謂仁乎잇가
자공왈 여유박시어민이능제중 하여 가위인호
子曰 何事於仁이리오 必也聖乎인저 堯舜도 其猶病諸시니라
자왈 하사어인 필야성호 요순 기유병저
夫仁者는 己欲立而立人하며 己欲達而達人이니라 能近取譬면
부인자 기욕립이립인 기욕달이달인 능근취비
可謂仁之方也已니라
가위인지방야이

자공子貢이 말했다曰. "만약如 백성들에게於民 널리 베풀고博施 능能히 많은 사람衆을 구제濟할 수 있다면有, 어떻습니까何如? 인仁하다고 할 수 있습니까可謂乎?" 공자께서 말씀하셨다. "어찌何 인에於仁 종사事하는데 그치겠는가? 반드시必也 성인(의 경지)일 것이라聖乎! 요순堯舜(과 같은 성인)도 아마도 병통으로 여겼을 것이다猶病諸! 대저夫 인자仁者는 자기己가 서고자 하면欲立而 남을 세워주고立人, 자기己가 통달하고자 하면欲

達而 남을 통달시켜 준다達人. 능能히 가까운近 데에서 비유譬를 취取하면, 인을 실천하는 방법仁之方이라고 할 수 있다可也己."

『의서醫書』에서 손발이 마비된 것을 '불인不仁'이라 하는데, 이 말은 (인의 모습을) 가장 잘 개념 짓고 형용한 것이다. 인자仁者는 천지만물을 일체로 여겨以天地萬物爲一體 자기가 아닌 것이 없으니莫非己也, (만물이) 자기라는 것을 체인體認한다면, 어디엔들 이르지 않으랴! 만약 자기에게 속하지 않는다고 본시 자기와 아무런 상관이 없다고 한다면, 손발의 불인처럼 기氣가 이미 통하지 않아 모두 자기에게 속하지 않는 것이 된다. 그러므로 박시제중博施濟衆은 바로 성인의 공용功用이다. 인仁은 지극히 말하기 어렵다. 그러므로 자기가 서고자 하면 남을 세워주고, 자기가 통달하고자 하면 남을 통달시켜 준다. 능히 가까운 데에서 비유를 취하면, 인을 실천하는 방법이라고 할 수 있다고 말씀하셨을 따름이다. 이와 같이 인仁을 보게 하여, 인의 본체를 얻을 수 있기를 바라셨다. 〈**정명도**정호鄭顥, 1032~1085〉

인仁

『논어』의 인仁은 상대적인 여러 덕목 중의 하나, 단순히 충忠 · 청淸 등과 같은 개별 덕으로 환원될 수 없는 더 높은 덕, 여러 개별 덕의 종합적 실천, 사람을 사랑하는 것愛人, 개별 덕의 근거이자 인간이 궁극적으로 실현해야할 가장 온전한 덕全德으로 제시되었다. 공자는 인仁을 실천할 근거가 우리 인간 안에 있으며, 자각을 통해 자율적으로 실천해야 한다고 말했다. 또한 인仁은 인간의 가장 자연스런 감정인 효제에서 출발하여 확산되며, 극기복례克己復禮 · 선난후득先難後得과 같은 방법으로, 상호승인과 호혜 및 역전환적 동등고려의 원리인 서恕의 실천에 의해 실현된다고 된다고 말했다.

공자의 인仁 개념은 공동체적 존재로서 인간의 자기자각과 자기완성, 그리고 타자정립과 타자완성이라고 하는 동양적 이념의 원형이 되었다.

인간은 자기정립과 동시에 타자정립을 이룰 때 비로소 본능으로 추동되는 동물적 삶을 넘어서 인간 세계의 인문화가 가능하며, 야만의 문명화를 이룰 수 있다. 인간은 자기 타자 및 타자완성을 기도할 때 비로소 인격존재가 되며, 인격존재만이 자연과 사실을 넘어서 가치와 문화의 세계를 창조한다.

공자는 인仁 개념을 통해 인간완성의 이념을 정립함으로써 인문 세계를 기획했다. 공자의 "인간은 모름지기 인仁을 실천해야 한다."는 이념은 후대에 맹자와 순자의 인성론으로 정립되고, 동중서董仲舒의 음양오행설에 의해 우주론적으로 확장되었다. 그리고 한유韓愈에 의해서는 박애博愛로 해석되었고, 정호鄭澔, 정명도와 왕양명王陽明에 의해서는 만물과 일체가 되는 경지로 고양되었으며, 주자에 의해 마음의 덕이자 사랑의 이치心之德而愛之理로 재정의 되었으며, 한국의 다산 정약용에 의해 실천적 덕 개념으로 계승·정립·확장되면서, 유교적 인간이념의 지표로서 동양적 휴머니즘의 전형을 형성하였다.

한자 해설

주자: 박博은 넓음博이니, 인은 이치로서 말한 것이니仁以理言 위·아래에 공통한다. 성은 경지로써 말한 것이니聖以地言 지극한 경지에 도달했음을 의미하는 이름이다. 호乎는 의심스러워 아직 확정하지 못할 때에 쓰는 말이다. 병病은 마음에 부족하게 여기는 것이 있음이다. 비譬는 비유喩이다. 방方은 방법術이다. 가까이 자신에게서 취하여近取諸身, 자기가 바라는 것으로써 타인에게 비유하면以己所欲譬之他人 타인이 바라는 바 또한 자기와 바라는 바와 같음을 아는 것이다. 그런 연후에 자기가 바라는 것을 미루어서 타인에게 미루어 나아가는 것은 곧 서恕의 일이고 인仁을 실천하는 방법이다. 이것에 힘쓰면, 인욕의 사사로움을 이기고 천리天理의 공변됨을 온전히 할 수 있다.

다산: 박博은 넓게 두루 미침이다廣也普也. 은혜를 베푸는 것을 시施라 하고, 환난을 구제함을 제濟라 한다(본래는 물을 건너는 것이다). 베푸는 것이

넓으면 그 미치는 것이 박薄하기 쉽기 때문에 많은 사람을 구제할 수 없으니, 겸하기 어렵다. 인이란 사람을 향한 사랑이다仁者 嚮人之愛也. 성이란 하늘에 통달한 덕이다聖者 達天之德也. 병病은 근심患과 같다. 자신을 세워 자리를 얻는 것을 립이라 한다(樹身得位曰立: 입신양명立身揚名과 같다). 천성대로 다 이루어 막힘이 없는 것을 달達이라 한다. 자기가 하고자 하는 것을 먼저 남에게 베푸는 것은 서恕이다. 능근취비能近取譬는 혈구絜矩이다. 아랫사람에게서 비유를 취하여 윗사람을 섬기며, 왼쪽사람에게 비유를 취하여 오른쪽 사람과 교제하는 것이다.

- 博박은 十(열 십)+尃(펴다 부)의 회의자로 모든 실을 풀어 '넓게 하다'는 뜻이다. 학식이나 견문이 많다(博學, 博識), 너르다壤土之博, 두루 미치다博愛之謂仁, 크다爲利博矣, 넓히다博我以文, 도박不有博弈者乎, 넓이純博寸 등으로 쓰인다.

- 施시는 㫃(=旗깃발 기)+也(어조사 야)의 형성자로 깃발을 중심으로 사람을 모아놓고 정령을 공포하는 것에서 시행施行하다, 주다, 보시布施, 베풀다 등의 뜻이다. 연장하다(이), 흩뿌리다 등으로도 쓰인다.

- 濟제는 水(물 수)+齊(가지런할 제)의 형성자로 본래 강 이름이었지만, 물을 건너다 혹은 구제하다는 뜻이다. 건너다, 돕다, 도움이 되다, 구제救濟하다, 이루다, 성공하다, 더하다, 소용 있다, 쓸모가 있다, 유익하다, 원조, 도움, 물의 이름 등으로 쓰인다.

- 衆중은 血(피 혈←日)+乑(人+人: 무리지어 힘든 노동을 하는 노예들)의 회의자로 햇볕아래 피땀 흘려가며 힘든 노동을 하는 여러 사람에서 많음衆少成多, 많은 사람衆怒如水火 不可爲謀, 많은 사람의 마음失衆則失國, 땅坤爲衆, 차조, 메뚜기 등으로 쓰인다.

- 聖성은 耳(귀 이)+口(입 구)+壬(천간 임)의 회의자로 타인의 말에도 귀를 기울일 줄 아는 총명聰明한 사람, 성인, 거룩하다는 뜻이다. 지덕智德이 매우 뛰어나고 사리에 통하지 않음이 없음乃聖乃神, 성인, 거룩한 사람先聖後聖 其揆一也, 어느 방면에서 가장 뛰어난 사람樂聖·詩聖·書聖, 임

금의 존칭聖上神聰, 슬기絶聖棄智, 맑은 술樂聖且銜杯 등으로 쓰인다.

- 猶유는 犬(개 견)+酋(묵은 술 추→유)의 형성자로 본래 원숭이를 말했지만, 지금은 '망설이다'나 '오히려'와 같은 뜻으로 쓰인다. 오히려, 다만, 원숭이, 태연한 모양, 허물, 머뭇거리다, 말미암다, 똑같다 등으로 쓰인다.

- 取취는 耳(귀 이)+又(또 우: 손)의 회의자로 전쟁에서 적을 잡은 증거물로 귀를 잘라 취했다는 뜻이다. 움켜쥐고 놓지 않다取捨, 손에 넣다攻必取, 가려잡다無所取材, 그 일을 즐겨 제 것으로 하다取暖, 장가들다君取於吳, 당하다朴者以不足取信矣, 동작의 진행聽取, 애욕의 대상에 마음이 향하는 것(從二十歲後 貪欲轉盛 … 是名爲取) 등으로 쓰인다.

- 方방은 소가 끄는 쟁기를 그려 '방향'을 나타내고, 밭의 모양에 따라 네모라는 뜻이 생겼다. 나라, 장소, 도리, 방법, 처방, 규정, 상대방, 목판, 바야흐로, 장차, 널리, 모두, 함께, 본뜨다, 모방하다, 바르다, 견주다, 대등하다 등으로 쓰인다.

정의正義를 말했다. 이 편은 모두 공자의 뜻과
행적을 밝힌 것이다. 앞편에서 현인과 군자 및
인자仁者의 덕행德行을 논했는데, 덕德은 점차
적으로 완성되는 것이기 때문에 성인聖人을 그
다음 차례로 삼았다. 〈형병〉

이 편은 성인께서 자신을 낮추고 다른 사람들을
가르친 말씀 및 그 용모와 행사의 실제를 기록한
것이 많다. 모두 37장이다. 〈주자〉

7.1 子曰 述而不作하며 信而好古를 竊比於我老彭하노라
자 왈 술 이 부 작　　신 이 호 고　　절 비 어 아 노 팽

공자께서 말씀하셨다. "기술하되述而 창작하지 않고不作, 옛것古을 믿고信而 좋아하는 것好을, 저의竊 우리我 노팽老彭에게 견주어比 본다."

성인의 창작과 현인의 전술

예악의 실정을 아는 사람은 능히 창작할 수 있고, 예악의 법도를 인식하는 자는 기술할 수 있다. 창작하는 자는 일러 성스럽다고 하고, 전술하는 자를 일러 현명하다고 한다. 현명하고 성스러운 자란 전술하고 창작하는 것을 말한다故知禮樂之情者能作. 識禮樂之文者能述. 作者之謂聖, 述者之謂明. 明聖者, 述作之謂也. ―『예기』「악기」

이렇게 유교에서는 창작은 성인이 아니면 할 수 없고, 전술하는 것은 현인이면 가능하다고 말해왔다. 공자는 『시경』과 『서경』을 산정하고, 예와 악을 정하고, 『주역』을 찬술하고, 『춘추』를 편수했지만, 모두 선왕의 옛것을 전술한 것이지 창작한 것은 아니라고 했다. '옛것'이란 유교의 도를 말한다. 유교의 도를 믿고 좋아한다는 말이다. 비록 덕으로는 성인의 경지에 도달했다고 하더라도, '천자의 지위에 오르지 못하면, 예법을 의논할 수 없고, 법도를 제작할 수 없고, 문을 상고할 수 없다非天子 不議禮 不制度 不考文.'(『중용』 28장)

> **한자 해설**
> **주자:** 술述은 옛것을 전하는 것傳舊일 뿐이고, 작作은 창시創始이다. 그러므로 작作은 성인이 아니면 할 수 없고非聖人不能, 술術이란 현인도 미칠 수 있다賢者可及. 절비竊比는 존중하는 말이고, 아我는 친근하게 여기는 말이다. 노팽老彭은 상商나라의 어진 대부로 『대대례大戴禮』에 나오는데, 대개 옛것을 믿고 전술한 사람일 것이다.

다산: 술術이란 따라서 전하다循而傳이다. 작作이란 처음으로 자신이 만드는 것創自造이다.(『예기』「악기」에서 말하길, 작자를 성이라 하고作者之謂聖, 술자를 명이라 한다述者之謂明). 신信은 선왕의 도를 돈독하게 믿는 것이고, 절비竊比는 겸사이다. 포함이 말하길, '노팽은 은나라 어진 대부이다.'고 했는데, 공자께서는 은나라 사람(『예기』「단궁檀弓」)이므로, '우리 노팽我老彭'이라 했다.

- 述술은 辵(쉬엄쉬엄 갈 착)+朮(차조 출←又: 손재주를 부리는 모습에서 꾀나 계략)의 형성자로 자신의 재주를 대중 앞에서 펼쳐 보이는 것이나, 혹은 길을 가면서辵 곡물朮을 선전하고 파는 것을 말한다. 글을 지음著述, 거듭 말하다不述命, 선인의 설을 이어 논술함述而不作, 조술祖述, 뜻을 풀이함識禮樂之文者能述, 밝히다述職方以除九丘, 행하다故可述而多學也, 기록前人之述備矣, 문체의 하나 등으로 쓰인다.

- 作작은 人(사람 인)+乍(잠깐 사←옷깃에 바느질하는 모습으로 짓다, 만들다)의 회의자로 옷을 만드는乍 사람人을 말한다. 창작創作, 하다自作孽不可逭, 되다翻手作雲覆手雨, 일어나다蚤作而夜思, 생겨남有聖人作, 만든 것傑作, 작황豊作, 저작田舍翁火爐頭之作, 만들다不禁火 民夜作, 원망하다侯作侯祝 등으로 쓰인다.

- 信신은 사람人의 마음 가운데에서 나오는 참다운 말言은 믿을 수 있다는 뜻이다. 믿음朋友有信, 신표印信, 편지以爲登科之信, 진실로, 밝히다信罪之有無, 징험하다其中有信 등으로 쓰인다.

- 好호는 여자가 아이를 소중하게 감싸며 귀여워한다는 회의자이다. 좋다, 아름답다, 우의, 마음대로, 좋아하다, 심히 등으로 쓰인다.

- 古고는 十(열 십)+口(입 구)의 회의자로 여러 세대에 걸쳐 입口으로 전해 온다는 뜻이다. 예전慨長思而懷古, 옛일, 옛것信而好古, 상고尙古, 낡다樹石千年古, 선인, 선조, 선왕古訓是式, 예스럽다行古時人笑, 고아古雅 등으로 쓰인다.

- 竊절은 穴(구멍 혈)+釆(분별할 변←米: 쌀 미)+卨(사람이름 설←쌀벌레)의 회

의자로 쌀벌레가 쌀을 갉아먹는 모습에서 도둑질하다賢人不爲竊, 범하다竊仁人之號, 헛되이 녹을 받다竊位, 도둑鼠竊狗盜, 몰래竊負而逃, 앝다棘扈竊丹, 분명하다竊其有益, 물리다詭銜竊轡 등으로 쓰인다.

- 比비는 두 사람이 나란히 서 있어 비교하는 모양의 상형자로 견주다比較, 따르다必察小大之比以成之, 비율, 육의六義의 하나, 자주郡國比比地動, 겨루다博物洽聞 世無與比, 친하다比小事大, 편들다君子周而不比, 미치다比于文王 其德靡悔, 나란하다騎不得比行, 비괘卦 등으로 쓰인다.

- 我아는 삼지창을 그린 상형자이지만, 같은 무기를 들고 싸웠다는 의미에서 나 혹은 우리로 가차되었다. 혹은 手(손 수)+戈(창 과)의 회의자로 나 혹은 우리는 너 혹은 너희와 무기를 들고 대적하는 상대적인 관계라는 것을 뜻한다. 나父今生我, 나의我田旣臧, 아국我國, 아집毋固毋我, 굶주리다吾無糧我無食 등으로 쓰인다.

- 彭팽은 彡(터럭 삼: 무늬, 빛깔, 머리, 꾸미다)의 壴(악기이름 주)의 회의자로 성姓의 하나, 땅의 이름, 나라의 이름, 북치는 소리, 곁, 옆, 성盛한 모양, 교만을 부리는 모양으로 쓰인다.

7.2 子曰 黙而識之하며 學而不厭하며 誨人不倦이 何有於我哉오
자 왈 묵 이 지 지 　　 학 이 불 염 　　 회 인 불 권 　　 하 유 어 아 재

공자께서 말씀하셨다. "묵묵히黙而 기억하고識之, 배우는 것學而을 싫증내지 않고不厭, 다른 사람을 가르치는 것誨人을 게을리 하지 않는 것不倦이, 어찌何 나에게於我 있으리요有哉!"

인간이란 항상 미완성의 가능적 존재이다. 완전하다면 신神이 되고, 자기완성에 대한 관심이 없다면 곧 금수의 상태로 전락하는 중간존재가 바로 인간이다. 인간은 무지 혹은 부족함을 자각할 때, 비로소 자기완성을 향한 진정한 앎과 배움이 시작된다.

'묵묵히 마음에 기억한다'는 것은 마음이 이치를 탐구, 발견, 그리고 보존하는 것을 말한다.　자신의 무지를 늘 자각하고 있기에, 배우는 것을 싫증내지 않는다. 그리고 어진 사람에게 나와 남의 간극이 없듯이, 배움은 가르침과 항상 표리관계에 있다(교학상장敎學相長). 그래서 배우기를 싫증내지 않는 만큼, 남을 가르치는 데에 게으르지 않아야 한다. 이 말은 공자의 자신에 대한 겸손한 표현이지만, 실상 모든 인간은 이러한 문제의식을 지닐 때 비로소 인간의 자기완성을 향한 도약이 가능하다.

한자 해설

주자: 지識는 기억記이니, 묵지默識란 말없이 마음에 보존하는 것이다. 일설에는 식識으로 아는 것知이라고 하니, 말없이 마음으로 이해하는 것이라 한다. 앞의 설명이 더 옳은 듯하다. 하유어아何有於我는 '무엇이 나에게 있을 수 있겠는가'라는 말이다.

다산: 묵默은 안으로 간직하여 내놓지 않는 것이다內而不出. 지識는 기억하는 것이다. 학學은 전적을 고증하고 징험하는 것考徵於典籍을 말한다. 하유어아何有於我는 내가 조금이나마 이런 것들을 할 수 있을 뿐인데我粗能爲此, 어찌 내게 충분히 있다 없다고 할 수 있겠느냐는 말이다.

- 默묵은 黑(검을 흑 → 묵)＋犬(개 견)의 형성자로 개가 입을 다물고 말을 하지 않다, 잠잠하다, 묵묵하다, 고요하다, 조용하다로 쓰인다.

- 識식(지)은 言(말씀 언)＋戠(찰흙 시)의 회의자로 말과 소리音를 통해서도 식별한다, 혹은 말言로 듣고 알게 된다는 뜻이다. 식識은 본래 가장 넓은 의미의 앎, 앎의 창출이다. 기억(록)하다고 할 때는 '지'로 발음한다(표지標識).

- 誨회는 言(말씀 언)＋每(매양 매)의 회의자로 가르치다, 인도하다, 보이다, 유인하다, 회개하다, 가르침, 간언하는 말 등으로 쓰인다.

- 倦권은 人(사람 인)＋卷(책 권)의 형성자로 몸을 구부리고 누운 사람으로 게으르다, 나태하다, 진력나다, 고달프다, 피곤하다, 걸터앉다, 쇠하다, 줄어들다 등의 의미이다.

子曰 德之不修와 學之不講과 聞義不能徙하며
자 왈 덕 지 불 수   학 지 불 강   문 의 불 능 사

不善不能改 是吾憂也니라
불 선 불 능 개 시 오 우 야

공자께서 말씀하셨다. "덕을德之 닦지 않는 것不修, 배운 것學之을 강론하지 않은 것不講, 의로움을 듣고도聞義 능能히 옮기지 못하는 것不徙, 불선不善을 능能히 고치지 못하는 것不能改, 이런是 것들이 나吾의 근심이다憂也."

덕德

덕이란 인간의 본성이기 때문에, 덕을 닦아야 인간의 근본이 선다. 덕을 닦음과 동시에 전해들은 학문을 연마하고 강론해야 비로소 객관화할 수 있다. 도덕수양과 학문을 연마하는 동시에 그것을 실천에 옮겨야 한다. 실천이란 마땅히 행해야 할 옳은 일義을 하는 것과 잘못된 것을 고치는 것이다. 이런 것들을 염려한다는 것은 공자의 겸사라고 할 수 있지만, 부족함을 자각하고 노력할 때에 비로소 자기완성을 기약할 수 있다.

덕德은 彳(조금 걸을 척)+直(곧을 직)+心(마음 심)의 회의자로 '곧은 마음으로 행하다'는 뜻이다. '덕德' 자는 본래 '彳(=行)' 자가 의미를 형성하지만, 후대에 '가치 지향적 행위를 가능하게 하는 내적 상태'에 주목하게 되면서 '심心' 자가 부가되어 오늘날의 자형이 되었다.

주자는 "습한 것은 물의 덕이며, 뜨거운 것은 불의 덕이다濕者 水之德 燥者 火之德"고 말하듯이, 덕이란 얻어 지니고 태어난 고유한 본질적 특성德得也을 말한다고 했다. 그래서 인간은 마음의 덕으로 인의예지의 본성을 지니고 태어났다고 주장했다. 그런데 본질주의 철학의 정적주의를 비판하고 실천을 중시한 다산은 덕德 자를 '行+直+心'의 결합으로 풀이하여 다음과 같이 말한다.

마음에는 본래 덕이 없다. 오직 곧은 성품直性으로 나의 곧은 마음直心을 행하는 것을 일러 덕德이라고 한다(德이라는 글자는 직심直心을 행行한다는 것이

다.) 선善을 실행한 후에야 덕이라는 명칭이 성립된다. 행하기 이전에 어떻게 그 몸에 명덕明德이 있을 수 있겠는가心本無德 惟有直性 能行吾之直心者 斯之謂德 (德之爲字直心) 行善而後 德之名立焉 不行之前身 豈有明德乎? – 『대학공의』1

다산: 덕이란 본심의 바르고 곧음이며德者 本心之正直, 학이란 선왕의 도예이다學者 先王之道藝. 한때 허물어졌던 것을 다시 손질하는 것을 수修라 하고, 한때 어두워졌던 것을 다시 밝히는 것을 강講이다(『설문』에서는 강講이란 푸는 것解이라 했다)고 하는데, 예를 들면 신의를 강론하고 화목을 닦는다講信修睦(『예기』 「예운」)고 한 것이다. 사徙란 선을 옮기는 것遷善이다. 오吾는 자기己와 같으니, 배우는 이를 경계한 것이다.

• 修수는 攸(바 유: 攴+人+水 : 솔을 쥐고 씻는 사람)+彡(터럭 삼: 장식하다)의 회의자로 본래 누군가를 다스리다. 도덕이나 품행을 '기르다'는 뜻으로 닦다, 연구하다, 꾸미다, 엮어 만들다, 손질하다, 뛰어나다, 뛰어난 사람 등으로 쓰인다.

• 講강은 言(말씀 언)+冓(짤 구)의 회의자로 말을 짜 맞추고 비교하는 일을 말한다. 외우다, 익히다, 연구하다, 설명하다, 강의講義, 강론, 얽다, 연결하다 등으로 쓰인다.

• 徙사는 彳(조금 걸을 척)+步(걸을 보)의 회의자로 길彳을 걷다步는 뜻에서 옮기다, 이사移徙하다, 교화되다, 넘기다, (한도를) 넘어서다, 배회하다, 귀양 보내다, 취하다, 빼앗다 등으로 쓰인다.

7.4 子之燕居에 申申如也하시며 夭夭如也러시다
자 지 연 거   신 신 여 야   요 요 여 야

공자께서子之 평소 거처하실 때燕居에 (용모는) 펴지는申申 듯如했고, 기쁜夭夭 듯如하셨다.

이것은 제자가 성인을 잘 형용한 곳이다. 신신申申이라는 글자로 설명을 다할 수 없어 다시 요요夭夭라는 글자를 덧붙였다. 요즘 사람들은 연거燕居할 때는 태타怠惰·방사放肆하지 않으면, 필시 지나치게 엄려嚴厲하다. 엄려嚴厲해도 이 네 글자申申夭夭를 붙일 수 없고, 태타怠惰·방사放肆할 때도 이 네 글자를 붙일 수 없다. 오직 성인만이 자연히 중화의 기상中和之氣을 지니고 있다. 〈정자〉

한자 해설

- 燕연은 제비의 상형자이다. 제비(=玄鳥, 燕燕于飛), 잔치饗宴, <u>편안하다</u>或燕燕居息, 함부로 대하다燕朋逆其師, 예쁘다燕婉之求, 즐겁게 하다悉率左右 以燕天子, 나라이름, 화북성의 옛 이름. **주자**: 연거燕居는 한가하여 일이 없을 때閒暇無事之時이다. **다산**: 燕은 편안함安이니, 조정에서 물러나 편안히 지내는 것을 말한다謂退朝而安居也.

- 申신은 번개가 내려치는 모습인데, 번개가 하늘의 신과 관계된 것으로 생각했다. 후에 申 자가 번개가 펼쳐지는 모습에서 '펴다'로 쓰이자, 示(보일 시)와 결합한 神(귀신 신) 자가 나왔다. 거듭, 되풀이하여, 아홉째 지지地支, 거듭하다, 늘이다, <u>펴다</u>, 베풀다, 알리다, 진술하다, 훈계하다, 씻다 등으로 쓰인다. **양시**楊時, 1053~1135: 申申은 그 용모가 펴짐其容舒이다. **다산**: 申申은 언어가 자상함言語之慈詳이다(申申 거듭重이다).

- 夭요는 사람이 머리 요염하게 교태를 부리고 있는 상형자로 전전轉하여 젊음에 넘치다, 또 젊음을 뜻한다. 혹은 머리가 젖혀진 모습으로 요절夭折(일찍 죽다), 꺾이다, 재앙의 뜻이 나왔다. 무성하다厥草惟夭, 화평하다, 아름답다桃之夭夭, 재앙=妖, 일찍 죽다壽夭貧富, 몸을 굽히다, 꺾다, 새끼(태아), 어린 나무 등의 뜻이다. **양시와 다산**: 夭夭는 안색의 유쾌함其色愉이다.

7.5 子曰 甚矣라 吾衰也여 久矣라 吾不復夢見周公이로다
자 왈 심 의   오 쇠 야   구 의   오 불 부 몽 견 주 공

공자께서 말씀하셨다. "심하구나甚矣, 나吾의 노쇠함이여衰也! 오래되었
구나久矣, 내吾가 다시復 꿈夢에 주공周公을 뵙지見 못한지가!"

공자께서 한창 때에는 자나깨나 항상 주공의 도를 실행하려는 마음을 지
니고 계셨지만, 연로해 짐에 미쳐서는 의지와 사려가 쇠하자 어찌할 수가
없으셨다. 대개 도를 보존하는 것은 마음이니 노소老少의 차이가 없지만,
도를 실현하는 것은 몸이기에 늙으면 쇠해진다. 〈정자〉

한자 해설

- 甚심은 甘(달 감: 입안에 음식)+匕(비수 비)의 회의자로 입에 음식을 가득
  집어넣으려는 모습으로 심하다, 지나치다, 많다, 심히, 매우, 몹시, 대
  단히 등으로 쓰인다.
- 衰쇠는 마른풀을 엮어 만든 도롱이로 볼품이 없고, 오래 사용하기 어
  려웠으므로 후에 '쇠하다'나 '약하다'라는 뜻이다. 쇠하다, 쇠퇴하다,
  늙다, 노쇠하다, 시들다, 병이 좀 낫다, 백발이 되다, 수척한 모양, 상
  복(최), 최복衰服, 도롱이(사) 등으로 쓰인다.
- 久구는 사람의 뒤 또는 엉덩이에 붙어 잡아 끄는 모양의 지사문자로
  오래다, 길다, 오래 기다리다, 막다, 변하지 아니하다, 오랫동안, 오래
  된, 옛날의, 시간, 기간 등으로 쓰인다.
- 夢몽은 艹(풀 초)+目(눈 목)+冖(덮을 멱)+夕(저녁 석)의 회의자로 본래 침
  대에 누워있는 사람의 상형자였는데, 후에 目(눈 목) 자가 강조되어 꿈
  꾸는 상황을 현실처럼 보는 것을 나타낸다. 꿈, 공상空想, 연못, 이슬
  비, 꿈꾸다, 혼미하다, 마음이 어지러워지다, 뒤숭숭하다, (사리에) 어
  둡다, (눈이) 흐릿하다 등으로 쓰인다.

7.6 子曰 志於道하며 據於德하며 依於仁하며 游於藝니라
자왈 지어도 거어덕 의어인 유어예

공자께서 말하셨다. "도에於道 뜻志을 두고, 덕에於德 근거據하고, 인에於仁 의지依하고, 예에於藝 노닐游어야 한다."

한자 해설

- 志지는 心(마음 심)+士(=之)의 형성자로서 마음이 가는 것心之所之之謂을 말한다. '지志'의 대상은 學學·인仁·도道 등과 같은 것이다. 그리고 공자가 말한 지志("盍各言爾志 ...願聞子之志." 5.25, "匹夫不可奪志也" 9.26, "亦各言其志也." 11.25, "隱居以求其志" 16.11, "不降其志..降志辱身矣" 18.8, "博學而篤志" 19.6 등)란 바로 최상의 의지·의향·소망·목표를 말한다. 따라서 공자가 지향한 학學(→ 인仁 → 도道)의 궁극목표는 인仁을 통한 자기완성의 길, 즉 성인에 이르는 길을 의미한다. **하안**何晏, ?~249: 志는 사모慕이니, 도는 형체가 없기道可體 때문에 사모할 뿐이다. **주자**: 志는 마음이 가는 바心之所之를 말한다. 도道는 인륜으로 일상생활에서 마땅히 행해야 할 것이 그것이다. 이와 같이 마음이 반드시 도를 지향한다면, 가는 곳이 올바르고 다른 길로 빠지는 미혹이 없어진다. **다산**: 여기에서 저기에 이르는 것을 도라고 한다自此至彼曰道.

- 據거는 手(손 수: 지팡이, 의지하다)+豦(원숭이 거: 호랑이虎와 돼지豕)의 회의자로 손에 무엇을 잡고 호랑이와 멧돼지를 막아내는 것을 말한다. 의지하다先據北山上者勝, 근거로 삼다引據大義 正之經典, 의탁하다亦有兄弟 不可以據, 자리잡고 살다不據其安, 덮다君賜 稽首據掌致諸地, 움키다見物如蒼犬 據高后掖 등으로 쓰인다. **하안**: 據는 붙잡음杖이니, 덕은 형체를 이루기德有成形 때문에 붙잡을 수 있다. **주자**: 據는 잡아서 지킨다는 뜻이다. 덕은 도를 행하여 마음에 얻어진 것이다.(덕은 얻음이니德者得也, 그 도를 마음에 얻어 잃지 않음을 말한다) 마음에 얻어 잃지 않으면 끝과 시작이 한결같아 날마다 새로워지는 공력이 생긴다. **다산**: 유지하고 지켜

서 움직이지 않게 하는 것을 일러 거라 한다持守勿動曰據. 마음이 바르고 곧은 것을 일러 덕이라 한다(心之正直曰德: 직直과 심心을 따랐다).

• 依의는 人(사람 인)+衣(옷 의)의 회의자로 (추위를 피하기 위해) 옷에 의지하다, 기대다의 뜻이다. 의지하다是旣登乃依, 의탁하다知小人之依, 따르다依法, 전과 같다依然, 우거지다依彼平林, 병풍天子設斧依于戶牖之間, 사랑하다有依其士, 편안하다于京斯依, 비유하다不學博依 能安詩 등으로 쓰인다. **하안**: 依는 기댐倚이니, 인자仁者는 공로를 남에게 베풀기 때문에 기댈 수 있다功施於人 故可倚. **주자**: 依란 어기지 않음을 말한다不違之謂. 인仁은 사욕이 완전히 제거되어 마음의 덕이 온전한 것이다. 공부가 이에 이르러 밥 먹는 사이에도 인을 어기지 않으면, 존양存養이 무르익어 어디를 가더라도 천리天理의 유행이 아님이 없다. **다산**: 옷이 몸에 착 달라붙는 것을 의依라 한다如衣帖身曰依. 인仁이란 다른 사람을 향한 사랑이다仁者 嚮人之愛也.

• 游유는 水(물 수)+斿(깃발 유)의 형성자로 즐겁게 지내다乃盤遊無度, 여행하다王資臣萬金而遊, 공부하다遊於聖人之門, 자적自適하다息焉遊焉, 벼슬하지 아니하다凡國之貴遊子弟學焉, 흩어지다遊魂爲變, 사귀다雅游人多爲之言, 유세遊說하다吾語子遊, 놀이門絶賓遊 不交世事, 헤엄치다, 뜨다, 방탕하다 등으로 쓰인다. **하안**: 藝는 육예六藝이니, 의거할 만한 것이 못되기不足據依 때문에 노닌다고 하였다故曰遊. **주자**: 游는 사물을 감상하여 마음에 알맞은 것玩物適情을 일컫는다. 예藝는 예악의 문채禮樂之文와 활쏘기·말 몰기·글쓰기·수학의 기법射御書數之法으로, 모두 지극한 이치가 깃들어 있는 것이라 일상에서 뺄 수 없는 것이다. 조석朝夕으로 예藝에 노닐면서 그 의리의 정취義理之趣를 넓혀나가면 일처리가 여유가 있고, 마음 또한 방일함이 없게 된다. **다산**: 고기가 물에서 헤엄치는 것을 일러 游라고 한다如魚泳水曰游.

7.7 子曰 自行束脩以上은 吾未嘗無誨焉이로라
자 왈 자 행 속 수 이 상 　 오 미 상 무 회 언

공자께서 말씀하셨다. "속수束脩 이상以上 (예禮를) 행行하는 것으로부터自, 내음 일찍簀이 가르치지 않은 적이 없다未嘗無誨焉."

공자께서 남을 가르치시기를 게을리 하지 않았음을 말한 것이다. 속수는 약소한 예물이니, 예를 행하고 와서 배우기를 청하는 사람에게는 내가 가르쳐주지 않은 것이 없다는 말이니, 모두 가르쳐 주신 것이다. 〈공안국〉

　풍우란의 지적대로, 공자는 인류의 스승으로 후대의 유자들로부터 만세사표萬歲師表로 추앙받는, 중국 역사상 사학私學을 처음으로 일으켜 많은 제자를 가르친 최초의 사숙私塾의 스승이었다. 그는 가르침에 있어서는 그 어떠한 신분이나 재능에 차별을 두지 않고, 최소한의 예물을 갖추고 정성을 표한 사람에게는 가르치지 않은 적이 없었다. 그는 언제나 배우는 것을 싫증내지 않고, 가르치는 것을 권태로워하지 않으면서 "옛것을 익혀 새로 올 것을 알아 스승의 자격을 갖추고" 차례차례 순서대로 제자들을 잘 이끌어나갔다. 3,000여 제자가 있었고, 그 중에 육예六藝에 능한 제자만 72인이었다고 한다.

한자 해설
- 束속은 나무木 에워싸서ㅁ 다발을 지어 묶었다는 회의자이다. 다발을 지음束薪, 손이나 몸을 묶다束縛以刑罰, 매다束馬, 띠를 매다束帶, 장작 生芻一束, 포백布帛 5필의 한 묶음束帛, 포脯(束脩之肉), 화살 50본의 한 묶음束矢其搜 등으로 쓰인다.
- 脩수는 肉(고기 육)+攸(바 유)의 형성자로 포脯를 말한다. 주자: 脩는 포脯(저미어 말린 고기)이다. 10정十脡이 속束이 된다. 옛날에 서로 만날 때 반드시 폐백을 올리는 것을 예로 삼았는데執贄以爲禮, 속수束脩는 그 가운데 지극히 박薄한 것이다. 대개 사람이 태어나면서부터 이 이치를

똑같이 갖추었기 때문에 성인께서 사람들이 선善에 들어가게 하고자 않은 적이 없다. 다만 찾아와 배울 줄 모르면, 찾아 가서 가르치는 예禮는 없다. 따라서 진실로 예禮를 갖추고 찾아오면, 가르치지 않은 적이 없었다. **다산**: 형병이 말하길, '속수는 10정十脡의 포이다.'고 했다 (『예기』의 주에서 물物 10개를 묶는 것을 속束이라 한다고 했다). 이는 예의 박한 것으로 그 후한 것으로는 옥백 따위도 있기 때문에 '이상'이라고 하여 포함했다.

7.8 子曰 不憤이어든 不啓하며 不悱어든 不發호되
　　　자왈 불분　　　불계　　　불비　　　불발

擧一隅에 **不以三隅反**이어든 **則不復也**니라
거 일 우　　불 이 삼 우 반　　　즉 불 부 야

공자께서 말씀하셨다. "분발憤하여 않으면不 열어주지啓 않으며不, 표현하려고 애쓰지悱 않으면不 말해주지發 않으며不, 한 모퉁이一隅를 들어 주었는데도擧 세 모퉁이三隅를 돌이켜키지 않으면不以反則, 다시 말해주지 않는다不復也."

공자가 교육방법의 일단을 피력한 구절이다. 진정한 학문이란 자발적·자각적으로 수행되었을 때 비로소 체화될 수 있다. 스승은 배우려고 노력하는 자의 '성의誠意'를 확인하고, 때에 맞추어 단비를 내려 교화되게 하는 것과 같은 역할을 해야 한다. 공자의 이런 교육방법을 본받아 맹자는 군자의 교육방법을 다섯 가지로 나누어 말하고 있다. 즉 "때에 맞추어 단비를 내려 변화되게 하는 경우, 덕을 이루게 하는 것, 재주를 통달하게 하는 것, 물음에 답하는 경우, 저의기 선으로 다스리는 경우가 그것이다孟子曰君子之所以敎者五 有如時雨化之者 有成德者 有達財者 有答問者 有私淑艾者."(『맹자』「진심」상 40)

앞 장에서 이미 성인의 '회인불권誨人不倦'의 뜻을 말하고, 이어서 이것을 함께 기록하여, 배우는 이들로 하여금 힘써 노력하여 가르침을 받을 바탕을 만들도록 하신 것이다. 〈주자〉

한자 해설
- 憤분은 心(마음 심)+賁(클 분: 큰북을 그린 것, 끓어오르다)의 회의자로 사기와 분노가 극에 달한다는 뜻이다. 분노하다, 분발하다, 분노憤怒, 원한怨恨 등으로 쓰인다. 주자: 憤이란 마음은 통하기를 구하지만, 아직 뜻은 얻지 못한 것心求通而未得之意이다. 다산: 憤은 마음의 분노心之怒이다.
- 啓계는 戶(지게 호: 외닫이 문)+又(또 우: 손)+口(입 구)의 회의자로 손으로 문을 열어 누군가를 깨운다는 뜻이다. 닫힌 것을 열어 보다啓予手 啓予足, 일깨우다啓發, 열리다. 운이 틔다臣聞天之所啓, 동이 트고 날이 밝다啓明, 양기陽氣가 열리는 계절啓開, 아뢰다, 상주上奏하는 글狀啓 등으로 쓰인다. 주자: 啓는 그 뜻을 열어주는 것開其意을 말한다. 다산: 啓는 막힌 것을 열어줌開其塞이다.
- 悱비는 心(마음 심)+非(아닐 비)의 형성자로 표현을 못하다, 표현하려고 애쓰다, 말이 나오지 아니하다 등으로 쓰인다. 비분悱憤이란 말로 나태내지 못하는 분노를 말한다. 주자: 悱란 입은 말하고 싶으나 아직 능하지 못한 모습口欲言而未能之貌이다. 다산: 悱는 마음이 슬퍼함心之悲이다(비悱와 비悲 본래 같은 글자인 듯하다: 悲는 心+非의 형성자로 정상적이지 않은 마음으로 비통·애통한 슬픈 마음이란 뜻이다).
- 發발은 癶(등질 발)+弓(활 궁)+殳(창 수)의 회의자로 도망가는 사람을 향해 화살을 쏘는 모습을 표현했다. 피다, 쏘다, 일어나다, 떠나다, 나타나다, 드러내다, 밝히다, 들추다, 계발하다, 베풀다, 빠른 발 모양 등으로 쓰인다. 주자: 發은 그 말에 도달하게 하는 것達其辭을 말한다. 다산: 發은 그 말에 도달하게 하는 것達其辭을 말한다.
- 擧거는 舁(마주들 여)+与(어조사 여)+手(손 수)의 회의자로 위아래로 손을 맞잡고 마주 들다는 뜻이다. 들다, 일으키다, 행하다, 낱낱이 들다, 빼어

올리다, 흥기하다, 선거하다, 추천하다, 제시하다, 거동 등으로 쓰인다.

- 隅우는 阜(언덕 부)+禺(긴 꼬리 원숭이 우: 작은 모퉁이)의 형성자로 산의 모퉁이를 말한다. <u>모퉁이</u>柔于海隅蒼生, 구석, 언덕齊之海隅, 곁豺狼鬪兮我之隅, 염치維德之隅, 튀어 나온 곳城隅之制九雉, 네모周無隅, 분수安知廉恥隅積 등으로 쓰인다. **다산**: 隅는 모서리廉角이다.

- 反반은 厂(기슭 엄)+又(또 우)의 회의자로 어떤 물건을 손으로 뒤집는다는 뜻이지만, 후에 배반하다, 반역하다는 뜻이 되었다. 『설문』에서는 손又을 뒤집다는 뜻이라고 했다. 돌이키다, 되돌아가다, <u>반복反復하다</u>, 뒤엎다, 배반하다, 보복하다, 반대하다, 반성하다, 대답하다, 모반, 반대로, 도리어 등으로 쓰인다. **주자**: 사물에 네 귀퉁이가 있으면, 하나를 들어주면 나머지 셋을 알 수 있다. 반反은 되돌려 상호 증명한다는 뜻還以相證之義이다. **다산**: 反은 돌이키다還之와 같다.

- 復부는 彳(조금 걸을 척)+复(갈 복: 되돌아가는 모습)의 회의자로 (길을) 되돌아오다는 뜻이다. '회복하다'라는 뜻이 파생되었다. 회복하다(복), 갚다, 중복되다, <u>되풀이하다</u>, 뒤집다, 실천하다, 이행하다, 복괘復卦, 복명復命, 다시(부), 거듭하여 등으로 쓰인다. **주자와 다산**: 復은 다시 일러줌再告이다.

7.9 子食於有喪者之側에 未嘗飽也러시다 子於是日에 哭則不歌러시다
　　자 식 어 유 상 자 지 측　 미 상 포 야　　　자 어 시 일　 곡 즉 불 가

공자子께서는 초상을 당한 사람有喪者 곁에서於之側 식사食하실 때는 일찍이嘗 배불리飽 드신 적이 없었다未也. 공자子께서 이날에於是日 곡哭을 하시면則, (슬픔이 아직 잊어지지 않아) 노래하지 않으셨다不歌.

배우는 자는 이 두 가지에서 성인의 성정의 올바름情性之正을 볼 수 있다. 성인의 성정을 알게 된 연후에야 도를 배울 수 있는 것이다. 〈사량좌〉

- 喪상은 衣(옷 의←桑)+口(입 구)의 회의자로 위패桑 옆에 죽은 사람에 대해 곡소리를 내고 있다는 뜻이다. 잃다, 상복을 입다, 도망하다, 상실하다, 초상初喪, 시체 등을 뜻한다. **주자**: 喪에 임臨하여 슬퍼서, 음식을 달게 먹을 수 없는 것이다. **다산**: 유상자有喪者는 아직 장례하지 않는 자의 상주未葬者之主人也를 말한다. 그 슬픔으로 자신의 슬픔으로 체화했기體其哀에 많이 드시지 않은 것이다.

- 側측은 人(사람 인)+則(곧 칙←鼎: 솥 정)의 회의자로 제사를 지내기 위해 솥 주변에 대기하고 있는 사람으로 곁, 옆, 치우친 곳, 예禮에 어긋나는 행위, 치우치다, 쏠리다, 배반하다 등으로 쓰인다.

- 哭곡은 吅(울부짖을 훤)+犬(견)의 회의자로 사람이 슬픔에 겨워 울다, 곡하다, 노래하다, 사람의 죽음을 슬퍼하여 우는 예의 뜻이다. **주자**: 哭은 조문할 때의 곡弔哭을 말한다. 하루 동안에 남은 슬픔이 아직 잊어지지 않았기에 자연히 노래할 수는 없다.

- 歌가는 哥(노래 가)+欠(하품 흠)의 회의자로 노래하다는 뜻이다. 노래, 가곡, 가사歌詞, 시체詩體의 이름, 악기의 이름, 읊다, 노래를 짓다, 칭송하다 등으로 쓰인다. **다산**: 歌란 말을 길게 늘려 시를 읊조리는 것長言以誦詩也이다. 슬픔과 즐거움을 같은 날에 하지 않는 것은 충忠이다. 만약 노래를 먼저 한 이후에 곡을 하는 것은 괜찮다.

7.10 子謂顔淵曰 用之則行하고 舍之則藏을 惟我與爾有是夫인저
자위안연왈 용지즉행 사지즉장 유아여이유시부

子路曰 子行三軍則誰與시리잇고 子曰 暴虎馮河하여
자로왈 자행삼군즉수여 자왈 포호빙하

死而無悔者를 吾不與也니 必也臨事而懼하며 好謀而成者也니라
사이무회자 오불여야 필야임사이구 호모이성자야

공자子께서 안연顔淵을 謂하여 말씀하셨다曰. "등용되면用之則 (도를)

行하고 버려지면舍之則 숨는 것藏은, 오직惟 나와 너만我與爾이 이렇게 할 수 있다有是夫." 자로子路가 말했다曰. "선생님子께서 삼군三軍을 통솔 하신다면行則, 누구誰와 함께與 하시겠습니까?" 공자께서 말씀하셨다. "맨손으로 호랑이를 때려잡고暴虎, 맨몸으로 하수를 건너다가馮河 죽어 도死 후회하지 않는 자無悔者와는 나吾는 함께 하지 않을 것이다不與也. 전쟁에 임해서는臨事而 반드시必也 두려워懼하고, 계획 세우기謀를 좋아 하여好而 (그 계획을) 이룩는 자와 함께 할 것이다成者也."

맹자에 따르면, 공자는 벼슬할 만하면 벼슬하고, 그만둘만하면 그만 두고, 가함도 없고 불가함도 없이, 때에 알맞은 도를 자유자재로 실천한 성인의 집대성자聖之時者, 集大成者이다.(『맹자』「공손추」하 1. 참조) 안회는 단 사표음簞食瓢飲으로 누항에 거처하면서도 즐거움을 고치지 않은 인물이 다. 공자가 안연의 덕을 칭찬하자, 자로는 스스로 용맹스럽다고 생각하 여 공자가 삼군을 통솔하면 필시 자기와 함께 할 것이라고 생각하여 질 문하였다. 그러나 공자는 대군을 통솔할 때에는 개인적으로 용맹한 사 람보다는, 신중하고 주도면밀하여 승리할 수 있도록 하는 사람과 함께 할 것이라고 말했다.

한자 해설
• 用용은 卜(점 복)+中(맞을 중)의 회의자로 점쳐卜 맞으면中 반드시 시행 하여 쓴다는 뜻이다. 시행함初九 潛龍勿用, 부리다雖楚有材 晉實用之, 등 용하다魯用孔丘, 행하다焉用稼, 다스리다仁人之用國, 작용顯諸仁 藏諸用, 용도吾爲其無用而掊之, 방비時至而求用, 비용有財此有用, 밑천乘其財用之出 入, 제구諸具(利器用也), 써王由足用爲善, 말미암다故謀用是作, 하다何用不 臧, 통하다用也者 通也, 말文貌情用 相爲內外表裏 등으로 쓰인다.
• 舍사는 舌(혀 설)+人(사람 인)의 상형자로 집을 받치는 토대 위에 기둥과 지붕을 나타낸다(휴식, 집, 가옥). 집, 가옥, 여관, 버리다, 포기하다, 폐 하다, 내버려 두다, 개의하지 않다, 기부하다, 희사하다, 바치다, 베풀

다, 놓다, 쉬다, 휴식하다, (화살을) 쏘다 등으로 쓰인다. **윤돈**: 등용되거나用 버려지는 데舍에는 자신이 관여할 바가 없다.

- 藏장은 艹(풀 초)+臧(착할 장: 넣어두다, 감추다, 곳집)의 회의자로 도망친 노예가 풀숲에 숨었다는 의미에서 '숨다'나 '감추다'는 뜻이다. 품다, 지키다, 착하게 여기다, 묻다, 장물, 곳집, 오장(五臟: 간장, 심장, 비장, 폐장, 신장), 무덤으로도 쓰인다. **윤돈**: 행하거나 숨는 것行藏은 만나는 처지에서 편안할 뿐이다.

- 軍군은 車(수레 차)+勻(고를 균 → 冖: 덮을 멱)의 회의자로 전차가 즐비하게 고르게 배치되어 있다는 뜻이다(4,000명을 1軍). 군사, <u>군대</u>, 군영軍營, 형벌의 이름, 진陣을 지휘하다, 종군하다 등으로 쓰인다.

- 暴포(폭)는 짐승의 시체를 햇볕日에 말리는 것, 혹은 日(날 일)+出(날 출)+廾(두 손으로 받들 공)+米(쌀 미)의 회의자로, 해日가 나오자出 벼米를 두 손으로 들고廾 말리는 모습에서 강한 햇살, 강렬하다, 포악하다는 뜻이다. 사납다, 업신여기다, 볕을 쬐다秋陽以暴之, 드러내다(暴露: 폭로) 등으로 쓰인다.

- 虎호는 호랑이의 몸과 얼룩무늬를 나타내는 상형자이다. 범, <u>호랑이</u>, 용맹스럽다 등의 의미이다.

- 馮빙(풍)은 馬(말 마)+冫(얼음 빙)의 형성자로 얼음冫 위를 달려가는 말馬을 나타낸다. 업신 여기다(빙)小人伐其技以馮君子, 의지하다君馮軾而觀之, 돕다不馮庶子, 성하다震電馮怒, <u>걸어서 물을 건너다</u>, 땅 혹은 성 이름(풍) 등으로 쓰인다.

- 暴虎馮河포호빙하란 말은 『시경』「소아, 소민」 편에서 유래했다. "감히 호랑이 맨손으로 잡지 못하고 황하 걸어 건너지 못하니, 사람들이 하나는 알고 나머지는 모르는구나! 두려워하고 삼가 깊은 못에 임하듯이 하며, 얇은 얼음을 밟듯이 하라不敢暴虎 不敢馮河 人知其一 莫知其他 戰戰兢兢 如臨深淵 如履薄氷." **주자**: 포호暴虎는 맨손으로 치는 것徒搏이고, 빙하馮河는 맨 몸으로 건넘徒涉이다. **다산**: 맨손으로 짐승을 치는

것徒手搏獸을 暴라 한다. 배도 없이 물을 건너는 것無舟渡水을 馮이라 한다(빙馮이란 능멸한다乘陵이다). 공안국이 말하길, '빙하馮河는 맨 몸으로 건너는 것徒涉이다'(『이아』「석훈」)고 했다. 곽박郭璞, 276~324은 말하길 '배나 노 없이 건너는 것이다無舟楫'고 하였다. 논박하여 말하면 공안국과 곽박의 주석은 그릇되었다. 『이아』 역시 오류이다. 도섭徒涉이란 도보로 얕은 물을 건너는 것徒步而涉淺水이다. 빙馮이란 파도를 능멸하며 필시 죽을 곳으로 뛰어드는 것이다.

- 懼구는 心(마음 심)＋瞿(놀랄 구: 새의 큰 두 눈)의 회의자로 놀라거나 두려운 마음을 나타낸다. 두려워하다, 걱정하다, 염려하다, 위협하다, 조심하다 등의 의미이다. 주자: 懼는 그 일에 경건한 것敬其事을 말한다.

- 謀모는 言(말씀 언)＋某(아무 모)의 형성자로 어려운 일을 깊이 의논言하여 도모하는 것이다. 계략을 세우다, 깊이 생각하다 등의 뜻이다. 자문함周爰咨謀, 도모하다嗣王謀於廟也, 의논하다二人對議 謂之謀, 자세히 고찰하다疇咨謀而從諸, 모의함貪必謀人, 계책弗詢之謀勿庸, 책략 등으로 쓰인다.

- 成성은 戊(창 모)＋丁(못 정)의 회의자로 무기를 써서 적을 굴복시키다(평정하다), 이루다, 구비되다, 우거지다, 성숙하다, 평정하다, 고르게 하다, 끝나다, 완성하다는 뜻이다.

7.11 子曰 富而可求也인댄 雖執鞭之士라도 吾亦爲之어니와
자 왈 부 이 가 구 야   수 집 편 지 사   오 역 위 지
如不可求인댄 從吾所好호리라
여 불 가 구   종 오 소 호

공자께서 말씀하셨다. "부유함을富而 (만약) 구하여 얻을 수 있다면可求也, 비록雖 채찍을 잡는 (것과 같은 비천한) 사람의 일執鞭之士이라도, 나吾 역시亦 할 것이다爲之. 만일如 구한다고 해도 얻을 수 없다면不可求, 내吾가 좋아하는 바所好에 따르겠다從."

가설하여 말씀하시길, 만약 부유함이란 구해서 얻을 수 있는 것이라면 비록 몸소 비천한 역할을 하여 구하는 것이라고 할지라도 또한 사양하지 않을 것이다. 그러나 운명이 있어 구한다고 해도 얻을 수 있는 것이 아니라면, 의리에 편안할 따름이다. 하필이면 헛되이 치욕을 당하겠는가? 〈주자〉

- 富부는 宀(집)+畐(가득할 복: 항아리에 술이나 물건이 가득 차 있는 모습)의 회의자로 집안에 재물이 가득하다는 뜻에서 재물이 넉넉함富裕, 재보財寶(富潤屋), 복維昔之富, 나이가 많음年富力强 등으로 쓰인다. **다산**: 옛날에는 전지를 나누어 봉록을 제정하였으니分田制祿, 벼슬하지 않으면 부유할 수 없었기에 단지 부富만 말했다. 부富를 말하면 귀貴는 그 가운데 있다.

- 求구는 본래 '털 가죽옷裘'을 말했다. 동물의 가죽으로 만든 털옷은 비쌌기 때문에 구하다同氣相求, 얻고자하다寤寐求之, 묻다上志而下求, 부르다是自求禍也, 빌다童蒙求我, 책망하다君子求諸己, 탐내다不忮不求, 다 잡다求其放心而已矣, 힘쓰다君子行禮 不求變俗 등으로 쓰인다. **다산**: '(부귀를) 구할 만하다可求'는 것은 치세治世를, '(부귀를) 구할 만하지 않다不可求'는 것은 난세亂世를 말한다.

- 執집은 幸(다행 행: 수갑)+丸(알 환: 팔을 내민 모양)의 회의자로 죄수의 손에 수갑을 채운 모습으로 잡다執天下之器, 처리하다執獄牢者, 사귀다見父之執 不問不敢對, 두려워하다豪彊執服, 위협하다 등으로 쓰인다.

- 鞭편은 革(가죽 혁)+便(편할 편)의 형성자로 채찍, 회초리, 채찍질하다, 매질하다, 대의 뿌리 등을 의미한다.

- 士사는 상형자로 허리춤에 차고 다니던 고대 무기의 일종으로 본래 무관武官을 뜻했지만, 선비나 관리를 뜻하게 되었다. 하나一 배우면 열十 깨우치는 사람(선비)을 뜻하는 회의자라고도 한다. 선비, 관리, 사내, 남자, 군사, 병사, 일, 직무, 칭호稱號, 계급, 벼슬의 이름, 일삼다 등으로 쓰인다. **주자**: 채찍을 잡는 일執鞭은 천한 자의 일이다.

7.12 子之所愼은 齊戰疾이러시다
자 지 소 신 　재 전 질

공자께서子之 삼가신 것所愼은 재계齊, 전쟁戰, 그리고 질병疾이다.

공자께서는 삼가지 않으신 것이 없지만, 제자가 그 큰 것만 기록했을 뿐이다. 〈윤돈〉

한자 해설

• 愼신은 心(마음 심)+眞(참 진)의 회의자로 조심스러운 마음心으로 언행을 참眞되게 한다는 뜻이다. 삼가다謹愼, 참으로予愼無罪, 이루다考愼其相, 따르다布基愼聖人, 훈계하다肅愼民, 당기다其愼也 蓋殯也 등으로 쓰인다.

• 齊제(재)는 이삭이 가지런한 모양의 상형자이다. 가지런하다房屋齊均, 같다齊死生, 갖추다脩禮以齊朝, 다 같이民不齊出於南畝, 바르다齊明而不竭, 가운데與齊俱入, 나누다齊小大者存乎卦, 잇닿다齊靡曼之色, 한정하다無復齊限, 자르다馬不齊髦, 취하다旣齊旣稷, 빠르다幼而徇齊, 삼가다子雖齊聖 不先父食, 오르다地氣上齊, 주周나라의 제후국南齊·北齊, 옷자락攝齊升堂, 재계齋戒하다(齊必變食) 등으로 쓰인다. **주자**: 齊란 가지런하게 한다齋戒는 뜻이니, 장차 제사 지낼 때에 가지런하지 못한 생각들을 가지런히 함으로 신명神明과 교감한다. 정성이 지극한 것과 지극하지 않음, 귀신이 흠향함과 흠향하지 않음은 모두 가지런하게 함에서 결정된다.

• 戰정은 單(홀 단: 사냥도구)+戈(창 과)의 형성자로 서로 다툰다는 뜻이다. 싸움大戰于甘, 분전奮戰, 전쟁戰者 逆德, 두려워하다見豺而戰, 흔들리다怵敎蕉葉戰 등으로 쓰인다. **주자**: 전쟁에는 많은 사람의 생사와 국가존망이 걸려 있다. **다산**: 군대와 병기로 서도 맞부딪치는 것交兵을 戰이라 한다.

• 疾질은 疒(병들 녁)+矢(화살 시)의 회의자로 사람이 화살에 맞아 누워있다는 뜻이다. 질병若藥弗暝眩 厥疾弗瘳, 급병急病, 불구鰥寡孤疾, 흠中諸

侯之疾, 앓다昔者疾 今日愈, 근심하다君子疾沒世而名不稱焉, 고생하다使民疾與, 미워하다夫撫劍疾視, 비방하다邇臣不疾, 시새우다人之有技 冒疾以惡之 등으로 쓰인다. **주자**: 질병은 내 몸이 죽을 수도 있는 원인이다. **다산**: 옛 사람들은 질병에도 재계하였으니, 그 삼감을 알 수 있다.

7.13 子在齊聞韶하시고 三月을 不知肉味하사
자 재 제 문 소　　삼 월　 부 지 육 미

曰 不圖爲樂之至於斯也호라
왈 부 도 위 악 지 지 어 사 야

공자子께서 제나라에 계실 때在齊, 순임금의 음악 '소韶'을 들으시고聞, (그것을 배우는 데學之:『사기』) 석 달三月 동안 고기 맛肉味을 알지 못하셨다不知. (공자께서) 말씀하셨다曰."(순임금께서) 만드신 음악이爲樂之 이와 같은 지극한 경지에於斯 이르게 되리라고爲至 의도하지 못했다不圖."

소韶는 진미盡美하고 또 진선盡善하니, 음악으로는 거기에 더할 나위 없는 (최고의) 것이다. 그러므로 그것韶을 배우는 석 달 동안 고기 맛을 알지 못하고 이와 같이 찬미하셨으니, 정성이 지극했고 감동이 깊었다고 하겠다. 〈범조우〉

> **한자 해설**

- 韶소는 音(소리 음)+召(부를 소)의 형성자로 순임금의 음악을 가리킨다. 아름답다韶顏慘驚節, 악곡 이름. 순임금의 음악簫韶九成, 잇다 등으로 쓰인다. **다산**: 韶는 순임금의 음악舜樂이다.

- 肉육은 고깃덩어리에 칼집을 낸 모양의 상형자이다. 단독으로 쓰일 때만 고기를 뜻하고, 다른 글자와 결합할 때(月: 육달 월)는 주로 사람의 신체와 관련된 의미(肝간 등)를 의미한다. 고깃덩이觴酒豆肉, 동물의 살五藏已具 而後生肉, 몸治古無肉刑, 피부紅顏白面花映肉, 살이 붙다生死而肉骨也, 살찌다使其曲直繁瘠 廉肉節奏, 두텁다寬裕肉好, 살其民豐肉而庫 등으로

쓰인다.

- 味미는 口(입 구)+未(아닐 미: 작은 가지 → 잘고 희미하다)의 회의자로 미세한 맛의 차이를 느낀다는 의미이다. 맛, 기분氣分, 취향趣向, 뜻, 의의, 오랑캐의 음악, 맛보다, 맛들이다. 광택(매) 등으로 쓰인다. **주자**: '고기 맛을 알지 못했다不知肉味'는 대개 마음이 거기에 전일하여 다른 것에 미치지 않았다는 것이다.

- 圖도는 口(에운담 위)+啚(더러울 비 → 변방)의 회의자의 변방 지역까지 그려진 '지도'이다. 전쟁에 대한 계획이나 대책을 세우기 위해서는 지도가 필요했기 때문에 꾀하다, 계산하다 등의 뜻이 나왔다. 그림, 도장圖章, 서적, 규칙, 계획하다, (그림을) 그리다, 꾀하다, 도모하다, 헤아리다, 다스리다, 계산하다 등으로 쓰인다. **주자**: 순임금이 지은 음악이 이처럼 아름다운 경지에 이르렀을 줄은 의도하지 못했다고 하셨으니, 그 정리情理와 문장文章을 극진히 갖추고 있음에 자신도 모르게 깊이 탄식하신 것이다. **다산**: 부도不圖란 뜻하지 못했다不意와 같다. 지어사至於斯란 진선盡善·진미盡美를 말한다.

- 爲위는 爪(손톱 조)+象(코끼리 상)의 회의자로 코끼리를 조련시킨다, 무언가를 하게 시킨다, ~을 하다, 위하다, 다스리다, 되다, 생각하다, 삼다, 행위行爲 등으로 쓰인다.

7.14 冉有曰 夫子爲衛君乎아 子貢이 曰諾다 吾將問之호리라
염유왈 부자위위군호 자공 왈낙 오장문지

入曰 伯夷叔齊는 何人也잇고 曰古之賢人也니라 曰怨乎잇가
입왈 백이숙제는 하인야 왈고지현인야 왈원호

曰 求仁而得仁이어니 又何怨이리오 出曰 夫子不爲也시리러라
왈 구인이득인 우하원 출왈 부자불위야

염유冉有가 (물어) 말했다曰. "선생님夫子께서 위나라 임금衛君을 도우실까爲乎?" 자공子貢이 말했다曰. "좋다諾. 내吾가 장차將 여쭈어 보겠다

問之." (자공이) 들어가入 말했다曰. "백이伯夷와 숙제叔齊는 어떤 사람입니까何人也?" (공자께서) 말씀하셨다曰. "옛날의古之 현인이다賢人也." (자공이 다시) 말했다曰. "원망했습니까怨乎?" (공자께서) 말씀하셨다曰. "인을 추구하다가求仁而 인을 얻었으니得仁, 또又 무엇何을 원망怨하였겠는가?" 나와서出 (염유에게) 말했다曰. "선생님夫子은 (위나라 임금을) 돕지 않으실 것이다不爲也."

대개 백이는 아버지의 명을 받들었고 숙제는 천륜天倫을 중시했으니, 그들이 나라를 양보한 것은 모두 천리의 올바름天理之正에 부합했고, 인심의 편안함에 나아가기를 추구한 것이다. 이윽고 각각 그 뜻을 이루어 그 나라를 버리는 것을 헌신짝 버리는 것과 같이 보았으니, 무슨 원망이 있겠는가? 반면에 위나라 첩輒이 나라를 차지하고 아버지를 막으면서, 오로지 나라를 잃을까 두려워한 것과 동열에 놓을 수 없고 말할 수 없음이 명백하다. 〈주자〉

인仁이란 인륜의 지극한 선이다人倫之至善也. 백이는 부자간의 그 분수를 다하기를 구하였고, 숙제는 형제간의 그 분수를 다하기를 구하였으니, 이것이 인을 구한 것求仁이다. 마침내 뜻을 이루었으니, 이것이 인을 얻은 것得仁이다. 인仁이란 천하의 지극한 선이니天下之至善, 인을 얻는 것이 나라를 얻는 것보다 더 현명한데, 또 무엇을 원망하랴? 공자께서 백이·숙제의 일로 '구인求仁·득인得仁'이라 하셨으니, 설사 자신이 위나라 첩의 처지에 있었다면 필시 나라를 사양하고 몸을 피하여 부자간의 사랑을 온전히 하고, 그 인을 이루었을 것이다. 그러므로 공자께서 위나라 첩이 한 것을 하지 않으리라는 것을 알 수 있다. 〈다산〉

한자 해설
• 諾락은 言(말씀 언)+若(같을 약)의 형성자로, 말로써 뜻을 같이若 하는 것을 말한다. 허락, 승낙承諾하다, 대답하다, 동의하다, 따르다, 순종하다,

허가許可의 서명 등으로 쓰인다. 주자: 諾은 응락하는 말應辭이다.

- 怨원은 心(마음 심)+夗(누워 딩굴 원)으로 형성자로 원망하는 마음을 말한다. 원망하다老使我怨, 고깝게 여기다祿厚者民怨之, 책망하다我其不怨, 슬퍼하다其民必怨, 위배되다夫名實之相怨久矣, 풍자하다. 원한困以寡怨, 원수外擧不辟怨. 주자: 怨은 후회悔와 같다. 다산: 원호怨乎란 위로 부모를 원망하고 아래로 형제간에 서로 원망하는 것이다.

- 爲위는 爪(손톱 조)+象(코끼리 상)의 회의자로 코끼리를 ~을 하다는 뜻인데, 거성去聲으로 쓰일 때는 돕다, 위하다, 때문에, 보답, 장차 등의 뜻이다. 주자: 爲는 돕다助와 같다.

7.15 子曰飯疏食飮水하고 曲肱而枕之라도 樂亦在其中矣니
자 왈 반 소 사 음 수   곡 굉 이 침 지   낙 역 재 기 중 의
不義而富且貴는 於我에 如浮雲이니라
불 의 이 부 차 귀   어 아   여 부 운

공자께서 말씀하셨다. "거친 밥疏食을 먹고飯 물마시며飮水, (베개가 없어) 팔을 구부려曲肱而 베더라도枕之 (도에 대한) 즐거움樂 역시亦 그 가운데其中 있다在矣. 의롭지 못하면서不義而 부하고 귀한 것富且貴은 나에게於我 뜬구름浮雲 같다如."

거친 밥과 물 마시는 것을 즐기는 것이 아니라, 비록 거친 밥과 물을 마신다고 할지라도 그 즐거움을 바꿀 수 없다는 것이니, 의롭지 않은 부귀를 뜬구름처럼 가볍게 여긴 것이다. 〈정자〉

한자 해설
- 飯반은 食(밥 식)+反(되돌릴 반)의 형성자로 입에 머금고 잘 씹어 먹다, 먹는 것 등을 의미한다. 밥, 식사, 먹다, 먹이다, 사육하다, 기르다 등을 의미한다. 주자: 飯은 먹는다食之이다. 다산: 飯은 (기장쌀이나 핍쌀 등을 담는) 궤라는 그릇에 담는 것이다.

- 食새(식)는 음식을 담는 그릇의 상형자로 밥이나 음식(사), 먹다(식)는 뜻이다.

- 疏소는 疋(발 소)+㐬(깃발 류: 물에 떠내려가는 아이)의 회의자로 길을 걷는 것이 물 흐르듯이 매우 순조롭다는 뜻이다. 소통疏通하다, 트이다, 드물다, 성기다, 깔다, 멀어지다, 멀다, 새기다, 상소上訴하다, 빗질, 주석註釋, 채소菜蔬 등으로 쓰인다. **주자**: 소사疏食는 거친 밥麤飯이다.

- 飮음은 食(밥 식)+欠(하품 흠)의 회의자로 술병(酉: 닭 유) 앞에 혓바닥을 내밀은 사람으로 술을 마시다, 호흡하다, 마시게 하다, 먹이다, 먹게 하다, 머금다, 품다, 숨기다, 음식, 음식물의 총칭, 음료, 마실 것, 술자리를 의미한다. **다산**: 飮은『주례』의 육음六飮(물水, 장漿, 례醴, 량涼, 의醫, 이酏)을 말한다. 소疏는 거침麤이다. 그릇에 담은 것이 거친 밥이라면 고량膏粱이 아니며, 마시는 것이 밝은 물이라면 의醫・이酏 같은 술이나 차가 없는 것이다.

- 肱굉은 月(육달 월)+厷(팔 굉)의 형성자로 팔뚝을 말한다.

- 枕침은 木(나무 목)+冘(나아갈 임: 머리에 칼을 차고 있는 모습)의 회의자로 나무를 깎아 만든 베개인데 말뚝, 머리뼈, (베개를) 베다, 드러눕다, 잠자다, 가로막다, 방해하다, 임하다, 향하다 등으로 쓰인다.

- 浮부는 水(물 수)+孚(미쁠 부: 子+爪=아이의 머리에 손을 올린 모습)의 회의자로 물에 빠진 아이의 머리채를 잡아 끌어올린다는 뜻이다. (물에) 뜨다, 떠다니다, 떠서 움직이다, 가볍다, (근거가) 없다, 덧없다, 정함이 없다, 넘치다, 높다, 지나치다, 낚시찌, 부표浮標, 벌罰, 높은 모양, 하루살이 등으로 쓰인다.

- 雲운은 雨(비 우)+云(이를 운: 뭉게구름이 피어오른 모습)의 회의자로 구름을 말한다. 높은 곳에 떠 있으므로 높음을 뜻하기도 하지만, 금세 사라지기에 속되고 덧없는 것을 비유한다. **정현**鄭玄, 127~200: 뜬구름은 자기의 소유가 아니다. **공안국**: 뜬구름은 만물을 윤택하게 할 수 없기 때문에 군자가 따르지 않는다. **주자**: 성인은 의롭지 않은 부귀를 마치 있지

만, 없는 것과 마찬가지인 뜬 구름처럼 보아서, 막연漠然하게 그 마음 가운데에 흔들림이 없으셨다. **다산:** 뜬구름浮雲은 공중에 있어 사람들이 비록 우러러 보지만, 아무런 쓸모가 없다. 그러므로 사람의 마음을 움직이게 하는 데에는 부족하다.

7.16 子曰 加我數年하여 五十以學易이면 可以無大過矣리라
자 왈 가 아 수 년　　오 십 이 학 역　　가 이 무 대 과 의

고주, 다산: 공자께서 말씀하셨다. "내我가(현재 47세)에 수년數年을 더하여 (假: 빌려서) 쉰이 되어五十以, 『역』을 배우면學易 큰 허물大過이 없을 것이리라可以無矣."

주자: 공자께서 말씀하셨다. "(70에 가까운) 내我가 수년數年을 더 빌려 살아加(=假), 끝내五十=卒 역을 배우면學易, 큰 허물大過이 없을 것이리라可以無矣."

이 장에서의 쟁점은 '가加'는 '가假'로 읽어야 하며 '오십五十'은 '졸卒'의 오류라고 할 수 있는가 하는 점이다. 고주는 당시 공자의 연세가 47세였다고 주장하면서 원문 그대로 가加와 오십五十으로 보고 주석하였다. 주자는 당시 공자의 연세가 일흔 가까이 되었으며, 또한 다른 판본과 『사기』를 근거로 '가加'는 마땅히 '가假'로, '오십五十' 또한 마땅히 '졸卒'로 되어야 한다고 주장하였다. 다산은 '가加'는 마땅히 『사기』에 따라 '가假'로 써야 하는데, 쉰이 되어 천명天命을 두려워하는 말이라고 한다. 그리고 그는 '오십이학역五十以學易'이란 말은 옛말로 공자가 암송한 것이며, 잘못된 것이 아니라고 주장한다. 비록 『사기』에서 '가아수년假我數年'이라 했지만, 『사기』와 『논어』는 다른 말이고, 전자를 근거로 후자를 바꿀 필요는 없다는 것이다.

『역易』

『사기』「세가」에 따르면, 공자는 만년에 『역』을 좋아하셔서 「단전」, 「계사전」, 「상전」, 「설괘전」, 「문언전」을 서술하셨다. 가죽 끈이 세 번 끊어지도록 『역』을 읽으시면서 "만약 내가 몇 년을 이처럼 한다면, 나는 『역』에서 밝아질 것이다."라고 하였다.

주자는 "『역』을 배우면 길흉소장吉凶消長의 이치와 진퇴존망進退存亡의 도에 밝아진다."고 주석했다. 그리고 다산은 "『역』이란 책은 후회悔와 인색吝이 핵심이다. 후회란 과오를 고치는 것이고, 인색은 과오를 고치지 않는 것이다(능히 후회할 줄 알면 허물을 고치는데 인색하지 않다). 그러므로 말하길, 『역』을 배우면 큰 과오는 없을 수 있다."고 말하였다. 왜 아름답게 꾸민 말(文+ㅁ=린吝: 아끼다. 인색吝嗇하다)이 화禍를 불러오고, 흉凶한가? 여기서 중요한 글자의 의미를 살펴보자. 뉘우칠 '회悔'는 心(마음심)+每(매양 매: 어미 모母에서 파생된 글자로 비녀를 꽂은 여인으로서 어머니)로 구성되어, 철이 들어 어머니每의 마음心을 잘 헤아리지 못했던 것을 후회하고 뉘우친다는 뜻이다. 이러한 '회悔'와 비슷한 뜻의 글자는 개과천선改過遷善할 때의 '개改'일 것이다. 改는 己(자기)+攵(攵: 칠 복)으로 잘못을 후회하며, 자기 자신을 매질하는 것을 의미한다. 네가 아니라, 바로 '내 탓이요, 내 탓이요' 하면서 자신을 매질하는 것이다.

그런데 뉘우칠 회悔와 반대의 뜻의 글자는 무엇일까? 다산 정약용은 의외로 '인색할 린吝' 자라고 말한다. '吝'이란 文+ㅁ로서 자전에는 아름다운 말이라고 되어 있다. 그런데 이 말이 왜 아끼다, 인색하다는 뜻이 되었을까? 그것은 곧 허물過이 있는데도 진정으로 뉘우치지悔 않고, 말로써ㅁ 아름답게 꾸며文 변명하면서 허물 고치기를 저어하기 때문에 아끼다, 인색하다吝는 뜻이 나왔을 것이다. 바로 이 점에서 다산 정약용은 뉘우침悔의 반대는 인색함吝이라고 말한 것이리라! 허물 혹은 과오過가 있으면 남이 아니라 바로 '나의 탓'으로 돌리면서 자기 자신을 채찍질하고(改=己+攵), 고치는데 인색하지 않으면서 신속하고 바르게 고치는 것이 바로 올바른 뉘우침悔이다.

일반적으로『주역』은 시·공적 상황에서 알맞고 바른 도中正之道를 가르쳐 준다고 말한다. 알맞고 바르면 복福되고, 길놈하다고 한다. 알맞지 않아 모자라거나 넘치며, 올바르지 않는다면(중정中正하지 않다면) 화禍가 오고 흉凶하다. 그런데 사람은 누구나 과오나 잘못을 범할 수 있다. 그런데 이 과오나 잘못을 대하는 태도에서 화·복과 길·흉이 엇갈린다.

다산은 과오過誤가 있을 때, 뉘우쳐서悔 자신을 채찍질하여改 신속하고 바르게 고칠 때 복福이 오고 길하며, 그 반대일 때 즉 과오를 고치는 데 인색하여 남을 탓하면서 말을 꾸며 변명만 일삼을 때흉, 화禍가 오고 흉하다고 말한다. 공자의 제자 안회顔回는 다름 아닌 화를 옮기지 않고不遷怒, 과오를 두 번 다시 되풀이 하지 않았기不貳過 때문에 공자로부터 유일하게 학문을 좋아하는 사람이라는 칭송을 들었다.

한자 해설

- **加**가는 **力**(힘 력: 농기구)+**口**(입 구)의 회의자로 본래 노고를 격려한다는 뜻이었지만, 생산물이 증대되는 것에 빗대어 '더하다'나 '가하다'라는 뜻이 나왔다. <u>보태어 많게 하다</u>旣富矣 又何加焉, 더 심해지다馬蘭躐踔而日加, 뽐내다不敢以富貴加於父兄, 수량·분량을 더하거나 합함加減乘除, 들어감加入, 살다夫子加齊之卿相, 베풀다老有加惠, 입다加之衣服, 업신여기다我不欲人之加諸我也, 치다宵加於鄁 등으로 쓰인다. **주자**: 유빙군劉聘君이 원성元城 유충정공劉忠定公을 만났을 때, '일찍이 다른 판본의『논어』를 읽었는데 가加는 가假로, 오십五十은 졸卒로 되어 있었는데, 아마도 가加는 가假는 소리가 서로 비슷하여 잘못 읽은 것이고, 졸卒은 오십五十과 비슷해서 잘못 나눈 것이다.'라고 하였다. **다산**: 加는 마땅히 '가假'로 써야 하니(『사기』에 따른다), '하늘이 나에게 몇 년의 수명을 빌려준다면'이라는 말이다.

- **易**역은 **日**(陽, 낮)+**月**(陰, 밤)의 회의자로 음양의 변화를 나타낸다. **易**은 네 가지 의미易四義를 지니는데, <u>변역</u>變易(음과 양이 유행한다), <u>교역</u>交易(음

양이 대대한다), 불역不易(변역, 교역하는 이치는 변하지 않는다), 간이簡易(쉽게 배
워 응용할 수 있다)이다. 혹은 도마뱀의 형상에서 유래하였다는 설도 있는
데蜥蜴說, 곧 도마뱀이 주위의 상황에 따라 변화하여 적응하지만 도마
뱀 자체는 불변의 항구성을 지닌다는 데에서 역이 유래했다는 것이다.

> **7.17** 子所雅言은 詩書執禮 皆雅言也러시다
> 자 소 아 언　시 서 집 례 개 아 언 야
>
> 공자子께서 평소·항상雅(=素·常) 말씀하신 것所言은 『시詩』와 『서書』와
> 예禮를 집執행하는 것이었으니, 모두皆 평소·항상雅 하신 말씀이었다言也.

　공자는 육경을 산정하고, 육예로써 가르쳤다. 여기서 육예六藝에 대한
내용으로는 두 가지 해석이 있는데, 곧 예禮·악樂·사射·어御·서書·
수數를 말한 것이고, 다른 하나는 시詩, 서書, 예禮, 악樂, 역易, 춘추春秋
의 육경六經을 말한다는 것이다. 아마도 72명의 제자가 통달한 육예六藝
는 소학小學의 예禮·악樂·사射·어御·서書·수數와 대학大學의 육경六
經 전부를 포괄하는 것이리라.
　『시詩』는 인간의 성정을 다스리게 해 주고,『서書』는 제왕의 정사를 서술한
것으로 시비선악을 알게 해 준다. 예禮는 인간행위에 합당한 절도와 문
식을 규정해 주고, 친소와 도덕의 체득 정도에 따라 인간 상호간의 관계
를 구분해 주는 역할을 한다. 그리고 예에는 악樂의 개념 또한 포함되어
있다. 악이란 조화를 본질로 하면서 예에 의해 구분된 인간관계를 조화
시켜 주는 것으로 윤리와 통하는 것이다.
　『서書』는 중국 고대 우-하-상-주대에서 이제삼왕二帝三王의 기록으로
중국 최초의 역사서이다.『서書』는 본래 100편으로 당우唐虞시대와 하夏나
라의 글을 모은『우하서』20편, 상商나라의 글을 모은『상서』40편, 주周
나라의 글을 모은衆『주서』40편으로 구성되었고, 공자가 100편을 편찬

하며, 그「서序」를 지었다고 주장되어 왔다.

역사서로서『춘추』가 사건을 기술하였다면右史記事 事爲春秋,『서』는 군왕의 사고辭誥(명령이나 포고)를 기록했다左史記言 言爲尙書.『서』는 문장의 내용에 따라 보통 6가지 형식(孔安國의「尙書六體」), 즉 모범적인 통치행위를 기록한 전典(典範), 왕과 신하의 회의록인 모謨(謨議), 조언으로서의 훈訓(訓戒, 敎訓), 권면·격려하는 고誥(誥), 전쟁에 임하여 인민에게 하는 서誓(盟誓), 신하에게 특권과 임무를 부과하는 명命(命令) 등으로 분류된다.

당대 사관에 의한 정치적 기록물로서『우하서』는 하늘의 이치에 따라 덕으로 백성을 통치할 것을, 그리고『상서』와『주서』는 제왕의 정치활동과 형법·군사 등을 기술해 놓았는데, 특히 일관된 애민愛民·중심重民 정신은 성인의 사업으로 중국 정치의 기강이 되어왔다. 그래서『서』는 공맹의 덕치와 민본주의뿐만 아니라 묵가를 위시한 제자백가에 의해 재해석·전유되어, 동아시아 정치·천문·지리·윤리·민생 등 광범위한 문제에 심대한 영향을 끼쳤다.

『서』는 공자 이전에 이미 상당히 널리 유포되었으며,『논어』에서도 공자 또한 인용·해석하고 있다.(2.21, 14.43) 그런데 전국시대에 이르러서 중국 전통의 이제삼왕의 기록물로서『서』는 유교와 정통성을 두고 경쟁했던『묵자』, 그리고 묵가 등으로부터 유가를 옹호하고자 했던『맹자』, 그리고 다른 여러 학파들(법가 등)에 의해 경쟁적으로 인용되었다. 또한『순자』에서『서』는『시』·『예』·『악』·『춘추』와 더불어 오경으로 불렸고(「勸學」), 성인의 사업에 대해 말한 정치의 기강으로 일컬어졌다(「儒效」). 한대부터『서』는 또한『상서尙書』로 불리었다. 여기서『상서』란 '상고시대의 책'(以上古之書 謂之尙書 : 陸德明) 혹은 '공자가 찬술하고 높여서 천자의 조서와 같다(孔子纂書 尊而命之曰尙書 尙者上也 蓋言若天書然: 鄭玄)', 혹은 '상上이 말한 것을 아래의 사관이 기록했기 때문'이라고 한다(上所言 下爲史所書 故曰 尙書: 王肅). 그리고 유교적 도통을 중시한 송대에서는 성인의 말씀이라는 의미에서 주로『서경』이라 칭했다.

주자: 아雅는 항상常이고, 집執은 지킴守이다. 『시』로써 성정性情을 다스리고, 『서』로써 정사를 논하고, 『예』로써 절도와 문식을 삼가는 것이니, 모두 일상생활의 실제에 절실한 것들이다. 그러므로 항상 『시』, 『서』, 『예』를 말씀하셨다. 예의 경우만 지킨다고 한 것은 사람이 지켜야할 것이라는 말이니, 단순히 외우고 설명하기만 하는 것이 아니다.

다산: 집례執禮란 일에 임하여 집행하는 예이니, 지금의 『의례』가 곧 그 남아 있는 제도이다(지금의 홀기笏記같은 것이다). 공안국은 말하길, '아언雅言은 정언正言이다.'고 했다. 정현은 말하길, '선왕의 전법典法을 읽을 때에는 반드시 그 글자의 음을 바르게 말한 뒤에야 그 뜻이 온전해진다. 그러므로 그 음을 휘諱하여 피하는 바가 있어서는 안 된다.'고 했다. 논박하여 말하면, 그릇되었다. 글에 임하여 그 음을 그대로 읽기를 피하지 않은 것을 아언雅言이라고 말하는 것이 옳겠는가? 아雅란 평소素·항상常이다(평소素와 항상常이란 두 글자의 뜻을 겸해야 그 뜻이 갖추어진다).

• 雅아는 牙(어금니 아)+隹(새 추)의 형성자로 본래 '메 까마귀鴉'를 말했지만, 그 소리에 의해 우아하다, 맑다 등으로 가차되었다. 바르다言皆合雅, 고상하다容則秀雅, 아름답다雍容閑雅甚都, 본디雍齒雅, 크다雅量谿然, 시경 육의六義의 하나로 인신하여 시문時文 또는 문사文士, 악기 이름, 경칭, 만무, 아언雅言(=표준말: 爾雅, 廣雅), 평소에 하는 말 등의 의미이다.

• 執집은 幸(다행 행: 수갑)+丸(알 환: 팔을 내민 모양)의 회의자로 죄수의 손에 수갑을 채운 모습으로 잡다는 뜻이다. 잡다執天下之器, 처리하다執獄牢者, 사귀다見父之執 不問不敢對, 두려워하다豪彊執服, 위협하다 등으로 쓰인다.

• 禮예는 示(보일 시)+豊(풍성할 풍)의 풍성한 음식豊으로 경건하게 제사示 지내던 것에서 예도禮度, 예절禮節 등의 의미가 나왔다. 예의不議禮, 예법禮賢者, 예식凶荒殺禮, 예물無禮不相見也, 음식 대접饗禮乃歸, 귀천·상하의 구별天秩有禮, 예의의 총칭禮樂射御書數, 예를 적은 경서(『예기』, 『의

례, 「주례」 등을 의미한다.

- 皆개는 白(흰 백←曰)+比(견줄 비: 나란히 서 있는 사람)의 회의자로 여러 사람이 목소리를 낸다는 의미에서 다, 모두, 함께, 다 같이, 두루 미치다, 견주다, 비교하다 등의 의미이다.

7.18 葉公이 問孔子於子路어늘 子路不對한대
　　　섭공　　문공자어자로　　　　자로부대
子曰女奚不曰其爲人也發憤忘食하며 樂以忘憂하여
자 왈 여 해 불 왈 기 위 인 야 발 분 망 식 　　　낙 이 망 우
不知老之將至云爾오
부 지 노 지 장 지 운 이

섭공葉公이 자로에게於子路 공자孔子에 대해 물으니問, 자로子路가 대답하지 않았다不對. 공자께서 말씀하셨다. "너女는 어찌奚 그其 사람됨은爲人也 (아직 얻지 못했으면) 발분發憤하여 먹는 것도 잊고忘食, (이미 얻었으면) 즐거워서樂以 근심을 잊어忘憂 늙음이老之 장차將 오는 것도도 알지 못한다不知고 말하지 않았느냐不曰云爾?"

아직 얻지 못했으면 발분發憤하여 먹기를 잊고, 이미 얻었으면 그것을 즐겨 근심을 잊는다. 이 두 가지로 힘써 날마다 부지런하여 살날이 부족하다는 것을 알지 못한다. 〈주자〉

배우기를 좋아하고 도를 즐기는 자라고 말해주기를 바란 것은 섭공으로 하여금 내(공자)가 아무 것도 구하는 것이 없다는 것을 알게 하려고 한 것이다. 〈다산〉

한자 해설
- 對대는 丵(풀무성할 착)+寸(마디 촌)의 회의자이다. 착丵은 갑골문에 여러 개의 초가 꽂힌 긴 촛대를 들고 있는 모습으로 불을 밝혀 누군가를 마

주한다는 의미에서 '대하다', '마주하다'라는 뜻을 갖게 되었다. 응답함聽言則對, 대면, 배우자擇對不嫁, 상대, 물건을 세는 단위柱聯一對, 대비·대립, 대구對句, 같다對等, 이루다對揚王休, 소疏의 한 체제(임금의 물음에 대하여 의견을 올리는 글: 奏對) 등으로 쓰인다. **공안국**: '부대자不對者'는 대답할 바를 알지 못했다는 것未知所以答이다.

- 奚해는 爪(손톱 조)+幺(작을 요)+大(큰 대)의 회의자이지만, '어찌'라는 의문사로 가차되었다.

- 發발은 癶(등질 발)+弓(활 궁)+殳(창 수)의 회의자로 도망가는 사람을 향해 화살을 쏘는 모습을 표현했다. 혹은 弓(활 궁)+發(짓밟을 발)의 형성자로 활弓을 쏘아 멀리 나아가게發 하다는 뜻이다. 피다, 쏘다, 일어나다, 떠나다, 나타나다, 드러내다, 밝히다, 들추다, 계발하다, 베풀다 등으로 쓰인다.

- 憤분은 心(마음 심)+賁(클 분: 큰북을 그린 것, 끓어오르다)의 회의자로 사기와 분노가 극에 달한다는 뜻이다. 성을 냄人神共憤, 분한 마음雪憤, 번민하다不憤不啓, 분발함決憤激忠之日也 등으로 쓰인다. **다산**: 발분發憤은 앞으로 나아감에 용감함勇於進就이다.

- 忘망은 亡(망할 망)+心(마음 심)의 회의자로 마음을 없애다, 잊다, 기억하지 못하다, 버리다, 돌보지 않다, 끝나다, 단절되다, 소홀히 하다, 잃어버리다 등으로 쓰인다.

7.19 子曰 我非生而知之者라 好古敏以求之者也로라
자 왈 아 비 생 이 지 지 자　호 고 민 이 구 지 자 야

공자께서 말씀하셨다. "나我는 태어나면서生而 아는 사람知之者이 아니라非, 옛것을 좋아하여好古 민첩하게敏以 구하는 사람이다求之者也."

공자께서는 나면서부터 아는 성인이셨지만, 매번 배우기를 좋아한다고 말씀한 것은 단지 사람들을 권면하기 위한 것만은 아니다. 대저 나면서부터

알 수 있는 것은 의리일 뿐이니, 예컨대 저 예악의 명칭과 사물 및 고금의 사변事變은 반드시 배운 이후에 그 실상을 징험할 수 있다. 〈윤돈〉

<한자 해설>

- **生而知之者**생이지지자. **주자:** 기질이 청명清明하여 의리가 밝게 빛나서, 배우기를 기다리지 않고도 안다. **다산:** 生而知之者는 대개 어려서부터 장성할 때까지 그 몸을 닦고 행실을 신칙하여其修身飭行, 거동이 모두 예법에 맞아 배우지 않아도 능히 할 수 있는 자를 말한다.
- **敏**민은 每(매양 매←母)+攵(칠 복←又)의 회의자로 여자를 낚아채는 약탈혼 혹은 자식을 가르치는 어머니每의 회초리攵를 나타낸다. <u>재빠르다</u>敏於事而慎於言, 총명하다回雖不敏 請事斯語矣, 힘쓰다人道敏政, 자세하다禮成而加之以敏, 엄지발가락履帝武敏歆, 상음商音 등으로 쓰인다. **주자:** 敏은 빠름速이니 부지런히 분발한다汲汲는 뜻이다. **다산:** '민이구지敏以求之'는 민첩한 마음을 써서 앎을 추구하는 것이다用敏疾之心以求知.

7.20 子不語怪力亂神이러시다
자 불 어 괴 력 난 신

공자子께서는 괴이怪·용력力·패란亂·귀신神에 대해서는 말씀하시지 않으셨다不語.

성인께서는 평상常을 말씀하시고 괴이怪를 말씀하지 않으셨다. 도덕德을 말씀하시고 용력力을 말씀하지 않으셨다. 정치治를 말씀하셨지 패란亂을 말씀하지 않으셨다. 사람을 말씀하셨지 귀신을 말씀하지 않으셨다. 〈사량좌〉

<한자 해설>
주자: 괴이怪異·용력勇力·패란悖亂의 일은 바른 이치가 아니어서, 본래 성인께서 말씀하지 않으신 것이다. 귀신鬼神은 조화의 자취이니, 비록 바르지 않은 것은 아니지만, 이치를 탐구함이 지극하지 않으면

非窮理之至 쉽게 밝힐 수 없기 때문에 사람들에게 가볍게 말씀하지 않으셨다.

다산: 공안국이 말하길, '괴怪는 괴이怪異이다. 력力은 이를테면 오가 땅 위에서 배를 끌거나若鰲盪舟, 오획이 천균의 무게를 들어 올리는 것鳥獲舉千均 등과 같은 것이다. 란亂은 신하가 임금을 시해하거나, 자식이 부모를 시해하는 것을 말한다. 신神은 귀신의 일을 말한다. (괴력난신怪力亂神은) 교화에 무익하거나 혹 차마 말하지 못하는 것이다.'라 했다. '괴怪'란 예를 들면 돌石이 말을 하고, 나무가 일어서고, 새의 말을 알아듣고, 칼을 입고 물고 불을 토해내는 것 등과 같은 것이다. 이충李充이 말하길, '역力이 이치에 말미암지 않는 것이 바로 괴력怪力이며, 신神이 바름에 말미암지 않는 것이 바로 난신亂神이다. 괴력怪力과 난신亂神은 사악함과 연관이 있고, 교화에 무익하기 때문에 말씀하시지 않으셨다.'고 했는데, 논박하여 말하면, 그릇되었다.

- 語어는 言(말씀 언)+吾(나 오)의 형성자로 나의 말, 자신이 하는 말, 서로 주고받는 말을 의미한다. 말씀, 말, 이야기, 논어論語, 논란하다, 알리다, 발표하다, 모의하다, 대답하다, 깨우치다, 가르치다, 설명하다 등으로 쓰인다.

- 怪괴는 心(마음 심)+圣(힘쓸 골: 어그러지다)의 형성자로 괴이쩍다, 이상異常하게 느끼다心, 기이하다, 괴상하다, 의심하다, 의심스럽다, 도깨비, 유령, 과연果然, 어쩐지 등으로 쓰인다.

- 力력은 쟁기를 그릴 상형자이나 근육의 운동或勞心 或勞力, 운동 등을 가능하게 하는 힘信爲造化力, 효험效力, 물체 상호간의 작용原子力, 힘쓰다農服田力穡 등으로 쓰인다.

- 亂난은 손과 패 및 실을 그려 엉킨 실과 그것을 푸는 것을 의미한다. 흩어지다收敗亂之兵, 질서가 문란하다制治於未亂, 마음이 어수선하다春思亂如麻, 행동이 거칠다亂暴, 반역하다亂臣賊子, 어지럽히다(不軌之臣…亂法), 다스리다予有亂臣十人 同心同德, 함부로亂言 등으로 쓰인다.

- 神신은 示(보일 시)+申(아홉째 지지 신)의 형성자로 번개(申 → 電) 신류을 말했다. 번개는 사악한 사람을 경계하고, 신의 조화가 생길 어떤 변화를 나타내주는 계시로 생각되어 자연계에 존재하는 각종 신을 나타내게 되었다. 하늘의 신神 天神 引出萬物者也, 신령山林川谷丘陵 能出雲 爲風雨 見怪物 皆曰神, 불가사의한 것陰陽不測之謂神, 혼魂(費神傷魂), 마음神出於 忠, 덕이 아주 높은 사람聖而不可知之之謂神, 지식이 두루 넓은 사람知人 所不知 謂之神, 화化하다其動人心不神 등으로 쓰인다.

7.21 子曰 三人行에 必有我師焉이니 擇其善者而從之요
자 왈 삼 인 행　　필 유 아 사 언　　　택 기 선 자 이 종 지
其不善者而改之니라
기 불 선 자 이 개 지

공자께서 말씀하셨다. "세 사람三人이 길을 가면行, 반드시必 나의 스승 我師이 있을 것이다有焉. 그其 선한 사람善者을 선택하여擇而 따르고從之, 그其 불선한 사람을 不善者而 보면 고친다改之"

현명한 사람을 보고는 같아지기를 생각하고, 현명하지 않는 사람을 보고는 안으로 스스로 반성하면 선한 사람과 악한 사람은 모두 나의 스승이니, 선으로 정진함에 끝이 있겠는가? 〈윤돈〉

이 구절은 『시경』「소아, 학명」편의 '타산지석他山之石(타인의 산에서 나는 거친 숫돌이더라도 자신의 거친 옥돌을 갈아서 빛나게 할 수 있다. 즉 소인배에게 군자가 배울 것이 있다는 겸허함과 지혜를 가리키는 말)'과 연관이 있다.

鶴鳴于九皋학명우구고　학이 구고에서 우니

聲聞于天성문우천　　　그 소리 온 하늘에 들려오네.

魚在于渚어재우저　　　물고기는 물가에 있다가

或潛在淵혹잠재연	어떤 물고기 깊은 못으로 들어간다.
樂彼之園악피지원	즐거워라, 저기 동산은
爰有樹檀원유수단	박달나무 심겨있고
其下維穀기하유곡	그 아래에는 닥나무 자라는 구나
它山之石타산지석	그 산의 돌로
可以攻玉가이공옥	옥돌도 갈 수 있도다!

한자 해설

- 行행은 본래 사거리를 그린 상형자이다. 걷다臣少多病疾 九歲不行, 떠나다告之使行, 돌아다니다入山行木 毋有斬伐, 돌다日月運行, 흐르다水逆行, 움직이다天行健, 보내다激而行之 可使在山, 하다吾無所行而不與二三子者, 도로行有死人, 도리女子有行, 여정千里之行 始於足下, 길의 신其祀行, 먼저乃行卜, 행서行書, 시체詩體의 한 가지琵琶行, 행실觀其行, 일貴祿而賤行, 순시巡視하다, 줄·대열行出犬鷄, 항렬實彼周行 등으로 쓰인다.

- 師사는 阜(언덕 부)+帀(두를 잡: 빙 두르다)의 형성자로 언덕을 빙 두른 모습으로 군대조직(약 2,500명)을 뜻하나, 후에 둘러 앉아 제자들을 가르치는 스승을 말했다. 선생教師, 百世之師, 師表, 부덕婦德을 가르치던 여자 스승言告師氏, 임금의 스승赫赫師尹, 전문기예를 닦은 사람畫師, 신의 칭호風師雨師, 군사出師表, 군제五旅爲師, 많은 사람殷之未喪師, 장관州十有二師, 관리工師得大木, 악관, 사師괘(감하곤상: 坎下坤上) 등으로 쓰인다.

- 擇택은 手(손 수)+睪(엿볼 역: 감시하다)의 회의자로, 잡혀 (온 죄수를) 살펴 판가름한다, 구별하다, 선택하다는 뜻이다.

- 善선은 양羊처럼 순하고 온순하며 부드럽게 말口하는 사람을 나타내어 착하다는 뜻이다.

7.22 子曰 天生德於予시니 桓魋其如予何리오
자 왈 천 생 덕 어 여　　　환 퇴 기 여 여 하

『사기』「공자세가」를 살펴보면, 공자께서 조曹 나라를 떠나 송宋나라로 가서 제자들과 큰 나무 아래大樹下에서 예를 강습習禮하고 있었는데, 송나라 사마 환퇴가 공자를 죽이고자 그 나무를 뽑아버렸다. 공자께서 떠나시니, 제자들이 '빨리 가자'고 했던 까닭에 공자께서 이 말씀을 하였다. 〈형병〉

천天과 덕德

天천은 『설문』의 주석에서는 "天은 정수리(顚: 꼭대기, 이마, 산정, 고개)로서 지극히 높고 필적할 만한 것이 없다至高無對. '일一'과 '대大' 자의 결합으로 사람이 머리 위에 이고 있는 장소이다人所戴."고 하였다. 『석명』에서는 "천天이란 탄연坦然 · 고원高遠한 것이다."고 하였다. 『논어』에서 '천天' 자는 (天命과 天道는 포함하되, '天下와 天子'를 제외하면) 도합 22회 출현하며, 이 가운데 공자의 말로 기록된 것은 10문장(16회)에 불과하다. 여기서 공자는 하늘을 인간에게 덕을 내려주는 도덕의 근원이라고 하였으며, 사람은 하늘이 전해 준 덕을 계승해야 한다는 의식을 분명히 하고 있다.

德덕은 『논어』 전체 약598장 가운데 약31장에 걸쳐 40회 정도 출현한다. 덕은 주로 도덕 · 덕성 · 품덕 · 덕행 등과 같이 행위일반과 그 행위를 가능하게 하는 내면의 상태를 의미한다. 몇 가지 용례를 제시하면, 풍속 · 생활양식(民德 1.9, 德不孤 4.25 등), 정치의 수단 혹은 정치양식(爲政以德 2.1, 道之以德 2.3, 周之德 8.20, 君子之德風 小人之德草 12.19, 修文德以來 16.1), 은혜恩惠(以德報怨 14.35), 세상에 대한 인식과 대처능력(鳳兮鳳兮! 何德之衰 18.5), 군자의 지향 · 의지처(君子懷德 4.11, 據於德 7.3, 君子哉若人 尙德哉若人 14.6, 執德不弘 17.2 등), 좋은 행실(德行 11.2), 절개節槪(大德…小德 19.11) 등이다. 여기서 주목할 것은 『논어』에서 덕德과 그 행위주체의 관계이다. 즉 『서경』과 『시경』에서 덕은 주로 군주와 연관하여 천자天子가 천명天命을 획득하는 근거이자 정치방식이며, 나아가 그 후손들이 유지·계승·발전시켜야 할 정통성과 관계되었다. 그런데 『논어』에서 공자는 여전히 덕을 치도治道의 이념과 연관시키고도 있지만, 주로 도道 개념과 함께 이상적 인격을 지향하는 군자君子와 연관·정립되고 있다. 즉 공자는 도와 마찬가지로 덕 개념 또한 (이상적인 인격을 지향하는) 군자와 상호 내속적인 관계로 파악하여, (올바른) 덕을 지향하는 인간이 군자이며, 군자만이 (올바른) 덕을 지향·실천한다고 말한다.

이밖에도 공자는 정치에서 위정자의 교화적 덕치를 법제에 의한 인위적 강제를 대비시키고, 먼 사람을 귀속시키는 데에서 문덕을 닦아修文德 자발적으로 오게 하는 것과 무력을 동원動干戈하여 위협하는 것을 대비시키고, 나아가 4,000필의 말을 지닌 부유했던 제경공은 칭송하지 않지만 수양산에서 아사餓死한 백이·숙제의 덕은 칭송한다고 말하고 있다.

7.23 子曰 二三子는 以我爲隱乎아 吾無隱乎爾로라
자왈 이삼자 이아위은호 오무은호이

吾無行而不與二三子者 是丘也니라
오무행이불여이삼자자 시구야

공자께서 말씀하셨다. "여러분들二三子은 내我가 숨긴다隱고 생각하느냐以爲乎? 나吾는 숨기는 것隱이 없다無乎爾. 나吾는 어떠한 행위行도 여러분에게二三子者 보여주지 않는 것이 없으니無不與(=示), 이것是이 나이다丘也."

여러 제자들은 공자의 도가 높고 깊어 가까이 미칠 수 없다고 여겼기 때문에, 공자께서 숨기는 것이 있을 것이라고 의문을 지니고, 성인의 동작作·정지止·말씀語·침묵默이 (모두가) 가르침이 아닌 것이 없다는 것을 알지 못했다. 그러므로 공자께서 이 말씀으로 그들을 깨우쳐 주신 것이다. 〈주자〉

- 隱은은 阜(阝: 언덕 부)+㥯(조급할 은)의 회의자로 조급히 산속으로 숨었다는 뜻이다. 숨다, 점치다, 가엾어 하다, 근심하다, 기대다 등으로 쓰인다.

- 與여는 与(어조사 여)+舁(마주들 여)의 회의자로 '함께' 들어 올리다舁는 뜻이다. 베풂可以與 可以無與, 가담함弗與矣, 돕다不如與魏以勁之, 허락하다吾與女不如也, 함께하다今王與百姓同樂則王矣, 상대善勝者不與, 갚다貸錢者多不能與其息, 기다리다歲不我與 꾀하다惟我與爾有是夫, 의지하다與爲人後者 등으로 쓰인다. 주자: 與는 보여주다示와 같다.

- 丘구는 작은 산(구릉지)을 상형자이지만, 공자의 이름이기도 하다尼丘山. 다산: '시구야是丘也'라는 한 구절은 스스로 증명하는 말이니, 자신의 이름을 말씀하셔서, 자신이 하신 일이 명백하다는 것일 드러내신 것이다.

7.24 子以四敎하시니 文行忠信이니라
자 이 사 교　　　문 행 충 신

공자子께서는 네 가지以四로 가르치셨으니敎, 문文·행行·충忠·신信이다.

문文으로 가르치지 않으면, 말미암아 들어갈 길이 없다. 일의 이치를 설명하는 것이 곧 문文이다. 시詩·서書·육예六藝가 모두 문이니, 예를 들면, 어떻게 하는 것인 효제孝悌인지를 설명하는 것이 바로 문文이다. 행行은 이른바 효제를 바야흐로 실제로 행하는 것이다. 또한 행함에 성실하지 못할까 염려하신 까닭에 충忠·신信으로 가르치셨는데, 충·신하는 것은 전적으로 배우는 자에게 달려있으니, 스스로 해나가야 비로소 실사實事가 된다. 〈주자〉

형병: 문文은 선왕이 남긴 글先王之遺文을 말한다. 행行이란 덕행德行을 말하니, 마음에 있으면 덕이 되고在心爲德, 실천으로 옮기면 행이 된다施之爲行. 마음 가운데 숨김이 없는 것을 충이라고 하고中心無隱謂之忠, 사람이 말을 함에 속임이 없는 것을 신이라 한다人言不欺謂之信.

정자: 사람들을 가르침에 문을 배우고學文 행실을 닦으면서修行, 충과 신을 보존하는 것存忠信으로 하셨으니, 충忠과 신信이 근본이다.

다산: 문文·행行은 밖이요, 충忠·신信은 안內이다. 들어가서 효도하고, 나가서는 공경하는 것은 행行이다. 다른 사람에게 정성으로 향하는 것을 일러 충이라 하고嚮人以誠曰忠, 다른 사람과 등지지 않는 것을 일러 신이라 한다與人無偝曰信.

- 文문은 『설문』에서는 "획을 교차하다는 뜻으로 교차한 무늬를 형상했다錯劃也 象交文"고 했다. 글월以能誦詩書屬文, 글자, 문치文治·문사文事, 글을 짓다帝親文其卑, 무늬·문채文彩, 현상觀乎天文, 문물(예악과 제도 등 문화적 산물), 법령의 조문, 아름답다·선善하다禮滅而進 以進爲文, 어지럽다＝紊亂, 화미華美하다君子質而已矣 何以文矣 등으로 쓰인다.

- 行행은 사거리를 그린 상형자로 오고 가는 행위를 말한다.

- 忠충은 心(마음 심)＋中(가운데 중: 원안에 깃발이 꽂혀있는 모습)의 회의자로 중심이 서있는 마음, 어느 한쪽에도 치우치지 않는다, 공평하다, 충성스럽다는 뜻이다. 충성, 공평, 정성, 공변되다 등의 의미이다.

- 信신은 『설문』에서 人(사람 인)＋言(말씀 언: 맹서盟誓)의 회의자로 '사람의 본심에서 나온 말은 거짓이 없기誠實無欺에 믿을 수 있다'는 의미라고 했다. 맹자는 "가치상 추구할 만한 것을 일러 선善이라 하고, 선을 자기 안에 지니고 있는 것을 일러 신信이라고 한다."고 말했다.

7.25 子曰 聖人을 吾不得而見之矣어든 得見君子者면 斯可矣니라
자왈 성인 오부득이견지의 득견군자자 사가의

子曰 善人을 吾不得而見之矣어든 得見有恒者면 斯可矣니라
자왈 선인 오부득이견지의 득견유항자 사가의

亡而爲有하며 虛而爲盈하며 約而爲泰면 難乎有恒矣니라
무이위유 허이위영 약이위태 난호유항의

공자께서 말씀하셨다. "성인聖人은 내吾가 만나보지 못했으니不得而見之矣, 군자라도君子者 만날 수 있으면得見 그것斯으로 괜찮겠다可矣." 공자께서 말씀하셨다. "선인善人을 내吾가 만나보지 못했으니不得而見之矣, 유항자有恒者라도 만날 수 있으면得見 그것斯으로 괜찮겠다可矣. 없으면서도亡而 있는 척하고爲有, 비었으면서도虛而 차있는 척하고爲盈, 곤궁하면서도約而 태연한 척하면爲泰, 유항有恒하기가 어려울 것이리라難乎矣.!"

추구할 만한 사람을 선한 사람이라고 하고, 선을 간직한 사람을 믿을 만한 사람이라고 하고, 선을 충실히 실천하는 사람을 아름다운 사람이라고 하고, 선을 충실히 실천하면서 찬란히 빛나는 것을 위대한 사람이라고 하고, 위대하면서 변화한 사람을 성인이라고 하고, 성스러워서 그 경지를 알 수 없는 사람을 신인이라고 한다可欲之謂善 有諸己之謂信 充實之謂美 充實而有光輝之謂大 大而化之之謂聖 聖而不可知之之謂神. ─『맹자』「진심」하편 25

한자 해설

주자: 성인聖人은 신령하여 측량할 수 없는 이의 호神明不測之號이고, 군자는 재주와 덕이 출중한 이의 이름才德出衆之名이다. '항恒'은 항상常·오래久라는 뜻이다. 장횡거가 말하길, '유항자有恒者는 그 마음을 두 갈래로 하지 않고不貳其心, 선인善人은 인에 뜻을 두고 악이 없다志於仁而無惡.'고 하였다. 세 가지亡而爲有, 虛而爲盈, 約而爲泰는 모두 허영과 과장의 일虛夸之事이니, 무릇 이와 같은 사람은 그 항상됨을 지킬 수 없다. 장경부가 말하길, '성인과 군자는 학문으로 말했고, 선인과 유항자有恒者는 자질로 말했다.'고 했다. 내가 생각하길, '유항자有

恒者는 성인과 (경지의) 고하가 현격하게 차이가 나지만, 항상 꾸준한 마음이 있는 것으로부터 시작하지 않으면 성인의 경지에 도달할 수 없다.'

다산: 위대하면서 변화한 사람을 성인이라고 하고大而化之曰聖, 문文ㆍ질質을 겸비한 사람을 군자라 하고兼備曰君子, 문文ㆍ질質을 겸비한 연후에 사람들 다스릴 수 있다. 선인善人은 덕의 형성을 지칭하는데, 자신의 행실에 아무런 악이 없어 선에 도달한 자行己無惡以至於善者이다. 유항자有恒者는 그 덕이 선인만 못하지만, 허황되거나 교만하지 않고不虛矯ㆍ꾸미거나 속이지 않아不飾詐 떳떳함을 지키면서 변하지 않는 사람이다. '약約'은 지키는 바가 적은 것이다(묶어서 작게 만드는 것을 약이라 한다束而小之曰約). '태泰'는 채우는 것이 실한 것(所充者實也: 태괘泰卦에 삼양三陽이 안에 있기 때문에 내실內實을 태泰라 한다). '망亡'이란 형태가 없으면서 바탕도 없는 것無形而無質이다. '허虛'란 그릇은 있지만 실질이 없는 것有器而無實이다. '약約'이란 적게 있고 많이 없는 것有少而無多이다.

- 聖성은 耳(귀 이)＋口(입 구)＋壬(천간 임: 나타내다)의 회의자로 <u>귀耳 기울일 줄 알고</u>(총명聰明), 사리事理에 정통하여 말들로 잘 나타낼 수 있는 사람을 말한다.
- 君군은 '尹(벼슬 윤: ｜＋彐)'＋'口(입 구)'의 회의자로 지팡이 ｜를 손에 잡고彐 정사를 관장하며 명령口하는 사람이다. 군자君子는 본래 임금의 아들, 귀족 등을 의미했지만, 공자 이래 최상의 완성된 인격을 갖춘 성인聖人의 아래 경지로서, <u>호학好學을 통해 인仁을 실천하려고 끊임없이 노력하는 사람</u>이다.
- 善선은 갑골문에서 羊(양 양)＋目(눈 목)으로 양처럼 선한 눈을 가진 사람<u>(착한 사람)</u>을 뜻했한다.
- 恒항은 心(마음 심)＋亘(널리 긍)의 형성자로, 하늘과 땅二 사이의 해日와 달月이 변함없이 운행되듯 <u>항상 꾸준한 마음心</u>을 말한다.
- 虛허는 虎(범 호)＋丘(언덕 구)의 회의자로 호랑이가 언덕에 나타나자 모

두 사라졌다는 의미에서 <u>비다</u>, <u>없다</u>는 뜻이다.

- 盈영은 皿(그릇 명)+夃(찰 영)의 형성자로 그릇皿에 가득 차다는 뜻이다. <u>가득하다</u>, 충만하다, 피둥피둥하다, 남다, 여유가 있다, 불어나다, 증가하다, 미치다, <u>교만하다</u>, 이루다는 뜻이다.

- 泰태는 水(물 수)+大(큰 대)+廾(받들 공)의 회의자로 사람大이 흐르는 물水에 양손廾을 뻗고 씻고 있는 모습으로 크다, 편안하다, 안정되다 뜻으로 가차되었다. <u>크다</u>, 심하다, 편안하다, <u>교만하다</u>, 거만 떨다, 너그럽다, 통하다, 태산, 64괘의 하나 등으로 쓰인다.

7.26 子는 釣而不綱하시며 弋不射宿이러시다
자 조 이 불 강 익 불 석 숙

공자子께서는 낚시는 하셨지만釣而 강綱은 하지 않으셨고不, 주살弋을 던지셨지만 잠든 새를 쏘지는 않으셨다不射宿.

공자께서는 젊었을 때 빈천하여 봉양과 제사를 위해, 혹 마지못해 낚시를 하고 주살도 던졌을 것인데, 예컨대 사냥경쟁獵較이 그것이다. 그러나 물고기를 전부 잡거나盡物取之 새를 불의에 습격하지出其不意 않으셨으니 여기서 인인仁人의 본심을 볼 수 있다. (물고기와 새와 같은) 사물을 이와 같이 대했으니, 사람은 어떻게 대했는지 알 수 있다. 작은 것에 이와 같았으니, 큰 것은 어떻게 하셨는지 알 수 있다. 〈홍흥조〉

한자 해설
- 釣조는 金(쇠 금)+勺(구기 작: 국자)의 형성자로 낚시를 말한다. 낚다, 유혹하다, 탐하다, 구하다 등의 의미이다. **황간**: 釣란 <u>하나의 낚싯대에 하나의 낚시 바늘을 매어 고기를 잡는 것이다.</u>

- 綱강은 糸(가는 실 멱)+岡(산등성이 강: 강하다)의 회의자로 강한 줄 혹은 튼튼한 줄이 원뜻임, 사물을 총괄한다, 일의 뼈대를 의미한다. 벼리(그물

코를 꿴 굵은 줄), 법도, 사물을 총괄하여 규제하는 것, 대강, 줄, 그물, 다스리다, 통치하다, 잡아매다, 바로잡다 등으로 쓰인다. **주자**: 網은 굵은 밧줄로 그물을 엮어以大繩屬網 물길을 끊어 고기를 잡는 것絶流而漁者이다. **다산**: 공안국이 말하길, '綱이란 큰 벼리를 만들어 흐르는 물을 가로질러 치고, 낚시 줄에 (여러) 낚시 바늘을 매달고, 벼리에 부착하여 펼치는 것이다.'고 했다. 살피건대, 나의 집이 열수가洌水之濱에 있어, 어부가 더러 이런 (공안국이 설명한) 도구를 사용하면서, 만구 낚시萬鉤之釣라 하였다. 그러나 옛날에도 이것이 있었을까? 綱이란 망網(그물) 자를 잘못 쓴 것이니, 자형이 비슷해서 나온 오류이다. 주자가 주석한 것에는 (강綱을) 단지 망網으로 해석했을 뿐, 낚시를 매달아 놓았다는 설명은 없다.

- 弋익은 화살촉에 구멍을 뚫어 줄을 단 주살의 상형자이다. 주살, 홰, 말뚝, 새그물, 주살질하다, 빼앗다, 사냥하다 등으로 쓰인다. **공안국**: 弋은 주살로 쏘는 것繳射이다. **주자**: 弋은 명주실을 화살에 묶어 쏘는 것以生絲繫矢而射이다.

- 宿숙은 사람人이 집안宀에서 자리 위에 쉬거나 자는 모습이다. 자다, 묵히다不宿肉, 오래 머무르다破宿血, 숙위宿衛하다, 미리(사전에: 學不宿習 無以明名), 숙소宿所, 재계齋戒하다三日宿, 잠든 새弋不射宿, 평소, 나이가 많다. 한 해 묵다有宿草而不哭焉. **주자**: 宿은 잠자는 새宿鳥이다.

7.27 子曰 蓋有不知而作之者아 我無是也로라 多聞하여
자왈 개유부지이작지자 아무시야 다문
擇其善者而從之하며 多見而識之가 知之次也니라
택기선자이종지 다견이지지 지지차야

공자께서 말씀하셨다. "대개蓋 알지 못하면서不知而 창작하는 자作之者가 있겠으나有, 나我는 이러함是이 없었다無. 많이 듣고多聞 그其 선한 것

당시 사람들이 천착하여 함부로 편적篇籍을 짓는 자가 있었기에 말씀하신 것이다. 〈포함〉

한자 해설

주자: 알지 못하면서 창작하다不知而作는 그 이치를 모르면서 함부로 창작하는 것不知其理而妄作이다. 공자께서는 스스로 일찍이 함부로 창작하지 않으셨다고 말씀하셨지만, 대개 이 또한 겸사謙辭이지만, 알지 못하는 바가 없었다는 것을 알 수 있다. '지識'는 기억記이다. 따를 것을 선택하지 않을 수 없지만, 기록하면 선·악(좋은 점과 나쁜 점)을 모두 당연히 보존하여 갖추어 참고할 수 있다. 이와 같이 하는 사람은 비록 그 이치를 실제로 알지는 못해도, 아는 사람知之者의 다음이다.

다산: 작作은 창조創造이다. 하나의 책을 창조하는 것을 일러 '작作'이라 한다. 도를 알지 못하면서 책을 쓰면 해독이 만세에까지 끼치니, 성인께서 깊이 두려워하신 것이다. '개유蓋有'란 말씀을 조심스럽게 하신 것辭之謹이다. '아무시야我無是也'란 스스로 경하하는 말씀自慶之辭이니, 나는 이런 죄를 범하지 않는다는 말과 같다. '택기선자擇其善者'는 산정刪이니, 이것이 『시』·『서』를 산정한 까닭이다. '지識'란 기록記이니, 예를 들면 『역전』·『시서』 및 『의례』의 모든 편들에 있는 부기附記가 그것이다. 이 두 가지는 비록 알고서 창작하는 것만 못하지만, 그래도 다음이 된다. 가장 낮은 것最下은 알지 못하면서 창작하는 것不知而作之이다.

- 蓋개는 艸(풀 초)+盍(덮을 합: 뚜껑이 있는 보관함)의 상형자로 풀로 덮다·합하다는 뜻인데, 모두나 대략으로 가차되었다. 덮다, 뚜껑, 숭상하다, 뛰어나다, 일산日傘, 해치다鰥寡無蓋, 대개大槪·아마도, 그래서蓋均無貧 和無寡, 하늘, 어찌(합=盍) 등으로 쓰인다.
- 作작은 人(사람 인)+乍(잠깐 사 → 작)의 회의자로 만들다, 시작하다, 품作

品 등의 뜻이다. 일어나다振作, 日出而作, 창작하다著作, 만들다, 작품佳作, 나타내다裝模作樣, ~로 하다 등으로 쓰인다.

- 識식(지)은 言(말씀 언)+戠(찰흙 시)의 회의자로 말言과 소리音를 통해서도 식별한다, 혹은 말言로 듣고 알게 된다는 뜻이다. 식識이란 본래 가장 넓은 뜻으로 본 앎을 말한다. 기억(록)하다고 할 때는 '지'로 발음한다 (표지標識).

- 次차는 二(두 이)+欠(하품 흠)의 회의자로, 하품欠하며 다음으로 미룬다는 뜻과 二가 이수변 冫이 되어 두 번째를 뜻하여 버금, 둘째, 다음에, 차례 등을 의미한다.

7.28 互鄕은 難與言이러니 童子見커늘 門人이 惑한대
　　호 향　　난 여 언　　　동 자 현　　문 인 혹

子曰 與其進也요 不與其退也니 唯何甚이리요
자 왈　여 기 진 야　　불 여 기 퇴 야　　유 하 심

人이 潔己以進이어든 與其潔也요 不保其往也여
인　결 기 이 진　　　여 기 결 야　　불 보 기 왕 야

호향互鄕 사람들은 더불어 말하기與言 어려운데難 (호향의) 동자童子가 (와서 공자를) 알현見하자 제자들門人이 의혹惑을 품었다. 공자께서 말씀하셨다. "(옛말에 사람을 접대할 때는) 그 나아감其進을 허여하고與, 그 물러남其退을 허여하지 않는다不與也(고 하였다: 오는 자를 거절해서는 안 된다). 어찌唯何 그리 심甚한가? (사람은 한결 같을 수는 없으니, 사람을 가르치는 방도는) 사람人이 자신己을 깨끗하게 하여潔以 나아오면進 그 깨끗함其潔을 허여하고與也, 그가 지난날(의 악한 행실)其往을 보존하는 것은 아니다不保也."

사람이 자기를 깨끗이 하고 오면, 다만 그가 자신을 능히 깨끗하게 한 것을 허여할 뿐이며, 본디 그가 지난날 행한 선악에 대해서는 보존할 필요는

340

없으며, 다만 그가 나와서 알현하는 것을 허여할 뿐이며, 그가 이미 물러나서 불선을 저지르는 것을 허여하는 것이 아니라는 말이다. 대개 이미 지나간 것을 추궁하지 말고, 장차 다가올 것을 막지 말고, 옳은 마음으로 오면 다만 받아들일 뿐이다. 〈주자〉

한자 해설

주자: 호향互鄕은 고을 이름인데, 그곳 사람들은 불선不善에 익숙하여 더불어 선을 말하기 어려웠다. 혹惑이란 공자께서 호향 사람을 만난 것이 부당不當하다고 의문을 품었다. 의심컨대, 이 장에는 착간錯簡이 있는 듯하다. '인결人潔'에서 '왕야往也'까지 열네 글자는 마땅히 '여기진야與其進也'의 앞에 있어야 한다. 결潔은 닦아 다스림修治이다. 여與는 허여許也이다. 왕往은 지난날前日이다. 유唯 자 앞뒤로도 또한 의심컨대 궐문이 있는 듯한데, 대저 너무 심하게 하지 말라는 뜻일 것이다.

다산: 여기진與其進 · 불여기퇴不與其退는 대개 고어蓋古語일 것이다. 여與는 허여許이다. 무릇 사람을 접대하는 법은 오면 맞이하고, 가면 만류하는 것이니, 이것이 그 나아감을 허여하고, 그 물러남을 허여하지 않는 것이다. 이 말을 인용하여, 오는 자를 거절할 수 없다는 것을 밝혔다. 유하심惟何甚은 악을 미워함이 너무 심하게 해서는 안 된다는 말이다. 보保는 지킴이고, 왕往은 이전 날의 악행을 말한다. (주자에게) 질의한다. 이 장에 착간이 있다는 것을 보지 못하였다(이탁오李卓吾가 말했다. 뒤의 14글자는 전도되지 않았으며, 문법이 더욱 고풍스럽다).

- **與여**는 与(어조사 여)+舁(마주들 여)의 형성자로 함께 들어 올리다는 뜻이다. 더불어, 목적을 함께하는 무리, 허여하다, 돕다 · 협조하다, 위하여, 참여하다, 어조사(의문문), 주다 등으로 쓰인다.

- **惑혹**은 或(혹시 혹: 창을 들고 성을 지키는 모습)+心(마음 심)의 회의자가 혹시나 하는 마음으로 미혹하다, 현혹시키다, 의심하다, 번뇌 등으로 쓰인다.

- **潔결**은 水(물 수)+絜(헤아릴 혈: 삼베를 만들려고 깨끗하게 정리하여 묶어 놓은 삼대)의 회의자로 물처럼 깨끗함으로 더러움이 없다梁盛不潔, 행실이 바

르다朕幼清以廉潔兮, 깨끗이 하다人潔己以進 등으로 쓰인다.

- 保보는 人(사람 인)+呆(어리석을 태)의 회의자로 부모가 아이를 업고 있는 모습에서 지키다, 보호하다, 보존하다, 기르다, 귀순하다, 차지하다, 의지하다, 포대기, 작은 성 등으로 쓰인다.
- 往왕은 彳(걸을 척)+主(주인 주)의 회의자로, 갑골문에서는 王(임금 왕) 위로 止(발 지)자가 그려져 '가다'라는 뜻을 표현한 것이다. 여기에 彳자가 더해지면서 다시 과거에 있어난 일, 왕왕往往의 뜻이 나왔다.

7.29 子曰仁遠乎哉아 我欲仁이면 斯仁이 至矣니라
자왈인원호재　아욕인　　사인　지의

공자께서 말씀하셨다. "인仁은 멀리 있는가遠乎哉? 나我는 인하고자 하면欲仁, 이에 곧斯 인仁이 이른다至矣.

인을 행함은 자기로부터 말미암으니爲仁由己, 인을 하고자 하면 곧 이르니, 어찌 멀리 있겠는가? 〈정자〉

한자 해설
- 仁인은 따뜻한 방석 위에 앉아 있는 사람의 형상이었는데(→ 따뜻한 마음 → 측은지심), 두 사람의 의미를 나타내는 문자(人二 혹은 仁)로 나누어져 사람과 사람의 관계와 도리를 말한다. 주자: 仁이란 마음의 덕心之德이니 밖에 있는 것이 아니다非在外. 놓아버리고 구하지 않기 때문에 멀리 있다고 여긴다. 돌이켜 구하면 바로 여기에 있으니, 어찌 멀겠는가? 다산: 仁이란 다른 사람을 향한 사랑이다仁者嚮人之愛也. 인륜에 처하여 그 분수를 다하면 인이라고 한다處人倫盡其分謂之仁. 인을 행함은 자기로부터 말미암기 때문이 멀지 않다고 말했다.
- 欲욕은 欠(하품 흠)+谷(골 곡)의 형성자로, 입을 크게 벌리고欠 텅 빈 계곡谷처럼 끝없이 갈구하는 것을 말한다. 다산: 欲은 谷(골짜기)+欠(하품,

모자라다)에서 유래하는데, 谷은 비어있음, 欠은 구멍竅이다. 무릇 비고 구멍이 있는 것은 항상 다른 사람을 취하여 채우려하는데, <u>사람 마음이 원욕願欲하는 형상이 이와 같다. 회의자이다.</u>

- 斯사는 斤(도끼 근)+其(그 기)로 회의자이지만, 이것 혹은 여기로 가차되었다. 지시대명사로서 여기, 쪼개다, 떨어지다, 희다, 천하다, 모두罪人斯得, 곧, 이에 곧如知其非義 斯速已矣, 어조사. **신안 진씨**: 여기서 사斯자는 매우 요긴하다. '즉차卽此'(이에 곧)라는 두 글자의 의미가 있다.

7.30 陳司敗問 昭公이 知禮乎잇가 孔子曰 知禮시니라
진 사 패 문 소 공 지 례 호 공 자 왈 지 례

孔子退커시늘 揖巫馬期而進之曰 吾聞君子는 不黨이라호니
공 자 퇴   읍 무 마 기 이 진 지 왈 오 문 군 자 부 당

君子도 亦黨乎아 君取於吳하니 爲同姓이라 謂之吳孟子라하니
군 자 역 당 호 군 취 어 오 위 동 성 위 지 오 맹 자

君而知禮면 孰不知禮리오
군 이 지 례 숙 부 지 례

巫馬期以告한대 子曰 丘也 幸이로다 苟有過어든 人必知之온여
무 마 기 이 고 자 왈 구 야 행 구 유 과 인 필 지 지

진陳나라 사패司敗가 물었다問. "소공昭公은 예를 아셨습니까知禮乎?" 공자께서 말씀하셨다. "예를 아셨습니다知禮." 공자孔子께서 물러退나가시니, (사패가) 무마기巫馬期에게 읍하고揖而 나아오게 하여進之 말했다曰. "내가 듣기에吾聞, 군자君子는 편당黨(=서로 도와 잘못을 숨겨줌) 짓지 않는다不고 하는데, 군자君子 또한亦 편당黨을 짓습니까乎? 소공君이 오나라에서於吳 아내를 맞았는데取, 동성이어서爲同姓 (동성임을 숨기기 위해) 오맹자吳孟子라고 하였으니謂之 소공이君而 예를 알았다면知禮 누가孰 예禮를 알지 못하겠습니까不知?" 무마기巫馬期가 이 말로써以 (공자께) 고告하니, 공자께서 말씀하셨다. "나는丘也 다행幸이구나! 진실로苟 허물이 있으면有過, 남人들이 반드시必 알게 해 주는구나知之!"

노나라는 대개 공자의 부모의 나라이고, 소공은 노나라의 선군先君이다. 사패가 또한 그 일을 드러내어 말한 것이 아니라, 갑자기 예를 아셨는가 하고 질문하였으니, 그 대답은 마땅히 이와 같아야 한다. 사패가 편당함이 있다고 함에 미쳐서도, 공자께서는 수용하여 허물로 삼았으니, 대개 공자의 성대한 덕은 불가不可한 것이 없다. 그러나 그 말을 수용하여 허물을 삼으면서도, 그것이 허물이 되는 까닭을 곧바로 말하지 않고, 처음에는 맹자의 일을 알지 못했던 것처럼 하셨으니, 만세의 법도가 될 만하다. 〈오역〉

한자 해설

- 司사는 后(임금 후)를 거꾸로 그린 것으로 제사를 주관하는 사람, 혹은 팔을 하늘 높이 들어 명령을 내리는 사람을 그린 것이라 한다. 맡다, 살피다, 지키다, 관아, 마을, 벼슬 등으로 쓰인다. **주자**: 사패司敗는 관직이름이니官名, 곧 사구司寇이다.

- 揖읍은 手(손 수)+咠(잠소할 집)의 형성자로 인사하는 예의 하나로서 두 손을 맞잡고 절을 하는 것이다(사양辭讓과 양보讓步).

- 黨당은 黑(검을 흑)+尙(숭상할 상)의 형성자로 모여서 나쁜 것黑을 숭상尙하는 무리나 집단을 말한다. 한동아리各於其黨, 마을惟此黨人其獨異, 일가睦於父母之黨 可謂孝矣, 측근居侯黨之一, 친하게 지내다黨學者, 많다私門成黨, 사귀다無所交黨, 돕다群而不黨, 불공평하다無偏無黨, 알랑거리다比而不黨, 빈번히怪星之黨見, 착하다博而黨正 등으로 쓰인다. **주자**: 서로 돕고 비리를 숨겨주는 것을 일러 당黨이라 한다相助匿非曰黨. **다산**: 黨은 편偏과 같다.

- 姓성은 女(여자 여)+生(날 생)의 회의자로, 태어남生은 곧 여자女에 의해 결정된다고 하는 모계사회를 근간을 반영했다. 어떤 집 여자女子로부터 태어난 같은 혈족의 이름, 나중에 집안 이름 곧 성姓으로 되었다. 부계사회에서는 혈통을 氏(각시 씨)라 불렀다. 성姓, 성씨姓氏, 백성, 겨레, 씨족氏族, 아들, 낳은 자식, 타고난 천성 등으로 쓰인다.

- 苟구는 艹(풀 초)+句(글귀 구)의 상형자로 갑골문에서는 개가 주변을 철

저히 경계한다는 의미에서 '진실로'나 '참으로'라는 뜻이다. 혹은 피정복민이 꿇어앉은 모습으로 참되게 빌다, 구차하다의 뜻이다. 다만, 겨우, 만약, 구차苟且, 바라건대, 잠시, 미봉하다, 탐내다 등으로 쓰인다.

7.31 子與人歌而善이어든 必使反之하시고 而後和之러시다
자 여 인 가 이 선　　　 필 사 반 지　　　　 이 후 화 지

공자子께서 다른 사람與人과 노래하다가歌而 좋으면善, 반드시必 반복反之하게 하시고, 뒤에而後 하답하셨다和之.

반드시 노래를 반복하게 하신 것必使復歌은 그 상세함을 얻고 그 좋은 것을 취하려고 하신 것이다. 그런 뒤에 화답하신 것而後和之은 그 상세함을 얻어서 그 좋은 것을 함께 한 것을 기뻐하신 것이다. 여기서 성인의 기상이 부드럽고 유연하고從容, 성의가 간절하고 지극하여懇至, 그 겸손함이 자세하고 엄밀하여審密 다름 사람의 좋은 것을 가리지 않는 것이 이와 같다는 것을 볼 수 있다. 〈주자〉

한자 해설

- 歌가는 哥(노래 가)+欠(하품 흠)의 회의자로 입을 벌려欠 노래哥를 부르는 것이다. 노래, 가곡, 가사, 시체詩體의 이름, 악기樂器의 이름, 노래하다, 읊다, 노래를 짓다, 칭송하다 등으로 쓰인다. **다산:** 歌란 말소리를 길게 하여 시를 읊조리는 것長言以誦詩이다.
- 反반은 厂(기슭 엄: 어떤 물건)+又(또 우: 손)의 회의자로 비탈진 지형을 비정상적으로 오르는 일로 반대, 손을 뒤집기를 반복反復하는 것을 말한다. 돌이키다, 돌아오다, 되풀이하다, 반복하다, 뒤집다, 뒤엎다, 배반하다, 어긋나다, 반대하다, 모반, 반역, 어렵다(번), 조심하다 등으로 쓰인다. **주자:** 反은 반복復이다.
- 和화는 禾(벼 화)+口(입 구)의 형성자로 원래는 龠(피리 약) 자가 들어간

龢(화할 화) 자로 피리 소리가 고르게 퍼져나간다는 의미에서 '조화롭다'를 뜻했다. 혹은 조 이삭禾이 둥글게 숙어진 모양을 본뜬 글자로 모나지 않음의 뜻한다. 조화됨和 不堅不柔也, 화목하다地利不如人和, 온화하다君子和而不同, 도에 맞는 것和也者 天下之達道也, 유순하다吾馬賴柔和, 화답王和之, 小大嚮和, 更唱迭和, 남의 운韻을 따서 시를 짓다詩成遺誰和 등으로 쓰인다.

7.32 子曰 文莫吾猶人也아 躬行君子는 則吾未之有得호라
자 왈 문 막 오 유 인 야　궁 행 군 자　즉 오 미 지 유 득

공자께서 말씀하셨다. "문文이야 어찌 내吾가 남人과 같지 않겠는가莫猶也 마는, 군자君子의 도덕을 몸소 행하는 것躬行은 내吾가 아직 얻지得 못했다未之有."

문文은 비록 성인이라도 남과 다르지 않기 때문에 겸양하지 않으셨다. 군자의 도를 몸소 실천할 수 있으면 성인의 경지에 들어가는 것이기 때문에 자처하지 않으셨으니, 군자의 도가 셋인데, 나는 (그 셋 중 어느 것에도) 능한 것이 없다(14.30)는 것과 같다. 〈사량좌〉

한자 해설

주자: 막莫은 의문사疑辭다. 유인猶人은 남보다 낮지는 못해도, 그래도 남에게 미칠 수는 있다는 말이다. '아직 얻지 못했다未之有得'는 것은 아직 전혀 얻지 못했다는 것으로 모두 스스로 겸손해 하신 말이다.

다산: 공자께서 스스로 말씀하시길, '문학文學이야 어찌 내가 남과 같지 않겠는가만, 군자의 덕을 몸소 행하는 것은 내가 아직 자득한 바가 없다(스스로 겸손해 하신 것이다)'고 했다. 공자께서 '십여 가구 정도의 작은 마을에도 나만큼 충신忠信하는 사람은 있겠지만, 나만큼 배우기를 좋아하지는 않을 것이다.'(5.27)고 하셨으니, 문학은 평소 스스로 허여한

바이지만, 덕행은 평소 스스로 겸손한 바이다.

- 文문은 획을 교차하다는 뜻으로 교차한 무늬를 형상했다. 글월以能誦 詩書屬文, 글자, 문치文治·문사文事, 글을 짓다帝親文其卑, 무늬·문채 文彩, 현상觀乎天文, 문물(예악과 제도 등 문화적 산물), 법령의 조문, 아름답 다·선善하다禮滅而進 以進爲文, 어지럽다=紊亂, 화미華美하다君子質而 已矣 何以文矣, 주 문왕, 꾸미다文之以禮樂, 가리다小人之過也 必文, 노력 하다文莫吾猶人也 등으로 쓰인다.

- 莫막은 茻(잡풀 우거질 망)＋日(날 일)의 회의자로 해가 풀숲에 떨어지는 때를 표시했지만, 후에 '(〜을) 하지 마라'는 부정사로 가차되었다. 부 정이나 금지의 조사, 아득하다廣莫之野, 쓸쓸하다逯晻莫而昧幽, 어둡다 悖倫昏莫 不終極, 안정되다民之莫矣, 거스르다君子之於天下也 無適也 無莫 也, 앓다莫此下民, 저물다不夙則莫 등으로 쓰인다.

- 躬궁은 身(몸 신)＋弓(활 궁)의 형성자로, 활弓처럼 약간 휜 몸체라는 의 미를 그렸으며, 몸을 굽히다는 뜻도 나왔다. 몸, 자기己 자신, 몸소, 굽히다, 곤궁하다 등의 뜻이 있다.

7.33 子曰 若聖與仁은 則吾豈敢이리오 抑爲之不厭하며 誨人不倦은
자 왈 약 성 여 인   즉 오 기 감   억 위 지 불 염   회 인 불 권
則可謂云爾已矣니라 公西華曰 正唯弟子不能學也로소이다
즉 가 위 운 이 이 의   공 서 화 왈 정 유 제 자 불 능 학 야

공자께서 말씀하셨다. "성과 인聖與仁과 같은 것若이라면 내吾 어찌豈 감 敢당할 수 있겠는가? 그러나抑 다만 (인과 성 혹은 학문) 행하기를爲之 싫어하지 않고不厭, 다른 사람 가르치기를誨人 권태로워 하지 않는 것이 라면不倦則 그렇다고可 말할 수 있을 뿐이다謂云爾已矣." 공서화公西華가 말했다曰. "바로 그것이正唯 저희 제자弟子들이 능能히 배울 수 없는 것입 니다不學也."

당시 공자를 성스럽고 인하다聖且仁고 칭하는 사람이 있었기 때문에, 공자께서 사양하셨다. 만약 사양만 했을 뿐이라면 천하의 인재를 나아가게 할수 없고, 천하의 선을 솔선할 수도 없다. 그러면 성과 인은 헛된 것이 되어 사람들이 끝내 도달하지 못하는 경지가 되고 만다. 그러므로 공자께서 비록 인과 성의 경지에 거처한다고 하지 않고, 반드시 행하기를 싫어하지 않고, 가르치기를 권태로워하지 않는다고 자처하였다. 〈조설지晁說之, 1059~1129〉

"억위지불염抑爲之不厭 회인불권誨人不倦"에서 대명사인 지之가 무엇을 의미하는지는 각각의 학문적 특성에 따라 의견을 약간씩 다르다.

이 장도 공자께서 공손하신 덕을 기록한 것이다. 성과 인은 사람의 행실 중 가장 큰 것이므로 공자께서 겸양하시어 감히 성자와 인자로 자칭하시지 않은 것이다. 공자께서 나는 '선왕의 도'를 배우기를 싫어하지 않으며, 남을 가르치기를 게을리 하지 않은 것이라면, 그렇다고 말할 수 있다고 말씀하신 것이다. 〈공영달〉

성스러움聖이란 위대하면서 변화된 경지大而化之이다. 인仁은 마음의 덕이 온전한 것이고 사람의 길이 갖추어져 있는 것이다心德之全而人道之備也. 위지爲之는 인仁과 성聖의 도를 행하는 것이고, 회인誨人 또한 인仁과 성聖을 남에게 가르치는 것이다. 그러나 싫증내지 않고 권태로워하지 않음은 자신이 지니고 있지 않으면 불가능한 까닭에 제자들이 배울 수 없다는 것이다. 〈주자〉

위지爲之란 배우는 것이니, 배워서 장차 성인이 된다成聖. 회인誨人이란 가르치는 것教이니, 가르쳐서 인을 넓힌다廣仁. 운云 · 이爾 · 의矣는 모두 어조사이다. 이는 그 말의 표현을 꼭 맞게 하지 않고 네 번 굴리는 데까지 이

른 것이다. 비록 스스로 인정은 하지만, 오히려 두려워하고 물러서는 마음이 있는 것이다. 〈다산〉

- 聖성은 耳(귀 이)+口(입 구)+壬(좋을 정)의 형성자로 들리면耳 바로 이치를 파악하고 나오는 말들이 모두 법도矩에 맞아, 지와 덕, 존재와 당위가 일치하는 빼어난壬 스승이자 지도자를 말한다.

- 仁인은 『설문』에서 "친애親愛한다는 의미로 두 사람(人+二)에서 유래했다(仁 親愛也 由'人' 由二 會意)"고 했듯이, 다양한 사회적–관계적 상황에서 마땅히 해야 할 도리를 다하는 것을 말한다. 학문을 좋아하는 군자는 인仁을 추구한다.

7.34 子疾病이어시늘 子路請禱한대 子曰 有諸아 子路對曰 有之하니
　　　자 질 병　　　　자 로 청 도　　　　자 왈 유 저　　　자 로 대 왈 유 지

誄에 曰 禱爾于上下神祇라하니이다 子曰 丘之禱久矣니라
뢰　　왈　도 이 우 상 하 신 기　　　　자 왈 구 지 도 구 의

공자子께서 병환이 깊어지자疾病, 자로子가 (귀신에게) 기도禱하길 청請하니, 공자께서 말씀하셨다. "그런 이치(예법)가 있느냐有諸?" 자로子路가 대답하여 말했다對曰. "있었습니다有之. 〈뢰誄〉에서 말하길曰, '그대爾를 위해 하늘과 땅의 귀신上下神祇께 기도禱를 드린다.' 하였습니다. 공자께서 말씀하셨다. 내가 기도丘之禱한 지 오래 되었다久矣."

　기도란 허물을 뉘우치고 선으로 옮겨감으로써 귀신의 도움을 기원하는 것이다. 공자가 "기도해 온 지 오래이다"라는 말을 대부분의 주석서에서 '공자는 천지와 그 덕을 합하고 귀신과 그 길흉을 합하는 성인의 경지에 올랐기 때문에, 더 이상 허물을 뉘우치거나 귀신의 도움을 받을 필요가 없기 때문에 그렇게 대답했다.'고 해석하고 있다. (접속사와 연결되는 내용이 필요할 듯) 공자가 "내가 그런 기도를 한 지 오래다"라고 대답한 것

은 아마도 항상 허물을 뉘우치고 선으로 옮겨감으로써 귀신의 도움을 기원하는 자세로 살아왔기 때문에 그렇게 대답했을 것이리라!

주자: 도禱는 귀신에게 기도하는 것을 말한다. 유저有諸는 이런 이치가 있는지를 물은 것이다. 뢰誄란 죽음을 애도하며 그 행적을 기술한 말이다. 상하上下는 천지天地를 말하는데, 천을 신神이라 하고, 지地를 기祇라 한다. 도禱란 과오를 뉘우치고 선으로 옮겨가서 귀신의 도움을 비는 것이다. 기도하는 이치가 없다면 기도할 필요가 없으며, 이미 있다고 하였다면 성인은 일찍이 과오가 있던 적이 없었으니 옮겨갈만한 선이 없고, 평소 행위가 진실로 이미 신명神明에 부합하였기 때문에 '내가 기도한 지가 오래다.'라고 하신 것이다.

다산: 질환이 심한 것을 일러 병이라 한다疾甚曰病. 유저有諸는 '예禮에 그런 것이 있는가'라는 말이다. 자로는 옛 뢰문의 구절을 인용하여 질병 때에 기도하는 일이 있음을 증명했다. 공안국이 말하길, '공자의 평소 행실이 신명神明에 부합하였기에, 내가 기도한지 오래다.'고 했다.

• 疾질은 疒(병들어 기댈 녁)＋矢(화살 시)의 회의자로 화살矢을 맞아 생긴 상처(질병 일반)를 말하고, (화살처럼) 빠르다는 뜻도 있다. 질병若藥弗暝眩厥疾弗瘳, 불구不具鰥寡孤疾, 하자中諸侯之疾, 병에 걸리다昔者疾 今日愈, 근심하다君子疾沒世而名不稱焉, 미워하다夫撫劍疾視, 빠르다破乃愈疾 등으로 쓰인다.

• 病병은 疒(병들어 기댈 녁)＋丙(남벽 병)의 형성자로 침대에 아파 누워 있는 사람을 나타낸다. 증상의 경중에 따라 질疾과 병病으로 나누기도 했다. 근심, 결점, 앓다, 지치다, 마르다, 꺼리다, 헐뜯다, (손해를) 입히다, 굶주리다 등으로 쓰인다.

• 禱도는 示(보일 시)＋壽(목숨 수)의 형성자로 제단示에서 장수壽를 빈다는 뜻이다. 빌다, 기원하다, 기도하다, 소망하다, 바라다, 원하다 등으로 쓰인다.

- 誄뢰는 言(말씀 언)+耒(쟁기 뢰)의 형성자로 질병을 위한 기도 또한 죽은 이의 공덕을 진술하는 말이다. 애도하다, (조문을) 읽다, 빌다, 기원하다, 뇌사誄詞, 조문弔文 등으로 쓰인다.
- 神신은 示(보일 시)+申(아홉째지지 신)의 형성자로 본래 번개(申→電) 신示을 말했지만, 자연계에 존재하는 각종 신을 대표하게 되었다.
- 祇기는 示(보일 시)+氏(근본 제)의 형성자로 시조氏를 제사示의 대상으로 숭배하는 모습으로 땅귀신, 삼가다无祇悔, 어조사亦祇以異, 이것祇吾子之不知言也 등으로 쓰인다.

7.35 **子曰 奢則不孫**하고 **儉則固**니 **與其不孫也**론 **寧固**니라
자 왈 사 즉 불 손   검 즉 고   여 기 불 손 야   영 고

공자께서 말씀하셨다. "사치하면奢則 공순孫(=順)하지 않고不, 검소하면儉則 고루固(=陋)하다. (둘 모두 중용을 잃었지만) 공순하지 않는 것其不孫也보다는與 차라리寧 고루固한 것이 낫다."

'사치奢'란 과장하고 큰 척하는 뜻이 있어 윗사람을 참란하게 범하는 뜻이 있는 것이고, '검박儉'이란 인색하고 부족한 것을 말한다. 사치가 지나친 것過이라며, 검박한 것은 모자라는 것不及이다. 따라서 '지나친 사치함'과 '모자라는 검박함' 둘 모두 중용의 도를 벗어났지만, 사치함보다는 검박한 것이 낫다는 것이다. 이 구절의 뜻은 다음 구절과 통한다.

임방이 예의 근본을 물었다. 공자께서 말씀하셨다. "좋은 질문이다. 예는 사치함보다는 차라리 검박한 것이 낫고, 장례는 절차를 잘 지키는 것보다는 차라리 슬퍼하는 것이 낫다林放問 禮之本 子曰 大哉問 禮與其奢也 寧儉 喪與其 易也 寧戚."—『논어』3.4

주자: 손孫은 온순順이고, 고固는 고루陋이다. 사치奢와 검소儉 모두 중용을 잃었지만, 사치의 해로움이 더 크다.

다산: 형병이 말하길, '손孫은 온순順이고, 고固는 고루陋이다(살핀다. 고固란 사방이 막힌 것四塞으로 불통不通을 말한다).'고 했다. 공안국이 말하길, '모두 (중용을) 잃었다. 사치하면 윗사람에게 참월하고, 검박하면 예에 미치지 못한다.'고 했다.

• 奢사는 大(크다)+者(놈 자: 많은 것을 모으다)의 형성자로 분에 넘치게 크게 떠벌리다, 혹은 필요보다 많이大 삶는다(者: 삶을 자)는 뜻이다. 사치하다, 낭비하다, 과분하다, 지나치다, 분에 넘치다, 넉넉하다, 많다, 크다, 자랑하다, 뽐내다, 오만하다, 낫다는 의미이다.

• 孫손은 子(아들 자)+系(이을 계)의 회의자로 아들이 이어지다(손자)는 뜻이다. 손자, 자손, 후손, 움, 돋아난 싹, 맥락, 겸손, 공손, 달아나다, 물려주다, ~보다 못하다 등으로 쓰인다.

• 儉검은 人(사람 인)+僉(모두 첨)의 회의자로 모든 것을 절약하는 사람이란 뜻이다. 혹은 人(사람 인)+僉(모두 첨←엄하게 하다)의 형성자로 낭비를 없애다는 뜻이다. 검소하다, 낭비하지 않다, 넉넉하지 못하다, 가난하다, 적다, 부족하다, 흉년 들다, 험險하다 등으로 쓰인다.

• 固고는 囗(에운담 위: 성벽)+古(옛 고)의 회의자로 성벽이 군건해 오래 유지됨이나 오래된 습관을 유지함을 말한다. 굳다, 완고頑固, 고루固陋, 우기다, 진압하다, 쇠퇴하다, 수비, 굳이, 진실로, 한결같이 등으로 쓰인다.

7.36 子曰 君子는 坦蕩蕩이요 小人은 長戚戚이니라
자왈군자 탄탕탕 소인 장척척

공자께서 말씀하셨다. "군자君子는 평탄坦하여 너그럽고 넓으며蕩蕩, 소인小人은 늘長 우려하고 근심戚戚한다."

유교는 '위기지학爲己之學'과 '위인지학爲人之學'을 구분한다. 위기지학은 자신 안에 있는 인간의 본성으로 자기를 정립하는 학문을 말한다. 위인지학은 그 준거를 타인에 두고 다른 사람의 인정을 받거나 부귀공명들을 탐하려고 공부하는 것을 말한다. 군자는 인간의 본성으로 자기정립을 하는 사람이며, 소인은 밖에 있는 것(예컨대 부귀영달)을 구하면서 다른 사람의 인정을 받기를 원한다. 따라서 군자는 자기를 정립하여 자신의 최선을 다하면 그만이다. 그렇기에 군자는 그 준거가 자신에게 있기에 평탄하고 넉넉하며, 남이 자신을 알아주지 않아도 성내지 않는 것이다. 소인은 그 기준이 남에게 있고, 그 추구하는 대상이 외부에 있기 때문에 항상 근심 걱정한다.

군자는 이치를 따르므로 항상 느긋하고 태연하며常舒泰, 소인은 외물에 부림을 받으므로 항상 근심 걱정이 많다多憂戚. 〈정자〉

군자는 현재 지위에 맞게 행하므로 항상 너그럽고 즐거우며常寬樂, 소인은 얻으려고 근심하고 잃을까 근심하기 때문에 마음이 항상 우려하고 근심常憂愁한다. 〈다산〉

한자 해설
- 坦탄은 土(흙 토)+旦(아침 단)의 형성자로 해가 뜨는旦 모습을 볼 수 있는 드넓은 지평선과 같이 드넓음을 말한다. 평탄平坦, 평평하다, 편하다, 너그럽다, 밝다, 뚜렷하다, 꾸밈이 없다, 드러내다, 노출하다, 크다, 큼직하다 등으로 쓰인다.
- 蕩탕은 艸(풀 초)+湯(끓일 탕)의 형성자로 본래 강 이름이었지만, 범람하여 쓸어 버리다는 뜻이다. 흔들다, 움직이다, 흘러가다, 방탕放蕩하다, 씻다, 찌르다, 허물어뜨리다, 평탄하다魯道有蕩, 광대하다美哉 蕩乎, 너그러이 용서하다. 탕탕蕩蕩은 넓고 큰 모양, 마음이 넓고 너그러운 모양, 법도가 무너진 모양, 물결이 세차게 부딪치는 모양, 밝고 깨끗

한 모양, 평탄한 모양 등이다.

- 장長은 머리털이 긴 노인이 단장을 짚고 서 있는 상형자이다. 길다, 낫다, 자라다, 어른, 우두머리, 늘, 항상, 길이 등으로 쓰인다.

- 척戚은 戊(창 무)+尗(아저씨 숙: 콩)의 회의자로 갑골문에는 도끼戊에 핏방울이 그려져 분개하다는 뜻이었는데, 금문에서는 핏방울이 '尗'로 대체되면서 '친척'이나 '겨레'라는 뜻으로 바뀌게 되었다. 친척親戚, 일가, 겨레, 도끼, 가깝다, 근심하다, 염려하다, 분개하다, 슬퍼하다, 마음을 아파하다, 재촉하다(촉) 등으로 쓰인다. **주자:** 탄坦은 평평함平이고, 탕탕蕩蕩은 너그럽고 넓은 모양寬廣貌이다. **다산:** 정현이 말하길, '탄탕탕坦蕩蕩은 너그럽고 넓은 모양寬廣貌이고, 장척척長戚戚은 우려와 두려움이 많음多憂懼이다.'고 했다.

7.37 子는 溫而厲하시며 威而不猛하시며 恭而安이러시다
　　　　자　온이려　　　　위이불맹　　　　공이안

공자께子서는 온화하시되溫而 엄숙厲(=엄준)하셨고, 위엄 있으시되威而 사납지 않으셨고不猛, 공손하시되恭而 편안安하셨다.

공자의 몸가짐體貌, 덕행德行, 혹은 용모容貌에서 중中(不偏不倚 無過不及)을 이루어 화평한 기운을 드러낸 것이다. 대개 따뜻하되 엄정하지 않으면 절제가 없어지고, 위엄이 있고 사나우면 사람들이 꺼리게 되며, 공손하되 편안하지 않으면 공손함이 오래가지 못한다.

이 구절은 『주역』의 "성인은 천지(음양)와 더불어 그 덕이 합치한다聖人與天地合其德."는 말로 해석할 수 있다. 양이 음에 뿌리를 둔다는 점에서 말하면, 따뜻함溫은 양의 화和이고 엄정함厲은 음의 엄정함嚴이고, 위엄은 양의 위엄震이고 사납지 않음不猛은 음의 유순함順이며, 공손함恭은 양의 존중함尊이며 편안함은 음의 안정됨定이다. 음이 양의 뿌리가 된다

면 점에서 말하면, 따뜻함은 음의 부드러움柔이고 엄정은 양의 강함鋼이며, 위엄은 음의 가혹함慘이고 사납지 않음은 음의 느긋함舒이며, 공손함은 음의 단정함肅이고 편안함은 양의 건강함健이다고 할 수 있다.

- 溫온은 水(물 수)＋囚(가둘 수)＋皿(그릇 혹은 덮개 명)의 회의자로 따뜻하다, 데우다, 부드럽다, 온화하다, 익히다, 복습하다, 넉넉하다, 쌓다, 함유하다 등으로 쓰인다.

- 厲려는 厂(기슭 엄)＋萬(일만 만 → 려)의 형성자로 숫돌로 칼을 가는 행위를 말한다. 갈다, 힘쓰다, 사납다, 위태롭다, 빠르다, 화, 숫돌 등으로 쓰인다. **주자:** 厲는 엄숙嚴肅함이다. **다산:** 厲는 엄준嚴峻이다.

- 威위는 女(여자 여)＋戍(개 술: 도끼날이 달린 무기)의 회의자로 도끼 앞에 겁에 질린 여자로 본래 시어머니를 나타내고, 위엄을 뜻했다. 위엄, 권위, 세력, 힘, 권세, 두려움, 거동, 공덕, 법칙, 형벌, 시어머니 등으로 쓰인다.

- 猛맹은 犬(개 견)＋孟(맏 맹)의 회의자로 개犬들의 우두머리孟라는 뜻에서 강하다, 사납다, 용맹하다는 뜻이 나왔다. 사납다, 굳세고 용맹스럽다, 건장하다, 날래다, 세차다, 맹렬하다, 굳고 강하다, 엄격하다, 준엄하다, 잔혹하다 등으로 쓰인다. **다산:** 猛은 지한鷙悍이다(새鳥가 사나운 것을 지鷙라 하고, 짐승獸이 사나운 것을 맹猛이라 한다).

- 恭공은 共(함께 공)＋心(마음 심)의 회의자인데, 본래 龔(공손할 공: 용을 양손으로 떠받드는 모습)으로 경배한다, 공손하다는 뜻이다. 공손하다, 예의 바르다, 삼가다, 직분을 다하다, 받들다, 섬기다, 높이다, 존중하다, 고분고분하다, 순종하다, 조심하다의 뜻이다.

- 安안은 宀(집 면)＋女(여자 여)의 회의자로 여자가 집에 다소곳이 앉아있는 모습으로 편안하다, 안정적이다는 뜻이다. **다산:** 지나치게 공손恭하면 편안安할 수 없다. 공손하면서 편안해야 진실로 공손한 것이다恭而安則允恭也.

이 편은 예양禮讓과 인효仁孝의 덕德, 현인과 군
자의 풍모, 권학勸學과 입신효身, 수도守道와 위
정爲政을 논하고, 정악正樂을 찬미하고, 소인을
비박鄙薄하게 여기고, 마침내 요堯·순舜과 우
禹, 문왕文王·무왕武王을 칭송하였다. 앞편에
공자의 행적을 논하였는데, 이 편은 처음과 끝에
성현의 덕을 실었다. 그러므로 다음 편으로 삼았
다.〈형병〉

모두 21장이다.〈주자〉

子曰 泰伯은 其可謂至德也已矣로다 三以天下讓호되
자 왈 태 백   기 가 위 지 덕 야 이 의   삼 이 천 하 양

民無得而稱焉이온여
민 무 득 이 칭 언

공자께서 말씀하셨다. "태백泰伯은 지극한 덕至德이라고 일컬을 만하다
其可謂也已. 세三번 천하를以天下 사양以讓했지만, 백성民들이 (무엇으로)
칭송할 수조차 없었다無得而稱焉."

주周나라 태왕이 세 아들을 두었는데, 태백泰伯, 중옹仲雍, 계력季歷이었다.
태왕 때에 상商나라의 도는 쇠퇴하고, 주나라는 나날이 강대해졌다. 계력
은 아들 창昌을 낳았는데, 성덕聖德이 있었다. 태왕은 그로 인해 상나라를
극멸하려는 뜻이 있었으나, 태백은 따르지 않았다. 태왕은 마침내 계력에
게 전위傳位하고 창昌에게 미치고자 하였다. 태백은 그것을 알고 중옹仲雍
과 함께 형荊 땅으로 도피했다. 이에 태왕이 계력을 세워 나라를 창에게 전
했고, 창이 천하를 삼분三分하되 그 둘을 차지했으니, 그가 문왕文王이다.
문왕이 붕어하고, 아들 발發이 옹립되고, 드디어 상나라를 극멸하여 천하
를 차지했으니, 그가 무왕武王이다. 대저 태백의 덕이면 당연히 상주의 교
체기商周之際에 진실로 제후들의 조회를 받고 천하를 차지하기에 충분했지
만, 버리고 취하지 않았으며 그 형적조차 없앴으니, 덕의 지극함이 그 얼
마이겠는가! 대개 태백의 심정은 백이숙제가 (상을 정복하지 말라고 청하
면서) 말고삐를 잡은 심정과 같겠지만, 사안에 더 난처한 측면이 있어, 공
자께서 마땅하게 탄식하시고 찬미하셨다. 〈주자〉

한자 해설

주자: 지덕至德은 덕이 지극하여 더 이상 보탤 것이 없다는 말이다. 삼양
三讓이란 고손固遜(진실로 겸손·사양함, 굳이 사양함)을 말한다. 무득이칭無得
而稱은 그 겸손함이 은미하여 어떤 형적도 나타내지 않았다는 말이다.

다산: 이미 그 덕을 행하고도 그 이름 또한 없앴으니, 이것이 지덕至德이
다. 삼양三讓이란 세 차례 나라를 계력에게 양보한 것이다. 천하天下라

고 말한 것은 주나라가 마침내 천하를 얻었으니, 주나라를 양보한 것이 곧 천하를 양보한 것이 된다.

- 至지는 새가 날아 내려 땅에 닿는 것을 나타내었다. 도래함大功將至, 미치다至於犬馬 皆能有養, 도달하다樂至則無怨 禮至則不爭, 매우夫至用民者, 궁극方員之至也, 극진히 하다夫此有常以至其誠者也, 깊다固皆至矣, 많다圍圍汙池沛澤多 而禽獸至, 중정中正을 얻음一日 至德, 이루다則大忠不至, 적다是正者之至也 등으로 쓰인다.

- 讓양은 言(말씀 언)+襄(도울 양)의 형성자로 말言로써 사양襄하다, 양보하다는 뜻이다. 양보하다退讓以明禮, 겸손하다其尊讓 有如此者, 넘겨줌堯以天下讓舜, 응하지 아니하다知死不可讓今, 거절하다治斧鉞者 不敢讓刑, 양보一家讓 一國興讓, 힐책함讓不貢, 절의 한 가지弁堂讓, 왕후가 산천에 지내는 제사 등으로 쓰인다.

- 稱칭은 禾(벼 화)+爯(들 칭)의 회의자로 곡식의 무게를 재어 가격을 제시한다, 부르다, 칭하다는 뜻이다. 저울질하다, 들다, 추천하다, 칭찬하다, 드러나다, 명성, 걸맞다는 뜻이다.

8.2 子曰 恭而無禮則勞하고 愼而無禮則葸하고 勇而無禮則亂하고
자 왈 공 이 무 례 즉 노   신 이 무 례 즉 시   용 이 무 례 즉 난

直而無禮則絞니라 君子篤於親則民興於仁하고
직 이 무 례 즉 교   군 자 독 어 친 즉 민 흥 어 인

故舊를 不遺則民不偸니라
고 구   불 유 즉 민 불 투

공자께서 말씀하셨다. "공손하되恭而 예가 없으면無禮則 수고롭고勞, 신중하되愼而 예가 없으면無禮則 두려워하고葸, 용감하되勇而 예가 없으면無禮則 난을 일으키고亂, 정직하되直而 예가 없으면無禮則 성급하다絞. 군자君子(=在上之人)가 어버이에게於親 돈독하면篤則 백성民들이 인에서於仁 흥기興하고, 옛 친구故舊를 버리지 않으면不遺則 백성民들이 야박偸해지지 않는다不."

예禮'

'예禮'란 단순히 옥과 비단 등으로 물질적으로 예우하는 것이 아니라子曰 禮云禮云 玉帛云乎哉(17.11), 자연의 이치를 등급 짓고 법도화한 것天理之節文으로 사람이 마땅히 따라야 할 의식과 준칙人事之儀則이다. 그래서 예란 인간행위에 합당한 절도와 문식을 규정하여 친소와 도덕의 체득 정도에 따라 인간관계를 구분해 주는 역할을 한다. 요컨대 예란 인간이 마땅히 의거해야할 행위의 표준이다. 이러한 행위의 표준으로서 예가 없으면, 아무리 바람직한 좋은 덕목마저도 악덕으로 변질될 수 있다.

『논어』(전체 498장)의 여러 개념들 중 예禮(75회/46장)는 인仁(109회/59장) 다음으로 많은 빈도수를 지니는 주도적인 개념이다. 이 언행록에서 공자는 여러 질문에 답하는 형식으로 예禮 개념 형성에 중요한 공헌을 했지만, 적극적·구체적 정의를 제시하지 않았다. 그리고 한당의 훈고학적 『논어』 주석(『注疏』)에서도 사정은 마찬가지인 것으로 보인다. 『논어주소』(古注) 전체에는 도합 5차례 예禮에 대한 진술이 있지만, 대부분 그 실행 방법과 공효만을 서술하고 있을 뿐이다(『논어주소』 2.23, 8.8, 13.3, 16.13, 20.3 에 대한 주소注疏).

한대의 『설문』에서 "예는 이행이다禮履也. 그러므로 신神을 섬겨 복이 이르도록 하는 것이다所以事神致福也. 시示를 따르고 풍豊을 따른다."고 풀이했다. 『주소』의 예에 대한 정의는 『설문』을 답습·부연했다. 따라서 예에 대한 무엇이 진정한 예이며, 예의 실천 주체는 누구인가에 대한 반성, 및 이론적인 측면에서 우주론적인 정초가 요구되었다. 주자의 신주인 『집주』는 이러한 반성과 요구를 반영하여 집대성한 결과였다고 하겠다. 주자는 『논어』의 '예禮' 자가 처음 나오는 곳에서 곧바로 "예란 천리의 절도·문식이자 인사의 의식·준칙이다禮者 天理之節文而人事之儀則也"고 정의한다.

대개 예의 본체는 비록 엄격하지만, 모두 자연의 이치自然之理에서 나왔다.

절節이란 등급等級이다(예컨대 천자의 복장은 12장 · 상공의 복장은 9장 등과 같이 각각 등급이 있는 것이다). 문文이란 곧장 자르지 않고 부드럽게 돌아가는 모습이니, 치장을 잘한 것이다(예컨대 산 · 용 · 꽃 · 벌레 등으로 장식하는 것이다). 예컨대 승강 · 읍손하는 데에人事는 천하의 마땅히 그래야 하는 이치當然之理가 있지만, 다만 이 이치는 형영形影이 없기 때문에, 이러한 예문禮文을 짓고 하나의 천리天理를 그려 사람들이 보게 하고, 규구規矩로써 의거할 수 있도록 하기 때문에, 천리의 절도 · 문식이라고 말한다.

주자는 예禮를 천리 및 인사와 연관하여 규정함으로써 그 보편성과 구체성을 동시에 확보했다. 그런데 고주에서 禮(li)를 동음同音인 履(li)로 훈고했듯이, 주자 바로 이전의 북송시대에서는 동음인 理(li)로 풀이한 바 있다. 그렇지만 이들이 말한 리理는 보편리가 아니라, 개별 사물에 내재된 조리條理를 의미했다. 그런데 다산은 다음과 같이 말했다.

예禮란 제기祭禮이니, 시示는 신神이고, 곡曲은 대 그릇竹器이고, 두효는 나무그릇木器이니, 신시神示의 곁에 변두籩豆 · 궤조簋俎를 진설한 것이 제례 아닌가? 길례吉禮를 오례五禮의 으뜸으로 삼고, 흉凶 · 빈賓 · 군軍 · 가嘉를 차명하여 예禮라 한 것은 그 승강升降 · 배읍拜揖 · 사양辭讓 · 진퇴進退의 절차가 제례와 동일하기 때문일 뿐이다. …이것으로 미루어보면, 인의예지는 모두 행行事로써 이름을 얻었으니, 마음에 있는 이치在心之理라고 할 수 없다. 이것이 어찌 趙岐의 私言이겠는가? – 「답이여홍」

다산에 따르면, '禮(示+曲+豆)'자는 신에게 제물을 바치는 연회의식을 나타내며, 따라서 제례가 모든 예의 근원이다. 신과 만나는 제례에서 출발한 예는 제사의식에서 국한되지 않고, 그 행위의 유사성에 의해 개인(冠 · 婚 · 喪 · 祭)과 공동체 예식(吉 · 凶 · 賓 · 軍 · 嘉禮)으로 확장되었다. 제사의식 절차의 유사성에 의해 명명되었기 때문에 예禮란 마음 안의 이치內

心之理가 아니라 행사行事를 나타낸다. 이렇게 다산은 예란 천리와 내재된 마음(심성)에 근거하여 제탁하여 완성裁成한 것이 아니라, "성인이 백성들이 불안不安해 하는 것을 계기로 제정했다."고 주장한다.

주자: 시葸는 두려워하는 모습畏懼貌, 교絞는 급박急·절박切이다. 예가 없으면 절도節와 문채文가 없기 때문에 이 네 가지 폐단이 있다. 군자君子는 윗자리에 있는 사람在上之人을 일컫는다. 흥興은 일어남起이고, 투偸는 각박薄이다.

다산: 노勞는 불안한 모양不安貌이다(공자께서는 공손하되 편안하셨다). 시葸는 기쁘지 않은 모양不怡貌(화유和柔가 없는 안색)이다. 란亂은 문란紊이다(위아래 구분이 없다). 교絞는 급急이다. 고구故舊는 선군의 오래된 신하先君之舊臣이다. 유遺는 버리고棄 잊는다忘이다. 투偸는 야박佻이다. 불투不偸는 백성 또한 그 죽은 이를 배반하지 않는다는 말이다.

- 恭공은 共(함께 공)+心(마음 심)의 회의자로 양손으로 물건을 받드는 모습으로 삼가다, 공손하다는 뜻이다. 겸손함貌曰恭, 공경하다仁者之思也恭, 직분을 다하다允恭克謹, 받들다今予惟恭行天之罰, 갖추다貨之非唯恭其乏而己 등의 의미이다.

- 勞로는 力+熒(등불 형)으로 밤새 불을 밝혀 힘써 수고롭게 일하는 모습을 나타내었다. 일하다任士之所勞, 노동勞動, 애쓰다犧牲不勞 則牛馬育, 근심하다勞萬民, 고난先勞後祿, 공적事功曰勞 治功曰力, 위로하다以勞王爵, 돕다神所勞矣 등으로 쓰인다.

- 愼신은 心(마음 심)+眞(참 진: 신에게 바칠 음식을 정성스럽게 준비)의 회의자로 조심스럽게 신에게 제물을 바친다는 의미에서 '삼가다'나 '근신하다'라는 뜻이다.

- 葸시(사)는 艹(풀 초)+思(생각 사)의 형성자로 두려워하다(시), 눈 휘둥그레하다(사)는 뜻이다. 시시葸葸는 두려워하는 모양이다.

- 絞교는 糸(실 사)+交(사귈 교)의 형성자로 실糸을 교차交시켜 꼬는 것으

로 교살絞殺, 교수絞首를 뜻하며 이로부터 급박하다는 뜻도 나왔다. 목
매다若其有罪 絞縊以戮, 꼬다, 두르다, 조금의 여유도 없음直而無禮則絞,
헐뜯다. 등으로 쓰인다. **주자**: 絞는 새끼줄의 두 끝을 꽉 묶는 일이니
전혀 관대함이 없음을 말한다.

- 故고는 攵(칠 복)+古(옛 고)의 형성자로 회초리攵를 쳐가며 옛 것古으로
되돌아가게 하는 뜻이다. 예證舋今故, 이전의反故居些, 죽은 사람, 본래
凡禮義者 是生於聖人之譌 非故生於人之性也, 오래되다所謂故國者 非有喬木之
謂也, 예스러움怪其書之垢故, 옛 것溫故而知新, 오랜 친지議故之辟, 나이
많은 사람김彼故老, 연고勒問其故, 그러므로故安其學而親其師, 사건身盡其
故則美, 중요한 일諸侯無故不殺牛, 사변國有故則令宿, 재앙君無故 玉不去身,
사리知幽明之故, 일부러嘉坐自如 故不爲禮, 실마리無禮義故, 훈고學者傳訓
故而已 등으로 쓰인다.

- 遺유는 辶(쉬엄쉬엄 갈 착)+貴(귀할 귀)의 형성자로 두 손에 삼태기를 들고
흙속에서 건져내貴 다른 곳으로 옮기는辶 모습으로 '버리다'는 뜻이다.
남기다見馬遺財足, 버리다遺華反質, 빠뜨림拾遺補過, 잊다長幼無序而遺敬讓,
떠나다遺余佩兮澧浦, 떨어지다目眇眇而遺泣, 쇠퇴하다歡樂不遺, 도망하다,
보내다凡遺人弓者, 더하다政事一埤遺我, 따르다莫肯下遺 등으로 쓰인다.

- 偸투은 人(사람 인)+兪(점점 유)의 형성자로, 구차한 사람人을 말한다. 훔
치다, 도둑질하다, 사통私通하다, 탐내다, 구차하다, 교활하다, 깔보
다, 야박하다, 인정이 박하다, 엷다, 남몰래 등의 뜻이다.

8.3 曾子有疾하사 召門弟子 曰啓予足하며 啓予手하라
　　　증 자 유 질　　　소 문 제 자 왈 계 여 족　　　계 여 수
詩云戰戰兢兢하여 如臨深淵하며 如履薄氷이라하니 而今而後에야
시 운 전 전 긍 긍　　　여 림 심 연　　　여 리 박 빙　　　이 금 이 후
吾知免夫와라 小子아
오 지 면 부　　　소 자

증자曾子가 깊은 병이 들어有疾 문하의 제자들門弟子을 불러召 말했다曰. "(이불을) 들치고啟 내 발予足을 보아라! 들치고啟 내 손予手을 보아라! 『시詩』에 말하길云, '두려워하고戰戰 경계하여 삼가기兢兢를, 마치如 깊은 못深淵에 임臨하듯, 마치如 얇은 얼음薄氷을 밟는履 듯하라'고 했으니, 이제야而今 나吾는 (훼상하는 것을) 면免한 것을 알겠구나知夫, 제자小子들아!"

(죽음에 있어) 군자는 '종終(임무를 완성했다)'이라 하고, 소인은 '사死(목숨이 다하여 죽어 없어지는 것)'라고 한다. 군자는 그 몸을 보존하고 죽는 것을 자신의 일을 마치는 것으로 여겼다. 그러므로 증자는 몸을 온전히 하여 돌아가는 것으로 (잘못을) 면한 것으로 여겼다. 〈정자〉

이 글은 『효경』「개종명의장제일開宗明義章第一」과 연관하여 살피는 것이 도움이 된다.

대저 효라는 것은 덕의 근본이고, 교육의 근거이다. … 신체발부는 부모로부터 받은 것이니 감히 훼상하지 않는 것이 효의 시작이다. 자신을 세우고 도를 행하여 후세에 이름을 떨침으로써 부모를 영예롭게 하는 것이 효의 끝이다夫孝 德之本也 教之所由生也 復坐 吾語汝 身體髮膚 受之父母 不敢毀傷 孝之始也 立身行道 揚名於後世 以顯父母 孝之終也.

한자 해설

주자: 계啟는 여는 것開이다. 전전戰戰은 두려워하는 것恐懼이고, 긍긍兢兢은 경계하여 조심하는 것戒勤이고, 임연臨淵은 추락할까 두려워하는 것恐墜이고, 리빙履氷은 빠질까 두려워하는 것恐陷이다.

다산: '오지면吾知免'이란 그가 형륙刑戮에서 면하게 됨을 알았다는 것이다. 주생렬이 말하길, '소자小子라고 부른 것은 그의 말을 듣고 알게 하고자 한 것이다.'고 했다.

• 召소는 刀(칼 도: 수저)+口(입 구)의 회의자로 수저에 담긴 음식을 입에 가져다 대는 모습인데, 음식을 대접하기 위해 손님을 불러들인다는 뜻이다. 부르다, 초래하다, 불러들이다, 알리다, 청하다는 뜻이다.

• 啓계는 启(열 개)+攵(칠 복)의 회의자로 문을 열어 누군가를 깨운다는 뜻이다. 열다, 일깨워주다, 여쭈다, 보도하다, 사뢰다, 책상다리를 하다, 안내하다, 인도하다의 뜻이다.

• 予여는 천을 짜는 직기로, 좌우로 보내야 했기 때문에 '주다'라는 뜻이 되었다. 나, 주다, 하사하다, 승인하다, 용서하다, 인정하다, 매각하다, 함께, 미리(예) 등으로 쓰인다.

• 戰전은 單(홑 단: 사냥도구)+戈(창 과)의 회의자로 사냥에서 전쟁을, 그리고 두렵다戰慄는 뜻이 되었다. 싸움, 전투, 시합, 경쟁, 싸우다, 전쟁하다, 두려워서 떨다, 동요하다, 흔들리다는 뜻이다.

• 兢긍은 본래 克(이길 극)을 겹쳐 뜻을 나타낸 회의자로 떨리다, 삼가다, 두려워하다, 굳세다는 뜻이다. 긍긍兢兢은 삼가다, 떨다, 굳세다 등의 뜻이다. 전전긍긍戰戰兢兢은 전쟁 때문에 두려워서 어쩔 줄 모른다는 뜻이다.

• 深심은 水(물 수)+罙(점점 미: 동굴 속으로 횃불을 들고 가는 모습)의 회의자인데 물水이 깊다는 뜻이다. 깊다, 짙다, 심하다, 우거지다, 숨기다, 자세히 알다, 높다, 오래되다, 심오한 이치 등으로 쓰인다.

• 淵연은 水(물 수)+㴊(물이 도는 모양 연)의 형성자로 연못을 말한다. 못, 웅덩이, 모이는 곳, 근원, 출처, 북소리, 깊다, 조용하다 등으로 쓰인다.

• 履리는 尸(주검 시)+復(돌아올 복)의 회의자로 본래 舟(배 주)+正(바를 정)+頁(머리 혈)이 겹쳐진 모습으로 배를 타다, 밟다, (신을) 신다, 행하다, 겪다, 자리에 나아가다, 신발, 괘卦의 이름 , 복록, 행실, 밟는 땅, 예禮 등으로 쓰인다.

8.4 曾子有疾이어시늘 孟敬子問之러니 曾子言曰 鳥之將死에
其鳴也哀하고 人之將死에 其言也善이니라
君子所貴乎道者三이니 動容貌에 斯遠暴慢矣며 正顔色에
斯近信矣며 出辭氣에 斯遠鄙倍矣니 籩豆之事則有司存이니라

증자曾子가 질병이 깊으니有疾, 맹경자敬子가 문병했다問之. 曾子가 말씀을 했다曰. "새가鳥之 장차將 죽으려死 할 때에는 그其 울음鳴也이 슬프고哀, 사람이人之 장차將 죽으려死 할 때에는 그其 말言也이 선善하다. 군자君子가 도에서乎道 귀중하게 여겨야할 것所貴者이 셋三이니, 용모容貌를 움직일 때動에는 사나움暴·태만慢을 이에 멀리하며遠矣, 안색顔色을 바르게正 하여 이에斯 신실함信에 가깝게 하고近矣, 말의 기운辭氣을 낼出 때는 이에斯 비루함鄙·위배됨倍을 멀리한다遠矣. 제기를 다루는 일은籩豆之事則 유사有司가 있다存焉."

　　증자가 "새가 장차 죽으려 할 때에는 그 울음이 슬프고, 사람이 장차 죽으려 할 때에는 그 말이 선하다."라고 말한 것은 그 겸손을 보여준다. 군자가 귀중하게 여기는 것은 수신의 요체이며 정치의 근본이다. 군자는 수신으로 정치의 근본을 삼고, 여타 세세한 것들은 담당 관리에게 맡겨야 한다.

　　강한 자에게는 난폭함暴이, 나약한 자에게는 태만慢이 용모에서 드러난다. 난폭함과 태만함을 멀리하고 화평해야 한다. 안색을 바로 하는 것은 내면을 바로 잡으라는 말이다. 안색은 내면을 비추는데, 내면이 바른 이후에 안색이 바르게 될 수 있다. 내면이 바르지 않고 안색을 잘 꾸미는 자는 색장자로 신실할 수 없다. 말과 어조에서 오류는 크게 없지만 그 수준이 천박한 것이 비루함이고, 말은 고매하지만 실제 이치에 위배되는

것은 배리라고 한다.

종묘에서 제사 지내는 일 역시 군자의 일에 포함되지만, 세세한 측면은 담당관리有司에게 맡기는 것이 합리적이다.

한자 해설

주자: 문지問之란 그 질병을 위문함이다. 언言은 스스로 말함自言이다. 귀貴는 중重과 같다. 용모容貌는 온몸을 들어서 말한 것이다擧一身而言. 포暴는 거칠고 사나움粗属이다. 만慢은 풀어져 제멋대로 함放肆이다. 신信은 신실함實이다. 안색을 바로하고 신실함에 가까우면 겉만 장엄한 것이 아니다. 사辭는 언어言語이고, 기氣는 소리의 기운聲氣이다. 비鄙는 범루凡陋이고, 배倍는 배背와 같으니, 이치에 위배된다背理는 말이다. 변籩은 대나무 제기竹豆이고, 두豆는 나무 제기木豆이다. 무릇 변두籩豆의 일과 같은 것은 유사有司의 담당이지 군자가 귀중하게 여기는 것은 아니다.

다산: 포暴는 졸급猝急이다. 만慢은 태타怠惰이다. 신信이란 성실이 드러난 것誠之著이다. 비鄙는 비루陋이다. 배倍는 배俏와 통하니, 해성으로 어긋나다悖이다. 형병이 말하길, '목두木豆를 두豆라고 하며, 죽두竹豆를 변籩이라고 한다'(『이아』 「석기」)고 했다. 두豆에는 김치나 젓갈菹醢을 담고 변籩에는 대추와 밤을 담는다. 유사有司는 변인籩人·혜인醯人 및 종축宗祝 따위이다.

• 死사는 歹(살을 바른 뼈 알)+匕(비수 비: 죽은 사람을 거꾸로 놓아 둔 모양)의 회의자로 죽다, 생기가 없다, 활동력이 없다, 죽이다, 다하다, 목숨을 걸다는 뜻이다. 군자는 임무를 다했다는 의미에서 종終이라 하고, 소인은 목숨이 다했다는 의미에서 사死라 한다.

• 鳴명은 口(입 구)+鳥(새 조)의 회의자로 새 소리를 말한다. 울다鳴鳳在樹, 鳴鷄吠狗, 소리가 나다叩之以大者則大鳴, 명성을 들날리다以文鳴江東, 부르다鳴儔嘯匹侶 등으로 쓰인다.

• 慢만은 心(마음 심)+曼(길게 끌 만)의 회의자로 마음心이 늘어져曼 게으름

을 말한다. <u>게으르다</u>怠慢, 오만王素慢無禮, 업신여김侮慢, 느리다叔馬慢

忌, 거칠다其大讓如慢.

- 鄙비는 邑(고을 읍)+啚(인색할 비)의 회의자로 읍邑의 변두리를 말한다.
  두메伐我西鄙, 마을縣鄙, 식읍以八則治都鄙, 촌스럽다, 나의 겸칭(鄙見, 鄙
  孫, 鄙夫), <u>비루함</u>在位貪鄙, 고집 세다鄙哉予乎, 질박하다焚符破璽 而民朴
  鄙, 천하게 여기다夫猶鄙我, 천한 사람賞鄙以招賢 등으로 쓰인다.

- 倍배는 人(사람 인)+音(침 부)의 형성자로 사람을 부정하는 것(音＝否) 혹
  은 사람을 등지는 것이라는 의미에서 <u>배반하다</u>, 반대하다의 뜻이다.
  곱, 갑절, 점점 더, 더하다, 곱하다, 모시다, 배상하다, 등지다, 배반하
  다, 위배되다는 뜻이다.

- 籩변은 竹(대나무 죽)+邊(가 변)의 형성자로 대나무로 만든 제기이다. 변
  궤籩簋는 <u>제사에 쓰는 그릇</u>이다.

- 豆두는 굽이 높은 <u>제기</u>祭器의 상형자이다. 콩奴當飯豆飮水 不得嗜酒, 제
  기 이름卬盛于豆, 제수祭需 제물爲豆孔庶, 잔대, 넉 되四升爲豆, 무게의
  단위十六黍爲一豆 六豆爲一銖 등으로 쓰인다. 두豆에는 김치나 젓갈 같
  은 것을 담고, 변籩에는 대추나 밤 등을 담았다.

- 司사는 '后'자를 반대로 써서 안에 있는 임금과는 반대로 바깥에서 일
  을 맡는 신하를 뜻하는 지사문자이다. <u>맡다</u>欽乃攸司, 司法, 司會, 벼슬所
  司, 司務, 관아三司, 엿보다居虎門之左 司王朝 등의 의미이다.

8.5 曾子曰 以能으로 問於不能하며 以多로 問於寡하며 有若無하며
증자왈 이능   문어불능   이다 문어과   유약무

實若虛하며 犯而不校를 昔者吾友嘗從事於斯矣러니라
실약허   범이불교   석자오우상종사어사의

증자曾子가 말했다曰. "유능하면서도以能 무능한 자에게於不能 묻고問,
많으면서以多 적은 사람에게於寡 물으며問, 있으면서도有 없는 듯若無하

고, 꽉 차實 있어도 빈 듯若虛하고, 침범해 와도犯而 따지지 않는 것不校, 옛날에昔者 나의 벗吾友은 일찍이嘗 이러한 것於斯들에 종사했다從事矣."

마음은 벗友이란 안연이라고 했는데, 옳다. 안자의 마음은 오직 의리가 끝이 없다義理之無窮는 것만 알았을 뿐, 외물과 나 사이에 어떤 간극間隙이 있다는 것을 보지 못했다. 그래서 능히 이처럼 할 수 있었다. 〈주자〉

한자 해설
- 問문은 口(입 구)+門(문 문)의 형성자로, 묻다問禮于老子는 뜻이다. 사람을 찾다問人於他邦 再拜而送之, 죄상을 알아보다淑問如皐陶, 묻는 일舜好問而好察邇言, 보내다雜佩以問之, 명령함公問不至, 소식久無家問 등으로 쓰인다.
- 寡과는 宀(집 면)+頁(머리 혈)+分(나눌 분)의 회의자로 나누어져分 집宀에 홀로 남은 사람頁, 혹은 宀+頒(나눌 반)의 형성자로 집의 물건을 나누어주어 적어졌다는 뜻이다. 남편이 없는 과부寡婦(鰥寡孤獨), 임금이 자신을 낮추는 말寡人 등으로 쓰인다.
- 虛허는 丘(언덕 구)+虍(호피무늬 호: 입을 크게 벌린 호랑이)의 형성자이다. 『설문』에 "네 우물마다 읍邑을 세웠고, 네 읍이 하나의 구됴를 이루었는데, 구됴를 허虛라고도 한다."고 했다. 허虛는 언덕(=丘)이지만, 언덕에 동굴 집을 만들어 살았으므로 공허空虛의 뜻이 나왔다. 없다川竭而谷虛, 드물다不知其稼居地之虛也, 공허하다執虛如執盈, 비우다公子從車騎虛左, 구멍若循虛而出入, 무념무상의 상태虛者心齋也, 방위周流六虛, 별자리宵中星虛, 언덕升彼虛矣, 마음虛室生白, 살다仁非其里而虛之非禮 등으로 쓰인다.
- 犯범은 犬(개 견)+巳(병부 절: 무릎 꿇은 사람)의 형성자로 (법을) 어긴 사람을 개로 공격하다는 뜻이다. 범하다, 저촉하다, 어기다, 치다, 이기다, 무시하다, 거스르다, 어긋나다, 속이다, 거짓말하다는 뜻이다.
- 校교는 木(나무 목)+交(사귈 교)의 회의자로 나무를 교차시켜 울을 만들

어 짐승을 가두고 상호 비교하다 뜻이었는데, 학교 혹은 군영이란 뜻도 나왔다. 학교, 장교, 부대, 울타리, 차꼬, 다리, 헤아리다, 따져보다, (수를) 세다, 가르치다, 모방하다, 견주어 보다, 조사하다, 바로잡다, 보복하다, 신속하다 등으로 쓰인다. **주자**: 校는 헤아려 따지는 것計校이다. **다산**: 挍는 각축角·보복報이다(손을 맞잡고 서로 싸우는 것을 형상하였다: 象交手相爭). 포함이 말하길, '침범을 당해도 보복하지 않음이다.'고 했다.

- 昔석은 日(해 일)+巛(내 천)의 회의자로 태양이 물에 잠길 정도로 강물이 범람했다(대홍수)는 말이지만, 오래전의 일이기에 '옛날 옛적'이라는 뜻이 되었다.

- 友우는 손又을 맞잡고 서로 감싸 주는 사이를 뜻하는 회의자이다. 벗同門曰朋 同志曰友, 벗하다無友不如己者, 우애惟孝 友于兄弟 등의 뜻이다.

8.6 曾子曰 可以託六尺之孤하며 可以寄百里之命이요
증 자 왈 가 이 탁 육 척 지 고   가 이 기 백 리 지 명
臨大節而不可奪也면 君子人與아 君子人也니라
임 대 절 이 불 가 탈 야   군 자 인 여   군 자 인 야

증자曾子가 말했다曰. "(그 재주가) 육척의 어린 임금六尺之孤을 맡길 만하고可以託, 백리 나라의 운명百里之命을 부탁할 만하고可以寄, 큰 절개大節에 임해서도臨而 (그 절조를) 빼앗을 수 없으면不可奪也, 군자君子다운 사람일까人與? (필시) 군자君子다운 사람일 것이다人也.

그 재주가 어린 임금을 보필하고 국정을 관섭할 수 있으며, 절개는 생사의 경계에서도 빼앗을 수 없으면 군자라 할 만하다. 여與는 의문사이고, 야也는 결단하는 말이다. 문답을 설정하여, 그 사람이 반드시 그러하다는 것을 깊이 드러내었다. 〈주자〉

다산: 공안국이 말하길, '육척지고六尺之孤는 어린 임금이다.'고 했다. 정현이 말하길, '육척지고는 15세 이하이다.'고 했다. 기寄는 위임委任이다. 백리百里는 제후의 나라諸侯之國이다. 명命은 한 나라의 흥망이다. 하안이 말하길, '대절大節은 국가를 편안하게 하고安國家, 사직을 안정되게 하는 것定社稷이다.'고 했다. 대나무에 마디가 있는 것처럼如竹之有節 나라가 험난한 시기가 있는 것國有艱險之會, 이것이 대절大節이다. 탈奪은 강제로 취함強取이다.

• 託탁은 手(손 수)+乇(부탁할 탁)의 형성자로 말言로 부탁함乇을 말한다. 부탁하다有所請託, 의지하다士之不託諸侯何也, 빌다凡人所生者神也 所託者形也, 붙어살다遠託異國 昔人所悲, 붙다可以託天下, 위임하다, 위탁하다可以託六尺之孤, 핑계하다託疾避官, 뜻을 붙여 말함託諷禽鳥 寄辭草樹 등으로 쓰인다.

• 尺척은 뼘으로 길이를 재는 손 모양이다. 자, 길이를 재는 기구掘地得古銅尺, 曲尺, 약간尺地莫非其有也, 법도文有繩尺, 편지欲憑書尺問寒溫 등으로 쓰인다.

• 孤고는 子(아들 자)+瓜(오이 과)의 형성자로 홀로 달린 오이瓜처럼 외롭게 남은 아이를 말한다. 외롭다孤立, 고아幼而無父曰孤, 鰥寡孤獨, 왕후의 겸칭南面稱孤, 떨어짐孤於外官, 배반하다陵雖孤恩, 버리다以心孤句踐 등으로 쓰인다.

• 命명은 口(입 구)+令(우두머리 령)의 형성자로 우두머리의 명령(시키다)이다(使也. 從口 從令). 목숨不幸短命, 명하다乃命羲和, 명령后以施命誥四方, 운명各定性命, 도리維天之命, 이름을 짓다因命曰冑山, 임명하다官之命, 고하다. 의물儀物, 생계, 서명誓命(爲命), 이름.

• 寄기는 宀(집 면)+奇(기이할 기: 곡괭可이 위에 올라가 있는 사람大)의 회의자로 본래 '임시로 얹혀 살다는 뜻이다. 보냄前以一匹錦相寄, 맡기다今可以寄政, 기대다未知所寄, 위임하다任天下之寄 등으로 쓰인다.

- 節절은 竹(대 죽)+卽(곧 즉)의 형성자로 대나무의 마디를 말한다. 대 또는 초목의 마디夕則然松節讀書, 가락音節, 절개士大夫莫不敬節死制, 규칙 夫祀國之大節也, 법도必有節於今, 예절興秋節, 등급大禮與天地同節, 징험無 節於內者 觀物弗之察矣, 맞는 정도發而皆中節 謂之和, 매듭, 관습其有不安節 則內豎以告文工, 행사臨大節而不可奪, 시기天節不遠, 두공斗拱(山節藻梲), 알 맞게 하다節其帑 줄이다節用而愛人, 검소하다其唯仁且節與, 부신符信(若合 符節), 경절慶節, 높고 험한 모양節彼南山, 절괘卦 등으로 쓰인다.

- 奪탈은 大(클 대 ← 衣)+隹(새 추)+寸(마디 촌)의 회의자로 옷 안에 새를 품고 있던 새가 날아가 버려 잃다, 없어지다는 뜻이다. 빼앗다, 약탈하다, 빼앗기다, 잃다, 없어지다, 관직을 삭탈하다, 징수하다는 뜻이다.

- 也야는 뱀의 상형자이나 어조사로 쓰인다. 잇기(한곳에 대어 잇거나 한곳에 닿아서 붙는 일), 어조사(~이다, ~느냐?, ~도다, ~구나), 발어사, 또한, 역시, 딴, 다른, 이것 등으로 쓰인다.

8.7 曾子曰 士不可以不弘毅니 任重而道遠이니라 仁以爲己任이니
증 자 왈 사 불 가 이 불 홍 의   임 중 이 도 원   인 이 위 기 임
不亦重乎아 死而後已니 不亦遠乎아
불 역 중 호   사 이 후 이   불 역 원 호

증자曾子가 말했다曰. "선비士는 넓고弘 굳세지毅 않을 수 없으니不可以不, 짐任은 무겁되重而 길은 멀기道遠 때문이다. 인으로仁以 자기의 임무己任로 삼으니爲 또한亦 무겁지 아니한가不重乎? 죽은死 이후에而後 끝나니已 또한亦 멀지 아니한가亦遠乎?

선비士란 학문과 수양을 통해 성인의 경지에 도달하는 것을 목표로 하는 사람이다. 유교는 덕 있는 사람이 정치를 해야 한다(유덕자정치)고 주장하기 때문에, 학문과 덕을 수양하는 선비士가 가능태라면, 현실 정치를 수행하는 관리仕는 그 현실태라 할 수 있다.

금수는 잔인殘忍하지만 인간은 측은한 마음惻隱之心을 지닌다는 점에서, 유교는 인간과 금수의 차이로 제시한다. 맹자는 인간에게 측은한 마음이 있다는 사실을 토대로 인간의 본성이 인仁하다는 것을 증명했다. 인이 인간의 본성이라면, 인간은 생존해 있는 한, 항상 이 인을 실현해야만 진정한 인간이라고 할 수 있다. 그렇다면 비유적으로 표현하면, 인仁은 평생토록 짊어지고 가야할 인간의 짐과 같은 것이다. 인이란 인간이 살아 있는 한, 모든 관계적 상황에서 마땅히 해야 할 도리에 최선을 다하여, 다른 사람을 사랑하는 것愛人이기 때문에, 그것을 실천하는 선비는 드넓고弘, 굳세어야毅 한다.

한자 해설

주자: 홍弘은 너그럽고 넓음寬廣이고, 의毅는 강인强忍이다. 너그럽고 넓지 않으면 그 무거움을 감당하지 못하고非弘不能勝其重, 강인하지 않으면 그 먼 곳에 도달할 수 없다. 인이란 사람 마음의 온전한 덕이니仁者人心之全德, 반드시 몸소 체득하고 힘써 행하려고 하니 무겁다고 할 수 있다. 한 숨이라도 아직 남아 있으면, 이 뜻은 조금의 나태함도 용납하지 않으니, 멀다고 할 수 있다.

다산: 사士는 도를 업으로 하는 사람의 명칭業道之稱이다. 홍弘이란 함량이 큼函容之大이고, 의毅란 잡고 지킴이 강함執守之强이다(의毅란 글자는 맹수가 분노하여 털을 세우는 형상象猛獸發怒毛竪이다). 임任이란 길을 가는 이가 짊어진 짐이다. 홍弘이란 용량量이고, 의毅란 힘力이다. 무거운 짐을 지고 멀리 도달하려면, 모름지기 힘과 용량이 필요하다.

• 士사는 "일事을 처리하는 것을 뜻하는데, 일一과 십十이 합해서 이루어진 회의문자이다."(『설문』) 일을 맡은 선비는 우선 수를 익혀야 하는데, 수는 일一에서 시작하여 십十에서 끝난다고 생각하여 합하여 사士자가 되었다고 한다. 공자는 "열 가지 것을 미루어서 하나로 통합一貫之道하는 사람을 일러 선비라고 한다推十合一爲士."고 했다. 다른 한편 사士자는 남성의 생식기를 상형한 것으로 청년을 士라고 하다가 일을 맡

은 문사와 무사를 총칭하게 되었다고도 본다. 士士는 상형문자로 도끼처럼 생긴 도구, 혹은 단정히 않은 법관의 모습을 그렸다고도 한다. 그런데 牡(수컷 모)에서 牛(소 우)+士로 소의 수컷 생식기를 나타낸다는 점에서 士는 남성의 생식기를 상징하였지만 후에 남성에 대한 미칭, 나아가 지식인으로 경대부와 서민 사이의 계층을 나타냈있다. 선비(학식이 있으나 벼슬하지 않은 사람士民其擦, 지식인의 통칭智能之士), 남자(성인이 된 남자, 남자의 미칭), 벼슬이름(제후가 두었던 대부 다음의 자리: 諸侯之上大夫卿 下大夫 上士 中士 下士 凡品等), 관리殷士膚敏, 병사, 일雖執鞭之士, 일삼다勿士行枚, 벼슬하다, 전문적 학식을 지닌 사람.

- 弘홍은 弓(활 궁)+厶(사사 사)의 회의자로 활시위를 당기는 모습으로 굉宏(크다)과 결합해 '넓다, 크다'는 뜻이 되었다. 크다, 넓다, 넓히다, 높다, 너그럽다, 널리, 넓게, 너그러이, 활 소리 등으로 쓰인다.
- 毅의는 殳(둥글월 문: 치다, 날 없는 창)+豙(멧돼지의 털 일어날 의)의 형성자로 멧돼지의 강인함과 그 털은 뻣뻣함을 나타낸다. 굳세다, 강인하다, 용맹스럽다, 성을 발끈 내다, 잔혹하다 등으로 쓰인다.
- 任임은 人(사람 인)+壬(아홉째 천간 임)의 형성자로 사람人에게 맡기는壬 것으로, 임무任務와 책임責任을 지우는 것을 말한다. 맡기다不自祗肅 笑唾任情, 관직 따위를 줌有司情任, 멋대로 함咸任達不拘, 아이를 배다周后妃任成王於身, 짊어짐是任是負, 보따리 등을 의미한다.

8.8 子曰 興於詩하며 立於禮하며 成於樂이니라
　　　자 왈 흥 어 시　　입 어 레　　성 어 악

공자께서 말씀하셨다. "시에서 흥기하고, 예에서 서며, 악에서 완성한다."

이 장은 사람이 입신立身·성덕成德하는 법을 기록하였다. 사람은 자신을 닦으려면 마땅히 먼저 시詩에서 일어나야 하고, 자신을 정립하려면 반드시 모름지기 예禮를 배워야 하고, 성덕을 이루는 것成性은 악樂을 배우는 데에 있다. 시를 배우지 않으면 말할 수 없고, 예를 배우지 않으면 자신을 정립할 수 없으니, 시와 예를 배운 뒤에 악으로 완성하는 것이다. 〈공영달〉

『시』는 성정性情에 근본을 두어, 사특함과 올바름이 있다. 『시』의 말뜻은 이미 쉽게 알 수 있고, 읊는 사이에 억양을 넣어 반복하니, 사람을 감동시켜 또한 쉽게 주입된다. 그러므로 배움의 처음 단계에 그 선을 좋아하고 악을 싫어하는 마음을 흥기하여 스스로 그만두지 못하게 되는 것은 반드시 『시』에서 얻는다.

예禮는 공손과 경건恭敬·사양과 겸손辭遜에 근본하여, 절제와 문식, 정도와 수량이 상세함을 갖고 있어, 사람의 살과 가죽의 모임과 힘줄과 뼈의 묶음을 굳건하게 할 수 있다. 따라서 배움의 중간단계에서 우뚝 자립卓然自立하여 사물에 의해 휘둘리거나 빼앗기지 않는 것은 반드시 예에서 얻어진다.

악樂은 5성·12율이 있어 번갈아 부르고 화답하여 가무歌舞에서 8음의 절도를 이루니, 사람의 성정性情을 양육하여·사특하고 더러움을 씻어내고·찌꺼기를 녹여 없앨 수 있다. 따라서 배움의 마지막 단계에서 의에 정밀하고 인에 익숙해져義精仁熟 스스로 도덕에 화순和順해지는 것은 반드시 악에서 얻어지니, 배움의 완성이다. 〈주자〉

시詩는 사람의 선한 마음을 감발하고, 예는 사람의 몸筋骸을 단속하고(예가 아니면 보거나 듣거나 말하거나 움직이지 말라), 악은 사람의 의지를 조화시키는 수단이다. 감발感發하기 때문에 능히 흥기興起하게 할 수 있고, 몸筋을 단속하기 때문에 자신을 세우게 할 수 있고, 한결같게 조화하기 때문에 능히 덕을 이룰 수 있다. 〈다산〉

한자 해설
• 興흥은 同(함께 동)＋舁(마주들 여)의 회의자로 함께同 힘을 합쳐 드는 것을 말한다. 왕성함以莫不興, 시작되다入門而懸興, 생겨남而淫樂興焉, 행

하여지다禮樂不興, 발동함末應將興, 떨쳐 일어나다則民興於仁, 출세하다
其言足而興, 발하다興空澤之士千甲, 바치다其興物備矣, 일어나다夙興夜寐,
비유함詩可以興, 시의 한 체(詩有六義焉 一曰風 二曰賦 三曰比 四曰興 五曰雅 六
曰頌) 등으로 쓰인다. **주자**: 興은 일어나는 것起이다.

- 詩시는 言(말씀 언)+寺(절 사)의 형성자로 본래는 言+之(갈 지)로 말길이
  가는대로之 표현하는 문학 장르였지만, 이후 言+寺로 변하면서 말을
  다듬어 담았다寺는 뜻이다.

- 立립은 一(한 일)+大(큰 대)의 회의자로 땅- 위에 팔을 벌리고 서 있는
  사람大이다. 멈추어 서다山立時行, 일어서다衆人立而啼, 확고히 서다
  三十而立, 이루어지다而后禮儀立, 출사하다賢者共立於朝, 일으키다立爾
  矛, 수립하다立人之道, 곡식立我烝民 등으로 쓰인다.

- 成성은 戊(다섯째 천간 무)+丁(넷째 천간 정)의 회의자로 한창 때戊의 장정
  丁이란 뜻이다. 이루다成己仁也, 이루어지다地平天成, 평정함以成宋亂,
  무성하다松柏成而塗之人已蔭矣, 중재하다以民成之, 층계九成之臺, 정성成
  不以富, 성勃海高成 등으로 쓰인다.

8.9 子曰民은 可使由之요 不可使知之니라
자 왈 민   가 사 유 지   불 가 사 지 지

공자께서 말씀하셨다. "백성民들은 (이 도리로) 말미암게由之 할 수는
있지만可使, (이 도리를) 알게知之 할 수는 없다不可使."

유교와 민주주의

유교와 현대 민주주의의 관계와 연관하여 많이 인용되는 구절이다. 백
성이 정치의 주인이지 주체라고 선언하는 민주주의는 "인민의, 인민에
의한, 인민을 위한 정치"를 표방하여, 정치의 소유와 주체, 그리고 목적
이 모두 인민으로부터 나온다고 명시했다. 이에 비해 백성이 근본民本主

義임을 표방하는 유교는 정치의 근거와 목적은 인민에게 있지만, 정치의 주체는 학식과 덕망을 갖춘 전문 정치 엘리트인 군자가 담당하여야 한다고 주장한다. 다음의 두 구절 또한 이와 유사한 표현들이다.

> 군자의 덕은 바람과 같고, 소인의 덕은 풀과 같아서, 풀에 바람이 불면 반드시 쓰러진다君子之德風 小人之德草 草上之風必偃. -『논어』12.19

> 천자가 아니면 예를 의논하지 못하며, 제도를 만들지 못하고, 문자를 상고하지 못 한다非天子 不議禮 不制度 不考文. -『중용』28

그런데 서양의 기독교 사상이 현실의 계급질서를 인정하면서도 신神 앞에서 만인의 평등을 표방한 것과 마찬가지로, 유교 또한 자포자기자만 아니라면 모든 사람이 본성을 계발하고 덕을 체득하여 군자 혹은 성인이 될 수 있다고 주장한다.

고주의 정현鄭玄은 여기서 '민民'을 같은 발음이 나는 '명冥(어둡다)'으로, 유由를 종從(따르다)으로 해석하였다. 백성들은 어둡고 우매하기 때문에 도에 따르도록 해야지, 그 본래의 이유를 알게 되면 포악한 자들은 때때로 가볍게 여겨서 행하지 않게 된다고 하였다. 공안국과 형병은 '유由'를 '용用'으로 해석하면서, "백성들은 심원한 성인의 도를 매일매일 쓸 수는 있지만, 능히 그 연고를 알 수는 없다."고 주석했다.

주자는 여기서 대명사 '지之'를 '리理'로, 그리고 '리理'를 그러한 바의 까닭所以然之故와 마땅히 그래야만 하는 법칙所當然之則으로 나누면서, 일반 백성들은 소당연지칙에 따르게 할 수는 있어도, 그 근거인 소이연지고를 알게 할 수는 없다고 주석했다. 주자는 또한 "앎의 천심淺深에 따라 알도록 할 수는 없다는 것이지, 일반백성을 바보로 여겨 알지 못하게 해야 한다는 뜻은 아니다."고 첨언했다.

주자의 리理철학을 비판한 다산은 '지之'를 유가의 도斯道로 풀이하면서, "의리에 정밀하여 입신의 경지에 들어간 사람이 아니면非精義入神, 도를 알 수 없다."고 해석했다. 다산 또한 이 구절이 지닌 계급적 성격에 각별히 유념하여 "성인께서 도를 숨기려 한 것이 아니라, 힘이 미치지 못하기 때문이라고 말하면서, 이는 형세勢이지, 모략謀이 아니다."라고 말했다.

한자 해설

- 民민은 자식을 낳아 기르는 母(女) 자의 상하에 점을 더하여 많은 사람들(指事), 혹은 눈동자가 없는 눈을 바늘로 찔러 사물을 볼 수 없게 된 노예(피지배층 일반)를 나타낸다고 한다. 백성民者國之本也, 인민人民, 민중, 어리석음苗民弗用靈 등으로 쓰인다. **정현**: 民을 '명冥(어둡다)'는 뜻이다(諧聲). **다산**: 民은 농부農·어부虞·공인工·상인商이다. 오직 선비士만 도를 직업으로 삼는다惟士業道. 『역』「계사상전」에서 말하길, '백성들은 일용에 종사하면서, 도를 알지 못한다百姓日用而不知.고 했고', 『주예』「천궁, 대재」에서는 '유자는 도로서 백성을 얻는다儒者以道得民'고 했다.

- 由유는 술이나 즙 따위를 뽑아내는 아가리가 붙은 항아리를 본뜬 상형자이다. 말미암다觀其所由, 인연하다願見 無由達, 좇다, 본받다率由, 인因하여由是觀之, ~으로부터由湯至於武丁, 까닭雖欲從之 末由也已, 유래由來, 이유, 쓰다君子不由也, 행하다隆禮由禮, 느긋하다由由然與之偕而不自失焉, 싹틈若顚木之有由蘗, 마치 ~와 같다由水之就下沛然 등으로 쓰인다.

8.10 子曰 好勇疾貧이 亂也요 人而不仁을 疾之已甚이 亂也니라
자 왈 호 용 질 빈 난 야 인 이 불 인 질 지 이 심 난 야

공자께서 말씀하셨다. "용맹을 좋아하고好勇, 가난을 싫어하는疾貧 자는 난을 일으키고亂也(스스로 난을 일으킨다: 自作亂), 사람이人而 불인不仁하다고 하여 너무 심하게己甚 미워하면疾之 난이 이르게 된다亂也(미움 받는 사람이 난을 일으키게 한다: 人作亂)."

용맹을 좋아하고 분수에 편안해 하지 않는다면 필시 난을 일으킨다. 불인 不仁한 사람을 미워하고 전혀 포용하지 않는다면 필시 난에 이르게 된다. 두 경우의 마음가짐은 선·악이 비록 다르지만, 그것들이 난을 발생시킨 다는 점에서는 한가지이다. 〈주자〉

중니께서는 너무 심한 것은 하지 않으셨다(孟子曰：仲尼不爲已甚者). – 『맹자』 「이루」 하편 10

한자 해설

- 疾질은 疒(병들어 기댈 녁)＋矢(화살 시)의 회의자로 화살을 맞아 벽에 기대 어 있는 것을 말한다. 질병若藥弗瞑眩 厥疾弗瘳, 폐질鰥寡孤疾, 흠中諸侯 之疾, 병에 걸리다昔者疾 今日愈, 근심하다君子疾沒世而名不稱焉, 미워하 다夫撫劍疾視, 성내다, 비방하다遏臣不疾, 빠르다破乃愈疾, 시새우다人之 有技 冒疾以惡之 등으로 쓰인다.
- 亂란은 위아래의 손(爪, 又)이 가운데에 뒤죽박죽 엉켜있는 실무더기를 푸는 모습인데, 엉킨 실은 혼란을, 엉킨 실을 푼다는 의미에서는 정리 하다, 다스리다는 상반되는 뜻이 나왔다. 뒤섞여 혼잡함收敗亂之兵, 폭 동 따위로 시끄러움制治於未亂, 문란素亂, 소란騷亂, 행동이 거칠다亂暴, 淫亂, 반역하다亂臣賊子, 叛亂, 어지럽히다不軌之臣…亂法, 어지러움을 바로잡음予有亂臣十人 同心同德, 건너다呼風亂流而渡, 함부로亂言, 亂入, 난리, 풍류 끝가락亂曰 已矣哉 國無人今 등으로 쓰인다.

8.11 子曰 如有周公之才之美오도 使驕且吝이면
　　　자 왈 여 유 주 공 지 재 지 미　　　사 교 차 린
其餘는 不足觀也已니라
기 여　　부 족 관 야 이

공자께서 말씀하셨다. "만일如 주공周公之과 같은 재주의 아름다움을 지녔다有才之美고 할지라도, 가령使 교만驕하고且 인색嗇하다면, 그 나머지其餘는 볼 것도 없다不足觀也已!"

공자께서는 "심하구나, 나의 노쇠함이여! 오래 되었구나, 내가 꿈에서 주공을 다시 뵙지 못한지가!子曰 甚矣 吾衰也 久矣 吾不復夢見周公(7.5)고 했듯이, 주공은 공자가 꿈속에서라도 뵙고자 했던 옛 성인들 중 가장 다재다능한 인물이다. 이렇게 다재다능한 사람도 덕이 없었다면 인간적인 도리는 다 하지 못한 사람이라는 점에서 볼만한 사람이라고 할 수는 없다. 대개 교만한 것은 기운이 넘치는 것이고, 인색한 것은 기운이 모자라는 것이지만, 상호 작용한다고 할 수 있다.

한자 해설

주자: 재미才美는 지능智能·기예技藝의 아름다움을 말하고, 교驕는 뽐내고 자랑함矜夸이고, 린吝은 비루와 인색鄙嗇이다.

다산: 교驕는 자신을 뽐내는 것矜己이다. 인吝은 베풀기에 인색한 것嗇施이다. 어떤 사람은 말하길, 인吝은 마땅히 개과불린改過不吝(허물을 고치는데 인색하지 않다)의 린吝으로 읽어야 한다(교驕란 스스로 자신의 선을 뽐내는 것이고自矜其善, 린吝이란 그 악을 고치지 않는 것不改其惡이다).

- 才재는 새싹이 땅에서 돋아나는 모양을 나타낸 지사문자로 초목의 싹이 자라나듯 사람의 능력도 클 수 있다는 데서 재주를 말한다. 재주旣竭吾才, 재능이 있는 사람東里多才, 바탕三才理通, 겨우才小富貴 便豫人家事 등의 뜻이다.

- 美미는 羊(양 양)+大(큰 대)의 회의자로서 크고 살진 양의 뜻이다. 미려하다美孟姜矣, 옳다君子修美, 尊五美 屏四惡美, 훌륭함其田美而多, 아름다움盡美矣 未盡善矣, 맛이 있음膾炙與羊棗孰美, 칭찬함美之也, 或美或惡, 바르다君子知至學之難易 而知其美惡, 충실함忠實之謂美 등으로 쓰인다.

- 驕교는 馬(말 마)+喬(높을 교)의 회의자로 6척 높이의 잘 달리는 말을 나타낸다. 남을 업신여기다富而無驕, 무례하다在上而不驕, 교만得志而覺驕,

380

속이다果而不驕, 강하다四牡有驕, 방자하다, 두 살 난 말 등을 의미한다.

- 吝린은 文(꾸밀 문)+口(입 구)의 회의자로 입에 발린 말로 핑계만 대고 재물을 내놓지 않는다는 뜻이다. 허물過이 있는데도 진정으로 뉘우치지悔 않고 말로써口 꾸며文 변명辨明하면서 허물 고치기를 꺼렸기에 아끼다, 인색하다吝는 뜻이 나왔다. 다산은 뉘우침悔의 반대는 인색함吝이라 했다. 아끼다使驕且吝, 吝嗇, 주저하다改過不吝, 도량이 좁고 깔끔하지 못하다鄙吝, 원망함無悔吝之心, 부끄러워하다得之不休 不獲不吝 등으로 쓰인다.

8.12 子曰 三年學에 不至於穀을 不易得也니라
자 왈 삼 년 학 부 지 어 곡 불 이 득 야

고주: 공자께서 말씀하셨다. "3년三年을 배우고도學 선에於穀(=善) 이르지 못하는不至 사람을 얻기得는 쉽지 않다不易也(필시 없을 것이다必無: 3년만 배우면 모두가 선에 이른다고 말하여 배움을 권면했다)."

주자: 공자께서 말씀하셨다. "3년三年이나 (오랫동안) 배웠음에도學 녹봉에於穀(=祿俸) 뜻을 두지至(=志)을 않는不 (학문과 덕행 그 자체에 뜻을 두고 봉록에 마음을 두지 않는 훌륭한) 이는 얻기於穀가 쉽지 않다不易也."

다산: 공자께서 말씀하셨다. "(겨우) 3년三年을 배우고學 벼슬에於穀(=祿俸) 나아가려고 하지 않는不至 이는 얻기得가 쉽지 않다不易也(배우는데 겨우 3년에 이르면, 필시 배우는 것을 버리고 벼슬하러 나아가니, 공자께서 탄식하신 것이다)."

해석의 논란이 많은 장이기에, 대표적인 해석을 소개했다.

한자 해설

- 穀곡은 禾(벼 화)+殼(껍질 각)의 회의자로 벼, 조, 수수처럼 단단한 껍질을 벗기는 모습殼에 禾를 결합해 도리깨로 낱알을 벗겨야 하는 곡식을 뜻한다. 양식의 총칭百穀用成, 좋다穀旦于差, 기르다民莫不穀, 살다穀

則異室, 녹봉邦有道穀, 알리다(=告). **공안국**: 穀은 선善이다. 사람이 3년을 배우고서, 선에 이르지 못하는 이를 얻을 수 없다人三歲學, 不至於善, 不可得고 말했다. 반드시 없다(不可得=必無也)고 말하여 사람들에게 배우기를 권면했다. **주자**: 穀은 녹봉祿이다. 지至는 의심컨대 마땅히 지志로 써야 할 것 같다. **다산**: 정현이 말하길, '穀은 녹봉祿이다.'(『석문』)고 했다. 옛날에는 배우고 넉넉하면 벼슬을 하고, 벼슬하여 넉넉하면 배웠다. 그러나 배우기를 좋아한 자는 매우 적어서, 겨우 3년에 이르면 필시 배우는 것을 버리고 벼슬하러 나아가니, 공자께서 탄식하셨다.

8.13 子曰 篤信好學하며 守死善道니라 危邦不入하고 亂邦不居하며
자 왈 독 신 호 학   수 사 선 도   위 방 불 입   난 방 불 거

天下有道則見하고 無道則隱이니라
천 하 유 도 즉 현   무 도 즉 은

邦有道에 貧且賤焉이 恥也며 邦無道에 富且貴焉이 恥也니라
방 유 도   빈 차 천 언   치 야   방 무 도   부 차 귀 언   치 야

공자께서 말씀하셨다. "독실하게 믿으면서篤信 배우기를 좋아하고好學, 죽음을 무릅쓰고守死 도를 잘 행해야 한다善道. 위태로운 나라亂邦에는 들어가지 않고不入, 어지러운 나라亂邦에는 기거하지 않는다不居. 천하天下에 도가 있으면有道則 나타나고見, 도가 없으면無道則 숨는다隱. 나라邦에 도가 있는데有道 빈천한 것貧且賤焉은 부끄러운 것이고恥也, 나라邦에 도가 없는데도無道 부귀한 것富且貴焉은 부끄러운 것이다恥也."

독실하게 믿어야 학문을 좋아할 수 있다. 학문을 좋아해도 죽음으로써 지키지 않으면, 이해관계 때문에 변절할 수 있기 때문에 도를 잘 행할 수 없다. 따라서 독실하게 믿으면서 학문을 좋아하고, 죽음으로써 지켜야 도를 잘 행할 수 있는 것이다. 빈천과 환란 가운데 도를 지키기 위해 죽는 것은 군자가 귀하게 여기는 것이지만, 헛되이 죽지는 말아야 한

다. 죽음으로써 지키려고 하는 것은 장차 도가 잘 행해지게 하는 것이기에, 헛되이 죽을 위험이 있는 위태로운 나라에는 들어가지 않으며, 어지러운 나라에는 기거하지 않으며, 천하에 도가 행해지면 나와서 도를 실천하고, 행해지지 않으면 물러나 절개를 지킨다.

나라에 도가 행해져 정명正名이 구현되는 데에도 빈천하다는 것은 덕을 닦지 못하여 쓰이지 못한다는 것을 말하기 때문에 부끄러운 것이 된다. 나라에 도가 행해지지 않아 정명이 구현되지 않는 데에도 부귀하다는 것은 그 부귀가 의롭지 못한 방법으로 획득된 것일 터이니, 이 또한 부끄러운 것이다.

- 篤독은 竹(대 죽)+馬(말 마)의 회의자로 말이 안정적으로 걸을 때 말발굽 소리가 마치 대나무밭에서 나는 소리처럼 부드럽다 하여 후에 '진심되다'나 '견실하다'라는 뜻이 되었다. 혹은 대나무로 만든 말을 함께 타고 놀던 옛 친구처럼 도답고 견고한 관계竹馬故友라 한다. 도탑다, 두터이 하다, 진심이 깃들어 있다, 전일하다, 단단하다, 견실하다, 감독하다, 위중하다, 매우, 몹시 등으로 쓰인다. 주자: 篤은 두터우면서 노력하는 것厚而力이다. 다산: 篤은 견고牢固이다(『이아』「석힐」의 주이다). 도를 믿는 정성을 돈독하게 하여 배우는 것을 좋아하는 것을 말한다.

- 守수는 宀(집 면)+寸(마디 촌: 손 혹은 법칙)의 회의자로 집을 지키는 것을 말한다. 지키다, 다스리다, 머무르다, 기다리다, 거두다, 손에 넣다, 청하다, 요구하다, 지키는 사람, 직무, 직책, 정조 등을 말한다.

- 善선은 羊(양 양: 吉祥)+口(입 구)의 회의자로 군자의 아름답고 바른 말을 뜻한다. 착하다隱惡而揚善, 덕목又盡其善, 잘故善戰者服上刑, 많이女子善懷, 크게覆背善訾, 친절히齊善待之, 닦다善刀而藏之, 길하다善必先知之, 좋게 여기다王如善之, 아끼다善日者王 善時者霸, 다스리다有善邇而遠至 등으로 쓰인다. 다산: 善은 닦다修와 같으니(선선은 선선과 통용되니, 또한 수치 修治이다. 『장자』「양생」에서 포정은 칼을 잘 닦아 간직했다庖丁善刀而藏之고 했다), 죽

음에 이른다고 할지라도 불변의 뜻을 지켜 도를 닦는 것을 말한다(『중용』에서는 도를 닦는 것修道을 교敎라 한다고 하였다).

• 危위는 벼랑厂 위에 선 사람을 우러러 본다는 뜻에서 <u>위태함</u>을 나타낸다. **다산**: 危란 장차 망하려는 것이고, 난亂은 다스려지지 않는 것不治이다. 불입不入과 불거不居는 호문互文이다.

8.14 子曰 不在其位하야 不謀其政이니라
자 왈 부 재 기 위　　불 모 기 정

공자께서 말씀하셨다. "그 지위其位에 있지 않으면不在, 그 정사其政를 도모하지 않는다不謀."

고주는 "각자 맡은 바의 본직을 지키는데 전일專一하게 하고자 한 것이다."고 주석했다. 주자는 "공자의 말씀은 상하의 차이가 없다. 다만 그 지위에 있지 않으면 그 정사를 도모하지 않는다."하여 아뢸 수 있다고 말하고 있다. 그래서 경원보씨는 "자문하는 데에도 대답하지 않는 것은 불인不仁이 된다."고 말했다.

다산은 한 걸음 더 나아가 고주를 강하게 비판한다. 즉 다산은 각자 한 가지 직책에만 전념할 것이 아니라, 상호 협력官聯해야 한다고 주장하고 있다. 여기서 '모謀'자의 의미는 단순히 의논하거나 살피는 것이 아니라, 도모 · 계획 · 계책 등을 세우고 구체적으로 실행에 옮기는 것을 의미한다. 이 글의 의미는 관직에 있으면 상하좌우의 다른 관직과 연관하여 상호 참월 · 농단 · 전횡 등을 행사하지 말라는 의미이지, 자문 혹은 협력에 응하지 말라는 의미가 아니다. 또한 관료들에 대해 건전한 비판을 하지 말하는 의미도 아니라고 하겠다.

한자 해설
• 位위는 人(사람 인)+立(설 립)의 형성자로 자리, <u>직위</u>, 지위, 신분, <u>관직</u>

의 등급을 나타낸다. 옛날 조정朝廷에서 신하는 임금의 앞에 품계에 따라 좌우에 도열한 데에서 비롯되었다. 다산: 位는 조정에서 서는 지위이다. 대신의 지위에 있으면 마땅히 대신의 정사를 도모하고, 읍재邑宰의 지휘에 있으면 마땅히 읍재의 정사를 도모한다. 미천하여 지위가 없으면, 벼슬한 자의 정사를 도모하지 않는다.

- 謀모는 言(말씀 언)+某(아무 모: 어둡다·덮이다)의 형성자로 사람이 없는 곳에서 몰래 의논하여 계략을 세우는 것이다. 책략 혹은 계략不詢之謀勿庸, 묻다周爰咨謀, 의논하다來卽我謀, 계획을 세우다昔秦欲謀楚, 살피다胡之謀之人心, 모이다.

- 政정은 攴(칠 복)+正(바를 정)의 형성자로 회초리로 쳐가며 바르게正 되게 하는 것이 정치이며, 정사임을 나타낸다. 정사夫子至於是邦也 必問其政, 정권天下有道 則政不在大夫, 정책政寬則民慢, 금령道之以政, 직책棄政而役, 사무, 정사를 행하는 사람均五政, 바루다寬以政之, 정벌하다臨衛政殷.

8.15 子曰 師摯之始에 關雎之亂이 洋洋乎盈耳哉러니라
자 왈 사 지 지 시   관 저 지 란   양 양 호 영 이 재

고주: 공자께서 말씀하셨다. "악사師 지가摯之 처음始으로 「관저關雎」의 之(聲調의) 어지러움을 바로잡으니亂(=首理其亂), 아름답고 성대하게洋洋乎 귀에 가득하구나盈耳哉!"

주자: 공자께서 말씀하셨다. "악사師 지가摯之 (관직했던) 초기始에 연주하던 〈관저關雎〉의之 마지막 장亂(=卒章)이 아름답고 성대하게洋洋乎 귀에 가득하구나盈耳哉!"

다산: 공자께서 말씀하셨다. "악사師 지가摯之 연주한 (시경 삼편「關雎」·「葛覃」·「卷耳」의) 시작始(=三篇之始)인 「관저關雎」의之 마지막 장亂(=卒章)이 성대하게 넘쳐흘러洋洋乎 귀에 가득하구나盈耳哉!"

해석의 논란이 많은 장이기에, 대표적인 주석을 소개한다.

시始는 수音와 같다. 주나라의 도가 쇠미하자, 정鄭·위衛나라의 음악이 일어나 정악正樂이 폐지되고 절주를 잃었다. 노나라 태사 지摯가 「관저」의 성조를 기억하여 처음으로 그 어지러움을 다스렸다首理其亂. 〈**정현**〉

사지師摯는 노나라 악사로 이름이 지摯이다. 난亂은 음악의 마지막 장樂之卒章이다. 『사기』에, "「관저」의 마지막 장은 「풍風」의 시작으로 삼았다."라 했다. 양양洋洋은 아름답고 성대하다는 뜻美盛意이다. 공자께서 위나라에서 노나라로 돌아와 음악을 바로 잡았는데, 때마침 악사 지師摯가 관직에 있던 초기였다. 그래서 음악이 이와 같이 아름답고 성대했다. 〈**주자**〉

시始란 세 편의 시작이다(종終終이란 세 편의 끝을 말한다). 난亂이란 한 편의 마지막 장이다. 양양洋洋은 넘쳐 나온다는 뜻溢發之意이니, 공자께서 음악을 듣고 돌아와 추억하며 찬미한 것이다. 『초사』의 주注에서 말하길, 난亂이란 악절樂節의 이름이다. 『예기』 「악기」에서 말하길, 연주를 시작할 때는 문文으로 하고, 또한 마칠亂 때는 무武로 한다고 했다. 옛 부賦에 '난왈亂曰'이라 한 것은 모두 졸장卒章이다. 『사기』에서 「관저」지란關雎之亂이 국풍의 시작이 된다고 하였으니, 사마천司馬遷 또한 잘못 읽은 것이다. 〈**다산**〉

- 始시는 女(여자 여)+台(클 태: 뱃속에 아기가 생기는 일)의 형성자로 시초, 시조, 시작이란 뜻이다. 『설문』에서는 여자가 처음 낳는다는 뜻始義爲女子初生으로 '처음(初: 衣+刀, 옷을 만들려고 가위로 옷감을 자는 짓)'을 뜻한다고 했다.
- 關관은 門(문 문)+糸(실 사)의 회의자인데, 문 양쪽에 매달려 있는 줄이 매듭을 지은 형태를 묘사한 문자이다. 연결하다, 관련關聯, 관계關係 등으로 사용된다. '관관關關'은 새들이 지저귀는 소리로, 화목하고 편

안한 모양을 나타낸다.

- 雎저는 佳(새 추)+且(또 차)의 형성자로 물수리 새(저구雎鳩)를 말한다.
- 洋양은 水(물 수)+羊(양 양)의 회의자로 크게 무리를 지어 다니는 양의 특성을 응용한 글자로 '큰 바다'라는 뜻이다. 혹은 시냇물이 가득하여 장한 모양으로 큰 바다의 뜻으로 쓰이고 이에서 변하여 동양東洋 · 서양西洋 따위의 말이 생겼다. '양양洋洋'이란 뜻을 얻어 즐거운 모양意氣揚揚, 풍족하다. 풍부하다. 많다. 방대하다는 뜻이다.
- 盈영은 皿(그릇 명)+及(찰 영)의 형성자로 그릇皿에 가득차다는 뜻이다. 차다, 가득하다, 충만하다, 남다, 여유가 있다, 불어나다, 채우다, 미치다, 이루다, 예쁜 모양 등으로 쓰인다.

8.16 子曰 狂而不直하며 侗而不愿하며 悾悾而不信을 吾不知之矣로라
자 왈 광 이 부 직   통 이 불 원   공 공 이 불 신   오 부 지 지 의

공자께서 말씀하셨다. "뜻이 크다고 하면서(방자하면서)狂而 곧지 않고不直, 무지하면서侗而 근후하지 않고不愿＝謹厚, 무능하면서悾悾而 신실하지 않다면不信, 나吾는 그런 사람을 (결단코) 알지 못하겠다不知之矣吾."

하늘이 만물을 내었지만, 기질이 가지런하지 않아 중간 재질 이하는 이런 덕이 있으면 이런 병통이 있고, 이런 병통이 있으면 반드시 이런 덕이 있다. 그러므로 발길질과 물어뜯기를 잘하는 말은 필시 잘 달리고, 잘 달리지 못하는 말은 필시 온순하다. 그런데 이런 병통만 있고 이런 덕이 없으면, 천하에서 버림받을 재질이다. 〈소식〉

한자 해설

주자: 통侗은 무지한 모습無知貌이다. 원愿은 근후謹厚함이다. 공공悾悾은 무능한 모습無能貌이다. '나는 알지 못한다吾不知之'는 것은 심하게 거절하는 말甚絶之之辭이니, 또한 가르치는 것을 달갑게 여기지 않는 것

不屑之敎誨이다.

다산: 광狂은 방자함肆이다. 통侗은 무지한 모습無知貌이다.

- 狂광은 犬(개 견)＋王(임금 왕)의 회의자로 본래 광견병에 걸린 개를 뜻했다. 미치다, 사납다, 경솔하다, 황급하다, 어리석다, 미친 병, 진취적인 사람, 개가 달리는 모양 등으로 쓰인다.
- 侗통(동)은 人(사람 인)＋同(같을 동)의 형성자로 정성(동), 거짓이 없음, 참되다, 곧다, 크다(통), 막힘이 없다, 미련하다, 무지하다, 경박하다, 장대한 모양 등으로 쓰인다.
- 愿원은 心(마음 심)＋原(근원 원)의 형성자로 삼가다. 공손함愿而恭, 성실하다, 질박함, 신중하다, 근실하다, 정직하다, 염원, 소원, 지원, 원하다 바라다. 희망하다 등으로 쓰인다.
- 悾공은 心(마음 심)＋空(빌 공)의 형성자로 정성苟明公有以察其悾款 言豈在多, 삼가다 등으로 쓰인다.

8.17 子曰 學如不及이요 猶恐失之니라
자 왈 학 여 불 급　　　유 공 실 지

공자께서 말씀하셨다.“ 배움學에서는 마치 미치지 못하는不及 것처럼如하고, 오히려猶배운 것을 잃어버리지 않을까失之 두려워해야恐 한다.”

사람은 배움에서 이미 미치지 못하는 것이 있는 것처럼 하고, 그 마음이 오히려 조심하여 혹 잃어버릴까 두려워한다고 말한 것이다. 〈주자〉

무릇 '배움學'이란 자각적인 계발을 뜻하기에 '자발적인 물음'을 전제로 하고, 따라서 '학문學問'이라 했다. '배움'은 자기에게 은폐된 세계를 조명하는 활동, 즉 반성적 사고이자 '물음問'이다. 사회 · 역사적 존재인 인간은 항상 과거 전통이 역사적 공간 속에 드러나 있는 사회에 물을 수밖에 없다. 묻는다는 것은 알지 못함, 즉 미치지 못함을 자각한다無知之知는 말이다. 이러한 학문은 매일매일 새로워지는 것을 목표로 한다. 진보도 퇴보도 없는 중립이란 없다. 매일매일 진보하지 않는 자는 매일매일 퇴보한다. 미치지 못하듯이 한다는 것은 매일매일 진보하지 못하는 듯이 하는 것이며, 그러고도 잃어버릴까 두려워하는 것은 거꾸로 매일매일 퇴보할까 걱정하는 것이다.

한자 해설

다산: '여불급如不及'이란 그 심정이 마치 행인이 (관문이 닫힐까 두려워하여) 관문으로 달려가는 것과 같이 하는 것이다. '유공실惟恐失'이란 그 심정이 마치 탐부貪夫가 금옥을 본 것과 같은 것이다.

• 及급은 人(사람 임)＋又(또 우: 손)의 회의자로 도망하는 사람의 등에 뒤쫓는 사람의 손이 <u>미친다</u>는 뜻이다. 뒤쫓아 따라가다往言不可及, 능력을 견줄 만하다非爾所及也, 그 곳 또는 그 시각에 대다及是時明其政刑, 그런 일까지 행하다父死不葬 爰及干戈, 미치게 하다老吾老 以及人之老, 및予及女偕亡, 더불어 하다周王于邁 六師及之, 급제 등으로 쓰인다.

8.18 子曰 巍巍乎라 舜禹之有天下也而不與焉이여
자 왈 외 외 호   순 우 지 유 천 하 야 이 불 여 언

공자께서 말씀하셨다. "높고도 크도다巍巍乎! 순·우임금이舜·禹之 천하를 소유하고도有天下也, (사적으로) 관여하지 않음이여而不與焉!"

고주는 '불여不與'를 '순·우임금이 천하를 소유하는 데에서, 천하를 사사로이 구하거나 얻는 데에 사사로이 간여하지 않음'이라 해석했다. 이에 비해 주자는 '천자가 되어 천하를 소유했으면서도, 천하의 일을 처리하는 데에 사사로이 관여하지 않고 공적으로 처리했다.'고 해석했다. 다산은 고주의 해석에 동의한다. 두 해석이 모두 옳다. 즉 순·우임금은

천하를 소유할 때에 사사로운 뜻이나 힘을 써서 구하거나 얻으려고 간여하지 않고 자신의 공덕에 의해 자연적으로 천하를 소유하게 되었다는 것, 그리고 천하를 소유한 뒤에도 천하를 소유한 것으로 자신의 즐거움을 삼지 않았기 때문에(사사로이 상관하지 않았다) 높고도 크다고 공자가 칭송했다는 것이다.

한자 해설

주자: 외외巍巍는 높고 큰 모습高大之貌이다. 불여不與는 상관하지 않겠다고 말하는 것言不相關과 같으니, 그가 지위로써 즐거움으로 삼지 않으셨다는 말이다.

다산: 유천하有天下란 취하여 자기의 소유로 삼는 것을 말한다. 예로부터 모든 천하를 얻은 자는 (사사로운) 뜻과 힘을 쓰지 않음이 없었지만無不用意用力, 오직 순舜·우禹 두 사람만 천하에 대한 뜻이 없었고無意天下 전혀 힘을 쓰지 않았지만全不用力 천하가 저절로 이르렀으니, 이것이 우뚝하게 모든 왕들을 뛰어 넘어, (다른 모든 왕들이) 거의 미칠 수 없는 것이다. '여與'는 간여함干이다. 하안이 말하길, '자신은 천하를 구하거나 얻은 것에 간여하지 않았음을 말한다'고 했다.

• 巍외는 山(메 산)+魏(높을 위)의 형성자로 높고 크다, 장원하다, 높고 큰 모양, 궁궐 등을 말한다.

8.19 子曰 大哉라 堯之爲君也여 巍巍乎唯天이 爲大어시늘
　　　 자 왈 대 재　　요 지 위 군 야　　　외 외 호 유 천　　　위 대

唯堯則之하시니 蕩蕩乎民無能名焉이로다
유 요 측 지　　　　 탕 탕 호 민 무 능 명 언

巍巍乎其有成功也여 煥乎其有文章이여
외 외 호 기 유 성 공 야　　환 호 기 유 문 장

공자께서 말씀하셨다. "위대하도다大哉. 요의堯之 임금 됨이여爲君也! 높고 크도다巍巍乎. 오직 하늘만惟天 (높고) 위대하거늘爲大, 오직 요임금

> (의 덕)唯堯만 하늘과 비등했으니則之(則=準), 넓고도 아득하여蕩蕩乎, 백성民들이 능能히 묵어라 형언할 수 없었다無名焉. 높고 크도다巍巍乎! 그其 공을 이룸이여有成功也! 빛나고도 밝구나煥乎, 그其 문장을 갖춤이여有文章!"

하늘의 도는 위대하여, 작위 함이 없는데도 이루어진다. 오직 요임금만이 그것을 준則=準하여 천하를 다스렸기 때문에, 백성들은 명명할 수 없었다. 명명할 수 있는 것은 그 공업과 문장의 높고도 큼, 그리고 빛남뿐이었다. 〈윤돈〉

한자 해설

주자: 유唯는 홀로獨와 같다. 칙則은 비견準(준함, 비등함, 나란함)과 같다. 탕탕蕩蕩은 넓고 먼 것을 지칭廣遠之稱한다. 만물 가운데 높고 큼에서 하늘을 넘어서는 것이 없지만, 오직 요임금의 덕만이 그에 비견할 수 있기 때문에 그의 덕이 넓고 원대함 또한 마치 언어로 형용할 수 없는 하늘과 같다는 말이다. 성공成功은 일의 업적事業이고, 환煥은 빛나고 밝은 모습光明之貌이고, 문장文章은 예악과 법도이다. 요임금의 덕은 명명할 수 없으니, 볼 수 있는 것은 이것뿐이다.

다산: 공안국이 말하길, '칙則은 본받음法이다.'고 했다. 포함이 말하길, '탕탕蕩蕩은 넓고 먼 것을 지칭廣遠之稱한다.'고 했다. 명名은 명언名言과 같으니, 언어로 형용하는 것을 말한다謂形諸言語也. 문장文章은 예악禮樂과 법도法度가 후세에 현저하게 드러난 것이니, 비록 형언할 수 없지만, 그 문장은 찬란한 것을 말한다.

• 唯유는 口(입 구)+隹(새 추)의 회의자로 본래 새들이 서로 지저귄다는 의미에서 '응답하다'라는 뜻이었지만, 지금은 어조사나 '오직', '다만'이라는 뜻으로 가차되었다.

• 則칙은 鼎(솥 정)+刀(칼 도)의 회의자(후에 정鼎이 패貝로 바뀜)이다. 청동기 시대의 대표적인 기물인 솥鼎과 칼刀은 엄격하게 합금비율을 준수하여 만들어야 한다는 데에서 법칙이란 뜻이 생겼다. 규칙, 준칙, 표준,

등급, 법규, 모범을 뜻한다. 법칙은 곧바로 시행되어야 한다는 점에서 즉시 혹은 바로라는 뜻도 생겼다(即則).

- 煥환은 火(불 화)+奐(빛날 환)의 회의자로 불이 빛나 광채를 발현하다는 뜻이다. 밝게 빛나다(煥乎其有文章, 煥爛), 문채 있는 모양堯舜煥其蕩蕩今 등으로 쓰인다.

- 蕩탕은 艹(풀 초)+湯(끓일 탕)의 형성자로 끓여 없애다는 뜻이다. 소탕함(蕩天下之陰事, 掃蕩), 흐르게 하다以溝蕩水, 움직이다天下不能蕩, 흩어지다今我民用蕩析離居, 방자今之狂也蕩, 평평함魯道有蕩, 부수다幽王蕩以爲魁陵糞土溝瀆, 크고 넓음蕩蕩으로 쓰인다.

- 文문은 본래 몸에 새긴 '문신'을 표현한 상형자이다. 글월의 총칭屬文, 글자象形指事 文也 會意諧聲轉注 字也, 책行有餘力 則以學文, 어구不以文害辭, 산문文起八代之衰, 무늬五色成文而不亂, 빛깔赤水之東 爰有文貝, 결文理密察 足以有別也, 조리鄕朁示之以地文, 외면의 꾸밈文質彬彬, 법도有不享則修文, 예악 제도文王旣沒 文不在玆乎, 우아하다多言則文而類, 선미善美(以進爲文), 어지럽다咸秩無文, 문왕文王, 꾸미다取是而文之也, 정돈하다文之以禮樂, 문신하다東方曰夷 被髮文身 등의 뜻이다.

- 章장은 본래 辛(매울 신) 아래로 둥그런 표식이 그려져 있었는데, 도구로 표식을 새겼다는 뜻이다. 혹은 소리音를 한 묶음+씩 끊어 기록한 글월을 뜻한다. 문채維其有章矣, 악곡·시문詩文의 한 단락讀樂章, 문장下筆成章, 조목約法三章耳, 규정政令者氣之章, 표징變前之大章, 밝다章民之別, 나타나다反論自章, 성하다其氣章, 크다帝座章而光, 구별上下有章, 형태合而成章, 기旗(以爲旗章), 문체의 이름, 은殷의 관 이름章甫 등으로 쓰인다. **신안 진씨**: 요임금의 문장文章을 주자는 예악법도禮樂法度로 해석했는데, 요임금은 현달하여 임금의 자리에 있었기 때문에 그 문장은 천하를 다스리는 데에 드러났다. 공자는 궁하여 아래에 있었기 때문에 문장이 단지 몸에 드러났을 뿐이다. 문장이 천하에 있으므로 예악법도라고 했고, 공자의 몸에 있으므로 위의문사威儀文辭라고 했다

8.20 舜이 有臣五人而天下治하니라 武王이 曰予有亂臣十人호라
순 유신오인이천하치 무왕 왈여유난신십인

孔子曰才難이 不其然乎아 唐虞之際於斯爲盛하나
공자왈재난 불기연호 당우지제어사위성

有婦人焉이라 九人而已니라 三分天下에 有其二하사
유부인언 구인이이 삼분천하 유기이

以服事殷하시니 周之德은 其可謂至德也已矣로다
이복사은 주지덕 기가위지덕야이의

순舜임금이 신하 다섯 사람을 두니有臣五人而, 천하가 다스려졌다天下治. 무왕武王은 말했다曰. "나予는 다스리는 신하亂臣 열 사람을 두었다有十人." 공자孔子께서 말씀하셨다曰. "인재才를 얻기 어렵다難고 했으니, 그렇지其然 않은가不乎? 당·우의 교체기(요순의 때)唐虞之際는 여기(주나라)보다於斯 성대했다爲盛. (내려와 하나라와 상나라부터는 모두 당우에 미치지 못하였다:降自夏商 皆不能及.) (주나라의 그 10인 가운데도) 부인婦人이 있었으니有焉, 아홉 사람뿐이다九人而已. 천하天下를 셋으로 나누고三分 그 둘 차지했으면서도有其二, 은殷나라에 복종하고 섬겼으니以服事, 주나라(문왕)의 덕周之德은 아마도 지극한 덕至德이라고 평할 수 있다其可謂也已矣."

(주자의)『논어집주』에서 '내려와 하 · 상나라부터는 모두 당 · 우에 미치지 못하였다降自夏商 皆不能及'하는 이 여덟 글자를 보충함으로써 비로소 이해할 수 있게 되었다. 이곳은 틀림없이 빠지고 잘못된 것이 있다. 삼분의 이三分有二를 가졌다는 구절을 보면 첫 절은 머리말이 없이 갑자기 튀어나온 것이니, 빠진 글缺文임을 알 수 있다. 〈신안 진씨〉

한자 해설
주자: 다섯 명五人은 우禹 · 직稷 · 설契 · 고요皐陶 · 백익伯益이다.『서경』「태서泰誓」편의 말이다. 마융이 말했다. 난亂은 다스림治이다. 열 명은 주공단周公旦, 소공석召公奭, 태공망太公望, 필공畢公, 영공榮公, 태전太顚, 굉요閎夭, 산의생散宜生, 남궁괄南宮适, 그리고 나머지 한 사람은 문모文母를 말한다. 아홉 사람이 밖을 다스렸고治外, 읍강은 안을 다스렸

다治內. 어떤 사람은 말하길, '난亂은 본디 치乿(다스리다. 이치)로 되었는데, 치治의 옛글자이다.'고 했다. '공자孔子'라 칭한 것은 위로 무왕武王과 군신관계로 연결되니, 기록자가 삼간 것이다. '인재를 얻기 어렵다才難'란 대개 옛 관용어로, 공자께서도 그렇게 여기셨다. 재才는 덕의 쓰임이다. 당唐·우虞는 요·순이 천하를 소유했을 때의 국호이다. 제際는 서로 만나는 사이交會之間(교체기交替期)이다. 주 왕실의 인재가 많아 다만 당우의 교체기만 주 왕실보다 더 성대했으며, 내려와 하나라와 상나라부터는 모두 당우에 미치지 못하였다降自夏商 皆不能及. 그러나 (그렇게 성대했던 시기에도) 이렇게 몇 명만 있었을 뿐이니, 이는 인재를 얻기 어렵다는 말이다. 『춘추전』에서 '문왕은 상나라를 등진 나라들을 이끌면서 주紂왕을 섬겼다고 하였다. 대개 천하에서 문왕에게 귀의한 것은 6주六州로 형荊·양梁·옹雍·예豫·서徐·양揚이고, 오직 청靑·연兗·기冀주만이 아직도 주왕에게 속했을 따름이다.'고 했다. 범조우가 말하길, '문왕의 덕은 상商을 대신하기에 충분하여, 하늘이 허락하고 사람들이 귀의했지만 취하지 않고 복종하고 섬겼으니 지극한 덕이 된다. 공자께서는 무왕의 말에 이어 문왕의 덕을 언급하고, 또한 태백과 함께 모두 지극한 덕이라 칭했으니 그 뜻이 깊다.'고 하였다.

다산: 특별히 '공자孔子'라 칭한 것은 무왕의 말을 이어받았기에 성姓을 칭했다. 재난才難이란 인재를 얻기 어렵다人才難得는 말이다. 제際란 서로 만남交會로서 성주와 현신이 서로 만나는 때聖主賢臣相遇之際를 말한다. 사斯란 무왕의 시대이다. 당우시대의 제회際會(성주와 현신이 뜻을 맞춰 잘 만남)가 주나라에 이르러 더욱 성대하여 당우시대에는 다섯 명이나 주나라에서 열 명이었지만, 부인婦人이 있어 10인을 채우지 못했기 때문에 인재를 얻기가 어려움을 알 수 있다는 말이다.

• 治치는 하수의 흐름을 지칭하는 명칭(『설문』. "治 水, 出東萊曲城陽丘山南入海 從水 台聲.")이었지만, 이후 물길을 다스린다는 뜻으로 전의되고, 인신하여 사람을 다스린다治人 등과 같은 다양한 의미(治山, 治賦, 治賓客 등)

로 쓰인다. 이렇게 '치治' 자는 중국문명의 발생기에 가장 중요한 국가 사업이 하수 유역의 물길水을 다스리는 것台이었기 때문에 뜻이 확장되었다. 즉 '치治'란 수水(→ 修)+台(兌·泰·太: 크다, 빛나다, 기름이자, 양육하다, 기쁘다 등)의 형성자로 범람하는 물길을 다스려 비옥한 옥토를 만들고, 농사지어 많은 곡식(재화)을 생산하여 사람들을 기쁘게 한다는 의미이다.

• 亂란은 乙(새을 ← ㄴ: 초목이 자라나는 모양: 숨을 은)+𤔔(어지러울 란: 실패에 감긴 실의 상하에 손을 대고 푸는 모양 → 일이 어지러움)의 형성자로 본래 얽힌 것을 <u>바로잡는 일(다스리다. 정리하다)</u>을 말했지만, 나중에 얽힌다(혼란)는 상반되는 뜻으로 쓰였다.

• 際제는 阜(언덕 부)+祭(제사 제)의 형성자로 담벼락이나 산이 서로 연결되어 있다는 의미이다. 두 개의 담이나 언덕阜이 <u>서로 만나 그 사이로 난 틈</u>을 말하여, 서로 간의 사이, 시간, 어떤 때나 시대를 만난다는 등의 뜻이다. 즈음, 가, 끝, 변두리, 사이, 때, 닿다, 만나다, 사귀다는 뜻이다. 당우唐虞시대란 요堯(陶唐氏)·순舜(有虞氏) 시대를 말한다. "요와 순 임금은 옛날을 상고하여 백 가지 벼슬을 세우셨다唐虞 稽古 建官惟百."(『서경』「주관」)

• 盛성은 皿(그릇 명)+成(이룰 성)의 회의자로 전쟁에 나가기 전 제기에 음식을 성대하게 차려놓고 승리를 기원한 데에서 유래했다. <u>성하다</u>(기운이나 세력이 한창 왕성하다), <u>성대하다</u>, 두텁다, 많다, 무성하다, 장하게 여기다 등의 의미이다.

• 服복은 月(달 월)+卩(병부 절)+又(또 우)의 회의자로 본래 무릎을 꿇은 사람卩을 이끌어又 배舟에 태우는 모습服從이지만, 후에 '의복'으로 파생되었다. 의복衣服, 옷을 입다非先王之法服 不敢服, 복종服從, 두려워하다鳥力勝日而服於雛, 항복하다敵已服矣, 합당함五刑有服, 약을 먹다令更服丸藥, 행하다服行, 차다服劍 등으로 쓰인다.

• 婦부는 女(여자 여)+帚(비 추)의 회의자로 집 안을 청소하는 여자를 표현

했다. 며느리, 지어미, 부인, 여자, 암컷, 예쁘다, 정숙하다 등의 의미이다.

8.21 子曰 禹는 吾無間然矣로다 菲飲食而致孝乎鬼神하시며
자왈 우 오무간연의 비음식이치효호귀신

惡衣服而致美乎黻冕하시며 卑宮室而盡力乎溝洫하시니
악의복이치미호불면 비궁실이진력호구혁

禹는 吾無間然矣로다
우 오무간연의

공자께서 말씀하셨다. "우禹 임금은 내吾가 흠잡을 것間然이 없도다無矣. (평소의) 음식飮食은 보잘 것 없게菲(소박)하게薄 드시고 귀신에게乎鬼神(제사 드릴 때)는 효성을 다하셨고致孝, (평소의) 의복衣服은 초라惡하게 입으시고, 불면黻冕(무릎가리개와 면류관=祭服)에서乎는 아름다움을美 다 하셨고致, 궁실宮室은 낮게 지으셨지만卑而 구혁에乎溝洫는 진력盡力하셨다. 우禹 임금은 내吾가 흠잡을 것間然이 없도다無矣."

우임금은 자신에게는 박薄하게 하여 그 지위를 누리려 하지 않고, 백성의 일에는 힘을 다하고 종묘와 조정의 예에는 최선을 다하였다. 그래서 공자께서 두 번이나 흠잡을 것이 없다고 깊이 찬미하신 것이다.

한자 해설

주자: 간間은 빈틈罅隙(하극)이니, 그 빈틈을 지적하며 비판하는 것指其罅隙而非議之也을 말한다. 비菲는 박薄한 것이다. '귀신에게 효성을 다한다致孝鬼神'는 것은 제사를 풍성하고 정결하게 올림享祀豊潔을 말한다. 의복衣服은 일상복常服이다. 불黻은 무릎 가리개蔽膝로 가죽으로 만들고, 면冕은 관冠인데, 모두 제복祭服이다. 구혁溝洫은 논밭 사이의 물길로써 경계를 바로잡고, 가뭄과 물난리에 대비하는 것이다. 어떤 때는 풍성하게 하고, 어떤 때는 검박하게 하여, 각기 그 마땅함에 맞았으니,

비판할 만한 빈틈이 없었던 것이다. 그래서 거듭 말씀하셔서 깊이 찬미하셨다.

다산: 간間은 빈틈縫隙이니(달빛이 문틈으로 들어오는 것을 형상했다), 흡연翕然하게 애모하여 어떠한 빈틈도 없는 듯하다는 말이다. 포함이 말하길, '사방 1里리가 정井이고, 정井과 정井 사이에 구溝가 있으니, 구溝의 넓이와 깊이는 각각 4척씩이다. 10리가 성成이다. 성成과 성成 사이에 혁洫이 있으니, 혁洫의 넓이와 깊이는 각각 8척씩이다.'고 했다. 세 가지는 자신을 봉양하는 데는 박薄했지만, 귀신과 인민에게는 후한 근거이다.

- 禹우는 <u>하나라의 창시자</u>이다(BC 2070년경). 요임금의 시대에 치수사업에 실패한 아버지의 뒤를 이어 순에게 천거되어 황하의 치수를 맡아 일에 너무 몰두해서 가정도 돌보지 않았으며, 신체는 반신불수가 되었다. 하 왕조를 창시한 우는 즉위 후에 한동안 무기 생산을 중단하고 궁전의 재증축을 재고하였으며, 관문이나 시장에 부과하던 세금을 면제했다. 그리고 지방에 도시를 만들고 번잡한 제도를 폐지하고, 행정을 간소화했다. 또한 우는 많은 하천을 정비하였고 주변의 토지를 경작해 초목을 키웠으며 중앙과 동서남북의 차이를 기旗로 나타내고, 옛 방식도 답습하여 전국을 구주九州로 나누었다. 또한 검약 정책을 펴서, <u>스스로 솔선수범했다.</u>

- 間간(한)은 門(문 문)+日(해 일→月: 閒 틈 한)의 회의자로 어두운 밤 문틈으로 달빛이 비치는 모습閒인데, '閒'자가 시간에 틈(한가하다)로 쓰이자 間 자가 만들어졌다. 사이, 때, 양수사(집의 간살, 번), 차별, 혐의, 틈, 사이에 두다, <u>이간질하다</u>, <u>헐뜯다</u>, 간첩, 참여, 살피다, 틈을 타다, 검열하다.

- 菲비는 艹(풀 초)+非(아닐 비)의 형성자로 <u>엷게 하다</u>, 둔하다, 우거지다, 향기가 짙다, 짚신, 채소 이름, 향초香草 등으로 쓰인다.

- 黻불은 黹(바느질할 치)+友(달릴 발→불)의 형성자로 수(繡: 고대의 예복에 놓는 수), 두 개의 궁자가 서로 등대고 있는 모양의 수, 폐슬, 슬갑膝甲, 성

姓의 하나이다. 불의黻衣, 보불黼黻 등은 모두 귀한 수로 <u>천자 예복을</u> 말한다.

- 冕면은 冂(멀 경)+免(면할 면)의 형성자로 임금이 정복正服을 갖출 때 쓰던 관을 말한다. 관의 겉은 검고 속은 붉었으며, 위에 장방형의 판을 놓고, 판의 앞뒤에 끈을 늘이어 주옥을 꿰었는데, <u>천자의 관</u>은 12줄, 제후의 관은 9줄이었다.

- 卑비는 又(또 우)+田(밭 전: 부채)의 회의자로 부채를 들고 있는 시종의 모습이다. 낮다, 왜소하다, 겸손하게 대하다, 천하다, <u>비루하다</u>, 저속하다, ~으로 하여금 ~하게 하다, 낮은 곳 등으로 쓰인다.

- 溝구는 水(물 수)+冓(짤 구)의 형성자로 물을 대기 위해 파 놓은 <u>도랑</u>(매우 좁고 작은 개울), 봇도랑洑, 시내, 해자(垓子: 성 밖을 둘러싼 못), 홈통(−桶: 물이 흐르거나 타고 내리도록 만든 물건), 도랑을 파다 등으로 의미한다.

- 洫혁은 水(물 수)+血(피 혈)의 형성자로 혈관처럼 돌아 흐르는 논의 봇도랑을 말한다. 봇도랑洑, 해자垓子, 수문水門, 외람하다, 넘치다(일) 등의 뜻이다.

이 편은 모두 공자의 덕행을 논했다. 그러므로
태백泰伯·요堯·우禹의 지덕至德 다음에 편차
했다. 〈형병〉

모두 30장이다. 〈주자〉

9.1 子는 罕言利與命與仁이러시다
자　　한 언 이 여 명 여 인

공자께서는 리利와與 명命과與 인仁에 대해서는 드물게 말씀하셨다罕言.

이익을 헤아리면, 의리를 해친다. 명의 이치命之理는 미묘微하고, 인의 도仁 之道는 크니大, 모두 공자께서 드물게 말씀하셨다. 〈정자〉

리利를 자주 말하면數言 의를 상하게 하고傷義, 명命을 자주 말하면數言 천天 을 업신여기며褻, 인仁을 자주 말하면數言 몸소 실천함이 따르지 못하니, 이 것이 드물게 말씀하신 까닭이다. 〈다산〉

　인간 행위의 목표를 과정의 적합성義에 두고, 자기완성을 추구하는 사 람을 군자君子라 한다. 그리고 행위의 적합성보다는 자기에게 귀속될 '결 과적 이익의 최대화'를 추구하는 사람을 소인小人이라 한다. 그래서 공자 는 "군자는 인간적 도리에 비추어 볼 때 마땅히 해야 할 의로움에 밝고, 소인은 자신에게 돌아올 결과적 이익에 밝다"라고 말했다. 공자는 결과 적 이익보다는 과정의 적합성을 행위의 준거로 삼고 일상에서 실천에 힘 쓰면서, 추상적인 형이상적 사변의 문제에 대해서는 드물게 말씀하셨 다. 형이상학적인 것은 지극히 미묘하고 인식하기 어렵다. 따라서 인식 이 아직 미치지 못했는데도 급히 말해주면 의혹만을 키울 수 있고, 덕이 부족한 데에도 자주 말해주면 소홀히 함부로 행해 삼가지 못하게 할 수 도 있다. 그래서 공자께서는 (소인이 추구하는) 개인적인 이익, 형이상 학적인 하늘의 명령과 인간에게 품부된 덕으로 인 등에 대해서는 가급적 삼가면서, 많은 말씀을 하지 않으셨다.
　또한 공자의 언행을 주로 기록해 놓은 『논어』는 '인仁' 개념을 중심으로 전개되어 있는데, 전체 499절 중 인에 대한 논의는 총 58회(1/9)이며, 그 단어만 105번이 내외로 출현한다. 따라서 이 구절에서 공자께서는 인에 대해 드물게 말씀하셨다는 것에 대해 약간의 논란이 있다. 하나의 해결책은 『논어』에서 인이란 말은 많이 등장하지만 거의 제자의 물음에 대답한 것으로 적극적인 정의가 없고 인물평에서 '인하다'는 말을 거의 사용하지 않았다는 뜻이라는 말이다. 다른 하나의 해결책은 "자한언리여명子罕言利與命, 여인與仁"으로 끊어 읽어, "공자께서는 이익과 천명에 대해서는 드물게 말씀하셨지만, 인에 대해서는 말씀을 주셨다."로 해석하는 것이다.

'리利'에 대해서 고주는 『주역』「건괘, 문언전」의 언명을 인용하면서, '리란 의의 조화로움이다利者 義之和'로 정의했다. 즉 리利란 우리가 마땅히 옳은 일을 행했을 때에 그 결과로 귀속되는 정당한 몫이라는 것이다.

주자 또한 여기서의 리利를 이익과 조화로움의 둘 모두를 의미한다『어류』고 말하면서도, 다만 리利를 먼저 헤아리면 의義를 해칠 수 있다는 관점에서 해설했다. 다산은 여기서 리利를 주로 이로움이란 뜻으로 해석하고, 공자께서 리에 대해 드물게 말씀하신 까닭에 대해서는 주자와 비슷한 견해를 피력했다.

명命에 대해서 고주는 운명運命, 즉 사람이 태어날 때 하늘로부터 부여받은 명운命運으로 해설했다. 주자는 성리학의 관점에서 명을 리理로 해설하고 있는데, 命은 리理이고, 리는 또한 성性이라 할 수 있다. 나아가 그는 또한 기氣의 관점에서 명에 대한 보완적인 설명을 했다. 다산은 여기서의 명命을 천명天命으로 해설했다. 그런데 『중용』「수장」에서 "천명지위성天命之謂性"이라 했다는 점에서, 다산 또한 명命을 성性으로 해석했다고 하겠다. 그러나 주자가 말하는 이치로서의 성性(性卽理)과 다산이 말하는 기호로서의 성性(=嗜好)은 그 내용을 달리한다.

'인仁'에 대한 정의 또한 각각 구별된다. 고주는 인이란 행실의 성대함이다仁者 行之盛也고 정의하면서, "인이란 사람을 사랑함으로써 만물에 미치니愛人以及物, 이것은 선행 중에 가장 성대한 것이다是善行之中最盛者也"라고 해설했다. 그리고 주자는 인仁이란 우리 마음의 덕이자 사랑의 이치心之德而愛之理라고 정의하였다. 다산은 인이란 인륜의 성덕으로, 일을 행한 이후에 인이란 명칭이 성립한다고 말했다. 여기서 고주와 다산은 인을 자주 말하면 몸의 실천이 그 말에 미치지 못하기 때문에 공자께서 드물게 말하셨다고 해설함으로써 실천적 혹은 행사적인 관점에서 해석했다. 이에 비해 주자는 인의 도는 심히 커서 말하기 어렵기 때문에, 드물게 말하셨다고 풀이함으로써 존재론적 혹은 인식론적인 측면에서 해설했다. 각각의 강조점이 다르다.

한자 해설

- **罕**한은 网(그물 망)+干(방패 간)의 형성자로 드물다, 그물罕罔씀署, 사냥하다罕車飛揚, 기=旗, 한거(罕車: 사냥용수레) 등으로 쓰인다. **주자**: 罕은 적다少이다. **다산**: 罕은 드물다希 이다.

- **利**리는 禾(벼 화)+刂(刀: 칼 도)의 회의자인데, '刂(刀)'를 기본 의미로 보면, 병기구兵器 혹은 농기구銛의 날의 예리銳利함이며, 칼刂로 벼禾를 베다收穫는 의미이다. 그리고 수확이란 또한 결실을 이룸利者 萬物之遂, 인신하여 '순조롭게 조화를 이루었다'는 뜻이다. 나아가 수확이란 또한 씨를 뿌리고 가꾸는 노고를 아끼지 않았던 농부의 '이익利益'이 된다. 날카롭다子之劍 蓋利劍也, 날래다輕土多利, 편하다利涉大川, 이롭다利用厚生, 이익營利, 이자逐什一之利, 탐하다先財而後禮 則民利, 세력國之利器, 조화를 이룸元亨利貞 등으로 쓰인다. **다산**: 利는 백성을 이롭게 한다民利 혹은 나라를 이롭게 한다利國고 할 때의 利이다.

- **命**명은 口(입 구)+令(우두머리 령)의 형성자로 우두머리의 명령으로 '시키다使'는 뜻이다. 목숨不幸短命, 명하乃命羲和, 명령后以施命誥四方, 운명各定性命, 도리維天之命, 이름을 짓다因命曰嵇山, 임명하다官之命, 고하다, 의물儀物, 생계, 서명誓命(爲命), 이름. **다산**: 命은 천명天命이다.

- **仁**인은 二(두 이)+人(사람 인)의 회의자로 친애한다는 의미仁 親愛也 由人由二 會意이다. 이는 곧 인간이란 (잔인한 금수와 구별되는) '서로 친애하는 공동체적 존재'라는 것을 함축한다. **하안**: 인이란 행실의 성대함

仁者行之盛也이다. 인에 미칠 수 있는 자가 적기 때문에, 드물게 말씀하셨다. **다산:** 인仁이란 인륜의 완성된 덕人倫之成德이다. 살피건대, 『논어』에 공자의 인仁에 대한 말씀을 기록해 놓은 것은 많다. 그러나 말씀하신 것이 이미 드물었고, 기록이 빠지지 않았다면, 실제로는 많지 않다. 사마우司馬牛가 인仁을 물었을 때 공자께서는 인仁을 행하는 것은 어렵기 때문에 그것을 말하는데 신중한 것이다(「안연」)라고 말씀하셨다. 이것이 인을 드물게 말한 뜻이다.

9.2 達巷黨人이 曰 大哉라 孔子여 博學而無所成名이로다
달 항 당 인　　　왈 대 재　　공 자　　박 학 이 무 소 성 명

子聞之하시고 謂門弟子曰 吾何執고 執御乎아 執射乎아
자 문 지　　　위 문 제 자 왈 오 하 집　　집 어 호　　집 사 호

吾執御矣로리라
오 집 어 의

달항達巷이란 고을黨의 사람人이 말했다曰. "위대하구나大哉, 공자孔子여! 널리 배우되博學而 명성을 이룬 바所成名가 없구나無!" 공자께서 그 말을 들으시고聞之, 문하의 제자들門弟子에게 일러謂 말씀하셨다曰. "내吾가 무엇何을 전문執할까? 수레 몰기御를 전문으로 할까執乎, 활쏘기射를 전문으로 할까執乎? 나吾는 (더 비천한) 수레 몰기御를 전문으로 할 것이다執矣."

성인의 도는 완전하고 덕은 갖추어져 있으니, 특정한 장점으로 지목할 수 없다. 달항당의 사람은 공자의 위대함을 보고 그 배운 것이 넓지만 한 가지 잘 하는 것으로 세상에 명성을 얻지 못한 것을 애석하게 생각했으니, 대개 성인을 앙모하면서도 알지 못한 자이다. 그러므로 공자께서 내가 무엇을 전문으로 하여 명성을 이루기를 바라는가? 그렇다면 나는 장차 수레 몰기를 전문으로 할 것이라고 말씀하신 것이다. 〈윤돈〉

주자: 집執은 전문으로 하는 것專執이다. 활쏘기와 수레몰기는 모두 하나
의 기예一藝인데, 수레몰기는 남의 종복이 되니 전문으로 하는 것이 더
욱 비천하다. "내가 무엇을 전문으로 하여 명성을 이루기를 바라는가?
그렇다면 나는 장차 수레몰기를 전문으로 할 것이다."고 말씀하셨으
니, 남이 자신을 칭찬하는 말을 들으시고 겸양으로 응대하신 것이다.

다산: 오집어吾執御라고 하신 것은 육예六藝 중 비천한 것으로 명성을 이
루겠다는 것이다.

• 博박은 十(열 십: 전부)＋尃(펴다 부)의 회의자로 모든 실을 풀어 '넓게 하
  다'는 뜻이다. 학식이나 견문이 많다君子博學於文, 두루 미치다博愛之謂
  仁, 넓히다博我以文, 도박不有博弈者乎 등으로 쓰인다. **주자**: '박학함에도
  명성을 이룬 바가 없다博學而無所成名'는 것은 대개 그 학문의 넓음을
  찬미하고, 한 가지 기예로써 명성을 이루지 못한 것을 애석해 한 것이
  다. **다산**: 정현이 말하길, '달항당의 사람이 공자는 도예道藝에 박학하
  여, 오로지 하나의 명성만을 이루지 않았지 않았음을 찬미한 것이다.'
  고 말했다.

• 執집은 幸(다행 행: 수갑)＋丸(알 환: 팔을 내민 모습)의 회의자로 죄수에게 수
  갑을 채운 모습으로 잡다, 가지다, 맡아 다스리다, 처리하다, 두려워
  하다, 사귀다, 벗, 동지 등으로 쓰인다.

• 御어는 彳(조금 걸을 척)＋卸(멍에를 풀 사)의 회의자로 마차에서 말을 풀어
  놓는다는 뜻이다. 말을 몰다使造父御, 어거하는 사람徒御不驚, 다스리
  다以御于家邦, 등용하다時舉而代御, 드리다飲御諸友, 모시다御其母以從,
  주관함長曰能御矣 幼曰未能御矣, 막다季孫不御 등으로 쓰인다.

• 射사는 身(몸 신)＋寸(마디 촌)의 회의자로 본래 활과 화살의 상형자이다.
  (활을) 쏘다, 추구하다, 향사례鄕射禮, 맞히다(석), 싫어하다(역), 음률의
  이름 등으로 쓰인다.

9.3 子曰 麻冕이 禮也어늘 今也純하니 儉이라 吾從衆호리라
　　　자왈 마 면　　예야　　금야순　　검　　　오종중

拜下禮也어늘 今拜乎上하니 泰也라 雖違衆이나 吾從下호리라
배 하 예 야　　금 배 호 상　　태 야　　수 위 중　　오 종 하

공자께서 말씀하셨다. "검은 베로 짠 관麻冕을 쓰는 것이 예이지만禮也, 지금은今也 생사純로 만드니 검약儉하다. 나픔도 대중을 따르겠다從衆. 당하拜下에서 절하는 것이 예인데禮也, 지금今은 당상에서乎上 절拜하니, 고만泰하다. 비록雖 대중과 어긋나더라도違衆, 나픔는 당 아래從下에서 절하겠다."

　　예의 본질과 정신은 어느 시대와 장소를 막론하고 존중되어야 하겠지만, 그 형식과 방법은 본질과 정신을 해치지 않고 조화를 이루는 범위 안에서 수정될 수 있다.

　　공자는 관에 쓰는 재료로는 번잡하여 만들기 힘든 삼베보다 당시 일반인들이 사용하는 명주실을 사용하는 것이 간편하기 때문에, 거기에 따르겠다고 말한다. 이렇게 공자는 예의 정신과 본질, 그리고 조화를 해치지 않은 범위 안에서 가능한 대중들의 방식을 따르고자 한다.

　　그러나 그는 당시 사람들이 대부분 당 위에서 절하지만, 당 아래에서 절하는 것이 예의 본질과 정신에 비추어 볼 때 알맞기 때문에, 비록 대중과 위배될지라도 당 아래에서 절하겠다고 말했다. 공자는 가능하면 대중들의 풍속에 따르고자 하나, 무조건 따르는 것이 아니라 무엇이 예의 정신과 본질에 부합하는가 하는 점을 잘 검토해서 자신의 행위를 준칙으로 취하겠다는 태도를 보인다.

한자 해설

주자: 마면麻冕은 검은 삼베로 짠 관緇布冠(치포관)이다. 순純은 생사絲이다. 검儉은 생약省約(덜어서 줄임)을 말한다. 치포관緇布冠은 30새의 베로써 만드는 데, 1새는 80올이니 그 날줄이 2,400올이다. 세밀하여 만들기 어려우니, 생사를 사용하여 생약省約하는 것만 못하다. 태泰는

교만驕慢이다.

다산: 면冕은 제복의 관祭服之冠이다. 공안국이 말하길, '순純은 생사이니, 생사로 짜기는 쉽기 때문에 검약을 따르신 것이다.'고 했다. 살피건대, 면冕이란 면俛(머리를 숙이다)에서 나왔다. 앞이 낮고 뒤가 높아 그 형상이 약간 숙이는 뜻하기 때문에, 이름을 면冕이라 했다. 치포관緇布冠과 그 제도가 완전히 다르다.

- 麻마는 广(집 엄)+㍿(삼의 껍질 벗길 패)의 회의자로 그늘에서 삼 껍질을 벗겨 말린다는 것을 나타낸다. <u>삼</u>, 참깨, 베옷, 삼으로 지은 상복, 조직, 근육의 마비 등으로 쓰인다.

- 純순은 糸(가는 실 :의미)+屯(진칠 둔: 艸+一: 싹이 지면을 뚫고 올라오는 모양)의 회의자로 <u>생사生絲</u>, 순색의 비단, 순수하다文王之德之純, 도탑다純孝, 온화하다從之純如也, 크다純嘏爾常矣 등의 의미이다.

- 儉검은 人(사람 인)+僉(모두 첨: 많은 물건을 한 곳에 모아놓음)의 회의자로 산만하지 않고 정연한 생활 태도를 나타낸다. <u>절약하다</u>量入儉用, 넉넉하지 않다弘微家素貧儉, 험하다動乎儉中는 뜻이다.

- 拜배는 물건을 바칠 때처럼 두 손手을 모아 머리를 숙인다下는 뜻이다. <u>절하다</u>拜禮, 벼슬을 내리다至拜大將 乃信也, 받다拜恩私室, 이르다高居限參拜, 뽑다勿翦勿拜, 굽히다는 뜻이다.

- 泰태는 水(물 수)+大(큰 대)+廾(받들 공)의 회의자로 물가에서 손을 씻고 있는 사람을 표현했지만, 크다는 뜻으로 가차되었다. 크다, 하다, 편안하다(느긋하고 태연하다), <u>교만하다</u>, 너그럽다, 지나치다 등의 뜻이 있다. 태괘(건하곤상)로 음양이 조화되어, 만사가 형통하고 편안을 누리는 모양을 나타내기도 한다.

9.4 子絶四러시니 毋意毋必毋固毋我러시다
자 절 사　　　　무 의 무 필 무 고 무 아

공자께서는 네 가지가 없으셨으니, (사사로운) 뜻意이 없으셨고毋, 기필함必이 없으셨고毋, 고집固이 없으셨고毋, (사사로운) 자아我가 없으셨다毋.

　개인의 부당한 이익을 위해 발동하는 것이 사사로운 의지意이며, 이 의지에 의해 반드시必 그래야만 한다는 마음이 생기며, 반드시 그래야만 한다는 마음에서 고집固이 일어나고, 이 고집에 의해 나我에 대한 집착이 생겨난다. 또한 나에 대한 집착에서 사사로운 의지가 생겨나며, 이러한 사사로운 의지에서 기필하는 마음이 생겨나고, 이 기필하는 마음에서 고집과 아집이 또 다시 강화되어 생겨난다. 이렇게 이 네 가지는 서로 견인하는 악순환을 일으켜 우리들을 고통으로 몰고 간다. 이 네 가지를 끊어 없어질 때에 비로소 군자, 성인의 길에 들어설 수 있다.

한자 해설

주자: 절絶은 완전히 없으셨다無之盡이다. 무毋는 『사기』에 무無라고 했다. 의意는 사사로운 의지私意이다. 필必은 기필期必이다. 고固는 집착執·정체滯이다. 아我는 사사로운 자기私己이다. 네 가지는 상호 시작과 끝이 되니, 의에서 기인하여起於意 필에로 이행하고遂於必, 고에 머물렀다가留於固 아에서 완성된다成於我. 대개 의意와 필必은 항상 사전事前에 있고, 고固와 아我는 항상 사후事後에 있다. 아我에 이르면 또한 의意가 생겨나니, 물욕物欲에 이끌리어 끝없이 순환한다.

다산: 의意란 억측億이다. 사사로운 의지로 억측하여 헤아리는 것을 의라 한다以意億度曰意也. 필必은 기필期이다. 고固는 단단히 잡는 것堅執이다. 아我란 자기己이니, 자기를 버리고 남을 쫓는 것을 무아毋我라 말한다.

• 絶절은 糸(실 사)+刀(칼 도)+卩(병부 절)의 형성자로 실이 끊어지다는 뜻이다. 끊다必絶其謀, 없애다子絶四, 버리다絶世于良, 죽임天用剿絶其命, 후사가 끊어지다繼絶世, 뛰어나다文體英絶 절대로秦漢以來之所絶無而僅有, 절구絶句 등으로 쓰인다.

- 毋무는 母(어미 모)+一(날 일)의 회의자로 여자女子를 범하는 것을 一일로 금지함의 뜻한다. 말다, 없다, 아니다, 결심하지 아니하다 등으로 쓰인다. **정자**: 여기서 '毋'자는 금지사가 아니다. 성인께는 이 네 가지가 완전히 없으셨으니, 어찌 금지할 필요가 있었겠는가?

- 意의는 音(소리)+心(마음 심)의 회의자로 <u>음성으로 표현하는</u> 마음의 뜻이다. 의지, 사려, 의의意義, 의미意味, 정취情趣, 풍정, 사의私意(毋意), 생각하다意論輕重之序, 헤아리다夫忘意室中之藏, 6근의 하나六根 謂眼耳鼻舌身意, 감탄사意 治人之過也 등으로 쓰인다.

- 必필은 八(여덟 팔: 나누다)+弋의 회의자로 말뚝을 세워 경계 땅의 경계를 분명히 나눈 데에서 반드시란 뜻이 나왔다. 반드시, 오로지, 만약, 모두, <u>기필하다</u>, 전일하다, 신뢰하다, 보증하다 등으로 쓰인다.

- 固고는 囗(에워쌀 위)+古(옛 고)의 회의자로 옛 것에 갇혀 있는 것이다. <u>완고함</u>稽首固辭, 군히다確固, 견고함兵勁城固, 군이毋固獲, 본디臣固聞之, 진실로小固不可以敵大 등으로 쓰인다.

- 我아는 手(손 수)+戈(창 과)의 회의자로 톱니 모양의 날이 붙은 무기였지만, 나 또는 우리로 가차되었다. 나, 우리, 외고집, <u>아집을 부리다</u>, 굶주리다 등으로 쓰인다.

9.5 子畏於匡이러시니 曰 文王이 旣沒하시니 文不在玆乎아
자 외 어 광　　　　　왈 문 왕　 기 물　　　　문 부 재 자 호

天之將喪斯文也신댄 後死者不得與於斯文也어니와
천 지 장 상 사 문 야　　 후 사 자 부 득 여 어 사 문 야

天之未喪斯文也시니 匡人이 其如予에 何리오
천 지 미 상 사 문 야　　 광 인　 기 여 여　 하

공자孔子께서 광 땅에서於匡 (사람들이 병기를 들고 포위하여) 삼가고 조심하며畏, 말씀하셨다曰. "문왕文王이 이미旣 돌아가셨지만沒, 문文이 여기玆에 있지 않는가在乎? 하늘이天之 장차將 이 문斯文을 없애려喪 하셨

408

다면, 뒤에 죽을 사람後死者이 이 문에於斯文 참여하지 못했을 것이지만
不得與也, 하늘이天之 아직未 이 문斯文을 없애려 하지 않으시니喪也, 광
땅 사람匡人들이 나予에게 어떻게 하겠느냐其如何?'

문왕文王이 이미 돌아가셨기에 공자께서 스스로를 뒤에 죽을 사람後死者이
라고 말하셨다. 하늘이 만약 이 문文(도의 현현)을 버리려고 하셨다면, 반드
시 나에게 이 문文에 참여하지 않게 하셨을 것이다. 지금 내가 이미 이 문
文에 참여했으니, 이는 하늘이 아직 이 문을 버리려고 하는 것이 아니다.
하늘이 아직 이 문을 버리려고 하지 않았다면, 광 사람들이 나를 어찌하겠
느냐? 라고 말씀하신 것이니, 필시 하늘을 버리고 자신을 해치지는 못할
것이라는 말씀이다. 〈마융〉

공자가 말하는 '문文'에 대해 고주는 문장文章, 주자는 도의 현현으로
한 나라의 문명을 이룬 예악禮樂과 전장제도, 그리고 다산은 적어 놓은
글로서『역』의「단」·「상」이라고 해석했다.

천天

'天천'은 본래 갑골문에서 머리가 돌출된― 사람人의 형상으로 '위대偉
大한 사람'이란 뜻에서 출발하여, 그 사람이 사후에 거주하는 장소인 하
늘(大+―＝天), 그리고 그 하늘에 거주하는 신神을 상징했다. 돌출된 머
리를 형상했다는 점에서 天은 고원高遠·광대廣大·존재尊大를, 그리고
가치론적으로 곤경尊敬·외경畏敬의 대상으로 그 의미가 점차 확장되었
다. 그래서『설문』의 주석에서는 "天은 정수리(顚: 꼭대기, 이마, 산정, 고개)로
서 지극히 높고 필적할 만한 것이 없다至高無對. '일―'과 '대大'자의 결합
으로 사람이 머리 위에 이고 있는 장소이다人所戴."고 하였다.『석명』에
서는 "天이란 탄연坦然·고원高遠한 것이다."고 하였다. 학자들은 다양
한 문헌에 나타난 천관념을 물질천, 자연천, 주재천, 운명천, 의리천, 조

생천造生天, 재행천載行天, 계시천啓示天, 심판천審判天 등으로 세분한다. 그런데 '天'자는 현존하는 가장 오래된 문자인 갑골문부터 나오지만, 정치사회적으로 중요한 의미를 지닌 개념으로 등장하는 것은 BC 11세기~BC 2세기인 은말주초殷末周初이다.

『논어』에서 '친天'자는 (天命과 天道는 포함하되, '天下와 天子'를 제외하면) 도합 22회 출현하며, 이 가운데 공자의 말로 기록된 것은 10문장 16회인데, 知天命(2.4), 獲罪於天(3.13), 性與天道(5.12), 天厭之(6.27), 天生德(7.22), 惟天爲大(8.19), 文不在玆乎? 天之將喪斯文也(9.5), 天喪予(11.8), 不怨天 … 下學而上達 …其天乎!"(14.36), 畏天命(16.8) 등이 그것이다. 여기서 나타난 천天에 대해 고주는 운명의 주재자이자 도덕의 근원이며, 나아가 만물이 의지하여 태어나게 하고 사시를 운행하는 존재라 주석하였다. 주자는 공자가 천天을 이치理: 所以然之故而所當然之則로 확인하면서, 하늘은 곧 이치이이고天卽理, 인간이 부여받은 본성 또한 이치性卽理일 따름이다—理고 말했다. 그리고 다산은 천을 상제의 법칙으로 정의하면서, 진노하는 상제라는 표현을 쓰면서, 상제가 굽어 살피기 때문에 공덕을 쌓아 천덕에 통달하여 사천事天에 도달해야 한다고 말했다.

한자 해설

주자: 외畏란 경계하는 마음이 있었음을 말한다. 광匡은 땅이름이다. 『사기』에 말하길, 양호陽虎가 일찍이 광 땅에서 횡포를 부렸는데, 공자의 모습이 양호와 유사했기 때문에 광 사람들이 포위했다. 도道의 발현을 문文이라 하니, 대개 예악과 제도를 말한다. 도道라고 말하지 않고, 문文이라 말한 것 역시 겸사이다. 자玆는 여기此인데, 공자 자신을 말한다.

다산: 외畏는 두려움懼이다. 중씨仲氏(丁若銓)가 말하길, '문文이 여기에 있다在玆는 것은 『역』의 「단」・「상」이 여기어 있음을 말한다. 자玆란 간편簡編을 가리킨다. 여與는 예預와 통하니, 추종從・참여參이다. 중씨仲

410

氏가 말하길, '공자께서 『역』의 도에 밝으셔서, 장차 「익전」을 지어 후세에 전하려 했지만, 당시에 아직 완성에 이르지 못하였기 때문에 하늘이 이 글을 없애려 한다면, 나는 참여하여 이 글에 힘을 씀이 있을 수 없겠지만, 하늘이 이 글을 없애려 하지 않았다면 나는 마땅히 오늘 죽지 않을 것이니, 광 사람들이 나를 어떻게 할 것인가?'라는 뜻이다.' 고 말했다.

- 畏외는 귀신(가면을 쓴 사람)의 형상이다. 겁을 내다永畏惟罰, 꺼리다魚不畏網, 경외하다畏天命, 심복하다畏而愛之, <u>삼가고 조심하다</u>子畏於匡, 두려움君子有三畏, 조문하지 않는 죽음死而不弔者三 등으로 쓰인다.

- 文문은 본래 문신文身을 의미했다지만, 일정한 필획을 서로 아로새겼기에 문자文字를 의미했다. 『설문』에서는 "획을 교차하다錯劃也는 뜻으로 교차한 무늬를 형상했다象交文"고 했다. 글월以能誦詩書屬文, 글자, 문치文治 · 문사文事, 글을 짓다帝親文其卑, 무늬 · 문채文彩, 현상觀乎天文, <u>문물</u>(예악과 제도 등 문화적 산물), 법령의 조문, 아름답다 · 선善하다禮減而進 以進爲文, 어지럽다＝紊亂, 화미華美하다君子質而已矣 何以文矣, 문왕, 꾸미다文之以禮樂, 가리다小人之過也 必文, 노력하다文莫吾猶人也.

- 玆자는 본래 검다玆는 뜻이었지만, 가차되어 지시사로 <u>이것</u>과 <u>여기</u>, 혹은 부사로 더욱, 점점 등으로 스인다.

9.6
①

大宰問於子貢曰 夫子는 聖者與아 何其多能也오 子貢이 曰
태재문어자공왈 부자 성자여 하기다능야 자공 왈

固天縱之將聖이시고 又多能也시니라 子聞之曰 大宰知我乎인저
고천종지장성 우다능야 자문지왈 태재지아호

吾少也에 賤故로 多能鄙事호니 君子는 多乎哉아 不多也니라
오소야 천고 다능비사 군자 다호재 부다야

태재大宰가 자공에게於子貢 물어問 말했다曰. "공자夫子께서는 성인이신가聖者與? 어찌何 그렇게其 다능하신가多能也?" 자공子貢이 말했다曰. "본

래固 하늘天이 낳으신縱之 거의將(장차) 성인聖이시고(되실 분이고), 또한又 다능하십니다多能也." 공자子께서 이 말을 들으시고聞之 말씀하셨다曰. "태재大宰가 나를 알까知我乎? 내吾가 젊었을 적少也에 미천賤했기 때문故에 비천한 일鄙事에 다능多能하다. 군자君子는 다능해야 하는가多乎哉? 다능해야 하는 것은 아니다多能也."

태재는 대개 재주가 많으면多才 성인聖人이라고 여겼다. 그런데 성인은 통하지 않음이 없으니聖無不通, 능력이 많은 것多能은 부수적인 사안이다. 젊어서 미천했기에 다능多能하지만, 할 수 있는 것이란 비천한 일일 뿐이어서, 성인이 통하지 않음이 없는 것聖而無不通은 아니다. 또한 다능하다고 해서 사람들을 통솔할 수 있는 것은 아니기 때문에, 군자는 반드시 다능하지는 않다고 말씀하셔서 깨우쳐 주셨다. 〈주자〉

한자 해설

주자: 종縱은 사肆(늘어놓다)와 같으니, 한정되지 않는다不爲限는 말이다. 장將은 거의殆이니, 겸손하여 감히 알지 못하듯 하는 말이다.

다산: 적생조래荻生徂徠가 말하길, '종縱은 그가 하는 것을 들어서 마음대로 하도록 허락하는 것이다縱之聽其所爲. 자공은 '공자께서는 아직 천명을 받지 못한 까닭에 성인의 일을 행하시지 못할 뿐이다. 성인의 일은 제작制作을 말한다. 작자作者는 성인을 말한다. 만약 하늘이 들어서 받아들인다면 공자 또한 장차將且 성인이 되실 것이며, 그 분은 마침 또한 다능하시다고 말하였다.'고 했다. 살피건대, 이 설이 매우 좋으니, 아마도 바른 뜻인 듯하다.

• 聖성은 耳(귀 이)+口(입 구)+壬(좋을 정)의 회의자, 혹은 耳(귀 이)+呈(드릴 정)의 형성자로 본래 타인의 말에도 귀를 기울일 줄 알면서 사리에 잘 통하는 '현명한 사람'이나 '총명한 사람'을 뜻했고, 인신하여 성인이나 거룩하다는 뜻으로 쓰인다. 지덕이 매우 뛰어나고 사리에 통하지 않음이 없음乃聖乃神, 거룩한 사람先聖後聖 其揆一也, 어느 방면에 우뚝 뛰어난

사람樂聖, 詩聖, 임금의 존칭聖上神聰, 聖主, 슬기絶聖棄智 등으로 쓰인다.

- 能능은 본래 크고 용기와 능력이 뛰어난 곰의 상형자이다. 능하다寡人弗能拔, 잘하다唯聖者能之, 미치다不能被德承澤, 능히愛之能勿勞乎, 재주가 뛰어나다足以容天下之能士矣, 재량君知我而使我畢能, 곰의 한 가지 등으로 쓰인다.

- 縱종은 糸(가는 실 멱)+從(따를 종)의 회의자로 실을 늘여 놓은 것을 말한다. 늘어지다蓬髮弛縱, 활을 쏘다抑縱送忌, 놓아 주다七縱七擒, 제멋대로 하다縱欲而不忍, 자유로이縱言至於禮, 낳다姚氏縱華感樞, 가령假令(縱江東父兄憐而王我) 등으로 쓰인다.

- 鄙비는 邑(고을 읍)+啚(인색할 비)의 형성자로 도시의 주변지역으로 촌스럽다는 뜻이다. 더럽다, 천하다, 비루하다, 촌스럽다, 질박하다, 고루하다, 인색하다, (문벌이) 낮다, 마을, 변방, 성밖, 교외 등으로 쓰인다.

9.6 ❷ 牢曰 子云 吾不試故로 藝라하시니라
뇌 왈 자 운 오 불 시 고 예

금뢰牢가 말했다曰. "공자子께서 이르시길云, 나吾는 (세상에) 등용되지 못했기不試 때문故에 기예가 많았다."

제자들이 공자의 이 말씀을 기록할 당시에, 자뢰가 예전에 들은 바에 이와 같은 것이 있다고 말하였는데. 그 뜻이 서로 가까웠기 때문에 병기했다.〈오역吳棫, 1100~1154〉

한자 해설
- 試시는 言(말씀 언)+式(법 식)의 형성자로 법식이나 규칙대로 하였는지 검증, 비교, 시험하는 것이다. 시험, 잠시, 시험 삼아, 떠보다, 검증하다, 비교해 보다, 살피다, 익히다, 훈련하다, 사용하다, 겪다, 임용하다는 의미이다. **주자:** 試는 등용用이다. 세상에 등용되지 못했기에 기

예를 익혀 그것에 통달했다는 말이다. **다산**: 정현이 말하길, '試는 등용用이다. 공자께서 스스로 말하시길, 나는 등용되지 못했기 때문에 기예가 많았다.'고 했다.

- 藝예는 艹(풀 초)+埶(재주 예)+云(이를 운)의 상형자로, 나무를 심다(땅에다 두 손으로 초목을 심는 형상) 혹은 정원을 가꾸는 재주를 의미한다. 나무를 심다는 뜻에서 나무를 심는 기술이란 뜻이 나왔고, 다시 기예技藝, 공예工藝, 예술藝術 등의 뜻이 나왔다. 재주, 기예, 문예, 법도, 준칙, 학문, 경적經籍, 끝, 극한, (땅에) 심다, 재주가 있다, 분류하다는 의미이다. 일반적으로 소학(~15세)으로는 여섯 가지 기예六藝(예절禮, 음악樂, 활쏘기射, 말부리기御, 글쓰기書, 수학數)를 교과목으로 하였다. 서양 그리스에서는 군대에 가기 전(~19세)에 시가와 체육을 교육하였다.

9.7 子曰 吾有知乎哉아 無知也로라 有鄙夫問於我호대
　　자 왈 오 유 지 호 재　무 지 야　　유 비 부 문 어 아
空空如也라도 我叩其兩端而竭焉하노라
공 공 여 야　　　아 고 기 양 단 이 갈 언

공자께서 말씀하셨다. "내吾가 아는 것知이 있는가有乎哉? 아는 것이 없구나無知也! 비부鄙夫라도 나에게於我 물으면有問, 텅 비어 있는 듯空空如也해도, 나我는 그其 양단兩端을 두드려서叩而 (철두철미) 극진히 할 뿐이다竭焉."

　　고주는 공자가 '나에게 학자라고 말할 만한 지식이 있을까, 나는 학자의 특권으로 지식을 나의 소유로만 독점하려고 하고, 남에게 가르쳐 주지 않으려 하지는 않았는가? 나에게는 이런 태도는 없는 것 같다.'고 말한 것으로 해석하고 있다. 이에 비해 주자와 다산은 공자가 당시에 사람들로 부터 많은 지식과 큰 지혜를 지니고 있는 사람이라는 평판을 듣고 겸사謙辭로 한 말이지만, 여기에 진정한 지혜가 담겨 있다고 해석한다.

고주를 지지하는 쪽도 많지만, 주자와 다산의 해석이 철학의 원의에 부합한다 할 수 있다. 일반적으로 소크라테스의 이른바 "너 자신을 알라!"는 언명에서도 나타났듯이, 동서양을 막론하고, 자신의 무지의 자각에서 진정한 앎을 향한 도약이 일어날 수 있다. "내가 아는 게 있는가? 무지할 따름이다."라는 자각은 진정한 지혜사랑의 자세이기도 하다. 다음 구절과 대비해 보자.

공자께서 말씀하시길, 순임금은 크게 지혜로운 사람일 것이다. 순임금은 묻기를 좋아하시고, 가까운 말도 살피기를 좋아하시고, 악을 숨기고 선을 선양했으며, 양극단을 잡으시고 그 중中을 백성에게 썼으니, 이것이 바로 순임금이 되신 까닭이다 子曰 舜其大知也與 舜好問而好察邇言 隱惡而揚善 執其兩端 用其中於民 其斯以 爲舜乎. ―『중용』 6장

한자 해설

주자: 공자께서 겸손하게, 나는 지식이 없지만, 다만 남에게 알려줄 때는 비록 지극히 어리석은 사람일지라도 감히 극진히 하지 않음이 없다고 말씀하신 것이다. 고叩는 발동發動이다. 양단兩端은 양두兩頭와 같으니, 시종·본말·상하·정조精粗를 어느 것이든 극진히 하지 않음이 없다는 말이다.

다산: 비부鄙夫는 고루한 사람陋之人이다. 비부가 묻는 것이 필시 천근淺近할지라도, 나는 텅 비어 아는 바가 없어 답하기에 곤란했다는 말이다. 고叩는 두드리다擊이다. 양단兩端이란 일의 처음과 끝事之終始, 사물의 근본과 말단物之本末이다(단端은 두서頭이다). 갈竭은 극진히 다하다罄盡이다. 사람들이 나에게 물으면, 나는 그 물은 바의 사건 혹은 사물을 잡고, 반드시 그 시작과 끝을 고찰하고 그 근본과 말단을 계고하여 극진히 다하여 남은 부스러기가 없어졌는데, 이렇게 했기 때문에 점차 아는 것이 있게 되었다는 말이다.

• 鄙비는 邑(고을 읍)+啚(인색할 비)의 형성자로 더럽다, 천하다, 비루하다,

촌스럽다, 질박하다, 고루하다, 인색하다, (문벌이) 낮다는 뜻이다.

- 夫부는 大(큰 대)+一(한 일)의 형성자 혹은 상형자로 머리에 비녀를 꽂은 성인, 남편, 사내, 군인을 뜻한다. 지아비, 사나이, 역부役夫, 부역賦役, 선생, 100묘의 논밭, 저, 발어사, 감탄사 등으로 쓰인다.

- 空공은 穴(구멍 혈)+工(장인 공)의 형성자로 공고로 만든 빈 공간을 말한다. 다하다杼柚其空, 없다尊中酒不空, 속이 비다有三空之厄哉, 근거 없다皆空語無事實, 크다在彼空谷, 허심한 모양空空如也, 실체 없음空者理之別目, 구멍不似鼃空之在大澤乎, 곤궁하다不宜空我師 등으로 쓰인다. '공공여空空如'의 주체에 대해 (고주는) 비부鄙夫의 허심虛心으로 해석하고, (다산은) 공공空空이란 공자께서 스스로 공공하다고 여기신 것이다(앞에서 말한 무지의 실상無知之實을 밝힌 것이다)고 말하고 그 근거를 세세히 밝히고 있다. 여러 번역본들을 보면 '공공여'를 앞의 비부(=愚夫)의 우리 석음의 지극함 등으로 해석하는 경우도 있다.

- 叩고는 口(입 구: 두드릴 때의 소리)+卩(병부 절:무릎 꿇은 모양)의 상형자로 꿇어 앉혀 사람을 치다는 뜻이다. 두드리다, 조아리다, 꾸벅거리다, 끌어당기다, 물어 보다, 정성스러운 모양 등으로 쓰인다.

- 端단은 立(설 립)+耑(시초 단: 잡초의 뿌리와 잎)의 회의자로 잎이 곧게 뻗은 모습이다. 끝, 한계, 처음, 시초, 길이의 단위, 실마리, 일의 단서, 까닭, 원인, 등급, 가지, 갈래, 단정하다 등으로 쓰인다.

- 竭갈은 立(설 립)+曷(어찌 갈: 바라다)의 형성자로 다하다, 없어지다, 막히다, 망가지다, 마르다, 모두, 전부, 다하다 등으로 쓰인다.

9.8 子曰鳳鳥不至하며 河不出圖하니 吾已矣夫인저
자 왈 봉 조 부 지 　　　 하 불 출 도 　　 오 이 의 부

공자께서 말씀하셨다. "봉새鳳鳥도 오지 아니하고不至, 하도河圖도 나오지 아니하니不出, 나吾도 끝나겠구나已矣夫!"

봉황鳳凰과 하도河圖

봉황이 오고 하도가 출현함은 문명의 상서로움이다. 복희·순·문왕의 상서
로움이 이르지 않는다면, 공자의 문장文章은 그칠 것임을 알 수 있다. 〈장재〉

『예기』「예기」에 "섶을 태워 하늘에 제사를 올려 연기가 하늘로 올라가
게 하여 제후의 성공을 고하면 봉황이 내려온다."고 하였다. 『효경원신
계孝經援神契』에 "덕이 조수鳥獸에 이르면 봉황이 온다. 천로天老가 이르
길, 봉황의 형상은 기린 머리에 사슴 몸통, 뱀목에 물고기 꼬리, 용무늬
에 거북 등, 제비턱에 닭의 부리이며 오색五色을 갖추고 있다. 동방 군자
의 나라에서 나와서 사해四海의 밖을 비상하며, 곤륜산崑崙山을 지나 지
주砥柱에서 물을 마시고 약수弱水에서 깃을 씻고 저녁에 단풍혈丹風穴에
서 자는데, 봉황이 나타나면 천하가 크게 편안해 진다."고 하였다.
　정현은 "하도河圖와 낙서洛書는 거북과 용이 입에 물고 등에 지니 나온
것인데 이를테면, 『중후中候』에 용마龍馬가 갑甲(단단한 껍질)을 입에 물고
나왔는데, 붉은 무늬에 푸른색이며, 갑은 거북 등과 비슷하고 너비는 아
홉 자인데, 그 위에 열숙列宿(28宿) 및 두정斗正(斗建)의 도수度數와 제왕 흥
기의 명수命數가 기록되었다고 한 것이 이것이다."고 하였고, 공안국은
"하도는 팔괘八卦가 바로 그것이다."고 하였다.(형병: 『논어주소』)

한자 해설
주자: 봉鳳은 영험한 새靈鳥이니, 순임금 때 춤을 추었고, 무왕 때 기산에
　　서 울었다. 하도河圖는 황하 가운데 용마가 짊어 진 도안이니河中龍馬負
　　圖, 복희伏羲 때에 출현했다. 모두 성왕의 단서이다. 이르는 그침止이다.
다산: 공안국이 말하길, '성인이 천명을 받으면 봉황새가 오고, 황하에서
　　도안이 나왔는데, 「하도河圖」란 팔괘八卦가 그것이다.'고 했다.
• 鳳봉은 鳥(새 조)+凡(무릇 범 → 봉: 크다)의 형성자로 봉황風으로 상서롭고
　고귀함을 상징하는 전설의 새이다. 봉새, 봉황(鳳凰: 상서로움을 상징하는

상상의 새), 산 이름으로 쓰인다.

- 河하는 水(물 수)+可(옳을 가)의 회의자로 중국에서 두 번째로 긴 강인 황하를 말한다. 본래 水+方(모 방)으로 '가래로 둑을 쌓는다'는 의미였지만, 후에 方자가 可자로 바뀌어 치수의 개념을 반영했다.

- 圖도는 囗(에운담 위)+啚(더러울 비: 변방)의 회의자로 변방 지역까지 그려진 '지도'라는 뜻이다. 꾀하다, 계산하다는 뜻이 파생되었다. 그림, 도장, 서적, 법도, 계획하다, 그리다, 도모하다, 다스리다, 계산하다는 뜻이다.

- '오이의부吾已矣夫'와 연관하여 크게 두 가지 해석이 대립해 왔다. 첫째, 공자는 하늘이 부여한 덕을 통해天生德於予也 성왕의 지위를 얻어 이상 세계를 실현하기를 열망했지만, 말년에 이르렀는데도 그것을 보증하는 징조인 하늘의 계시가 나타나지 않자, 이와 같이 탄식했다.(한대에 널리 유행했던 해설로, 무제 때에 동중서가 제출한 「대책」에 인용되었으며, 왕충이 이런 해설을 했다.) 둘째, 하늘에 내려준 상서로운 징조를 통해 출현할 성왕이 자신의 시대에 나타나지 않자, 공자가 이렇게 한탄했다(주자와 다산은 이 입장을 따랐다).

9.9 子見齊衰者와 冕衣裳者와 與瞽者하시고
자 견 자 최 자　　면 의 상 자　　여 고 자
見之에 雖少나 必作하시며 過之必趨러시다
견 지　　수 소　　필 작　　　과 지 필 추

공자子께서는 자최를 입은 자齊衰者(喪服)나 관冕을 쓰고 의상을 갖춘 사람衣裳者與(귀한 사람)과 장님與瞽者을 볼 때에見, 그들이 다가오면見之 비록雖 연소少하더라도(앉아 계셨으면少=坐) 반드시必 일어나셨고作, 그들을 지나가실 때過之는 반드시必 빠른 걸음趨으로 가셨다.

성인의 마음은 상喪을 당한 것을 슬퍼하고, 벼슬이 있으면 높이고, 온전히 못한 사람을 긍휼히 여기고, 성인께서 빨리 걸으신 것은 아마도 (고의로) 그렇게 하시지 않았지만 (자연히) 그렇게 하신 것有不期然而然者이다. 〈범조우〉

한자 해설

주자: 자최齊衰는 상복喪服이고, 면冕은 冠이다. 의衣는 윗옷上服이고, 상裳은 아래옷下服이다. 관을 쓰고 의상을 (갖춰) 입은 것冕而衣裳은 귀한 자의 갖춘 복장이다貴者之盛服. 고瞽는 눈이 없는 사람無目者이다. 작作은 일어남起이다. 추趨는 빨리 가는 것疾行이다. 어떤 사람이 말했다. 소少(어리다)는 마땅히 좌坐(앉아 있다가)로 해야 한다.

다산: 형병이 말하길, '자최齊衰는 지극히 가까운 친척의 상복周親之喪服이다.'고 했다. 의상衣裳은 조회 · 제사 때의 공복朝祭之服이니, 치의훈상純衣纁裳 따위이다. 친상親喪을 당한 자를 공경하는 것은 나의 효도를 미루어 나아가는 것이고, 공복公服을 입은 자를 공경하는 것은 나의 충忠을 미루어 나아가는 것이고, 장님을 공경하는 것은 나의 정성을 미루어 나아가는 것이다(어둡다고 하여 속이지 않는 것이다).

- 齊재(제)는 벼나 보리가 패서 가지런한 모양으로 가지런하다, 다스리다, 바르다는 뜻이다(제). 옷자락攝齊升堂 혹은 (상복의 아랫단을) 꿰매다, 예리하다, 제사에 쓰이는 곡식以我齊明 등으로 쓰일 때는 '자'로 읽는다. 또한 재계하다, 경건하다는 뜻을 때는 '재'로 읽는다.

- 衰최는 원래 도롱이처럼 풀이나 짚은 엮은 상복衰의 상형자이다. 최복衰服은 참최斬衰 · 자최齊衰의 상복喪服을 말한다. 이후 쇠약衰弱하다, 노쇠老衰하다, 쇠퇴衰退하다의 뜻이 나왔다. 자최齊衰는 부모(원래는 모친)의 상복喪服(거친 상복)을 말하고, 참최斬衰는 부친의 상복을 말한다.

- 冕면은 冂(멀 경)+免(면할 면)의 형성자로 천자, 제후, 경대부 등이 조회나 제례 때에 쓰던 의식용 면류관冕旒冠이다.

- 瞽고는 目(눈 목)+鼓(북 고)의 형성자로 맹인盲人, 악인樂人, 북 치는 사람, 시력을 잃다, 어리석다, 잘 살피지 못하다, 어둡다는 뜻이다.

- 衣의는 '윗옷'을 그린 상형자로 고대에는 상의는 衣, 하의는 상裳으로 구분했다(衣裳). 옷, 웃옷, 깃털, 옷자락, 살갗, 표피, 싸는 것, 덮는 것, 입다, 입히다, 덮다, 행하다, 실천하다, 의지하다는 뜻이다.
- 裳상은 尙(오히려 상: 집 위에 八)+衣(옷 의)의 회의자로 집에서 입는 옷이시만, 지금은 아랫도리(치마)를 뜻한다. 치마, 아랫도리 옷, 바지 따위, 보통 등으로 쓰인다.
- 趨추는 走(달릴 주)+芻(꼴 추)의 형성자로 빨리 가다過之必趨는 뜻으로, 향하여 가다秦人皆趨令, 성큼성큼 걷다走而不趨, 서둘러王命相者趨射之, 빠르다趨駕召顔淵로 쓰인다.

9.10 顔淵이 喟然歎曰仰之彌高하며 鑽之彌堅하며 瞻之在前이러니
안 연   위 연 탄 왈 앙 지 미 고   찬 지 미 견   첨 지 재 전

忽焉在後로다 夫子循循然善誘人하사 博我以文하시고
홀 언 재 후   부 자 순 순 연 선 유 인   박 아 이 문

約我以禮하시니라 欲罷不能하여 旣竭吾才호니
약 아 이 례   욕 파 불 능   기 갈 오 재

如有所立이 卓爾라 雖欲從之나 末由也已로다
여 유 소 립   탁 이   수 욕 종 지   말 유 야 이

안연顔淵이 크고 깊이喟然 탄식歎하며 말하였다曰. "우러러仰之 볼수록 더욱彌 높고高, 뚫으려 하니鑽之 더욱彌 견고堅하고, 바라보니瞻之 앞에 계시더니在前, 홀연히忽焉 뒤에 계시는 구나在後! 선생님夫子께서는 순서에 따라循循然 사람人을 잘善 인도誘하시고, 문으로以文 나를 넓혀주시고博我, 예로써以禮 나를 단속하여約我 주셨다. 그만 두려고 하여도欲罷 그만 둘 수 없게不能 하셨기에, 이미旣 나의 재주吾才를 다하였지만竭 서 있는 바所立가 우뚝함이 있는 듯如有卓爾하다. 비록雖 따르고자 하나欲從之, 말미암을由也 수가 없구나末也已!"

높고 견고하고 앞에 있다가 뒤에 있다는 것高堅前後은 도의 본체를 말한 것이다. 우러러보고 뚫으려하고 바라보고 홀연하다仰鑽瞻忽는 것은 도의 요령을 아직 습득하지 못했다는 말이다. 대저 공자께서는 순서에 맞게 잘 인도하셔서 먼저 나를 문文으로 넓혀 주고, 고금古今을 알고 사변事變에 통달하게 하셨으며, 그런 뒤에 나를 예禮로써 단속하여, 나에게 들을 바를 받들고 아는 것을 행하게 하셨으니, 마치 길을 가는 사람이 자기 집으로 돌아가고, 먹는 사람이 배부르기를 구하는 것과 같았다. 이런 까닭에 그만두고자 하여도 그만둘 수 없었고, 마음과 힘을 다하고, 잠시라도 쉬거나 폐할 수 없었다. 그런 다음 공자께서 우뚝하게 서 계신 경지를 보게 되니, 비록 따르려 해도 말미암을 수가 없었을 뿐이다. 이는 대개 따라야 할 바에 나태하지 않고, 반드시 우뚝 서는 경지에 도달하고자 한 것이다. 〈호병문〉

한자 해설

주자: 위喟는 탄성歎聲이고, 우러러보면 더욱 높아서仰彌高 미칠 수 없고不可及, 뚫으려 하면 더욱 견고하여鑽彌堅 들어갈 수 없고不可入, 앞에 계셨다가 뒤에 계심在前在後은 황홀恍惚하여 형상할 수 없다不可爲象는 것이다. 순순循循은 순서가 있는 모습, 유誘는 이끌어 나아가게 하는 것引進이다. 박문약례博文約禮는 가르침의 순서이니, 공자의 도가 비록 높고 오묘하지만 사람을 가르침에는 순서가 있었다는 말이다. 탁卓은 서 있는 모양立貌이고, 말末은 없다無이다.

다산: 찬鑽은 송곳으로 뚫는 것錐穿이다. 형병이 말하길, '미彌는 더욱益이다'고 했다. 포함이 말하길, '전후前後는 황홀하여 형상할 수 없음을 말한다.'고 했다. 순순循循은 차례와 순서가 있는 모습次序貌이다. 유誘는 좋은 말로 이끌어줌導之以好言이다. 박博은 확대하여 넓히는 것廓而廣之이다. 약約은 묶어서 작게 하는 것束而小之이다. 육경六經이 문文이 되고, 사물四勿이 예禮가 된다. 탁卓은 높은 모양高貌이니, 깎아지듯截然 높이 단절되어超絶 잡아당길 바가 없는 것無所攀援을 탁卓이라 한다 (탁월卓越이란 초절超絶이란 뜻이다). 말末은 없음無이다. 형병이 말하길, '말

유未由는 잡아당길 경로가 없다는 말이다.'고 했다.

- 喟위는 口(입 구)＋胃(밥통 위)의 형성자로 한숨 쉬다, 탄식, 탄식하는 소리, 불쌍히 여기다(괴)로 쓰인다.

- 仰앙은 人(사람 인)＋卬(오를 앙: 누군가를 경배하는 모습)의 형성자로 우러러 보나, 경모하다, 앙모하다, 의지하다, 의뢰하다, 머리를 쳐들다, 높다, 마시다, 명령 등으로 쓰인다.

- 鑽찬은 金(쇠 금)＋贊(도울 찬)의 형성자로 강철로 만든 끌利汝椎與鑽을 말한다. 뚫다堅不可鑽, 깊이 연구하다鑽之彌堅, 종지뼈를 끊어 내는 형벌其次用鑽鑿, 부시隊具火鑽 등으로 쓰인다.

- 瞻첨은 目(눈 목)＋詹(이를 첨)의 형성자로 보다瞻前而顧後兮, 쳐다보다瞻彼日月, 굽어보다는 뜻이다.

- 忽홀은 勿(말 물: 깃발이 펄럭여 똑똑하게 보이지 않는 모양)＋心(마음 심)의 회의자로 예사로 보아 넘김을 뜻한다. 갑자기涼風忽至, 잊다忽於道德, 가벼이 하다公愛班固而忽崔駰, 다하다是絶是忽, 형체가 없는 모양忽兮怳兮, 어두운 모양儻視於忽似, 쉽다劃盤盂刭牛馬 등으로 쓰인다.

- 循순은 彳(조금 걸을 척)＋盾(방패 순)의 형성자로 뒤를 밟아 따름五星循軌, 따라 행하다聖人作而弟子循, 복종하다上不循於亂世之君, 기대다足蹐蹐如有循, 생각을 말함毋循往, 진실하다循循然善誘人 등으로 쓰인다.

- 誘유는 言(말씀 언)＋秀(빼어날 수)의 회의자로 빼어난 말로 꾀다, 유혹하다, 유인하다, 달래다, 미혹하게 하다, 농락하다, 가르치다, 지도하다, 유도하다 등으로 쓰인다.

- 罷파는 网(그물 망)＋能(능할 능)의 회의자로 능력을 발휘하지 않음欲罷不能으로 그치다雨罷葉生光, 덜다罷官之無事, 내치다時欲沙汰郎官非才者罷之, 고달프다騰駕罷牛兮, 능력이 모자람君子賢而能容罷 등으로 쓰인다.

- 卓탁은 人(사람 인)＋早(새벽 조)의 회의자로 사람이 뛰어나서 유달리 눈에 띈다는 것으로 우월함卓越, 높고 먼 모양使卓然可觀, 탁자兩卓合八尺, 탁자卓子 등으로 쓰인다.

422

- 末말은 木(나무 목) 위에 一(한 일)을 그은 지사문자로 나무 끝木末, 긴 물건의 마지막 부분獻杖者執末, 차례의 마지막末席, 지엽反本成末, 후예垂及後世裔末也, 상공업背本而趨末, 없다吾未如之何也已 등으로 쓰인다.

- 博文約禮박문약례는 '박아이문博我以文 약아이례約我以禮'의 약자이다. 여기서 문文이란 고주와 다산은 『시詩』・『서書』・『예禮』・『악樂』・『역易』・『춘추春秋』 등 육경六經의 문장을 말한다고 해석하였다. 주자는 『대학』의 이른바 '격물치지格物致知'로 해석하고 있는 후씨의 말을 인용하고 있다. 예禮를 주자는 극기克己로, 다산은 사물四勿이라고 말하고 있는데, 같은 것이다. 예禮란 인간행위에 합당한 절도節度와 문식文飾을 규정해 주고 행위의 표준을 말한다. 따라서 '박문약례'란 『시』・『서』・『예』・『악』・『역』・『춘추』의 문장(혹은 사물에 나아가 사물을 이치를 탐구함格物致知)으로 학식을 넓히고, 행위의 표준인 예를 통해 나를 단속한다는 공자의 문하의 교육방법이다.

9.11 子疾病이어시늘 子路使門人으로 爲臣이러니
　　　자 질 병　　　　　자 로 사 문 인　　　위 신

病間曰久矣哉라 由之行詐也여
병 간 왈 구 의 재　유 지 행 사 야

無臣而爲有臣하니 吾誰欺오 欺天乎인저
무 신 이 위 유 신　　오 수 기　기 천 호

且予與其死於臣之手也론 無寧死於二三子之手乎아
차 여 여 기 사 어 신 지 수 야　무 녕 사 어 이 삼 자 지 수 호

且予縱不得大葬이나 予死於道路乎아
차 여 종 부 득 대 장　여 사 어 도 로 호

공자子께서 병환이 위중疾病하시자, 자로子路가 문인門人들로 하여금使 가신이 되게 하였다爲臣. 병病에 차도間가 있자, 말씀하셨다曰. "오래久 되었구나矣哉! 자로가由之 속임을 행함이여行詐也! '(내가 마땅히) 가신을 두지 말아야 하는데無臣而 가신을 두었으니爲有臣, 내吾가 누구誰를 속

일까欺? 하늘天을 속이는 것인져欺乎! 또한且 내予가 가신의 손에서於臣之手 죽기보다與其死也, 차라리寧 여러분들 손에서於二三子之手 죽는 것이 낫지 않겠는가無死乎? 또한且 (군신의 예로 하는) 비록縱 대장大葬을 받지 못한다不得고 할지라도, 내予가 도로에서於道路 죽겠는가死乎?'

증자는 장차 죽음에 임해 일어나 대자리를 바꾸며 말했다. '내가 올바름을 얻고서 죽으면, 그것으로 그만이다.' 자로는 공자를 존중하려 했으나, 가신이 없어야 하는데 가신을 두는 것은 옳지 않다는 알지 못했다. 이런 까닭에 속임을 행하는 데에 빠졌으니, 죄가 하늘을 기만하는 데에 이르렀다. 군자는 말과 행동에서 비록 미미한 것일지라도 삼가지 않을 수 없다. 공자께서 자로를 깊이 징계하신 것은 배우는 자를 경계하고자 하신 것이다. 〈범조우〉

한자 해설

주자: 병간病間이란 조금의 차도少差가 있음이니, 병이 심할 때는 알지 못하다가, 차도가 있자 이에 그 일을 아신 것이다. 무녕無寧은 영寧(차라리)이다. 대장大葬은 군신의 예를 갖춘 장례君臣禮葬를 말한다. 길에서 죽는다死於道路는 것은 버리고 장례하지 않음棄而不葬이다.

다산: 포함이 말하길, '질환이 심한 것을 병病이라 한다.'고 했다. 신臣은 곧 『예기』「상대기」에서 말한 소신小臣이다. 자로가 소신을 미리 준비해서 장차 팔다리를 떠받치게 한 것이니, 이는 임금의 예다. 신하가 없어야 하는데 신하가 있게 하였다無臣而爲有臣는 것은 임금이 아니지만 임금의 예를 사용한 것을 말한다. 『예』에 네 사람이 팔다리 떠받치고, (옷을 갈아입힌 뒤) 인하여 속광屬纊하기 때문에 '신하의 손에 죽는다死於臣之手'고 하였다. 대장大葬이란 경卿에 해당하는 예로써 장사하는 것이다(대사구大司寇는 경卿이다). 도로에서 죽는다死於道路는 것은 버려져 묻히지 못함을 말한다.

• 疾질은 疒(병들어 기댈 녁)+矢(화살 시)의 회의자로 흠, 하자, 앓다. 빠르다, 빨리, 빠르다, 미워하다疾視는 뜻도 있다.

- 病병은 疒(병들어 기댈 녁)+丙(남벽 병)의 형성자로 위독한 병疾病外內皆埽, 성벽好辭工書皆癖病也, 앓다病癒 我且往見, 위독해지다曾子寢疾病, 근심하다君子病無能焉, 어려워하다堯舜其猶病諸, 피곤하다今日病矣, 주리다從者病 등으로 쓰인다.
- 間간은 門(문 문)과 日(날 일)의 회의자로 사이, 때, 양수사(집의 간살, 번), 차별, 혐의, 틈, 사이에 두다, 이간질하다, 헐뜯다, 간첩, 참여, 살피다, 틈을 타다, 검열하다 등으로 쓰인다.
- 欺기는 欠(하품 흠)+其(그 기)의 형성자로 속이다吾誰欺, 거짓反任爲欺, 업신여기다見陵於人爲欺負 등으로 쓰인다.
- 縱종은 糸(가는 실 멱)+從(따를 종)의 회의자로 늘어지다蓬髮弛縱, 놓다抑縱送忌, 놓아 주다七縱七擒, 불을 놓다縱火焚廩, 제멋대로 하다縱言至於禮, 규격을 벗어나다諸侯僭縱, 가령縱江東父兄憐而王我, 남북관계縱 등으로 쓰인다.
- 葬장은 茻(풀 초)+死+廾(두 손으로 받들 공)의 회의자로 관에 누워있는 사람과 그 위로 풀이 심겨 있는 모습으로 장사지내다, 매장하다, 장사葬事 등으로 쓰인다.

9.12 子貢이 曰有美玉於斯하니 韞匵而藏諸잇가 求善賈而沽諸잇가
자 공 　 왈 유 미 옥 어 사 　 　 온 독 이 장 저 　 　 구 선 가 이 고 저

子曰 沽之哉沽之哉나 我는 待賈者也로라
자 왈 고 지 재 고 지 재 　 아 　 대 가 자 야

자공子貢이 말했다曰. "여기에於斯 아름다운 옥美玉이 있다면有, 궤櫃 속에 간직하여韞而 보관하시겠습니까藏諸? 좋은 값(상인)善賈을 구하여求而 파시겠습니까沽諸?" 공자께서 말씀하셨다. "팔 것이야沽之哉, 팔 것이야沽之哉! 나我는 (단지 합당하게) 팔리는 것(합당한 상인)賈을 기다리는 사람이다待者也."

군자는 일찍이 벼슬을 하지 않고자 한 적이 없고, 또한 정당한 도(방법)에 말미암지 않은 것을 싫어한다. 선비가 예우를 기다리는 것은 마치 옥이 값을 기다리는 것과 같다. 예컨대 이윤伊尹은 들에서 밭갈이 했고, 백이伯夷 · 태공太公은 바닷가에서 기거하였는데, 세상에 성탕成湯 · 문왕文王이 없었다면 (그렇게 일생을) 마쳤을 뿐, 필시 도를 굽혀 남을 추종하는 것을 보옥을 들고 자랑하며 팔리기를 구하는 것처럼 하지는 않았을 것이다. 〈범조우〉

한자 해설

주자: 온韞은 간직함藏이다. 독匵은 궤匱(귀貴한 물건을 넣어 두는 상자匸)이다. 고沽는 팔다賈이다. 자공이 공자께서 도를 지니고 벼슬하지 않으신다有道不仕고 여겼기 때문에 이 두 경우를 가설하여 질문한 것이다. 공자께서는 본디 마땅히 팔아야 하지만, 단지 합당하게 팔리기를(합당한 상인?, 혹은 합당한 가격)을 기다려야 하지, 부당하게 구하지는 말아야 한다고 말씀하셨다.

다산: 온韞은 가죽으로 감싸는 것韋裏之이다. 마융이 말하길, '독櫝은 궤匱이다(독匵과 같다.)'고 했다. 오꾸 소라이가 말하길, '善賈'는 ('선고'로 읽으며) 훌륭한 상인賈人之善者이다.'고 했다. 마융이 말하길, '고沽는 판다賈이다.'고 했다. '고지재고지재沽之哉沽之哉'란 마땅히 팔아야 함을 여러 번 말한 것이다. 포함이 말하길, '나는 간직해두면서 상인을 기다리겠다我居而待賈는 말이다.'고 했다.

• 玉옥은 구슬 세 개三를 끈으로 꿴丨 모양의 상형자로 구슬鼎玉, 옥으로 만든 홀笏(執玉), 패옥玉不去身, 남의 것의 미칭得見君之玉面, 아껴 소중히 여기다毋金玉爾音, 갈다王欲玉女 등으로 쓰인다.

• 韞온은 韋(다룸가죽 위)+昷(어질 온: 囚가둘 수+皿그릇 명)의 형성자로 가죽으로 싸서 보관하다, 감추다, 활집(부린활을 넣어 두는 자루), 상자, 주황색, 적황색 등으로 쓰인다. 온가韞價는 상자 속에 보관하여 좋은 가격을 기다림, 즉 재능을 지니고 쓰이기를 기다리는 것을 말한다.

• 匵독은 匸(상자 방)+賣(팔 매)의 형성자로 판매할 물건을 보관하는 궤(櫃:

나무로 네모나게 만든 그릇), 상자, 널(시체를 넣는 관이나 곽 따위를 통틀어 이르는 말)을 말한다. 온독韞匵은 궤 속에 감추어 두는 것인데, 곧 재능을 지니고 쓰이기를 기다림을 비유한다. 櫝독은 木(나무 목)＋賣(팔 매)의 형성자로 물건을 넣어두는 나무 상자나 함 등을 말하며, 이후 나무 상자에 넣어 수장守藏하다는 뜻이다. 관棺으로 쓰이기도 한다. 궤匱는 匚(상자 방)＋貴(귀할 귀)의 형성자로 귀貴한 물건을 넣어 두는 상자匚로서 삼태기(흙을 담는 그릇)이다.

- 賈가는 貝(조개 패)＋襾(덮을 아 → 가)의 형성자로 가격(가), 값어치, 명성, 평판, 수, 값지다, 장사(고), 장수, 상인, 상품, 사다, 팔다, 구하다 등으로 쓰인다.
- 沽고는 水(물 수)＋古(옛 고)의 형성자로 (물건을) 팔다, (물건을) 사다, 구하다, 탐내다, 거칠다, 조악하다, 물의 이름 등으로 쓰인다. 估(값 고)와 賈(장사 고)와 같은 해성諧聲이다.

9.13 子欲居九夷이러시니 或曰 陋커니 如之何잇고
자 욕 거 구 이　　　혹 왈 누　　　여 지 하
子曰 君子居之면 何陋之有리오
자 왈 군 자 거 지　　하 루 지 유

공자子께서 구이九夷에서 기거하고자 하시니欲居, 어떤 사람或이 말했다曰. "누추陋한 곳인데, 어떻게 기거 하겠습니까如之何?" 공자께서 말씀하셨다. "군자君子가 가서 기거한다면居之, 어찌何 누추함이 있으리요陋之有?"

동방의 오랑캐東方之夷는 아홉 종족이 있었는데, 거기에 기거하고자 하셨다는 것은 "뗏목을 타고 바다로 떠나겠다乘桴浮海."(「공야장」5~6)는 뜻과 같다. '군자가 거처하는 곳은 교화가 되니, 무슨 누추함이 있으리오?'라는 말이다. 〈주자〉

다산: 마융이 말하길, '동방의 오랑캐에는 아홉 종족이 있다(『후한·동이전』에서 말했다. 이이夷에는 아홉 종족이 있으니, 말하자면 견이畎夷·우이于夷·방이方夷·황이黃夷·백이白夷·적이赤夷·현이玄夷·풍이風夷·양이陽夷이다.)'고 했다. 형병이 말하길, '일설에 구이九夷는 첫째는 현토玄菟라 하고, 둘째는 낙랑樂浪이라 하고, 셋째는 고려高麗라 하고, 넷째는 만절滿飾이라 히고, 다섯째는 부유鳧臾라 하고, 여섯째는 색가索家라 하고, 일곱째는 동저東屠라 하고, 여덟째는 외인倭人이라 하고, 아홉째는 천비天鄙라 한다.'고 하였다. 논박하여 말하면, 현토玄菟·낙랑樂浪은 무제武帝 대의 사군四郡의 이름이니, 공자께서 아시던 것이 아니다. 형병이 말하길, '공자께서는 당시에 현명한 군주가 없었기 때문에, 동이에 거주하고 싶어 하셨다.'고 했다. 누陋는 비루鄙·협소狹이다.

- 夷이는 『설문』에서 평평하다는 뜻으로 大(큰 대)과 弓(활 궁)에서 유래하며 동방의 사람을 나타낸다(『說文』「大部」: "夷, 平也. 从大从弓, 東方之人也")고 했다. 오랑캐, 평평하다大道甚夷, 유쾌하다云胡不夷, 깎다(평평하게 닦다), 진열하다, 오만하다不由禮則夷固僻違, 걸터앉다(혹은 쪼그리고 앉다: 夷俟), 상하다, 떳떳하다彝, 크다降福孔夷.

- 陋루(누)는 阜(언덕 부)+匧(더러울 루)'의 형성자로 더럽다, 천하다, 못생기다, 추하다, (신분이) 낮다, 볼품없다, 작다, 왜소하다, 궁벽하다, 좁다, 협소하다, 거칠다, 숨기다 등으로 쓰인다.

9.14 子曰 吾自衛反魯然後에 樂正하여 雅頌이 各得其所하니라
자 왈 오 자 위 반 로 연 후　　악 정　　　아 송　　 각 득 기 소

공자께서 말씀하셨다. "내吾가 위나라에서自衛 노나라로 되돌아온反魯 연후에然後, 음악樂이 바르게正 되었고, '아雅'·'송頌'이 각각各 제자리其所를 얻었다得."

『시경』은 체제상으로 풍風, 아雅, 송頌으로 나누고, 수사상으로 부賦, 비比, 흥興으로 나누는데, 이를 육의六義라 한다. '풍風'이란 풍자와 풍화風化의 의미를 지닌 것으로 민간의 노래가 채시관採詩官에 의해 수집되어 조정에서 악사樂師가 불렀던 것을 일컫는데, 현대에서는 민간가요라는 뜻인 풍요風謠로 풀이한다. 아雅는 바르다는 의미를 지닌 글자인데, 주로 왕정의 흥망성쇠를 노래한 것으로 소아와 대아가 있다. 송頌은 '형용' 또는 '모습'이라는 뜻의 '용容'과 통하며, '노래에 춤을 겸한다'는 뜻을 지니고 있다. 송頌은 귀신과 조상의 은덕을 찬송하는 것이다.

부賦는 시인의 주관적 감정을 뚜렷하게 드러내는 직접 서술의 방식이다. '비比' 사물을 빌려다가 대상물을 비유하여 설명하는 것으로 직유법이나 은유법 등이다. '흥興'은 먼저 어떤 것을 말하고 이것을 통해 말하고자 하는 대상을 연상시키는 것이다.

노나라 애공 11년 겨울(공자 68세)에 공자께서 위나라에서 노나라로 되돌아 왔다. 이때 주나라의 의례는 노나라에 있었으나, 『시』와 『악』은 자못 손상되어 어질러지고 빠지거나 순서가 뒤바뀌었다. 공자께서는 사방을 주류하면서 서로 참고·교정하며 그 설을 알게 되었다. 만년에 도가 끝내 행해지지 않을 것을 알았기 때문에 돌아와 그것들을 바로 잡으셨다. 〈주자〉

한자 해설

다산: 득기소得其所는 그 차례의 마땅함序次之宜을 얻은 것을 말한다. 왕응린王應麟이 말하길, 『석림石林』에 계찰季札이 노나라의 악을 관찰하며 「소아小雅」는 주나라의 덕이 쇠했을 때라고 하고, 「대아大雅」는 문왕의 덕이라고 하였는데, 「소아」는 모두 변아變雅이고 「대아」는 모두 정아正雅이다. 초나라 장왕莊王이 무왕이 상商을 정벌하고 '송頌'을 「시매時邁」의 첫 편으로 하고, '무武'를 '송頌'의 그 다음 편으로 하고, '뇌賚'를 제3편으로 하고, '환桓'을 제6편으로 하였고 말한 것은 지은 순서로서 선후를 삼은 것이다. 이러한 것으로 살펴보건대, '아雅'를 정正과 변變

에 의해 「대아」와 「소아」를 구분하고, '송頌'을 지은 순서로 선후를 삼았다는 것은 아직 『시詩』가 산정되지 않았을 때의 순서이다. 정사의 흥폐를 논한 것인데, 그 기술한 내용으로 대아와 소아를 구분하고, 공덕의 형용을 미루어 놓은 것인데, 종묘에 고한 순서로 선후를 삼고 있다는 것은 『시詩』가 산정된 뒤의 순서이다."라고 하였다.' 살피건대, 왕응린의 뜻은 명백하다. 계찰이 보았던 악樂과 초나라 장왕이 논한 바의 '송'은 모두 『시경』이 산정되기 이전의 시詩이다.

- 雅아는 牙(어금니 아)+佳(새 추)의 형성자로 본래 '메 까마귀'를 말하지만, '우아하다'나 '맑다'로 가차되었다. 바르다言皆合雅, 고상하다容則秀雅, 아름답다雍容閑雅甚都, 본디雍齒雅, 크다雅量豁然, 시경 육의六義의 하나로 인신하여 시문時文 또는 문사文士, 악기이름, 경칭, 만무, 아언雅言 (=표준말: 爾雅, 廣雅).

- 頌송은 公(공변될 공)+頁(머리 혈)의 형성자로 얼굴이나 용모容를 뜻하지만, 지금은 사람을 '칭송하다'라는 뜻으로 쓰인다. 기리다, 낭송하다, 암송하다, 시체詩體의 이름, 문제의 이름, 점사占辭, 얼굴, 용모, 관용하다, 공변되다 등으로 쓰인다.

9.15 子曰 出則事公卿하고 入則事父兄하며 喪事를 不敢不勉하며
자 왈 출 즉 사 공 경   입 즉 사 부 형   상 사   불 감 불 면
不爲酒困이 何有於我哉오
불 위 주 곤   하 유 어 아 재

공자께서 말씀하셨다. "나가서는出則 공공·경卿을 섬기고事, 들어와서는入則 부父·형兄을 섬기며事, 상사喪事에는 감敢히 힘써 노력하지 않음이 없고不敢不勉, 술酒로 인해 피곤해 하지 않는 것不爲困, 어찌何 나에게於我 있겠는가有哉?

다산: 공경公卿은 군君·대부大夫이다(상대부上大夫가 경卿이다). 부형父兄은 종족 중의 높은 사람宗族尊者이다(동성同姓을 부형父兄이라 한다). 면勉이란 힘써 서로 구제해준다는 뜻이다. 곤困이란 덮쳐지는 것被其所掩이다. 『역』「곤괘」에서 말했다. 주사 때문에 피곤했다困于酒食.

• **公**공은 厶(사사로울 사=私)와 八(여덟 팔)의 회의자로 사사로움(厶→나)과 등지고八 있다는 뜻으로 '공변되다', 공적인 일을 집행하는 사람(제후)를 말하기도 한다.

• **卿**경은 식기(食, 饗)를 놓고 두 사람이 마주 앉아있는 모습으로 음식을 준비하다는 상형자로, 후에 왕을 가까이서 모신다 하여 '관직'이나 '벼슬'이 되었다. 벼슬(장관 이상의 벼슬), 경대부, 장로, 임금이 신하를 부르는 말, 선생, 그대, 상서롭다 등으로 쓰인다.

• **勉**면은 免(면할 면: 관리들의 관모)+力(힘 력)의 회의자로 관리들이 아랫사람들에게 열심히 일하도록 권면하는 것을 말한다. 힘쓰다, 부지런히 일하다, 권하다, 힘쓰도록 격려하다, 강요하다, 빠르다, 면하다, 분만하다는 뜻이다.

• **酒**주는 水(물 수)+酉(닭 유: 술통)의 회의자로 술통에 담긴 액체, 술을 말한다.

• **困**곤은 口(에워쌀 위)+木(나무 목)의 회의자로 우리 안에 갇혀 자라지 못한 나무를 말한다. 곤하다, 지치다, 시달리다, 위험하다, 막다르다, 난처하다, 통하지 않다, 가난하다, 살기 어렵다 등으로 쓰인다.

9.16 子在川上曰 逝者如斯夫인저 不舍晝夜로다
자 재 천 상 왈 서 자 여 사 부　　불 사 주 야

공자子께서 시냇가川上에 계시면서在 말씀하셨다曰. "가는 것逝者은 이것 (시냇물)과 같을 것이라如斯夫! 주야晝夜로 그치지 않는구나不舍!"

주야로 끊임없이 흐르는 물을 보고, 우리는 무엇을 느낄까?

① 물 흐르듯이 흘러가는 시간 〈고주〉
② 한순간도 쉬지 않고 운행되는 천지자연의 기틀 〈주자〉
③ 한번 흘러가면 되돌아오지 않는 우리 인생 〈다산〉

고주의 주석가들은 주야로 끊임없이 흘러가서 되돌아오지 않는 시냇물의 흐름에서 역사와 역사적 사건의 무상함을 보았다. 하지만 주자는 여기서 '끊임없음'에 주목한다. 천지가 만물을 조화발육시킴이 이렇게 한순간도 쉬지 않고 운행되기에, 우리도 이를 본받아 끊임없이 노력하여야 한다自强不息는 것이다. 그는 「관란사觀瀾詞」에서 말했다.

시냇물이 흘러 쉬지 않는 것을 보니 觀川流之不息兮
근원이 끝이 없다는 것을 깨닫노라! 悟有道體之無窮

하늘에 해와 달이 운행하고, 추위가 오고 더위가 가고, 물이 흐르고 만물이 태어나는 것 등 이 모든 것들은 쉬지 않고 끊임없이 일어나는 것은 도의 형적이다. 도의 형적이 이와 같기에 무형의 도의 또한 쉬지 않고 작용함을 알 수 있다. 이와 같이 도의 작용이 쉬지 않듯이, 도를 체득하고자 하는 군자 또한 끊임없는 도의 작용을 본받아 자강불식(自强不息: 스스로 노력하여 쉬지 않는다)해야 한다는 말이다.

글자의 원의에 충실하고자 했던 다산 정약용은 여기서 '서逝(辵가다 + 折꺾이다)로 구성된 형성자로 다른 곳으로 가다(서거逝去), 달리다, 없어지다 등의 의미를 지니는 것에 주목한다. 요컨대, 다산은 물이 끊임없이 흘러 지나가서, 없어진다는 것이다. 따라서 모든 것은 때가 있으니, 적시에 적절한 것을 함으로써 시간을, 인생을 낭비하지 말라는 것이다. 다산의 그의 언명은 "carpe diem(카르페 디엠: 지금 이 순간을 잡아라)"이 아닐까? 그와 달리 고수는 한 마디로 "hoc quoque transibit(혹 쿠오퀘 트란시비트: 이 또한 지나가리라)"라 할 것이다.

한자 해설

주자: 천지의 조화는 가는 것은 지나가고往者過, 오는 것은 이어져來者續 한순간도 멈춤이 없으니, 곧 도체의 본연道體之本然이다. 그러나 그를 (본연의 모습) 가리켜서 쉽게 드러낼 수 있는 것으로는 시냇물의 흐름만 한 것이 없다. 그래서 여기에서 드러내서 사람들에게 보여주셨으니, 배우는 자가 그때그때 성찰하여 터럭만큼의 순간에도 끊어짐이 없기를 바라신 것이다.

다산: 가는 것逝者이란 인생人生인데, 태어나서 죽을 때까지 어느 때이든 가지 않음이 없다. 사斯는 시내川이다. 사舍는 그쳐서 쉬는 것止息이다. 형병이 말하길, '(공자께서) 시냇물의 흐름이 매우 빠르고, 또한 되돌릴 수 없음을 보신 까닭에 감응하여 탄식하신 것이다.'고 했다. 포함이 말하길, '무릇 가는 것凡往也이란 시냇물의 흐름과 같다.'고 했다. 살피건대, 가는 것逝者이 무엇인지에 대해 모든 주注·소疏들은 명확하게 말하지 않았다. 첫째, 장차 일월의 광음(光陰: 세월)이라고 말할 것인가? (그런데) 광음이란 주야晝夜이다. 주야를 말한다면 (뒤의 구절의) 주야로 쉬지 않는다不舍晝夜는 말이 그 맛을 잃게 된다. 둘째, 장차 천지가 (만물을) 화생하는 기틀·천체天體의 건건한 운행이 주야로 그치지 않는다고 할 것인가? 천도는 순환하여 가서 되돌아오지 않음이 없는 것은 시냇물은 흘러 한 번 가면 되돌아오지 않는 것과 같지 않으니, 그 비유가 적절하지 않다. 셋째, 오직 우리 인간의 생명만 한걸음 한걸음 멀리 떠남步步長逝에 한 순간도 간단間斷함이 없는 것은 마치 가벼운 수레를 타고 비탈길을 내려가는 데 그치거나 거침이 없는 것과 같다. 군자가 덕에 나아가고 학업을 닦는 것은 때를 놓치지 않고자 하는 것인데, 배우는 자들은 항상 이러한 기틀을 잊고 있다. 이것이 공자께서 경계하신 것이다.

- 川천은 양쪽 언덕 사이로 흐르고 물의 상형자이다. 내, 물 흐름의 총칭 雨山之間 必有川焉, 물귀신山川其舍諸, 굴륜山有獸 如麋焉 其川在尾上, 들판 平川廣野 騎兵所長, 느릿한 모양大車川川 등으로 쓰인다.
- 逝서는 辵(쉬엄쉬엄 갈 착)+折(꺾을 절)의 회의자로 다른 곳으로 가다, 달리다는 뜻이다. 앞으로 가다雖不逝今可奈何, 시간이 가다日月逝矣 歲不我延, 영원히 가다逝去, 미치다行與子逝兮, 피하다翼殷不逝, 이에逝不古處, 맹세하다 등으로 쓰인다.
- 舍사는 口(입 구: 기단基壇)+余(나 여: 지붕과 기둥)의 회의자로 임시로 지은 막사幕舍이다. 여관天子賜舍, 거처神歸其舍, 숙영凡師出 一宿爲舍, 관청舍人, 서재精舍, 쉬다定舍 以待其勞, 30리軍行三十里 爲一舍, 무엇舍皆取諸其宮中而用之, 버려 두다山川其舍諸, 하지 않다舍我穡事, 그치다不舍晝夜, 제거하다舍彼有罪, 벗어나다舍正路而不由, 받다舍命不渝 등으로 쓰인다.
- 晝주는 日(해 일)+一(한 일)+聿(붓 율)의 회의자로 붓을 들고 공부하기 좋은 시간대라는 의미에서 '대낮'이나 '정오'를 뜻한다.
- 夜야는 夕(저녁 석)+亦(또 역)의 형성자로 밤星見爲夜, 새벽夜嘷旦, 그늘, 어둠, 땅이름夜邑 등으로 쓰인다.

9.17 子曰吾未見好德이 如好色者也케라
자 왈 오 미 견 호 덕 여 호 색 자 야

공자께서 말씀하셨다. "나吾는 아직未 덕을 좋아하기好德를 색을 좋아하듯 하는 자如好色者를 보지 못했다見也."

아름다운 색을 좋아하고好好色, 악취를 싫어함惡惡臭은 동서고금의 인간이 지닌 일반적인 기호로서 인심人心이라 한다. 그리고 인의예지와 같은 덕을 좋아하는 마음을 도심道心이라 한다. 인심은 흔하여 때로는 너무 많이 발현되기에 위태롭다고 한다. 도심은 아주 미세하게 드러나기

434

에 은미하다고 한다. 그런데 좋은 색을 좋아할 정도로 덕을 좋아한다면, 진정 덕을 좋아하는 사람으로, 군자, 현지, 나아가 성인으로 나아갈 수 있다. 그러나 자연적인 일상인들이 인심처럼 도심을 흔하게 자주 발현하는 것은 쉽지 않다.

한자 해설

주자: 『사기』「공자세가」를 보면, 공자께서 위衛나라에 계실 때, 영공靈公이 부인夫人과 수레에 동승하고, 공자께는 다음 수레에 타게 하고, 손을 흔들며 저자를 지나갔다. 공자께서 이것을 추하게 여기신 까닭에 이 말씀을 하셨다.

다산: 하안이 말하길, '(공자께서) 당시 사람들이 덕에는 박하고薄於德 색에는 후한 것을 미워하셨기 때문에 이 말씀을 하셨다.'고 했다. 서분붕徐奮鵬이 말하길, '덕을 좋아하는 것은 도심道心이고, 색을 좋아하는 것은 인심人心이다. 그런데도 인심에는 도리어 참되고 절실하고, 도심에는 도리어 냉담冷淡하다.'고 했다.

• 好호는 女(여자)+子(자식)의 회의자로 여자가 아이를 소중하게 감싸며 귀여워하는 것으로 좋다作此好歌, 아름답다不可謂好, 교분知子之好之, 좋아하다人之好我 등으로 쓰인다.

• 色색은 人(사람 인)+卩(병부 절)의 회의자로 사람의 마음과 안색은 무릎마디卩처럼 일치한다는 데서 안색을 뜻한다. 혹은 허리를 굽히고 있는 사람과 巴(꼬리 파)의 결합으로 성관계를 묘사한다(색욕). 얼굴빛以五氣五聲五色 眠其死生, 빛깔以五采彰施于五色, 기색大夫占色, 색정少之時 血氣未定 戒之在色, 꾸미다東里子産潤色之, 평온하다載色載笑 등의 뜻이다.

9.18 子曰 譬如爲山에 未成一簣하여 止도 吾止也며
　　　　자 왈 비 여 위 산　　 미 성 일 궤　　 지　 오 지 야
譬如平地에 雖覆一簣나 進도 吾往也니라
비 여 평 지　 수 복 일 궤　 진　 오 왕 야

공자께서 말씀하셨다. "비유하면譬如, 산을 쌓음爲山에 한 삼태기一簣를 이룩지 못하고未成 멈춘 것止은, 내音(산을 쌓는 자)가 멈춘 것이다止也. 비유하자면譬如 땅을 고르는平地 일에 비록雖 한 삼태기一簣를 퍼다 부었더라도覆, 나아감進은 내音가 (스스로) 나아감이다往也."

오호라! 아침 일찍부터 늦은 밤에라도 늘 부지런 하소서. 세세한 행동도 조심하지 않으면 마침내 큰 덕에 누가 될 것입니다. 아홉 길의 산을 쌓았는데, 한 삼태기 부족하여 공이 무너지리니, 진실로 이렇게 행하시면 생민이 그 거처를 보전하여 세세토록 왕이 되실 것입니다嗚呼 夙夜罔或不勤 終累大德 爲山九仞 功虧一簣 允迪兹 生民保厥居 惟乃世王. ─『서경』「주서周書, 려오旅獒」

공자는 이 말을 학문에 나아가는進德修業 사람들을 독려하는 말로 해석했다. 공자가 제시한 학문은 철저히 자기를 정립하여 자기를 완성하는 위기지학爲己之學이다. 나의 타고난 본성의 덕을 이루는 학문의 길에 갈 때에, 나아간 것은 내가 나아간 것이지 다른 사람이 아니다. 따라서 비록 한걸음 나아갔다고 할지라도 그만큼 내가 나아간 것이기에 나아가지 않는 것보다 더 훌륭하다. 비록 거의 다 나아가고 그쳤다고 할지라도, 그 그친 것은 내가 그친 것이지 남이 그치게 한 것은 아니다. 따라서 비록 작은 걸음이라고 하더라도 좌절하지 말고 부지런히 나아가고, 부지런히 나아가 거의 다 이루었다고 만족하지 말고 완전한 성인을 목표로 계속 정진해야 한다는 것이다.

한자 해설

주자: 궤簣는 흙 삼태기土籠이다. 대개 배우는 사람은 자강불식自彊不息하여 조금씩 쌓아가서 많이 이루고, 중도에서 그만두면 이전의 공로가 전부 폐기된다. 그 멈춤과 그 나아감은 모두 나에게 달려 있지, 남에게 달려 있지 않다.

다산: 위산爲山은 흙을 쌓아 가산假山을 만드는 것이다. 복覆은 쏟아 붓는

것倒瀉也이다. 오름는 산을 만드는 사람을 가리킨다. 거의 이루어질 무렵에 그만 두는 것도 내가 그만 두는 것이고, 아무런 의지할 곳도 없는데도 분발하여 나아가는 것도 내가 나아간 것이다. 이것으로 진덕수업進德修業을 비유하였다.

- 簀궤는 竹(대 죽)+貴(귀할 귀)의 회의자로 <u>삼태기</u>를 말한다. 귀貴는 貝(조개 패)+虫(궤 → 귀: 물건을 담는 그릇)의 형성자로 貝(재산, 화폐)를 담은 그릇을 귀하게 여기는 것이다. 귀하다, (신분이) 높다, 중요하다, 귀하게 여기다, 숭상하다, 존중하다, 비싸다, 귀한 사람 등을 말한다.

- 平평은 于(방패 간)+八(여덟 팔)의 지사문자로 악기 소리의 울림이 고르게 퍼져나간다는 것을 형상화한 것이라 한다. 저울, 평지에서 쓰는 농기구, 나무를 평평하게 깎는 손도끼의 상형자라 한다. 평평하다八月湖水平, 바르게 하다平八索, <u>고르다</u>平室律, 편안하다天下平, 보통顧以思致平凡, 공평稱其廉平, 표준廷尉天下之平也, 쉽다平易, 사성四聲의 하나, 운韻의 하나平仄, 나누다平章百姓 등으로 쓰인다.

- 覆복은 襾(덮을 아)+復(돌아올 복)의 회의로 무너지다毋越厥命以自覆也, 뒤집다鼎折足覆公餗, 도리어覆出爲惡, 되풀이하다欲反覆之, 상고하다覆之而角至, <u>덮어 싸다</u>, 덮는 물건華蓋羽覆, 의복神之覆也 등으로 쓰인다.

- 進진은 辵(갈 착)+隹(새 추)의 회의자로 (새가) <u>앞으로 가는 것</u>徒御枚而進을 말한다. 오르다昇進, 벼슬하다君子進則能益上之譽, 동작進退可度, 드리다侍飮於長者 酒進則起, 가까이하다止聲色毋或進, 다하다竭聰明進智力 등을 말한다.

9.19 子曰 語之而不惰者는 其回也與인저
자 왈 어 지 이 불 타 자   기 회 야 여

공자께서 말씀하셨다. "(내가) 말을 해 주면語之而 (나의 말을 실천하는 데에) 게으르지 않은 자不惰者는 아마도 안회일 것이다其回也與."

안자는 공자의 말씀을 듣고 마음으로 이해하고 힘써 행하여 잠깐 사이에 도逸次, 엎어지고 자빠질 때顚沛에도 일찍이 어기지 않았다. 마치 만물이 때에 맞게 내리는 단비를 얻어萬物得時雨之潤 꽃을 피우고 무성하게 자라는 것과 같으니, 어찌 게으름이 있겠는가? 이것이 여러 제자들이 미치지 못하는 바이다. 〈범조우〉

- 語어는 言(말씀 언)+吾(나 오)의 형성자로 말僕以口語 遇遭此禍, 속담語曰 脣亡則齒寒, 논란하다于時言言 于時語語, 대답하다敎國子興道 諷誦 言語, 깨우치다甚矣子之難語, 『논어』學者先須讀語孟, 기뻐하는 모양語語, 가르치다言而不語 등으로 쓰인다.

- 惰타는 心(마음 심)+墮(떨어질 타)의 형성자로 마음이 게으르다, 나태하다, 소홀히 하다, 업신여기다, 삼가지 아니하다, 불경스럽다, 쇠하다, 아름답다, 예쁘다, 게으름 등으로 쓰인다. **주자**: 惰는 게으르고 태만함懈怠이다. **다산**: 불타不惰는 안자가 공자의 말씀을 들으면, 기뻐하면서 (그 실천에) 부지런하고 게으르지 않은 것이다.

9.20 子謂顔淵曰 惜乎라 吾見其進也오 未見其止也호라
자 위 안 연 왈 석 호　　오 견 기 진 야　　미 견 기 지 야

공자子께서 안연顔淵을 평謂하여 말씀하셨다曰. "(안연이 일찍 죽은 것은 너무도) 애석하구나惜乎! 나吾는 그其가 나아가는 것進만 보았고見也, 아직 그其가 그치는 것止을 보지 못하였노라未見也."

안회가 조사早死한 뒤에 공자가 그것을 애석해 한 것이다(고주와 주자). 또한 안회는 계속해서 정진했지만 조사早死함에 따라, 그가 계속 정진하여 도달했을 경지를 더 이상 헤아릴 수 없음을 애석하게 여긴 것이라 할 수 있다. 〈다산〉

- 惜석은 心(마음 심)+昔(예 석)의 회의자로 마음에 오래 간직할 것으로 안타깝다, 애석하게 여기다惜此景之屢戰, 소중히 여김卿宜自惜, 아끼어 쓰지 않음諸將貪惜貨財, 아깝다子謂顏淵曰 惜乎, 가엾게 여기다는 뜻이다.

- 進진은 辵(쉬엄쉬엄 갈 착)+隹(새 추)의 회의자로 새가 앞으로 나아가다, 혹은 나는 새를 쫓아 앞으로 나아가다는 뜻이다. 앞으로 가다徒銜枚而進, 힘쓰다禮減而進, 움직이다進退可度, 받들어 올림侍飮於長者 酒進則起, 가까이하다止聲色毋或進, 수입蕭何爲主吏主進 등으로 쓰인다.

- 止지는 발자국의 상형자이다. 그치다, 끝나다, 금하다, 멈추다, 억제하다, 머무르다, 이르다, 도달하다, 만족하다, 꼭 붙잡다, 예의, 법, 행동거지行動擧止, 겨우, 오직 등으로 쓰인다.

9.21 子曰 苗而不秀者有矣夫며 秀而不實者有矣夫인저
자 왈 묘 이 불 수 자 유 의 부　　수 이 부 실 자 유 의 부

공자께서 말씀하셨다. "싹은 틔웠으되苗而 꽃을 피우지 못하는 것不秀者이 있고有矣夫, 꽃은 피웠으나秀而 열매를 맺지 못하는 것不實者도 있으리라有矣夫!"

곡식의 성장과 성숙을 말하면서, 학문의 완성을 위해 나아가도록 권면한 것이다. 곡식을 키워 결실을 이루려면 때에 맞게 노력을 기울여야 한다. 혹 버려두고 김매지 않거나, 혹 빨리 자란다고 억지로 키워놓거나, 심지어 하루만 햇볕을 보이고 열흘을 얼리면 싹이 나도 꽃을 피우지 못하고, 꽃이 피더라도 열매 맺지 못한다. 학문 또한 이와 같을 것이다. 〈주자〉

또한 이 구절은 태어났지만 육성되지 못한 생물이 있듯이, 사람 또한 그러함을 비유했다고 했었다. 즉 이 구절을 학문에만 한정하여 말하면, 운명에

대한 찬탄과 감개의 묘미가 없다는 것이다. 천지가 만물을 낳는 이치에 유감이 있음을 찬탄 감개한 것이다. 〈고주와 다산〉

주자: 곡식이 처음 생겨나는 것穀之始生을 묘苗라 하고, 꽃을 피운 것吐華을 수秀라 하고, 열매 맺은 것成穀을 실實이라 한다. 대개 배우되 완성에 이르지 못하여學而不至於成 이와 같은 자가 있다. 이 때문에 군자는 스스로 노력하는 것自勉을 귀하게 여긴다

- 苗묘는 艸(풀)+田(밭 전)의 회의자로 논에서 자란 싹으로 모彼稷之苗, 苗木, 곡식無食我苗, 싹根苗相因依, 여름철의 사냥夏苗, 후예帝高陽之苗裔兮, 무리以瞻黎苗, 요절或秀或苗, 종족 이름 등으로 쓰인다.

- 秀수는 이삭을 드리우고 꽃을 피운 벼의 상형자이다. 빼어나다擧其秀士, 성장하다或秀或苗, 꽃이 피다秀而不實者, 꽃方疏含秀, 꽃이 없이 열매가 맺는 것不榮而實者 謂之秀, 무성하다秀茂, 아름답다秀麗, 정수得其秀而最靈 등으로 쓰인다.

- 實실은 宀(집 면)+田(밭 전)+貝(조개 패)의 회의자로 열매를 맺어結實 집안에 곡식과 재물이 가득차다는 뜻이다. 열매草木之實, 결실하다秀而不實者, 채우다盛氣顯實, 자라다草木不實, 담다實玄黃于匪, 실행하다實其言, 재물使某實, 녹봉旣受其實, 이르다聚斂積實 등으로 쓰인다.

9.22 子曰 後生이 可畏니 焉知來者之不如今也리오
자 왈 후 생   가 외   언 지 내 자 지 불 여 금 야

四十五十而無聞焉이면 斯亦不足畏也已니라
사 십 오 십 이 무 문 언   사 역 부 족 외 야 이

공자께서 말씀하셨다. "후생後生은 두려워할 만하니可畏, 어찌焉 (후생의) 오는 것이來者之 (우리들의) 지금만 못할지不如今 알겠는가知? 마흔·쉰이 되어서도四十五十而 명성이 없다면無聞焉, 이斯 또한亦 두려워할 만하지 않다不足畏也已."

후배들은 아직 살 수 있는 날이 많이 남아 있어, 열정을 갖고 부지런히 노력하면 지극한 경지에 도달할 수 있다. 오늘의 우리가 부지런히 노력하지 않으면, 부지런히 노력하는 후배들의 조롱거리가 될 것이니, 두려워할 만하다. 젊었을 때 노력하지 않아 마흔, 혹은 쉰이 되었는 데도 이룬 것이 없다면 아마도 더 이상의 진전은 기대하기 어렵기 때문에 두려워할 만한 인물이 되지 못한다. 따라서 젊었을 때에 부지런히 학문에 정진해야 한다. 이 말은 공자께서 젊은이들에게 때를 놓치지 말고 부지런히 학문에 정진하라고 하신 말씀이지, 이룬 것이 없는 늙은이를 책망한 말이 아니라고 생각된다.

한국 유학의 거목 퇴계 이황(1501~1570)은 이 구절을 인용하였다. 그는 멀리 안동까지 찾아온 약관의 율곡 이이(1536~1584)와 작별하면서 "세상에 영특한 인재는 한없이 많지만, 옛 학문에 마음 두기를 좋아하지 않는다. 그대처럼 뛰어난 재주를 지닌 젊은 사람이 바른길에 발을 내디뎠으니, 앞으로 성취될 것에 어찌 한량이 있겠는가? 천만번 부탁하니 스스로 더욱더 원대한 뜻을 기약하시오."라고 당부하였다. 그리고 한 문인(조목 趙穆)에게 보낸 서간에서 다음과 같이 말했다고 전해진다.

> 율곡은 사람됨이 명석하여 섭렵함이 많고 우리 학문에 뜻을 두고 있으니, '후생은 두려워할 만하다後生可畏'는 옛 성현의 말씀이 나를 속이지 않음을 비로소 알았다. — 『퇴계집退溪集』권14, 「답조사경서答趙士敬書」

한자 해설

다산: 하안이 말하길, '후생後生은 나이가 어리다年少는 말이다.'고 했다. 형병이 말하길, '나이가 어린 사람은 학문을 쌓아 덕을 이루기에 충분하기 때문에 진실로 두려워할 만하다.'는 말이다. 금今은 공자와 제자들이 서로 만난 시대를 말한다. 형병이 말하길, '무문無聞은 아름다움 명성이 알려짐이 없음을 말한다.'고 했다.

• 畏외는 가면을 쓴 무서운 귀신의 형상으로 겁을 내다永畏惟罰, 꺼리다

魚不畏網, 경외하다畏天命, 심복하다畏而愛之, 삼가고 조심하다子畏於匡, 두려움君子有三畏, 으르다不畏不怒, 조문하지 않는 죽음死而不弔者三, 활의 굽은 부분弓之曲處 謂之畏 등으로 쓰인다.

9.23 子曰 法語之言은 能無從乎아 改之爲貴니라
자왈 법어지언 능무종호 개지위귀

巽與之言은 能無說乎아 繹之爲貴니라
손여지언 능무열호 역지위귀

說而不繹하며 從而不改면 吾未如之何也已矣니라
열이불역 종이불개 오말여지하야이의

공자께서 말씀하셨다. "바르게 해주는 말法語之言은 능能히 따르지 않을 수 있겠는가無從乎? (면전에서만 따르지 않고) 고치는 것改之이 귀하다爲貴. 부드럽게 해주는 말巽與之言은 능能히 기뻐하지 않을 수 있겠는가無說乎? 실마리를 찾는 것繹之이 귀함이 된다爲貴. 기뻐하면서도說而 실마리를 찾지 않고不繹, 따르면서從而 고치지 않으면不改, 나름는 그런 사람을 어떻게 할 수 없다未如之何也已矣."

법언法言은 맹자가 왕도정치의 시행行王政을 논한 것과 같은 부류이다. 손언巽言은 맹자가 재화를 좋아하고 미색을 좋아하는 것好貨好色을 논한 것과 같은 부류이다. 말해주어도 깨닫지 못하거나, 거부하고 받아들이지 않는 것은 오히려 그렇다고 할 수 있다. 혹 깨달았다면 도리어 고치거나 찾기를 바랄 수 있다. 그렇지만 따르고 기뻐하면서도 고치거나 찾지 않는다면, 이는 끝내 고치거나 찾지 않는 것일 뿐이니, 비록 성인이라 하더라도 그를 어찌 하겠는가? 〈양시〉

한자 해설
주자: 법어法語란 바르게 해주는 말正言之이다. 손언巽言이란 완곡하게 인도하는 말婉而導之이며, 역繹은 그 실마리를 찾는 것尋其緒이다. 법언

442

은 사람들이 경탄敬憚하는 것이기 때문에 반드시 따르지만, 고치지 않는다면 면전에서만 따르는 것일 뿐이다. 손언은 어그러지거나 거슬리는 것이 없기 때문에 반드시 기뻐하지만, 실마리를 찾지 않으면 또한 그 은미한 뜻이 어디에 있는지를 알기에 부족하다.

다산: 법어法語란 어긋난 것을 바로잡고 법도로 이끄는 말이다(공안국이 말했다. 사람이 과오가 있으며, 정도正道로써 일러준다). 손여巽與란 유순柔順하게 서로 도와주는 말이다(여與는 돕다助이다). 말이 이미 올바르면 비록 악인이라도 면전에서는 따르지 않을 수 있겠는가? 말이 이미 겸손하면 비록 악인이라도 잠시의 기쁨이 없을 수 있겠는가? 개改란 그 과오를 고치는 것이고, 역繹이란 그 공功을 계승하는 것이다(실을 뽑음이 연속되고 끊어지지 않은 것과 같다).

- 法법은 본래 水(물 수: 물처럼 공평함)+廌(해태 치: 닿기만 해도 그 죄상을 안다는 영험한 짐승)+去(갈 거)의 회의자로서, 죄를 공평하게 알아 죄 있는 자를 제거한다. (去의 대상을 법法이라면) 교화의 수단 혹은 방법적인 것이라는 의미를 지닌다. 먼저 법으로는 형법(惟作五虐之刑曰法: 서경), 법령(利用刑人 以正法也: 역경), 제도(遵先王之法: 맹자), 도리(法者 天下之程式: 관자) 모범(行爲世爲天下法: 중용)의 뜻을 지닌다. 또한 방법으로는 수단(教籍兵法: 사기) 혹은 방식(爲宮室之法: 묵자)을 뜻한다. 또한 본으로서 사물의 표준이 되는 도량형度量衡이나 규구준승規矩準繩의 기계器機(工依於法: 예기), 그리고 후대에 (석가의) 가르침을 뜻하기도 했다.

- 巽손은 선별하여(→選) 제수祭需를 갖추고, 공손하게 제사 드리는 모습이다. 부드럽다, 유순하다, 공순하다, 사양하다, 손괘巽卦, 동남쪽 등을 말한다.

- 繹역은 糸(실 사)+睪(엿볼 역)의 형성자로 엉킨 실을 풀다, 풀리다, 풀어내다, 끌어내다, 당기다, 다스리다, 연달아하다, 늘어놓다, 찾다, 실 뽑다, 실마리, 제사 이름으로 쓰인다.

9.24 子曰 主忠信하며 毋友不如己者오 過則勿憚改니라
자 왈 주 충 신　무 우 불 여 기 자　과 즉 물 탄 개

공자께서 말씀하셨다. "충忠·신信을 주主로 하고, 자기己보다 못한 사람不
如者을 벗하지 말며毋友, 허물이 있으면過則 고치기憚改를 꺼리지 말라勿."

거듭 나온 것인데 그 반은 없어졌다. 子曰, "君子不重 則不威 學則不固.
主忠信. 無友不如己者. 過則勿憚改"(1.8.) 〈주자〉

9.25 子曰 三軍은 可奪帥也어니와 匹夫는 不可奪志也니라
자 왈 삼 군　가 탈 수 야　필 부　불 가 탈 지 야

공자께서 말씀하였다. "삼군三軍의 장수帥는 빼앗을 수 있지만可奪也,
필부匹의 의지志는 빼앗을 수 없다不可奪也."

삼군의 용맹은 남에게 달려 있고, 필부의 의지는 자신에게 있다. 그러므로
장수는 빼앗을 수 있어도 의지를 빼앗을 수는 없다. 만약 빼앗을 수 있다
면, 또한 의지라고 하기에 부족하다. 〈후중량〉

한자 해설

다산: 형병이 말하길, '12,500사람이 군軍이다.'고 했다(대국大國은 3군三軍
이다). 수帥는 장수將이다. 필부匹夫는 한 지아비―夫이다(일마―馬를 필마
匹馬라 하는 것과 같다). 불가탈지不可奪志란 부귀가 넘치게 할 수 없고, 빈
천이 움직이게 할 수 없고, 위무威武가 굽힐 수 없음을 말한다. 살피건
대, 『맹자』에서 말했다. "의지는 기운의 장수이다志 氣之帥也." 대개 이
경에 근본을 두었다.

• 軍군은 勻(고를 균)+車(수레 거)의 회의자로 전차가 고르게 배치된 군제
의 명칭으로 주周나라는 12,500명五師爲軍을 말한다. 병사水上軍 皆殊
死戰, 전투韓王成無軍功, 진陣치다晋之餘師不能軍, 송대 행정 구획 등으로

쓰인다. 삼군이란 제후가 출병시키던 상군上軍, 중군中軍, 하군下軍을 말하는데, 전의되어 대군이라는 뜻이다.

- 奪탈은 衣(옷 의 → 大)+隹(새 추)+寸(마디 촌)의 회의자로 '손으로 잡은 새를 잃어버리다'는 뜻이다. 빼앗다襲奪齊王軍, 强奪, 잃다勿奪其時, 떠나다精氣奪則虛也, 좁은 길 등을 말한다.

- 帥수는 阜(언덕 부)+巾(수건 건)의 회의자로 언덕 위에 깃발이 꽂혀있는 부대의 모습을 표현했다. 깃발이 통솔하는 역할을 하므로 거느리다, 후에 병사들을 이끄는 장수를 뜻했다. 장수元帥, 통솔자帥長, 거느리다(솔)長子帥師, 앞장서다子帥以正, 인도하다帥大夫以入, 좇다奉帥天子, 바루다初帥其辭, 모이다帥介陰閑 등의 의미이다.

- 匹필은 匸(감출 혜: 긴 천)+八(여덟 팔)의 회의자로 긴 천의 길이를 재기 위해서는 누군가의 도움이 필요했기에 짝이나 상대라는 뜻을 갖게 되었다. 짝, 배우자, 맞수, 벗, 동아리, 마리, 천한 사람, 필(길이의 단위), 짝짓다, 비교하다, 맞서다, 집오리(목) 등으로 쓰인다. 다산: 형병이 말하길, '필부匹夫는 서인庶人이다. 사대부士大夫이상은 첩과 시녀가 있지만, 서인은 비천하여 단지 부부만이 서로 배필이 될 뿐이다. 그러므로 필부匹夫라 한다.'고 했다. 논박하여 말하면, 그릇되었다. 담감천湛甘泉이 말하기, '필부匹夫는 한 사람이라고 말한 것과 같으니, 미천한 것을 말하지 않는다.'고 했으니, 이 설이 옳다. 필부필부匹夫匹婦는 일부일부一夫一婦라고 말하는 것과 같다.

- 志지는 心(마음 심)+之(갈 지)의 형성자로 마음이 가는 것心之所之之謂으로서 지향志向이란 뜻이다. 이후 지之가 사士(선비 사)로 바뀌어 선비士의 굳은 마음心 곧 의지意志를 강조하여 주재主宰라는 의미도 지닌다志意也 從心 之聲, 志是意念 心情 形聲字. 의지意志와 의사意思와는 다른 개념이다. 의사는 단순히 마음이 발동한 것을 말하지만, 의지는 명확한 지향志向과 주재主宰가 있는 것이다.

9.26 子曰 衣敝縕袍하여 與衣狐貉者로 立而不恥者는
자왈 의폐온포   여의호락자   입이불치자

其由也與인저 不忮不求면 何用不臧이리오
기유야여   불기불구   하용부장

子路終身誦之한대 子曰 是道也 何足以臧이리오
자로종신송지   자왈 시도야 하족이장

공자께서 말씀하셨다. "(천한) 낡은敝 솜옷縕袍을 입고衣, (귀한) 여우狐나 담비貉의 갓옷狐貉을 입은 자衣者와 함께 서 있어도與立而 부끄러워하지 않을 사람不恥者은 아마도 자로일 것이다其由也與. (『시경』에서는) '해치지도 않고不忮 탐하지도 않으니不求, 어찌何 선하지 않겠는가用不臧?'(라고 하였다.)" 자로子路가 종신終身토록 이 구절을 읊자誦之, 공자께서 말씀하셨다. "이는 도가道也 어찌何 선하기에 충분한 것이겠는가足以臧?"

나쁜 옷과 나쁜 음식을 부끄러워하는 것은 배우는 자의 큰 병이다. 선한 마음이 보존되지 않는 것은 대개 여기에서 비롯된다. 자로의 뜻이 이와 같아서 다른 사람보다 훨씬 뛰어났다. 그러나 보통 사람이 이것을 할 수 있다면 선하다고 할 수 있지만, 자로와 같은 현인은 마땅히 여기에 그쳐서는 안 되는데, 종신토록 그것을 읊으니 날로 새로운 데로 나아가는 것이 아니다. 그래서 격려하여 나아가게 하셨다. 〈사량좌〉

한자 해설

주자: 폐敝는 낡은 것壞이다. 온縕은 모시 솜옷枲著이고, 포袍는 솜을 넣은 옷衣有著으로 대개 옷 중의 천한 것이다. 호학狐貉은 여우와 담비 가죽으로 지은 갓옷이니, 옷 중의 귀한 것이다. 자로의 뜻이 이와 같으니 빈부에 의해 그 마음이 흔들리지 않고 도에 나아갈 수 있었다. 그러므로 공자께서 자로를 칭찬하셨다. 기忮는 해치는 것害이다. 구求는 탐하는 것貪이다. 장臧은 착함善이다. '능히 해치거나 탐하지도 않으니 어찌 불선不善하겠는가?'라는 말인데, 이는 『시경』「위풍衛風」 웅

치雄雉]편의 시인데, 공자께서 인용하여 자로를 찬미하셨다. 종신토록 읊었다는 것은 스스로 그 능력을 기뻐하여, 다시 도에 나아가기를 구하지 않았다는 것이다. 그러므로 공자께서 다시 이 말씀으로 자로를 경계하셨다.

다산: 호학狐貉은 갖옷 가운데 아름다움 것이다. 이굉조李宏祖가 말하길, '기忮는 남이 지니고 있는 것을 싫어하는 것이고, 구求는 자기에게 없는 것을 부끄러워하는 것이다(마융이 말했다. 기忮는 해치는 것害이다).'고 했다. 사람이 욕망하는 것은 부귀와 안락에 있다. 남이 이것을 지니고 있으면 미워하는 것, 내가 이것을 지니고 있지 않으면 탐을 내니, 모든 악이 이로부터 일어난다. 그러므로 이 두 가지가 아니라면, 어찌 선하지 않겠는가? 라고 말하였다(마융은 말했다. 장臧은 선善이다), (살핀다. 서 있어서도 부끄러워하지 않는다立而不恥는 것은 해치지도 않고 탐내지도 않는 것不忮不求이다). 종신終身은 항상恒常과 같다.

- 敝폐는 攴(칠 복)+尙(옷 해진 모양 폐)의 형성자로 해지다, 부서지다, 닳아 없어지다, 내버리다, 황폐하다, 해치다, 괴롭히다, 숨기다, 폐해弊害, 줌통, 겸사, 소매, 애쓰는 모양 등으로 쓰인다.

- 縕온은 糸(실 사)+昷(어질 온)의 형성자로 헌솜衣敝縕袍, 풍부하다天地絪縕, 어지럽다齊桓之時縕, 깊숙한 곳乾坤其易之縕耶, 솜縕爲袍, 적황색士佩瓀玫而縕組綬 등을 의미한다.

- 袍포는 衣(옷 의)+包(쌀 포)의 형성자로 몸을 둘러싸는 큰 옷으로 솜옷縕袍, 웃옷袍仗精整, 평상복袍必有表不禪, 앞깃反袂拭面涕沾袍 등을 말한다.

- 狐호는 犭(개사슴 록)+瓜(오이 과 → 호)의 형성자로 여우(갯과의 포유류), 여우털옷, 부엉이(올빼밋과의 새), 의심하다 등으로 쓰인다.

- 貉학(맥)은 豸(발 없는 벌레 치)+各(각각 각)의 형성자로 담비與衣狐貉者호, 튼튼하다, 굳셈, 북방 오랑캐(맥), 고요하다, 정숙하다 등으로 쓰인다.

- 忮기는 心(마음 심)+支(가지 지)의 형성자로 해害치다, 질투嫉妬하다, 거스르다不忮於衆, 흉악하다, 뜻이 굳다, 고집스럽다, 원망하다, 악 등의

뜻이다.

- 臧장은 臣(신하 신)+戕(죽일 과)의 형성자로 착하다, 좋다, 감추다, 숨다, 숨기다, 종, 노복, 곳집, 회뢰賄賂, 뇌물, 오장五臟, 창고 등의 의미이다.
- 誦송은 言(말씀 언)+甬(길 용)의 형성자로 암송하다誦習之, 읽어 내려가다或曰 大功誦可也, 여쭘臣請爲王誦之, 해설하다惜誦以致愍今, 왈가왈부하다, 악곡에 맞추어 노래하다春誦夏弦, 노랫말家父作誦, 경계하는 글瞍賦矇誦, 원망하다國人誦之, 소송하다 등으로 쓰인다.

9.27 子曰 歲寒然後에 知松栢之後彫也니라
자 왈 세 한 연 후　　지 송 백 지 후 조 야

공자께서 말씀하셨다. "날씨가 추워진歲寒 뒤에야然後 소나무와 잣나무가松栢之 뒤늦게後 시든다彫는 것을 아느니라知也!"

날씨가 크게 추운 해歲寒=大寒之歲가 된 뒤에야 (다른 뭇 나무들은 모두 죽지만) 소나무와 잣나무가 늦게 (조금) 시들거나 상한다는 것을 알 수 있다 (군자의 정대正大함을 알 수 있다). 〈고주〉

날이 차진(이해관계나 사변을 만남을 비유) 연후에야 소나무와 잣나무(군자의 비유)의 잎이 늦게 시든다는 것을 알 수 있다. 〈주자〉

(한 겨울이 되어) 날이 차진 연후에야 소나무와 잣나무의 잎이 (가장 많이 상하지만) 늦게 (봄이 되어 새 잎이 돋아나야 비로소) 마르고 떨어진다는 것을 알 수 있다(탁한 세상을 만난 뒤에는 군자의 올바름을 알게 된다). 〈다산〉

고주에서는 '세한歲寒'을 '크게 추워진 해大寒之歲'로 보고, "크게 추운 해에는 뭇 나무들은 모두 죽지만, 소나무와 잣나무가 조금 시들어 상한 것을 알게 된다."고 말한 것으로 해석하였다. 그런데 주자는 세한歲寒을 특별히 추운 어떤 해로 보지 않고, '(매년) 한 겨울의 몹시 추운 날이 되면'으로 해석하였다. 주자의 해석이 훨씬 합리적이다.

그러나 고주 및 주자(범조우씨 및 사량좌)의 이 구절의 대의 해석은 큰 차이가 없다. 고주와 주자의 해석에 따라 이 글의 요지를 풀이하면 다음과 같다. 즉 평시에는 군자와 소인, 혹은 역량의 심천은 구분하기 어렵다. 마치 봄과 여름에 만물이 모두 푸르듯이. 그러나 변고變故가 생긴 난세에는 절의節義를 지켜야 할 때가 있으면 소인은 변하지만, 군자는 절개를 지킨다. 마치 차가운 겨울날에 소나무과 잣나무의 잎이 홀로 푸르러 변하지 않는 것과 같이.

추사 김정희가 제주도에 귀향 갔을 때 여전히 후의를 베풀어 주었던 역관 이상적李尙迪의 우의를 기리면서 「세한도歲寒圖」(국보 180호)를 그려주고 썼던 발문跋文 또한 이러한 내용이다.

지난해에는 『만학晚學』과 『대운大雲』 두 문집을 보내 왔고, 올해는 또 『우경문편藕畊文編』을 보내왔으니, 이는 세상에 흔한 일이 아니다. 더구나 천만리 먼 곳에서 몇 년을 두고 구한 것으로 한때의 일이 아니다. 또한 세상 사람들은 도도하게 오직 권세와 이익만을 추향하거늘, 이와 같이 마음과 힘을 다해 구한 것을 권세와 이익이 있는 자에게 보내지 않고, 이에 바다 밖의 한 초췌하게 메마른 사람에게 보내었다. 세상의 권세와 이익을 추향하는 자들은 태사공(사마천)의 말대로 "권세와 이익으로 합한 자는 권리가 다하면 소원해 진다." 그대도 또한 세상의 도도한 흐름 가운데 있는 사람인데, 스스로 초연히 도도한 흐름 밖에 벗어났으니, 권세와 이익으로 나를 보지 않음인가, 아니면 태사공의 말이 틀린 것인가? 공자는 "날이 추워진 뒤에야 소나무와 잣나무가 늦게 시드는 것을 알 수 있다."고 했다. 소나무와 잣나무는 사계절을 관통해서 시들지 않는다.※

그런데 여기서 우리는 분명 하나의 잘못된 해석을 발견할 수 있다. 분명 원문은 "세한歲寒한 뒤에 소나무와 잣나무가 늦게 시든다後彫"고 말했지, "사계절 내내 시들지 않는다不凋."고는 하지 않았다는 것이다. 다산의 해석은 이러한 잘못된 해석을 정확히 적시하고 있다. 즉 주자 및 주자가 인용하고 있는 글은 다음과 같은 두 가지 잘못된 해석을 할 수 있다.

첫째, 소나무와 잣나무 잎이 사계절 푸르다고 해석하면, 본문의 '늦게 시든다後彫'와 상충된다. 둘째, 본문의 의미를 그대로 살려 단지 '늦게 시든다後彫'라고만 해석하면, 군자 또한 결국에는 변절하고 마는 사람이 되고 만다고 할 수 있다.

다산은 이러한 잘못된 해석을 정확히 인식하고 있었다. 그리고 소나무와 자연의 실상을 정확히 인식한 것에 근거를 두고 이 글을 해석했다. 즉 '뒤에 시든다'는 것이 봄에 새싹 혹은 새잎이 피어나야 비로소 시든다는 것이다. 군자가 자신의 역사적 소명을 완수한 이후에 새로운 세대에게 자신의 임무를 넘기고 역사의 무대 밖으로 사라진다는 것이 다산의 이 구절에 대한 해석이라고 할 수 있다.

한자 해설

다산: 세한歲寒은 겨울이 되어 나뭇잎이 누렇게 떨어지는 것을 말한다. 조彫는 마르고(瘁: 췌) 떨어짐零이다. 만일 날씨가 크게 추우면 다른 나무는 탈이 없지만, 소나무와 대나무는 많은 죽는다. 대개 겨울에 잎이 싱싱한 나무는 겨울이 되면 오히려 염장斂藏을 하지 못하기 때문에 가장 심하게 손상을 받지만, 뭇 나무들은 그 기운이 아래로 내려가지 때

※ 〈세한도〉 발문. 去年以晚學大雲二書寄來 今年又以藕耕文編寄來 此皆非世之常有 購之千萬里之遠 積有年而得之 非一時之事也 世之滔滔 惟權利之是趨爲之 費心費力如此 而不以歸之權利 乃歸之海外蕉萃枯槁之人 如世之趨權利者 太史公云 以權利合者 權利盡以交踈 君亦世之滔滔中一人 其有超然自拔於滔滔權利之外 不以權利視我耶 太史公之言非耶 孔子曰歲寒然後 知松柏之後凋 松柏是毋四時而不凋者.

문에 탈이 없다. 사조제謝肇淛가 말하길, '송백후조松柏後凋는 소나무와 잣나무가 일찍이 잎이 마르지 않은 적이 없으나, 다만 뭇나무들보다 뒤에 마른다는 것일 뿐이다. 무릇 나무는 모두 겨울이 되면 잎이 떨어졌다가 봄이 되면 잎이 피는데, 소나무와 잣나무만은 유독 봄에 새잎이 나오고, 한참 자란 뒤에 옛 잎이 누렇게 떨어진다. 요즘 남쪽 지방의 꽃나무 가운데 잎갈이를 하지 않는 것이 있는데 모두 그런 것이다. 여기서 성인께서 글자를 쓰신 것이 이처럼 소홀하지 않다는 것을 알겠다(『오잡조』).'고 했다. 살피건대, 『예기』「예기」에서 '송백은 사시를 관통하여 가지와 잎을 갈지 아니한다.'고 하였는데, 여기에서 사물의 실정을 관찰함이 『노론魯論』만 못하다."

• 歲세는 步(걸을 보)+戌(다섯째 천간 무: 낫)의 회의자로 걸으며 낫戌으로 곡식을 수확한다는 의미이다. 해, 1년孔子居陳三歲, 새해元旦无晨賀歲, 세월翫歲而愒日, 나이同郡又同歲, 일생維以卒歲, 풍년望君如望歲, 매년必使諸侯歲貢, 목성木星 등을 나타낸다.

• 寒한은 宀(집 면)+𦭝(잡초우거질 망)+人(사람 인)+冫(얼음 빙)의 회의자로 집안에 얼음이 얼어 풀을 깔고 사람이 누운 모양으로 차다, 춥다, 떨다, 어렵다, 가난하다, 쓸쓸하다, 식히다, 불에 굽다, 삶다, 그만두다, 천하다, 절기節氣의 이름 등으로 쓰인다. 세한歲寒이란 설 전후의 추위라는 뜻으로 한 겨울의 몹시 추운 것을 말한다.

• 松송은 木(나무 목)+公(공변할 공)의 형성자로 소나무. 사철 변함 없이 늘 푸르므로, 절조節操·장수長壽·번무繁茂 등으로 비유된다.

• 栢백은 木(나무 목)+白(흰 백)의 형성자로 측백, 측백나무, 측백나무의 잎, 잣, 잣나무, 가까워지다, 다가오다, 크다 등으로 쓰인다.

• 彫조는 彡(터럭 삼)+周(두루 주)의 형성자로 새기다朽木不可彫也, 꾸미다救其彫敝, 아로새기다, 식물이 시들다歲寒然後知松柏之後彫也:凋, 쇠퇴하다昭宗時制度彫素, 다스리다, 쪼다 등으로 쓰인다.

9.28 子曰 知者는 不惑하고 仁者는 不憂하고 勇者는 不懼니라
자 왈 지 자 불 혹 인 자 불 우 용 자 불 구

공자께서 말씀하셨다. "지자知者는 미혹되지 않고不惑, 인자仁者는 근심
하지 않고不憂, 용자勇者는 두려워하지 않는다不懼."

"지자知者는 사물에 밝다明於事."(고주)고 주석했던 것을, 주자와 다산
은 "현명함으로 이치를 밝힐 수 있다."고 수정했다. 그리고 "인자仁者는
천명을 알다知命."고 주석했지만, 주자는 '극기복례克己復禮'에 근거하여,
"이치로써 사사로움을 이길 수 있다."고 해석했다. 그런데 주자의 리理
철학을 비판한 다산은 고주 및 정자의 말을 인용하여 "인자는 천명을 즐
거워한다."고 주석했다. '용자勇者'에 대해 단지 '과감果敢하다'고 단편적
으로 주석하던 것을, 주자와 다산은 『맹자』를 인용하여 "기운이 도의道
義를 짝할 수 있다."고 주석했다. 주자는 또한 이 구절을『중용』에 근거하
여 '학문의 순서'라 하며, 다음과 같이 말했다.

덕을 이루는 것은 인仁을 먼저로 한다. 배워나가는 것은 지知를 먼저로 한
다. 인을 먼저로 하는 것은 성실함으로써 밝아지는 것이고, 지를 먼저로
하는 것은 밝아짐으로써 성실해 지는 것이다. 『중용』에서 세 가지 차례 또
한 배우는 자를 위한 것이다. (용勇을 나중으로 한 것은) 끝까지 공부하여
후퇴하거나, 방향을 바꾸지 않는 것이 바로 용이기 때문이다.

한자 해설

주자: (지자知者는) 현명함이 이치를 밝힐 수 있기 때문에 미혹되지 않는
다. (인자仁者는) 이치로써 사사로움을 이길 수 있기 때문에 근심이 없
다. (용자勇者는) 기운이 도의道義를 짝할 수 있기 때문에 두려워하지
않는다. 이것이 배움의 순서이다.

다산: (인자仁者는) 마음이 항상 하늘을 즐기기 때문에, 근심하지 않는다
(정자가 말했다).

- 知지는 口(입 구)+矢(화살 시)의 회의자로 화살矢이 과녁을 꿰뚫듯 상황을 날카롭게 판단하고 의중을 정확하게 <u>꿰뚫어 말口할 수 있는 능력</u>이 있음을 말한다.

- 惑혹은 或(혹시 혹)+心(마음 심)의 회의자로 헷갈리어 마음이 어지럽다用之不惑, 빠지다莊公惑於嬖妾, 의심하다門人惑, 도리에 어긋나다以爲大惑, <u>미혹知惡而不改 謂之惑</u> 등으로 쓰인다.

- 仁인은 二(두 이)+人(사람 인)의 형성자로 사람人과 사람 사이의 마음, 즉 사람이 사람을 대할 때의 마음을 인仁이라고 했다. 사람의 마음이란 바로 다른 사람을 걱정하고 위하는 마음이다. 그래서 맹자는 측은지<u>심은 인의 단서</u>라고 했다.

- 憂우는 頁(머리 혈)+冖(덮을 멱)+心(마음 심)+夂(올 치)의 회의자로 큰 머리가 심장을 짓누르는 듯한 모습으로 근심, <u>걱정</u>, 질병, 환난, 상중, 애태우다, 가엾게 여기다, 전쟁에서 지다 등으로 쓰인다.

- 勇용은 甬(길 용:고리가 달린 종)+力(힘 력)의 회의자로 무거운 쇠 종을 들 수 있는 정도의 힘과 용기, 결단력을 뜻한다. 날래다民勇於公戰, 과감함一槍之勇, 병사非一勇所抗 등으로 쓰인다.

- 懼구는 心(마음 심)+瞿(볼 구)의 회의자로 겁이 나다勇者不懼, 대상을 어렵게 여겨 조심하다臨事而懼, 위태로워하다上下猜懼, <u>두려움多男子則多</u>懼, 으르다懼士卒 등으로 쓰인다.

9.29 子曰 可與共學이오도 未可與適道며 可與適道오도 未可與立이며
　　　자왈　가여공학　　　　미가여적도　　　가여적도　　　　미가여립

可與立이오도 未可與權이니라
가여립　　　　미가여권

공자께서 말씀하셨다. "함께與 한 가지로共 배울 수 있어도可學, 함께與 도道로 나아갈 수는 없다未適. 함께與 도道로 나아갈 수는 있어도可適, 함

함께 배울 수 있다는 것은 구하는 방법을 아는 것이다. 함께 도에 나아갈 수 있다는 것은 나아갈 곳을 아는 것이다. 함께 설 수 있다는 것은 뜻이 독실하고 믿음이 견고하여 변하지 않는 것이다. 권權은 저울추錘이니, 물건을 달아 경중輕重을 아는 것이다. 함께 권權할 수 있다는 것은 능히 경중을 헤아려 의義에 합당하게 행하는 것을 말한다. 〈정자〉

업을 닦는 것을 학이다修業之謂學(『역경』에서 말했다. 군자는 덕에 나아가고 업을 닦는다君子進德修業:「건괘」). 성에 따르는 것을 도라 한다率性之謂道(천덕天德에 통달하는 것이다). 함께 할 수 있기 때문에 가르치기를 게을리 하지 않았고(시서예악詩書禮樂은 모두 평소에 하신 말씀이다:「술이」), 아직 함께 나아할 수 없기 때문에 명命에 대해서는 드물게 말씀하셨다(성과 천도는 얻어 들을 수 없었다性與天道不可聞). 몸을 세워 움직이지 않는 것을 립立이라 하고(공자께서는 서른에 립立하셨다.), 저울대가 균형을 잡아 중中을 얻은 것을 권權이라 한다(권이란 저울추를 칭한다:權者稱錘). 중용이란 도의 극치이기 때문에, 함께 설 수 있어도 아직 함께 권權할 수는 없다. 〈다산〉

한자 해설

홍흥조: 『역』의 아홉 괘는 「손」괘에서 권도를 행함으로巽以行權으로 끝맺는다. 권權이란 성인의 위대한 작용이다. 아직 능지 서지도 못하면서 권을 말하는 것은 마치 서지도 못하는 아이가 걸으려는 것과 같아 넘어지지 않는 경우가 드물다.

주자: 정자가 말하길, '한나라 유자漢儒들은 경에는 어긋나지만 도에는 부합하는 것을 권이라 여겼다以反經合道爲權. 그래서 권변權變과 권술權術을 논변하였는데, 모두 잘못된 것이다. 권이란 단지 경經일 뿐이다. 한나라 이래 누구도 권權자를 알지 못했다.'고 했다. 내가 살피건

대, 선유先儒는 이 장을 다음 문장의 편기반偏其反과 잘못 연결시켜 한 장一후으로 만들었다. 그러므로 반경합도反經合道(경에는 어긋나지만 도에 합치한다)의 설이 있었다. 정자가 이것을 비판했으니, 옳다. 그러나 『맹자』의 '형수가 물에 빠졌을 때 손으로 잡아당긴다.' 의미로 추론하면 권權과 경經은 또한 마땅히 구별해야 된다.

다산: 하안이 말하길, '비록 수립한 바가 있을 수는 있어도, 반드시 그 경 중輕重의 극치를 헤아릴 수는 없다.'고 했다. 한유가 말하길, '권權이란 경권의 권經權之權이지, 어찌 경중의 권輕重權이겠는가?'라고 했다. 살 피건대, 권權이란 성인의 절실한 비유이다. 여기에 저울대衡가 있는 데, 그 눈금이 닷 냥五兩이라고 하자. 은자銀子 한 냥을 놓으면 그 저 울추는 한 냥의 눈금에 달려 있어야 중을 얻는다得中. 은자가 셋 냥이 면 그 저울추는 한 자의 눈금에 고착되어 지키지 않고, 반드시 셋 냥 의 눈금으로 옮김 이후에 이에 중을 얻는다. 넷 냥과 닷 냥에서도 모 두 그렇지 않음이 없다. 우禹와 직稷이 모두 손이 트고 발에 군살이 박 힌 것과 안회가 문을 닫고 들어앉은 것은 모두 옮겨서 중中을 얻은 것 이다. 미생尾生이 다리 기둥을 안고 있었던 일과 백희白姬가 당堂에 앉 아 있었던 일은 모두 단단히 달라붙어 움직이지 않아膠着不動 중정中正 을 잃은 것이다.(고중현高中玄이 말했다. 경經은 곧 일정함이 있는 권權이며, 권은 곧 일정함이 없는 경이다). 권도權道가 기대하는 표준은 중용에 있다. 성인 의 이른바 중용을 택한다는 것은 바로 저울질하는 사람이 갖다 놓은 눈금을 골라서 저울의 추를 거기에 평형이 되게 제자리에 놓는 것이 다. 후세의 도를 논하는 자들은 모두 중용으로 도를 삼고, 중용에 반 하는 것으로 경을 삼았다. 이에 상喪에서 제도를 지키지 않는 것을 권 權이라 하고, 장례에서 형식을 갖추지 않는 것을 권이라고 하고, 탐욕 과 불법을 자행하는 것을 권이라 하고, 찬역簒逆하여 윤리가 없는 것 을 권이라 하고, 무릇 천하에서 패륜과 부정의 행위가 하나같이 권에 근거를 두고 있으니, 이는 아마도 세상을 다스리는 올바른 도리의 큰

화근거리이다. 정자의 논한 바는 준엄하다. 당唐 육지陸贄 「논체환이초림장論替換李楚琳狀」에서 말했다. 권權의 뜻은 권형權衡에서 유비하여 취했다. 형衡이란 저울秤이며, 권權은 저울추錘이다. 그러므로 권權(저울추)이 저울대衡에 있으면 물건의 많고 적음의 준수準數할 수 있고, 권權이 일에서 시행되면 의리의 경중에 차질이 없게 된다. 만약 도에 위반되는 것을 권이라고 하고, 술수에 맡기는 것을 지智라 한다면 역대 많은 상란喪亂과 오랜 간악함이 이로 말미암아 잘못된 것이다.

- 共공은 (제기를) 수 십(卄=十十十)명이 팔을 펴 떠올린 모양으로 함께天下共立義帝, 함께하다與朋友共, 공손하다共承嘉惠今, 바치다不共是懼, 법도受小共大共, 맞다衆星共之, 팔짱을 끼다聖人共手 등으로 쓰인다.

- 適적은 辵(쉬엄쉬엄 갈 착)+啇(밑동 적)의 형성자로 목적지로 향하다子適衛, 이르다以二缶鍾惑而所適不得矣, 만나다以爲適遭暴亂, 향하게 하다以葉適己, 알맞다此六者非適也, 알맞게 함歲穀不熟不能適, 일치하다邂逅相遇適我願今, 인재를 얻다諸侯貢士壹適, 가령, 한 가지 일에만 열중하다(無適 : 일설에는 가까이하다) 등으로 쓰인다.

- 효입은 본래 한 사람이 대지에 서있는 것을 수립樹효, 건립建효이라는 뜻이 있고, 입덕효德, 입공효功, 입언효言 등이 있었다.

- 權권은 木(나무 목)+蔉(황새 관)의 회의자가 황새가 나무 위에 앉아있는 모습으로 황새의 자태를 빗대어 '위세'나 '권세'를, 전轉하여 저울추를 뜻한다. 저울추는 경중輕重을 지배한다. 저울추正權槪, 저울.謹權量, 저울로 달다權然後知輕重, 고르게 하다式權以相應, 권력親權者不能與人柄, 권도權道(巽以行權), 임시로禁羡餘, 잡다是以經始權其多福 등으로 쓰인다.

9.30 唐棣之華여 偏其反而로다 豈不爾思리오마는
당 체 지 화   편 기 번 이   기 불 이 사
室是遠而니라 子曰 未之思也언정 夫何遠之有리오
실 시 원 이   자 왈 미 지 사 야   부 하 원 지 유

456

> "당체의 꽃唐棣之華이 펄럭펄럭 나부끼는구나偏其反而!. 어찌들 그대爾를 생각하지 않으랴不思마는 집室이 너무 멀구나是遠而!" 공자께서 말씀 하셨다. "아직 생각思하지 않은 것이지未之思也, 대저夫 어찌何 멀리 있겠는 가遠之有?"

성인께서는 일찍이 쉽다고 말하여 사람의 뜻을 교만하게 한 적도 없고, 또한 어렵다고 말하여 사람의 정진을 막으신 적도 없다. 단지 생각하지 않은 것이지, 어찌 멀리 있겠느냐고 말하셨으니, 이 말은 매우 함축적이고 뜻이 심원하다. 〈정자〉

한자 해설

형병: 진실로 그 사람을 생각하지만 만날 수 없는 것은 그의 집이 멀기 때문이라는 말인데, 이는 권도權道를 생각하지만 알 수가 없는 것은 그 도가 심원하기 때문임을 비유한 것이다. 생각하는 자는 상도常道와 반대로 하는 것을 생각해야 하는데, 반대로 하는 것을 생각하지 않기 때문에 집이 멀다고 하는 것이다. 반대로 하는 것을 생각한다면, 어찌 멂이 문제가 되겠는가? 이것은 '권도權道는 알 수 있는 것이지만, 오직 생각할 줄을 몰라서 (알지 못할) 따름이다. 만약 순서에 따라 잘 생각한다면, 바로 알 수 있다.'는 것을 비유하여 말한 것이다.(『논어주소』)

주자: 당체唐棣는 산앵두郁李이다. 편偏은 『진서晉書』에는 편翩으로 되어 있다. 그렇다면 반反 또한 마땅히 번翻과 같이 꽃이 너울거린다는 뜻이다. 이而는 어조사이다. 이것은 (『시경』에서) 빠진 시逸詩이다. 육의六義로는 흥興에 속하니, 앞의 두 구절은 의미가 없고 단지 뒤의 두 구절의 말을 흥기한다. 이른바 이爾(그대)란 누구를 가리키는 지 알 수 없다. 공자께서 『시』의 말을 빌려 그 뜻을 반박한 것이다. 대개 전편의 '인이 멀리 있겠는가仁遠乎哉'(7.30)라는 말과 뜻이 같다.

다산: 이 시의 뜻은 비록 상세하지 않으나, 요컨대 형제간의 괴리나 반목이 있거나, 혹은 부부간에 서로 반목하여 당체가 펄럭이며 뒤집히는

것에 비유한 것이다. 생각이 깊으면 천리가 집안의 뜰戶庭처럼 가깝
고, 정情이 소원해지면 한 방一室도 산하山河처럼 멀다. 그러므로 생각
하지 않았지, 어찌 멀리 있겠는가? 라고 하였다. 배우는 자가 생각하
고 또 생각하면 아무리 견고하여도 뚫지 못할 것이 없고, 아무리 심원
하여도 도달하지 못할 것이 없으니, 공자께서 이 시를 인용하여 경계
하셨다(곧 장을 끊어서 뜻을 취한 법斷章取義之法이다). 살피건대, 이 장은 구
주舊註에서는 앞 장과 합해서 한 장으로 하여 '경상에는 반하되 도에
부합한다反經合道'는 것의 증거로 삼았으나, 그 뜻이 심히 잘못되었다.
주자가 나누어 두 장으로 하였다.

- 唐棣당체는 상체常棣라고도 하는데, 욱리인郁李仁 즉 산앵두나무(아가위)
  를 말한다. 『시경詩經』「소아小雅」 상체常棣에 나타나는데 당체지화 또
  는 당체棠棣는 산앵두나무에 열매가 많이 열리는 것에 비유하여 많은
  <u>형제</u>, <u>형제가 많은 집안</u> 또는 <u>우애가 좋은 형제</u>를 말한다.

- 華화는 艹(풀 초)+垂(드리울 수)의 회의자로 활짝 핀 <u>꽃</u>을 말한다. 빛나
  다, 찬란하다, 화려하다, 사치하다, 호화롭다, 번성하다, 꽃, 광채, 세
  월, 시간, 산의 이름, 중국, 중국어 등으로 쓰인다.

- 偏편은 人(사람 인)+扁(넓적할 편:戶는 외닫이 문)의 회의자로 사람의 마음이
  나 언행이 한쪽으로 <u>치우쳐있다</u>는 뜻을 표현한다. 치우치다, <u>나부끼</u>
  <u>다</u>, 곁, 가, 한쪽, 한편, 보좌, 시골, 궁벽 등으로 쓰인다.

- 爾이는 본래 아름답게 빛나는 꽃의 상형자이다. 상대자를 부르는 말棄
  爾幼志, 귀인에 대한 <u>2인칭</u>天保定爾, 천한 자에 대한 <u>2인칭</u>爾汝, 그爾爲爾
  我爲我, 이와 같이富歲子弟多賴 凶歲子弟暴 非天之降才爾殊也, 그리하여畫爾于
  茅 宵爾索綯, 응낙하는 말諾諾復爾爾, 꽃이 활짝 핀 모양彼爾維何 維常之華,
  가깝다道在爾 등으로 쓰인다.

- 反반은 厂(기슭 엄)+又(또 우)의 회의자로 어떠한 물건을 손으로 <u>뒤집는</u>
  <u>다</u>는 뜻이다. 후에 뜻이 확대되면서 '배반하다'나 '반역하다'라는 뜻도
  갖게 되었다.

이 편은 공자께서 노魯나라 향당鄕黨에 계실 때의 언행을 기록했다. 그러므로 분리하여 앞 편(자한) 다음에 차서했다. 이 편은 비록 하나의 장章이지만, 그 중간의 사의事義 또한 종류별로 서로 이어진다. 이제 각각 본문에 의거하여 해석한다. 〈형병〉

양시가 말하길, '성인의 이른바 도란 일상생활을 벗어나지 않는다. 그러므로 공자의 평소 동정 하나하나를 문인들이 모두 자세히 보고 상세하게 기록했다.'고 했다.

윤돈이 말하길, '대단하구나, 공자문하의 여러 사람들이 학문을 좋아함이여! 성인의 용모·안색·말씀·행동을 삼가 적어 두었다가 갖추어 기록하여, 후세에 남겨주지 않은 것이 없다. 지금 이 글을 읽고 그 일에 나아가면, 완연히 성인이 눈앞에 계시는 듯하다. 비록 그렇다고 할지라도, 성인께서 어찌 하게 얽매여서 행하신 분이겠는가? 대개 성덕盛德이 지극하셔서 동용주선動容周旋이 자연히 예禮에 적중했을 뿐이다. 배우는 자가 성인에 깊이 마음을 두고자 한다면, 마땅히 여기에서 구해야 할 것이다.'고 했다. 옛 설에는 무릇 1편으로 보았지만, 이제 17장으로 나눈다. 〈주자〉

10.1 孔子於鄕黨에 恂恂如也하사 似不能言者러시다
공자어향당   순순여야   사불능언자

其在宗廟朝廷하시는 便便言하시되 唯謹爾러시다
기재종묘조정   편편언   유근이

공자孔子께서 향당에於鄕黨 계실 때는 신실恂恂如也하셨고, 흡사似 말을 못하는 사람不能言者 같았다. 그其 종묘宗廟나 조정에朝廷 계실 때在는 말을 (시비나 진위를 구분하여) 잘 말씀하시되便便言, 오직唯 삼갈 따름이었다謹爾.

향당은 옛 친구故舊와 서로 만나는 곳이니, 매우 겸손하고 공손하였다. 종묘는 예를 행하는 곳이며, 조정은 정치를 펴는 곳이니, 마땅히 상세히 묻고 극진히 말해야 한다. 그러므로 시비를 따져 일을 잘 처리辯治하셨다. 〈형병〉

살피건대, 향당의 예는 연세를 높인다. 연세 높은 어른耆舊들이 모이는 곳에서는 그 모습을 마땅히 공손해야 한다. 비록 연세 높은 어른이 아니라도, 무릇 중인衆人들이 모이는 곳에서는 마땅히 온유·공손해야 한다(마을에 들어갈 때는 반드시 허리를 굽혀야 하는 법이다). 또 살피건대, 공자께서 종묘宗廟에서 편편便便하게 말씀하신 것은 도의와 정사를 논의하셨기 때문이다. 〈다산〉

이 한 구절은 공자께서 향당과 종묘·조정에 계실 때 말씀하시는 모습이 같지 않았음을 기록했다. 〈주자〉

한자 해설
주자: 순순恂恂은 신실信實한 모습이다. '사불능언자似不能言者(흡사 말을 못하는 사람 같다)'는 '겸손하게 낮추어 순종하여謙卑遜順 현명함과 지혜로움으로 남보다 앞서려고 하지 않는 것이다. 변변便便은 (시비나 진위를 구분하여) 잘 말하는 것辯이다.'
다산: 향당鄕黨이란 향당의 모임이다(향음鄕飮, 향사鄕射 등). 옛 제도에 국성

460

國城 안을 아홉으로 나누어(정전井田과 같다), 가운데는 왕궁이 되고, 앞은 조정이고 뒤는 저자였다(종묘와 사직은 왕궁 안에 있었다). 좌우에는 각각 삼향三鄕이 서로 마주 보았는데(모두 육향六鄕이다), 향鄕이란 향饗이다. 당黨이란 향鄕 가운데 별도로 오백가五百家가 당黨이 된다. 왕숙이 말하길, '순순恂恂은 온유하고 공손한 모습溫恭貌이다.'고 했다.

- 鄕향은 갑골문에 식기를 두고 양옆에 앉아있는 사람(→食. 饗)의 모습으로 정감이 넘치는 마을, 고향을 뜻한다. 시골, 고향, 행정구역, 향대부, 향하다(＝向), 추세 등으로 쓰인다.

- 黨당은 尙(숭상할 상)＋黑(검을 흑)의 형성자로 무리各於其黨, 마을惟此黨人其獨異, 일가睦於父母之黨 可謂孝矣, 측근居侯黨之一, 친하게 지내다黨學者, 사귀다無所交黨, 돕다群而不黨, 불공평하다無偏無黨, 알랑거리다比而不黨 등으로 쓰인다.

- 恂순은 心(마음 심)＋旬(열흘 순)의 형성자로 참되고 정성스런 마음을 뜻하는데, 미쁘다且恂師士之言可也, 사물의 형용恂恂, 두려워하다恂慄恂懼, 갑자기恂然棄而走, 꽉 죄다瑟兮僩兮者 恂慄也, 깜짝거리다女怵然有恂目之志 등으로 쓰인다.

- 便편은 人(사람 인)＋更(고칠 갱)의 회의자로 채찍으로 사람이 편리하도록 바꾸는 것이다. 편안하다養病而私自便, 편리, 편의, 숙달함謹其所便, 소식行雨東南 思假飛山之便, 전하는 방편人便, 말 잘하다便便言 등을 의미한다.

10.2 朝에 與下大夫言에 侃侃如也하시며 與上大夫言에 誾誾如也러시다
　　조　　여하대부언　간간여야　　여상대부언　은은여야
君在어시든 踧踖如也하시며 與與如也러시다
군재　　　　축척여야　　　여여여야

조정朝에서 하대부와與下大夫 말을할 때는 간간侃侃(강직剛直, 화락和樂) 하셨고如也, 상대부와與上大夫 말을할 때는 은은誾(화열하여 간쟁和悅而諍, 중정의 태

도中正之貌)하셨다如. 인군君이 계시면在 축적踧踖(공경하여 편안하지 않는恭敬不寧)하시고, 여여與與(위의가 알맞고 적절한 모습威儀中適, 공경하고 조심하시면서 망설이는 모습敬愼猶豫之貌)하셨다.

이 한 질은 공지가 조정에 계실 때 윗사람을 섬기는 것과 아랫사람을 대하는 것이 같지 않음을 기록했다. 〈주자〉

한자 해설

주자: 『예기』 「왕제王制」에 따르면, 제후에게는 상대부上大夫인 경卿과 하대부下大夫 다섯 사람이 있다. 허신許愼의 『설문』에 의하면, 간간侃侃은 강직剛直함이고, 은은闇闇은 화열한 태도로 간쟁하는 것和悅而諍이다. 인군이 계시다君在는 것은 조회를 본다는 것이다. 축적踧踖은 공경恭敬하여 평안하지 않는不寧 모습이다. 여여與與는 위의威儀가 알맞고 적절한 모습이다. 장재는 여여與與는 인군을 향하길 잊지 않는 것이라 했는데, 또한 통한다.

다산: 공안국은 말하길, '간간侃侃은 화락和樂한 모습이고, 은은闇闇은 중정中正한 모습이다.'고 했다. 여여與與는 공경하고 경신敬愼·유예猶豫하는 모습이다(『노자』에서, 망설이기를 마치 겨울에 시내를 건너듯이 한다與兮若冬涉川고 했다).

• 朝조는 艸(풀 초)+日(해 일)+月(달 월)의 회의자인데 초목 사이로 떠오르는 해와 아직 가시지 않은 달을 그려 '이른 아침'을 뜻한다. 아침, 조정朝廷, 왕조王朝, 임금의 재위 기간, 정사, 하루, (임금을) 배알하다 등으로 쓰인다.

• 侃간은 佀(信의 옛 글자)+川(내 천)의 회의자로 끊임없는 강물처럼 신의를 다한다는 뜻이다. 강직하다侃諤, 화락하다傍聽鐘鼓侃之樂는 의미로 쓰인다.

• 闇은은 門(문 문)+言(말씀 언)의 형성자로 『설문』에서는 온화하면서도 정직하게 논쟁하는 것이라 했다. 온화하다, 화기애애하다, 이야기하다,

462

향기가 짙다, 평온하게 토론하는 모양, 성姓 등으로 쓰인다.

- 踧축은 足(발 족)+叔(아제비 숙)의 형성자로, 길이 평탄하여 가기 쉬움 또는 그 모양踧踧周道, 조심하거나 공손한 모양君在踧踖如也, 놀라는 모양或人踧爾曰, 곤궁핍박하다窮踧歸命 猶加盛寵, 찌푸리다, 발질하다 등으로 쓰인다.

- 踖적은 足(발 족)+昔(옛 석)의 형성자로 밟다, 삼가는 모양, 공손한 모양, 부끄러워하는 모양, 민첩한 모양, 두려워하는 모습 등을 나타낸다. 적적踖踖은 공손하고 민첩한 모양 혹은 부끄러워하는 모양을 나타낸다. '축적踧踖'은 공경하고 두려워하는 모습을 나타낸다.

- 與여는 舁(마주들 여)+与(어조사 여)의 회의자로 상아를 건네주는 모습으로 물건을 서로 맞잡고 있다(함께)는 뜻이다. 더불어, 목적을 함께 하는 무리, 허여하다, 돕다, 협조하다, 위하여, 참여하다, 어조사, 주다 등으로 쓰인다. 與與여여는 초목이 무성한 모양, 엄숙하게 위의를 갖춘 모습(행동거지가 법도에 맞는 모양) 혹은 침착한 모양, 망설이는 모양 등을 의미한다.

10.3 君이 召使擯이어시든 色勃如也하시며 足躩如也러시다
　　　　군　소사빈　　　　색발여야　　　　족확여야

揖所與立하시되 左右手러시니 衣前後襜如也러시다
읍소여립　　　　좌우수　　　의전후첨여야

趨進에 翼如也러시다 賓退어든 必復命曰 賓不顧矣라하더시다
추진　익여야　　　　빈퇴　　필복명왈 빈불고의

인군君이 불러김 접빈사擯를 맡기면使, 낯빛色을 발그레 하시고勃如也, 발걸음足을 비켜 조심스럽게 했다躩如也. (빈객을 접대하기 위해) 함께與 서있는 사람所立에게 읍揖할 때는 손手을 (왼쪽사람에게는) 좌左로 하고 (오른쪽 사람에게는) 우右로 하고(명령을 차례대로 전하였고), 옷깃衣의 앞뒤前後를 가지런하게 하셨다襜如也. 빠른 걸음趨으로 나아가실進

때에는 마치 (새가) 날개를 편翼 듯이 하셨다如也. 빈객賓이 물러가면退 반드시必 복명復命하시길, (인군이 경건한 태도를 풀도록) "빈객賓이 뒤 돌아보지 않았습니다不顧矣."라고 하셨다曰.

이 구절은 공자께서 인군을 위해 빈擯이 되어 돕는 모습을 기록한 것이다.
〈주자〉

한자 해설
주자: 빈擯은 주국의 인군主國之君이 나가서 손님을 영접하게 한 자이다. 발勃은 낯빛을 바꾸는 모습이고, 곽躩은 비껴 도는 모습盤辟貌이니, 모두 인군의 명령을 공경하기 때문이다. 함께 서있는 사람所與立이란 같이 빈객을 접대하는 사람을 일컫는다. '빈擯'은 명수命數의 반을 쓰니, 예컨대 상공上公이 구명九命일 경우 다섯 사람을 써서 차례로 명命을 전달하는 것이다. 왼쪽 사람에게 읍할 때는 그 손을 왼쪽으로 하고, 오른쪽 사람에게 읍할 때는 그 손을 오른쪽으로 한다. 첨襜은 정연한 모양整貌이다. 빠른 종종걸음으로 나아갈 때疾趨而進는 두 손을 편 모습이 단아端好하여, 마치 새가 날개를 편 것과 같았다. (반드시 복명復命하신 것은) 임금의 경건한 태도를 풀게 하려는 것이다紓君敬也.

다산: 살피건대, 복명復命은 명령을 받들어 빈擯이 되어, 그 일을 이미 마쳤기 때문에 복명한 것이다.

• 擯빈은 手(손 수)+賓(손 빈)의 형성자로 손님을 손으로 인도(하는 사람), 물리치다, 배척하다 등으로 쓰인다. 賓빈은 宀(집 면)+止(발 지)+貝(조개 패)의 회의자로 손님이 선물을 들고 방문한다는 뜻이다. 손님, 사위, 물가濱, 대접하다, 객지살이하다, 복종하다, 인도하다, 따르게 하다, 굴복시키다, 물리치다, 버리다, 존경하다, 화친하다, (손을) 모으다는 뜻이다.

• 躩곽(확)은 足(발 족)+矍(기운이 솟는 모양 확)의 형성자로 바삐 가다, 뛰다, 빠르게 가는 모양 등으로 쓰인다. 곽여躩如는 빨리 가는 모양, 발길을

돌려 나아가지 않는 모양 등의 의미이다.

- 揖읍은 手(손 수)+咠(잠소할 집)의 형성자로 손手을 마주 잡고 예를 표하는 것으로 읍하다揖巫馬期而進之, 사양하다揖大福之恩, 퍼냄遠呑山光 近乎揖江瀨, 끼다八十者杖於朝 見君揖杖, 모이다螽斯羽揖揖兮, 합치다搏心揖志, 절하다 등으로 쓰인다.

- 襜첨은 衣(옷 의)+詹(이를 첨)의 형성자로 행주치마終朝采藍 不盈一襜, 옷의 겨드랑이, 적삼, 가지런한 모양衣前後襜如也, 옷이 휘날리는 모양裳襜襜而含風兮, 수레의 휘장絳襜絡 등으로 쓰인다.

- 趨추는 走(달릴 주)+芻(꼴 추)의 형성자로 빨리 가다過之必趨, 성큼성큼 걷다走而不趨, 취향, 취지, 춤출 때의 손놀림手會綠水之趨, 재촉하다馳傳督趨, 빨리王命相者趨射之, 빠르다趨駕召顏淵, 줄이다修上而趨下, 급하다衛音趨數煩志 등으로 쓰인다.

- 翼익은 羽(깃 우 → 飛: 날다)+異(다를 이)의 형성자로 깃明夷于飛 垂其翼, 돕다翼戴天子, 이루다鳥翼鷇卵, 천거하다翼姦以獲封侯, 삼가다有嚴有翼, 아름답다有馮有翼, 좌우의 부대多爲奇陳 張左右翼, 빼앗다非我小國敢翼殷命, 바른 모양趨進翼如也, 빠른 모양駢馳翼驅 등으로 쓰인다.

- 顧고는 頁(머리 혈)+雇(품살 고)의 형성자로 머리를 돌려봄顧我復我, 응시하다行者不顧, 반성함顧乃德, 방문하다三顧臣於草廬之中, 기다리다有顧之辭也, 떠남顧 將去之意也, 그러므로顧上先下後耳 등으로 쓰인다.

10.4 入公門하실새 鞠躬如也하사 如不容이러시다 立不中門하시며
입공문　　국궁여야　　여불용　　입부중문

行不履閾이러시다 過位하실새 色勃如也하시며 足躩如也하시며
행불이역　　과위　　색발여야　　족확여야

其言이 似不足者러시다 攝齊升堂하실새 鞠躬如也하시며 屛氣하사
기언　사부족자　　섭자승당　　국궁여야　　병기

似不息者러시다 出降一等하시는 逞顏色하사 怡怡如也하시며
사불식자　　출강일등　　영안색　　이이여야

沒階하시는 趨進翼如也하시며 復其位하시는 踧踖如也러시다
몰 계　　　추 진 익 여 야　　　복 기 위　　　축 척 여 야

궁궐 문公門에 들어入가실 때에는 몸을 굽히시고鞠如也 (궁궐 문이 크고 높지만) 마치 (몸을) 용납하지躬 못하는不容 듯 하셨다如. 서立 계실 때에는 문의 중앙에中門(中於門, 門闃)서지 않으셨고不(존귀함을 자처하지 않으셨다), 다니실行 때에는 문지방闃을 밟지 않으셨다不履. (임금 혹은 사대부의) 자리를 지나갈 때過位는 낯빛色을 긴장하듯이勃如也 하였고, 발걸음足은 비껴 조심스레 머뭇거리듯 하셨고躩如也, 그 말其言은 흡사似 잘 못하시는 듯 하셨다不足者. 옷자락을 여미어 잡고攝齊 당에 오르시면서升堂 몸을 굽히시고鞠躬如也 (인군이 계시는 곳에 이르러서는) 숨을 죽이시어屛氣, 흡사似 숨 쉬지 않는 사람不息者처럼 하셨다. 물러나와出 계단 하나一等를 내려오셔서서降 안색顔色을 펴시고逞 화열和悅한 모습怡怡如也이었다. 계단을 다 내려오시면沒階 종종 걸음趨進이 (두 소맷자락이 닿아 하여) 마치 새가 날개를 편 듯翼如也하였다. 그 (대부의) 자리其位에 다시 돌아와서復는 또한 삼가고 조심스런 모습踧踖如也이셨다.

이 한 절은 공자께서 조정에 계실 때 용모를 기록한 것이다. 〈주자〉

한자 해설

주자: 국궁鞠躬은 몸을 굽히는 것曲身이다. 궁궐 문公門이 높고 크지만 용납되지 못하는 것처럼 하는 것은 지극히 공경함이다. 중문中門은 문의 가운데中於門로 문설주와 문 말뚝의 사이를 말하니謂當棖闃之間, 임금이 출입하는 곳이다. 역闃(문지방)은 문의 경계門限이다. 『예기』「곡례」편에 따르면, 사대부가 궁궐 문을 출입할 때 문 말뚝의 오른쪽으로 출입하고由闃右 문지방을 밟지 않는다不踐闃. 위位는 인군의 빈자리君之虛位니, 문과 병풍의 사이門屛之間를 말한다. 인군이 우뚝 서는守立 곳이 이른바 저宁이다. 인군이 비록 자리에 있지 않더라도 지날 때에는 반드시 경건하셨으니 빈자리라 하여 감히 태만하지 않으신 것이다. '말

466

은 흡사 잘 못하시는 듯 하셨다言似不足'는 것은 감히 함부로 하지 않으셨다는 것이다. 섭攝은 여며 잡는 것摳也이고, 자齊는 옷의 아랫자락이다衣下縫.『예기』「옥조」편에, '당堂에 오르려 할 때 두 손으로 옷을 여며 잡아兩手摳衣, 땅에서 한 자 떨어지게 한다兩手摳衣.'고 하였는데, 옷자락을 밟아 넘어져 체모를 잃을까 우려했기 때문이다. 병屛은 감추는 것藏也이고, 식息은 콧숨을 들고 내는 것鼻息出入者也이니, 지존至尊과 가까워 숨 쉬는 것을 삼가는 것이다氣容肅也. 육덕명이 말하길, '추趨자 다음에는 본래 진進자가 없다. 속본俗本에는 있는데 잘못이다.'고 했다. 등等은 계단의 층계이다階之級也. 령逞은 푸는 것放이다. 지존으로부터 점차 멀어지니 기운을 편안하게 하고 안색을 푸는 것舒氣解顏이다. 이이怡怡는 화열和悅이다. 몰계沒階는 계단을 다 내려온 것이다下盡階也. 추趨는 달려가 자리 잡는 것이다走就位也. 그 자리로 돌아와 조심조심하는 듯하였다復其位 踧踖如也는 것은 경건함이 남아 있는 것이다敬之餘也.

다산: 문 가운데에 서지 않는 것不中門은 존귀한 분이 다니는 곳이기 때문이고, 문지방을 밟지 않는 것不履閾이란 위태로운 곳을 밟기를 피하는 것이다. 위位는 대부大夫와 사士가 서는 정해진 자리이니, 공정公庭의 좌우로 있는데(곧 조정의 위치朝廷之位이다), 이 위位를 지나면 인군에게 더욱 가까워지므로 더욱 공경해야 한다. 이 위位에 서서 혹 대부와 함께 말할 때는 감히 소리를 내지 않고, 흡사 말을 잘 못하듯이 한다. 병屛은 거둔다斂는 뜻이다. 령逞은 풀다解이다. 출出은 퇴조하여 나가는 것退朝而出이다. '그 자리로 돌아온다復其位'란 조정의 공정公廷에 있는 대부의 자리에 되돌아오는 것이다.

• 국鞠은 革(가죽 혁)+匊(움켜 뜰 국)의 형성자로 공連翩擊鞠壤, 궁하다爾惟自鞠自苦, 국문하다鞠獄不實, 굽히다鞠躬履方, 기르다母兮鞠我, 알리다陳師鞠旅, 가득 차다降此鞠訩, 높은 모양鞠巍巍其隱, 국화鞠有黃華 등으로 쓰인다.

- 閾역은 門(문 문)＋或(혹시 혹→域)의 형성자로 <u>문지방</u>門地枋, 내외의 한계, 한정하다, 안팎을 구별짓다는 뜻이다.

- 位위는 人(사람 인)＋호(설 립)의 회의자로 <u>자리</u>材非長也 位高也, <u>관직의 자리</u>不患無位, 천자나 제후의 자리春 王正月 公卽位, 자리잡다天地位焉 萬物育焉, 높여서 어떤 사람을 가리키는 말各位, 諸位, 神位 등으로 쓰인다.

- 齊자(재, 제)는 이삭이 가지런히 돋은 모양으로 가지런하다房屋齊均, 같다齊死生, 갖추다脩禮以齊朝, 다 같이民不齊出於南畝, 바르다齊明而不竭, 가운데與齊俱入, 나누다齊小大者存乎卦, 잇닿다齊靡曼之色, 한정하다無復齊限, 자르다馬不齊髦, 취하다旣齊旣稷, 빠르다幼而徇齊, 삼가다子雖齊聖 不先父食, 오르다地氣上齊, 주周나라의 제후국南齊, 北齊, 옷자락攝齊升堂, 재계齋戒하다齊必變食 등으로 쓰인다. <u>옷자락</u>攝齊升堂 혹은 (상복의 아랫단을) 꿰매다, 예리하다, 제사에 쓰이는 곡식以我齊明 등으로 쓰일 때는 '자'로 읽는다. 또한 재계齋戒하다, 경건하다는 뜻일 때는 '재'로 읽는다.

- 屛병은 尸(주검 시)＋幷(아우를 병)의 회의자로 시야를 가려 보이지 않는다는 뜻이다. 병풍, 울타리, 담, 변방, 감추다, 엄폐하다, <u>숨죽이다</u>, 물리치다, 두려워하다, 막다, 지키다, 감싸다, 비호하다 등으로 쓰인다.

- 息식은 自(스스로 자: 코)＋心(마음 심: 심장)의 회의자로 <u>숨쉬다</u>, <u>호흡하다</u>, 생존하다, 번식하다, 자라다, 키우다, 중지하다, 숨 한 번 쉬는 동안, 자식子息, 여관, 이자利子 등으로 쓰인다.

- 等등은 竹(대 죽)＋寺(절 사)의 회의자로 죽간竹簡의 <u>등급</u>에서 유래했다. 품등貴賤等矣, <u>단계</u>土階三等, 차별以等其功, 가지런히 하다等平, 부류爻有等, 견주다等百世之王, 다수를 나타내는 접미사吾等 등으로 쓰인다.

- 逞령은 辵(쉬엄쉬엄 갈 착)＋呈(드릴 정)의 형성자로 강하다其意驕逞而不可摧, 왕성함其志未逞, 쾌함求逞於人 不可, 굳세게 하다嗟我懷歸 弗克弗逞, 통하다, 멋대로 하다, 다하다逞欲畋獵, 근심을 없앰乃可以逞, <u>화하게 펴다</u>逞顏色, 단속하다 등으로 쓰인다.

468

- 怡이는 心(마음 심)+台(기쁠 태)의 회의자로 <u>기쁘다</u>, <u>즐거워하다</u>, 온화하다 등으로 쓰인다.
- 階계는 阜(阝:언덕 부)+皆(다 개→계)의 형성자로 본래 돌로 만든 <u>계단</u>을 말하지만, 품계나 차례, 층 등으로 쓰인다.

10.5 執圭하시대 鞠躬如也하사 如不勝하시며 上如揖하시고 下如授하시며
　　　집 규　　　　국 궁 여 야　　　여 불 승　　　상 여 읍　　　하 여 수

勃如戰色하시며 足蹜蹜如有循이러시다 享禮에 有容色하시며
발 여 전 색　　　　족 축 축 여 유 순　　　향 례　　유 용 색

私覿에 愉愉如也러시다
사 적　　유 유 여 야

규圭를 잡으실執 때는 몸躬을 굽히시어鞠如也 마치如 이기지 못하는不勝 듯이 하셨고, 위上로는 읍하듯이如揖 하셨고, 아래下로는 건너 주듯이如授 하셨다. 안색色은 긴장勃하여 두려운 듯如戰 하셨고, 발걸음足은 좁고 낮게 하시어蹜蹜如 땅에 끄는 듯如有循이 하셨다. 향례享禮에는 화락하셨고 有容色, 사사로이 알현私覿할 때는 유쾌하고 온유하신 듯하셨다愉愉如也.

이 구절은 공자께서 인군을 위해 이웃나라를 빙문했을 때의 예를 기록한 것이다. 〈주자〉

한자 해설

주자: 규圭는 제후의 명규命圭이다. 이웃나라에 빙문할 때, 대부에게 (규圭를) 지니도록 하여 신임함을 알린다. 이기지 못하는 듯如不勝이란 군주의 기물을 지닐 때는 가벼운 것이라도, 마치 이기지 못하는 듯 하는 것이 공경과 삼감의 극치이다. 상여읍上如揖, 하여수下如授란 규를 지니는 것이 평형平衡되게 하면서, 손을 가슴과 나란하도록 하여 높아도 읍하는 위치를 넘지 않고, 낮아도 건네는 위치를 넘지 않는다는 것이다. 전색戰色은 떨려서 낯빛이 두려워하는 색을 띠는 것이고, 축축縮

縮은 발걸음이 빠르고 자주 떼는 것이고, 여유순如有循은『예기』「옥조」편에서 말한 '앞은 들고 뒤꿈치는 끈다.'는 것이니, 마치 묶인 물건처럼 땅에서 떨어지지 않고 가는 것을 말한다. 향享은 바치는 것獻이다. 이미 빙례를 다하면 향례를 행하는데, 규벽圭璧을 쓰고 뜰에 진열하여 채우는 것庭實이다. 유용색有容色은 온화和이다.『의례』「빙례」편에 '기운이 발하여 얼굴을 편다發氣滿容.'고 했다. 사적私覿은 사사로운 예私禮로 만나는 것이다. 유유愉愉는 더욱 온화함이다.

다산: 규圭는 서옥瑞玉이다. 전색戰色은 전율하는 안색戰慄之色과 같다. 정현이 말하길, '여유순如有循은 발 앞쪽을 들고 발꿈치를 끄는 것이다. 향享은 바치는 것獻이다.『의례』「빙례」에서 이미 빙문한 뒤에는 향례享禮를 행하는데, 규벽을 쓰고 정실庭實이 있다.'고 했다. 유용색有容色은 그 얼굴이 확 펴져 있는 것을 말한다. 정현이 말하길, '적覿은 봄見이니, 이미 향례를 했으면, 사례私禮로 만난다.'고 했다. 형병이 말하길, '유유愉愉는 화열和悅이다.'고 했다.

- 圭규는 제후를 봉할 때 약속의 표로 주는 옥玉으로, 천자가 내려 준 땅土을 재어서 다스리기 때문에 土(흙 토)를 두 개 겹쳤다.『예기』「교특생」에 "대부는 규圭를 지니고 사신 가는데, 신임을 알리기 위한 것이다."고 하였다. 서옥瑞玉, 홀笏, 용량 단위, 모서리, 저울눈, 결백하다, 깨끗하다 등으로 쓰인다.

- 躬궁은 身(몸 신)＋弓(활 궁)의 형성자로, 활弓처럼 약간 흰 몸체라는 의미를 그렸으며, 몸을 굽히다는 뜻도 나왔다. 몸, 자기自己 자신, 몸소, 굽히다, 곤궁하다 등의 뜻이 있다.

- 循순은 彳(조금 걸을 척)＋盾(방패 순: 돌다)의 회의자로 도로를 순찰하며 질서를 잘 지키고 있는지 감시한다는 뜻이다. 따르다五星循軌, 의거하다循山而南, 따라 행하다聖人作而弟子循, 복종하다上不循於亂世之君, 기대다足蹜蹜如有循, 빙빙 돎三王之道 若循環 終而復始, 생각을 말함毋循往, 진실하다循循然善誘人 등으로 쓰인다.

470

- 縮축은 糸(가는 실 사)+宿(묶을 숙)의 회의자로 실로 묶어 오그라들게 하는 것이다. 주름 잡히다退舍爲縮, 움츠리다賊氣沮縮, 오그라뜨리다縮于財用, 다스리다, 바르다自反而不縮, 세로冠縮縫, 빼다縮取備物, 취함縮於財用, 다발로 묶다縮版以載로 쓰인다.

- 亨향(형)은 亠(돼지해머리 두)+口(입 구)+了(마칠 료)의 상형자로 갑골문에서는 사당을 그려(亯: 드릴 향) 제사를 드리다는 뜻이었다. 조상신에게 제사를 지내, 모든 일이 잘 풀린다(형통)는 뜻이다. 형통하다(형), 통달하다, (제사) 올리다, 드리다(향), 삶다(=烹) 등으로 쓰인다.

- 覿적은 賣(팔 매)+見(볼 견)의 회의자로 (물건을 팔려고) 만나거나 보임三歲不覿, 눈이 붉다, 멀리 바라보는 모양 등으로 쓰인다.

- 容용은 宀(집 면)+谷(골 곡)의 형성자로 본래 '內(안 내)'에 항아리가 하나 그려있어, 사람의 얼굴과 비슷하여 얼굴(용모)를 뜻했다. 얼굴孔德之容, 꾸미다居則設張容, 몸가짐不爲容, 받아들이다容其請託, 寬容, 담다容器, 용량容量, 조용하다從容 등으로 쓰인다.

- 愉유(투)는 心(마음 심)+兪(점점 유)의 회의자로 마음이 점점 좋아져 즐겁다他人是愉, 기뻐함爲之出死 斷亡而愉者, 화和하다其進之也敬而愉, 기쁘게 복종함, 노래 부르다, 게으르다, 지침而莫敢愉綖, 구차하다(투)則民不愉 등으로 쓰인다.

10.6

① 君子ᄂ 不以紺緅로 飾ᄒᆞ시며 紅紫로 不以爲褻服이러시다
　　군 자　불 이 감 추　식　　　홍 자　　불 이 위 설 복

當暑ᄒᆞ사 袗絺綌을 必表而出之러시다
당 서　　진 치 격　필 표 이 출 지

군자君子(=공자)는 감紺색과 추緅색以으로 (목깃에) 장식飾하지 않으셨으며不, 홍紅색과 자紫색으로以 평상복褻服을 만들지爲 않으셨다不. 더운 여름에當暑는 갈포絺綌로 지은 홑옷袗을 반드시必 겉에 입어表而 밖에 있게 했다出之(갈포絺綌로 지은 홑옷袗을 입으셨으나, 반드시必 외투를 덧입고表 외출出之하셨다).

주자는 오행설五行說을 신봉하여, 공자께서는 감색과 추색은 간색으로 정색이 아니기 때문에間而不正, 장식하지 않았으며 홍색과 자색으로 평상복을 만들어 입지 않으셨다고 해석했다.

> 홍색과 자주색紅紫은 비른 색正色이 아니다. 청색·황색·적색·백색·흑색青黃赤白黑은 오방(동서남북중)의 바른 색이다. 복색·홍색·벽색·자색·유색綠紅碧紫騮은 간색間色이다. 대개 나무의 청색으로 흙의 황색을 이기니, 청색과 황색이 합쳐 녹색이 되어 동방의 중간색이 된다. 쇠의 백색으로 나무의 청색을 이기니, 청색과 백색이 합쳐 백색이 되어 서방의 중간색이 된다. 물의 흑색으로 불의 적색을 이기니, 적색과 흑색이 합쳐 자주색이 되어 북방의 중간색이 된다. 흙의 황색으로 물의 흑색을 이기니, 흑색과 황색이 합쳐 유색이 되어 중앙의 간색이 된다. 〈주자〉

그러나 이에 대해 다산은 오행이란 단지 만물 가운데 하나의 사물萬物中一物로 보면서 근본원소로 보지 않고, 오행설을 해체하였다. 그래서 다산은 간색이기 때문이 아니라, 단지 곱고 아리따움이 지나치기 때문에 이런 색들로 장식하거나 평상복을 만들지 않았다고 해석했다.

한자 해설

주자: 군자君子는 공자를 말한다. 감紺은 짙은 푸른색에 붉은 색을 띠운 것深青揚赤色으로 재계복齋服이다. 추緅는 진홍색絳色으로 삼년상에 입는 연복練服(소상 이후 상복)을 장식한다. 식飾은 옷깃의 테두리領緣이다. 홍색과 자주색紅紫은 간색間色으로 정색이 아니며不正, 부인과 여자의 복장에 가깝다. 설복褻服은 평상복私居服이다. 이렇게 말한 것은 곧 조복이나 제복朝祭之服을 만들지 않았음을 알 수 있다. 진袗은 홑 것單이다. 가는 갈포葛之精者는 치絺라 하고, 거친 갈포麤者를 격綌이라 한다. '표이출지表而出之'란 먼저 속옷을 입고先著裏衣 겉에 가는 갈포 옷과 거친 갈포 옷을 밖으로 나오게 입은 것表絺綌而出之於外이니, 몸을 드러나

지 않게 하려 함이다.

다산: 추緅는 짙은 붉은 색과 옅은 검은 색深赤淺黑色의 간색이다.『주례』
「고공기」에 다섯 번 넣어 염색함으로써 추색이 된다고 하였다. 공안국
이 말하길, '식飾이란 옷깃이나 소매의 테두리領袖緣이다.'고 했다. 홍
紅은 붉은 색과 흰색의 간색赤白色이고(『설문』), 자紫는 붉은 색과 검은
색의 간색赤黑色이다(『설문』에서는 푸른색과 붉은색의 간색靑赤色이라고 했다). 공
안국이 말하길 '표이출表而出은 (속옷을 입고 그 위에) 상의上衣를 더하
는 것이다(보완하여 말한다. 갖옷 위에 입는 석의楊衣와 같다). 출出은 문을 나가
서 다른 곳으로 가는 것이다.

- 紺감은 糸(가는 실 사)+甘(달 감)의 형성자로 비단糸에 물들인 감색(검은 빛
  을 띤 푸른 빛)이다.

- 緅추는 糸(실사)+取(가질 취)의 형성자로 청적색靑赤色, 혹은 검붉은 비
  단으로 상복의 옷깃에 썼던 색이다.

- 褻설은 衣(옷 의)+埶(심을 예)의 형성자로 집에서 입는 평상복衣이다. 이
  후 항상 자주 입는 옷이라는 뜻에서 친근하다는 뜻이 나왔고, 자주 입
  는 옷은 더럽혀진다는 뜻에서 더럽다 등의 뜻이 나왔다.

- 袗진은 衣(옷 의)+㐱(숱 많고 검을 진)의 형성자로 아래위 색깔이 같은 옷
  衣으로 홑옷, 홑옷을 입다 등의 뜻이다.

- 絺치는 糸+希(바랄 희)의 형성자로 고운(가는) 갈포, 갈포로 만든 옷, 수
  를 놓다, 글을 꾸미다는 뜻이다.

- 綌격은 糸+谷(계곡 곡)의 형성자로 굵은 갈포를 말한다. 격최綌衰는 굵
  은 갈포로 지은 상복을 말한다. 치격絺綌이란 가는 갈포와 굵은 갈포
  이다.

10.6 ❷

緇衣에 羔裘요 素衣에 麑裘요 黃衣에 狐裘러시다
　치 의　고 구　소 의　예 구　황 의　호 구

褻裘는 長하되 短右袂러시다
　설 구　장　단 우 몌

검은緇 (속)옷衣에는 새끼 양羔가죽의 갖옷裘을, 무늬 없는 흰 옷素에는 사슴가죽麑의 갖옷裘을, 황색裘의 옷衣으로 여우狐가죽의 갖옷裘을 입으셨다. 평소褻의 갖옷은 길게長 하였고, 오른손右 소매袂는 짧게短 하셨다.

한자 해설

주자: 치緇는 검은 색黑色이다. 고구羔裘는 검은 양가죽을 쓴다用黑羊皮. 예麑는 사슴새끼鹿子이고 색은 희다色白. 호狐(여우)는 황색色黃이다. 겉옷으로 어깨가 드러나는 가죽조끼를 입는 것衣以裼裘은 서로 어울리게相稱 하려는 것이다. 길게 한 것長은 따뜻하게 하려는 것이고, 오른 소매를 짧게 하는 것短右袂은 일을 할 때 편하게 하려는 것이다.

다산: 새끼 양을 고羔라 하고, 새끼 사슴을 예麑라 한다. 새끼 양으로 만든 갖옷羔裘은 희기白 때문에 검은 옷緇衣으로 그 위를 덮는 것이고 (그 색을 바꾸는 것이다), 새끼 사슴으로 만든 갖옷麑裘은 짙은 황색深黃이기 때문에 무늬 없는 옷素衣으로 그 위를 덮는 것이다(그 색을 바꾸는 것이다). 석裼이란 바꾸는 것易이다(안팎 색을 서로 바꾸는 것이다). 설구褻裘란 몸에 늘 가까이 하는 옷이다(설복褻服이라는 것과 같다). 길게 하는 것長이란 허리를 가리고자 하는 것이고, 오른 소매를 짧게 하는 것短右袂은 일할 때 편하고자 하는 것이다(공안국도 그렇게 말하였다). 설구褻裘에는 위에 덮어 있는 웃옷이 없다. 살펴건대, 삼구三裘(羔裘, 麑裘, 狐裘)를 사용하게 된 까닭에 대해서는 모두 분명한 글은 없고, 제유諸儒들은 모두 자기 생각대로 말했을 뿐이다.

- 緇치는 糸(가는 실 사)+甾(꿩 치)의 형성자로 검다, 검게 물들다, 검게 물들이다, 검은 비단緋緞, 검은빛, 검은 옷, 승려, 승복을 말한다.

- 羔고는 羊(양 양)+火(불 화)의 회의자로 새끼 양, 흑양, 어린 생물을 말한다.

- 裘구는 衣(옷 의)+求(구할 구)의 형성자로 갖옷(짐승의 털가죽으로 안을 댄 옷), 갖바치, 갖옷을 입다, 구하다 등으로 쓰인다.

- 素소는 糸(실 사: 살타래)+垂(드리울 수)의 회의자로 누에고치에서 갓 뽑은 실타래를 묶는 모습으로 가장 순수하고도 원초적인 것을 뜻한다. 아직 물들이지 않은 흰 명주를 말한다. 본디, 바탕, 성질, 정성, 평소, 흰 비단緋緞, 나물, 편지, 법, 희다, 질박하다 등의 의미이다.

- 麑예는 鹿(사슴 록)+兒(아이 아)의 형성자로, 사자獅子나 사슴의 새끼로 쓰인다.

- 狐호는 犬(개 견)+瓜(오이 과 → 호)의 형성자로 여우, 여우털옷, 부엉이(올빼밋과의 새), 의심하다 등으로 쓰인다.

- 褻설은 衣(옷 의)+埶(심을 예)의 형성자로 더럽다, 음란하다, 업신여기다, 얕보다, 친압하다, 평복平服, 속옷, 내의內衣 등으로 쓰인다.

- 袂메는 衣(옷 의)+夬(터놓을 쾌 → 메)의 형성자라 소매(윗옷의 좌우에 있는 두 팔을 꿰는 부분)를 말한다.

10.6
❸

必有寢衣하시니 長이 一身有半이러리 狐貉之厚로 以居러시다
필유침의　　　상　　일신유반　　　　호락지후　　　이거

반드시必 잠옷寢衣이 있었는데有, 길이長가 한몸 길이一身에 반이 더 길었다有半. 여우나 담비의狐貉之 두터운 가죽으로厚以 만든 갖옷을 입으시고 거처居하였다(혹은 여우나 담비의 두터운 가죽으로狐貉之厚以 요나 자리를 만드시고 앉으셨다居＝坐).

재계는 공경을 위주로 하기齊主於敬에 옷을 벗고 잘 수도 없고, 또한 명의明衣를 입고 잘 수도 없다. 그러므로 따로 잠옷寢衣을 두신 것이다. 그 나머지 반은 대개 발을 덮은 것이다. 여우가죽과 담비 가죽은 털이 깊어 온후하니, 평소 기거할 때에 그 몸에 적당한 것을 취한 것이다. 〈주자〉

이 구절은 착간錯簡이니, 마땅히 "재필유명의齊必有明衣, 포布" 뒤에 있어야 한다. 〈정자〉

정자의 설과 같다면, "재필유명의齊必有明衣 필유침의必有寢衣 재필변색齊必變色 거필천좌居必遷坐"에서, 네 개의 필必은 문리를 관통한다. 〈태재순〉

다산: 침의寢衣는 침상에서 있는 옷이다(그 제도는 대개 설구褻裘와 마찬가지이지만 길다). 필유必有라고 한 것은 다른 사람이 없고 공자께서 홀로 계셨다는 것을 밝혔으며, 또한 겨울에는 반드시 계셨다는 것을 밝히신 것이다. 그러므로 이 글이 '설구褻裘 ~' '호학狐貉~'사이에 있는 것이다. 여우와 담비의 두터운 것狐貉之厚이란 요나 자리茵褥 따위를 말하고(후厚하면 따뜻溫하다), 거居는 앉다坐이다(공자께서 증자에게 말씀하셨다. "앉으라, 내가 너에게 말할 것이다居 吾語女.").

• 寢침은 宀(집 면)+爿(나뭇조각 장)+帚(비 추)의 회의자로 본래 잠자리에 들기 전에 집안을 소제한다는 뜻이었지만(宀+帚), 여기서 '人'자가 더해져 寢(잠잘 침). 그리고 爿자로 바뀌면서 '침대'를 표현했다. 자다, 쉬다, 그치다, 눕다, 앓아눕다, 잠, 안방, 능침 등으로 쓰인다.

• 貉락은 豸(발 없는 벌레 치)+各(각각 각 → 학)의 형성자로 오랑캐(맥), 오소리, 담비, 제사 이름 등으로 쓰인다.

10.6
❹ 去喪하사는 無所不佩러시다
　거 상　　무 소 불 패

상복喪을 벗으면去(복상기간이 지나면), 패물을 차지 않은 것所不佩이 없었다無.

『예기』「옥조」편에 이르길, '옛 군자들은 반드시 옥을 허리에 찬다. 오른쪽에 찬 옥에서는 치徵·각角의 소리를 내며, 왼쪽에 찬 옥에서는 궁宮·우羽

의 소리를 낸다. 무릇 허리띠를 매면 반드시 옥을 차는데, 오직 상喪을 당했을 때만 차지 않는다. 패옥佩玉에는 충아衝牙가 달려 있다. 군자는 변고가 없으면 옥을 몸에서 떼지 않는데, 군자는 옥으로 덕을 표상하기 때문이다.'고 했다. 〈형병〉

한자 해설

주자: 군자는 까닭 없이 옥을 몸에서 떼지 않는다玉不去身. 뿔송곳이나 숫돌 따위觿礪之屬도 모두 패용佩하는 것이다.

다산: 공안국이 말하길, '거去는 벗어남除이다.'고 했다. 패물을 차지 않음이 없었다無所不佩는 것은 황璜, 우瑀, 거琚, 형珩, 결玦 등을 모두 갖춘 것을 말한다.

- 喪상은 哭(곡할 곡)+亡(망할 망)의 회의자로 잃어버리다, 상복을 입다, 사망하다, 상제喪制 노릇을 하다, 망하다, 달아나다, 잊어버리다, 허비하다, 복(服: 상중에 있는 상제나 복인이 입는 예복), 초상初喪, 시체, 재해 등으로 쓰인다.

- 佩패는 人(사람 인)+凡(무릇 범)+巾(수건 건)의 형성자로 차다, 달다, 지니다, 휴대하다, 두르다, 둘러싸다, 마음을 먹다, 명심하다, 탄복하다, 노리개(허리띠에 달던 장식품), 패옥佩玉 등으로 쓰인다.

10.6
❺ 非帷裳이어든 必殺之러시다
　　비 유 상　　　 필 쇄 지

유상帷裳(조복과 제복의 하의)이 아니면, 반드시必 줄여서殺(=減) 재봉하셨다.

조복과 제복朝祭之服의 치마裳는 휘장처럼 정폭을 쓴다用正幅如帷. 허리춤要은 겹 주름을 주고有襞積, 옆旁은 줄여 재봉하지 않는다無殺縫. 그 나머지 심의와 같은 것其餘若深衣은 허리폭이 아랫단의 반要半下이고, 아래 자락은 허리폭의 배_{齊倍要}로 한다. 그러면 접주름이 없고_{無襞積} 줄인 재봉이 있게 된
다_{有殺縫}. ⟨주자⟩

다산: 유상_{帷裳}은 거위_{車幃}(수레의 휘장)이다. 조복의 치마_{朝服之裳}, 제복의
치마_{祭服之裳}, 상복의 치마_{喪服之裳}, 심의의 치마_{深衣之裳} 등 모든 치마
_裳라고 이름을 붙인 것은 반드시 줄여 재봉하는데, 주름을 집어 줄여서
재봉하기도 하고(조복과 제복이 그렇다), 폭을 줄여 재봉하기도 한다(심의의
경우). 무릇 아래 폭은 넓고, 위 혹은 좁은 것을 '쇄_殺'라 한다. 쇄_殺란 줄
인다_減는 뜻이다. 다만 넓은 폭으로 하여금 좁게 하여 꿰매는 것을 쇄_殺
라고할 수 있지만, 어떻게 반드시 칼로 벤 것을 쇄라고 할 수 있겠는가?

• 帷유는 巾(수건 건: 베)+隹(새 추 → 유)의 형성자로 휘장(揮帳: 피륙을 여러 폭
  으로 이어서 빙 둘러치는 장막), 덮다, 가리다 등의 뜻이다.

• 裳상은 衣(옷 의)+尙(오히려 상: 집)의 형성자로 본래 집에서 입는 옷을 말
  했으나, 후에 아랫도리_{下衣}로 쓰였다(衣=上衣). 그래서 의상衣裳이라 하
  면 위아래 옷을 갖춰 입는다는 뜻이다.

• 殺살(쇄)은 杀(죽일 살)+殳(몽둥이 수)의 회의자로 몽둥이로 죽이다는 뜻
  이다. 죽이다(살), 없애다, 감減하다(쇄), 내리다, 덜다, 빠르다, 대단히,
  맴 도는 모양(설) 등으로 쓰인다.

10.6 ⑥ 羔裘玄冠으로 不以弔러시다
고 구 현 관 불 이 조

(검은 색의) 새끼 양_羔 가죽의 갖옷_裘과 검은_玄 관_冠 차림으로_以는 조문
하지_弔 않으셨다_不.

주자: 상에는 흰색을 위주로 하고_{喪主素}, 길한 일에는 검은 색을 위주로
한다_{吉主玄}. 조문할 때에 반드시 옷을 바꾸어 입어 죽음을 애도했다.

다산: 조弔는 소렴小殮하기 이전의 조문을 말한다. 예에 아직 소렴하지 않았을 때에는 되살아나기를 기다리는 마음이 끊어지지 않으므로, 주인은 흉복을 입지 않고, 조문하는 사람도 역시 석구楊裘를 입고 아름다움을 나타낸다. 비록 공자가 아니라도, 고구와 현관차림으로 남을 조문하는 이는 없었지만, 그래도 소렴小殮하기 이전에 조문하면서 혹 현관과 치의를 착용하였으므로 공자가 이를 하지 말게 한 것이다(이미 소렴을 하였으면, 고구 위에 석의를 덮어 업고 조문하고, 이미 성복成服하였으면 삼최를 입는다).

- **玄**현은 幺(작을 요)+亠(돼지해머리 위)의 회의자로 유원幽遠하다는 뜻이지만, 전轉하여 <u>검은빛 · 하늘</u> 등의 뜻으로 쓰인다. 검다, 검붉다, 오묘하다, 신묘하다, 깊다, 아득하다, 크다, 통달하다, 하늘, 북쪽, 태고의 혼돈, 현손玄孫 등으로 쓰인다.
- **冠**관은 冖(덮을 멱)+元(으뜸 원)+寸(마디 촌)의 회의자로 머리에 모자를 씌우는 모습을 표현했다. 갓, 관, 닭의 볏, 관례, 관례를 올린 성인, 성년(20세), 으뜸, 우두머리, (무리에서) 뛰어나다 등으로 쓰인다.
- **弔**조는 弓(활 궁)+丨(뚫을 곤)의 회의자로 조문을 가던 사람들이 맹수들의 공격을 막기 위해 활을 들고 가는 모습이다. <u>조상하다</u>, <u>조문하다</u>, 불쌍히 여기다, 이르다(적) 등으로 쓰인다.

10.6 吉月에 必朝服而朝러시다
❼ 길 월 필 조 복 이 조

매달 초하룩吉月(=月朔)에는 (공자께서는 致仕한 뒤에도) 반드시必 조복을 입고朝服而 조회朝하셨다.

대개 비록 그 일을 물러나셨지만, 오히려 매월 초하루의 조회는 행하셨으니, 신하로서의 공손함을 다하신 것이다. 〈남헌 장씨〉

이 한 구절은 공자의 의복제도를 기록하였다. 소식이 말하길, '이 부분은 공씨 가문의 유서遺書에 잡다하게 기록된 세세한 예규이니, 단지 공자의 일만은 아니다.'고 하였다. 〈주자〉

한자 해설

* 吉길은 士(선비 사)+口(입 구)의 회의자로 신전에 꽂아두는 위목(位目: 위패)으로 상서롭다, 길하다는 뜻이다. 훌륭한 선비가 하는 말로서 상서롭다는 뜻이라고도 한다. 길하다, 운이 좋다, 일이 상서롭다, 아름답거나 착하거나 훌륭하다, 복福, 행복, 길한 일, 좋은 일, 혼인, 제사, 음력 초하루, 오례의 하나 등으로 쓰인다. **주자**: 길월吉月은 매달 초하루月朔이다. **다산**: 조복朝服이란 현관玄冠, 치의緇衣, 소상素裳이다. 초하루朔月가 되면 임금은 태묘에서 곡삭告朔하고, 마침내 조향례朝享禮(곧 삭제朔祭)를 행하며, 인하여 청삭聽朔을 하는데 반드시 피변皮弁(녹피鹿皮로 만든 관)을 쓰고 행사한다(『예기』「옥조」). 대부는 군주보다 한 등급이 낮기 때문에 조복을 입고 조회하니, 또한 그 다른 것을 기록했다.

10.7 齊必有明衣러시니 布러라 齊必變食하시며 居必遷坐러시다
재 필 유 명 의　　포　　재 필 변 식　　거 필 천 좌

재계齊하실 때는 반드시必 명의明衣를 입으셨고, 베布로 만들었다. 재계齊할 때는 반드시必 음식을 바꾸고變食, 거처도居 반드시必 옮겨遷 앉으셨다坐.

재계齊할 때는 반드시 목욕을 하고, 목욕이 끝나면 명의明衣를 입으니, 그 몸을 밝고 깨끗하게 하려는 것인데, 삼베布로 만들었다. 이 아래에는 앞장의 침의寢衣에 관한 목간 하나가 빠져 있다. 음식을 바꿈變食이란 술을 마시지 않고 매운 채소葷를 먹지 않는 것을 말한다. 자리를 옮김遷坐은 일상적인 처소를 바꾸는 것이다. 이 구절은 공자의 재계에 삼간 것을 기록하였다. 〈주자〉

480

- 齊재(제)는 원래 벼나 보리가 패서 가지런한 모양이다(제: 다스리다, 바르다). 옷자락을 꿰매다(자), 그리고 재계齋戒하다(齊=齋) 등으로 쓰인다. **양시**: 재계齊는 신명과 교섭하려는 것인 까닭에 정결히 하고 일상에 변화를 줌으로써 경건함을 다한다.

- 明명은 日(날 일)+月(달 월)의 회의자로 밝다, 명료하게 드러나다는 뜻이다. 밝히다, 날이 새다, 똑똑하다, 결백하다, 희다, 질서가 서다, 숭상하다, 맹세하다, 환하게, 왕조의 이름, 낮, 밝고 환한 모양 등으로 쓰인다. **다산**: 명明이라고 말한 것은 신명神明과 교섭하기 위한 것이다.

- 布포는 又(또 우)+巾(수건 건)로 몽둥이로 천을 두드리는 모습으로 베(가늘고 설핀 베), 돈, 조세, 펴다, 베풀다, 벌이다, 드러내다, 벌여놓다, 분포하다, 전파되다, 보시(보) 등으로 쓰인다.

- 變변은 絲(어지러울 련: 말들이 실絲에 꼬여버린 모습)+攵(칠 복)의 회의자로 혼란스러운 상황을 바로잡는다, 변하다, 고치다, 변통하다, 움직이다, 고변하다, 속이다, 변화, 변고, 재앙, 상, 죽음 등을 의미한다.

- 遷천은 辶(쉬엄쉬엄 갈 착)+㥌(옮길 천)의 회의자로 옮기다, 옮겨 가다, 떠나가다, 추방하다, 벼슬이 바뀌다, 올라가다, 천도遷都 등으로 쓰인다.

- 坐좌는 土(토)+从(마주앉은 두 명의 종)의 형성자로 사람이 마주보고 멈춘다, 앉다, 무릎을 꿇다, 대질하다, 죄입다, 죄받다, 지키다, 머무르다, 자리, 좌석, 사물을 세는 단위 등으로 쓰인다.

10.8
① 食不厭精하시며 膾不厭細러시다 食饐而餲와 魚餒而肉敗를
사 불 염 정　　　회 불 염 세　　　사 애 이 애　　어 뇌 이 육 패

不食하시며 色惡不食하시며 臭惡不食하시며 失飪不食하시며
불 식　　　색 악 불 식　　　취 악 불 식　　　실 임 불 식

不時不食이러시다 割不正이어든 不食하시며 不得其醬이어든
불 시 불 식　　　할 부 정　　　불 식　　　부 득 기 장

不食이러시다 肉雖多나 不使勝食氣하시며
불 식　　　　　　육 수 다　　불 사 승 사 기

밥食은 잘 찧은 쌀精로 된 것을 싫어하지 않으셨으며不厭, 회膾는 가늘게 細 썬 것을 싫어하지 않으셨다不厭. 밥食이 상하거나饐而 맛이 변한 것餲, 생선魚이 문드러진 것餒而, 고기肉가 부패한 것敗은 드시지 않으셨다不食. 색깔色이 나쁜 것惡은 드시지 않으셨고不食, 냄새臭가 나쁜 것惡도 드시지 않으셨으며不食, 제대로 익히지 않은 것失飪도 드시지 않으셨으며不食, 제철이 아닌 것不時은 드시지 않으셨다不食. (고기를) 자른 것割이 방정하지 않으면不正 드시지 않으셨고不食, (음식에 맞는) 장其醬이 없으면不得 드시지 않으셨다不食. (식사는 곡식을 위주로 하셔서) 고기肉가 비록雖 많아도多, 밥 기운食氣을 이기지 않게 하셨다不使勝.

밥이 잘 찧은 것이면 사람을 보양할 수 있고, 회가 거칠면 사람을 해칠 수 있다. '싫어하지 않으셨다不厭'는 것은 그런 것을 좋게 여기셨다는 말이지, 반드시 그와 같은 것을 바라셨다는 것은 아니다. 이 몇 가지(食不厭精~不時不食)는 모두 사람을 상하게 할 수 있으므로 드시지 않으신 것이다.

고기를 방정方正하게 자르지 않은 것을 드시지 않은 것은 잠시라도 바름에서 벗어나지 않으신 것이다. 한나라의 육속의 어머니陸績之母가 고기를 썰 때 반듯하지 않은 적이 없고, 파를 자를 때도 한 치를 규격으로 했다고 한다. 대개 그 바탕의 아름다움이 이 구절의 뜻과 암묵적으로 일치하는 듯하다. 고기를 드실 때 쓰신 장醬은 각기 그에 합당한 것이 있다. (장맛이) 마땅함을 얻지 못하면 드시지 않았으니, 마땅함을 갖추지 못하는 것을 싫어하신 것이다. 이 두 가지는 몸에 해로움은 없지만, 맛만 즐겨서 구차하게 드시지 않았다는 것일 뿐이다. 식사食는 곡식을 위주로 하셨기 때문에 고기가 밥 기운을 이기지 못하게 하셨다. 〈주자〉

한자 해설
• 食식(사)은 음식을 담는 그릇의 상형자로 밥이나 음식(사), 먹다(식)는 뜻

이다. **주자**: 食는 밥飯이다.

- 精정은 米(쌀 미)+靑(푸를 청 → 정: 깨끗하다)의 형성자로 곡식을 곱게 찧어 깨끗이 한 것을 말한다. **주자**: 精은 (곱게) 찧는 것이다鑿也.

- 厭염은 猒(물릴 염: 犬+肉+口)+厂(기슭 엄)의 형성자로 싫어하다(염), 배불리 먹다, 편안하다, 누르다(엽), 마음에 들다, 빠지다(암) 등으로 쓰인다.

- 膾회는 肉(고기 육)+會(모일 회)의 형성자로 회(膾: 얇게 썬 고기), 회치다, 얇게 썰다 등의 의미이다. **주자**: 소와 양과 생선의 날고기腥를 저미고 썰어轟而切之 회膾를 만든다.

- 饐의는 食(밥 식)+壹(모두 일)의 형성자로 쉬다(음식이 상하여 맛이 변하다), 목메다(열) 등으로 쓰인다. **주자**: 饐는 밥이 열기나 습기에 상한 것이다. **다산**: 황간이 말하길, '饐는 음식이 오래되어 부패하여 냄새나는 것을 말한다'고 했다.

- 餲애는 食(먹을 식)+曷(어찌 갈)의 형성자로 쉬다(음식이 맛이 변하다), 유과油菓, 유밀과油蜜菓 등으로 쓰인다. **주자**: 餲는 맛이 변한 것이다. **다산**: 황간이 말하길 '餲는 오래되어 맛이 나쁜 것을 말한다.'고 했다.

- 餒뇌는 食(먹을 식)+妥(떨어질 타 → 뇌)의 형성자로 주리다(제대로 먹지 못하여 배를 곯다), 굶기다, 썩다 등으로 쓰인다.

- 敗패는 攴(칠 복)+貝(조개 패 ← 鼎: 솥 정)의 형성자로 신성한 솥이 깨졌다, 패배했다는 뜻이다. 무너지다, 깨뜨리다, 썩다, 닳아서 떨어지다, 기근, 재화 등의 뜻이다.

- 飪임은 食(먹을 식)+任(맡을 임)의 형성자로 익히다, 너무 익다, 삶다, 잘 고아지다, 곰국, 떡국, 잘 끓인 음식을 뜻한다. **주자**: 飪은 삶고 조리할 때 익히는 정도이다.

- 割할은 害(해칠 해)+刀(칼 도)의 회의자로 칼로 베어 해친다는 뜻이다. 베다, 자르다, 끊다, 쪼개다, 나누어 주다, 할거하다, 해치다, 판단하다, 할割, 비율比率 등으로 쓰인다.

- 醬장은 酉(닭 유: 술을 담근 그릇, 물을 대다)+肉(고기 육)+爿(나무 조각 장)의 형

성자로 장(된장, 간장), 육장肉醬, 장조림, 젓갈(젓으로 담근 음식) 등을 말한다. 다산:『좌전』에 나오는 안영晏嬰의 말에 '혜醯(초), 해醢(젓갈), 염매鹽梅(매실 장아찌) 등을 양념으로 넣어 어육魚肉을 삶아 국을 맛있게 조리할 때, 그 지나친 것을 덜고 부족한 것을 더한다.'고 했는데, 옛사람의 화갱和羹(국을 맛있게 끓인 국)의 법을 여기서 알 수 있다. '부득기장不得其醬'이란 이것을 말한 것이다.

• 肉육은 칼집을 낸 고기의 상형자로 고기, 살, 육체, 혈연, 육성, 흙, 지표, 능멸하다, 사랑하다 등으로 쓰인다.

• 氣기는 气(기운 기)＋米(쌀 미)의 형성자로 수직이동과 수평이동을 하는 구름, 바람, 비 등과 같은 것을 나타내었지만, 점차 에너지를 지니고 우주를 구성하는 질료적인 모든 것을 총칭하게 되었다.

10.8 ❷ 唯酒無量하시되 不及亂이러시다 沽酒市脯를 不食하시며
유 주 무 량　　　 불 급 란　　　 고 주 시 포　 불 식

不撤薑食하시며 不多食이러시다
불 철 강 식　　　 부 다 식

오직唯 술酒만은 양量에 제한을 두시지 않으셨으나無, 흐트러지는 데亂에 이르지는 않으셨다不及. 사온(沽＝買) 술酒과 장터市의 포脯는 드시지 않으셨다不食. 생강 드시기薑食를 그만두지 않으셨다不撤. (적절한데 그치시고) 많이多 드시지 않으셨다不食(식찬食饌을 걷을 때에 생강 드시기薑食를 거두지 않으셨으나不撤, 생강을 많이 드시지는 않으셨다不多食).

술과 음식은 즐거움을 나누는 것이다. ─ 『예기』 「악기」

술은 사람들이 즐거움을 나누는 것이기에 양을 제한하지 않으셨다. 단 취醉하는 것으로 한도를 삼고, 흐트러지는 데에는 이르지는 않으셨다는 말이다. 〈주자〉

'흐트러지는 데에 이르지 않았다不及亂'는 것은 단지 의지(정신)만 흐트러지지 않도록 하는 것이 아니라, 혈기 또한 흐트러지게 해서는 안 된다는 것이다. 다만 두루 흡족할 정도에서 그치는 것이 좋다. 〈정자〉

생강은 맛이 맵고 약간 따뜻하다. 오래 복용하면 냄새를 제거하고, 신명을 통하게 한다. -『본초』

사온 술과 장터의 포를 드시지 않은 것은 성인의 위생의 엄격함이다. 생강 드시기를 그만두지 않으신 것은 성인의 양생의 주밀함이다. 많이 드시지 않았다不多食는 것은 마땅히 먹어야 하는 것을 버리지 않고, 먹어도 되는 것이라 해서 많이 드시지는 않았다는 말이다. 오직 이치만을 따르셨을 뿐, 욕심내는 것은 없으셨다. 〈경원 보씨〉

한자 해설

주자: 생강은 신명神明을 통하게 하고 노폐물을 없애주기 때문에, 끊지 않으셨다. 부다식不多食이란 적절한 양에서 그치고, 탐하는 마음이 없었다는 것이다.

다산: 공안국이 말하길 '부다식不多食은 지나치게 배불리 드시지 않은 것不過飽也이다.'고 했다. 고린사가 말하길, '이 조목(부다식不多食)은 불철강식不撤薑食에 이어지는 것이 아니다.'고 하였다. 논박하여 말하면, 그릇되었다. 부다식不多食은 바로 불철강식不撤薑食에 이어지는 말이다. 생강이란 많이 먹으면 기氣를 손상시키고, 오직 때때로 체증滯症을 통하게 해줄 뿐이다. 그러므로 (생강을) 거두지 않았지만, 또한 많이 드시지도 않았다(이팽산李彭山이 말하길, '많이 드시지 않는 것은 생강을 두고 한 말이다.'고 했다).

• 酒주는 水(물 수)+酉(닭 유: 술을 담근 그릇)의 회의자로 술酒百藥之長, 물玄酒在室, 주연酒宴(酒酣 高祖擊筑) 등으로 쓰인다.

• 量량은 旦(아침 단)+里(마을 리)의 회의자로 봇짐에 곡식을 담으며 양을

헤아린다는 뜻으로 무게를 달다, 용적을 셈하다量粟而舂, 길이를 재다不量鑿而正枘兮, 넓이를 재다量地遠近, 길이制其從獻脯燔之數量, 되同律度量衡, 양量者 龠合升斗斛也 所以量多少也, 한계月以爲量, 정도惟酒無量 등으로 쓰인다.

- 及급은 人(사람 인)+又(또 우: 손)의 회의자로 도망자의 등에 추적자의 손이 미치는 것을 나타내어, 뒤쫓아 따라가다往言不可及, 능력을 견줄 만하다非爾所及也, 그곳 또는 그 시각에 대다及是時明其政刑, 미치게 하다老吾老 以及人之老, 및予及女偕亡 등으로 쓰인다.

- 沽고는 水(물 수)+古(옛 고)의 형성자로 估(값 고)와 賈(장사 고)와 해성으로 가차되어 팔다求善賈而沽諸, 사다沽酒市脯 不食, 내 이름沽河, 술장수召公子 許偉康 㐬出屠沽, 소홀히 하다杜橋之母之喪 宮中無相 以爲沽也 등으로 쓰인다.

- 市시는 亠(돼지해머리 두)+巾(수건 건)의 회의자로 상점에 걸린 간판, 혹은 발소리가 울려 퍼지고 있음(屮+止)을 표현했다. 저자, 상품을 팔고 사는 시장, 시가市街, 장사, 거래, 값, 가격, 벼슬의 이름, 행정 구획단위, 사다, 팔다 등으로 쓰인다. **주자**: '고沽'와 '시市'는 모두 구매買하는 것이다. 정결精潔하지 못해서 혹 사람을 상할까 염려한 것이다. 계강자康子가 보낸 약을 맛보지 않은 경우와 같은 뜻이다.(10.16)

- 脯포는 肉(고기 육)+甫(클 보)의 회의자로 고기를 펼쳐 말린 포를 말한다. 얇게 저미어 말린 고기, 육포沽酒市脯不食, 脯脩, 束脯, 포를 뜨다殺鬼侯而脯之, 과일이나 채소 따위를 말린 것生徒修棗脯 樊萊 등으로 말하다.

- 撤철은 手(손 수)+徹(통할 철:鬲솥 력+攵칠 복)의 형성자로 거두다, 치우다, 제거하다, 줄이다, 없애다, 철회하다, 철수하다, 그만두다, (직위를) 면하다, 경감하다, 물러나다, 덜다, 피다, 뽑다, 폐하다 등으로 쓰인다.

- 薑강은 艸(풀 초)+畺(지경 강)의 형성자로 생강(채소)을 말한다.

- 多다는 두 개의 有(又+肉: 손에 고기를 지님)로 구성되어 (고기를) 많이 지니고 있음을 말한다.

10.8
❸
祭於公에 不宿肉하시며 祭肉은 不出三日하더시니
제 어 공　불 숙 육　　　제 육　불 출 삼 일

出三日이면 不食之矣니라
출 삼 일　불 식 지 의

공실의於公 제사祭를 돕고, (얻은 음복) 고기肉는 그날 밤을 넘기지 않게
하셨다不宿. (집안에서) 제사祭지내고 물린 고기肉는 사흘三日을 넘기지
않게 하셨는데不出, 사흘三日이 지나면出 드시지食之 않으셨다不食矣.

공실의 제사를 돕고 얻은 음복고기胙肉는 귀가하면 즉시 나누어 주셨고,
그날 밤을 넘기지 않음은 귀신의 은혜를 유체留滯시키지 않는 것이다. 집
안의 음복 고기는 사흘을 넘기지 않고, 모두 나누어 주셨다. 대개 사흘을
넘기면 고기가 필시 부패하여 사람이 먹지 못하게 되면, 이는 귀신이 남겨
준 것을 더럽히는 일이다. 〈주자〉

한자 해설

• 祭제는 月(肉: 고기 육)＋又(또 우)＋示(보일 시)의 회의자로 제단에서 고기
로 제사 지내는 것으로 제사祭者 薦其時也 薦其敬也 薦其美也 非享味也, 제사
지내다祭百神, 사람과 신이 서로 접함而交其祭祀, 미루어 헤아리다祭者
察也 言人事至於神也, 갚다旣祭 反命於國 등으로 쓰인다.

• 宿숙은 집宀에서 여럿이 잔다는 것을 나타내는 회의자로 묵다宿留海上,
머무는 집宿有路室, 망설이다子路無宿諾, 오래다有宿草, 宿患, 거듭하다不
宿戒, 지키다宿衛, 재계三日宿, 훈계하다宮宰宿夫人, 성수星宿 등으로 쓰
인다. **다산**: 형병이 말하길, '宿은 밤을 넘기는 것經宿이다.'고 했다.

10.8
❹
食不語하시며 寢不言이러시다
식 불 어　　　침 불 언

식사食하실 때에는 말씀(答述, 論難)을 하지 않으셨고不語, 잠자리寢에 드
실 때에는 말씀(自言, 直言)하지 않으셨다不言.

바야흐로 식사할 때는 말語하지 않는 것이니 말語한다면 입 안의 것이 추할 수 있고, 잠자며 쉴 때는 의당 고요해야 하기 때문에 말씀하지 않으신 것이다. 〈형병〉

성인의 마음가짐은 다른 것이 아니라, 마땅히 드셔야 하면 드시고, 마땅히 주무셔야 하면 주무시는 것이니, (드실 때에) 대답하여 설명하는 것語과 (주무실 때) 혼잣말을 하는 것言은 마땅한 때가 아니다. 〈범조우〉

주자: 대답하여 설명하는 것答述을 어語라고 하고答述曰語, 혼자서 말하는 것自言을 언言이라 한다.

다산: 논란論難하는 것을 어語라 하고(서현徐鉉이 말했다), 직언直言하는 것을 언言이라 한다. 『예기』「잡기」에서 삼년상 중에는 언言은 하지만 어語는 하지 않는다三年之喪 言而不語고 하였는데, 그 주석에서 '언言은 스스로 자신의 일에 대해 말하는 것言 自言己事也이고, 어語는 남을 위해 논설하는 것語 爲人論說也이다.'고 하였다. 『설문』「서전」에서 말하길, '논란하는 것은 어라 한다(論曰亂語: 어語란 오午로서 종횡으로 사귀는 것을 말한다謂交午也.)'고 하였으니, 언言과 어語의 구별을 대개 알 수 있다. 침寢은 눕는다臥는 뜻이다.

• 語어는 言(말씀 언)+吾(나 오)의 형성자로 말僕以口語 遇遭此禍, 말씨敎其鮮卑語, 속담語曰 脣亡則齒寒, 담화樂年反而語功, 논란하다于時言言 于時語語, 대답하다敎國子興道 諷誦 言語, 깨우치다甚矣子之難語, 기뻐하는 모양語語, 알리다公語之故, 가르치다言而不語 등으로 쓰인다.

• 言언은 입에서 나온 말이 펴져나가는 것을 형상화한 것으로 말씀言心聲也, 가르치는 말受言藏之, 맹세하는 말士載言, 말하다言而不語, 타이르다然後言其喪算, 논의함使天下之士不敢言, 말씨婦德婦言, 한 마디의 말一言而蔽之 曰思無邪, 나受言藏之, 이에言旣遂矣 至于暴矣, 조사田有禽 利執言, 화평하다出宿于干 飮餞于言, 소송하다 등으로 쓰인다.

⑤ 雖疏食菜羹이라도 瓜祭하시되 必齊如也러시다
　　수 소 사 채 갱　　　 필 제　　 필 제 여 야

비록雖 거친 밥疏食·나물국菜羹이라 할지라도 반드시瓜(=必) (선대의 음식을 만드는 데 공이 있는 분에게) 제사祭하였으며, 반드시必 엄숙·경건하셨다齊如也

옛사람들은 먹고 마실 때 종류마다 조금씩 덜어내 그릇 사이의 땅에 놓아둠으로써, 선대의 처음 음식을 만든 분께 제사하였으니, 근본을 잊지 않은 것이다. 공자께서는 비록 하찮은 음식물이라도 반드시 제사를 드리고, 제사마다 반드시 경건했으니 성인의 성정이다. 〈주자〉

한자 해설
- 蔬소는 艹(풀 초)+疏(트일 소)의 형성자로 나물, 식용하는 나물의 총칭, 풀씨能殖百穀百蔬, 벼稻曰嘉蔬, 거칠다疏食菜羹瓜, 버섯, 쌀알 등으로 쓰인다.
- 菜채는 艹(풀 초)+采(캘 채)의 형성자로 나물務畜菜, 채소菜蔬, 반찬飯菜精潔, 주린 빛民無菜色, 채취하다躬菜薐藕, 수레바퀴살이 바퀴통에 박히는 곳三月五月爲犦菜 등을 의미한다.
- 羹갱은 羔(새끼 양 고)+美(아름다울 미)의 회의자로 고기와 나물을 넣어 끓인 국물이 있는 음식(국)을 말한다.
- 瓜과는 덩굴과 열매가 매달린 모습이다. 오이, 참외, 모과, 달팽이, (오이가) 익다는 뜻이다. **주자**: 육덕명陸德明이 말하길, 『노론·魯論』에는 瓜가 필必로 되어 있다.'고 했다. **다산**: 瓜라는 한 글자는 앞의 두 음식물(거친 밥疏食·나물 국菜羹)과 나란히 배열할 수 없다. 제祭 한 글자로는 또한 문리文理를 이루지 못하니, 그 뜻이 잘못되었다.
- 齊제(재)는 원래 벼나 보리가 패서 가지런한 모양을 그린 상형자로 가지런하다, 다스리다, 바르다 등이 뜻이다. 옷자락攝齊升堂 혹은 (상복의 아랫단을) 꿰매다, 예리하다, 제사에 쓰이는 곡식以我齊明 등으로 쓰일 때

는 '자'로 읽는다. 또한 재계齋戒하다, 경건하다는 뜻을 때는 '재'로 읽는다. **주자**: 齊는 엄숙 · 경건한 모습嚴敬貌이다.

10.9 席不正이어든 不坐러시다
석 부 정   부 좌

자리席가 바르지 않으면不正, 앉지 않으셨다不坐.

성인의 마음은 바른 것에 편안하셨기 때문에, 자리가 바르지 않는 경우는 비록 작은 일이더라도 처하지 않으셨다. 〈사량좌〉

성인의 마음은 지극히 정일至精하셔서, 모든 사물들에게서 그 바름을 얻지 못하면 참지 못하신다不堪. 오직 참지 못하신 뒤에라야 거대하고 섬세한 것들이 그 바름에 따르게 된다. 〈다산〉

한자 해설
- 席석은 广(집 엄)+廿(스물 입)+巾(수건 건)의 상형자로 본래 돗자리를 그렸다. 자리席子, 차지하고 있는 곳觀覽席, 지위席順, 깔다相枕席於道路, 자리에 앉는 모양새必正席, 베풀다席上之珍, 의뢰하다席寵惟舊, 돛挂席拾海月 등으로 쓰인다.
- 坐좌는 土(흙 토: 머무는 곳)+从(두 명의 종)의 회의자로 앉다, 무릎을 꿇다, 대질하다, 죄받다, 지키다, 머무르다, 자리, 드디어, 잠깐, 우선, 저절로 등으로 쓰인다.

10.10 鄉人飲酒에 杖者出이어든 斯出矣러시다
❶
향 인 음 주   장 자 출   사 출 의

향인鄉人들과 술을 마실 때飲酒(향인즉례를 행사실 때)에는 지팡이를 짚은 노인杖者이 나가시면, 이斯에 (공자께서 따라서) 나가셨다出矣.

쉰이면 집에서 쉬고, 예순이면 향리에서 지팡이를 짚는다. 일흔이면 나라에서 지팡이를 짚고, 여든이면 조정에서 지팡이를 짚는다. 아흔이면 천자가 질문하려고 하면, 진기한 음식을 가지고 그 집으로 간다. ─『예기』「왕제」

향당에서는 나이를 숭상尙齒한다. 그러므로 나가는 것은 노인을 보아 기준으로 삼는다. 〈경원 보씨〉

한자 해설
- 鄕향은 식기를 두고 양옆에 사람이 앉아 있는 모습으로 사람을 초대해 '잔치를 한다.'는 뜻에서 고향이란 말이 파생되었다. 시골, 고향, 행정구역, 향대부, 향하다(=向), 추세 등으로 쓰인다.
- 杖장은 木(나무 목)+丈(어른 장)의 형성자로 지팡이几杖, 짚다五十杖於家, 잡다左杖黃鉞, 의지하다杖義, 곤장大杖則逃走, 때리다自杖三十, 5형刑의 하나杖刑 등으로 쓰인다. 주자: 장자杖者란 노인老人이다. 예순이면 향리에서 지팡이를 짚는다. (노인이) 아직 나가지 않았으면 감히 먼저 나가지 않고, 이미 나갔으면 감히 앞서지 않는다.

10.10 ② 鄕人儺에 朝服而立於阼階러시다
향 인 나   조 복 이 입 어 조 계

향인鄕人들이 (역귀를 쫓는) 나례儺를 행할 때, 조복을 입고朝服而 동쪽 계단에於阼階 서 계셨다고.

나儺는 비록 옛날 예법이긴 하지만 놀이에 가까웠는데도, 또한 반드시 조복朝服을 입고 임한 것은 정성을 기울이고 경건하지 않음이 없으신 것이다. 이 구절은 공자가 향리에서 기거하신 일을 기록한 것이다. 〈 주자〉

한자 해설
- 儺나는 人(사람 인)+難(어려울 난)의 형성자로 역귀 쫓는 민간 행사(先臘一

日大儺 謂之逐疫, 儺禮), 절도 있게 걷다佩玉之儺, 유순하다猗儺其枝 등으로 쓰인다. **주자:** 儺는 역귀를 쫓는 일所以逐疫이다. 『주례』에 보면 방상씨 方相氏가 관장하였다. **다산:** 공안국이 말하길, '儺는 역귀를 쫓는 것인데, 선조先祖가 놀랄까 염려했기 때문에 조복朝服을 입고 사당廟의 동쪽 계단에 서 게셨다.'고 했다.

- 阼조는 阜(언덕 부, 좌부방)+乍(만들 사)의 형성자로 동편 섬돌酢于阼階下, 보위寶位(成王幼 不能涖阼), 음복飲福으로 나눠 주는 고기祝命徹阼俎 儀禮를 말한다.

- 階계는 阜(언덕 부)+皆(모두 개)의 형성자로 섬돌舞干羽于兩階, 사다리虞人設階, 사다리를 놓다猶天之不可階而升也, 품계品階(但以無階朝廷 故隨牒在遠方), 오르다不得階主, 이끌다而階太平之治, 층층으로 쌓임平生爲有安邦術 便別秋曹最上階을 말한다. **주자:** 조계阼階는 동쪽 계단이다.

10.11 問人於他邦하실새 再拜而送之리시다
　　　　문 인 어 타 방　　　재 배 이 송 지

康子饋藥이어늘 拜而受之曰 丘未達이라 不敢嘗이라하시다
강 자 궤 약　　　배 이 수 지 왈 구 미 달　　　불 감 상

다른 나라에於他邦 있는 사람人에게 문안問할 때에는 두 번 절하고再拜而 보내셨다送之. 계강자康子가 약을 보내자饋藥 (공자께서) 절을 하며拜而 받으시고受之 말씀하셨다曰. "저丘는 (이 약을) 알지 못하기未達(藥性에 통달하지 못했기) 때문에, (병을 삼가여) 감히敢 맛볼 수 없습니다不敢嘗."

심부름 가는 사람使者을 전송하면서 절하는 것은 친히 만나는 것처럼 공경함이다. 범조우가 말하길, '무릇 음식을 하사하면 반드시 맛을 보고 절해야 하지만, 약은 알지 못하면 감히 맛볼 수 없는 것이다. 받고 마시지 않으면, 다른 사람이 준 것을 헛되게 하는 것이기 때문에 이처럼 고하였다. 그렇다

면 마실 만하면 마시고. 마실 수 없으면 마시지 않는다는 뜻이 그 가운데
있다.'고 했다. 〈주자〉

- 問문은 口(입구)+門(문 문)의 형성자로 묻다問禮于老子, 안부를 물음問人
於他邦 再拜而送之, 죄상을 알아보다淑問如皐陶, 묻는 일舜好問而好察邇言,
보내다雜佩以問之 등으로 쓰인다.

- 邦방은 丰(예쁠 봉)+邑(고을 읍)의 회의자로 밭에 농작물이 무성히 자라
는 모습을 그려 터전을 잡은 곳이라는 뜻이다. 한 태조 유방劉邦을 피
휘하여 國(나라 국)으로 바꿔 썼다. 나라王此大邦, 도읍至于邦門, 제후의
봉토邦國若否 仲山甫明之, 천하顏淵問爲邦, 제후로 봉하다乃命諸王 邦之蔡
등으로 쓰인다.

- 再재는 나무토막을 쌓아놓은構에 하나씩一 더 얹어 놓는다는 데서 다
시, 거듭 등을 뜻한다.

- 拜배는 물건을 바칠 때처럼 두 손(을 모아 머리를 숙임을 나타내는 회
의자이다. 절하다拜禮, 경의를 나타내는 접두어拜辭, 벼슬을 내리다王
拜大將 乃信也, 방문함高居限參拜, 뽑다勿翦勿拜, 굽히다 등으로 쓰인다.
다산: 국경 밖의 사람과의 교제는 공경의 등급을 더하기 때문에 재배
再拜하였다.

- 送송은 辶(쉬엄쉬엄 갈 착)+㳒(불씨 선)의 회의자로 불씨를 들고 손님이 돌
아가는 길을 밝혀 안내한다는 뜻이다. 보내다, 전달하다, 전송하다,
다하다, 알리다, 쫓아버리다, 선물 등으로 쓰인다.

- 饋궤는 食(먹을 식)+貴(귀할 귀 → 궤)의 형성자로 (음식을) 보내다, (음식
을) 권하다, 먹이다, 제사 지내다, 구제하다, 요리하다, 식사, 선사膳賜
등으로 쓰인다.

- 藥약은 艹(풀 초)+樂(노래 악 → 약)의 회의자로 약초艹를 먹고 다시 즐거
운樂 상태로 되돌아간다는 뜻이다. 약, 약초藥草, 구릿대, 독毒, 치료하
다, 독살하다, 뜨겁다(삭), 간을 맞추다(약) 등으로 쓰인다. 다산: 궤약饋

藥은 미리 조제해 놓은 약成藥을 보내온 것이다(지금의 환약丸藥, 고약膏藥
과 같다).

- 達달은 辶(쉬엄쉬엄 갈 착)+羍(어린 양 달)의 회의자로 양을 몰고 다닐 정도
로 막힘없다는 뜻이다. 통달하다理塞則氣不達, 눈트다驛驛其達, 꿰뚫다
蹠達膝, 자라다先生如達, 깨닫다能達虛實之數者, 막힘 없이 통하다賜也達,
엇갈리다挑兮達兮, 헤아려 결정하다小事則專達, 널리則達觀于新邑營, 갖
추어지다非達禮也, 공공연한夫三年之喪 天下之達喪也, 영달하다達則兼善
天下, 현인賢人, 지자智者 등으로 쓰인다.

- 嘗상은 尚(오히려 상: 집)+旨(맛있을 지)의 회의자로 집에서 맛있게 음식을
먹는 모습이다. 맛보다, 경험하다, 시험하다, 체험하다, 겪다. 가을의
제사, 일찍이, 과거에 등의 의미이다.

10.12 廐焚이어늘 子退朝曰 傷人乎아하시고 不問馬하시다
구 분　　자 퇴 조 왈 상 인 호　　불 문 마

마구간廐이 불탔다焚. 공자子께서 퇴조退朝하셔서, 말씀하시길曰 "사람人
이 상했는가傷乎?"하고 물으시고, 말馬에 대해서는 묻지 않으셨다不問."

사람을 귀중하게 여기고 말을 천하게 여기신 것重人賤畜이다. 〈정현〉

말馬을 아끼지 않은 것이 아니지만, 사람이 상했을까 염려하는 마음이 많
았기 때문에 (말에 대해) 물어볼 겨를이 없었던 것이다. 〈주자〉

'부不'자는 마땅히 앞의 구절과 연결하여 읽어야 한다. 사람이 상했느냐,
상하지 않았느냐고 물은 연후에 물음이 말에게 미쳤음을 말한 것이니, 이
는 성인이 백성에게 어질면서 만물을 아끼신 것이다. 〈왕양명〉

- 廐구는 广(집 엄)+旣(이미 기)의 형성자로 <u>마구간</u>馬廐間, 마소가 모이는 곳, 말에 관한 일을 관장하던 벼슬, 모이다 등으로 쓰인다.

- 焚분은 林(수풀 림)+火(불 화)의 회의자로 본래 숲에 불을 놓아 사냥함을 뜻했다. <u>불사르다</u>玉石俱焚, 불을 놓아 사냥하다焚咸丘, 화형하다凡殺其親者焚之, 마르다, 넘어지다象有齒 以焚其身 등으로 쓰인다.

- 傷상은 人(사람 인)+昜(볕 양)+矢(화살 시)의 회의자가 화살을 맞아 열이 나며 고통을 느끼는 사람을 뜻했다. <u>다치다</u>, 해치다, 애태우다, 근심하다, 불쌍히 여기다, 상하다, 상처傷處 등으로 쓰인다.

10.13 君이 賜食이어시든 必正席先嘗之하시고
❶ 　군　　사　식　　　　　필 정 석 선 상 지

君이 賜腥이어시든 必熟而薦之하시고
　군　　사　성　　　　　필 숙 이 천 지

君이 賜生이어시든 必畜之러시다
　군　　사　생　　　　　필 축 지

侍食於君에 君祭어시든 先飯이러시다
　시 식 어 군　　군 제　　　　선 반

인군君이 음식食을 하사賜하면, 반드시必 자리席를 바르게正 하고 먼저先 맛을 보셨다嘗之. 인군君이 생고기腥를 하사賜하면, 반드시必 익혀熟而 (조고께) 먼저 올렸다薦. 인군君이 살아있는 짐승生을 하사賜하면 반드시必 길렀고畜之, 인군을 모시고侍於君 식사食 할 때는 인군君이 제사祭를 올리면, 먼저先 밥을 맛보셨다飯.

하사받은 음식은 혹 준여餕餘(제사지내고 남은 음식)일까 염려하여 사당에 올리지 않는다. 자리를 바르게 하여 먼저 맛보는 것은 인군을 대하듯 하는 것이다. 먼저 맛보았다고 말하였으니, 나머지는 마땅히 나누어주신 것이다. 성腥은 날고기生肉인데, 익혀서 조고祖考께 올리는 것은 인군의 하사를 영광으로 여기는 것이다. 길렀다畜는 것은 인군의 은혜를 어질게 여기고, 까닭 없이 살생하지 않은 것이다. 〈주자〉

- 賜사는 貝(조개 패)+易(바꿀 역)의 형성자로 하사하다凡賜君子與小人 不同日, 은혜를 베풀다非相爲賜, 분부하다賜卿大夫士爵, 은덕報賜以力, 다하다若循環之無賜 등으로 쓰인다. **형병**: 사식賜食은 인군이 익힌 음식을 자기에게 내려주는 것을 말한다.
- 腥성은 肉(고기 육)+星(별 성)의 회의자로 날고기, 비리다, 누리다, 더럽다, 날고기, 비린내 나는 음식, 물고기, 돼지 군살 등을 뜻한다.
- 熟숙은 孰(누구 숙)+火(불 화)의 회의자로 사당 앞에서 익힌 제물을 바친다는 뜻이다. 익다, 여물다, 무르익다, 숙련하다, 익숙하다, 정통하다, 상세히, 정련한, 정제한 등으로 쓰인다.
- 薦천은 艹(풀 초)+廌(해태 치)의 상형자이다. 몸을 치켜세운 해태의 모습에서 올리다, 천거하다는 뜻이 되었다. 천거薦擧하다, 올리다, 늘어놓다, 우거지다, 줄곧, 거듭, 제사의 이름 등으로 쓰인다.
- 畜축(휵)은 玄(검을 현 ← 불어날 자兹의 생략)+田(밭 전)의 회의자로 밭의 작물을 키워 불어나게 하는 것이다. 짐승, 개간한 밭, 쌓다, 간직하다, 기르다(휵), 먹이다, 치다, 아끼다, 효도하다 등으로 쓰인다. **다산**: 산 짐승을 보내면 반드시 기르는 것은 임금이 하사한 것을 아끼고, 그 번식을 보고자 함이다.

10.13 疾에 君이 視之어시든 東首하시고 加朝服拖紳이러시다
❷   질   군   시 지   동 수   가 조 복 타 신

질병疾을 앓으실 때, 인군君이 문병을 오시면視之 (인군이 남면南面하실 수 있도록, 생기를 받기 위해) 머리首를 동東쪽으로 하고, (평상복으로 인군을 알현할 수 없기 때문에) 조복朝服으로 몸을 덥고加 큰 띠紳로 걸쳐 두셨다拖

머리를 동쪽으로 두는 것東首은 생기를 받으려는 것이다. 병으로 누워있으면 의복을 입고 띠를 두를 수 없지만, 또한 평상복襄服으로 임금을 알현할 수도 없다. 그러므로 조복을 몸 위에 덮고, 또한 큰 띠를 그 위에 끌어놓은 것이다. 〈주자〉

한자 해설

- 疾질은 疒(병들어 기댈 녁)+矢(화살 시)의 회의자로 본래 화살을 맞아 생긴 상처로 질병, 아픔, 결점, 신속하게, 앓다, 증오하다, 시기하다 등으로 쓰인다.
- 首수는 얼굴·머리·목과 같이 사람의 머리 앞모양을 나타낸다. 머리는 몸의 맨 위에 있어 우두머리, 처음의 뜻으로도 쓰인다. **다산**: 동수東首는 머리를 동쪽으로 향하게 하는 것이다.
- 拖타는 手(손 수)+他(다를 타)의 형성자로 끌어당기다加朝服拖紳, 미루다拖過, 풀어놓다縱體拖髮, 빼앗다拖其衣被, 던지다拖諸壁 등으로 쓰인다. **다산**: 拖는 끌어다 놓음曳이니, 허리에 묶지 않고 큰 띠를 끌어다 놓은 것이다.
- 紳신은 糸(실 사)+申(아홉째지지 신: 끼우다揷)의 회의자로 홀笏을 꽂아 끼우는 큰 띠를 말한다. 벼슬하던 사람의 복장이므로 신사紳士라는 말이 생겼다. **포함**: 紳은 큰 띠大帶이다.

10.13 君이 命召어시든 不俟駕行矣러시다
③ 　군　　명소　　　　불 사 가 행 의

인군君이 명命하여 부르시면召, 수레에 멍에駕를 매는 것도 기다리지 않고不俟 (급히 추창해) 달려가셨다行矣.

『예기』「옥조」에서 말하길, '무릇 인군이 삼절三節로써 부르는데, 이절로써 부르면 달려가고二節以走, 일절로써 부르면 추창해간다一節以趨. 관내에 있

으면 신발 신기를 기다리지 않고, 관 밖에 있으면 수레를 기다리지 않는다.'
고 하였다. 살피건대, 나라에서 급한 것이 있으면 절節로써 부른다. 절節로
써 부르면 수레에 멍에를 매우는 것과 신발 신기를 기다리지 않고 달려가
며, 절節로써 부르지 않으면 수레에 멍에를 매우기를 기다려서 간다. 〈다산〉

이상의 구절은 공자가 인군을 섬기는 예의를 기록하였다. 〈주자〉

한자 해설
• 駕가는 馬(말 마)+加(더할 가)의 형성자로 멍에, 탈것, 임금이 타는 수레,
타다, 어거하다, 능가凌駕하다, 멍에 매다는 뜻이다. **다산**: 말에 멍에
가 매워져 있는 것을 가駕라 한다(『설문』). 두 복마服馬와 두 참나驂馬가
구비된 뒤에야 마차에 멍에를 메울 수 있는데, 그 사이에 지체된다.

10.14 入太廟하사 每事를 問이러시다
　　　　입 태 묘　　매 사　문

(공자께서) 태묘太廟에 들어가시어入 매사每事를 물으니問

거듭 나오는 구절(3.15)이다.

10.15 朋友死하여 無所歸어든 曰 於我殯이라하더시다
❶　　붕 우 사　　무 소 귀　　왈 어 아 빈

벗朋友이 죽었는데도死 돌아갈 곳所歸이 없자無 말씀하셨다曰. "우리 집
에於我 빈소를 차리라殯!"

친구는 인륜의 하나이다. 그 죽음에 상주喪主가 될 부계친족도 없고 모계
친족도 없고, 처계 친족도 없고, 방계친족도 없는 것이 돌아갈 곳이 없는

498

것이다. 옛날에는 사흘이 되면 빈殯하고, 석 달이 되면 장葬이라 했는데, 빈이라 하고 장이라 하지 않은 것은 그 친족이 멀리 있어 틀림없이 부고가 아직 도달하지 않았기 때문이다. 〈호인〉

한자 해설

- 朋붕은 본래 붕鵬으로 동류의 새(중심이 되는 새가 날면 작은 새들이 따라 난다)를 말하는데, 전의되어 큰 스승으로부터 동문수학한 사람들이다.
- 友우는 扌(手: 손수)+又(깍지 낄 차)로 손을 맞잡고 있는 동지를 말한다. 따라서 붕우란 동문수학하여 손을 맞잡고 뜻을 같이하는 사람同志이다.
- 死사는 歹(살을 바른 뼈 알)+匕(비수 비: 죽은 사람을 거꾸로 놓음: 變化)의 회의자로 사람이 혼백과 형체가 떨어져서 땅 속에 뼈만 남아있는 것이다. '생生'이 땅 속에서 잠재되어 있던 것이 현실로 나오는 것이라면, '사死'란 사람이 정기를 다하여 천지로부터 부여받은 혼백과 형체가 분리되어 다시 땅 속의 잠재적인 장소로 되돌아감歸을 의미한다.
- 歸귀는 阜(언덕 부)+止(발 지)+帚(비 추)의 회의자로 집안에 쌓인 먼지를 쓸어내는 모습으로 시집가다가 원뜻이고, 止(그칠 지)가 더해지면서 '돌아가다'나 '돌아오다'라는 뜻이 되었다.
- 殯빈은 歹(살을 바른 뼈 알)+賓(손 빈)의 형성자로 빈소殯所, 초빈草殯(시체를 입관한 후 장사지낼 때까지 안치)하다, 파묻히다, 염殮하다는 뜻이다. **다산**: 임시로 관棺을 묻을 구덩이를 파서 관을 넣어 놓는 것을 빈殯이라 한다(형병이 말하길, '어아빈於我殯이란 그에게 빈소를 제공하여 상주가 되어 주셨다는 것이다.'고 했다). **오역**: 당에 안치하는 것을 빈殯이라 하고, 들에 묻는 것을 장葬이라 한다.

10.15 朋友之饋는 雖車馬라도 非祭肉이어든 不拜러시다
❷ 붕 우 지 궤 수 거 마   비 제 육   불 배

봉우가朋友之 보낸 선물饋은 비록雖 수레車와 말馬(귀중한 물건)이라 할

지라도, 제사지낸 고기祭肉가 아니라면非 (받으면서) 절하시는 않으셨다 不拜.

붕우 간에는 재물을 통용하는 의리가 있기朋友有通財之義 때문에, 수레나 말처럼 귀중한 물건을 받을 지라도 절하고 않는다. 제사 지낸 고기祭肉라면 절하고 받는 것은 그 조고祖考를 공경하기를 나의 친조고와 같이 한다는 것이다.

이상의 구절은 공자께서 붕우들과 사귈 때의 의리를 기록한 것이다. 〈주자〉

> **한자 해설**
> - 饋궤는 食(먹을 식)+貴(귀할 귀 → 궤)의 형성자로 호궤犒饋(齊人饋之餼), 음식이나 물건을 보냄(老弱饋食), 권하다(主人親饋則拜而食), 물건을 어른에게 드리다(進物於尊者曰饋), 선물(朋友之饋) 등을 말한다.

10.16 ❶ 寢不尸하시며 居不容이러시다
침 불 시   거 불 용

주무실 때寢는 죽은 시체尸처럼 눕지 않으셨으며不, 집에서 거처居할 때는 용의容(儀)를 갖추지는 않으셨다不.

(집에서) 용의를 갖추면 몸이 구속되고 기가 펴지지 않는다. 대개 시체처럼 자는 것은 지나치게 제멋대로 하는 것이고, 집에 있으면서 용의를 갖추는 것은 지나치게 구속되는 것이다. 이 두 가지는 모두 마음을 기르는 방도가 아니다. 〈후제 풍씨〉

> **한자 해설**
> 주자: 시尸는 죽은 사람처럼 쓰려져 누워 있는 것偃臥似死人也을 말한다. 거居는 집에 (사적으로) 기거하는 것이며, 용容은 용의容儀(=儀容: 몸가짐에 격식을 갖춤)이다.

다산: 침寢은 눕다臥이다. 형병이 말하길, '시尸는 죽은 사람死人이다. 공자는 주무실 때 몸을 굽혀 주무셨다.'고 했다. 거居는 연거燕居이다. 공안국이 말하길, '거불용居不容은 실가室家에서 공경하는 자세를 오래동안 유지하기 어렵기 때문이다.'고 했다.

- 尸시는 사람이 반듯이 누워 있는 모양으로 주검, 시체, 신주神主, 시동尸童, 시체를 매달다, 시체 같다 등으로 쓰인다.
- 居거는 尸(주검 시)+古(옛 고)의 회의자가 사람이 의자에 앉아있는 모습으로 후에 거주하다, 차지하다, 놓여 있다, 자리 잡다, 앉다, 거처하는 곳, 평상시, 안정된 모양 등으로 쓰인다.
- 容용은 宀(집 면)+谷(골 곡)의 형성자로 모습孔德之容, 용모, 꾸미다居則設張容, 몸가짐不爲容, 받아들이다容其請託, 담다容器, 담는 양用度數以審其容, 조용하다從容 등으로 쓰인다.

10.16
❷

見齊衰者하시고 雖狎이나 必變하시며 見冕者與瞽者하시고
견 자 최 자　　　수 압　　　필 변　　　견 면 자 여 고 자

雖褻이나 必以貌러시다 凶服者를 式之하시며 式負版者러시다
수 설　　　필 이 모　　　흉 복 자　　식 지　　　식 부 판 자

상복을 입은 사람齊衰者을 보시면見 비록雖 평소 친한狎 사람이라도 반드시必 얼굴빛을 고치셨으며變, 관복을 입은 자冕者與와 장님與瞽者을 보시면見 비록雖 사사로이 만나는褻(=燕見) 사람이라고 할지라도 반드시必 예모를 갖추셨다以貌. 흉복을 입은 자凶服者의 경우에는 식의 예式之를 표하였고, 나라의 지도와 호적版을 짊어진 자負者에게도 식의 예式를 표하셨다.

한자 해설
주자: 압狎은 평소 친하여 허물이 없이 지내는 것素親狎을 말하고, 설褻은 사사로운 만남燕見을 말하고, 모貌는 예의를 갖춘 모습禮貌을 말한다.

나머지는 전편(9.10)에서 나왔다. 식式은 수레 앞 가로대車前橫木으로 경례할 대상이 있으면 몸을 굽혀 그것에 의지한다. 부판負版(판적을 짊어짐)은 나라의 지도와 호적을 짊어진 사람이다. 이 두 사람에게 식 경례를 하는 것은 상喪을 당한 것을 애도하고 백성의 숫자를 중시하기 때문이다.

다산: 얼굴빛을 고치는 것改容을 변變이라 하고, 예를 극진히 하는 것致禮을 일러 모貌라 한다. 흉복凶服은 五服(참최斬衰·자최齊衰·대공大功·소공小功·시마緦麻)을 통칭한다(시마와 소공 또한 흉복이다).

- 齊재(제)는 벼나 보리가 패서 가지런한 모양으로 가지런하다(제), (상복의 아랫단을) 꿰매다(자), 재계齊戒하다 등으로 쓰인다. 최衰는 풀이나 짚으로 엮은 상복의 상형자로이나, 쇠약衰弱의 의미로 쓰였다. 자최齊衰는 부모(원래는 모친)의 상복喪服(거친 상복)을 말한다.

- 押압은 手(손 수)+甲(갑옷 갑)의 회의자로 갑옷을 손으로 꽉 조여 입는다는 뜻이다. 누르다, (도장을) 찍다, (운자를) 맞추다, 관리하다, 검속하다, 서로 이어져 맞닿다, 법도, 규범 등의 뜻이다.

- 變변은 䜌(어지러울 련: 말이 실에 꼬여버린 모습)+攵(칠 복)의 회의자가 어지러운 상황䜌을 바로잡는다攵는 뜻으로 변하다, 고치다는 뜻이다.

- 冕면은 冂(멀 경)+免(면할 면)의 형성자로 의식용 면류관冕旒冠이다.

- 瞽고는 目(눈 목)+鼓(북 고)의 형성자로 맹인盲人, 악인樂人을 말한다.

- 褻설은 衣(옷 의)+埶(심을 예)의 형성자로 속옷思有短褐之褻, 평상복紅紫不以爲褻服, 더럽다凡褻器, 무람없다雖褻必以貌, 업신여기다 등으로 쓰인다.

- 貌모는 豸(해태 태)+皃(얼굴 모)의 회의자로 한눈에 들어오는 '사람의 용모'라는 뜻이다. 형상貌曰恭, 안색情與貌其不變, 표면에 나타나는 것禮節者 仁之貌也, 외관王貌受之, 행동에 공경하는 뜻을 나타내는 일雖褻必以貌, 사당疏房檖貌, 아득함 등으로 쓰인다.

- 凶흉은 凵(입 벌릴 감: 구덩이)+乂(다섯 오: 빠진 짐승)의 상형자로 구덩이에 빠진 사람이나 짐승이 흉한 일을 당했다는 의미에서 '흉하다'나 '운수

가 나쁘다'라는 뜻이다.

- 式식은 工(장인 공: 공구의 대표)+弋(주살 익 → 식)의 형성자로 표준爲天下式, 본받다昔訓是式, 점치는 기구旋式正萘, 절하다式路馬, 쓰다式商受命, ~로 써式救爾後 등으로 쓰인다. 軾식은 車(수레 거)+式(법 식)의 형성자로 수레 앞턱 가로나무 또는 그 나무를 잡고 절하는 것으로 말한다.

- 負부는 人(사람 인)+貝(조개 패)의 회의자로 등에 짐을 지다是任是負, 책임을 지다, 빚을 지다負責數鉅萬, 등을 지다天子負斧依, 경쟁에서 짐一勝一負, 덮어씌움負之以不義之名, 기대다虎負嵎 등으로 쓰인다.

- 版판은 片(조각 편)+反(되돌릴 반 → 판)의 형성자로 평평하게 가공한 나무 판자를 말한다. 널빤지縮版以載, 얇고 판판한 금석共其金版, 수레의 가로 덮개의 널빤지棺槨其貌象版蓋, 책, 편지修業不息版, 명부掌王宮之士庶子凡在版者, 호적부式負版者, 길이의 이름, 홀笏, 비뚤어지다版版, 판목木版本을 말한다.

10.16 ❸ 有盛饌이어든 必變色而作이러시다 迅雷風烈에 必變이러시다
　　　　　유 성 찬　　　필 변 색 이 작　　　신 뇌 풍 렬　　　필 변

성찬盛饌이 있으면有, 반드시必 얼굴빛色을 고치시고變而 일어나셨다作.
빠른迅 우레雷와 맹렬한烈 바람風에도 반드시必 안색을 고치셨다變.

　　이 한 절은 공자께서 용모를 고치신 것을 기록하였다. 〈주자〉

　　'성찬盛饌이 있으면 반드시 얼굴빛을 고치시고 일어나신有盛饌, 必變色而作' 이유에 대해, 주인의 환대에 경의를 표해서(고주), 주인을 공경하는 예의 표시(주자), 성찬 때문이긴 하지만 그 성찬은 바로 하늘이 내려준 것이기 때문에 하늘을 공경한 것이다(다산) 라는 해석이 있다.
　　그리고 '신뢰풍열필변迅雷風烈必變'에 대해서도 하늘의 진노를 공경하

셔서 반드시 안색을 고치셨다(고주와 주자), 우뢰와 바람을 통해 온갖 과실과 초목의 싹을 트게 하는 하늘의 작용을 공경하여 반드시 안색을 고치셨다(다산) 라는 해석이 있다. 각각의 해석자들은 당대 및 자신의 세계관을 바탕으로 주석했다.

한자 해설

- 盛성은 成(이룰 성)+皿(그릇 명)의 회의자로 다 익은成 음식을 그릇皿 수북이 쌓은 것으로 그릇에 채우다于以盛之, 제상에 차려 놓은 음식粢盛, 바리食粥於盛, 햇곡식魯祭周公 何以爲盛, 넘치다生氣方盛, 많다學者滋盛 弟子萬數, 한창 때天子春秋鼎盛, 번성하다物盛則衰, 절정平者水停之盛也, 엄정하게 하다齊明盛服, 성한 일明主尙賢使能 而饗其盛 등을 말한다.

- 饌찬은 食(밥 식)+巽(공손할 손)의 형성자로 반찬以共王之四飮三酒之饌, 음식을 차림具饌于西塾, 음식具官饌于寢東, 먹다有酒食 先生饌 등으로 쓰인다.

- 迅신은 辵(쉬엄쉬엄 갈 착)+卂(빨리 날 신)의 형성자로 빠르다, 신속하다, 뛰어넘다 등으로 쓰인다.

- 雷뢰는 雨(비 우)+田(밭 전)의 회의자로 천둥소리가 논밭 사이로 소리가 휘돌아 나가는 모습을 나타낸다. 우레, 천둥, 큰소리의 형용, 사나운 모양의 비유, 위엄 있는 모양, 빠른 모양, 성 위에서 굴리는 돌(무기) 등으로 쓰인다.

- 烈열(렬)은 火(불 화)+列(벌일 렬)의 회의자로 불길이 세차게 타오른다는 뜻이다. 맵다, (기세가) 대단하다, 사납다, 포악하다, 강하다, 세차다, 빛나다, 불사르다, 아름답다, 밝다, 공덕, 편오(5명의 대오), 큰 사업 등으로 쓰인다.

10.17 升車하사 必正立執綏러시다 車中에 不內顧하시며
　　　 승 거　　필 정 립 집 유　　　거 중　 불 내 고

不疾言하시며 不親指러시다
부 질 언　　　불 친 지

수레車에 오르실 때升는 반드시必 바르게 서서正立 손잡이 줄綏을 잡으셨
다綏(안정되게 오르셨다). 수레 안車中에 타고 계실 때는 안을 둘러보지 않으
셨다內顧. 빠르게疾 말하지 않으셨으며不言, 친親히 손가락으로 지시하지
않으셨다不指.

이 구절은 공자께서 수레에 오르는 모습을 기록한 것이다. 〈주자〉

바르게 서서正立 수레의 손잡이 줄을 잡으면, 마음과 몸心體이 모두 바르게
되어 (마음의) 의지가 성실해지고 (몸이) 엄숙·공경스러워진다. 대개 군
자는 어느 곳에 있듯이 장중·경건하여, 수레에 오르면 수레에 오른 곳에
서 (장경莊敬이) 드러난다. 〈범조우〉

한자 해설

주자: 내고內顧는 빙 둘러 보는 것回示이다. 『예기』「곡례」에 '둘러보는 것
은 수레바퀴轂를 넘지 않는다.'고 하였다. 이 세 가지(내고內顧·질언疾
言·친지親指)는 올바른 위용容을 잃은 것으로 다른 사람들을 당혹스럽
게 하는 것이다.

다산: 황간이 말하길, '(내고內顧의) 내內는 후後와 같다. 뒤로 둘러보지
않는 것은 자신을 따르는 뒷사람이 항상 바른 자세를 유지할 수 없기
때문이다.'고 했다.

• 綏수는 糸(가는 실 사)+妥(타당할 타)의 회의자로 편안하다北州以綏, 수레
손잡이 줄升車 必正立執綏, 편안한 마음으로 지내다綏之斯來, 멈추게 함
使民勸綏謗言, 깃대 끝에 다는 장식國君則平衡 大夫則綏之 등으로 쓰인다.
주자: 綏는 잡고 당겨서 수레에 오르는 손잡이 줄이다挽以上車之索也. 다
산: 주생렬이 말하길, '집수執綏란 안전하게 하려는 것所以爲安이다.'고

했다.

- 顧고는 雇(품살 고: 돌리다)+頁(머리 혈)의 회의자로 둘러봄顧我復我, 반성함顧乃德, 방문하다三顧臣於草廬之中, 기다리다有顧之辭也, 떠남顧將去之意也, 그러므로 顧上先下後耳 등으로 쓰인다.
- 指지는 手(손 수)+旨(맛있을 지)의 회의자로 손가락今有無名之指 屈而不信, 손가락질하다+手所指, 지시하다以其策指之, 지휘하다吾指使而群工役焉, 취지承從天之指, 아름답다物其指矣 등으로 쓰인다.

10.18 色斯擧矣하여 翔而後集이니라
색 사 거 의   상 이 후 집

曰 山梁雌雉 時哉時哉인저 子路共之한대 三嗅而作하시다
왈 산 량 자 치 시 재 시 재   자 로 공 지   삼 후 이 작

(새도 사람의) 안색을 보고色 (좋지 않으면) 이에斯 날아가擧矣, 빙빙 돌다가翔而 (자세히 살핀) 뒤에後 내려와 모여앉는다集. (사람도 기미幾微를 살펴 이렇게 해야 한다.) 공자께서 말씀하시길曰, "(사람이 때를 만나지 못한 것을 탄식하시여) 산골짜기 다리山梁의 까투리雌雉가 때를 만났구나時哉!, 때를 만났구나時哉!" 자로子路가 그 까투리를 (때에 알맞은 것으로 여겨) 잡아올리자共之, (공자께서) 세 번 냄새만 맡고三嗅而 일어나셨다作.

새가 사람의 낯빛이 좋지 않은 것을 보면 날아가 버리고, 빙빙 돌며 자세히 살펴본 뒤에 내려앉으니, 사람의 기미를 살피고 행동을 하고 처할 곳을 살펴 선택하는 것 역시 마땅히 이와 같아야 한다는 말이다. 그러나 이 구절 앞뒤로 필시 빠진 글이 있을 것이다. 〈주자〉

'량梁은 다리橋이다. 시재時哉는 꿩이 마시고 쪼는 것이 마땅한 때를 만났다는 말씀하신 것인데, 자로가 이를 깨닫지 못하고 때에 맞는 음식으로 생각

하고 잡아서 요리한 것이다. 공자께서는 드시지 않고 세 번 냄새를 맡으신
후 일어나셨다. 〈형병〉

주자: 조설지가 말하길 『석경』에는 후嗅를 알戛로 되어 있으니, 꿩이 우
는 것雉鳴을 말한다.'고 했다. 유빙군이 말하길, '후嗅는 격臭으로 되어
야 하니, 두 날개를 펴는 것이니, 『이아』에 보인다.'고 했다. 만약 조설
지와 유빙군의 두 설과 같다면, 공共자는 마땅히 잡는다拱執는 뜻이 된
다. 그러나 여기에는 필시 빠진 글자가 있으니, 억지로 설명할 수 없
다. 우선 들은 것을 기록하여, 아는 사람을 기다린다.

다산: 색色은 놀라는 모습駭貌이다. 상翔은 날아서 빙빙 도는 것飛之盤廻
이다. 새가 날아오르는 것을 거擧라 하고, 새가 내려와 앉는 것을 집集
이라 한다. 산량山梁은 산골짜기의 작은 다리이다. 시재시재時哉時哉란
마땅히 떠나야할 때를 말한다. 공共은 바친다供이다. 후嗅란 코로 냄
새를 맡는 것이다(형병). 하안이 말하길, '작作은 일어남起이다.'고 했다.
공자께서 본뜻이 아니어서, 차마 먹지 못하신 까닭에 세 번 냄새만 맡
으시고 일어나신 것이다.

• 斯사는 其(그 기)+斤(도끼 근)의 형성자로 쪼개다斧以斯之는 뜻이었지만,
가차되어 대명사(이: 何莫由斯道也), 어조사再斯可矣, 이에弓矢斯張, 강조
의 뜻如矢斯棘 如鳥斯革, 희다有兔斯首, 잠시禮樂不可斯須去身, 모두我喪也
斯沽 등으로 쓰인다.

• 擧거는 舁(마주들 여)+手(손 수)의 회의자로 두 손으로 물건을 들다擧臼而
進之, 손에 들다獨擧之以行者, 천거하다諸公多薦擧之者, 일으키다擧廢國,
등용하다擧賢人, 열거함過而擧君之諱則起, 연주하다上公之禮 食禮九擧, 행
실人主無過擧 등으로 쓰인다.

• 翔상은 羊(양 양)+羽(깃 우)의 형성자로 빙 돌며 남翔而後集, 높이 날다翔
鷄仰而弗逮, 뛰어 감室中不翔, 배회하다翔畋于曠原, 머무르다鳳凰翔於庭,
선회함前弱則俛 後弱則翔 등으로 쓰인다.

- 集집은 隹(새 추)+木(나무 목)의 회의자로 새가 나무 위에 <u>모이다</u>黃鳥于飛集于灌木, 만나다予又集于蓼, <u>머무르다</u>集于苞栩, 섞이다是集義所生者, 이루다有命旣集, 시문을 모은 책誰將家集過幽都 등을 말한다.

- 梁량은 木(나무 목)+水(물 수)+刅(비롯할 창)의 회의자로 물 위쪽을 가로지르는 <u>나무다리</u>이다.

- 雌자는 此(이 차)+隹(새 추)의 형성자로 따라가는 <u>새</u>, 암새, 암컷을 뜻한다.

- 雉치는 矢(화살 시 → 치)+隹(새 추)의 형성자로 <u>꿩</u>, 성가퀴, 쇠고삐, 목매다, 평정하다, 땅의 이름 등으로 쓰인다.

- 共공은 제기 그릇을 공손히 들고 가는 모습을 표현했다. 한가지, 함께, 같이, 공손하다, 이바지하다, 베풀다, <u>바치다</u>, <u>올리다</u>, 맞다 등으로 쓰인다.

- 嗅후는 臭(냄새 후)+鼻(코 비 → 口)로 이루어진 글자로 <u>냄새 맡다</u>는 뜻이다.

『논어』와 연관하여

何晏 注 · 邢昺 疏(정태현 · 이성민 역), 『역주논어주소』1~3, 전통문화연구회,
　2012-6 참

김동인 · 지정민 · 여영기 역, 『세주완역논어집주대전』1~4, 한울아카데미,
　2009.

이성규 역주, 『대역논어집주』, 소나무, 2011.

박헌순 역주, 『논어집주』1~2, 한길사, 2008.

정약용(이지형 역주), 『논어고금주』1~5, 사암, 2010.

임헌규, 『3대 주석과 함께 읽는 논어』1~3, 모시는 사람들, 2020.

程德樹, 『論語集解』, 中華書局, 1990

劉寶楠, 『論語正義』, 上海古籍出版社, 1995

한국고전번역원, 한국고전DB(https://www.itkc.or.kr)

전통문화연구회, 동양고전DB(http://db.cyberseodang.or.kr)

다산학술문화재단(http://tasan.or.kr/project).

한자의 형성과 용례

하영삼, 『한자어원사전』, 도서출판3, 2014.

최영찬 외, 『동양철학과 문자학』, 아카넷, 2003.

민중서림 편집부, 『漢韓大字典』3판, 민중서림, 2018.

대한사전편찬실, 『漢韓大辭典』, 교학사, 2001.

이가원 외 감수, 『東亞漢韓大辭典』, 동아출판사, 1982.

陳淳(김영민 역), 『북계자의』, 예문서원, 1993.

이충구, 『한자부수해설』, 전통문화연구회, 1998.

박헌순, 『사서색인』, 신서원, 1992.

연세대 사서사전편찬실, 『四書集解辭典』, 성보사, 2003.

傅佩榮, 『孔子辭典』, 東方出版社, 2013.

湯可敬 撰, 『說文解字今釋』, 岳麓書社, 2005.

李恩江 · 賈玉民 主編, 『說文解字』, 中原農民出版社, 2000.

許慎撰 · 段玉裁注, 『說文解字注』, 上海古籍蹟出版社, 1981.

白川靜, 『字統』, 平凡社, 2004.

吳澤炎 外, 『辭源』, 商務印書館, 1983.

네이버 한자사전(https://hanja.dict.naver.com)

다음 한자사전(https://dic.daum.net)

중국사전 홈페이지(zdic.net 및 ctxt.org)

* 편자는 오랜 기간 유가고전을 전공한 철학연구자이지, 한자학의 전문가는
  아니다. 한자풀이에 제시된 여러 사항들은 편자가 독자들의 편의를 위해 여
  러 사전들을 참조하여 재구성한 것으로 편자의 독창적인 견해는 아니다.

필자의 『논어』 및 공자에 관한 연구 목록

임헌규, 孔孟의 윤리이론 – '正名'과 '中庸'을 중심으로, 온지논총, 2009.

____, 공맹의 인간관과 노년, 온지논총, 2009.

____, 공자의 위기지학의 이념과 방법, 동양고전연구, 2009.

____, 다산 정약용의 『논어』해석(1) : 性개념을 중심으로, 동양고전연구,
  2010.

____, 다산의 『논어고금주』에서 仁과 恕, 동방학, 2010.

_____, 유가에서 道德과 利財, 한국철학사연구회, 2011.

_____, 공자의 군자론과 철학의 이념, 동방학, 2011.

_____, 孔子의 正名論에 대한 일고찰, 철학연구, 2011.

_____, 천명과 윤리, 온지논총, 2011

_____, 중국인의 사유방식 : 유교의 四書를 중심으로, 동서사상, 2012.

_____, 이로움과 당위, 동방학, 2013.

_____, 형이상학과 중용, 동양고전연구, 2013.

_____, 공자의 인문주의와 그 교육, 한국철학논집, 2015.

_____, 朱子와 茶山의『논어』學개념 해석비교, 동양고전연구, 2015.

_____, 『논어』仁개념의 재해석, 동방학, 2015.

_____, 공자의 시경재구성과 詩論, 철학연구, 2016.

_____, 유교에서 죽음의 의미 :『논어』와 그와 연관된 栗谷의 해석을 중심으로, 온지논총, 2016.

_____, 『논어』의 시(詩)에 대한 주자의 해석과 다산의 비평, 한국철학논집, 2016.

_____, 『논어』에서 道 · 德의 의미, 동양고전연구, 2016.

_____, 德개념 논쟁에 대한 일고찰:『논어』의'德句節'에 대한 朱子와 茶山의 해석비교, 퇴계학과유교문화, 2016.

_____, 다산 정약용의『논어』학이 및 부지명장 주석에 대한 고찰, 동양고전연구, 2017.

_____, 주자의『논어집주』에서 仁개념 주석, 온지논총, 2017.

_____, 『논어』의 仁에 대한 茶山의 정의와 해석– 주자와 비교를 통하여, 동방학, 2017.

_____, 유교 인문학의 이념과 의미, 온지논총, 2018,

_____, 『논어』의 공자 '天'개념에 대한 일고찰, 동양고전연구, 2018.

_____, 『논어』에서 몸과 마음 : 주자와 다산의 주석을 중심으로, 철학연구, 2018.

____, 인공지능시대 유교 심성론의 의미— 공맹과 퇴계를 중심으로, 대동철학, 2018

____, 공자의 생애와 학문여정 ;「위정 2:4」의 주석을 중심으로, 2019.

____, 공자의 정치이념 : 다산 정약용의 '정명' 해석, 동방학, 2019.

____, 『논어』에서 공자의 덕치이념에 대한 일고찰—주자와 다산의 경과 덕치에 대한 주석을 중심으로, 남명학, 2019.

____, 『논어』의 義·利와 그 註釋에 대한 일고찰 : 新·古注와 茶山 丁若鏞의 주석, 공자학, 2019.

____, 주자와 다산의『논어』禮개념 주석에 대한 일고찰, 철학연구, 2019.

____, 『논어』에서 공자의 '禮'개념 정립에 관한 일고찰 –『시』,『서』와 연관하여, 율곡학연구, 2019.

____, 四書의 심성론적 연구, 온지논총, 2022.

기타 참고문헌

황준지예(최영진·안유경),『동아시아 유교경전 해석학』, 문사철, 2009.

안외순,『정치, 함께 살다』, 글항아리, 2016.

안외순 : 君子와 市民 그리고 '시민의 군자화'『동방학』10, 2004.

로저 에임즈(정병석·김대수),『중국고대정치철학』, 영남대출판부, 2017,

장대년(박영진 역),『중국윤리사상연구』, 소명, 2012,

가지보부유키(이근우 역),『침묵의 종교 유교』, 경당, 2002.

김승혜,『원시유학』, 민음사, 1994, 94쪽

陳大齊(안종수 역),『공자의 학설』, 이론과실천, 1996.

신오현,『절대의 철학』, 문학과지성, 1993.

남상호,『육경과 공자인학』, 예문서원, 2003.

바오평산(이연도 역),『공자전』, 나무의 철학, 2013.

王邦雄 외(황갑연 역),『논어철학』, 서광사, 2002.